es 1877

edition suhrkamp

Neue Folge Band 877

Die Folgeprobleme der unverhofften Einheit dominieren die öffentliche Diskussion. Polemiken bringen den eigentlichen Vereinigungsprozeß in Vergessenheit und schaffen gefährliche Legenden. Dieses Buch ist der erste Versuch einer historischen Aufarbeitung der deutschen Vereinigung. Im Mittelpunkt stehen die Erfahrungen und Erwartungen der betroffenen Menschen, vor allem in Ostdeutschland. Wie kam es zum Umschwung vom revolutionären Aufbruch zur raschen Vereinigung? Von der dramatischen Massenflucht des Sommers 1989 an untersucht der Band die Dynamik der Bürgerrevolution. Er analysiert die Ursachen der politischen Wende von den Debatten um einen Dritten Weg zwischen Sozialismus und Kapitalismus über die Märzwahlen 1990 bis zur Vereinigung im Oktober 1990. Er behandelt die einzelnen Schritte des Beitritts wie Währungsunion, Zwei-Plus-Vier-Verhandlungen und Einigungsvertrag. Durch die Selbstauflösung der DDR kann diese Analyse auf reichem Quellenmaterial der SED-Machthaber und der Bürgerbewegung sowie auf veröffentlichten Äußerungen der Bundesregierung aufbauen. Die Kernfragen kreisen um die Gründe der Beschleunigung und den Charakter der bürgerrechtlichen, nationalen und sozialen Revolution. Aus transatlantischer Distanz versachlicht dieses Buch die Diskussion, indem es versucht, die Verquickung von ›Befreiung‹ und ›Katastrophe‹ zu entwirren.

Konrad H. Jarausch ist Professor für Europäische Geschichte an der Universität von North Carolina (USA). Er gilt als einer der »führenden Historiker Deutschlands in den Vereinigten Staaten« (Th. Steinfeld, *FAZ*).

Konrad H. Jarausch

Die unverhoffte Einheit

1989-1990

Suhrkamp

edition suhrkamp 1877
Neue Folge Band 877
Erste Auflage 1995

Erstausgabe

Satz: Hümmer, Waldbüttelbrunn
Druck: Nomos Verlagsgesellschaft, Baden-Baden
Umschlagentwurf: Willy Fleckhaus
Printed in Germany

1 2 3 4 5 6 – 99 98 97 96 95

Inhalt

Vorwort

Die unverhoffte deutsche Vereinigung hat erhebliche Verwirrung ausgelöst: Scheinbar ohne Warnung beendete der demokratische Aufbruch im Osten die polarisierte, aber überschaubare Nachkriegsordnung. Im Inland erschütterte die überraschende Selbstauflösung der DDR manche ideologischen Positionen; im Ausland weckte die Wiedererstehung eines Nationalstaats trotz der Hoffnungen auf demokratische Verläßlichkeit alte Ängste vor deutscher Unberechenbarkeit. Nach vier Jahrzehnten politischer Stagnation in der deutschen Frage mußte der schnelle Umbruch Betroffene wie Beobachter verunsichern, zumal das Überangebot von Erklärungsversuchen die Konfusion nur gesteigert hat, da es mehr Polemik als Reflexion vermittelt. Noch immer ist vielen unklar, was in dem aufregenden Jahr 1989/90 eigentlich geschehen ist.

Vielleicht kann transatlantische Distanz helfen, diese dramatischen Ereignisse zu entwirren. Im Gegensatz zu direkter Betroffenheit erlaubt der physische Abstand größere Gelassenheit und Ausgewogenheit des Urteils. Da ich in Deutschland aufgewachsen bin, aber seit drei Jahrzehnten in den Vereinigten Staaten lehre, überkreuzen sich diese Innen- wie Außenperspektiven in meinem Lebenslauf. Menschliche und berufliche Beziehungen verbinden mich weiter mit der alten Heimat, und seit 1989 lebe ich jeden Sommer in Berlin. Dennoch hat meine Lehrtätigkeit an amerikanischen Staatsuniversitäten einen Abstand geschaffen, der manche deutsche Aufgeregtheiten relativiert. Der Vergleich beider Kulturen macht Kontraste bewußt, die englische Diskussion bietet vielfältige methodologische Anregungen, und aus der Entfernung läßt sich Anteilnahme leichter mit Kritik verbinden.

Mein wissenschaftliches Interesse an der DDR hat sich eher ungeplant entwickelt. Obwohl ich in Magdeburg geboren wurde, verlor ich im Laufe der Zeit fast allen persönlichen Kontakt mit Ostdeutschland. Erst Quellenstudien zu Monographien über Kanzler Bethmann Hollweg sowie über deutsche Studenten und akademische Berufe brachten mich wieder in die Zentralarchive von Potsdam und Merseburg. Von 1987 an organisierte ich als Vorsitzender einer Kommission für Zeitgeschichte des International Research and Exchange Board mehrere Tagungen ostdeutscher und amerikanischer Historiker über den Nationalsozialismus. Diese akademischen Kontakte offenbarten mir viele Widersprüche des »real existierenden Sozialismus«, die eine Erklärung verlangten. Ohne von den Problemen der DDR-Forschung belastet zu sein, betrachte ich die Entwicklung der DDR als zeitgeschichtlich interessierter Sozialhistoriker.

Der Umbruch von 1989/90 erfordert geradezu eine historische Erklärung. Zunächst gaben Volker Gransow und ich eine Sammlung von Schlüsseltexten über *Die deutsche Vereinigung. Dokumente zu Bürgerbewegung, Annäherung und Beitritt* (Köln 1991) heraus. Dann organisierte ich ein Symposium über die ostdeutsche Forschung, das unter dem Titel *Zwischen Parteilichkeit und Professionalität. Bilanz der DDR-Geschichtswissenschaft* (Berlin 1991) erschienen ist. Zusammen mit Matthias Middell versuchte ich den Umbruch in einer Konferenz in Leipzig zu dokumentieren, die als *Nach dem Erdbeben. (Re-)Konstruktionen ostdeutscher Geschichte und Geschichtswissenschaft* (Leipzig 1994) veröffentlicht wurde. Schließlich legte ich mit *The Rush to German Unity* (New York 1994) einen ersten Überblick über die Ereignisse in englischer Sprache vor. Die folgenden, erweiterten Ausführungen bauen zwar auf diesem Text auf, ziehen aber neue archivalische Quellen heran und gehen stärker auf die deutsche Diskussion ein.

Viele Institutionen haben diesen Versuch einer zeitgeschichtlichen Aufarbeitung ermöglicht. Der International Research and Exchange Board und der Lurcy Charitable Trust haben einen Teil der Forschungskosten getragen. Die *Leipziger Volkszeitung*, das Bundespresseamt, die DDR-Abteilung des Zentralinstituts für sozialwissenschaftliche Forschung (ZI 6) der Freien Universität, das Gesamtdeutsche Institut, die Ostberliner Staatsbibliothek und die Hoover Institution in Stanford sowie das Neue Forum, Demokratie Jetzt, die Umweltbibliothek und die Ost-CDU haben die Materialsammlung unterstützt. Ebenso haben das Bundesarchiv Potsdam, das Archiv der Stiftung Parteien und Massenorganisationen sowie der Bundesbeauftragte für die Unterlagen des Staatssicherheitsdienstes wichtige Dokumente zugänglich gemacht. Im Sommer 1991 erleichterte die Sektion Geschichte der Universität Leipzig notwendige Lokalstudien durch eine Gastprofessur. Das Center for Advanced Studies in the Behavioral Sciences in Stanford, Kalifornien, hat durch ein Freijahr 1991-92 die englischsprachige Niederschrift gefördert.

Als gelehrtes Gespräch lebt die Geschichtswissenschaft ebenso von individuellen Anregungen. Wichtige Akteure gaben Interviews, wie Wolfgang Baumann (CDU), Hans Büchler (SPD), Gregor Gysi (PDS), Lothar de Maizière (CDU), Markus Meckel (SPD), Hans-Jochen Meyer (CDU), Walter Romberg (SPD), Wolfgang Thierse (SPD) und Klaus Wolfram (Neues Forum). Andere Beteiligte wie Uwe-Jens Heuer, Helga Königsdorf, Uwe Kolbe, Rainer Land, Ulrike Poppe, Jens Reich, Condoleezza Rice oder Peter Schneider beantworteten bereitwillig Fragen. Kollegen wie Werner Bramke, Michael Geyer, Georg G. Iggers, Jürgen John, Burkhart Koch, Jürgen Kocka, Hermann Kurthen, Anna Maria Kuppe, Christiane Lemke, Karl-Ulrich Mayer, Lutz Marz und Gero Neugebauer steuerten kritische Kommentare bei. Während einer Gastprofessur im Sommer 1992 ermutigten mich schließlich Wissenschaftler des Zentrums für Zeithistorische Studien in Potsdam dazu, eine deutsche Fassung zu veröffentlichen.

Da dieses Buch auf der Zivilcourage von Tausenden ostdeutscher Bürger aufbaut, möchte ich es ihrem Traum einer freieren und gerechteren Gesellschaft widmen. Zweifellos hat die rasche Vereinigung mehr materielle, soziale und psychologische Probleme mit sich gebracht als sie erwartet haben. Trotz mancher dadurch ausgelöster neuer Gefahren wie Fremdenfeindlichkeit bietet die eilige Einheit aber auch Möglichkeiten für die Schaffung einer besseren Zukunft. Mögen die Deutschen und ihre europäischen Nachbarn diese zweite Chance besser nützen als in der Vergangenheit.

Chapel Hill und Berlin *Konrad H. Jarausch*

Einleitung

Der überraschende Umbruch

Die deutsche Vereinigung war eine große Überraschung. Die meisten Ostexperten hatten weder »Zeitpunkt [noch] Schnelligkeit und Ergebnis des Zusammenbruchs des Herrschaftssystems der DDR vorhergesehen«. Noch im Frühjahr 1989 hatte der englische Historiker Michael Howard emphatisch behauptet, Ostdeutschland könne nie von der Bundesrepulik vereinnahmt werden.[1] Als die deutsche Frage dann doch auf die Tagesordnung kam, übertrafen Ausmaß und Geschwindigkeit der Veränderung alle Erwartungen. Trotz innerer und äußerer Bremsversuche beschleunigte sich der Prozeß fortwährend und drohte mehrmals außer Kontrolle zu geraten. Innerhalb eines Jahres verwandelten sich zwei Staaten mit unterschiedlichen Regierungssystemen, feindlichen Armeen, gegensätzlichen Wirtschaftsordnungen, unvereinbaren Sozialstrukturen und widerstreitenden Ideologien in ein Land.

Schon während der Ereignisse hatten Beteiligte wie Beobachter das Gefühl, einen historischen Umbruch mitzuerleben. Andauernd rechtfertigte die Regierung umstrittene Entscheidungen als geschichtliche Notwendigkeit und feierte Vereinbarungen als historische Durchbrüche. Dagegen zitierten ihre Kritiker Präzedenzfälle aus der Vergangenheit als Argumente gegen die Form und Geschwindigkeit des Zusammenschlusses. Das verbreitete Bewußtsein einer Zeitenwende kam nicht von ungefähr. Der Beitritt der DDR zur Bundesrepublik beseitigte territoriale Grenzziehungen nach dem Zweiten Weltkrieg, und die Öffnung des »Eisernen Vorhangs« beendete gleichzeitig den Kalten Krieg auf dem Kontinent. Dieser Bruch war so tief, daß viele Menschen anfingen, Lebensabschnitte in bezug auf das Jahr 1989/90 zu datieren. Daher ist die Erklärung dieser »einschneidenste[n] Zäsur der deutschen Geschichte seit 1945« eine wichtige Herausforderung an die Geschichtswissenschaft.[2]

Ein anhaltender Vereinigungsschock erschwert ein Verständnis dieses Wandels. Die Euphorie des Aufbruchs ist einer tiefen Enttäuschung über die deutsche Einheit gewichen, da sich allzu viele Hoffnungen des demokratischen Neuanfangs nicht erfüllt haben.

Als im Herbst 1989 post-stalinistische Diktaturen wie Dominosteine fielen, schien eine friedlichere, gerechtere Gesellschaft nahe. Aber die unerwarteten Probleme des Zusammenwachsens verwandelten solche Hochgefühle in ein »verärgertes Stimmungstief«. Im Osten machen sich viele Arbeitslose über den wirtschaftlichen Zusammenbruch Sorgen, während im Westen der Unmut über die Höhe der finanziellen Transferleistungen wächst. Intellektuelle diskutieren über den ungewollten Nationalstaat, und Politiker ergehen sich in Schuldzuweisungen für Fremdenhaß und Haushaltsdefizit. Der Volksmund witzelt, die Deutschen seien noch nie so entzweit gewesen wie seit ihrer Vereinigung.[3]

Diese widerstreitenden Emotionen haben sich mittlerweile in zwei rivalisierende Diskurse verfestigt. Einerseits schufen Regierungsverlautbarungen eine heroisierte Erzählung von Selbstbefreiung und freiwilligem Beitritt, um öffentliche Unterstützung für den Osten zu mobilisieren. Diese besonders von der CDU und FDP vertretene Version des 3. Oktobers feiert den Sturz der poststalinistischen Unterdrückung und preist die Hinwendung der Ostdeutschen zur westlichen Demokratie.[4]

Andererseits formulierten von der Entwicklung enttäuschte Intellektuelle eine katastrophale Gegengeschichte, um dadurch eine neue Oppositionsidentität zu gewinnen. Die vor allem von der Links-SPD, PDS und Grünen verbreitete tragische Sicht beklagt den Fehlschlag der Revolution und prangert die Leiden der kapitalistischen Restauration an.[5] Diese negativen Beurteilungen ringen mit positiven Verarbeitungsmustern um Dominanz über eine öffentliche Erinnerungskultur, die sich zum fünften Jahrestag in Fernsehsendungen, Rundfunkinterviews und Zeitschriften herausbildet und durch Geschichten Geschichte zu schreiben versucht.

Zur Verhinderung solcher Legendenbildung ist eine historische Aufarbeitung der verwirrenden Ereignisse notwendig. Da Betroffene meist nur Teilaspekte wahrnehmen, brauchen sie eine Orientierungshilfe, die ihre eigenen Eindrücke korrigiert. Erst die Erschließung und Sichtung von öffentlichen wie privaten Quellen ermöglicht es, Entstellungen von Tatsachen zu unterscheiden. Auch wenn Objektivität im naturwissenschaftlichen Sinn nicht möglich ist, bietet eine systematische und um Sachlichkeit bemühte Analyse ein Korrektiv für emotionale Einseitigkeit und parteipolitische Vereinnahmung. Durch Sensibilität für langfristige Entwicklungen und den Vergleich mit ähnlichen Problemen in anderen Kontexten zeigt ein geschichtlich geschulter Blick Perspektiven auf, welche verwirrende Gegenwartseindrücke in ein größeres Beziehungsgeflecht einordnen. Obwohl die kritische Zeitgeschichte nur vorläufige Interpretationen bieten kann, ist eine zuverlässige Rekonstruktion der jüngsten Vergangenheit eine wichtige Voraussetzung für mündiges Verhalten in der Gegenwart und demokratische Entscheidungen in der Zukunft.[6]

Gegenwart als Vergangenheit

Geschichte ist kein Sammelsurium von Fakten, sondern ein aus einem längeren diskursiven Prozeß resultierendes Konstrukt. Durch persönliche Verarbeitung und gesellschaftliche Auseinandersetzungen bilden sich individuelle wie kollektive Bilder des Geschehenen heraus. Indem sie Eindrücke zu Erinnerungen verfestigt, verwandelt die Zeit direkt nach den Ereignissen eine nicht mehr präsente Gegenwart magisch in Vergangenheit. Da die Fülle gegenwärtiger Impressionen nicht auf die Dauer zu behalten ist, arbeitet das Gedächtnis als ein Selektionsmechanismus, der nur bestimmte, als wichtig verstandene Entwicklungen aufnimmt. Während dieser Sortiervorgang in ruhigen Perioden unbemerkt abläuft, wird er in Momenten fundamentaler Erschütterung bewußt, da seine Kriterien umstritten sind. Statt die Bewertung Politikern, Journalisten oder Sozialwissenschaftlern zu überlassen, kann ein Zeithistoriker die gesellschaftliche Erinnerung selbst mitgestalten.

Die Diskussion um die deutsche Vereinigung illustriert die Problematik der Geschichtswerdung besonders deutlich. Schon im Herbst 1989 begannen die Teilnehmer, ihre Handlungen zu Erzählungen zu verdichten, um sich einen bevorzugten Platz in der Geschichte zu sichern. Politiker und Parteien versuchten, durch Presseerklärungen und Interviews ihren Versionen der Ereignisse einen bleibenden Charakter zu verschaffen. Auch die Medien bereiteten das diffuse Material auf, indem sie Videofilme, Fotobände und Chroniken nach kommerziellen oder ideologischen Gesichtspunkten herstellten. Einem holländischen Schriftsteller erschien dieses selbstbewußte Posieren der Akteure im Prozeß als »postmodern«. Ironisch notierte dieser, wie die Handelnden versuchen, »Geschichte [zu] machen«, und zugleich wissen, daß sie »in derselben Woche noch im Museum lande[n]«, wo sie sich selbst betrachten können.[7]

Die Eile der Einheit begünstigte eher flüchtige Reportagen als tiefschürfende Betrachtungen. In der Aufregung des Augenblicks überbewerteten Journalisten dramatische Ereignisse, ließen aber andere wichtige Fragen weitgehend im dunkeln.[8] Schon während des Umbruchs veröffentlichten Dissidenten erste Stasidokumente, um Reformen voranzutreiben, und die Medien warteten mit sensationellen Enthüllungen auf, um bestimmte Politiker oder Schriftsteller zu diskreditieren. Später schlugen gestürzte DDR-Machthaber aus der öffentlichen Neugier Kapital, indem sie einen Teil ihrer Regierungsgeheimnisse in Memoiren ausplauderten. Gleichzeitig polemisierten anti-nationalistische Intellektuelle gegen die ungewollte Vereinigung und schufen Schlagworte wie westliche »Kolonisierung« oder den »Ausverkauf« der DDR an den Kapitalismus.[9] Solche gefühlsbestimmte Kommentare können zwar erste Eindrücke vermitteln, aber keine dauerhaften Interpretationen bieten.

Wissenschaftliche Reflexion konnte dem endlosen Nachrichtenstrom kaum folgen. Auch die scharfsinnigsten Betrachtungen wurden immer wieder von neuen Entwicklungen überholt, so daß die analytische Verarbeitung permanent hinter den Ereignissen herhinkte. In ersten Darstellungen feierten politische Beobachter die Wiedergeburt der »authentischen Sprache«, die Wiedergewinnung einer zivilen Gesellschaft und die Wiederkehr einer parlamentarischen Demokratie.[10] Sozialwissenschaftler versuchten eher die Ursachen des Zusammenbruchs des Kommunismus, den Verlauf der post-totalitären Transformation oder den internationalen Kontext der Entspannungspolitik zu erklären.[11] Historiker ergriffen vergleichsweise selten das Wort, um über die Anwendbarkeit des Revolutionsbegriffs, die Legitimität eines deutschen Nationalstaats oder die allgemeine Bedeutung des Umbruchs zu diskutieren.[12] Weil sie nur einzelne Aspekte hervorheben, liefern solche Sofortanalysen kein umfassendes Bild der Umwälzungen.

Wie kann ein Historiker den Zwängen einer ideologischen Polarisierung entkommen? Fehlender Zugang zu westdeutschen Nachlässen und Geheimakten erschwert eine personenzentrierte Geschichtsbetrachtung der westlichen Entscheidungsträger. Aber die Fülle von SED-Überlieferungen und DDR-Regierungsquellen regt eine Rekonstruktion des Vereinigungsprozesses aus ostdeutscher Sicht an: Reichhaltiges Material der Bürgerbewegung erlaubt eine Sozialanalyse von populären Erwartungen; Berge von offiziellen Druckerzeugnissen und Zeitungsausschnitten ermöglichen eine Untersuchung der politischen Auseinandersetzungen; endlose Aufrufe und Essays stützen eine kulturelle Reflexion über die Gründe der Intellektuellenkritik; zahllose Verlautbarungen über Verhandlungen erleichtern schließlich eine Aufarbeitung der internationalen Dynamik. Eine solche diskursive Perspektive richtet die Aufmerksamkeit auf die Interaktion von Hoffnungen breiter Kreise und Ängsten der Intellektuellen mit den politischen und diplomatischen Entscheidungen der Vereinigung.[13]

Immer noch wirft der überraschende Umbruch viele ungelöste Fragen auf. Eine zeitgeschichtliche Aufarbeitung muß zunächst einmal den chronologischen Ablauf der Ereignisse klären. Die Diskussion um den Nationalfeiertag verdeutlicht, wie kontrovers selbst schon die Datierung sein kann. Welcher Tag entschied das Schicksal der DDR: der 7. Oktober mit Gorbatschows Rede vor dem Politbüro, der 9. Oktober mit dem Leipziger Gewaltverzicht, der 4. November mit der Berliner Großdemonstration oder der 9. November mit der Maueröffnung? Jedes Datum privilegiert einen bestimmten Handlungsstrang und suggeriert andere Gründe für den Zerfall des SED-Regimes. Noch schwieriger ist die Erklärung der wachsenden Geschwindigkeit des Vereinigungsprozesses. Welche Faktoren beschleunigten den Umbruch, so daß er innerhalb von einem Jahr zuvor Unvorstellbares vollbrachte?[14]

Wer die entscheidenden Akteure waren, ist ebenso umstritten. Im Jahre 1989/90 bewegte sich eine bunte Parade von Handelnden über die Bühne der Geschichte, stand einen Moment im Rampenlicht und verschwand dann wieder im Schatten. Unerwartet brachten namenlose Flüchtlinge, demonstrierende Dissidenten und sozialistische Reformer das erstarrte SED-Regime zum Einsturz. Einen glorreichen Moment lang artikulierten Schriftsteller die Träume der unzufriedenen Bevölkerung von einem freieren Leben und einem Dritten Weg. Erstaunt über die ostdeutsche Bewegung versuchten westdeutsche Politiker ihre Dynamik zu kanalisieren, während internationale Staatsmänner wie Michail Gorbatschow und George Bush sich bemühten, für Grenzprobleme und Sicherheitsfragen friedliche Lösungen zu finden. Welchen Anteil hatten jeweils die Bürger und die politischen Eliten am Ausgang der dramatischen Ereignisse?[15]

Noch kontroverser sind zentrale Begriffe, die versuchen, den Prozeß des Umbruchs zu umschreiben. War der demokratische Aufbruch eine »Wende« der SED-Politik, eine »Implosion« des post-stalinistischen Regierungssystems oder eine »friedliche Revolution« von unten? Der Katastrophendiskurs bezeichnet die Vereinigung als eine Art von »Anschluß« an den übermächtigen Westen, während der Festdiskurs sie eher als eine »Selbstbestimmung« der unterdrückten Bevölkerung in »nationaler Solidarität« sieht. Diese Vokabeln sind so ideologisch und emotional befrachtet, daß sie nicht unbesehen zur Analyse verwendet, sondern als Produkte des Geschehens betrachtet werden sollten. Die Klärung der Bedeutung und Verbreitung zentraler Begriffe bietet statt dessen einen wichtigen Schlüssel zum Verständnis gegensätzlicher Wahrnehmungen der Prozesse.[16]

Schließlich sind auch die tieferliegenden Ursachen des Umbruchs weiterhin unklar. Der unerwartete Umschlag von demokratischem Aufbruch in nationale Vereinigung erschwert eine einfache, unter einen einzigen Begriff gefaßte Interpretation. Lösten eher internationale Entwicklungen wie Entspannung zwischen der Sowjetunion und den Vereinigten Staaten sowie die wirtschaftliche Stagnation des Ostblocks den Umschwung aus? Oder waren interne Anstöße wie die Revolte der ostdeutschen Bevölkerung sowie der Vereinigungsdruck der Bonner Politiker dafür verantwortlich? Bürgerbewegung und Demokratisierung finden sich in allen osteuropäischen Ländern; aber der Zusammenschluß der deutschen Teilstaaten weicht von diesem allgemeinen Muster ab, weil Nationalismus in anderen Ländern etablierte Staaten auflöste, statt sie zu vereinigen. Warum führte gerade im geteilten Deutschland die Demokratisierung des Ostens zur Einheit mit dem Westen?[17]

Diese Widersprüche verlangen eine vielschichtige Geschichtsschreibung mit wechselnden Schwerpunkten. Um Erinnerungslücken zu schließen, müssen erst Ereignisse historisch rekonstruiert werden, bevor man sozialwissenschaftliche Theorien bilden kann. Jedoch warnen poststrukturalistische Kritiker vor der naiven Konstruktion einer neuen »Meistererzählung« der Vereinigung. Der Umschlag von Bürgerbewegung in Beitrittskampagne enthält zu viele Spannungen, um in ein einzelnes Handlungsschema zu passen. So wechselten ständig die Schauplätze, von Leipzig und Berlin nach Bonn, von Deutschland in die Sowjetunion und in die USA, verwandelten sich die Triebkräfte von Freiheitsforderungen in Wirtschaftssorgen und Einheitserwartungen und fluktuierte der Zeithorizont zwischen problematischer Vergangenheit, enttäuschender Gegenwart und erhoffter Zukunft. Nur eine Darstellung entgegengesetzter Visionen und fehlgeschlagener Alternativen kann diesen Brüchen gerecht werden.[18]

Zur Überwindung des öffentlichen Meinungsstreits sind Interpretationen jenseits der Fest- oder Katastrophenversionen zu suchen. Zur Anknüpfung an persönliche Erinnerungen können von den Medien dramatisierte Bilder als Einstieg in den Problemhintergrund dienen. Dann muß eine detaillierte Rekonstruktion der inneren und äußeren Ereignisketten versuchen, die komplexen Wirkungszusammenhänge zu entschlüsseln. Schließlich sollten die von Politikern und Medien angebotenen Erklärungen systematisch analysiert werden, um das verwirrende Geschehen in eine breitere historische Perspektive einzuordnen.[19] Die Unvollständigkeit des Materials behaftet jede zeitgeschichtliche Analyse mit einer gewissen Vorläufigkeit, da zusätzliche Quellen manche Details korrigieren werden. Aber wenn die richtigen Fragen gestellt werden, kann auch eine erste Aufarbeitung helfen, einen generellen Überblick zu bieten und weitere Diskussionen zu strukturieren.

Das Management der Teilung

Die Beendigung der deutschen Spaltung macht ein erneutes Durchdenken der Entwicklung von Bundesrepublik und DDR notwendig. Die vier Jahrzehnte der Zweistaatlichkeit haben sich von einem historischen Endpunkt in eine lange, aber vorübergehende Zwischenstufe verwandelt. Aufgrund der wiedergewonnenen Einheit erscheinen manche bekannte Tatsachen in neuartigem Licht. So scheinen einerseits beide deutsche Staaten stärker aufeinander bezogen, andererseits mehr als Produkte übergreifender europäischer Entwicklungen. Da der Perspektivwandel des Umbruchs schon manche Aspekte der Nachkriegsjahrzehnte verdeckt hat, sollte man sich zunächst einige Grundbedingungen ins Gedächtnis zurückrufen. Vergleichende Ansätze und eine Analyse der gegenseitigen Bezüge werfen die Frage auf: Welche Rolle spielten die Deutschen selbst in der Entwicklung ihrer Teilung?[20]

Entgegen einer nationalen Legende war die deutsche Trennung in Ost und West weitgehend selbstverschuldet. Nicht der Neid der Nachbarn, sondern die Niederlage der Wehrmacht in Hitlers Eroberungskrieg führte zur Zerstückelung des großdeutschen Reichs. Obwohl die Alliierten den »Militarismus und Nazismus« ausrotten wollten, konnten sie sich nicht darüber einigen, wie sie den besiegten Feind behandeln sollten. Um die militärische Besatzung zu erleichtern, trennte das Londoner Protokoll den Kernbereich Deutschlands in drei von den Siegern kontrollierte Zonen. Das Potsdamer Abkommen übergab den Norden Ostpreußens an die Sowjetunion, stellte die Gebiete jenseits der Oder-Neiße-Linie unter polnische Verwaltung, gab das Sudetenland an die Tschechoslowakei zurück und machte Österreich wieder unabhängig. Um mit dem Wiederaufbau lokal zu beginnen, »wird vorerst keine deutsche Zentralregierung errichtet«.[21]

Auch ohne Friedensvertrag zerbrach die pragmatische Aufteilung Deutschlands in militärische Besatzungszonen die Einheit. Zwar sollten wichtige Zentralverwaltungen geschaffen und die Wirtschaft einheitlich behandelt werden; aber in ihren jeweiligen Territorien richteten die Besatzungsmächte Verwaltungen nach ihrem eigenen Vorbild ein, erneuerten das Erziehungswesen und stellten das Wirtschaftssystem um. Während die Westdeutschen den demokratischen Kapitalismus erlernen sollten, waren die Mitteldeutschen dem sowjetischen Kommunismus ausgesetzt. Hinzu kam, daß über zwölf Millionen ostdeutscher Flüchtlinge aus den ehemaligen Reichsgebieten nach Westen strömten. Obwohl die totale Niederlage militärische Besatzung und Viermächtekontrolle mit sich brachte, bot die Befreiung von der Nazi-Diktatur auch die Chance eines Neuanfangs.[22]

Der Kalte Krieg verwandelte die de facto-Trennung in eine de jure-Spaltung. Obwohl die Deutschen kaum dafür verantwortlich waren, wurde ihr Land Schauplatz und Teilnehmer des Blockkonflikts. Nach dem Abschluß gemeinsamer Maßnahmen wie der Entnazifizierung fingen die Alliierten an, sich über ihren Anteil der Beute, wie z. B. die Höhe der Reparationen, zu streiten. Die ideologische Auseinandersetzung zwischen kapitalistischem Wettbewerb und sozialistischer Planung verhinderte die Zusammenarbeit beim wirtschaftlichen Wiederaufbau durch den Marshall-Plan. Mit der Konsolidierung der Westzonen und der Stalinisierung des Ostens verhärteten sich die vorläufigen Besatzungsgrenzen in einen undurchdringlichen Eisernen Vorhang.[23] Beide Seiten betrachteten ihren Teil als Sprungbrett für die Gewinnung des restlichen Mitteleuropas und verschärften mit Krisen, wie z. B. der Blockade Berlins, die Konfrontation.

In ihrem geteilten Land verwandelten die Deutschen die globale Systemkonfrontation in einen »kalte[n] Bürgerkrieg«. Mehr als ihre Nachbarn verinnerlichten die Bewohner der Ost- und Westzonen die Ideologien der Siegermächte bei der Flucht aus ihrer eigenen, unerträglich gewordenen nationalen Identität. Ohne Protest akzeptierten sie im Herbst 1949 die Gründung von verfeindeten Teilstaaten, der Bundesrepublik und der DDR, als Schritt zu internationaler Rehabilitierung. Als Resultat von Konrad Adenauers Strategie der Westintegration wurde der Bonner Nachfolgestaat langsam unabhängiger. Dagegen blieb der vom Volksaufstand 1953 durch die Rote Armee gerettete Ostberliner Satellitenstaat eher ein »sowjetischer Homunkulus«. Als negative Spiegelbilder waren beide Regime aufeinander fixiert, da sie ihre jeweilige Legitimität aus der Existenz des Gegners ableiteten.[24]

Wiedervereinigungsversuche während der fünfziger Jahre mußten unweigerlich fehlschlagen. Um schmerzliche Folgen der Trennung zu lindern, versprachen die Politiker der Bevölkerung, die Einheit wiederherzustellen. Aber die Sieger fürchteten ein Wiedererstarken der deutschen Macht und hatten keine Eile, ihre kostspieligen Eroberungen herauszugeben. Trotz rühmlicher Ausnahmen wie Kurt Schumacher wollten die neuen deutschen Eliten die Teilung nur mittels der Übernahme des eigenen, ihre Privilegien garantierenden Systems durch den anderen Teil überwinden. Feindbilder des Antikommunismus und Antifaschismus sowie entgegengesetzte Interessen bedingten unvereinbare Vereinigungsstrategien. Der Westen rief nach »freien Wahlen« in der Überzeugung, daß die Bevölkerungsmehrheit eine kapitalistische Demokratie vorzöge. Der Osten verlangte eine Konföderation zwischen beiden Staaten, um seine »sozialistischen Errungenschaften« vertraglich abzusichern.[25]

Diese Diskrepanz von Rede und Absicht führte zu endlosen Verwirrungen während der Viermächteverhandlungen. Wenn der Westen wirtschaftliche Hilfe anbot, konterte der Osten wie im Jahre 1952 mit Vorschlägen militärischer Neutralisierung. Gleichzeitig versuchten beide Regime, sich gegenseitig innenpolitisch zu destabilisieren. Die Hallsteindoktrin beanspruchte ein Bonner Alleinvertretungsrecht für alle Deutschen und verweigerte der DDR die Anerkennung, da die SED-Herrschaft nicht durch demokratische Wahlen legitimiert war. Als Sprecher einer progressiven Arbeiterklasse finanzierte Ostberlin die Opposition gegen die Wiederbewaffnung und schickte Tausende von Spionen in den Westen. Mit NATO und Warschauer Pakt sowie EG und RGW traten beide Staaten feindlichen Bündnissen bzw. Wirtschaftsblöcken bei. Während die ältere Generation weiter auf ein Wunder hoffte, verlor die Jugend allmählich den Glauben an eine Wiedervereinigung.[26]

Der Mauerbau zementierte die Teilung durch eine fast undurchdringliche Barriere. Die Schließung der DDR-Grenze am 13. August 1961 unter Erich Honeckers Leitung war ein Eingeständnis wirtschaftlicher Schwäche. Da bis zu diesem Zeitpunkt 3 429 042 registrierte Flüchtlinge Ostdeutschland verlassen hatten, war die Mauer ein verzweifelter Versuch der SED, den Bevölkerungsverlust zu stoppen. Mit sowjetischer Unterstützung und Billigung des Warschauer Pakts entschied das Politbüro, »dem Treiben der westdeutschen Revanchisten und Militaristen einen Riegel vorzuschieben«. Jedoch war die »Kontrolle ... wie sie an den Grenzen jedes souveränen Staates üblich ist«, eher dazu bestimmt, die eigene Bevölkerung festzuhalten als äußere Angriffe abzuwehren. Die SED rechtfertigte diesen unerhörten Schritt als Bedingung für den Aufbau des Sozialismus und als Sicherung des Friedens.[27]

Trotz aller Kritik hatte die Mauer langfristig einen stabilisierenden Effekt. Zwar unterband sie die Kommunikation, zerriß zahlreiche Familien und zerstörte die verbleibenden gesamtdeutschen Institutionen. Aber die ohnmächtige Reaktion des Westens suggerierte gleichzeitig, daß der SED-Staat dauerhaft sein würde und Ost- wie Westdeutsche sich mit ihm einrichten müßten. Daher zogen sich nach bitteren Auseinandersetzungen die evangelischen Bischöfe der DDR aus der EKD zurück und entwickelten eine eigene Perspektive als »Kirche im Sozialismus«. Die wachsende Akzeptanz der DDR fand jedoch ihre Grenzen durch die Teilnahme der DDR-Soldaten an der Niederwerfung des Prager Frühlings im Jahre 1968. Gerade wegen ihrer Unüberwindbarkeit blieb die Mauer als zynisches Symbol der Unmenschlichkeit ein Zeichen innerer Schwäche der DDR wie ein Ärgernis für die westliche Welt.[28]

Der offenkundige Fehlschlag der Nichtanerkennungs-Politik

gegenüber der DDR zwang die Bundesrepublik während der siebziger Jahre, ihre Deutschlandpolitik zu revidieren. Weil ein Sturz der SED immer unwahrscheinlicher wurde, argumentierte Bundeskanzler Willy Brandt, daß Verbindungen mit dem Osten nur durch Abbau der Konfrontation aufrechterhalten werden könnten. Gegen konservativen Widerstand setzte seine sozialliberale Koalition auf Kooperation mit der Sowjetunion und schloß eine Serie von Nichtangriffsverträgen mit den östlichen Nachbarn ab. Um die Auswirkungen der Teilung zu mildern, schlug SPD-Vordenker Egon Bahr vor, den »Wandel durch Annäherung« mit einer »Politik der kleinen Schritte« herbeizuführen. Das erste Resultat dieses Kurswechsels war das Berlin-Abkommen von 1971, das versuchte, für die Bevölkerung »zu praktischen Verbesserungen der Lage beizutragen«. Die Vier Mächte bestätigten westliche Transitrechte im Austausch für die stillschweigende Billigung der DDR-Kontrolle über Ostberlin.[29]

Obwohl diese Ostpolitik anfänglich das SED-Regime stabilisierte, unterminierte sie auf die Dauer seine Macht. Das neue Entgegenkommen führte auch zum Abschluß des Grundlagenvertrags von 1972, der »normale gutnachbarliche Beziehungen« zwischen den deutschen Staaten herstellen sollte. Im Gegenzug zu ihrer de facto-Anerkennung machte die DDR Konzessionen in »humanitären Fragen« wie Reiseerleichterungen für ältere Bürger. Diese Kooperation kulminierte in den Helsinki-Verträgen von 1975, welche die bestehenden Grenzen bestätigten, aber gleichzeitig Standards für die Beachtung von Menschenrechten etablierten. Die Bonner Motive für eine Zusammenarbeit mit Ostberlin blieben durchaus widersprüchlich. Obwohl Nationalgesinnte hofften, die Trennung durch engere Beziehungen zu verringern, befürworteten manche Linke die Verträge als Anfang eines modus vivendi zwischen zwei selbständigen Staaten.[30]

Während der achtziger Jahre bildete sich ein Management der Teilung zwischen ideologischer Konfrontation und praktischer Kooperation heraus. Obwohl die SED auf scharfer Abgrenzung bestand und deswegen die Stasi vergrößerte, benötigte Ostberlin westliche Wirtschaftshilfe zur Aufrechterhaltung der Stabilität. Trotz antikommunistischer Rhetorik setzte die CDU nach Wiedererlangung der Macht die pragmatische Zusammenarbeit der sozialliberalen Koalition fort und entwickelte sie durch Geheimabsprachen weiter. Ein Kooperationsgebiet waren Kredite, weil sie den Osten zahlungsfähig hielten und Chancen für westliche Geschäfte eröffneten. Auch nach dem NATO-Doppelbeschluß bildete die Abrüstung ein weiteres gemeinsames Interesse, da keine Seite zum Austragungsort eines Nuklearkrieges werden wollte. Diverse Reiseerleichterungen, kultureller Austausch und neue Städtepartnerschaften ließen langsam menschliche Kontakte wieder aufleben.[31]

Doch engere Zusammenarbeit konnte die grundsätzliche Gegnerschaft nicht überwinden. Während Bonn Verbindungen knüpfte, um den nationalen Zusammenhalt zu stärken, feierte Ostberlin jede Konzession als Beweis seiner Souveränität. Vielbeachtete Staatsbesuche von Helmut Schmidt und Erich Honecker signalisierten eine teilweise Normalisierung der Beziehungen. Jedoch hielt der SED-Generalsekretär pointiert daran fest, »Sozialismus und Kapitalismus lassen sich so wenig vereinigen wie Feuer und Wasser«. Progressive Westdeutsche akzeptierten die Existenz zweier Staaten einer Nation als Voraussetzung für den Frieden. So ignorierte die SPD die ostdeutsche Opposition und setzte statt dessen auf einen Reformdialog mit der SED in einem gemeinsamen Papier über die europäische Sicherheit. Im Bewußtsein ihrer »Verantwortungsgemeinschaft« suchten die beiden Staaten weiter nach einer besonderen Beziehung zwischen Einheit und Unabhängigkeit.[32]

Erst die Öffnung des Ostblocks bot Ende der achtziger Jahre neue Möglichkeiten zur Überwindung der europäischen Teilung. Michail Gorbatschows sowjetische Perestroika führte in ganz Osteuropa zu Reformbestrebungen, die auf seine Absage an die Breschnjew-Doktrin und sein Versprechen der Nichteinmischung bauten. Als die Planwirtschaften im Rat für gegenseitige Wirtschaftshilfe stagnierten, kritisierte die Opposition mit ungewohnter Offenheit die kommunistischen Regierungen, besonders in Polen und Ungarn.[33] In der DDR aber weigerte sich die überalterte Führung, dem russischen Beispiel zu folgen. Chefideologe Kurt Hager meinte abfällig, daß Ostberlin nicht seine Tapeten wechseln müßte, nur weil die Nachbarn neu dekorierten. Diese doppelte Isolierung in Ost und West enttäuschte die ostdeutsche Bevölkerung und spornte Dissidenten an, sich an die Öffentlichkeit zu wagen. Die Deutschen führten diesen Wandel nicht herbei, sondern reagierten eher auf eine neue Situation.[34]

Die wachsende Zusammenarbeit zwischen den Blöcken lokkerte die Fundamente der Nachkriegsordnung. In der internationalen Arena entwickelten sich die sowjetisch-amerikanischen Beziehungen durch Fortschritte in Abrüstungsfragen langsam zu einer echten Entspannung. Ende Mai 1989 bezeichnete US-Präsident Bush in Mainz die Bundesrepublik als »Führungspartner« im Westen und verlangte einen Abriß der Mauer: »Laßt Europa ganz und frei sein!« Während seines darauffolgenden Bonner Besuchs war Gorbatschow von dem begeisterten Empfang so beeindruckt, daß er nicht widersprach, als Helmut Kohl privat behauptete, der Strom der Geschichte laufe in Richtung Wiedervereinigung.[35] In dieser Atmosphäre fingen einige Konservative an, darüber zu spekulieren, daß sowjetische Unterstützung der Selbstbestimmung eine Chance für Veränderungen in Deutschland bieten könne. Aber linke Politiker forderten unbeeindruckt, das Wiedervereinigungsgebot aus dem Grundgesetz zu streichen.[36]

Die SED-Führung reagierte mit gemischten Gefühlen auf diese widersprüchlichen Entwicklungen. Obwohl Stasi-Chef Mielke Ende April vor MfS-Führungskräften einige Verbesserungen der internationalen Lage zugab, warnte er eindrücklich vor »Illusionen in unseren Reihen«. Die auf Markt und Menschenrechte ausgerichtete Politik von Präsident Bush brächte neue Gefahrenmomente, während die »Einmischung« der Bonner Koalition und die Versuche, »auch bei uns den Sozialdemokratismus wieder zu beleben«, Auswirkungen auf die Bevölkerung haben werde. Gleichzeitig würden durch die sowjetischen Reformen sowie die Liberalisierung in Ungarn und Polen »große Gefahren für den Sozialismus heraufbeschworen«. Ähnlich polemisierte Honecker auf dem Treffen des Warschauer Pakts im Juli gegen die Aufgabe sozialistischer Solidarität und riet, an dem »Kurs der Kontinuität und Erneuerung« festzuhalten.[37]

Daher kamen die Anstöße zur Überwindung der Teilung mehr von außen als von innen. Gorbatschows sowjetischer Reformkurs war die Hauptvoraussetzung für den Abbau post-stalinistischer Unterdrückung in Osteuropa. Gleichzeitig reduzierten Entspannungsfortschritte alte Ost-West-Konfrontationen und schufen Spielräume für eine internationale Neuordnung. Jedoch aufgrund der Teilung waren in der DDR die internen Oppositionskräfte schwächer entwickelt als in Polen oder Ungarn. Obwohl die CDU die Option der Wiedervereinigung rechtlich offenhielt, fehlte ihr eine praktische Strategie zu deren Durchsetzung. Dagegen verfolgte die SPD eine konstruktive Politik der Vernetzung mit dem Osten, die jedoch das langfristige Ziel der Einheit aus dem Auge verlor. Da die Teilung unüberwindbar zu sein schien, hatten sich fast alle Deutschen darauf eingerichtet, damit zu leben. Allein die befestigte Grenze erinnerte noch daran, daß die deutsche Frage nicht gelöst, sondern nur vertagt worden war.[38]

Die Wiederkehr der Geschichte

Für viele Deutsche hatte die Teilung den Ausstieg aus einer beängstigenden Nationalgeschichte bedeutet. Nach dem übergroßen, durch Umstürze und Weltkriege verursachten Leiden begrüßten sie die Auflösung ihres Nationalstaats. Aus Reue für einen früher übersteigerten deutschen Nationalismus wendeten sich deutsche Intellektuelle den widerstreitenden Ideologien der Siegermächte zu und rechtfertigten die Trennung als notwendige Versicherung gegen unerwünschte Rückfälle in die Barbarei. Dem Durchschnittsbürger brachte die Gegenwart einen bescheidenen Wohlstand, und die Zukunft versprach Sicherheit, sei sie demokratisch oder sozialistisch. Nur eine Minderheit empfand die Trennung von Familien und die Grenze als unmenschlich und hielt die Politik der Nachfolgestaaten für festgefahren und provinziell.[39]

Mit dem demokratischen Aufbruch in Ostdeutschland meldete sich die Geschichte plötzlich wieder zurück. Im Gegensatz zur vorherigen Berechenbarkeit schien es den Menschen im Herbst 1989 »nun so, als habe die Geschichte sich verselbständigt, ja als breche nun seit vierzig Jahren gestaute Geschichte über sie herein«. Die Ereignisse gingen in eine unerwartete Richtung und beschleunigten sich fortwährend. Der rasche Wechsel von Namen und Programmen verdeutlichte, daß die Gegenwart nur einen Durchgangscharakter für eine offene Zukunft besaß. Die Medien verloren ihre beruhigende Langweiligkeit, denn nun jagte eine Nachricht die andere. Unerhörtes, ja Undenkbares geschah beinahe täglich. Die dramatischen Veränderungen schufen sowohl erschreckende Risiken als auch erregende Chancen. Die Wiederkehr des Nationalstaats mußte verunsichern, da sie den Deutschen den Schutz vor sich selbst raubte.[40]

Über Nacht veränderte die Vereinigung auch die deutsche Vergangenheit. Statt mit der katastrophalen Niederlage des Nationalsozialismus im Jahre 1945 zu enden, erhielt die deutsche Geschichte eine unerwartete Fortsetzung, einen neuen Fluchtpunkt im Herbst 1990. In einem erstaunlichen Jahr erreichte die friedliche Demokratiebewegung gleichzeitig Freiheit und Einheit: Damit verwirklichte sie den Traum der 1848er-Revolutionäre, der mit Ausnahme der unbeliebten Weimarer Republik noch nie geglückt war. Der Bismarcksche Nationalstaat war nicht mehr eine fünfundsiebzigjährige Episode, sondern kehrte als Normalzustand wie bei anderen europäischen Völkern zurück. Die Selbstbefreiung der DDR machte die Aufarbeitung von »weißen Flecken« im Geschichtsbild möglich, setzte aber auch eine Säuberung der Lebensläufe und bittere Diskussionen um Kollaboration mit der SED in Gang. In Wiederholung der Auseinandersetzungen nach 1945 verdoppelte sich dadurch das Problem der Bewältigung der Vergangenheit.[41]

Der Umbruch von 1989/90 veränderte auch die Gegenwart fundamental. Nach dem 3. Oktober 1990 gehörte die DDR als Staat der Vergangenheit an. Für die Bevölkerung bedeutete ihre Auflösung gleichzeitig Befreiung und Verlust. Das Ende der SED-Herrschaft löste die Fesseln der Repression und hob die Schizophrenie des Denkens auf, aber der Systembruch bedrohte auch die Kontinuität des eigenen Lebens. Als eine Reaktion auf die Überforderung durch die Umstellung wuchs eine eigenartige DDR-Nostalgie, die deren Errungenschaften hervorheben konnte, weil die Unterdrückung nun verschwunden war. Obwohl sie vorher ihren provisorischen Staat hart kritisiert hatten, wurden sich westdeutsche Intellektuelle langsam des Endes der alten Bundesrepublik bewußt und vermißten im Nachhinein ihre Sicherheit und Friedfertigkeit.[42]

Kein Wunder, daß die Vereinigung eine Flut von widersprüchlichen Zukunftserwartungen auslöste. »Sichtbare Geschichte hat immer etwas Ekstatisches, Ergreifendes, Beängstigendes«, notierte der holländische Schriftsteller Cees Noteboom. »Niemand kann sich dem entziehen. Und niemand weiß, was geschehen wird.« Besonders jene Ostdeutsche, die unter dem Regime gelitten hatten, hofften auf eine Wiedergutmachung und ein besseres Leben. Westliche »kalte Krieger« feierten den kapitalistischen Sieg über den Kommunismus, während Linksintellektuelle der Niederlage ihrer marxistischen Weltanschauung nachtrauerten. Internationale Kommentatoren warnten vor dem weiteren Erstarken der wirtschaftlichen und politischen Macht Deutschlands. Bei den früheren Opfern des NS-Regimes löste das Trauma des Holocaust tiefe Bedenken über einen neuen Rassismus aus. Fast reflexartig kollidierten daher alte Ängste mit neuen Hoffnungen.[43]

Ein Ereignis wie der Umbruch von 1989/90 kann niemanden unberührt lassen. Verständlicherweise verlangen vor allem die Opfer der Unterdrückung in der DDR eine »Katharsis, Abrechung, Trauerarbeit und politische Auseinandersetzung«. Bei den kommunistischen Tätern dominiert dagegen ein abwehrender Trotz, welcher die »reale sozialistische Alternative zur kapitalistischen Gesellschaftsordnung« als human verteidigt. Ähnlich schwanken westdeutsche Kommentatoren zwischen ethischer Verdammung der SED-Diktatur und pragmatischer Erklärung eigener Kontakte mit Ostberliner Machthabern. Da bei der Aufarbeitung weder Schuldzuweisungen noch Apologie weiterhelfen, muß die Zeitgeschichtsschreibung versuchen, die Polarisierung des öffentlichen Diskurses aufzubrechen. Weder eine Heroisierung des demokratischen Aufbruchs noch eine Verteufelung der Umbruchsfolgen wird der historischen Bedeutung der Ereignisse des Jahres 1989/90 gerecht. Nicht eine neue, alle Widersprüche glättende Nationalgeschichte, sondern nur die Aufarbeitung der unterschiedlichen Geschichten von Ost und West wird in der Lage sein, die Überraschungen des Umbruchs überzeugend zu erklären.[44]

Die intellektuelle Herausforderung der Vereinigung besteht darin, die Vergangenheit mit wissenschaftlicher Distanz zu betrachten, ohne dabei auf ein Urteil zu verzichten. Vielleicht kann man einen solchen Versuch mit der Formel einer kritischen Historisierung umschreiben, die an Martin Broszats Terminus für die Analyse des »Dritten Reichs« angelehnt ist. Dieser Begriff weist auf eine Perspektive hin, die versucht, die widersprüchlichen Imperative von menschlichem Verständnis und ethischer Beurteilung miteinander zu verbinden. Kritik ohne Verstehen bleibt vordergründig und steril, weil vorschnelle Verurteilung die Vergangenheit karikiert; jedoch Verstehen ohne Kritik führt zu Beliebigkeit, weil andauernde Differenzierung alles entschuldigt. Die folgenden Ausführungen wollen einen ersten Anstoß zu einer in diesem Sinne verstandenen kritischen Historisierung des Umbruchs von 1989/90 geben.[45]

Erster Teil

»Das Volk« steht auf

I. Kapitel
Die Massenflucht

Mit einem Loch im Eisernen Vorhang fing der Exodus aus der DDR an. Nachdem ungarische Soldaten am 2. Mai 1989 den Stacheldraht an der österreichischen Grenze abbauten, überquerten in den folgenden Wochen 242 Ostdeutsche die Grenze. Viele der 457 Menschen, die dabei abgefangen wurden, und andere, die weniger riskieren wollten, drängten in die westdeutschen Botschaften in Budapest, Prag und Ostberlin. Obwohl die DDR gegen die »grobe Einmischung« in ihre Souveränität protestierte, hießen Bonner Beamte diese Flüchtlinge willkommen. »Wenn sie zu uns kommen, nehmen wir sie als Deutsche auf. Wir werden sie nicht mit Gewalt hinauswerfen.«[1] Durch diese Zusicherung ermutigt, versuchten immer mehr DDR-Bürger, welche die Hoffnung auf einen Wandel aufgegeben hatten, ohne offizielle Erlaubnis auszureisen.

Den um Stabilität besorgten Politikern gelang es nicht, diese Fluchtbewegung aufzuhalten. DDR-Außenminister Oskar Fischer verlangte von der ungarischen Regierung die Rückführung der dort Zuflucht suchenden Ausreisewilligen. Um die Normalisierung der Beziehungen fortzusetzen, appellierte Bundeskanzler Kohl an SED-Generalsekretär Honecker, »zu konstruktiven Lösungen beizutragen«, und schloß die westdeutsche Botschaft in Budapest wegen Überfüllung. Am 19. August überquerten jedoch weitere 661 Ostdeutsche während eines »Friedenspicknicks« der Pan-Europa-Union die österreichisch-ungarische Grenze. Einige wurden angehalten, und ein Mann sogar von einem Grenzpolizisten erschossen. Als mehrere Tausend Fluchtwillige die Budapester Botschaft umlagerten, richtete das Rote Kreuz Zeltlager für diejenigen ein, die trotz der Überredungsversuche von DDR-Vertretern nicht nach Hause fahren wollten. Unter den 6000 Flüchtlingen in den improvisierten Unterkünften wuchs die Ungeduld.[2]

Das Budapester Kabinett war mit einem Dilemma konfrontiert. Zwar verlangten Blocksolidarität und rechtliche Vereinbarungen, daß alle Flüchtlinge nach Ostberlin zurückgeschickt würden; aber eine solche »barbarische, antihumane« Abschiebung würde die

Chancen westdeutscher Wirtschaftshilfe beeinträchtigen. Zunächst überredete Außenminister Gyula Horn die widerwillige DDR-Regierung, eine einmalige Ausreise von über hundert Personen mit Dokumenten des Roten Kreuzes zu genehmigen. Doch der weiter steigende Andrang überzeugte ihn von der Notwendigkeit einer radikaleren Lösung, die allen, die es wünschten, erlauben würde, das Land zu verlassen. In der Hoffnung auf sowjetische Zurückhaltung entschieden sich die Reformer in Ungarn, dem Menschenrecht auf Freizügigkeit zu folgen und die Rolle als Büttel des Verbündeten im Warschauer Pakt aufzukündigen.[3]

Am 10. September um 19 Uhr gab Gyula Horn die Öffnung der ungarischen Grenze in den Abendnachrichten bekannt. Exakt um Mitternacht brausten die überglücklichen Wartenden in Tausenden von hupenden Trabis, Wartburgs und in über hundert Bussen zur Grenze. Statt sie wie gewohnt anzuhalten, lächelten ungarische Zöllner und winkten die Flüchtlinge durch. Ein rostbrauner Lada, mit zwei Familien und einem Kind, passierte als erster die Grenzlinie. »Ich kann es noch gar nicht fassen, daß es geklappt hat«, staunte sein Fahrer. »Seit kleinauf habe ich davon geträumt«, rief ein junger Lehrer, »aber ich habe nie gedacht, daß es so kommen würde. Wir haben seit Wochen geplant, aber noch als wir die DDR verließen, haben wir nicht geglaubt, daß wir je hier sein würden.«[4] Die Flucht von 8000 über die ČSSR, Bulgarien und Rumänien angereisten Menschen in 24 Stunden war der größte Exodus aus Ost-Deutschland seit dem Mauerbau.

Die ungarische Grenzöffnung erschütterte die auf der deutschen Teilung aufgebaute Ordnung in Europa. Ostberlin beschuldigte die Budapester Regierung, mit der »großangelegten Massenschleusung« Verträge gebrochen und eine »Verletzung grundlegender Interessen der DDR« begangen zu haben. Präsident Gorbatschow weigerte sich jedoch zu intervenieren, und die sowjetische Nachrichtenagentur TASS ermahnte Bonn lediglich, die Souveränität und Unabhängigkeit der DDR zu respektieren.[5] Außenminister Hans Dietrich Genscher erklärte gerührt, daß er Budapests humanitäre Geste nie vergessen werde. Aber die Beendigung der Botschaftsbesetzung alarmierte die westlichen Hauptstädte. »Als Tausende von freiheitssuchenden Ostdeutschen über die ungarische Grenze strömten«, schrieb die *New York Times*, »erweckten sie die ›deutsche Frage‹, den Traum oder die Angst vor einer deutschen Wiedervereinigung, erneut zum Leben.«[6]

Die scheinbare Selbstverständlichkeit der Massenflucht verdeckt ihre außerordentliche Dramatik. Ostberlin machte westliche Abwerbung dafür verantwortlich, während Bonn sie zum Symbol für den Freiheitsdrang der Menschen in der DDR stilisierte. Waren es eher materielle oder politische Ursachen, die die Ostdeutschen plötzlich zur Ausreise trieben? Nach Jahrzehnten rigider Absperrung war der Zusammenbruch der unüberwindbaren Grenzbefestigungen kaum vorauszusehen. Warum gelang es einer wachsenden Zahl von Flüchtlingen im Herbst 1989 zu entkommen und schließlich sogar die Mauer zum Einsturz zu bringen? Welche Folgen hatte der Exodus für die Stabilität der DDR und die Fortdauer der deutschen Teilung?[7]

Der Ausreisedruck

Ironischerweise waren die Reisebeschränkungen der DDR der Hauptgrund für die Flucht der Ostdeutschen in den Westen. Die SED hatte den Bau der Mauer ursprünglich als »antifaschistischen Schutzwall« gegen westlichen Revanchismus gerechtfertigt. Noch im Frühjahr 1989 behauptete der Generalsekretär Erich Honecker, die Grenzbefestigungen würden weitere hundert Jahre stehen bleiben, jedenfalls solange sie notwendig seien. Die meisten DDR-Bürger fühlten sich jedoch nicht vom Westen bedroht und verstanden die Reisebeschränkungen als eine Art von Inhaftierung. Da die DDR-Elite ohne große Behinderung reisen konnte, unterschätzte sie das Bedürfnis der Bevölkerung nach freier Bewegung. Die Verweigerung dieses Grundrechts war ein wichtiges Motiv, das die Menschen schließlich zur Revolte gegen ihren Staat trieb.[8]

Die Lösung der Reiseprobleme wurde durch unterschiedliche Konzeptionen der Staatsbürgerschaft in Ost und West erschwert. Während die DDR auf Kontrolle ihrer eigenen Bürger als Beweis eigenstaatlicher Souveränität bestand, garantierte Bonn jedem »Flüchtling oder Vertriebene[n] deutscher Volkszugehörigkeit« die Staatsbürgerschaft. Diese auf einem Gesetz von 1913 aufbauende Grundgesetzbestimmung hatte ursprünglich den Zweck, die deutschsprachige Bevölkerung Osteuropas aufzufangen. Um den Sog des Westens zu mindern, schuf Ostberlin mit der Verfassung von 1974 eine eigene Nationalität, indem es verkündete, daß seine

Bürger einem separaten sozialistischen Staate angehörten. Zur Betonung ihrer Unabhängigkeit behandelte die DDR danach Westdeutsche als Ausländer.[9]

Die Bundesrepublik weigerte sich, die DDR-Staatsbürgerschaft anzuerkennen, weil sie ein Gefühl von nationalem Zusammenhalt aufrechterhalten wollte. Für die Neuankömmlinge brachte diese juristische Haltung praktische Vorteile, denn die Bundesrepublik bot nicht nur spezielle Übersiedlungshilfen, sondern auch alle Vorteile eines ausgebauten Sozialstaats. Obwohl sie im Osten eingezahlt hatten, konnten übersiedelnde Rentner höhere Westpensionen erhalten. Diese Aufnahmebereitschaft erleichterte zwischen 1950 und 1961 die Flucht von 3454000 eingetragenen Übersiedlern in die Bundesrepublik. Dieser Aderlaß war etwa zehnmal so hoch wie die Zahl derer, die vom Westen aus politischer Überzeugung in den »real existierenden Sozialismus« übersiedelten.[10]

Die Entwicklung der Ost-West-Reisen war ein sensibler Indikator deutsch-deutscher Beziehungen. Anfangs stoppte die Mauer die Abwanderung von Arbeitskräften, indem sie im Jahre 1962 den Exodus auf 20 000 reduzierte. Aber der Verlust der Bewegungsfreiheit schuf ein Gefängnisgefühl, das Fluchtversuche provozierte. Während der siebziger Jahre halbierten die harten Restriktionen und der wirtschaftliche Aufschwung die Zahl der Ausreisen. In den achtziger Jahren öffneten wachsende Selbstsicherheit und größere Anerkennung von Menschenrechten das Tor einen Spalt weiter. Sobald es leichter wurde, eine Erlaubnis zu erlangen, flohen weniger Menschen durch andere Länder oder durch die Grenzanlagen. Auch ließ Ostberlin ca. 1000 Häftlinge jährlich für etwa DM 100 000 pro Kopf von Bonn freikaufen. Trotzdem blieb das Reiseproblem unlösbar. Als Egon Krenz 1984 durch Billigung von 34982 Übersiedlungen den Druck verringern wollte, meldeten sich doppelt so viele neue Ausreisewillige.[11]

Die Schwierigkeiten bei der Beantragung einer Reiseerlaubnis sollten potentielle Antragsteller abschrecken. Die DDR-Reiseverordnung vom 30. November 1988 erlaubte Privatreisen nur für Rentner und zu Familienangelegenheiten. »Ständige Ausreisen können genehmigt werden, wenn dafür humanitäre Gründe vorliegen.« Aber vielfältige Gründe wie der »Schutz der nationalen Sicherheit« und »der öffentlichen Ordnung oder anderer staatlicher Interessen« sowie »der Rechte der Bürger, der Prinzipien

Tabelle I
Ostdeutsche Übersiedler

	Erlaubnis	Drittlän.	Flucht	Freikauf	Gesamt
1962-70	146129	56970	21105	5448	229652
1971-79	85434	27576	7816	10350	131176
1980-88	150918	36152	2672	13872	203619
Summe (mit 61)	382481	163815	40100	29670	616066

sozialistischer Moral und sozialer Erfordernisse« konnten eine Erlaubnis verhindern. Von den Bürgern wurde die Regelung »allgemein positiv bewertet«, da klare Bestimmungen die Willkür einschränkten und eine Möglichkeit zur gerichtlichen Nachprüfung boten. Aber es gab »heftige Kritik« daran, daß die Beschränkung auf Verwandtschaft die Gesellschaft in zwei Klassen teilte und Menschen ohne Familie im Westen vom Reisen ausschloß.[12]

Privatreisen waren teilweise eingeschränkt. Ohne Angabe von Gründen konnten Normalbürger in andere sozialistische Länder außer Polen reisen, das wegen der antikommunistischen Solidarnosč-Gewerkschaft verboten blieb. Rentner durften den Westen bis zu dreißig Tage besuchen, aber ihr dortiger Gastgeber mußte die Aufenthaltskosten übernehmen, da sie kaum Devisen tauschen durften. Jugendliche und Personen im Arbeitsalter konnten nur »anläßlich von Geburten, Kindstaufen ... Konfirmationen und Erstkommunionen, standesamtlichen Eheschließungen«, zu besonderen Geburtstagen und »bei lebensgefährlichen Erkrankungen ... sowie bei Sterbefällen« im engeren Verwandtenkreis das Land verlassen. Während der späten siebziger Jahre durften jährlich etwa 40000 Ostdeutsche westliche Verwandte besuchen und ungefähr 1,6 Millionen Rentner reisen. Nachdem sich die Regeln lockerten, reisten im Jahre 1988 etwa 2,79 Millionen DDR-Bürger in den Westen und 3,95 Millionen nach Westberlin, von denen etwa die Hälfte noch nicht im Pensionsalter war.[13]

Berufliche Reisen waren noch strenger begrenzt. Viele SED-Mitglieder, manche Anhänger der Blockparteien und einige wenige Nichtparteimitglieder wurden als »Reisekader« bezeichnet. Diese Bevorzugten konnten ins Ausland reisen, solange ihr Arbeitgeber über die notwendige Valuta verfügte. Dieser Status war eine begehrte Auszeichnung, die Zugang zu internationalen Diskussionen und westlichen Konsumgütern ermöglichte. Um ausgewählt zu werden, mußte man von seinem Betrieb nominiert und vorher auf Sicherheitsrisiken wie Verwandtschaft im Westen oder politische Unzuverlässigkeit untersucht werden. Reisende ließen nicht nur ihre Familien als Geiseln zurück, sondern mußten ihren Vorgesetzten auch alle Kontakte mit Ausländern melden, die diese Informationen routinemäßig an die Stasi weitergaben.[14]

Am schwierigsten war die Genehmigung für eine permanente Ausreise. Zwar durfte ein Bürger unter Berufung auf die Schlußakte von Helsinki um Erlaubnis nachsuchen, einen Antrag zu stellen. Aber die Behörden drängten, um einem Verlust von Arbeitskräften vorzubeugen, das Ansuchen rückgängig zu machen und erlaubten nur die Einreichung von einem Bruchteil der Gesuche. Die wenigen, die trotz »personenbezogener Einflußnahme« darauf bestanden, konnten einen Antrag mit offizieller Begründung stellen. Im Jahre 1987 registrierte das Innenministerium 105 131 solcher Gesuche, die 1988 auf 113 521 anstiegen. Ihr Schwerpunkt lag im Süden in Dresden (28 980) und Karl-Marx-Stadt (18 206) statt in Berlin (14 606) und Leipzig (10 878). Versuche der Liberalisierung scheiterten daran, daß »mit der erheblichen Erhöhung der Genehmigungen zur ständigen Ausreise keine Reduzierung der Gesamtzahl der Antragsteller erreicht wird«.[15]

Auch unter den günstigsten Umständen war dieses Verfahren demütigend. Die Erfüllung mysteriöser Vorschriften und ihre willkürliche Auslegung verlangte unzählige Gänge zum Volkspolizeirevier oder zu anderen Behörden. Die Antragstellung bedeutete oft den Verlust des Reisepasses, die Sperrung des Bankkontos und den Einzug von Grundbesitz oder persönlicher Habe. Solange eine Entscheidung ausstand, hatten die Ausreisewilligen mit beruflichen Nachteilen zu rechnen. Sie wurden zu entwürdigenden Arbeiten gezwungen oder entlassen. Aus Angst vor Repressalien brachen Freunde und Bekannte die gesellschaftlichen Beziehungen ab. Während der endlosen Wartezeit suchten manche Zuflucht in der evangelischen Kirche, andere protestierten öffentlich, in der Hoffnung aus dem Gefängnis vielleicht vom Westen freigekauft zu werden. Die Stigmatisierung der Ausreise traumatisierte die Flüchtlinge und erzeugte tiefen Haß gegen den Kommunismus.[16]

In den späten achtziger Jahren wuchs die Unruhe über die Reisebeschränkungen. Da das Reformklima der sowjetischen Perestroika die Verweigerung dieser Grundfreiheit unverständlich machte, stiegen Fluchtversuche und Ausreiseanträge sprunghaft an. Im Vergleich zu den Veränderungen in Polen oder Ungarn schien die Starrheit der SED besonders ärgerlich. Als auch das Wirtschaftswachstum stockte, riß bei vielen Bürgern die Geduld mit dem Regime. Viele gaben die Hoffnung auf Verbesserungen auf, denn sie hielten die DDR für »tot oder fast tot«. Obwohl die protestantische Kirche zum Bleiben aufrief, zeigten mutige Pfarrer wie Rainer Eppelmann Sympathie mit denen, die ausreisen wollten. Im Schutz des Altars gründeten Ausreisewillige kurzlebige Selbsthilfegruppen für Menschenrechte, mit denen die Dissidenten die Zusammenarbeit verweigerten, weil sie dadurch eine Behinderung ihrer Reformversuche befürchteten.[17]

Schließlich zwang der steigende Reisedruck die SED, das Ventil ein wenig zu öffnen. Während im Januar 1989 nur 95 145 Anträge auf Privatreisen genehmigt wurden (zwei Fünftel wurden nicht einmal zugelassen), stieg die Anzahl der Bewilligungen im Mai auf 155 583 (und sank der Anteil der nicht entgegengenommenen auf ein Fünftel). Im Gegensatz zu nur 29 033 Ausreisegenehmigungen während des Jahres 1988 erlaubte die DDR-Regierung im ersten Halbjahr von 1989 sogar 38 917 von etwa 133 274 Antragstellern die Übersiedlung. Obwohl Honecker eigentlich seine Bürger durch eine »Verbesserung der Reisemöglichkeiten in den Westen« beruhigen wollte, machte er diese Absicht nicht öffentlich bekannt. Statt das Ausreiseverlangen langfristig zu verringern, erhöhten kleine Konzessionen den Andrang. Im Mai verdoppelte sich der Anteil der »Personen, die erteilte Reisegenehmigung zur Nichtrückkehr mißbraucht« hatten, daher auf 0,72%.[18]

Im Frühjahr 1989 mehrten sich Krisenzeichen. Obwohl die Existenz eines Schießbefehls geleugnet wurde, feuerten Grenzpolizisten weiter auf Flüchtlinge. Im Februar wurde der zwanzigjährige Kellner Chris Gueffroy getötet, als er die Grenzbefestigungen überklettern wollte, und im März starb ein weiterer junger Mann, der in einem Ballon zu entkommen versuchte. Vorsichtigere Leute suchten in westlichen Botschaften Asyl und erzwangen ihre Ausreise durch das Medieninteresse, weil die SED »solche Erpressungsversuche möglichst schnell und ohne Aufsehen zu lösen« versuchte. Andere fuhren in den Süden, um ihr Glück an den weniger befestigten Grenzen der ČSSR oder Ungarns zu versuchen. Allein im Juni kamen etwa 12 500 Ostdeutsche in der Bundesrepublik an, von denen ungefähr ein Sechstel illegal geflohen war. Da die Schlupfwege bekannt waren, warteten immer mehr DDR-Bürger auf den richtigen Moment zur Flucht.[19]

Eine bestürzte Stasi-Führung versuchte den Anstieg der Ausreisen durch schärferes Vorgehen aufzuhalten. Nach internen Analysen stieg »das vollendete ungesetzliche Verlassen der DDR« 1989 um 125% und wurden viele der abgelehnten Antragsteller immer aggressiver. Doch Mielkes Mannen waren die Hände gebunden, weil Anträge von der Volkspolizei bearbeitet wurden, das Reisegesetz rechtliche Schranken setzte und die internationale Politik Rücksichten notwendig machte. Um die Flucht schon »auf dem Territorium der DDR wirksam zu verhindern«, befahl das MfS Anfang August die Intensivierung der Arbeit der IMs, die Verschärfung der Überprüfung von Anträgen, und die Nutzung der »operativen Grenzfahndung«. Da die Unterscheidung zwischen legitimen Reisenden und potentiellen Flüchtlingen immer schwieriger wurde, resignierte Mielke: »Genossen, nur verhindern können wir nicht, daß weitere Antragsteller existieren und weitere Antragsteller auf uns einwirken werden.«[20]

Im Sommer brach der aufgestaute Ausreisedruck alle Dämme. Die abendliche »imaginäre Auswanderung« per Westfernsehen verwandelte sich in unerwartete Wirklichkeit. Das Medienbild von westlicher »Reisefreiheit, höherem Lebensstandard, Meinungsfreiheit und Pluralismus« übte eine äußerst starke Anziehungskraft aus. Die Nachricht von der Grenzöffnung in Ungarn machte aus dem Tagtraum eine praktische Alternative. Viele, die bis dahin die Ausreise für zu gefährlich gehalten hatten, wurden von den Fernsehbildern einer warmen Aufnahme der Flüchtlinge im Westen mitgerissen. In der Überzeugung, »hier wird sich nichts ändern«, glaubten sie, endlich einen Weg gefunden zu haben, ihre heimlichen Wünsche wahrzumachen.[21] »Ferien in Ungarn« als Tarnung verringerten das Risiko: Sollte die SED Strafmaßnahmen ergreifen, konnten Fluchtwillige als »brave Bürger« heimkehren; sollte sich die Grenze öffnen, konnten sie sofort ausreisen.

Als Hunderten die Flucht gelang, machte sich unter den Zurückgebliebenen eine Art von »Torschlußpanik« breit. »Mit jedem, der vor mir ging, wuchs die Sorge, daß ich es nicht mehr rechtzeitig schaffen würde, herauszukommen«, erinnerte sich ein junger Diskjockey. Das Blutbad unter den chinesischen Studenten am Platz des Himmlischen Friedens »spielte auch eine Rolle« als abschreckendes Beispiel eines möglichen Rückfalls in offene Repression. Sollten die Unzufriedenen nicht eine Gelegenheit beim Schopf ergreifen, die vielleicht nie mehr wiederkehren würde? Unter den mehr als 200 000 DDR-Bürgern, die in Ungarn und den sozialistischen Nachbarländern Ferien machten, entwickelte sich eine Art von Massenpsychose. Das ansteckende Gefühl einer einmaligen Chance zog selbst viele, die nicht vor hatten, zu fliehen, mit in den Westen. Keine offiziellen Warnungen, keine privaten Bedenken konnten sie mehr aufhalten.[22]

Abstimmung mit den Füßen

Die Massenflucht überraschte die Politiker in West wie Ost. Die Bundesregierung schwankte zwischen dem Ausbau »einer vernünftigen und konstruktiven Zusammenarbeit« mit Ostberlin und dem Eingehen auf Ausreisewünsche der Bevölkerung. Trotz DDR-Proteste gegen »grobe Einmischung« weigerte sich Bonn, die »Zufluchtsuchenden« gewaltsam aus ihren Vertretungen auszuweisen. Da die Größenordnung der Botschaftsbesetzungen über frühere Zwischenfälle hinausging, erwiesen sich die Versuche des Bundeskanzleramts, mit der ostdeutschen Führung ins Gespräch zu kommen, um eine dauerhafte Lösung für die Flüchtlinge auszuarbeiten, als schwierig. Obwohl sie den »Versuch der Erpressung« verurteilte, sicherte die DDR am 31. August zu, daß Botschaftsflüchtlinge nach Heimkehr einen Ausreiseantrag mit Rechtshilfe stellen könnten. Aber auch Honeckers Versprechen, daß ihnen »keine Nachteile entstehen« würden, genügte nicht, um Ausreisewillige zur Rückkehr in ihre Wohnorte zu bewegen.[23]

Der SED gelang es nicht, eine wirksame Verteidigungsstrategie zu formulieren. Da die Partei das Problem mit politischen Mitteln lösen wollte, versuchte sie Flüchtlinge durch Warnungen vor »folgenreichen Konsequenzen« abzuschrecken. Als Honecker durch eine Gallenblasenoperation abwesend war, konnte sich die Führung nicht auf einen klaren Kurs einigen. Erst am 29. August diskutierte ein alarmiertes Politbüro die Massenflucht, sprach zwar einige innere Ursachen der »Psychose« an, machte aber eher »hinterhältige Angriffe der Feinde der DDR« dafür verantwortlich. Auch ohne sowjetische Unterstützung forderte Günter Mittag resolut, »offensiv unsere Positionen dar[zu]legen«. Durch ihre Weigerung, die Ursachen der Unzufriedenheit anzusprechen, verpaßte die SED die letzte Chance, den Exodus zu stoppen. Das *Neue Deutschland* machte den westlichen »Medienrummel« dafür verantwortlich, und Regionalzeitungen polemisierten gegen die »zügellose Hetzkampagne der BRD«.[24]

Verzweifelt versuchte die DDR-Führung, die Öffnung der ungarischen Grenze zu verhindern. Ende August teilten Ministerpräsident Nemeth und Außenminister Horn während eines Geheimbesuchs in Bonn mit, daß sie den Bestimmungen der UNO-Flüchtlingskonvention und der KSZE-Charta folgen wollten. Anschließend warnte Horn in Ostberlin, daß die DDR wegen der »unhaltbaren Situation« in den Lagern nicht mehr auf Blocksolidarität bauen könne. Am 5. September diskutierte ein verschrecktes Politbüro Maßnahmen gegen »die langangelegte Kampagne der BRD«. In einer scharfen Note erinnerte Ostberlin Budapest an seine vertraglichen Verpflichtungen und forderte die Unterbindung der Ausreise. Gleichzeitig schlug es vor, eine außerordentliche Tagung des Warschauer Pakts einzuberufen, um Abweichungen zu verhindern. Zwar warnte Moskau in Bonn, daß die Unterstützung der »illegalen Ausreise« menschliche Kontakte beeinträchtigen würde, aber die Sowjetunion lehnte eine Bündnissitzung ab, weil sie die »Vereinbarung einer einheitlichen Linie« nicht erzwingen wollte.[25]

Aufgrund der veränderten internationalen Lage schlugen alle Abwehrversuche der SED fehl. Zwar war die Sowjetunion entschlossen, die Unabhängigkeit der DDR weiter zu stützen, aber sie weigerte sich, die Reformkräfte in Budapest zu disziplinieren. Obwohl Ungarn gute Beziehungen zu Ostberlin aufrechterhalten wollte, entschied sich der progressive Teil der Führung für die Öffnung der Grenzen, um eine »Fahrkarte in Richtung Westen zu erwerben«. Trotz ihres Interesses an der Weiterführung der gutnachbarlichen Beziehungen der Ostpolitik lehnte die westdeutsche Regierung wegen des Drucks der öffentlichen Meinung jede gewaltsame Lösung ab. Im Gegensatz zu früheren Krisen waren die in Ungarn versammelten Flüchtlinge nicht mehr mit dem Versprechen von Straffreiheit zufrieden, sondern wollten sofort ausreisen.[26] Wegen der Isolierung Ostberlins gaben die Nichteinmischung Moskaus, der Mut Budapests und die ökonomische Anziehungskraft Bonns letztlich den Ausschlag.

Alarmiert von der Grenzöffnung bedauerte die evangelische Kirche »die große Abwanderung«. Zwar wollten die Bischöfe, »daß unsere Bürger in der DDR bleiben«, aber sie hofften gleichzeitig, »zu Veränderungen in unserer Gesellschaft bei[zu]tragen, die das Leben in ihr anziehend machen«. Mit ungewohnter Offenheit verlangte die Synode in Eisenach grundlegende Reformen, eine öffentliche Problemdiskussion, Mitarbeit an der Gesellschaft und Wiederherstellung des Vertrauens. In einer Generalkritik des Regimes formulierte sie Forderungen für eine »pluralistische Medienpolitik, demokratische Parteienvielfalt, Reisefreiheit, wirtschaftliche Reformen«, Demonstrationsrecht und freie Wahlen. Erschrocken kritisierte die SED den Vorstoß als »ein politisches Aktionsprogramm«, das »faktisch konterrevolutionäre Zielsetzungen enthält« und auf »offene Konfrontation« zwischen Staat und Kirche hinsteuerte.[27]

Zur Schadensbegrenzung versuchte das Politbüro, »das Loch Ungarn zuzumachen« und die Initiative zurückzugewinnen. Als die SPD ihre Ostpolitik in Richtung einer Zusammenarbeit mit Dissidenten revidierte, sagte die SED den Besuch einer hochrangigen Delegation ab. Gleichzeitig arbeitete die Stasi einen »Maßnahmeplan zum rechtzeitigen Erkennen und zur vorbeugenden Verhinderung des Mißbrauchs von Reisen« nach Ungarn aus.[28] Auf Geheiß des Politbüros unternahm die offizielle Presse eine Kampagne, die Bonn des »Menschenhandels im Großformat« beschuldigte und in fingierten Leserbriefen stolz bekannte, »die DDR ist meine Heimat«. In einem Interview mit der Überschrift »Ich habe erlebt, wie BRD-Bürger ›gemacht‹ werden«, behauptete ein Mitropa-Koch, daß westliche Geheimdienste ihn durch Drogen gezwungen hätten überzulaufen.[29] Aber solche Gruselgeschichten hatten wenig Wirkung, so daß im September insgesamt ungefähr 30000 Ostdeutsche die ungarische Grenze überquerten.

Als die Reisen nach Budapest gegen Ende des Monats verboten wurden, strömten Flüchtlinge in die westdeutschen Botschaften in Prag und Warschau. Da sie die ČSSR ohne Visum erreichen konnten, kletterten Hunderte von Ostdeutschen über den Botschaftszaun, ohne daß die Polizei sie daran hinderte. Bilder von über 2000 Männern und Frauen sowie 500 Kindern, die in Prag in einem matschigen Garten mit nur vier Toiletten eingepfercht waren, gingen um die Welt. Jetzt standen die tschechischen und polnischen Regierungen vor dem gleichen Dilemma von humanitärem Mitleid und bündnispolitischen Rücksichten wie ihre ungarischen Kollegen. Obwohl sie Bonner Gesuche zunächst ablehnte, war die orthodoxe tschechische Führung besorgt, daß die Botschaftskrise ihre eigene Sicherheit untergraben könnte. Aufgrund »erheblichen Drucks« aus Moskau blieb Honecker keine Wahl, als einer »einmaligen« Geste zuzustimmen, um die Feier des 40. Jahrestags der DDR nicht zu stören.[30]

Geheimverhandlungen während der UNO-Tagung in New York brachten Anfang Oktober den Durchbruch. Durch die Vermittlung des sowjetischen Außenministers Schewardnadse fanden Oskar Fischer und Hans-Dietrich Genscher einen Kompromiß. Um die unhaltbare Situation in Prag und Warschau zu beenden, entschied die Ostberliner Regierung, »daß die sich in diesen Botschaften rechtswidrig aufhaltenden Personen aus der DDR mit Zügen der Deutschen Reichsbahn über das Territorium der DDR in die BRD ausgewiesen werden«. In den Augen der SED legalisierte die Fahrt durch die DDR die Auswanderung, und die Ausweisung nahm der Flucht den Stachel. Außenminister Genscher flog nach Prag und kündigte im »bewegendsten Augenblick« seines politischen Lebens die Lösung vom Balkon des Palais Lobkowicz an. In der bayerischen Grenzstadt Hof wurden die mit 6300 Flüchtlingen überfüllten Züge begeistert mit Geschenken begrüßt.[31]

Der neue Fluchtweg verdoppelte jedoch nur den Ausreisedruck. Statt die Gründe des Exodus zu diskutieren, weigerte sich die kommunistische Presse auf Honeckers persönlichen Befehl hin, den Ausgereisten irgendeine Träne nachzuweinen. »Sie haben durch ihr Verhalten ... sich selbst aus unserer Gesellschaft ausgegrenzt.« Trotz dieser offiziellen Zurückweisung drängten sich innerhalb von vierundzwanzig Stunden Tausende von neuen Flüchtlingen in die Prager Botschaft. DDR-Vertreter protestierten gegen den »mehrfachen Bruch des Völkerrechts« und verlangten, daß die westdeutsche Regierung die Besetzer aus der Botschaft entfernen solle. Als Bonn sich weigerte, arbeiteten der DDR-Vertreter Neubauer und Kanzleramtsminister Rudolf Seiters einen weiteren Kompromiß aus. In einem humanitären Akt, der durch »die Lage der Kinder« gerechtfertigt wurde, entließ das Politbüro auch diese Umsiedler in den Westen.[32]

Am 3. Oktober hob die SED den »visafreien Reiseverkehr« mit der ČSSR auf, um Bonn endlich zu zwingen, keine Flüchtlinge mehr in seiner Botschaft aufzunehmen. Die Einführung der Visapflicht und die Durchsuchung von Zügen sperrten die letzte offene Grenze ins Ausland. Da sie sich dadurch völlig eingesperrt fühlten, blockierten Hunderte von Jugendlichen die Geleise und versuchten, auf die Ausreisezüge in den Westen aufzuspringen. In Dresden lieferten sich 10000 Demonstranten und Sicherheitskräfte eine Straßenschlacht mit Pflastersteinen und Wasserwerfern, bei der der Hauptbahnhof erheblich beschädigt wurde. Als die Geleise wieder frei waren, erreichten 7600 Flüchtlinge aus Prag und weitere 600 Ausreisende aus Warschau den Westen. Trotzig befahl Stasi-Chef Erich Mielke, »das beabsichtigte ungesetzliche Verlassen der DDR ... wirksam zu verhindern«. Aber die beispiellosen »provokatorisch-demonstrative[n] Handlungen« in Dresden zeigten, daß die öffentliche Lage kaum mehr zu beruhigen war.[33]

Langsam dämmerte es der SED-Führung, daß die Ursachen der Massenflucht in der »Ablehnung der gesellschaftlichen Verhältnisse der DDR« lagen. In einer schonungslosen, auf Stasi-Informationen aufgebauten Analyse führte das Politbüro-Mitglied Egon Krenz den Ausreisedruck auf »illusionäre Vorstellungen über die westliche Lebensweise« und auf »egoistisches Konsum- und Besitzstreben« zurück. Gleichzeitig betonte er »eingeschränkte Reisemöglichkeiten« und »Verärgerung über bürokratisches Verhalten von Leitern und Mitarbeitern staatlicher Organe«. Ebenso wichtig seien »Unzufriedenheit über die Anerkennung ihrer Individualität und Kompetenz« in Beruf und Gesellschaft und »Unverständnis für anhaltende Mängel in der kontinuierlichen Versorgung mit hochwertigen Konsumgütern« und Dienstleistungen. Geheime Umfragedaten des Leipziger Jugendforschungsinstituts bestätigen den Eindruck verbreiteter Unzufriedenheit. Obwohl zwischen 1982 und 1987 der Anteil der DDR-Kritiker von 38% auf 17% gefallen war, glaubten 1989 68% der Bürger, daß sich die Lage verschlechtere.[34]

Trotz offizieller Propagandabehauptungen waren die meisten Flüchtlinge keine Asozialen, sondern erfolgreiche Berufstätige. Der legale und illegale Exodus von mehr als zwei Prozent der Bevölkerung bedeutete einen schwerwiegenden Verlust an Arbeitskräften für die DDR. Die Ausreisenden kamen vor allem aus Ostberlin, den kleineren Städten im Süden und den verseuchten Industriegebieten um Dresden, Chemnitz und Leipzig. Da sie meist jung (zwischen 17 und 27) sowie männlich und unverheiratet waren, waren sie eher zum Risiko bereit.[35] Obwohl die Übersiedler hauptsächlich in der Industrie arbeiteten, kamen viele auch aus Handel und Gewerbe, Gesundheitswesen sowie Bau und Verkehr. Zwei Drittel waren Facharbeiter, ein Sechstel Akademiker aus gehobenen Tätigkeiten (Ärzte oder Lehrer). Der Abgang von Fachkräften traf einige Bereiche wie Krankenhäuser hart und schuf Engpässe. Zwar standen die Ausreisewilligen meist besser da als ihre Nachbarn, aber sie gingen in den Westen, um ihre Zukunftsaussichten weiter zu verbessern.[36]

Auf Dauer mußte der unaufhaltsame Drang nach Reisefreiheit die Stabilität des post-stalinistischen Systems der DDR untergraben. In einem abrupten und wenig glaubwürdigen Tonwechsel behauptete nun auch die offizielle Presse, »der Sozialismus braucht jeden«, und versprach, die Ursachen des Exodus innerhalb der DDR zu suchen. Für Bürger mit Visa boten die Herbstferien eine neue Gelegenheit zur Flucht, so daß weitere 1700 Ausreisende in die Warschauer Botschaft drängten. Besorgt schlug Egon Krenz dem Parteichef drei Alternativen vor und argumentierte, daß nur die Gewährung der Reisefreiheit das Problem dauerhaft lösen könne. Honeckers starrsinnige Weigerung, die Ausreisewelle durch Reformen einzudämmen, trug schließlich zum Sturz der alten Garde durch eine jüngere und flexiblere Generation des Politbüros bei.[37]

Nach seinem Amtsantritt versprach sein Nachfolger Egon Krenz daher die sofortige Vorlage eines neuen, liberaleren Reisegesetzes. Am 1. November stellte die DDR-Regierung den freien Zugang zur ČSSR wieder her, versuchte jedoch weitere Ausreisende mit einer Pressekampagne über westdeutsche Geheimdienstbefragungen abzuschrecken. Als sich weitere 4500 Flüchtlinge in der Prager Botschaft ansammelten, erlaubten die DDR-Behörden am 3. November, daß Flüchtlinge »jetzt unter Vorlage des Personalausweises das Territorium der ČSSR direkt in Richtung BRD verlassen können«. Ermutigt durch dieses Zugeständnis flohen weitere 40000 Bürger in den folgenden fünf Tagen. Als der Andrang die Aufnahmestellen zu überwältigen drohte, appellierte Kanzler Kohl an die Ostdeutschen, im eigenen Lande zu bleiben. Die Flucht von Tausenden in den Westen sei keine Lösung, denn »wir wollen, daß sie dort in ihrer angestammten Heimat ihr Leben führen können, ihr Glück finden können«.[38]

Nur eine vollständige Aufhebung aller Beschränkungen konnte die Reisehysterie besänftigen, die sich in 387178 abgelehnten Privatreiseanträgen und 160785 noch unentschiedenen Ausreisegesuchen äußerte. In der Hoffnung auf eine Anerkennung der DDR-Staatsbürgerschaft durch die Bundesrepublik bereitete das Politbüro ein liberaleres Reisegesetz vor, da die ČSSR drängte und Gorbatschow riet, »die Initiative selbst in die Hand« zu nehmen. Der am 6. November veröffentlichte Entwurf versprach jedem Bürger »das Recht auf Reisen in das Ausland« für 30 Tage, auf permanente Ausreise und auf schnelle Entscheidungen. Aber die Vorschriften enthielten zahlreiche Ablehnungsgründe und erlaubten nur den Umtausch von 15,– M in harte Währung. Enttäuscht forderten Hunderttausende von Demonstranten völlige Reisefreiheit, und sogar das Staatsfernsehen, die brave Volkskammer und die FDJ kritisierten das Gesetz.[39]

Trotz des wachsenden Drangs nach »Reisemöglichkeiten für alle Bürger« kam die Grenzöffnung letztlich unerwartet. Am 9. November unterbrach das ZK seine Tagesordnung und billigte auf Vorschlag von Krenz eine hastig im MfS und MdJ ausgearbeitete und kaum mit Moskau abgestimmte Übergangsregelung als »die einzige Lösung, die uns die Probleme erspart, alles über Drittstaaten zu machen«. Am Ende seiner abendlichen Pressekonferenz machte Günter Schabowski, SED-Bezirkssekretär von Berlin, eine sensationelle Ankündigung: »Privatreisen nach dem Ausland können ohne Vorliegen von Voraussetzungen (Reiseanlässe und Verwandtschaftsverhältnisse) beantragt werden. Die Genehmigungen werden kurzfristig erteilt.« Auch sollten »Visa zur ständigen Ausreise unverzüglich« und ohne »noch geltende Voraussetzungen« zu erhalten sein. Da diese Bestimmungen erst am folgenden Tag in Kraft treten sollten, verwirrte ihre sofortige Geltung die unvorbereiteten Journalisten und machte den Eindruck eines Mißverständnisses.[40]

Zum ersten Mal seit achtunzwanzig Jahren eilten Ostberliner voll Hoffnung zur Mauer. Noch bevor Kommentatoren die Mitteilung erklärt hatten, wollten sie die neuen Vorschriften an Übergängen wie der Bornholmer Straße ausprobieren. Als die unruhige Menge anschwoll, warteten Polizisten nervös auf Anweisungen ihrer Zentrale. Da Egon Krenz fürchtete, daß »eine Nichtzulassung der Ausreisen ... zu schwerwiegenden politischen Folgen« führen würde, entschied er sich, dem Andrang nachzugeben, um seinen Reformkurs nicht durch ein Blutbad zu belasten. Anfangs versuchten Grenzer noch, Visa in die Ausweise zu stempeln, aber um Mitternacht gaben sie ermüdet auf: Zehntausende von Leuten und PKWs drängten sich durch die Übergänge von Ost nach West.[41] Kühn kletterten Jugendliche auf die Mauerkrone beim Brandenburger Tor, jubelten und tanzten vor Freude. Durch spontane Reaktion verwandelte die Bevölkerung eine geregelte Prozedur in eine unbegrenzte Praxis von Reisefreiheit.

Die Euphorie der Maueröffnung brachte Berlin drei Tage lang zum Stillstand. Hunderttausende von Ostdeutschen kamen, um ein Stück des verbotenen Westens anzusehen, anzufassen oder einzukaufen. Die Stimmung war ausgelassen: Aufgeregte »Wessis« hießen die staunenden »Ossis« willkommen und schenkten ihnen Champagner ein. Grenzsoldaten erhielten Blumen, die ihren strengen Mienen ein Lächeln abrangen, Fremde umarmten und küßten einander. In den frühen Morgenstunden sammelten sich hupende Autokolonnen auf dem glitzernden Ku-damm, so daß kaum jemand zum Schlafen kam. Es schien, als ob die Stadt in einer Nacht alles das nachholen wollte, was sie seit Jahrzehnten versäumt hatte. Am Morgen bildeten sich Trauben von Menschen vor westlichen Banken, um ihre 100 DM Begrüßungsgeld pro Kopf abzuholen, das für einen Teddybär, ein Pfund Kaffee oder ein Sex-Video ausgegeben wurde.[42]

Die überraschten Politiker reagierten konfus auf die Grenzöffnung. Überwältigt von Gefühlen meinte Bürgermeister Momper »wir alle freuen uns riesig«, und versuchte das Gedränge zu organisieren. Von den Folgen seiner Entscheidung überrollt, reklamierte Krenz die Reisefreiheit als Beweis für seine »Politik der Erneuerung«. Bundeskanzler Kohl flog von seinem Staatsbesuch in Polen zurück, wurde am Schöneberger Rathaus aber gnadenlos von linken Kritikern ausgepfiffen. Der Ex-Kanzler Willy Brandt traf den Ton besser, als er verkündete: »Nun wächst zusammen, was zusammengehört.« Besorgt vor einem Chaos warnte Gorbatschow vor einem »Forcieren der Ereignisse«, aber Kohl beruhigte, er wünsche »keine Destabilisierung der Lage in der DDR«. Die allgemeine Aufregung griff auch auf die internationalen Medien über; Bilder des Fernsehsenders CNN von feiernden Deutschen gingen um die Welt und lösten eine Welle der Sympathie aus.[43]

Die Öffnung der Mauer war auch ein symbolischer Durchbruch. Über Deutschland hinaus hatte der Todesstreifen aus Zement, Stacheldraht und Minenfeldern eine traurige Berühmtheit als zentrale Metapher des Kalten Krieges erlangt, da verzweifelte Versuche, ihn zu überqueren, etwa vierhundert Leben kosteten. Die amerikanische Schutzmacht hatte den Bau der Mauer nicht verhindert, um keinen Dritten Weltkrieg zu riskieren; aber vor dieser fotogenen Kulisse protestierten US-Präsidenten von John F. Kennedy bis Ronald Reagan gerne gegen die kommunistische Unterdrückung. Autoren wie John Le Carré hatten sie als Gruselkulisse für ihre Spionageromane und Kriminalfilme benutzt, und kreative Geister bemalten die Barriere mit bunten Grafitti, um ihre Häßlichkeit durch Kunst zu überwinden. Der erzwungene Sturz eines solchen universellen Symbols der Unterdrückung mußte das auf ihm aufgebaute System zutiefst erschüttern.[44]

Im Herbst 1989 verwandelte sich die begrenzte Ausreise in einen unkontrollierten Massenexodus. In vier Zyklen führte der anfängliche Ausbruch zu Restriktionen, die neuen Druck schufen und einen weiteren Anstieg der Ausreisen bewirkten. Der Abbau des ungarischen Stacheldrahts setzte im Sommer eine erste Welle in Bewegung, die von Gegenmaßnahmen gestoppt wurde. Die Grenzöffnung im September ließ die Zahl der Ausreisenden wieder ansteigen, zog jedoch neue Reisebeschränkungen nach sich. Der Prager Botschaftskompromiß im Oktober produzierte einen erneuten Schub, der von weiteren Grenzsperrungen unterbrochen wurde. Obwohl der Reisegesetzentwurf versuchte, die Fluten zu kanalisieren, riß der Mauerdurchbruch im November schließlich alle Dämme ein. Zwar sah die Regierung jedes Zugeständnis als einen letzten Versuch an, den Druck zu verringern, aber die Bevölkerung interpretierte jede Konzession als die letzte Gelegenheit zu entkommen.[45]

In vieler Hinsicht war diese »Abstimmung mit den Füßen« eine Fortsetzung der bürgerlichen Opposition gegen die SED. Nach der Unterdrückung aller antikommunistischen Strömungen in der DDR blieb denjenigen Ostdeutschen, die nicht mit einer »widerwilligen Loyalität« zufrieden waren, nur die Ausreise, um ihren Unwillen zu manifestieren. Der Gedanke der DDR-Bürger, »daß wir nur nach Deutschland und nicht ins Ausland gehen«, erleichterte den Entschluß zur Übersiedlung. Als Hauptmotive betonten Flüchtlinge »fehlende Meinungsfreiheit« (74%), »Reisebeschränkungen« (74%) und die Unmöglichkeit, ihr eigenes Leben zu bestimmen (72%), erwähnten aber auch schlechte Zukunftsaussichten (69%), politische Unterdrückung (65%) und den niedrigen Lebensstandard (56%). Bei solch fundamentaler Entfremdung konnte auch eine Freigabe des Reisens die Bürger nicht befriedigen. Statt die DDR zu stabilisieren, verstärkte die erzwungene Aufhebung der Kontrollen die Übersiedlung und bedrohte die Existenz der DDR als unabhängigen Staat.[46]

Folgen der Flucht

Ein Paket von Sozialmaßnahmen für die Flüchtlinge sollte den Schock der Ankunft im Westen mildern. Aufgrund von Erfahrungen mit früheren Übersiedlern, Volksdeutschen und Asylanten hatte die Bundesrepublik ein formales Aufnahmeverfahren entwickelt: Neuankömmlinge verbrachten die ersten Tage in Auffanglagern in Gießen oder Berlin-Marienfelde, um die notwendigen Papiere zu erhalten; ein Begrüßungsgeld von DM 100,– pro Person sollte über die Depression weghelfen, die oft auf die Fluchteuphorie folgte; dann wurden die Flüchtlinge durch Broschüren und Sachbearbeiter darüber beraten, welche Möglichkeiten für sie in Frage kämen.[47] Persönliche Beziehungen und individuelle Flexibilität erleichterten Entscheidungen über den zukünftigen Wohnort oder Arbeitsplatz. Nach einer ärztlichen Untersuchung konnten die Neuankömmlinge an ihren Bestimmungsort weiterreisen, wo sie für einige Monate in Behelfsunterkünften lebten, bis sie eine dauerhafte Wohnung und Stelle fanden.

Bei der Wohnungssuche wurden DDR-Übersiedler besonders bevorzugt. Unterstützungszahlungen sowie Möbel- und Umzugsbeihilfen zwischen 3000 und 10000 DM erleichterten den Neuanfang. Abschlüsse und akademische Grade wurden anerkannt, und Studenten erhielten Stipendien, um ihre Ausbildung fortzusetzen. Frühere ostdeutsche Beiträge zur Krankenversicherung, Arbeitslosenversicherung und Rente wurden so behandelt, als ob sie in westdeutsche Kassen eingezahlt worden wären. Schließlich standen politischen Häftlingen noch besondere Steuervorteile, Kredite und andere Arten der Unterstützung zur Verfügung.[48] Diese großzügige Hilfeleistung erleichterte die Integration der Neubürger in ein für sie fremdes soziales System. Obwohl dieses Verfahren sich in der Vergangenheit bewährt hatte, war es der Flüchtlingsflut im Herbst 1989 kaum mehr gewachsen.

Viele Neuankömmlinge fanden die Übersiedlung schwierig. Da nur wenige den Westen kannten, war der Systemwechsel für sie wie ein »Sprung ins kalte Wasser«. Fast alle Flüchtlinge erwarteten einen höheren Lebensstandard, machten sich aber Sorgen um eine Wohnung und eine zusätzliche Ausbildung. Erste Erfahrungen bestätigten diese gemischten Erwartungen; zwar waren die Westdeutschen oft hilfsbereit, aber viele Ostdeutsche beklagten die Arroganz der Beamten. Innerhalb von zwei oder drei Monaten hatten die meisten Arbeit gefunden, aber zwei Fünftel mußten Stellen unter ihrer Qualifikation annehmen. Anfangs hatten die Übersiedler Schwierigkeiten mit dem Arbeitstempo, Wettbewerbsverhalten und Leistungsdenken ihrer neuen Kollegen. Ein angespannter Markt erschwerte die Wohnungssuche, obwohl die meisten schließlich eine passende Bleibe fanden. Viele kauften bald elektronische Geräte, teuere Möbel oder ein schickes Auto, um ihren neuen Wohlstand zu dokumentieren.[49]

Das Ausmaß der Umstellung lag zwischen dem einer Binnenwanderung und einer Emigration ins Ausland. Da die Bundesrepublik mehr Ausbildungsmöglichkeiten bot, hatten Kinder eine bessere Zukunft, aber Erwachsene fanden es nicht leicht, persönliche Beziehungen anzuknüpfen und neue Freundschaften zu schließen. Obwohl Leute mit überspannten Hoffnungen auf den »goldenen Westen« oder mit wenig Eigeninitiative sich nicht recht anpassen konnten, fühlte sich die Mehrzahl der tatkräftigen Übersiedler bald integriert und bereute ihre Entscheidung nicht. Kaum jemand wollte in den Osten zurückkehren, auch wenn sich die Bedingungen dort bessern sollten. Während etwa die Hälfte der Neuankömmlinge keine politische Richtung angab, sympathisierte ein Viertel mit der CDU/CSU, doppelt soviel wie sich mit der Linken identifizierten. Um den Verlust ihrer Heimat zu kompensieren, unterstützte die große Mehrheit eine baldige Wiedervereinigung.[50]

Anfangs reagierten die Westdeutschen mit Sympathie auf diese Welle der Aussiedler. Unter dem Eindruck des menschlichen Dramas hießen die Grenzstädte die ersten Übersiedlerzüge mit Ansprachen, Blaskapellen und Freibier willkommen. Da der Exodus einen Gründungsmythos der Bundesrepublik wiederholte, vermischte sich die Erinnerung an die Nachkriegszeit mit Interesse an qualifizierten Arbeitskräften. Umfragen in der Bundesrepublik zeigten, daß zwischen 1984 und 1989 die Hilfsbereitschaft von drei

Fünfteln der Bevölkerung auf drei Viertel anwuchs, während sich die Sorge vor Konkurrenz am Arbeitsplatz oder vor Spionen halbierte. Zwischen August und Oktober 1989 stieg die allgemeine Zustimmung zur Aufnahme der Flüchtlinge von einem Drittel auf über die Hälfte, während gleichzeitig frühere Ressentiments abnahmen.[51] In tausend individuellen Handreichungen halfen Fremde wie Freunde mit Kleidersammlungen, Möbelgaben, Geldspenden und Ratschlägen.

Als der Strom der Übersiedler nicht abriß, schlug die Stimmung um. Zwar rangierten Ostdeutsche, die sich schneller einfügen konnten, im Ansehen vor volksdeutschen Übersiedlern aus Osteuropa, die kaum die Sprache beherrschten, und Asylanten aus der Dritten Welt, die kulturell fremd schienen. Aber die Ankunft von mehr als 800 000 Ausländern schürte Neid vor allem bei unteren Schichten, die sich am meisten von Wohnungsmangel und Arbeitslosigkeit bedroht fühlten. Fast zwei Fünftel der Westdeutschen beklagten die großzügige Förderung der Flüchtlinge, die sie nicht selbst erhalten konnten.[52] Eine neue Art von »Wohlstandsschauvinismus« führte zu Fremdenhaß, so daß Trabis, die eben erst Freiheitsdrang symbolisiert hatten, plötzlich in Flammen aufgingen. Während rechtsradikale Republikaner soziale Ängste schürten, predigten Kirchen und Intellektuelle Toleranz und warb die Regierung in Anzeigen für Aufnahmebereitschaft.[53]

Die Art der Berichterstattung über diese Ereignisse verstärkte die emotionalen Folgen des Exodus. Anstatt die Ursachen und Konsequenzen der Ausreisewelle zu analysieren, verbreiteten die Medien täglich herzergreifende Fluchtgeschichten. *Spiegel* und *Stern* schockten mit Fotoessays und Erlebnisberichten über die unmenschlichen Zustände in den Lagern. Dramatische Fernsehbilder vom Überklettern der Botschaftszäune halfen die Langeweile des Sommerlochs zu überbrücken und die Aufregung in den Herbst zu tragen. Sorgfältig einstudierte Nachrichtensendungen kündigten die ungarische Grenzöffnung oder die Prager Ausreiseerlaubnis an. Viele DDR-Bürger verstanden solche dramatischen Berichte als Aufforderung zur Flucht, da sie das Risiko minimierten und einen herzlichen Empfang versprachen.[54]

Als Zuschauer wurde der Westen in das menschliche Drama hineingezogen. Bundesrepublikanische Durchschnittsbürger entdeckten Gefühle von nationaler Solidarität, die lange von der Suche nach individuellem Wohlstand verschüttet worden waren.

Im Ausland erzeugten Zeitungsartikel, Zeitschriftenberichte und Fernsehbilder eine Welle von Mitgefühl, denn auch einfache Leute konnten das Verlangen nach Reisefreiheit verstehen. In Ostdeutschland prangerten Mitglieder des Politbüros sowie Journalisten und Pfarrer diese Medienschau als »Frontberichterstattung« an.[55] Aber die dadurch erzeugte Anteilnahme an dem Schicksal der Flüchtlinge überwältigte alle kritischen Versuche, über die Folgen des Zerfalls der DDR nachzudenken. Durch Appelle an menschliches Mitleid brachten die Medien Bewegung in die sich auflösenden Fronten des Kalten Krieges.

Nach anfänglichem Zögern erkannte Helmut Kohl die Ausreisekrise als Chance zur eigenen Profilierung. Im siebten Jahr seiner Amtszeit war der Bundeskanzler mächtig, doch unpopulär und suchte daher eine Chance, durch einen dramatischen Erfolg in die Geschichte einzugehen.[56] Außenminister Hans-Dietrich Genscher hatte als Befürworter der Ostpolitik als einer der ersten erkannt, welche Möglichkeiten die sowjetische Perestroika bot. Während Kohl die Einheit bald zielstrebig ansteuerte, schien es Genscher wichtiger, »Rücksicht auf die europäischen Nachbarn zu nehmen«. Wegen dieser Akzentunterschiede zwischen Kanzleramt und Auswärtigem Amt gab es eine Arbeitsteilung zwischen »zwei Arten deutscher Außenpolitik«.[57]

Die unerwartete Ausreisewelle komplizierte das eingespielte Management der deutschen Teilung. Diplomatische Konfrontationen mit Ungarn oder der ČSSR über Ausreisegenehmigungen drohten die erfolgreiche »Politik der kleinen Schritte« zu gefährden. Im Inneren verlangte die Aufnahme von Zehntausenden von Flüchtlingen Notmaßnahmen und verursachte Kosten, die lokale Mittel überstiegen. Obwohl sie das Verfassungsgebot zur Hilfe der Übersiedler respektierten, setzten die großen Parteien daher unterschiedliche politische Akzente. Der damalige stellvertretende SPD-Vorsitzende Horst Ehmke warf der Regierung vor, mit ihrer Aufnahmepolitik die Massen zur Flucht anzuregen, und ein Berliner Sprecher der Grünen verlangte die Schließung der westlichen Grenze zum Osten. Aber liberale Politiker wie Otto Graf Lambsdorff sprachen sich dafür aus, die Tür offen zu halten und die Zustände in der DDR zu verbessern.[58]

In der Bundestagsdebatte am 5. September unterstrich Kanzler Kohl die moralische Pflicht, die Neuankömmlinge zu unterstützen. Er wertete den Exodus als Beweis für die Überlegenheit der sozialen Marktwirtschaft sowie der parlamentarischen Demokratie und kritisierte die Zusammenarbeit der Sozialdemokraten mit der SED. Während die CDU auf eine jahrzehntelange nationale Solidaritätsrhetorik zurückgreifen konnte, schwankte die SPD zwischen Sympathie für die Übersiedler und Rücksicht auf die sozialen Ressentiments, die durch die Integrationsprobleme hervorgerufen wurden. Obwohl Bürgermeister aus allen Parteien die Überlastung der städtischen Verwaltungen beklagten, hielt die Regierung an der weiteren Aufnahme von Flüchtlingen fest. Als Reaktion auf die wachsende Wohnungsknappheit war Bonn nur bereit, vor einer erneuten Ausreise zu warnen und als Alternative dazu innere Reformen in der DDR vorzuschlagen.[59]

Die »Wiedervereinigung von unten« paßte vor allem in das Denkschema der Rechtsparteien. Um Stimmen der Vertriebenen zu gewinnen, hatte die CDU behauptet: »Die deutsche Frage bleibt rechtlich und politisch offen.« Trotz der Propaganda des Gesamtdeutschen Ministeriums arbeitete der Bundeskanzler an der pragmatischen Verbesserung der Beziehungen zur DDR und verfolgte, als politischer Enkel Adenauers, das widersprüchliche Ziel: »In einem freien und geeinten Europa, ein freies und geeintes Deutschland.«[60] In der FDP verbanden sich national-liberale Töne mit Menschenrechtsforderungen und Hoffnungen auf Einführung der Marktwirtschaft in der DDR. Unter den Schriftstellern waren nur wenige Westdeutsche wie Martin Walser oder ostdeutsche Regime-Kritiker wie Freya Klier auf das Vereinigungsthema vorbereitet. Da eine »Wiedervereinigung in der Bundesrepublik« die Probleme der DDR nicht lösen konnte, war die Rechte gefordert, ihre nationale Rhetorik in praktische Politik umzusetzen.[61]

Der ostdeutsche Exodus stellte vor allem linke Positionen in Frage. Als Initiator der Ostpolitik befürwortete die SPD die Existenz zweier deutscher Staaten, spaltete sich jedoch bei konkreten Fragen in drei Richtungen. Ein kleiner nationaler Flügel um Hans Büchler hatte die Teilung nie ganz verwunden; die engere Parteiführung um Willy Brandt und Hans-Jochen Vogel rückte aufgrund der Ausreisewelle von der Zusammenarbeit mit der SED ab; und linke Kräfte um Egon Bahr hielten den Frieden mit dem Osten für wichtiger als die Freiheit.[62] Eher an den Problemen der Dritten Welt interessiert, wiesen die Grünen jede nationale Verantwortung zurück und schlugen vor, das Wiedervereinigungsmandat aus der

Präambel des Grundgesetzes zu streichen.[63] Zwischen Sympathien für Menschenrechte und sozialistischen Utopien hin- und hergerissen, versuchten Linksintellektuelle diese Widersprüche durch die Unterstützung von Reformen in der DDR zu überspielen.

Da sich die Flüchtlinge nicht mehr an die gewohnten Spielregeln hielten, zerbrach der Massenexodus vom Herbst 1989 den parteiübergreifenden Konsensus der Ostpolitik. Konservative wie der damalige Vorsitzende der CDU-Bundestagsfraktion Alfred Dregger sahen das menschliche Drama als Beweis der »Einheit der deutschen Nation« und plädierten für eine aktive Vereinigungspolitik. Sensibler gegenüber ausländischen Ängsten zog das Kanzleramt es vor, das gleiche Ziel durch Betonung von Selbstbestimmung zu erreichen. In der CSU forderte der bayerische Ministerpräsident Max Streibl mehr Pragmatismus, während Finanzminister Theo Waigel sogar auf die Grenzen von 1937 anspielte. Auch die FDP schwankte zwischen Interesse an der Weiterentwicklung des innerdeutschen Handels und Forderungen nach Überwindung der Spaltung durch Annäherung innerhalb der KSZE.[64]

Die SPD brauchte länger, um sich von der Zusammenarbeit mit Ostberlin zu distanzieren. Zwar riet der Architekt der Entspannung, Egon Bahr, nicht von Vereinigung zu träumen, sondern Gemeinsamkeiten zu entwickeln, aber Ex-Kanzler Helmut Schmidt warnte davor, die Einheit aufzugeben. In einem provokativen Artikel verlangte der Vorsitzende des Parteirats Norbert Gansel von »Wandel durch Annäherung« auf »Wandel durch Abstand« von der SED umzuschwenken. Als der Altvorsitzende Willy Brandt sein nationales Herz wiederentdeckte, hatte die Parteiführung große Mühe, eine Selbstbestimmungsformel zu entwerfen, die vage genug war, um Oskar Lafontaines europäische Vision mit aufzunehmen.[65] Nur die Grünen verwarfen ohne Gewissensbisse eine Rückkehr in den Nationalstaat. Diese verwirrende Diskussion der Parteien, Medien und Intellektuellen erweckte die Vereinigungsfrage plötzlich aus ihrem jahrzehntelangen Schlummer.[66]

Den Großmächten bereitete die Wiederkehr des deutschen Problems mehr Sorgen als Freude. Gegen die »provokatorische Kampagne« der BRD suchte die Sowjetführung zunächst, »die Souveränität und Unabhängigkeit der DDR zu stützen«. Als der Ausreisestrom anhielt, riet die Sowjetunion zu Reformen, um die

Ursachen des Exodus zu beseitigen. Obwohl russische Sprecher vor der »Destabilisierung der Situation in Europa« durch eine Expansion der NATO in den Osten warnten, konnte Gorbatschow wegen seines symbolträchtigen Bildes vom »europäischen Haus« die Selbstbestimmung nicht ganz verweigern.[67] Die Franzosen waren ähnlich ambivalent: Obschon sie das Prinzip der Vereinigung konzedierten, versuchten sie seine Durchführung zu vermeiden. Präsident Mitterrand gab zu, daß Wiedervereinigung ein »berechtigtes Anliegen« sei, riet aber von einer vorschnellen »Zangengeburt« ab. Ähnlich waren die Briten wenig davon begeistert, die deutsche Macht zu stärken und ihren Siegerstatus aus dem Zweiten Weltkrieg aufzugeben.[68]

Andere Länder zeigten mehr Verständnis. Trotz mancher Bedenken unterstützte die amerikanische Regierung die deutsche Vereinigung von Anfang an. Wiederholt drückte US-Botschafter Vernon Walters seine Sympathie mit undiplomatischer Klarheit aus, und der frühere Außenminister Henry Kissinger hielt die Vereinigung für »unvermeidlich«, nur dürfe sie nicht zu einer Neutralisierung Deutschlands führen. In einem *New York Times*-Interview weigerte sich Präsident George Bush, die Sorgen einiger europäischer Staaten zu teilen, da er die deutsche Treue zum Westen für unerschütterlich hielt. Angesichts der allgemeinen Ambivalenz warnte er nur davor, die Frage gewaltsam lösen zu wollen.[69] Bei anderen Nachbarn mischten sich Ängste mit Sympathien. Für die Solidarnosč sagte Bronislaw Geremek, daß Deutschland vereinigt werden solle, wenn es »keine Gefahr für ein anderes Land darstellt«. Der Präsident der EG-Kommission, Jacques Delors, war ebenfalls nicht dagegen, solange eine nationale Vereinigung die internationale Integration fördere.[70]

Trotz weit verbreiteter Bedenken nahm die Ausreisewelle der Deutschlandpolitik ihre Sprachlosigkeit. Das Urteil des Bundesgerichtshofs aus dem Jahre 1973 hatte die Wiedervereinigung als inneres und äußeres Verfassungsziel bestätigt.[71] Seitdem war die Diskrepanz zwischen rhetorischen Einheitsbeteuerungen und pragmatischem Leben immer größer geworden. Die Massenflucht brachte die Schizophrenie dieser Haltung zum Bewußtsein und setzte eine Neubesinnung in Gang. Trotz mancher Schwierigkeiten der Eingliederung unterstützte die Mehrheit der Parteien die weitere Aufnahme von Übersiedlern, forderte aber als Gegenmittel gleichzeitig Reformen in und Selbstbestimmung für die DDR.

Da die Politiker sich auf die europäische Integration konzentriert hatten, wandten sie sich nur langsam dem Thema der nationalen Vereinigung zu.[72]

Die neue Deutschlanddebatte führte zu einem dramatischen Meinungsumschwung in der Öffentlichkeit. Mitte September 1989 bezeichneten vier Fünftel der Westdeutschen in einer Fernsehumfrage die Wiedervereinigung als wünschenswert, und über ein Viertel hielt sie in der näheren Zukunft für möglich. Mitte Oktober behauptete die *Bunte*, daß fast neun Zehntel die Vereinigung unterstützten und die Hälfte sie jetzt als eine realistische Möglichkeit ansehe. Dieser von der Ausreisewelle angeregte Sinneswandel machte die Vereinigung wieder zu einem Ziel praktischer Politik. »Die Chance für die Wiedervereinigung war noch nie so groß.« Der deutschlandpolitische Sprecher der CDU, Karl-Heinz Hornhues, schlug behutsame Zwischenschritte vor: »Sie ist um so größer, je weniger wir darüber reden.«[73]

Einheit von unten

Die Liberalisierung des Ostblocks bot eine unvorhergesehene Gelegenheit zum Verlassen der DDR. Als Gorbatschows Absage an die Breschnjew-Doktrin die russischen Panzer zurückhielt, rostete der Eiserne Vorhang in Ungarn durch. Obwohl Ostdeutsche in den achtziger Jahren wenig Kontakt mit Polen hatten, zeigte das Beispiel der Gewerkschaftsbewegung Solidarnosč, wie Bürger einem kommunistischen Regime größere Freiheiten abtrotzen konnten. Da die starrköpfige SED-Regierung im eigenen Lager isoliert und in den kritischen Monaten führungslos war, schuf ihr Schwanken zwischen Ausreiseverboten und Konzessionen gleichzeitig Anreize sowie Chancen zur Flucht. Westdeutscher Druck zur Gewährung von Reisefreiheit aus humanitären und nationalen Gründen förderte die Ausreisebewegung, führte aber durch den erhöhten Andrang zu unerwarteten Integrationsproblemen. Im Klima der Entspannung konnten sich Forderungen nach Menschenrechten gegenüber ideologischer Blocksolidarität durchsetzen.[74]

Der Ruf »Wir wollen raus!« offenbarte den Bruch der schweigenden Mehrheit mit dem SED-System. Viele Gründe veranlaßten Tausende von Ostdeutschen, sich für das Verlassen ihres Staates zu entscheiden. Manche waren mit den »persönlichen Lebensbedingungen« wie Wohnungsnot, Berufsschwierigkeiten, Mangel an Konsumgütern und fehlenden Reisemöglichkeiten unzufrieden. Bei anderen spielten politische Probleme wie fehlende Meinungsfreiheit, düstere Zukunftsaussichten oder Stasiverfolgung eine Rolle. Das aus Fernsehserien und Reiseberichten gewonnene Bild eines besseren Lebens im Westen übte eine starke Faszination aus. Sofortige Einbürgerung und wirkungsvolle Übersiedlungshilfe erleichterten den Ausreiseentschluß. Erfolgsbeispiele und die Angst zurückzubleiben verbanden sich zu einer immer stärkeren Dynamik von »Psychose und Volksentscheid«.[75] Da die Unzufriedenen keine politische Stimme hatten, blieb ihnen nur die Flucht.

Die Ausreisewelle setzte eine negative Spirale in Gang, die schließlich zum Zusammenbruch der DDR führte. Die Abwanderung kostete jeden Tag die Arbeitskräfte eines mittleren Industriebetriebs. Da die Umsiedlung vieler Menschen das allgemeine Selbstvertrauen erschütterte und die Zurückbleibenden demoralisierte, fingen auch zufriedene Bürger an zu überlegen, ob es überhaupt noch Sinn hatte dazubleiben. Am schlimmsten waren die politischen Resultate. »Die Mauer war im Grunde eine Metapher für ein System, das nur bestehen kann, wenn es sich selbst abschottet.« Der Berliner SED Bezirkssekretär Günter Schabowski fällte ein vernichtendes Urteil über den Loyalitätsverlust der DDR: »Eine Gesellschaft, die ihre Bürger nur mit Schußwaffen vom Verlassen ihres Landes abhalten kann, disqualifiziert sich selbst.«[76]

Die Massenflucht brachte die schwelende politische Krise zum offenen Aufflammen. Da die »halbrevolutionäre Situation« breitere Kreise für Kritik aufnahmebereit machte, ermutigte die Ausreisewelle Dissidenten, sich öffentlich zu organisieren, um das Machtmonopol der SED in Frage zu stellen. Der Bevölkerungsverlust spornte auch die flexiblere jüngere Generation im Politbüro an, sich gegen das Regiment von Honeckers alter Garde aufzulehnen. Mit der Gewährung vollständiger Reisefreiheit versuchte Krenz, wie er Johannes Rau erklärte, »eine ehrenhafte Lösung« zu finden, die garantieren sollte, »daß der überwiegende Teil der Bevölkerung der DDR hier bleibe«.[77] Da auch diese verzweifelte Maßnahme den sich auf alle Gebiete ausweitenden Vertrauensverlust nicht aufhalten konnte, war der Exodus der hauptsächliche Anlaß für die Implosion der DDR.

Der Flüchtlingsstrom stellte die Frage nach deutscher Einheit mit neuer Eindringlichkeit. Jahrzehntelang hatten westdeutsche Politiker und westliche Staatsmänner Unterstützung für die »Wiedervereinigung« geheuchelt, da sie sicher waren, daß die Deckung ihrer Wechsel nie verlangt würde. Für alle solche Versprechungen wurde das unvorhergesehene Ausbluten der DDR zur Stunde der Wahrheit, denn die individuelle Vereinigung auf dem Boden der Bundesrepublik stellte nicht nur das Überleben der DDR, sondern auch die Stabilität der auf deutscher Spaltung aufgebauten europäischen Nachkriegsordnung in Frage. Obwohl der Exodus unter linken Kritikern und betroffenen Nachbarländern alte Ängste vor der Entstehung eines »vierten Reiches« erweckte, entfachte das Flüchtlingsdrama in konservativen Kreisen und unter wohlwollenden Ausländern neue Hoffnungen. Indem sie in Bonn ein frisches Nachdenken über die »Chance für die Wiedervereinigung unseres Vaterlands« anregte, brachte die Massenflucht die deutsche Frage unerwartet in das Zentrum der internationalen Politik zurück.[78]

II. Kapitel

Der demokratische Aufbruch

Die Demonstrationen begannen in den Straßen von Leipzig. Während der Messe am 4. September 1989 verließen junge Ausreisewillige die Friedensandacht in der Nikolaikirche und riefen »Wir wollen raus!« Aber Stasibeamte rissen den Protestierenden Transparente mit der Losung »Für ein offenes Land mit freien Menschen« aus den Händen. Da westliche Journalisten im Fernsehen darüber berichteten, versammelte sich am folgenden Montag eine größere Zahl von Gruppen, um gegen staatliche Repression zu protestieren. Als sich diese im offiziellen Sprachgebrauch »rechtswidrige Zusammenrottung« nicht auflöste, ging die Polizei brutal vor und nahm ungefähr einhundert Demonstranten fest.[1]

Solche Unterdrückungsmaßnahmen provozierten neuen Protest. Am 18. September marschierten etwa Tausend kerzentragende Dissidenten in schweigenden Reihen, um den Sicherheitskräften keinen Vorwand zum Einschreiten zu liefern. Eine Woche später ignorierten über 5000 Bürger amtliche Warnungen vor Störungen der öffentlichen Ordnung, umkreisten zwischen Polizeiketten die Innenstadt auf dem Ring und riefen »Gorbi, Gorbi« oder »Neues Forum zulassen«. Im Gegensatz zu den Ausreisewilligen wollten diese neuen Demonstranten die DDR von innen reformieren und skandierten daher: »Wir bleiben hier!« Von diesem Mut beeindruckt, verloren immer mehr Zuschauer ihre Angst und schlossen sich dem Protestzug an.[2] Diese aufbegehrende Minderheit verlangte die Durchführung des Verfassungsrechts auf freie Meinungsäußerung mit den Liedern der sozialistischen Internationale und der amerikanischen Bürgerbewegung »We shall overcome«.

Die SED reagierte auf die ungewohnte Herausforderung mit wachsender Gewalt. Stasi-Chef Mielke schlug vor, die gefährlichen Friedensgebete zu unterbinden und »weitere straf- und ordnungsrechtliche Maßnahmen einzuleiten«. Als am 2. Oktober 20000 friedliche Leipziger »Jetzt oder Nie, Demokratie« riefen, machten Stasileute Überwachungsfotos, schlugen mit Stöcken und ließen ihre Hunde auf die »antisozialistischen und rowdyhaften Elemente« los. Aus Sorge »um die Zukunft des Sozialismus in unserem Land« forderte ein Kampfgruppenkommandeur die Leser der *Leipziger Volkszeitung* auf, »Staatsfeindlichkeit nicht länger [zu] dulden«.[3] Fünf Tage später, am 40. Jahrestag der DDR, prügelten die Sicherheitskräfte gnadenlos auf friedliche Bürger ein und richteten Wasserwerfer auf die Menge. Als etwa 210 Demonstranten »zugeführt«, durchsucht und schikaniert wurden und Verwundete ins Krankenhaus mußten, riefen Ostdeutsche schokkiert aus: »Wie bei den Nazis!«[4]

Durch Honeckers Befehl, weitere Krawalle »von vornherein zu unterbinden«, erreichte die Krise am 9. Oktober ihren Höhepunkt. Die Abordnung von 400 SED-Mitgliedern führte zu solcher Überfüllung in der Nikolaikirche, daß benachbarte Gotteshäuser geöffnet werden mußten. Trotz offizieller Drohungen fand die Friedensandacht wie geplant statt, da die Gemeinde sich nicht durch das massive Aufgebot von Polizei, Betriebskampfgruppen und NVA einschüchtern ließ. Um Blutvergießen zu vermeiden, warnte Bischof Johannes Hempel: »Gewalt löst keine Probleme.« Unter den 70000 vor den Kirchentoren versammelten Menschen kursierten furchterregende Gerüchte über die staatliche Vorbereitung von Gewaltmaßnahmen: Schulen und Geschäfte hätten schon aus Sicherheitsgründen geschlossen; Offiziere seien bereit, mit der Waffe einzuschreiten; Krankenhäuser sammelten Blutplasma, um Verletzte zu behandeln; gepanzerte Fahrzeuge und Verstärkungen bewegten sich auf die Innenstadt zu.[5]

Plötzlich krächzten Lautsprecher die Mitteilung: »Unsere gemeinsame Sorge und Verantwortung haben uns heute zusammengeführt.« Dirigent Kurt Masur, Pfarrer Peter Zimmermann, Kabarettist Bernd Lange und die SED-Bezirkssekretäre Kurt Meyer, Jochen Pommert und Roland Wötzel plädierten für »freien Meinungsaustausch über die Weiterführung des Sozialismus«. Diese dringende, im Radio verlesene Bitte »um Besonnenheit, damit der friedliche Dialog möglich wird«, brach den Bann der Gewalt. Neben Rufen »Kein neues China!« skandierten Dissidenten die demokratische Losung »Wir sind das Volk!« Selbst unsicher, folgten die Sicherheitskräfte dem Aufruf und gaben den Demonstranten den Weg frei.[6] Der Bürgerkrieg konnte verhindert werden, da Dissidenten für »Keine Gewalt!« plädierten, Mitglieder der Kampfgruppen »den Einsatz gegen die eigene Bevölkerung« verweigerten und lokale Gremien sich bei unklaren Anweisungen aus Berlin für den Dialog entschieden. Diese Übereinkunft zwischen Bürgern und SED-Reformern öffnete die Straßen dem Protest und befreite die Diskussion.[7]

Wie konnten im sozialistischen Musterstaat solche Unruhen ausbrechen? Während Ostberlin den äußeren Klassenfeind dafür verantwortlich machte, feierte Bonn die Proteste als demokratischen Aufbruch von innen. Eine historische Erklärung des Anteils der Bürgerbewegung am Zerfall der DDR muß vor allem bei den Legitimitätsproblemen der SED ansetzen und die Beziehung von Repression, Anpassung und Dissidenz herausarbeiten. Warum blieb im Gegensatz zu anderen osteuropäischen Ländern die ostdeutsche Opposition organisatorisch zersplittert und programmatisch auf eine Reform des Sozialismus fixiert? Die außerordentliche Dynamik der Protestbewegung gibt weitere Rätsel auf. Weshalb konnten Demonstrationen von marginalisierten Dissidenten von September an immer größere Teilnehmerzahlen mobilisieren, bis die SED schließlich die Kontrolle verlor?[8]

Ursachen der Kritik

Im Selbstverständnis des SED-Staats standen Kontrolle und Kritik in enger Wechselbeziehung. Die Kommunistische Partei versuchte als Vorhut der revolutionären Arbeiterklasse das öffentliche Leben vollständig zu beherrschen. Da ungefähr jeder fünfte Erwachsene der SED beitrat, zählte sie etwa 2,3 Millionen Mitglieder. Obwohl andere Parteien des »demokratischen Blocks« nominell unabhängig waren, konnten sie keine eigenständige Politik verfolgen. Systematisch wurden alle Vereine unterdrückt, und nur SED-nahe Organisationen durften öffentlich auftreten. Vom Kindergarten an versuchte marxistisch-leninistische Erziehung eine »sozialistische Persönlichkeit« heranzubilden. Letztlich basierte die Macht der SED aber auf dem Schutz der Sowjetunion, denn die Stationierung von 380000 Soldaten der Roten Armee war eine permanente Interventionsdrohung, die schon 1953 das System gerettet hatte.[9]

Die Existenz der Bundesrepublik förderte und behinderte zugleich den Protest. Zwar verbreiteten Westmedien alternative Ansichten und boten Dissidenten eine Plattform, aber die Gefahr kapitalistischen Einflusses spornte die offiziellen Institutionen auch zu besonderer Wachsamkeit an. Unbequeme Kritiker wie Wolf Biermann oder Rudolf Bahro konnten in den Westen abgeschoben werden, so daß der Opposition Führungspersönlichkeiten fehlten. Zwar verweigerten sich viele Ostdeutsche einzelnen gesellschaftlichen Ansprüchen der Partei, und besonders Jugendliche protestierten mittels der Entwicklung alternativer Lebensstile. Da aber autorisierte Diskussionen nur innerhalb der SED stattfanden, setzte das Politbüro die Grenzen des erlaubten Diskurses. Kein Wunder, daß sich gewöhnliche Bürger in private Nischen zurückzogen und sich mit ihren Autos, Datschen oder Gärten beschäftigten und ein gespaltenes Bewußtsein entwickelten: In der Öffentlichkeit verhielten sie sich regimekonform, und privat äußerten sie Zweifel nur gegenüber Freunden.[10]

Die stärkste Waffe gegen die Opposition war die Staatssicherheit. Aufgrund der Klischees des Kalten Krieges ist es schwierig, die gefürchtete Geheimpolizei nicht zu karikieren. Mit um 100 000 offiziellen und etwa 173 000 inoffiziellen Mitarbeitern beschäftigte das »Schwert und Schild der Partei« etwa jeden fünfunddreißigsten Erwachsenen in der DDR. Trotz der Kontrolle durch die SED hatte die deutsche Tscheka erhebliche Handlungsfreiheit und unterdrückte anfangs oppositionelle Regungen mit klassenkämpferischer Gewalt. Da Bürgerrechte nur auf dem Papier standen, konnten administrative Anordnungen Beschattung, Schläge oder Gefängnis autorisieren. Die Unsicherheit, wem man vertrauen durfte, schuf eine Atmosphäre lähmender Angst, da Abhörung der Telefone, Öffnung von Post oder Überwachung von Restaurants unvorsichtige Kritiker erwischte. Nur übertriebene Konspiration und militärische Starrheit begrenzten die Wirksamkeit der »Firma Horch, Guck und Greif«.[11]

Während der achtziger Jahre wechselte die Stasi ihre Taktik und ging von physischer Einschüchterung zu psychologischer Manipulation über. Der Geheimdienst durchdrang die Dissidentenszene so erfolgreich, daß es schien, als ob jeder vierte für ihn arbeitete und sich die Opposition in inneren Disputen aufrieb. Gleichzeitig mobilisierte die Stasi auch Staatsorgane für »präventive Gegenmaßnahmen« und griff auf »fortschrittliche Kräfte« in den Massenorganisationen zurück. Langfristig brachten positive Anreize größere Rekrutierungserfolge als Terrormaßnahmen, und Mielkes Apparat sah sich oft als einzige effektive Instanz zur Lösung von Problemen in der DDR. In den achtziger Jahren schaltete das MfS auch mehr auf »politische Auseinandersetzung«, positive »Informationspolitik« und »verstärkte Bürgernähe« um. Obwohl das ausufernde Sicherheitsdenken weiterhin konstruktive Kritik kriminalisierte, konnten Menschen, die bereit waren, ihre berufliche Laufbahn zu riskieren, den Kreis der Repression durchbrechen.[12]

Die evangelische Kirche innerhalb der DDR blieb weitgehend unabhängig. Wegen ihrer geringeren Zahl (eine Million) und ihres Rückzugs aus der Öffentlichkeit hatten dagegen Katholiken weniger Einfluß. Anfänglich propagierte die SED einen rigorosen Atheismus, um den Antikommunismus der lutherischen Geistlichkeit zu schwächen. Dadurch verloren die Protestanten zwar viele nominelle Mitglieder, aber die verbliebenen acht Millionen hielten um so mehr an ihrem Glauben fest. Ende der sechziger Jahre versuchte eine Gruppe von linken Pastoren, mit dem Staat Frieden zu schließen. Unter dem flexiblen Begriff »Kirche im Sozialismus« versprachen sie der DDR Loyalität im Austausch für die Tolerierung ihrer Religionsausübung. In den achtziger Jahren wandten sich jüngere Theologen sozialen Themen zu und versuchten, den Sozialismus zu demokratisieren. Die Autonomie der Kirche machte sie zu einem bevorzugten Ziel von Infiltrationsversuchen der Stasi.[13]

Protestanten hatten eine gespaltene Haltung gegenüber den staatlichen Institutionen der DDR. Als Institution war die Kirche auf eine Kooperation mit der Partei angewiesen; aber als religiöse Gemeinschaft mußte sie sich allen öffnen, die Zuspruch suchten. Kirchenräume bildeten ein halböffentliches Forum, das jeden einließ, aber der Polizei versperrt blieb. Verzweifelte Ausreisewillige suchten Tröstung im Schutz des Altars, und Dissidenten kamen auch mit nichtreligiösen Anliegen, um mit liberalen Pfarrern zu diskutieren. Obwohl sie die Beziehungen der Kirche zur SED gefährdeten, schufen diese Begegnungen in einzelnen Gemeinden ein kritisches Bewußtsein. Unvorhergesehen entstand ein evangelischer Aktivismus, der die Menschen zum Bleiben aufforderte, um das Leben in der DDR zu verbessern. Die Absage an das »Prinzip der Abgrenzung« vom Westen und die Forderung eines offenen Dialogs verschafften der Kirche moralische Autorität.[14] Durch theologische Antworten auf öffentliche Grundfragen unterstützte und kanalisierte der »konziliare Prozeß« der Kirche die Kritik am SED-Staat.

Das atomare Wettrüsten Anfang der achtziger Jahre gab den Anstoß zur Bildung einer breiteren Dissidentenbewegung in der DDR. Da die SED mit pazifistischen Losungen gegen die »Nachrüstung« der NATO polemisierte, brachten jüngere evangelische Pfarrer ähnliche Argumente gegen den Warschauer Pakt vor. Angeregt durch die Warnung des »Berliner Appells« vor nuklearer Vernichtung, verlangten Laien eigene Abrüstungsschritte und gründeten junge Leute Friedensgruppen unter der biblischen Losung »Schwerter zu Pflugscharen« umzuschmieden. Seit 1983 hielt die evangelische Kirche jährlich Friedensseminare ab, an denen Bürger aus der ganzen DDR teilnahmen, und etablierten einzelne Gemeinden wie die Leipziger Nikolaikirche Friedensgebete, die einen Treffpunkt für Dissidenten bildeten. Klagen über zwangsweisen Wehrkundeunterricht führten zu Spannungen in Schulen, und die Hilfe für Wehrdienstverweigerer schuf neue Streitfragen. Ein offiziell genehmigter »Olof Palme-Friedensmarsch« machte die Anti-Kriegsbotschaft einem breiteren Publikum bekannt.[15]

Fortgesetzte Stasi-Übergriffe gegenüber der Friedensbewegung weiteten partielle Kritik in eine grundsätzliche Kampagne für Menschenrechte aus. Als erste Oppositonsgruppe verließ die »Initiative für Frieden und Menschenrechte« im Herbst 1985 den Schatten der Kirche. Intellektuelle wie Bärbel Bohley, Ulrike Poppe oder Wolfgang Templin wollten ohne institutionelle Rücksichten eigene Antworten suchen. Zersetzung durch Stasi-Informanten erschwerte zwar ihre Aktionen, aber die IFM gab einen eigenen Rundbrief unter dem Namen *Grenzfall* heraus und formulierte eine säkulare Kritik an der DDR. Eine eindrucksvolle Eingabe vom 2. April 1986 beklagte Probleme wie politische Bevormundung, wirtschaftliche Stagnation, »ökologische Belastung«, kulturelle Gängelung und die »permanente Militarisierung der Gesellschaft«. Die 21 intellektuellen und kirchlichen Unterzeichner, meist aus Berlin, prangerten in einer umfangreichen Liste Menschenrechtsverletzungen an und forderten, »daß in unserem Land ein konstruktiver Dialog beginnt«.[16]

Ein weiterer Protestgrund war die Umweltzerstörung. Die ostdeutsche Luftqualität war so schlecht, das Wasser so ungenießbar und der Boden so verseucht, daß dies auf die Dauer nicht verheimlicht werden konnte. Religiöse Verantwortung gegenüber der Schöpfung sowie der Einfluß der westdeutschen Grünen motivierten Kirchenkreise zum ökologischen Engagement. Im Winter 1983/84 bildeten sich informelle Umweltgruppen, die durch die Katastrophe von Tschernobyl weiteren Zulauf erhielten. Im Jahre 1986 gründeten Aktivisten an der Berliner Zionskirche eine Umweltbibliothek und begannen einen kämpferischen Rundbrief zu veröffentlichen. Um die entstehende »innere Opposition« mundtot zu machen, durchsuchte die Stasi im November 1987 die Redaktion dieser *Umweltblätter* und inhaftierte die Herausgeber unter dem Vorwand des Mißbrauchs religiöser Freiheit. Während eines Rosa Luxemburg-Protests im folgenden Januar wurden zahlreiche Dissidenten wie Bärbel Bohley wegen »landesverräterischer Tätigkeit« festgenommen und in den Westen ausgewiesen.[17]

Dennoch ließ sich das wachsende Umweltbewußtsein nicht dauerhaft unterdrücken. Im Januar 1988 gründeten andere Aktivisten die »Arche Noah«, um sich mit Themen wie Luftverschmutzung, Baumsterben, Trinkwasserverseuchung, Müllbergen und Stadtökologie zu beschäftigen. Dieses »grün-ökologische Netzwerk« nahm praktische Projekte in Angriff und koordinierte Aktivitäten durch eine eigene Untergrundzeitschrift gleichen Namens. In Städten wie Leipzig pflanzten kirchliche Basisgruppen Bäume, demonstrierten an toten Flüssen, organisierten Ökologieseminare und schickten Beschwerden an die Behörden. Ihr größter Coup war die Produktion eines Videofilms über Braunkohleabbau und chemische Verschmutzung, der im Westberliner Fernsehen unter dem Titel »Bitteres aus Bitterfeld« Aufsehen erregte.[18] Weil sie Behauptungen von einem sozialistischen Paradies widerlegte, ärgerte sich die SED über solche Umweltkritik, doch die DDR-Bürger zeigten wachsendes Interesse, vor allem wenn es um lokale Fragen ging.

Im Mai 1989 verwandelte die Manipulation des Wahlresultats den Protest gegen einzelne Mißstände in eine generelle Opposition. Die SED-Führung wollte die Kommunalwahlen dazu benutzen, ihre Ablehnung der sowjetischen Perestroika bestätigen zu lassen. Aber die Bevölkerung klagte während der Vorbereitungen offen über Wohnungsknappheit, »Versorgungsfragen« und »Umweltbelastungen«. Um die Scharade zu enthüllen und echte Wahlen durchzusetzen, schickten Mitglieder kirchlicher Basisgruppen und Ausreisewillige eigene Beobachter in 131 Berliner Wahllokale und zählten die Ergebnisse in der Elisabethkirche vor westdeutschen Korrespondenten aus. Obwohl im Vergleich zu früheren Wahlen rückläufig, unterdrückte die offiziell verkündete Beteiligung von 98,78% und die Zustimmung von 98,85% 10% bis 15% Enthaltungen und Gegenstimmen in Universitäts- und Kirchenbezirken. Auch einzelne Parteimitglieder waren von dem Widerspruch zwischen dem von ihnen abgelieferten Wahlprotokoll und dem veröffentlichten Ergebnis entsetzt.[19]

Schockierte Dissidenten erhoben den Vorwurf der Wahlfälschung und verlangten in über hundert Protestaktionen die Liberalisierung der Innenpolitik. Ohne sich von Massenarresten in Leipzig entmutigen zu lassen, kritisierten Oppositionelle öffentlich den Wahlbetrug und erhoben bei lokalen und nationalen Stellen gegen die Auszählung Einspruch. Um die Wirkung der ungewohnten Proteste zu verringern, wiesen Bürgermeister die zahlreichen Eingaben mit einem von der Stasi formulierten Schreiben zurück. Als die SED sich weigerte, die Unregelmäßigkeiten aufzuklären, organisierten Dissidenten monatliche Demonstrationen gegen Wahlfälschung und die »Beendigung der Demokratie«. Wahlkritiker veröffentlichten ihre Berichte in einer Broschüre mit dem Titel *Wahlfall '89*, die selbst vorsichtige Kirchenführer zur Unterstützung der Proteste veranlaßte.[20] Die eklatante Wahlfälschung motivierte Opponenten zur engeren Zusammenarbeit und diskreditierte SED-Vorstellungen von sozialistischer Demokratie.

Bis zum Sommer 1989 entstand ein kleines, aber dichtes Netzwerk von Aktivisten in der DDR. Von westlichen Journalisten unterstützt, bildeten Kritiker lose Kreise, die auf die »Aufweichung, Zersetzung [und] politische Destabilisierung« des SED-Regimes hinwirkten. Unter dem Dach der evangelischen Kirche sammelten sich nach Stasi-Angaben 150 Basisgruppen, von denen 35 »Friedenskreise« waren, 39 sich als »Ökologiegruppen« verstanden, 23 beide Themen diskutierten, 39 sich »zwei-Drittel Welt-Gruppen« nannten, 10 Menschenrechtsprobleme debattierten und der Rest Frauenfragen und Wehrdienstverweigerung besprach. Der harte Kern »vielfach unbelehrbarer Feinde des Sozialismus« bestand aus 60 Personen, weitere 600 übten Führungsfunktionen aus, und etwa 2500 Aktivisten waren persönlich engagiert. Die meisten Dissidenten waren zwischen 25 und 40 Jahre alt und vertraten »alternative« Lebensauffassungen. Als Intellektuelle arbeiteten sie in Großstädten wie Berlin oder Leipzig, tauschten Nachrichten über persönliche Kontakte aus und veröffentlichten mit veralteter Technik wie Matrizen.[21]

Die Stasi reagierte auf die Entstehung »einer einheitlich ausgerichteten, organisierten inneren Opposition« mit verschärfter Unterdrückung. Obwohl die Herausforderung schwächer als in Polen oder Ungarn war, mißverstand das MfS die Dissidenten als Agenten des westdeutschen Kapitalismus und ihre Ziele als »Liquidierung des Sozialismus«. Statt ihre demokratischen Reformhoffnungen durch Konzessionen einzubinden, sollten die Kritiker mit bewährten Methoden wie Einsatz »fortschrittlicher Kräfte«, Diffamierung in den Medien, engere Polizeiüberwachung und Unterbindung von Auslandskontakten isoliert werden. Um die »wachsende Aggressivität« der Opposition zu neutralisieren, versuchte das MfS, »die Bekämpfung der politischen Untergrundtätigkeit noch zwingender« zu organisieren. Während General Mielke glaubte, »die Sache im Griff« zu haben, vergrößerten die verschärften Repressionsmaßnahmen den Gegendruck von unten. Da die SED keine loyale Opposition dulden wollte, zwang sie ihre Kritiker, auf den Sturz des Regimes hinzuarbeiten.[22]

Die Bürgerbewegung

Die Massenflucht spornte die Dissidenten an, ihre »bisherige gesellschaftliche Isolierung zu durchbrechen und wachsenden Einfluß zu gewinnen«. Durch ihre Handlungsunfähigkeit verlor die überalterte SED-Führung immer mehr das Vertrauen der Bevölkerung. Bei der Suche nach den Ursachen der Unzufriedenheit bröckelte die Einheit der Partei ab, da manche Genossen bereit waren, »nicht [zu] lamentieren, sondern vor der eigenen Tür [zu] kehren«. Während der Vorbereitung zur Synode in Eisenach wuchs in der evangelischen Kirche die Kritik an der Starrheit des Systems, so daß die Regierung ein geplantes Informationsgespräch demonstrativ absagte. Unter den Dissidenten führte die steigende Sorge um die Zukunft des Landes zu dem Entschluß, trotz Repressalien mit eigenen Vorschlägen an die Öffentlichkeit zu gehen und formelle Gruppen zu konstituieren.[23]

Den »größten Einfluß und die weiteste Verbreitung« erreichte das Neue Forum. Als Resultat langer Vorüberlegungen, gründeten am 9. September sechs Ärzte, vier Physiker, drei Pfarrer, drei Studenten und vierzehn andere Intellektuelle ein offenes Diskussionsforum. In einem mutigen Buch über den »vormundschaftlichen Staat« hatte der Rechtsanwalt Rolf Henrich schon im Frühjahr 1989 das Fehlen von Meinungsfreiheit angeprangert. Kritiker wie die aus England zurückgekehrte Malerin Bärbel Bohley, der Physiker Sebastian Pflugbeil, der Molekularbiologe Jens Reich, der Bautechniker Rainer Schult und der Pfarrer Jochen Tschiche waren über die politische Sprachlosigkeit der DDR besorgt: »In unserem Lande ist die Kommunikation zwischen Staat und Gesellschaft offensichtlich gestört.« Ihr Aufruf für einen »Aufbruch 89« forderte einen »demokratischen Dialog über die Aufgaben des Rechtsstaates, der Wirtschaft und Kultur«. Um »in aller Öffentlichkeit, gemeinsam und im ganzen Land« über notwendige Reformen nachzudenken, bildeten die Unterzeichner »eine politische Plattform für die ganze DDR«.[24]

Das Neue Forum hatte großen Zulauf, da sein Programm das Bedürfnis nach Meinungsfreiheit artikulierte, ohne das Ergebnis der Diskussion vorwegzunehmen. Für die SED war diese Bewegung gefährlich, weil sie »an die Vielzahl berechtigter Fragen und Kritiken der Bürger anknüpft« und neue Formen spontaner Bürgerbeteiligung erfand. Als Probe auf die Verfassung meldeten die Gründer ihre Gruppierung am 19. September offiziell an, aber das Innenministerium lehnte den Antrag ab, weil kein »gesellschaftlicher Bedarf« bestehe. Durch die Einreichung von 452 Eingaben mit 9334 Unterschriften und peinliche Debatten mit den Behörden machte das Neue Forum die Organisationserlaubnis zu einem Testfall für Menschenrechte. Als Schriftsteller und Rockmusiker den Ruf nach einem Dialog enthusiastisch unterstützten, verbreitete sich diese Bürgerbewegung in kürzester Zeit über die ganze DDR.[25] Westdeutsche Linke unterstützten das Neue Forum durch Kontaktbesuche, ostdeutsche Kritiker jedoch fanden dessen Programm zu vage und gründeten weitere Gruppen.

Ein Hauptrivale war die am 12. September an die Öffentlichkeit getretene »Sozialdemokratische Partei in der DDR«. Nach jahrelangen Friedensseminaren und intensiven Vorgesprächen riefen die Pastoren Martin Gutzeit, Markus Meckel und Arndt Noack sowie der Historiker Ibrahim Böhme emphatisch zu politischen Reformen auf: »So kann es nicht weitergehen! Viele warten darauf, daß *sich* etwas ändert. Aber das reicht nicht aus! Wir wollen das unsere tun.« Um das SED-Machtmonopol aufzubrechen, schlugen sie »eine offene geistige Auseinandersetzung über den Zustand unseres Landes und seines künftigen Weges« vor. Zum Schutze der Menschenrechte und der Umwelt befürworteten sie eine *»ökologisch orientierte soziale Demokratie«*. Im Gegensatz zur Basisorientierung des Neuen Forums verlangten die Unterzeichner auch eine Rückkehr zur parlamentarischen Demokratie.[26] Sie wollten den Rechtsstaat, regionale Autonomie, soziale Marktwirtschaft und freie Gewerkschaften – kurz das schwedische Modell.

Westliche Politiker begrüßten die Parteigründung als Mittel zur Liberalisierung der DDR. Zwar war die Bonner SPD über die ohne ihre Hilfe zustande gekommene Initiative erstaunt und wollte ihre Beziehungen zur SED nicht aufgeben, aber sie freute sich trotzdem über das Wiederaufleben des demokratischen Sozialismus und unterstützte den Antrag auf Mitgliedschaft in der sozialistischen Internationale. Die SED reagierte allergisch auf diese Herausforderung, die ihr eigenes Überleben gefährdete: »Mit dieser Zielstellung, den Kapitalismus in der DDR restaurieren zu wollen, ist die Formierung einer SDP in der DDR eindeutig verfassungsfeindlich.« Unter dem ersten Sekretär Ibrahim Böhme, der sich später als Stasi-Spitzel herausstellte, machte die Initiative nur wenig Fortschritte. Daher wurde die SDP erst am 7. Oktober formell in Schwante bei Berlin nach einer mitreißenden, aber unklaren Rede von Markus Meckel gegründet. In den ersten Wochen traten dieser inhaltlich und organisatorisch profilierten Gruppe mehr als tausend Mitglieder bei.[27]

Ein radikalerer Versuch der sozialistischen Erneuerung war die Vereinigte Linke. Anfang September trafen sich unzufriedene SED-Mitglieder und Gewerkschaftler heimlich in Böhlen bei Leipzig, um eine »linke, sozialistische Alternative im Geiste sozialistischer Demokratie« zu erarbeiten. Unter dem Banner einer revolutionären »Rätedemokratie« versuchte die VL, eine »Koalition der Vernunft« zur Wiedergeburt der DDR zu schaffen. Durch Vergesellschaftung des Eigentums, Selbstbestimmung der Produzenten, soziale Sicherheit, politische Demokratie und ökologischen Umbau der Industrie wollte sie den Marxismus erneuern. Obwohl die VL an Arbeiter appellierte, war ihr Programm auf Intellektuelle ausgerichtet und rief Diskussionen in der SED hervor. Aber Geheimniskrämerei, Desorganisation und Sozialismusmüdigkeit setzten ihrer Popularität enge Grenzen.[28]

Wichtiger war die am 12. September am Rande der Eisenacher Synode gegründete Bürgerbewegung »Demokratie Jetzt!« Der Berliner Physiker Hans-Jürgen Fischbeck, die Historikerin Ulrike Poppe, der Pfarrer Wolfgang Ullmann und der Filmregisseur Konrad Weiss riefen ihre Mitbürger zur »Einmischung in eigener Sache« auf. Um traditionelle Werte mit neuen Mitteln zu verwirklichen, forderten sie ein Ende des Staatssozialismus: »Er bedarf einer friedlichen, demokratischen Erneuerung.« Angeregt durch die osteuropäische Umgestaltung befürworteten die Unterzeichner die Zusammenarbeit aller Reformer, von radikalen Christen bis zu kritischen Marxisten. Um der öffentlichen Debatte eine Richtung zu geben, legte DJ eigene »Thesen zur demokratischen Umgestaltung der DDR« vor. Da sie sozialistische Ideen mit europäischer Integration verband, erschien diese Initiative der SED als »in ihren Zielvorstellungen widersprüchlich«.[29]

Das DJ-Programm wollte den Sozialismus durch Freiheit weiterentwickeln. Die DDR sollte »vom Obrigkeitsstaat zur Republik« werden, indem sie Menschenrechte wie Rede-, Versammlungs- und Reisefreiheit garantierte und die staatliche Kontrolle über Medien, Erziehung, Parteien und Gewerkschaften aufgab. Die »politbürokratische Kommandowirtschaft« sollte von einer freien Marktwirtschaft mit sozialen Sicherheiten abgelöst werden. Schließlich sollte die »Ausbeutung und Verschmutzung der Umwelt« durch ein »dauerhaftes Zusammenleben mit der Natur« ersetzt werden. Da sie viele in Friedens- und Menschenrechtsdiskussionen erarbeitete Ideen zusammenfaßte, markierte solche Kritik die Schwachstellen des Sozialismus mit ungewohnter Offenheit. Obwohl DJ nie die Ausstrahlung des Neuen Forums erreichte, hatte diese Gruppe ein klareres Programm. In zukünftigen Wahlen wollte Demokratie Jetzt eigene Kandidaten aufstellen und gab von Oktober an ein Mitteilungsblatt heraus.[30]

Der zwei Tage später in Erscheinung getretene »Demokratische Aufbruch« formulierte einen gemäßigteren Appell zur Erneuerung. Die evangelischen Pfarrer Friedrich Schorlemmer und Rainer Eppelmann sowie Probst Heino Falcke, Bischof Gottfried Forck und Kirchenanwalt Wolfgang Schnur wollten die Zersplitterung der Opposition durch Gründung einer Sammlungsbewegung aufhalten. Ihr Flugblatt vom 14. September propagierte »eine sozialistische Gesellschaft auf demokratischer Grundlage« und forderte neben Beachtung der Menschenrechte weitere Bildungs- und Strafrechtsreformen sowie das Ende der SED-Herrschaft. Entschiedener als andere Gruppen verlangte der DA eine auf Wettbewerb aufbauende Marktwirtschaft mit ökologischer Verantwortung und gewerkschaftlicher Unabhängigkeit.[31] Weil Diskussionen allein die Strukturen kaum verändern konnten, strebte diese Gruppe die Übernahme von politischer Verantwortung im Staate an.

Seine enge Anlehnung an die protestantische Kirche gab dem Demokratischen Aufbruch ein vergleichsweise konservatives Profil. Trotz sozialistischer Anklänge in der Forderung nach »gesellschaftlicher Solidarität« hielt die Stasi den DA für eher »reaktionär«: »Verfassungstreue wird demagogisch behauptet, inhaltlich-konzeptionell jedoch verletzt.« Weil der erste Vorsitzende Schnur ein Mitarbeiter des Geheimdiensts war, verzögerte sich seine formelle Konstituierung bis zum 1. Oktober. Als andere Dissidentengruppen dem Sammlungsaufruf für eine »offene, unabhängige demokratische Gesellschaft« nicht folgten, verlagerte der DA seinen Schwerpunkt langsam nach rechts. Auf Grund seines Ursprungs in religiösen Basisgruppen konnte er die Infrastruktur der evangelischen Kirche benutzen und leichten Zugang zu einflußreichen Westmedien finden.[32]

Die politische Mobilisierung brachte auch eine autonome feministische Bewegung hervor. Zwar garantierte die Verfassung offiziell die Geschlechtergleichheit und bot der Staat vier Fünfteln aller Mütter kostenlose Kinderbetreuung an, so daß neun Zehntel der Frauen außer Hause arbeiteten. Aber im privaten Bereich existierten weiterhin patriarchalische Haltungen, und die Alltagsschwierigkeiten waren größer als im Westen, so daß Frauen besonders unter der Doppelbelastung von Arbeit und Familie litten. Da der offizielle Demokratische Frauenbund keine Abhilfe brachte, diskutierten intellektuelle Frauen ihre Probleme in Kirche, Universität und Literaturzirkeln. Als die Bürgerbewegung nicht reagierte, gründeten sie am 26. September eine »Lila Offensive«, um »die Ungleichheit der Geschlechter in der Gesellschaft zu bekämpfen«.[33] Durch Agitation sollte die Diskriminierung in der Familie und am Arbeitsplatz sowie in Regierung, Justiz und Erziehung beseitigt werden.

Anfang November meldeten sich Frauenforscherinnen der Berliner Humboldt-Universität zu Wort: »In dem jetzt in Gang gekommenen Dialog spielen die Interessen von Frauen bislang keine

Rolle.« Empört wollten diese Feministinnen ein kritisches »Bewußtsein über die reale Lage der Frauen« schaffen. In einem Problemkatalog forderten sie Quotierung, Frauenabteilungen in den Behörden, Umgestaltung des Frauenbunds, Bildung eines Volkskammerausschusses, Förderung von Frauenaktivitäten, Neuverteilung der Familienaufgaben und Verbesserung der Dienstleistungen. Da weder die SED noch der DFD darauf eingingen, gründeten verschiedene Feministinnen im Dezember einen Unabhängigen Frauenverband. In einer packenden Rede warnte Ina Merkel männliche Reformer, daß Frauenfragen für die Demokratisierung zentral seien: »Ohne Frauen ist kein Staat zu machen!«[34]

Die letzte Gruppe, die sich konstituierte, waren die Grünen. Ironischerweise verlangsamte gerade die Größe der ökologischen Probleme die Entstehung einer neuen Organisation. Anfangs schienen lokale Mitteilungsblätter sowie Netzwerke zu genügen, da alle Oppositionsgruppen den Umweltschutz auf ihr Programm setzten. Als jedoch die ökologischen Sorgen im politischen Aufbruch untergingen, versammelten sich am 5. November Aktivisten zur Gründung einer Grünen Partei: »Für die Erneuerung unserer Gesellschaft hat die Umgestaltung unserer zerstörten Umwelt entscheidende Bedeutung.« Die Gründungsinitiative forderte einen radikalen Bruch mit der industriellen »Ellenbogenfreiheit, Verschwendung [und] Wegwerfmentalität«, die das Überleben der Menschheit auf der Erde bedrohten.[35] Die Grünen verlangten den »konsequente[n] ökologischen Umbau unseres Landes in radikaler Absage an umweltzerstörendes, rohstoffvergeudendes Wachstum und den stalinistisch geprägten Umgang mit Menschen, Wirtschaft und Umwelt«. Als Beispiele sozialistischer Politik verwies das Programm auf die Katastrophengebiete von Leipzig, Bitterfeld, Halle, Dresden, Chemnitz und Cottbus. Gleichzeitig warnte es davor, »unter dem Druck unvernünftigen, kurzsichtigen, materiellen Nachholbedarfs« einen Kapitalismus westlichen Stils einzuführen. Statt dessen riefen die Grünen zu einem grenzübergreifenden, basis-demokratischen Aktivismus auf, um überall eine »grüne Wende« herbeizuführen.[36] Trotz solcher Appelle konzentrierte sich die Bürgerbewegung auf politische Reform, und wollte die Bevölkerung nach langer Entbehrung zuerst ihre Wünsche an Konsumgütern befriedigen.

Die Entstehung von rivalisierenden Gruppen zersplitterte die Bürgerbewegung. Bürokratische Repression, Stasi-Unterwanderung und die Ausweisung prominenter Kritiker verhinderten das Aufkommen einer alle überragenden Führerpersönlichkeit. Gleichzeitig erschwerte die Formlosigkeit von illegalen Netzwerken die Beilegung von persönlichen Spannungen, regionalen Konflikten und programmatischen Differenzen. In ihrem ganzen Habitus folgten Dissidenten einer moralischen Politikauffassung, die Kompromisse unter divergierenden Richtungen erschwerte. Ideologische Unterschiede zwischen religiösen und säkularen Anschauungen und verschiedene Schattierungen des Marxismus machten die Entstehung einer gemeinsamen Stimme unmöglich. Obwohl die »Vielfältigkeit der Initiativen« auch eine basisdemokratische Stärke der Bewegung war, vergeudete der demokratische Aufbruch viel Energie in internem Streit.[37]

So vermochten die führenden Berliner Dissidenten kaum zusammenzuarbeiten. In Kirchenkreisen war der charismatische Pfarrer der Samaritergemeinde, Rainer Eppelmann, der bekannteste Kritiker. Aufgeschlossen gegenüber Jugendfragen, wurde er früh Pazifist und versuchte unablässig, die Grenzen des Erlaubten auszudehnen. Seine gezielten Provokationen wie die populären Bluesmessen machten den bärtigen vormaligen Maurer zum Ärgernis für Kirche wie Staat.[38] Unter den Intellektuellen war die Malerin Bärbel Bohley am prominentesten. Klein und zerbrechlich, wurde sie oft »Mutter der Revolution« genannt, da sie es wagte, unpopuläre Wahrheiten auszusprechen. Zur Erlangung künstlerischer Freiheit und zur Stärkung der Frauenrechte hatte sie bei der Konstituierung einer von der Kirche unabhängigen IFM mitgeholfen.[39] Zum Sturz der SED-Herrschaft wollte Eppelmann eine Partei gründen, während Bohley eine basisorientierte Bürgerbewegung vorzog.

Trotz solcher Rivalitäten versuchten die Oppositionsgruppen zum »gemeinsamen politischen Handeln« zusammenzufinden. Am 4. Oktober trafen sich IMF, SDP, Demokratischer Aufbruch, Demokratie Jetzt, Neues Forum und einige Friedenskreise, um eine gemeinsame Erklärung auszuarbeiten: »Uns verbindet der Wille, Staat und Gesellschaft demokratisch umzugestalten.« Führende Dissidenten wie Ibrahim Böhme, Rainer Eppelmann, Sebastian Pflugbeil und Wolfgang Ullmann verlangten die Durchsetzung von Menschenrechten nach dem KSZE-Standard und die Freilassung von politischen Gefangenen. Gefährlicher für die SED war die Forderung nach »Mindestbedingungen für eine demokratische Wahl«, die geheim, frei und von der UN überwacht sein sollte. Die diversen Gruppen versprachen Kooperation und riefen die Bürger auf, »an der demokratischen Erneuerung mitzuwirken«. Dieser vor 2000 Menschen in der Erlöserkirche verlesene Appell war eine offene Herausforderung an das kommunistische Machtmonopol.[40]

Eine Wiedervereinigung wies die Bürgerbewegung jedoch zurück. Wenngleich sie sich der gemeinsamen Nationalität vage bewußt waren, betrachteten die Dissidenten die Bundesrepublik als Ausland. »Meiner Ansicht nach kann und sollte die DDR als unabhängige Einheit in Europa existieren. Wir sind ein sozialistisches Land, und das sollten wir auch weiterhin sein«, erklärte Jens Reich einem BBC-Korrespondenten. »Natürlich sind Reformen und Veränderungen nötig, doch kann ich die deutsche Wiedervereinigung nicht als Punkt auf der Tagesordnung sehen – ich glaube nicht, daß sie realistisch ist und wir sie uns überhaupt wünschen.«[41] Obwohl die deutsche Teilung Europa spaltete, unterstrich die Opposition die Notwendigkeit einer unabhängigen ostdeutschen Identität. Die Befürworter der Vereinigung, die eher in der nicht-organisierten Bevölkerung zu finden waren, wagten es nicht, sich zu Wort zu melden, weil sie zu Recht fürchteten, sofort in den Westen abgeschoben zu werden.

Der tiefere Grund für die Skepsis gegenüber einer Vereinigung war die Hoffnung auf eine Alternative zum Kapitalismus. Der Schriftsteller Rainer Schedlinski, später als Stasi-Mitarbeiter enttarnt, argumentierte: »In der DDR sehe ich eine Chance für das Experiment, ob Sozialismus und vielleicht sogar Planwirtschaft, nicht doch funktionieren, wenn sie demokratisch legitimiert sind.« Der ebenso umstrittene Kirchenjurist Manfred Stolpe gab der Sicherung des Weltfriedens höhere Priorität als der Wiederherstellung eines vereinigten Deutschlands. Stellvertretend für viele wies Bärbel Bohley die Vormundschaft des reichen Westens zurück: »Wir wollen einen eigenen Weg gehen.« Alle Gruppen teilten jedoch die Hoffnung, daß innere Reformen die Staatsgrenze überflüssig machen würden.[42] Solche Anzeichen eines kritischen DDR-Bewußtseins gaben der SED eine letzte Möglichkeit, Loyalität durch Wandel zu gewinnen.

Die Partei verspielte diese Chance, weil sie die Bürgerbewegungen als vom Westen gelenkte »konterrevolutionäre Gruppen« ansah. Gegenüber den Bezirkssekretären ließ Erich Honecker keinen Zweifel, »daß diese feindlichen Aktionen im Keime erstickt werden müssen« und »daß keine Massenbasis dafür zugelassen wird«. Das Innenministerium drohte dem Neuen Forum mit »rechtlichen Konsequenzen« und warnte die SDP, »daß ihre bisherigen Gründungshandlungen rechtswidrig sind«. Erst nach dem Führungswechsel Ende Oktober setzte sich eine differenziertere Sicht durch, die auf »offensive ideologische Auseinandersetzung« über die »Lösung von Problemen des Sozialismus in der DDR« baute. Am 8. November billigte das Politbüro schließlich »Anmeldungen zur Gründung von Vereinigungen«, die »die Verfassung der DDR als Grundlage des politischen Handelns« anerkannten. Aber diese Legalisierung des Neuen Forums kam zu spät, um die grundsätzliche Gegnerschaft der Opposition zur SED abzubauen.[43]

Strukturell war die Konstituierung der Bürgerbewegung das Resultat eines blockierten Generationswechsels in der DDR. Die neuen Gruppen rekrutierten sich hauptsächlich aus der »wissenschaftlich-technischen, medizinischen und pädagogischen Intelligenz« sowie Künstlerkreisen, da diese genügend Informationen zur Bildung einer unabhängigen Meinung besaßen. Ihre Führer gehörten zur Generation der 35- bis 45jährigen, die als Kinder der DDR vom System desillusioniert waren. Ihr Gefolge bestand vor allem aus solchen Jugendlichen, die mit der Perspektivlosigkeit ihres Lebens unzufrieden waren. Im Jahre 1975 zeigten Umfragen nur bei 14% der jungen Leute Vorbehalte gegen den Marxismus-Leninismus. Ein Jahrzehnt später machten die Kritiker 46% aus, und im Oktober 1989 hatten sich bereits 62% von der kommunistischen Staatsdoktrin abgewandt. Solche Ressentiments der jüngeren Generation gegen die überalterte Führung machten auch die Partei und die übrige Bevölkerung für Kritik empfänglich.[44]

Die Opposition entwickelte sich weniger durch äußere Anstöße als aufgrund innerer Spannungen der DDR. Vom Protest der evangelischen Kirche gegen den Kurs der Partei geprägt, versuchten viele Dissidenten zu den ursprünglich humanistischen Zielen des Marxismus zurückzufinden. Die post-stalinistische Unterdrükkung inspirierte Forderungen nach demokratischer Beteiligung und der Herstellung von Bürgerrechten. Angst vor dem Atomkrieg motivierte pazifistische Appelle für Abrüstung, und Furcht vor kapitalistischer Ausbeutung führte zu Aufrufen für soziale Solidarität. Ökologische Verwüstung ließ Rufe nach einer Gesundung der Umwelt lautwerden, während Degradierung von Kultur zur Betonung von geistiger Freiheit führte.[45] Durch Gründung formeller Gruppen gelangten diese in oppositionellen Netzwerken ausgearbeiteten Programme in eine breitere Öffentlichkeit.

Protestmuster

Die Entstehung der Bürgerbewegung verstärkte Zulauf und Wirkung der Demonstrationen. Von neuen Gruppen inspirierte Flugblätter und Proteste, die den aufgestauten Frust über die Unbeweglichkeit der SED Ausdruck verliehen, veranlaßten ostdeutsche Bürger, ihre widerwillige Kooperation mit dem System aufzukündigen. Westliche Berichterstattung machte isolierte Akte symbolischer Verweigerung in der Öffentlichkeit bekannt, während Polizeiübergriffe neuen Grund zu Resolutionen und Mahnwachen boten. Mit jedem erfolgreichen Marsch wagten mehr Leute, sich an Protesten zu beteiligen, so daß die Demonstrationen durch wöchentliche Wiederholung gleichsam aus sich selbst wuchsen. Verstört diskutierte das Politbüro den »Dauerbrenner« der Leipziger Proteste und rief zu verstärkter Wachsamkeit auf. Da aber die SED kein Gegenmittel fand, entwand friedlicher Protest ihr unaufhaltsam die Kontrolle über die Massen.[46]

Zum 40. Jahrestag der Gründung der DDR erreichte die Spannung den Höhepunkt. Im voraus hatte das MfS einen detaillierten Maßnahmeplan »zur Gewährleistung der Sicherheit« ausgearbeitet, der die Jubiläumsfeiern vor »öffentlichkeitswirksamen provokatorisch demonstrativen Aktivitäten« schützen sollte. Trotz der »Auswahl zuverlässiger Paradeteilnehmer« und der verstärkten »Kontrolle und Überwachung« von Dissidenten demonstrierten am 7. Oktober in Berlin einige tausend Bürger gegen Wahlfälschung, und in anderen Städten brachen ähnliche Proteste aus. Zum Schutz der offiziellen Feiern autorisierte General Mielke am Abend des 7. Oktober »großräumig durchgeführte Zuführungen«. Aufgeregte Sicherheitskräfte drückten Demonstranten »mit unglaublicher Härte« in Lastwagen, sperrten sie ein und verhörten sie. Erst nachdem sie ein Geständnis unterschrieben hatten, wurden Unbescholtene freigelassen, während Rädelsführer ohne Rechtsbeistand im Gefängnis blieben.[47]

Statt einzuschüchtern, rief solcher Staatsterror nur neue Proteste hervor. Als sich am 8. Oktober eher noch mehr Dissidenten auf die Straße wagten, griff die Polizei noch härter zu und nahm 1032 Demonstranten fest. Erschüttert von diesem »unverhältnismäßigen und brutalen Einsatz der Sicherheitsorgane« verlangte Bischof Forck von Berlin die Verhinderung weiterer Ausschreitungen und die Freilassung der Opfer. Auch die Berliner Theaterschaffenden protestierten gegen diese Verletzung »der Normen sozialistischer Rechtsstaatlichkeit« und forderten eine Untersuchung. Obwohl die Berliner Bezirksleitung das Ausmaß der Gewaltanwendung herunterspielte, mußte das Innenministerium später zugeben: »Im Gewahrsam befindlich, wurden Personen geschlagen, über lange Zeit zum Stehen z. T. in körperlich schmerzhaften Stellungen gezwungen, beleidigt und auch in anderer Weise erniedrigend behandelt.«[48]

Wachsende Angst vor einem drohenden Blutvergießen führte schließlich zu einer friedlichen Lösung. Im Geist des religiösen Pazifismus praktizierten Demonstranten zivilen Ungehorsam und distanzierten sich von Provokateuren, die der Stasi einen Vorwand zum Einschreiten liefern sollten. Im Vergleich zur uniformierten Macht des Staates konnten die unbewaffneten Protestierenden nur auf ihre Zahl, Anonymität und Integrität bauen. Da ihnen der Parteiausschluß drohte, hatten es die Verantwortlichen der SED-Bezirksverwaltungen schwerer, sich gegen Gewaltanwendung zu entscheiden. Viele ehrliche Kommunisten waren immer noch von dem Blutbad in China, das ihre humanistischen Ideale verletzte, schockiert. Im Gegensatz zu 1953 wußten sie auch aus Gorbatschows Verlautbarungen, daß die Rote Armee diesmal nicht gegen innere Unruhen in Satellitenstaaten vorgehen würde. Schließlich verhinderten die gleichzeitig einsetzenden Kämpfe um Honeckers Sturz ein klares Signal vom Politbüro und gewährten den lokalen Behörden ungewohnte Entscheidungsfreiheit.[49]

Der erste Weg aus der Gewaltspirale zeichnete sich in Dresden ab. In der sächsischen Hauptstadt hatten die mit den Ausreisezügen einsetzenden Demonstrationen zu 1303 Verhaftungen geführt. Am Abend des 8. Oktober versuchten mutige katholische und evangelische Geistliche, zwischen der aufgebrachten Menge und der Polizei zu vermitteln. Ein Komitee von zwanzig Bürgern verabredete ein Treffen mit Bürgermeister Wolfgang Berghofer, um am folgenden Morgen einen friedlichen Dialog zu beginnen.[50] Die zweite wichtige Entscheidung gegen Gewalt fand am Nach-mittag des 9. Oktober in Leipzig statt, als Intellektuelle und SED-Bezirkssekretäre einen Aufruf gegen Gewalt vereinbarten. Erst nach dem Erfolg der lokalen Initiativen setzte Krenz am 13. Oktober den Befehl durch, keinerlei polizeiliche Mittel gegen die Demonstranten anzuwenden. Der dritte Schritt war der ADN-Bericht über die Großdemonstration von Leipziger Bürgern am 16. Oktober, der die Tolerierung von Protest signalisierte.[51]

Das Demonstrationsrecht war wichtig, weil die Beherrschung der Straße die symbolische Kontrolle über den öffentlichen Raum bedeutete. In Erinnerung an die KPD-Kampfzeit hatte die SED Massenaufmärsche monopolisiert, um sich selbst und der Bevölkerung ihre Popularität zu beweisen. Partei und Stasi bereiteten offizielle Umzüge wie Mai-Demonstrationen oder FDJ-Fackelzüge sorgfältig vor, wählten die Teilnehmer vorher aus und legten sogar die Zuschauerzahl am Straßenrand fest. Trotzdem war es für einen Betrieb oder eine Schule eine zweifelhafte Ehre, abgeordnet zu werden. Zwar war die Befreiung von der Arbeit erfreulich, aber dafür mußte man stundenlang warten, marschieren und langweilige Banner tragen. Auf der Tribüne winkten Parteibonzen gnädig dem Jubel von Tausenden vorbeiziehender Untertanen zu. Honecker wollte dies zynische Spiel nicht durchschauen und hielt bestellte Ovationen für echte Popularität.[52]

Die Demonstrationen der Bürgerbewegung hatten eine ganz andere Qualität. Sie wurden durch ein Flugblatt oder eine Kanzelmitteilung angekündigt und bildeten sich spontan. Es gab keine klaren Führer oder Gefolge, Zuschauer reihten sich zwanglos ein, und Teilnehmer verließen spontan den Zug. Demonstranten klebten brennende Kerzen vor die verhaßte Stasizentrale und hinderten Rowdies an der Anwendung von Gewalt. Anfangs verlangten Sprechchöre die Ablösung der Führung, Reformen und Reisefreiheit: »Kein Blablabla vom ZK!« Später trugen selbstgebastelte Transparente eingängige Losungen: »Jetzt oder nie – Freiheit und Demokratie!« Ende Oktober fingen Dissidenten und Parteireformer an, zu der Menge zu sprechen. Plötzlich verwandelte sich lähmende Furcht in euphorische Hoffnung, und stumme Massen fanden ihre Stimme. Die unerwartete Solidarität von Fremden gab vielen, die es nie gewagt hatten, den Mut, offen ihre Meinung zu sagen.[53] Durch Artikulation von Volksstimmungen wurden die Protestzüge eine Lehrstunde in direkter Demokratie.

Die politische Botschaft der Proteste war unmißverständlich.

Am 9. Oktober riefen 70000 Leipziger noch vorsichtig: »Keine Gewalt«, »Gorbi, Gorbi!« und »Wir sind keine Rowdies, wir sind das Volk!« Eine Woche später skandierten 110000 Demonstranten offener »Wir wollen Reformen!« oder »Neues Forum zulassen!«, während erste Posters »Pressefreiheit« und »Reisefreiheit für alle« verlangten. Am 23. Oktober trugen die in der Messestadt versammelten 225000 Menschen einen »Wald von Transparenten und Plakaten« mit Forderungen wie »Laßt das Volk führen!« oder »Der Karren steckt im Dreck, die alten Fahrer müssen weg!« Größere Toleranz produzierte unerwarteten Humor: »Bleibe im Lande und kämpfe täglich!« dichtete ein Transparent das Gebot, sich redlich zu nähren, um. »Wenn Egon von Reformen spricht, vergeßt die sieben Geißlein nicht.« Ein anderes Plakat zog demokratische Lehren: »Wie wir heute demonstrieren, werden wir morgen leben!«[54] Für die an Akklamation gewöhnte SED war dieser Ausbruch von ablehnenden Einstellungen ein Schock.

Mit größerer Freiheit wurden die Sprechchöre mutiger und die Transparente frecher. Am 30. Oktober wuchs die Menge trotz Polizeibehinderungen auf 350000 an und kritisierte die SED-Führung massiv mit Forderungen wie »Die Mauer muß weg!« und »Freie Wahlen« sowie »Rechtssicherheit ist die beste Staatssicherheit!« Ein erstes Plakat zitierte sogar den verbotenen Vers der DDR-Hymne, »Deutschland, einig Vaterland«. Enttäuscht vom neuen Reisegesetzentwurf versammelten sich am 6. November 450000 Demonstranten und attackierten die Parteibürokratie mit Losungen wie »30 Tage und ohne Moos, Egon laß das Steuer los!« oder »SED – das tut weh!« Obwohl sich Haß auf die Stasi mit Rufen wie »faule Hunde« oder »Henkersknechte« Luft machte, gab es keine Gewalt gegen Mitarbeiter oder Einrichtungen des Geheimdiensts. Während Hunderttausende die Öffnung der Mauer verlangten, deutete ein neuer Sprechchor einen fundamentalen Meinungsumschwung an: »Deutschland, Vaterland; Deutschland, Vaterland!«[55]

Von der »Heldenstadt« Leipzig weiteten sich die Massenproteste auf die gesamte DDR aus. Obwohl die SED versuchte, »durch eine neue Qualität der politischen Massenarbeit und ehrliches Auftreten Vertrauensverluste wettzumachen und die politische Offensive wiederzuerlangen«, gingen frustrierte Bürger weiter auf die Straße. Nur locker von den neuen Gruppen koordiniert, brachen Mitte Oktober in allen größeren Zentren wie Chemnitz, Dresden, Erfurt, Magdeburg oder Rostock Massenproteste aus.

In den folgenden Wochen sprang der Funken auf die kleineren Städte wie Altenburg, Gera, Jena, Neubrandenburg, Plauen und Weimar über. Überall waren die Demonstrationen durch Spontaneität, Friedlichkeit und Reformforderungen ausgezeichnet.[56] Innerhalb eines Monats stieg die Zahl der Teilnehmer an den Protestmärschen von wenigen Tausenden auf über eine Million. Die SED konnte nur resigniert feststellen: »Unter Teilen der Bevölkerung hinterläßt der Druck der gegnerischen Hetzkampagne zunehmend Wirkung.«[57]

Tabelle II

Geschätzte Demonstrantenzahlen (in Tausend)

Woche von	September		Oktober				November
	25	2	9	16	23	30	6
Leipzig	6,5	20	70	110	225	350	450
Berlin			7	3	36	500	55
Sonst		11	60	77	414	309	550
Summe	6,5	31	137	190	675	1159	1055

Immer breitere Kreise der Gesellschaft nahmen an den Demonstrationen teil, da sie die tiefe Unzufriedenheit mit dem poststalinistischen System artikulierten. Die ersten Hundert rekrutierten sich vor allem aus der jugendlichen Subkultur, die alternative Lebensformen verwirklichen wollte. Die nächsten Tausend kamen eher aus Intellektuellenzirkeln und Angestelltenkreisen, die sich für Menschenrechte einsetzten. Die folgenden Zehntausend bestanden aus älteren, traditionsorientierten Facharbeitern und jüngeren Fabrikarbeitern, die ihre Konsummöglichkeiten verbessern wollten. Die Hunderttausende waren schließlich ein Querschnitt der sonst apolitischen Bevölkerung, welche die Chance für grundlegende Reformen nützen wollte.[58] Die Bewegung war so stark, daß sie auch auf Teile der Partei, des Behördenapparats und der Sicherheitskräfte übergriff. In diesen Demonstrationen konstituierte sich die administrativ entmündigte Gesellschaft als aktive Staatsbürgerschaft.

Überall lösten die Straßenproteste hektische Diskussionen aus. Statt Ruhe zu schaffen, ermutigten SED-Konzessionen die Bevölkerung zu weiterer Kritik. So verlangten am 12. Oktober Studenten der Berliner Humboldt-Universität mehr akademische und politische Freiheiten. Drei Tage später debattierten Leipziger Intellektuelle die Manipulation von Informationen durch die Partei: »Wir wollen über alles reden.« Bezirkssekretär Roland Wötzel versprach, er werde sich für Reformen wie die Reisefreiheit einsetzen. Vor allem Schriftsteller, Künstler und Schauspieler verabschiedeten Menschenrechtsresolutionen und traten in ihren Darbietungen für Meinungsfreiheit ein. Da die DDR keine öffentliche Streitkultur kannte, bewirkte der Versuch, die Unruhe durch Diskussionen zu besänftigen, das genaue Gegenteil. Besonders in Berlin griffen verärgerte Mitglieder die Parteiführung an, während eine sich der Kontrolle entledigende Presse anfing, von stürmischen Versammlungen zu berichten.[59]

Die illegale Opposition forderte »einen demokratischen Dialog«, um die verbreitete Unzufriedenheit als Hebel zum Sturz des SED-Systems zu nützen. Bunte Flugblätter, Aufrufe und Mitteilungen bedeckten vormals eintönige Wände von Gebäuden. Akademische Seminare, Parteiversammlungen und Bürgerforen artikulierten Frustrationen des Alltags und tieferliegende Sorgen, wie etwa die Verweigerung der Menschenrechte. Am 22. Oktober kamen im Leipziger Gewandthausforum »unendlich viele Probleme« wie Unfreiheit und Bildungsdefizite zur Sprache. Eine Woche später verschaffte sich der in jahrelanger Ohnmacht aufgestaute Unmut in bitteren Attacken gegen die Leipziger Stadtregierung Luft. Selbst in den Betrieben fingen aufmüpfige Arbeiter an, den Rücktritt der korrupten Gewerkschaftsbosse zu verlangen. In einer hitzigen Versammlung in Buna wurden SED-Sekretäre von »Proletariern« ausgepfiffen, die plötzlich erklärten: »*Wir* haben die Macht!«[60]

Ungeduldige Intellektuelle versuchten, den Dialog in konkrete Reformen umzusetzen. Am 28. Oktober wurde Walter Janka, ein Opfer des Stalinismus, feierlich im Deutschen Theater in Berlin rehabilitiert. Am gleichen Abend drängten sich 3000 Leute in die Erlöserkirche, um »wider den Schlaf der Vernunft« zu protestieren. Schriftsteller wie Volker Braun, Christoph Hein, Helga Königsdorf, Stefan Hermlin, Heiner Müller und Christa Wolf versammelten sich, um »die Nachtvögel der Angst, des Mißtrauens, der Entmutigung und der Hoffnungslosigkeit« zu verscheuchen. Poetisch und satirisch drückten diese Literaten ihre Solidarität mit dem demokratischen Aufbruch aus. Um nicht wie der Prager Frühling von 1968 unterdrückt zu werden, verlangten sie einen wirklichen Wandel: »Ein bißchen Freiheit? Ein bißchen Demokratie? Diesmal wollen wir es ganz wissen – was das sein könnte: Sozialismus.«[61]

Intellektuelle Kritiker wurden zu Anwälten eines neuen Verlangens nach Mündigkeit. Sie trauten der SED-Taktik, von Repression auf Diskussion umzuschalten, nicht so recht: »Doch diesmal, sehen wir, lassen sich die vielen mit Kosmetik nicht besänftigen und fragen nach: nach der Struktur des Staats.« Zu oft enttäuschte Bürger »wollen kontrollieren, nicht länger lediglich vertrauen, sie wollen wählen, was Auswahl und Abwahl voraussetzt«. Günter de Bruyn verlangte, daß die Verfassung nicht nur auf dem Papier stehen sollte: »Gebraucht wird also Gewaltenteilung. Und zwar eine wirkliche und nicht nur eine formale.« Andere Schriftsteller plädierten für grundsätzliche Reformen, um die Glaubwürdigkeit der Partei wieder herzustellen.[62] Als symbolische Geste setzte die SED daraufhin Eduard von Schnitzlers notorische Propagandasendung »Der schwarze Kanal« vom Fernsehprogramm ab.

Die SED vermochte es nicht, eine wirksame Strategie gegen die Ausbreitung der Proteste zu entwickeln. Eine Beratung der Bezirkssekretäre von Ende Oktober stellte fest, »nach wie vor gibt es im Bezirk Leipzig keine Beruhigung der Lage«, und auch in Dresden wurden »die zugespitzte Lage und die Schärfe der Diskussionen nicht abgebaut«. Trotz offizieller Dialogangebote wollte das Neue Forum die Demonstrationen beibehalten, denn »der Druck muß bestehen bleiben, sonst wird nichts verändert und alles wird zerredet«. Diskussionen über die »Führungsrolle« der SED, »Rechtsstaatlichkeit, Volksbildung, Wahlgesetzgebung, Demonstrations- und Vereinigungsrecht« sowie »Reisetätigkeit« spiegelten eine »Erschütterung im Bewußtsein der Bürger«, die »bis zur Enttäuschung, Resignation und Zorn reicht«. Auch in der Partei erwarteten viele Leiter wie Mitglieder »baldige inhaltliche Aussagen«, damit »sich die SED an die Spitze des Erneuerungsprozesses stellt«.[63]

Die Protestwelle kulminierte am 4. November auf dem Berliner Alexanderplatz. Über eine halbe Million Menschen folgten dem Aufruf von prominenten Schauspielern zu einer Kundgebung für Meinungs- und Versammlungsfreiheit, die als öffentliche »Zustimmung zur Wende« offiziell erlaubt wurde. Diese »größte Kraftprobe« der Krenzschen »Erneuerung des Sozialismus« verlief friedlich und feierlich aufgrund einer »Sicherungspartnerschaft« mit der Polizei. Unter unzähligen Transparenten erfand der Volksmund unautorisierte Losungen wie »Asterix ins Politbüro« oder »DDR = Direkte Demokratische Reformen«. Die Sprecher – vierzehn Theaterleute, sechs Schriftsteller, drei Pfarrer, zwei Studenten, ein Mitglied des Neuen Forums und fünf Politiker – verbanden bissige Chansons mit emotionalen Appellen. Der Dissidentenanwalt Gregor Gysi schlug die Stärkung der Bürgerrechte vor, um den öffentlichen Dialog zu sichern. Als Beweis wirklicher Reformen verlangten die Künstler eine unabhängige Untersuchung der Polizeiübergriffe am 7. Oktober.[64]

Diese Demonstration wollte eine »revolutionäre Erneuerung« der DDR einleiten. Als der Ex-Spionagechef Markus Wolf und SED-Bezirkssekretär Günter Schabowski die Stasi und Partei verteidigten, konnten sie sich kaum Gehör verschaffen, während Forderungen für die Zulassung des Neuen Forums und den Rücktritt der Regierung großen Applaus auslösten. »Es ist, als habe einer die Fenster aufgestoßen nach all den Jahren der Stagnation, der geistigen, wirtschaftlichen, politischen«, beschrieb Stefan Heym den Augenblick: »Wir haben in den letzten Wochen unsere Sprachlosigkeit überwunden und sind jetzt dabei, den aufrechten Gang zu lernen.« Christa Wolf fragte ironisch: »Stell dir vor, es ist Sozialismus und keiner geht weg!« Journalisten verlangten Freiheit der Medien, Künstler forderten unabhängige Gewerkschaften, und Studenten wollten akademische Freiheit. Christoph Hein faßte die Hoffnungen zusammen in dem Ruf für eine einklagbare »demokratische Gesellschaft« und »einen Sozialismus, der dieses Wort nicht zur Karikatur macht«.[65]

Millionen von Zuschauern verfolgten die Proteste vor dem Bildschirm. In ungewohnter Offenheit übertrug das ostdeutsche Fernsehen die Demonstration direkt. Über Nacht verwandelten sich früher langweilige Nachrichtensendungen der »Aktuellen Kamera« in spannende Berichterstattungen. Die wachsende Offenheit der DDR-Medien löste eine Welle von Enthüllungen aus, die sich mit lange verheimlichten Problemen beschäftigten. Obwohl westliche Journalisten noch von der Stasi beschattet wurden, nahmen sie weniger Rücksicht auf Sprachregelungen und fingen die allgemeine Erregung ein. Reporter, die sonst die DDR mieden, reisten nach Ostberlin, um die Story des Jahrzehnts schreiben zu können. Ab Mitte September begannen einzelne westdeutsche Zeitungen, eingehend über die Demonstrationen zu berichten.

Aber die internationale Presse brauchte einen weiteren Monat, um sich von der Massenflucht auf die Protestwelle umzustellen.[66]

Einprägsame Medienbilder und freimütige Kommentare veränderten gängige Klischees. Was bedeutete es, wenn früher untertänige Ostdeutsche plötzlich ihren Unmut auf den Straßen artikulierten? Warum blieben die Massendemonstrationen friedlich und trugen Dissidenten Kerzen in den Händen? Selbst Skeptiker, die das Honecker-Regime für das stabilste des Ostblocks gehalten hatten, nahmen langsam wahr, daß sich Dramatisches abspielte. Die gewaltfreien Methoden und menschenrechtlichen Ziele verschafften der Bürgerbewegung überall Sympathie. Noch bevor die meisten Deutschen ihre ambivalenten Gefühle sortiert hatten, begannen einige internationale Beobachter, die Proteste als Vorboten einer kommenden Wiedervereinigung zu interpretieren. Im Ausland mischte sich daher Staunen mit wachsender Sorge.[67]

Die Unruhe im Osten zwang die Bonner Politiker, sich über eine angemessene Reaktion Gedanken zu machen. Medienberichte unterstützten den demokratischen Aufbruch, kritisierten aber seine mangelnde Organisation und programmatische Konfusion. Da die Bürgerbewegung nicht recht in das westdeutsche Politikspektrum paßte, taten sich die Parteien anfangs schwer, in der DDR geeignete Partner zu finden. In Kontakten erfahrene Politprofis instrumentalisierten oft die Ost-Amateure für eigene Ziele.[68] Außer beim linken SPD-Flügel, der auf Reformen in der SED setzte, fanden Honecker und seine Nachfolger wenig Sympathie. Zwar sorgten sich außenpolitische Beobachter um die Verschlechterung der Beziehungen, Geschäftskreise scheuten Ungewißheit, und Friedensgruppen fürchteten um die Entspannung zwischen Ost und West. Aber Vertriebenenfunktionäre und Antikommunisten begrüßten Proteste als Chance für eine Wiedervereinigung.[69]

Bundespräsident Richard von Weizsäcker versuchte, diese Widersprüche durch einen Dialog mit den Dissidenten *und* der SED zu überbrücken. Während die SPD schwankte, bot Helmut Kohl Ostberlin Anreize zur Veränderung an: »Wenn die DDR-Führung grundlegende politische und wirtschaftliche Reformen in Gang setzt, dann ist die von mir geführte Bundesregierung bereit, diese Kursänderung durch eine umfassende und weitreichende Zusammenarbeit zu unterstützen.« In seinem Bericht zur Lage der Nation am 8. November lobte der Kanzler die Demonstranten und verlangte »freie Selbstbestimmung für alle Deutschen«. Vorsichtig wollte Kohl die Einheit voranbringen, indem er größere Freiheit in der DDR forderte, aber gleichzeitig die europäische Verantwortung betonte. Über Ostdeutschland hinaus weckten die Massendemonstrationen Erwartungen, die weit über eine Demokratisierung des »real existierenden Sozialismus« hinausgingen.[70]

Für eine Zivilgesellschaft

Im Herbst 1989 lehnte sich die ostdeutsche Bevölkerung gegen jahrzehntelange Unterdrückung auf. Immer mehr Demonstranten folgten dem Ruf: »Wir bleiben hier – wir wollen Reformen.« Die Märsche, Transparente und Sprechchöre ermutigten die bisher Machtlosen, von einer echten Demokratie zu träumen. »Ist es nicht phantastisch, wie die Leute in diesen Tagen ihre Angst abwerfen und ihr Haupt erheben! Daß es nicht mehr lange so weitergehen konnte wie bisher, das war mir klar«, vertraute ein junger Mathematiker seinem Pastor Mitte Oktober an. Zwar vergrößerte die marode Wirtschaft die Unzufriedenheit, aber »daß es so schnell gehen würde, hätte ich nicht gedacht. Das grenzt für mich an ein Wunder«. Mit jedem Protest wuchsen die Forderungen: »Das Wichtigste ist, daß wir uns nicht mit kleinen Zugeständnissen zufriedengeben, sondern die Reformen auf alle Bereiche ausdehnen und so das ganze System aufbrechen und erneuern.«[71]

Die Mobilisierung war ein stufenweiser Prozeß der Selbstbefreiung der Bürger. In der Inkubationsphase bis August 1989 bildete sich aus themenbezogenem Protest im Umfeld der evangelischen Kirche ein lockeres Netzwerk von Dissidenten. Begünstigt von der Liberalisierung der Sowjetunion formulierte diese oppositionelle Szene eine moralische Kritik des real existierenden Sozialismus. Im dramatischen Durchbruch vom September kristallisierten sich feste Gruppierungen und wagten sich mit Reformprogrammen an die Öffentlichkeit. Als Massenflucht die Bewußtseinsspaltung von privater Kritik und offiziellem Konformismus unerträglich machte, protestierten immer mehr Bürger gegen den Immobilismus der SED. Durch die Ausbreitung auf einen Großteil der Bevölkerung im Oktober wurden die Demonstrationen gleichsam zum Selbstläufer, da das individuelle Risiko sank und Teilnahme zum Ritual wurde. Aufgrund günstiger Bedingungen und wachsender

Zivilcourage führte die Zuspitzung der Krise zu einer kollektiven Katharsis, welche die jahrzehntelangen Lügen zur Beibehaltung der Unterdrückung durch die Partei beseitigten.[72]

Die Bürgerbewegung kämpfte in erster Linie für die Wiederherstellung einer »Zivilgesellschaft«. Trotz der Hoffnungen auf materielle Verbesserungen ging es den Dissidenten um politische Erneuerung durch die Schaffung eines öffentlichen Freiraums für Versammlung und Diskussion. Da nur ein Rechtsstaat Stasi-Übergriffe beenden würde, verlangten sie die Verwirklichung von Bürgerrechten, die bislang eher auf dem Papier standen. Um Kirchen, Universitäten und anderen gesellschaftlichen Institutionen ihre Autonomie zurückzugeben, sollte die »führende Rolle« der SED aus der DDR-Verfassung gestrichen werden. Bittere persönliche Erfahrungen mit Unterdrückung belegten die Notwendigkeit einer klassischen Teilung der Gewalten. Durch wirklich freie Wahlen hoffte die Opposition, das SED-Regime stürzen und eine Reformregierung installieren zu können. Das Ziel, die Grundlagen eines freien bürgerlichen Lebens wiederzugewinnen, machte diese Bewegung in mancher Hinsicht zu einer »nachholenden Revolution«.[73]

Gleichzeitig wollte das Oppositionsprogramm aber auch mehr direkte Demokratie. Die Forderung nach einer Zivilgesellschaft sollte nicht nur die klassischen Freiheiten des Liberalismus wiederbeleben, sondern eine neue Form der Bürgerbeteiligung ermöglichen, die in stärkerem Maße als parlamentarische Kungelei oder bürokratische Verordnung auf Bevölkerungswünsche einging. Daher zogen die meisten Reformer eine Bürgerbewegung vor, die aus losen Netzwerken bestand. Da sie in ethischen Kategorien dachten, hielten die Dissidenten die Lösung von praktischen Problemen für wichtiger als die Gewinnung von Macht. Neue Themen wie Friedenssicherung, Umweltzerstörung und Frauenfragen wiesen über die Grundrechte des bürgerlichen Liberalismus hinaus. Kritik an der ineffizienten Planwirtschaft und Interesse an Rückkehr zum Markt wurde von einem starken Gefühl für soziale Solidarität ergänzt. Die Bürgerbewegung versuchte, die Menschenrechte nicht nur zurückzugewinnen, sondern sie gleichzeitig zu aktualisieren und auszuweiten.[74]

Die SED fand »kein allgemeingültiges Rezept« für die neuartige Herausforderung durch die Bürgerbewegung. Zum ersten Mal in ihrer Geschichte sah sich die Partei einer organisierten Opposition gegenüber, die durch Massenmobilisierung die Straße beherrschte und nicht einfach als »konterrevolutionär« abgetan werden konnte. Durch die langsame Festigung des »sozialistischen Rechts« sah sich sogar das MfS gezwungen, in seinen Repressionsmaßnahmen, wie Mielke wiederholt betonte, eine Art von kommunistischer Rechtsstaatlichkeit zu berücksichtigen. Im Herbst 1989 wurden sonst so effektive Methoden wie »der konspirative Einsatz von IM« wirkungslos, da Spitzel sich in den Oppositionsgruppen nur durch Aktionismus legitimieren konnten, der das System destabilisierte. Nach dem von Gorbatschow sanktionierten Verzicht auf Gewalt waren viele Stasi-Mitarbeiter so demoralisiert, daß das MfS durch einen beschleunigten Prozeß innerer Erosion seine Schlagkraft verlor.[75]

Die Partei verstand die Bildung einer Opposition als eine reine Machtfrage. Weil alle Gegenmaßnahmen fehlschlugen, »schätz[t]en viele progressive Kräfte, insbesondere Mitglieder der SED, ein, daß die sozialistische Staats- und Gesellschaftsordnung in der DDR ernsthaft in Gefahr ist«. Wie im Jahre 1953 fürchtete die Führung, »daß es zu großen Erschütterungen in der Gesellschaft komme, die von der Partei nicht mehr beherrschbar seien«. Um unkalkulierbares Blutvergießen zu vermeiden, entschloß sich das Politbüro aber schließlich, »daß alle Probleme mit politischen Mitteln gelöst werden«. Mit dieser Schlüsselentscheidung wollte sich die SED nicht aufgeben, sondern ihre Hegemonie nur durch eine flexiblere Taktik bewahren. Statt dessen eröffneten »das politische Gespräch und de[r] Dialog mit allen Bevölkerungsschichten« die Möglichkeit zur Kritik an den vielen Schwachstellen des Regimes.[76]

Außerhalb der DDR löste die Demonstrationswelle gleichzeitig Staunen und Bewunderung aus. Nachbarstaaten registrierten mit Genugtuung, daß die vormals reformfeindliche SED mit neuen Oppositionskräften um die Macht kämpfen mußte. In der Sowjetunion war Michail Gorbatschow erfreut, daß Ostberlin endlich auf seinen Kurs einschwenkte und das Regime durch Reformen stabilisieren wollte. In anderen Ostblockländern wie der Tschechoslowakei fühlten sich Dissidenten in ihren Liberalisierungsbemühungen ermutigt. Überraschte Westdeutsche hofften, daß Konzessionen das Leben in der DDR verbessern und die negativen Auswirkungen der Teilung des Landes verringern würden. Andere westliche Länder betrachteten die Bürgerbewegung mit Sympathie, sorgten sich aber um die zukünftige Stabilität der europäischen Ordnung. Teilnehmer wie auch Zuschauer verstanden den demokratischen Aufbruch als ein gewaltiges Ereignis, das Deutschland und Europa von Grund auf verändern sollte.[77]

III. Kapitel

Der Sturz des Post-Stalinismus

Auch die glanzvolle Feier des vierzigsten Jahrestags der Gründung der DDR im Oktober konnte den Zerfall des Regimes nicht aufhalten. Obwohl die Bürger ein Signal des Wandels erwarteten, organisierte die SED aufwendige Festlichkeiten, um die Überlegenheit des Kommunismus zu demonstrieren. Am 3. Oktober versammelten sich Veteranen des antifaschistischen Widerstands als Beweis für die historische Legitimität des ostdeutschen Staats. Drei Tage später brüstete sich Erich Honecker vor 4000 Geladenen, siebzig ausländischen Delegationen und dem Fernsehpublikum mit wirtschaftlichen Erfolgen wie der Produktion eines Megachips. Auf die Regimekrise spielte er nur an, indem er sich über die »zügellose Verleumdungskampagne« gegen die DDR beklagte. Als 100 000 FDJler ihre Loyalität in einem Fackelzug demonstrierten, riefen die Zuschauer »Gorbi, Gorbi«, um ihre Enttäuschung über die Unbeweglichkeit der alten Garde auszudrücken.[1]

Nach der Militärparade am 7. Oktober erklärte Michail Gorbatschow dem ostdeutschen Politbüro den Sinn seiner Perestroika und mahnte eindringlich, den Sozialismus zu reformieren: »Wenn die Partei nicht auf das Leben reagiert, ist sie verurteilt.« Als ein uneinsichtiger Honecker seine Politik der »Kontinuität und Erneuerung« verteidigte, entfuhr dem sowjetischen Gast ein Seufzer. Obwohl niemand dem Generalsekretär zu widersprechen wagte, fühlten sich jüngere Mitglieder der SED-Führung in ihren Zweifeln an seiner Fähigkeit zu angemessenen Reaktionen bestärkt. Wegen der brutalen Niederschlagung der gleichzeitigen Massenproteste erreichte der offizielle Jubel in den Augen vieler Ostdeutscher und der meisten ausländischen Medienkommentatoren den gegenteiligen Zweck. Durch den russischen Besuch zum Handeln angespornt, begannen pragmatische SED-Politiker, langsam ihre Skrupel zu überwinden und zu folgern, »Honecker muß weg«.[2]

Am 8. Oktober legte Egon Krenz den Politbüromitgliedern Wolfgang Herger, Siegfried Lorenz und Günter Schabowski ein Reformprogramm vor. Da Honecker bei einer politischen »Wende« mit dem Ende seiner Karriere drohte, insistierte sein Zögling: »Erich, das geht doch nicht gegen dich, sondern es geht mir um unser Land.« Als das Politbüro zwei Tage später dieses Papier mit einem FDJ-Exposé über den Stimmungsverfall der Jugend diskutierte, unterstützte auch Stasichef Mielke diesen Vorstoß: »Die Situation ist außerordentlich ernst.«[3] Raffiniert versuchte Honekker seine Macht zu verteidigen, indem er seine Verbündeten Günter Mittag und Joachim Herrmann an der Überarbeitung des neuen Programms beteiligte. Der verwässerte, am 11. Oktober im *Neuen Deutschland* gedruckte Text vermischte enttäuschende Propagandaphrasen mit Hoffnung weckenden Reformanspielungen. Obwohl Westzeitungen Honeckers baldigen Sturz voraussagten, taten die Ostmedien, als ob es keinen Grund zur Aufregung gäbe.[4]

Da die DDR über kein legales Verfahren für einen Machtwechsel verfügte, konnte dieser nur in Form einer Palastrevolution stattfinden. Am 13. Oktober wehrte Honecker die Reformforderungen der Bezirkssekretäre um Hans Modrow dadurch ab, daß die Blockparteien eine von ihm selbst betriebene, aber begrenzte Kurskorrektur akzeptierten. Nun ging Krenz zum offenen Angriff über und überredete den nominellen Regierungschef Willi Stoph, gegen Honecker die Initiative zu ergreifen. Dann beriet er das weitere Vorgehen mit dem Gewerkschaftsvorsitzenden Harry Tisch und dem Berliner Bezirkssekretär Schabowski. Auch General Mielke unterstützte einen Führungswechsel, da er mit dem selbstherrlichen Stil des Generalsekretärs unzufrieden war und das Bündnis mit der Sowjetunion aufrechterhalten wollte. Während Kurt Hager und Harry Tisch die sowjetische Führung über die kommende »große Wende« informierten, freute sich Honecker ahnungslos über den friedlichen Verlauf der Montagsdemonstration in Leipzig.[5]

Die entscheidende Sitzung des Politbüros am 17. Oktober begann mit einem Paukenschlag. Als zusätzlichen Tagesordnungspunkt kündigte Stoph die Ablösung von Erich Honecker und die Wahl von Egon Krenz als Generalsekretär an. Mit versteinertem Gesicht hörte Honecker seine Vertrauten die Notwendigkeit eines Führungswechsels begründen: »Eine solche Entscheidung ist längst überfällig.« Auch ein schneller Seitenwechsel konnte seine Handlanger Mittag und Herrmann nicht retten. Um das Gesicht zu wahren, nannte die offizielle Erklärung den schlechten Gesundheitszustand als Rücktrittsgrund. Am folgenden Tag billigten die Bezirkssekretäre diesen Entschluß und wählte das ZK auf Honeckers Vorschlag Egon Krenz einstimmig zum Generalsekretär und Vorsitzenden des Staatsrats.[6] Während der Nachfolger hoffte, durch Reformen ein deutscher Gorbatschow zu werden, begrüßte ihn die westliche Presse als eine »Übergangsfigur«.[7]

Im nachhinein scheint der Sturz der alten SED-Garde eher überfällig als überraschend. Honecker selbst sah sich als Opfer einer »großen Verschwörung« der Weltmächte, während die neue Führung den Rücktritt mit seinem Versagen gegenüber dem Exodus und der Bürgerbewegung begründete. Welches waren die Ursachen für den plötzlichen Zusammenbruch der sprichwörtlichen Stabilität des DDR-Regimes? Um Erfolg zu haben, benötigen revolutionäre Veränderungen nicht nur Druck von unten, sondern auch die Lähmung der Gewalt von oben. Warum gelang es den pragmatischen Nachfolgern nicht, durch rechtzeitige Konzessionen ihre Macht zu bewahren? Obwohl die Steuerungsversuche der SED aus mangelndem Vertrauen der Bevölkerung fehlschlugen, spielten sie eine zentrale Rolle in der Auflösung des ostdeutschen Regimes. Welche internationalen Auswirkungen hatte die DDR-Führungskrise schließlich für die Lösung der deutschen Frage?[8]

Der Kollaps der alten Garde

Für Apologeten wie Kritiker ist »Stalinismus« der Schlüsselbegriff zum Verständnis des DDR-Systems. Während PDS-Sprecher den Terminus benutzen, um durch Abschiebung der Verantwortung auf einige alte Männer den Sozialismus zu retten, greift die Bürgerbewegung das ganze Regime als repressiv an, um seine Abschaffung zu begründen.[9] Dieser polemische Sprachgebrauch ist verwirrend, weil er die historischen und strukturellen Bedeutungen des Begriffs vermischt. Im engeren Sinne bezeichnet Stalinismus Josef Stalins Terrorregime, das während der dreißiger Jahre mit großen Opfern Kollektivierung und Industrialisierung durchsetzte und trotz mancher Errungenschaften durch Alleinherrschaft, Persönlichkeitskult und Polizeiterror charakterisiert wurde. Im allgemeineren Sinn bedeutet das Wort über die Sowjetunion hinaus eine primitive Form kommunistischer Herrschaft und beschreibt eine Erziehungs-»Diktatur des Proletariates«, die sich zur Dominanz des Partei- und Staatsapparats verselbständigt.

Unter Honecker verlor das DDR-Regime seine früheren Schärfen und nahm post-stalinistische Züge an. An der Frontlinie gegen den Kapitalismus liegend, wagte es die DDR-Führung nicht, radikal mit dem stalinistischen Erbe zu brechen, sondern ersetzte in einer begrenzten Entstalinisierung langsam brutale Polizeimethoden durch subtilere wirtschaftliche Anreize oder Medienmanipulation. Trotz des Abbaus von direktem Terror blieben jedoch andere Aspekte von Stalins Unterdrückung wie die Führung der Partei, das Prinzip des »demokratischen Zentralismus«, die Privilegien der Nomenklatura und das Informationsmonopol der Regierung erhalten. Mit wachsender Festigung des Regimes verwandelte sich die stalinistische Gewalt der Anfangsjahre fast unmerklich in eine post-stalinistische Bürokratie.[10] Wie funktionierte dieser oft mißverstandene administrative Sozialismus tatsächlich?

Die führende Rolle der »marxistisch-leninistischen Partei«, die in der Verfassung von 1968 verankert war, führte zur Dominanz der SED, die ihrerseits diktatorisch von deren Generalsekretär kontrolliert wurde. Zur Entscheidung aller wichtigen Fragen versammelte er zwei Dutzend engere Ratgeber im Politbüro, bestimmte als Vorsitzender die Tagesordnung, leitete die Diskussionen und teilte seine Macht nur so weit, wie es ihm gefiel. Seine Beschlüsse ratifizierte das aus zweihundert weiteren Führungskräften bestehende Zentralkomitee, das zwar die Grundrichtung weisen sollte, aber eher ein Diskussionsforum als ein Initiativgremium war. Die Sekretäre der fünfzehn Bezirke von der Ostsee bis zum Erzgebirge setzten seine Direktiven um und berichteten dem Politbüro. In den ihnen unterstellten Kreisen kämpften ihre Untergebenen mit den täglichen Problemen, um das System in Gang zu halten.[11]

Im Gegensatz zur Partei besaß die offizielle Regierung wenig Macht. Der Vorsitzende des Staatsrats war zwar der nominelle Chef des Staates, aber der Ministerpräsident leitete ein Kabinett, das kaum ohne Billigung der korrespondierenden ZK-Abteilung handeln konnte. Die Volkskammer, das sogenannte Parlament, traf sich selten und war einflußlos. Als Überbleibsel der Nachkriegszeit gab es noch eine christliche CDU, eine liberale LDPD, eine nationale NDPD und eine ländliche DBD. Diese »bürgerlichen« Parteien waren jedoch in den »demokratischen Block« eingebunden, der von der SED kontrolliert wurde. Massenorganisationen wie Gewerkschaften (FDGB), Jugendgruppen (FDJ) oder Frauenbund (DFD) fungierten mehr als Transmissionsriemen von Parteibefehlen denn als Repräsentanten ihrer Klientel. In der Praxis bedeutete demokratischer Zentralismus Kontrolle von oben ohne wirkliche Beteiligung von unten.[12]

Diese unterschiedlichen Elemente wurden von der kommunistischen Ideologie zusammengehalten. Für ihre Anhänger hatte diese Weltanschauung große Attraktivität, denn der Marxismus-Leninismus bot eine wissenschaftliche Interpretation der Vergangenheit, welche die Probleme der Gegenwart erklärte. Während er Methoden des Klassenkampfs definierte, die einen progressiven Kreuzzug gegen reaktionäre Kräfte rechtfertigten, suggerierte sein von der Aufklärungstradition herrührendes Wertesystem eine strahlende Zukunft der Gleichheit und Gerechtigkeit. Obwohl Intellektuelle versuchten, dem Marxismus eine kritische Perspektive zu geben, betrachteten ihn die meisten DDR-Politiker als Dogma. Ohne die zeitlosen Wahrheiten in Frage zu stellen, kreisten ideologische Debatten darum, wie man die roten Klassiker auf die gegenwärtige Situation anwenden solle. Das Verbot demokratischer oder anarchistischer Alternativen machte den Marxismus-Leninismus zur einzigen Sprache der Politik.[13]

Dieser Dogmatismus wurde zu einem Fallstrick für die SED. Die doktrinäre Weltanschauung gab der Nomenklatura ein enormes Selbstbewußtsein, indem sie die Welt in Freund und Feind aufteilte und eine altruistische Rechtfertigung für die Privilegien der Herrschenden bot. Viele Intellektuelle glaubten an das damit verbundene Ethos und beschränkten sich darauf, eigene Ideen durch unterschiedliche Interpretationen der heiligen Texte zu entfalten. Bei den Massen führte die pausenlose Indoktrination eher zu einem apathischen Rückzug in die Nischen des Privatlebens. In der Partei blockierte die Einseitigkeit der Propaganda jedoch die Wahrnehmung von Problemen, die nach offizieller Lehrmeinung nicht vorkommen durften. Obwohl Pragmatiker sich weiterhin mit der Realität auseinandersetzten, führte der ideologische Nebel dazu, daß »die Lage nicht real genug eingeschätzt« wurde.[14]

Die Bürokratisierung der Ideologie erstickte eine offene Diskussion. Das »Wandlitz-Syndrom«, das Leben in einer idyllischen, aber ummauerten Waldsiedlung außerhalb der Hauptstadt, isolierte die Regierenden von den täglichen Sorgen. Privilegien wie Volvolimousinen mit Chauffeur und ein westliches Warenangebot korrumpierten unbewußt ihre Urteilsfähigkeit, zumal sie von Honeckers persönlichem Wohlwollen abhingen. Auch erlaubte die Geheimhaltung der Stasiberichte die Manipulation von Informationen, da niemand ohne unabhängige Nachrichtengrundlage Mielkes Interpretation der Lage anfechten konnte. Sogar im innersten Kreise erschwerten das Gebot der Parteidisziplin und die Drohung von Sanktionen gegen Fraktionsbildung eine freie Debatte. In diesem geschlossenen System fungierte Diskussion nicht als Quelle von Gegeninformationen oder Entscheidungsalternativen, sondern als Zustimmungsritual.[15]

Öffentlicher Diskurs wurde sorgfältig orchestriert, um peinliche Überraschungen auszuschließen. Stasiüberwachung verlagerte Kritik in einen vorpolitischen Raum persönlichen Vertrauens unter Arbeitskollegen, Gemeindemitgliedern, Freunden oder Verwandten. Bei solch enger Kontrolle waren Pannen um so schlimmer. So enthielt das SPD-SED-Streitpapier von 1987 nicht nur Parteidoktrin, sondern auch Reformargumente, die in den Basisgliederungen eine lebhafte Debatte auslösten. Als die Führung zunehmend die Überbringer schlechter Nachrichten bestrafte, wurde die Berichterstattung noch unzuverlässiger, so daß z. B. die ungenaue Wirtschaftsstatistik eher Pläne als Produktion dokumentierte. In den späten achtziger Jahren lebte das Politbüro in einer Märchenwelt, abgeschottet von der wachsenden Unzufriedenheit der Bevölkerung.[16] Der Immobilismus der SED stammte nicht nur von post-stalinistischer Verkrustung, sondern auch vom Realitätsverlust der überalterten Führungsriege.

Achtzehn Jahre lang regierte Erich Honecker Ostdeutschland mit eiserner Hand. Sein Lebenslauf liest sich wie ein antifaschistisches Musterbeispiel: 1912 wurde er in eine saarländische Bergarbeiterfamilie geboren und als Dachdecker ausgebildet. Nach einem Agitationslehrgang in Moskau kämpfte er als KP-Mitglied gegen die Nazis, bis ihn 1935 die Gestapo erwischte und für ein Jahrzehnt einsperrte. Honecker überlebte den Zuchthausaufenthalt durch den Glauben an Marx und ungewöhnliche Charakterstärke, die er lakonisch kommentierte: »Ich war sehr selbständig.« Nach der Befreiung durch die Sowjetunion ging er nach Berlin, arbeitete für die entstehende SED und gründete ihre Jugendorganisation, die FDJ. Im Gegensatz zu skeptischen Intellektuellen war der Marxismus für den Autodidakten ein Dogma, das Wahrheit offenbarte und eine konkrete Anleitung zum Bau einer besseren Gesellschaft bot.[17]

Nach dem Sturz Ulbrichts 1971 überraschte Honecker anfangs durch Flexibilität. Im Gegensatz zum autokratischen Vorgänger erlaubte er Rockmusik, westlichen Fernsehempfang, Auslandsreisen und kulturelle Experimente. Seine Losung der »Einheit von Wirtschafts- und Sozialpolitik« bezeichnete einen Pakt mit der Bevölkerung, der politisches Wohlverhalten mit wachsendem Wohlstand honorierte. Aber wie Stalin baute er seine Macht auf Ämterpatronage auf, indem er über die Besetzung aller wichtigeren Positionen selbst entschied. Mit dem geheimnisversessenen Erich Mielke organisierte er die Stasikrake, deren Arme sich überall erstreckten; mit dem gefügigen Joachim Herrmann kontrollierte er die Medien durch tägliche Anweisungen von Berlin; mit dem zynischen Günter Mittag dirigierte er trotz mangelnder Kenntnis die Wirtschaft, um politische Produktionsziele zu erreichen. Weil Honecker im Politbüro das letzte Wort hatte, produzierte diese byzantinische Struktur eine Art von »sozialistischem Absolutismus«.[18]

Während der achtziger Jahre wirkten osteuropäische Liberalisierung und sowjetische Perestroika daher wie ein Lösungsmittel auf die DDR. Auf einmal lernten skeptische Schüler freiwillig Russisch, um den aufregenden Debatten in Moskau folgen zu können. Als materielle Verbesserungen ausblieben, verwandelte sich deutsche Überheblichkeit gegenüber »polnischer Wirtschaft« in Interesse an den von Solidarnosč erkämpften Freiheiten des Nachbarlandes. Mit loyaler Kritik versuchten bekannte Schriftsteller wie Christa Wolf, die Grenzen des erlaubten Diskurses zu erweitern. So ironisierte Christoph Hein in einem vieldiskutierten Stück den Immobilismus des Politbüros als Glaubensverlust der Ritter der Tafelrunde.[19] Führende SED-Intellektuelle wie der Historiker Jürgen Kuczynski, der Spionagechef Markus Wolf und der Jurist Jens-Uwe Heuer begannen in ihren Schriften, die Demokratisierung des Sozialismus zu verlangen.[20] Innerhalb und außerhalb der Partei untergruben diese Debatten die Orthodoxie.

Gorbatschows Stern begann Honeckers Popularität zu überstrahlen. Während der Stagnation unter Breschnjew hatte der

SED-Führer durch Befürwortung von Abrüstung und Verbesserung der deutsch-deutschen Beziehungen Sympathie gewonnen. Aber als die Liberalisierung in der Sowjetunion einsetzte, mußte das Ausbleiben von Reformen in der DDR enttäuschen. Aus persönlicher Antipathie zu der Medienbegabung Gorbatschows wartete Honecker verstockt auf die Rückkehr des Post-Stalinismus in Moskau. In dem sich verändernden Ostblock geriet das wegen relativem Wohlstand beneidete Ostberlin in immer stärkere Isolierung. Im November 1988 trieb das Verbot der Zeitschrift *Sputnik* die Abschottung gegen das eigene Lager auf die Spitze: Als Honecker neben anti-stalinistischen Filmen den Bezug dieser sowjetischen Zeitschrift untersagte, verärgerte er 180000 Abonnenten. Etwa 800 Parteimitglieder protestierten in Petitionen gegen solche Bevormundung, 11000 Genossen traten im Jahre 1988 aus der SED aus, weitere 23000 wurden hinausgeworfen![21]

Aufgrund der Ausreisewelle und der Massendemonstrationen verlor Honecker das Vertrauen der Partei. Da er wegen Krankheit nicht anwesend war, entglitten die Diskussionen im Politbüro langsam seiner Kontrolle. Zwar begann die Sitzung vom 29. August mit Verurteilungen der »Attacke des Gegners«, aber die Frage, »warum so viele Bürger, besonders junge Menschen, aus der DDR weggehen«, brachte einen neuen Ton in die Debatte. In den folgenden Sitzungen beriet das Politbüro nicht nur die »Entlarvung der BRD-Kampagne«, sondern begann auch das Problem, »Wo sind also einige der Wurzeln bei uns?«, zu diskutieren. Während Starrköpfe jetzt erst recht am bewährten Kurs festhalten wollten, waren flexiblere Mitglieder eher bereit, den Herausforderungen durch Neubesinnung zu begegnen. »Wir können den Parteitag nicht nur mit Kontinuität vorbereiten, sondern auch mit Erneuerung.« Obwohl Mittag eine Grundsatzdiskussion bis zur Rückkehr des Generalsekretärs vertagte, untergruben diese Ansätze zu offener Aussprache Honeckers unangreifbare Autorität.[22]

In den Urlaub verbannt, machte sich der designierte Nachfolger Egon Krenz Mitte September eigene Gedanken zur Überwindung der Krise. Durch erschreckende Stasi-Informationen und ungeschminkte FDJ-Berichte hatte er ein klareres Bild als der von bestelltem Applaus verführte Generalsekretär: »Die politische Situation ist angespannt, wie ich dies bisher nicht erlebt habe.« Bei aller »Ratlosigkeit und Resignation« über die Zukunft des Sozialismus sah Krenz auch ein Potential von »großer Hoffnung« auf baldige Veränderungen. Ohne offen mit Honeckers Linie zu brechen, versuchte er durch eine schonungslose Langzeitanalyse Raum für notwendige Veränderungen zu schaffen. Zur Abhilfe der drängenden Probleme schlug er vor, »Veränderungen am Programm der Partei« öffentlich zu diskutieren, einen »realen Plan« für die Wirtschaft zu entwerfen, Bürokratie menschlicher zu machen, Bürger an mehr Entscheidungen zu beteiligen, Reisen zu erleichtern und die Jugend direkter anzusprechen.[23]

Immer größere Kreise der SED wagten es, ihre Unzufriedenheit offen auszudrücken. Trotz massiver Behinderungen sammelten Unterhaltungskünstler Ende September Unterschriften zu einer Sympathieresolution für das Neue Forum. In einer Diskussionsrunde in einem Berliner Krankenhaus brach sich der aufgestaute Unmut gegen die Erfolgsrhetorik mit dem Rufe »es ist alles schlechter geworden« Bahn. Die Gewerkschaftler waren vor allem mit dem Lebensstandard, dem Fehlen öffentlicher Kritik und der Starrheit der Führung unzufrieden. Ähnlich emotionale Vorwürfe der SED-Grundorganisation an der Berliner Kunsthochschule Anfang Oktober zeigten die »Ohnmachtssituation« des Apparats: »Die überwiegende Mehrzahl der Genossen hat kein Vertrauen mehr zur Parteiführung, hat sich von ihr abgewendet.« Seit dem Aufstand von 1953 war Funktionären keine solche Welle von Kritik von Arbeitern und Angestellten entgegengeschlagen.[24]

Die alten Männer um Honecker griffen zu bewährten Rezepten, um diesen Aufruhr zu bändigen. Durch den demonstrativen Besuch des sowjetischen Stalinisten Jegor Ligatschow hoffte die Führung, das »feste Bündnis zwischen KPdSU und SED, DDR und UdSSR erneut [zu] bekräftigen«. In einer schroffen Rede auf einer Warschauer Pakt-Tagung wies Kurt Hager alle Versuche, von außen Reformen zu erzwingen, als »Strategie des Imperialismus« zurück. Zwar machte eine Stasi-Information dem Politbüro den »wachsenden Vertrauensschwund zwischen Volk und Partei« deutlich, jedoch Honecker wollte durch Rückkehr zur Routine die sich ausbreitende Diskussion innerhalb der Partei abwürgen. »Wir müssen aber unseren Weg gehen«, erklärte er Markus Wolf gegenüber seine Weigerung, in der DDR dem sowjetischen Beispiel zu folgen und Reformen einzuleiten: »Was dort geschieht, können wir nicht zulassen. Mit den paar Spinnern, die uns jetzt beschäftigen, müssen wir fertig werden.«[25]

Als Honecker keine Lösungen für die Krise anzubieten hatte, war sein politisches Kapital verbraucht. Die Proteste der Ausreisewilligen und Dissidenten griffen nun auch auf erhebliche Teile der Bevölkerung über und verunsicherten den SED-Apparat. »Dominierend ist im Kollektiv die Auffassung, daß die gegenwärtige Regierung zurücktreten müsse.« Auch ohne sowjetische Einmischung befürworteten jüngere Politbüromitglieder um Krenz und Schabowski, die nicht zur Aufbaugeneration gehörten, aus Opportunismus wie Überzeugung einen flexibleren Kurs. In der Regierung fanden sich linientreue Funktionäre wie Willi Stoph bereit, zur Abwehr der »antisozialistischen Kampagne« auch »eine Erneuerung« von Wirtschaft und Gesellschaft in Angriff zu nehmen. Unzufriedene Bezirkssekretäre wie Hans Modrow und führende SED-Mitglieder wie Markus Wolf traten für einen Dialog mit der Opposition ein. Um das System durch Reformen zu retten, fand die Folgegeneration endlich den Mut, die alte Garde zu stürzen.[26]

Das Versagen der Pragmatiker

Der Honecker-Nachfolger Egon Krenz war ein typisches Produkt der DDR. Er wurde 1937 in Kolberg in einer Dienstbotenfamilie geboren und besuchte in den Nachkriegsjahren in Mecklenburg die Schule. Begeistert hielt der Junglehrer und zeitweilige Journalist den heroischen Wiederaufbau für einen Weg in eine bessere sozialistische Welt. Schon 1953 trat er der FDJ bei und machte schnell Karriere wegen persönlicher Umgänglichkeit, ungewöhnlichen Einsatzes und organisatorischen Talents. Nach freiwilligem Militärdienst studierte Krenz drei Jahre in Moskau als zukünftiges Mitglied der Nomenklatura und wurde 1974 zum Leiter der FDJ ernannt, um der Partei die Loyalität der Jugend zu sichern. Obwohl ihn die Rolle des »professionellen jungen Mannes« frustrierte, erfüllte Krenz seine Aufgabe so gut, daß er 1983 als Vollmitglied ins Politbüro aufrückte und mit Rechts-, Sicherheits- und Jugendfragen beauftragt wurde.[27]

Ostdeutsche Andeutungen und westdeutsche Schlagzeilen handelten Krenz als designierten »Kronprinzen«. In dieser rein zeremoniellen Funktion nahm er an Parteientscheidungen teil und repräsentierte die DDR bei Auslandsreisen, aber das Fehlen von wirklicher Macht machte ihn unzufrieden. Die sowjetische Perestroika versprach einen Ausweg aus diesem Dilemma, da sie parteigesteuerte Reformen ohne Machtverlust der SED ermöglichen würde. Jedoch hatte die breite Bevölkerung wenig Vertrauen zu Krenz, denn sie verband mit seinem Namen die Verantwortung für die Wahlfälschung, die Rechtfertigung des chinesischen Blutbads und die Gewaltanwendung gegen Demonstranten. »Einen schlechteren konnten sie eigentlich nicht finden«, brummte eine Leipziger Briefträgerin. Als Zeichen ihrer Skepsis reimten Demonstranten respektlos: »Egon Krenz, wir sind nicht deine Fans!«[28]

Am 18. Oktober kündigte Krenz eine drastische »Wende« an. In einer programmatische Rede versuchte er als Mitstreiter Gorbatschows, die politische Offensive zu ergreifen. Offen gestand er »Diskontinuität der Produktion«, fehlende Leistungsmotivation, Diskrepanzen im Warenangebot, veraltete Technik und »unzureichende Exporteffektivität« ein. Trotz Kritik an der Bürgerbewegung versprach er einen »ernstgemeinten innenpolitischen Dialog«, wies aber Spekulationen auf Wiedervereinigung zurück: »Der Sozialismus auf deutschem Boden steht nicht zur Disposition!« Für die Zukunft setzte Krenz vier Prioritäten: Um nicht mehr über ihre Verhältnisse zu leben, brauche die Wirtschaft Investitionen; um Vertrauen wiederzugewinnen, solle der »sozialistische Rechtsstaat« ausgebaut werden; um Bürgerwünsche zu erfüllen, müßten Reisebeschränkungen abgebaut werden; um Reformenergien zu binden, könne mit den Massen diskutiert werden. Indem er den »Ernst der Lage« ansprach, wollte Krenz die »große Chance« für den Aufbau eines glaubwürdigeren Sozialismus nutzen.[29]

Diese schlecht vorbereitete Ansprache enttäuschte fast alle Zuhörer. Mit seinem dunklen Anzug, gestreiftem Schlips und breitem Lächeln sah Egon Krenz eher wie ein Gebrauchtwagenverkäufer als ein vertrauenerweckender Staatsmann aus. Es war ein grober Fehler, denselben Text dem Fernsehpublikum wie dem ZK vorzulesen, denn was alte Parteigenossen als zu subversiv empfanden, hielten junge Dissidenten für zu zahm. Der neue SED-Führer untergrub seine Glaubwürdigkeit auch dadurch, daß er in abgenutztem Parteivokabular für seinen neuen Kurs warb. Obwohl sein Programm mehr Realismus als Honeckers Festreden zeigte, skizzierte es keine inspirierende Vision für die Zukunft.

Zwar waren manche SED-Mitglieder erleichtert darüber, daß die Parteiführung endlich »die Initiative ergriffen« hatte; aber nicht wenige Bürger betrachteten die Versprechungen als »taktischen Schachzug« und nahmen sie »mit großer Skepsis und Mißtrauen« auf.[30]

Als Metapher des Wandels war die Ankündigung einer »Wende« nicht kühn genug. Wie Christa Wolf ironisch bemerkte, suggerierte der nautische Begriff nur einen Kurswechsel auf dem Weg zum gleichen Ziel. Während Betonköpfe besorgt reagierten, blieben Reformer skeptisch, so daß nur pragmatische Apparatschiks den »umfassenden Prozeß« der Erneuerung unterstützten. Sarkastisch nannte der Volksmund die neu-alten Gesichter »Wendehälse« nach einem Wasservogel, der den Kopf in alle Richtungen drehen konnte. Eine enttäuschte Bürgerbewegung begrüßte zwar den verbesserten Umgangston, forderte aber Bestandsgarantien für eine »Glasnost auf Befehl«. Westliche Politiker freuten sich über Honeckers Sturz, verlangten jedoch substantielle Reformen. Obwohl Auslandskommentare ein schlechtes Licht auf Krenz warfen, rieten Beobachter, die ihn persönlich kannten, man solle dem neuen Mann eine Chance geben.[31]

Bei seinem Amtsantritt machte Egon Krenz einige symbolische Gesten, die Liberalisierung verhießen. Um die Fluchtwelle zu brechen, versprach er jedem Bürger ein gesetzliches »Recht auf Reisen in das Ausland«. Zur Beruhigung unzufriedener Arbeiter bot er in einer Berliner Fabrik an, die vielfältigen Probleme gemeinsam anzupacken. Als Signal des Neuanfangs suchte er die Unterstützung des evangelischen Bischofs Werner Leich, um mit den Demonstranten in einen »vernünftigen Dialog« einzutreten. Trotzdem verlangten Journalisten Medienfreiheit, und Künstler forderten, »dieser Dialog muß rechtlich gesichert werden und darf keine politische Kraft ausgrenzen«. Zur Herstellung des Vertrauens befahl Krenz der Berliner Polizei, zahlreiche Klagen über exzessive Gewaltanwendung gegen Proteste zu untersuchen. Als Kritiker den neuen Kurs als eine Falle angriffen, entrüstete sich Günter Schabowski: »Die Partei, das ZK und unser Generalsekretär Egon Krenz meinen es ernst.«[32]

Zur Konsolidierung seiner Macht ließ sich Krenz am 24. Oktober zum Staatsratsvorsitzenden wählen. Als ihn die Volkskammer mit erstmals 26 Gegenstimmen und 26 Enthaltungen kürte, warnte er vor Konfrontation und rief zu einem »sachlichen Dialog über die gegensätzlichen Ideen und Meinungen« auf. Um die Initiative zurückzugewinnen, appellierte er an die SED-Bezirkssekretäre, »die Partei in die Offensive« zu führen. Als Anwälte mehr Rechtssicherheit verlangten, traf sich Schabowski mit dem Neuen Forum, um die Dialogbereitschaft der SED zu unterstreichen. Aber Dissidentengruppen wie Demokratie Jetzt blieben skeptisch, da sie Krenz für »die andauernde Staatskrise« mitverantwortlich hielten. Während ein Teil der Bevölkerung die Neuorientierung als »ehrliches Angebot« begrüßte, äußerten Skeptiker »Zweifel an der Lösbarkeit der bevorstehenden Aufgaben«.[33] Von Anfang an wurde der Nachfolger zwischen steigenden Bürgererwartungen und begrenzten Konzessionsmöglichkeiten zerrieben.

In den folgenden Wochen tat sich eine Kluft zwischen Versprechungen und Handlungen auf. Am 27. Oktober klagten SED-Bezirkssekretäre besorgt, »die Tiefe der Wende wird unten nicht begriffen«, und »das Kräfteverhältnis entwickelt sich gegen uns«. Dagegen forderte LDPD-Vorsitzender Manfred Gerlach mehr Demokratie und Legalisierung des Neuen Forums, während Kritiker in der CDU »Reformen und Erneuerung« mit freien Wahlen, Rechtsstaatlichkeit, Religionsfreiheit und eine Sanierung der Wirtschaft verlangten. Während »der Einfluß des Neuen Forums weiter« zunahm, schlug Demokratie Jetzt sogar einen Volksentscheid über »den Führungsanspruch der SED« vor. Durch die ernste und komplizierte Lage fühlten sich SED-Mitglieder in die Defensive gedrängt und agierten immer kopfloser. »Die völlig veränderten Kräftegruppierungen« verunsicherten auch das MfS, da sie die operative Trennung von Freund und Feind erschwerten.[34]

Mit Zugeständnissen wie Gegenmaßnahmen hoffte Krenz, die Volksbewegung zu kanalisieren. Um Demonstrationen zu stoppen, veranstaltete die SED »Sonntagsgespräche« mit dem Berliner Bezirkssekretär Schabowski und Bürgermeister Krack. Dabei klagten über 22000 erregte Bürger über Immobilismus, Polizeiübergriffe, Parteiprivilegien, Wahlfälschung, Medienmanipulation und andere Probleme. Obwohl Krenz seinen Reformwillen gegenüber dem Schriftstellerverband beteuerte, forderten Wissenschaftler der Akademie größere Freiheit der Forschung. »Zur Verhinderung der weiteren Formierung und zur Zurückdrängung von anti-sozialistischen Sammlungsbewegungen« autorisierte das Politbüro Ende Oktober einen Maßnahme-Katalog. Durch »ideologische Offensive« und sachliche Verbesserungen wollte die Partei den Einfluß der Opposition eindämmen. Aber indem sie den öffentlichen Dialog auf ihre eigenen Reihen begrenzte, verpaßte die SED die Chance, sich an die Spitze der Bewegung zu stellen.[35]

In den ersten Novembertagen vertiefte sich die Führungskrise. Da mit alten Köpfen keine neue Politik zu machen war, verlangte das Parteiaktiv der Humboldt-Universität »die Ablösung jener Führungskader..., die dieser Wende nicht mehr gewachsen sind«. Gewerkschaftler stürzten den autokratischen Harry Tisch, einige Bezirke setzten ihre Parteisekretäre ab, und die Blockparteien CDU und NDPD trennten sich von ihren kompromittierten Vorsitzenden. Am 3. November kündigte Krenz den Rückzug von verbrauchten Figuren wie Hermann Axen, Kurt Hager, Erich Mielke, Erich Mückenberger und Alfred Neumann aus dem Politbüro an. In einem Aktionsprogramm »mehr Demokratie für mehr und besseren Sozialismus« versprach er politische Partizipation, ehrliche Berichterstattung, Beachtung von Menschenrechten sowie Reformen der Wirtschaft und der Erziehung.[36] Da solche Versprechungen noch nie gehalten worden waren, bestand die Opposition auf Verfassungsreformen, freien Wahlen und Bürgerrechten.

Am 7. November, drei Tage nach der größten Demonstration in der DDR-Geschichte, trat die Regierung Stoph zurück. Weil »sichtbare Veränderungen« in der Wirtschaft ausgeblieben waren, skandierten Berliner Demonstranten »alle Macht dem Volke und nicht der SED«. Am folgenden Tage bestätigte die zehnte ZK-Tagung den Rücktritt des Politbüros, reduzierte die Mitgliederzahl von 26 auf 17 und wählte weniger kompromittierte Politiker wie Hans Modrow, Wolfgang Herger und Gerhard Schürer. Von einer »bisher nicht gekannten Aufbruchstimmung« getragen, machte Krenz in seiner Programmrede die »subjektiven Wunschvorstellungen« der stalinistischen alten Garde für die »politische Krise« verantwortlich. Ohne einen genauen Weg anzugeben, versprach er, »Bedingungen für die Erneuerung des Sozialismus zu schaffen« und »innerparteiliche Demokratie« zu entwickeln. Draußen demonstrierten 10000 Parteiaktivisten für wirklichen Wandel: »Sozialismus ist Wende ohne Umkehr!« Als Beweis ihres guten Willens erkannte die Regierung das Neue Forum offiziell an.[37]

Danach wurde die hektische Reformdiskussion in der SED von der Maueröffnung überschattet. Der Versuch einer kontrollierten

Freigabe der Reisemöglichkeiten war eine erzwungene Konzession, die »beruhigend auf die Situation einwirken« und das Gefühl vermitteln sollte, »wir meinen's wirklich ernst«. Am Morgen danach betonte Krenz zur Rechtfertigung, »der Druck war nicht zu halten, es hätte nur eine militärische Lösung gegeben« und interpretierte die Rückkehr der Mehrheit an den Arbeitsplatz als »positives Signal«. Trotz der Freude der Bevölkerung gelang es der SED nicht, durch dieses verzweifelte Zugeständnis ihre Macht dauerhaft zu retten. Das Politbüro hatte kaum damit gerechnet, daß 13 174 111 Millionen Ostdeutsche, drei Viertel der Bevölkerung, in den ersten beiden Wochen in den Westen reisen würden. Statt die Fluchtwelle zum Erliegen zu bringen, verdoppelte die Grenzöffnung den Exodus, da Ausreisewillige Warnungen vor dem falschen Glanz des Konsums und vor Arbeitslosigkeit im Westen ignorierten.[38]

Tabelle III
DDR-Exodus 1989/90 (in Tausenden)

	1989 Juli	Aug.	Sept.	Okt.	Nov.	Dez.
Ausreisende	11,7	21,0	33,3	57,0	133,4	43,2
davon arbeitslos	25,9	31,9	45,3	61,7	119,9	129,0

	1990 Jan.	Febr.	März	Apr.	Mai	Juni
Ausreisende	73,7	63,9	46,2	24,6	19,2	10,7
davon arbeitslos	132,0	140,0	132,0	114,0	100,0	90,4

Nachdem die anfängliche Euphorie verflogen war, verlor Krenz die Hoffnung auf eine Lösung der Krise. Geheime Wirtschaftsdaten schockierten das ZK durch die Enthüllung des drohenden Staatsbankrotts wegen unkontrollierter Verschuldung. Als der Generalsekretär am 10. November das SED-Aktionsprogramm 150 000 Berlinern erklärte, klang seine Konzeption des »modernen Sozialismus« schon veraltet. Gab es freie Wahlen, Rechtssicherheit, Medienfreiheit, produktive Wirtschaft, kulturelle Freiheit, Wissenschaftsförderung, Bildungsreform, Frauenrechte und freie

Gewerkschaften nicht bereits in der Bundesrepublik? Erste Eindrücke vom Westen widerlegten die Notwendigkeit der ostdeutschen Eigenstaatlichkeit. Die Wende der Pragmatiker war gleichzeitig zu radikal und zu halbherzig, so daß »das Vertrauen der Genossen in die Partei« von Tag zu Tag schwand. Während sich SED-Mitglieder verraten fühlten, gingen einer frustrierten Bevölkerung die Veränderungen nicht weit genug.[39]

Zum ersten Mal trat die Volkskammer am 13. November zusammen, um wirkliche Entscheidungen zu fällen. Die ganze DDR folgte den ungewohnt offenen Debatten im Fernsehen, da eine Revolte in den Blockparteien ihren Ausgang ungewiß machte. CDU-Mitglieder setzten den korrupten Wolfgang Götting ab und ernannten den integren Anwalt Lothar de Maizière zum Vorsitzenden. Überraschend zog das Parlament den linientreuen Bauernführer Günter Maleuda dem liberalen Gerlach als Präsidenten vor. Unter dem Eindruck von Andeutungen über große Staatsschulden wählten die Abgeordneten Hans Modrow, den SED-Politiker, der sich am entschiedensten für Reformen ausgesprochen hatte, zum Ministerratsvorsitzenden. Normalbürger betrachteten diese Veränderungen mit gemischten Gefühlen, da manche mit den Krenzschen Vorschlägen zufrieden waren, aber viele andere auf weiterreichende Reformen hofften. Während 93% der Befragten freie Wahlen forderten, wollten 87% in der DDR bleiben.[40]

Die Ernennung von Hans Modrow verschaffte der ostdeutschen Regierung eine Atempause. DDR-Bürger und Westmedien hielten ihn für einen »Hoffnungsträger«, da seine Bescheidenheit sprichwörtlich war und sein Einsatz für die Perestroika ihm im Februar 1989 fast sein Amt gekostet hatte. Im Gegensatz zu dem fehlenden Vertrauen in Krenz (unter 10%) fanden zwei Fünftel der Ostdeutschen den Dresdener Bezirkssekretär sympathisch. Am 17. November stellte Modrow sein neues, von 44 auf 28 Ressorts verkleinertes Kabinett mit 16 SED-Genossen und 12 Mitgliedern anderer Parteien vor. Es enthielt mehr neue Gesichter, wie Wirtschaftsministerin Christa Luft und den Minister für Kirchenangelegenheiten de Maizière, als alte Köpfe, wie Außenminister Oskar Fischer oder Verteidigungsminister Theodor Hoffmann.[41] Die fortschreitende Emanzipation der Blockparteien machte das neue Kabinett zu einer wirklichen Koalitionsregierung.

Bei der Ankündigung seines Programms traf Modrow einen überzeugenden Ton. Angesichts der ernsten Lage bat der neue Premier um einen »Vertrauensvorschuß« und versprach, »die Wirtschaft der DDR aus der Krise zu führen« sowie die Demokratisierung voranzutreiben. Im Gegensatz zu Krenz' vagen Versprechungen schlug er präzise politische Reformen, Wirtschaftsinitiativen, Bildungsverbesserungen, Umweltsanierungen und administrative Erleichterungen vor. Obwohl er Vereinigungsspekulationen zurückwies, erklärte sich Modrow zur Stärkung der »kooperativen Koexistenz« zwischen den deutschen Staaten und Verbindungen zur EG bereit. Für die Bürgerbewegung begrüßte Konrad Weiss den »Reformpolitiker«, forderte aber öffentliche Kontrolle und schnelle Wahlen. In der ersten Kabinettssitzung betonte Modrow die Notwendigkeit konstruktiver Arbeit an praktischen Problemen: »Wir müssen die Erneuerung anpacken und durchsetzen.« Der Wille zum Umdenken und zu umfassender Erneuerung verschaffe Regierung und Volkskammer wieder eine eigene Autorität.[42]

Gleichzeitig beschleunigten Richtungskämpfe die Erosion der SED. Das stalinistische Erbe führte zu endlosen Auseinandersetzungen über Personal, Privilegien und Programm. Verunsichert durch die Ablösung Hunderter von Funktionären kämpften ältere Genossen gegen »die Gefahr der Konterrevolution«, während jüngere Mitglieder die Rehabilitierung von Dissidenten wie Walter Janka begrüßten, Demokratisierung verlangten und auf Reformer wie Gregor Gysi setzten. Durch den Dialog mit der Bürgerbewegung verwirrt, versuchte das MfS ein neues Feindbild »verfassungsfeindlicher Aktivitäten« aufzubauen, um Sammlungsbewegungen operativ zu bearbeiten. Jahrzehntelang aufgestauter Frust trieb bis Ende November 200 000 Genossen, besonders Arbeiter, dazu, ihre Parteibücher zurückzugeben. Mit ungewohnter Offenheit rebellierte die Minderheit der Neuerer gegen die Parteidisziplin, organisierte Fraktionen und demonstrierte auf den Straßen.[43] Statt einer bloßen Parteikonferenz erzwang der Druck der SED-Basis schließlich die Ansetzung eines außerordentlichen Parteitags zur Auswechslung der ganzen Führung.

Auch zerstörten sensationelle Enthüllungen über Polizeibrutalität und Korruption das öffentliche Vertrauen. Der Zwischenbericht des Innenministeriums zu der Niederschlagung der Oktoberproteste bewies die Anwendung exzessiver Gewalt, da 479 Anzeigen zahlreiche Übergriffe bestätigten und Zeugnisse von Opfern offizielle Beschwichtigungsversuche entkräfteten.[44] Gleichzeitig tauchten Berichte von eklatantem »Amtsmißbrauch« auf. Fernsehsendungen zeigten das Luxusleben in der Regierungssiedlung Wandlitz, die wegen teurer Schwedenautos und Westwaren Volvograd genannt wurde, und jeder Tag brachte neue Meldungen von luxuriösen Ferienheimen oder riesigen Jagdrevieren. Obwohl diese Privilegien in westlichen Augen bescheiden waren, lösten sie im Osten »große Empörung« aus, da sie für Durchschnittsbürger unerreichbar waren und den SED-Anspruch auf moralische Überlegenheit verletzten.[45] Nicht einmal Sendungen über Krenz' einfachen Lebensstil, Diskussionen mit Arbeitern oder Presseinterviews konnten den Unwillen beruhigen.

Am 3. Dezember gab Egon Krenz entmutigt auf. Die mysteriöse Flucht des Devisenbeschaffers Alexander Schalck-Golodkowski hatte den Druck auf den Generalsekretär erhöht. Als die Bezirkssekretäre unter tumultartigen Protesten die Auflösung des Politbüros und des ZKs verlangten, traten beide Gremien zurück, um die »Existenz der Partei« und die Souveränität der DDR zu retten. Drei Tage später folgte Krenz widerwillig dem Ersuchen des Kabinetts und demissionierte als Vorsitzender des Staatsrats. Das Versagen der Pragmatiker nach etwa vierzig Regierungstagen hatte zunächst individuelle Gründe. Aus Respekt vor Honecker zögerte Krenz zu lange, wachsende Zweifel in Handlungen umzusetzen. Bei der Darstellung der Wendeziele benützte er zu viele abgedroschene Kaderphrasen, um das tiefsitzende öffentliche Mißtrauen in seine Person zu überwinden. Eine nur taktische Kurskorrektur bot keine Zukunftsvision, die Parteireformer, Dissidenten oder die Bevölkerung inspirieren konnte.[46]

Strukturell gesehen wurde Krenz ein Opfer des Post-Stalinismus. Honeckers Nachfolger waren völlig unvorbereitet auf den Umgang mit freier Berichterstattung und demokratischen Auseinandersetzungen. Nach Jahrzehnten bürokratischer Repression haßten viele Bürger das System so elementar, daß taktische Konzessionen nicht ausreichten, ihr Vertrauen wiederherzustellen. Skeptische Sprecher der Oppositionsgruppen verdächtigten Krenz, er wolle nur stalinistische Exzesse abbauen, um weiter leninistische Politik zu betreiben. Von einer kritischen Minderheit vorangetrieben, forderte eine unzufriedene Basis eine rigorose Säuberung und innere Demokratisierung der Partei. Obwohl er den autoritären Honecker stürzte, die Gewalt gegen Demonstranten begrenzte und die Mauer öffnete, kam der Generalsekretär mit seinen Vorschlägen stets zu spät.[47] Die lange Reformblockade führte nicht nur zur Rebellion gegen die alte Garde, sondern diskreditierte auch ihre pragmatischeren Nachfolger.

Deutsche Annäherungsversuche

Der Kollaps des Post-Stalinismus in der DDR veränderte die Beziehungen zwischen beiden deutschen Staaten grundlegend. Trotz humanitärer Zugeständnisse und gemeinsamer Abrüstungsinteressen hatte Honecker die Bundesrepublik bekämpft, da er sich von dem großen, reichen und kapitalistischen Westen bedroht fühlte. Weniger ängstlich versprach Krenz in seiner Antrittsrede, »Wege und Möglichkeiten zu prüfen, um langfristig die Beziehungen zwischen der DDR und der BRD enger und vertraglich geregelt zu gestalten«. Vom Zerfall sozialistischer Solidarität angespornt, wollte er die Kontakte mit Bonn ausbauen und »kooperative und ständige Formen der wirtschaftlichen, ökologischen, politischen, kulturellen, humanitären und touristischen Zusammenarbeit« entwickeln. Aber die gelenkte Presse goß kaltes Wasser auf Wiedervereinigungshoffnungen, und die neuen Oppositionsgruppen wiesen bei der Suche nach ihrem eigenen Weg westliche Bevormundung zurück.[48]

Vorrangig mit inneren Problemen beschäftigt, formulierte die DDR-Regierung nur langsam eine neue Außenpolitik. Gegenüber dem damaligen FDP-Fraktionsvorsitzenden Mischnick ging Krenz davon aus, »die DDR bleibe ein sozialistisches Land« und »ein souveräner Staat«, signalisierte aber Dialogbereitschaft und deutete Reiseerleichterungen an. Am 26. Oktober versicherte der neue Generalsekretär Helmut Kohl telefonisch, er wolle die beiderseitigen Beziehungen »vernünftig« gestalten und »auf eine neue Stufe heben«. Als der Bundeskanzler mehr Reisefreiheit anmahnte, konterte Krenz mit der Bitte um ökonomische Hilfe und Respektierung der DDR-Staatsbürgerschaft. In Fortführung der Vernetzungsstrategie der Ostpolitik stimmten beide überein, trotz Uneinigkeit in Grundfragen auf praktischen Gebieten zusammenzuarbeiten. Daraufhin billigte das Politbüro die Ausarbeitung von Vorschlägen für den Ausbau der Beziehungen in Wirtschaft, Umwelt, Post, Verkehr, Tourismus und Kultur.[49]

Mit seinem Besuch in Moskau am 1. November suchte Krenz sowjetische Unterstützung für seine Wendepolitik. Während Gorbatschow die Notwendigkeit grundlegender Veränderungen betonte, legte sein Gast freimütig die »politische Krise« und Wirtschaftsprobleme der DDR dar. Um eine Verbesserung der Beziehungen zwischen DDR, BRD und Sowjetunion bemüht, argumentierte Gorbatschow, »es gebe keinen Grund, Vermutungen anzustellen, wie sich die deutsche Frage einmal lösen wird«. Aufgrund der gegenwärtigen Realitäten sei eine Wiedervereinigung »heute kein Problem der aktuellen Politik«. In der Frage der Reiseerleichterungen unterstützte der sowjetische Generalsekretär jedoch eine Initiative der DDR: »Die Zeit sei dafür reif.« In seiner abschließenden Pressekonferenz erklärte Krenz daher, »es ist nichts wiederzuvereinigen«, suggerierte aber Bereitschaft zu Kooperation.[50] Dem Dilemma von Bevölkerungshoffnungen und Parteiängsten versuchte er durch Betonung der Unabhängigkeit bei gleichzeitiger Intensivierung der Westkontakte zu entkommen.

Die Maueröffnung brachte Bewegung in das verkrustete innerdeutsche Verhältnis. In der ersten Woche strömten etwa neun Millionen Menschen über die innerdeutsche Grenze. Fast alle kehrten in den Osten zurück, denn sie wollten nur »mal sehen, wie es drüben aussieht«, ein paar Bananen und Elektrogeräte kaufen oder Verwandte besuchen. Um den Ansturm zu bewältigen, wurden Sonderzüge eingesetzt und weitere Übergänge geöffnet. Obwohl die Reisefreiheit die Ernsthaftigkeit des Reformwillens bewies, erweckte die warme Begrüßung der ostdeutschen Vettern im Westen verdrängte Einheitshoffnungen. Überwältigt vom Wohlstand der Bundesrepublik sah der Dichter Thomas Rosenlöcher ironisch »die einzige Chance der DDR« darin, »sich von diesem Land schlucken zu lassen«. Trotz unterschiedlicher Beurteilung stimmten Umfragen überein, daß ostdeutsche Vereinigungswünsche Ende November dramatisch anstiegen.[51]

Die Folgen der Reisefreiheit bewirkten eine Intensivierung der deutsch-deutschen Kontakte. Als Krenz am 11. November telefonisch vor »bestimmten Emotionen« warnte, konzedierte auch Kohl, »im Moment muß uns beschäftigen, daß wir zu vernünftigen Beziehungen zueinander kommen«. Zwei Tage später rief Gorbatschow an, um von »ungeschickten Aktionen« abzuraten, und Kohl versicherte, »ich lehne jegliche Radikalisierung ab«.

Am 15. November diskutierte Kanzleramtsminister Seiters mit Schalck-Golodkowski die Verbesserung der Zusammenarbeit in einem »außerordentlich komplizierten« Gespräch. Als Gegenleistung für neue Kredite und eine Mitfinanzierung des verstärkten Reiseverkehrs forderte Bonn das Ende der führenden Rolle der SED, die Ankündigung von Neuwahlen und die Anerkennung von Oppositionsgruppen. Auch bestand der Kanzler darauf, daß das Brandenburger Tor nur in seinem Beisein geöffnet werde.[52]

In der Bundeshauptstadt regte die Maueröffnung neue Überlegungen über die Möglichkeit einer Wiedervereinigung an. Im Kanzleramt schwankte die Stimmung »zwischen Hoffen und Bangen; Hoffen, daß dies der Anfang vom Ende des SED-Regimes ist, Bangen, daß eine Massenflucht in die Bundesrepublik ausgelöst werden könnte«. Aus den Gesprächen mit der sowjetischen Führung schlossen Bonner Berater erleichtert, »daß sich Gorbatschow auch in die innere Entwicklung der DDR nicht einmischen wird«. Am 16. November diskutierte der Bundestag erregt über den Königsweg zu einer deutschen »Selbstbestimmung«. Während die CDU, FDP und die Mitte der SPD auf Einheit hofften, plädierten linke Sozialdemokraten und Grüne für die Erneuerung einer unabhängigen DDR. Ein sich merklich zurückhaltender Kanzler machte Wirtschaftshilfe von weiteren Reformen abhängig, darauf bauend, daß Freiheit zur Vereinigung führen würde.[53]

Die DDR-Regierung reagierte auf die neue Situation mit dem Vorschlag einer Vertragsgemeinschaft. Obwohl er einen politischen Ausverkauf der DDR verhindern wollte, verstand Modrow, daß die Bevölkerungswünsche nur durch ein positives Ziel zu kanalisieren waren: »Wir sind dafür, die Verantwortungsgemeinschaft beider deutscher Staaten durch eine Vertragsgemeinschaft zu unterstützen«, die weit über bisherige Verträge hinausgehen sollte. Am 20. November unterstrich Krenz gegenüber Seiters die Unumkehrbarkeit der Reformen und präzisierte: »Wir wollen eine Verantwortungsgemeinschaft für den Frieden, eine Vertragsgemeinschaft für Beziehungen.« Als Gegenleistung für die Liberalisierung des Reiseverkehrs verlangte er »eine finanzielle Beteiligung der BRD«, während Modrow auf allen Feldern der Ostpolitik weitere konkrete Schritte wie Joint Ventures vorschlug. Zur Unterstützung der Veränderungen erwähnte Seiters die mögliche »Bildung eines Devisenfonds« als Zahlungsbilanzhilfe.[54]

Westdeutsche Medien interpretierten die Annäherung zwischen

beiden Staaten als Vorboten der Vereinigung. Zwar wollte die DDR durch Anlehnung an Bonn ihre Souveränität retten, aber konservative Kommentatoren und liberale Journalisten wie Rudolf Augstein begrüßten die engere Zusammenarbeit als Beweis dafür, daß die Einheit nun »unausweichlich« werde. Sogar einige linke Beobachter fingen an, ihre anti-nationalen Reflexe zu überdenken.[55] Nur die meisten Intellektuellen widersprachen wie Günter Grass der »Phrase der Wiedervereinigung«, damit die deutschen Nachbarn nicht verunsichert würden. Diese Diskussion stärkte das öffentliche Interesse an der Wiedergewinnung der Einheit. Am 20. November unterstützten 70% der Westdeutschen eine Vereinigung, während nur noch 15% dagegen waren. Zum erstenmal in Jahrzehnten dachte eine knappe Mehrheit, daß die Wiedervereinigung tatsächlich möglich sein könnte.[56]

In Ostberlin stieß die Einheitsrhetorik jedoch auf Widerstand. Hans Modrow weigerte sich, über eine Vertragsgemeinschaft hinauszugehen, und Egon Krenz warnte: »Grenzöffnung ist keine Wiedervereinigung.« Am 26. November konzipierten 31 Schriftsteller (wie Christa Wolf), Reformmarxisten (auch Wolfgang Berghofer), Kirchenführer (so Günter Krusche) und prominente Dissidenten (darunter Ulrike Poppe) einen Appell »für unser Land«. Stolz auf ihre Selbstbefreiung vom Stalinismus sahen die Unterzeichner eine einfache Alternative: »Entweder können wir auf der Eigenständigkeit der DDR bestehen« und versuchen, »eine solidarische Gesellschaft zu entwickeln, in der Frieden und soziale Gerechtigkeit, Freiheit des einzelnen, Freizügigkeit und die Bewahrung der Umwelt gewährleistet sind«. *Oder* »wir müssen dulden, daß, veranlaßt durch starke ökonomische Zwänge ... ein Ausverkauf unserer materiellen und moralischen Werte beginnt und über kurz oder lang die DDR durch die BRD vereinnahmt wird.«[57]

Dieses Manifest für »eine sozialistische Alternative zur Bundesrepublik« wurde zum Schlachtruf für eine unabhängige ostdeutsche Identität. Als der Schriftsteller Stefan Heym den Aufruf zwei Tage später auf einer Pressekonferenz vorlegte, fand er breite Resonanz. Innerhalb von zwei Wochen unterschrieben über 200 000 Menschen diesen Appell an »antifaschistische und humanistische Ideale«. Dieses Programm einer Erneuerung des Sozialismus bot erstmals SED-Reformern und Mitgliedern der Bürgerbewegung eine Basis zur politischen Zusammenarbeit. Obwohl die Unterschrift von Egon Krenz den Text in vielen Augen diskreditierte, löste der Trompetenstoß auch in Westdeutschland ein Echo aus. Dort veröffentlichten 33 Linksintellektuelle einen Parallelaufruf, der an der Unabhängigkeit der DDR als Antidot zu einem neuen Nationalismus festhielt.[58]

Am 28. November überraschte Helmut Kohl den Bundestag mit einem eigenen Zehnpunkteplan zur deutschen Einheit. Der Kanzler stand unter Druck, seine Führungsqualitäten zu beweisen, zögerte aber aus Sorge vor ostdeutschem Aufruhr, westdeutschem Unverständnis und internationaler Kritik. Als der sowjetische Deutschlandkenner Nikolai Portugalow am 21. November andeutete, daß Moskau »über alles mögliche, sogar quasi Undenkbares« nachdachte, drängte der außenpolitische Berater Horst Teltschik, »daß sich Helmut Kohl an die Spitze der Bewegung stellen müsse«. Das Kanzleramt wollte möglichen Widerstand durch ein »stufenweises Vorgehen, beginnend mit Sofortmaßnahmen, dann Vertragsgemeinschaft, Entwicklung konföderativer Strukturen und am Ende die Föderation« unterlaufen. Obwohl es auf zahlreiche Konsultationen zurückging, war das Zehnpunkteprogramm weder mit dem Koalitionspartner FDP noch den westlichen Alliierten abgeklärt worden, um die Vorschläge vor Verwässerung zu bewahren.[59] Etwas uncharakteristisch entschied sich der Kanzler schließlich für das große Risiko, diese historische Chance zu nutzen.

Der Stufenplan für den Weg zur Einheit baute auf Erfahrungen der vorausgegangenen Ostpolitik auf. Nach Danksagungen an die Ostdeutschen, Präsident Gorbatschow, Ungarn und die ČSSR begann der Kanzler seine Bundestagsrede mit konsensfähigen Vorschlägen. Erstens kündigte er humanitäre Hilfe und Bereitstellung der »nötigen Devisen« für Reisen an. Zweitens versprach er, die ökologische, wissenschaftliche und kulturelle Zusammenarbeit fortzusetzen sowie die Post- und Eisenbahnverbindungen zu verbessern. Drittens sollte Bonner Unterstützung »umfassend ausgeweitet« werden, wenn ein »grundlegender Wandel des politischen und wirtschaftlichen Systems unumkehrbar in Gang gesetzt sei«. Als Voraussetzung für effektiven Beistand forderte Kohl freie Wahlen, Brechung des SED-Machtmonopols und Einführung marktwirtschaftlicher Bedingungen: »Wir wollen nicht unhaltbar gewordene Zustände stabilisieren.« Viertens griff er Modrows Idee einer Vertragsgemeinschaft auf und schlug weitere Vereinbarungen sowie »gemeinsame Institutionen« vor.[60]

Der eigentliche Zweck der Initiative ging »noch einen entscheidenden Schritt weiter«. Im fünften Punkt bot Kohl einer demokratischen Regierung an, »konföderative Strukturen zwischen beiden Staaten in Deutschland zu entwickeln mit dem Ziel, eine Föderation, d. h. eine bundesstaatliche Ordnung in Deutschland zu schaffen«. Bewußt offen gehalten, enthielt dieser Vorschlag »neue Formen institutioneller Zusammenarbeit« in gemeinsamen Ausschüssen von Regierung und Parlament sowie Sachkommissionen. »Wie ein wiedervereinigtes Deutschland schließlich aussehen wird, das weiß heute niemand.« Emotional fügte er hinzu, »daß aber die Einheit kommen wird, wenn die Menschen in Deutschland sie wollen, dessen bin ich sicher«. Um internationale Befürchtungen zu zerstreuen, betonte er sechstens: »Die Entwicklung der innerdeutschen Beziehungen bleibt eingebettet in den gesamteuropäischen Prozeß.«[61] Durch diese Versicherung versuchte Kohl patriotische Aspirationen mit europäischer Verantwortung zu verbinden.

Dieses Programm stellte die deutsche Einheit als Stärkung internationaler Zusammenarbeit dar. In dem siebten Punkt plädierte der Kanzler für die Weiterführung der europäischen Integration, Öffnung nach Osten und Einbeziehung der DDR. Achtens versprach er, den KSZE-Prozeß voranzubringen und neue Kooperationsmöglichkeiten zu schaffen. Neuntens unterstützte er emphatisch weitere Abrüstung. Zehntens resümierte er: »Mit dieser umfassenden Politik wirken wir auf einen Zustand des Friedens in Europa hin, in dem das deutsche Volk in freier Selbstbestimmung seine Einheit wiedererlangen kann.« Obwohl er Sicherheitsprobleme und Grenzstreitigkeiten ausklammerte, versuchte Kohl die deutsche Einheit in die »europäische Architektur« einzupassen. Da er zwischen ostdeutschen Hoffnungen auf Wandel und westdeutschen Ängsten vor Unwägbarkeiten vermitteln sollte, war sein Vorschlag kein Terminfahrplan, sondern »der Versuch einer politischen Linienführung, die in die Zukunft geht«.[62]

Kohls Coup löste starke Reaktionen aus, da er die deutsche Einheit von einem Diskussionsthema in ein Ziel praktischer Politik verwandelte. Der Überraschungseffekt der dramatischen Initiative überschattete ihre Absicht, ostdeutsche Hoffnungen in ruhige Bahnen zu lenken. Der Bundestag reagierte mit großer Zustimmung. Wie erwartet pries die CDU/CSU-Fraktion die Initiative als »historischen Beitrag«. Obwohl er über seine Nichteinbeziehung verärgert war, mußte FDP-Chef Hans-Dietrich Genscher einen Plan unterstützen, der viele seiner eigenen Ideen enthielt: »Helmut, das war eine große Rede!« Die Erregung des Augenblicks riß auch gemäßigte Sozialdemokraten wie Karsten Voigt und Hans-Jochen Vogel mit. Die Oppositionsmehrheit stimmte dem Stufenplan um so leichter zu, weil er ihre Verständigungspolitik mit dem Osten fortsetzte: »Der Kanzler hat einen großen Schritt auf uns zu gemacht.«[63]

Nur die Linke störte die Harmonie. Aus Sorge vor internationalen Reaktionen bemängelte Kanzlerkonkurrent Oskar Lafontaine das Fehlen einer Garantie der polnischen Westgrenze. Der linke Flügel der Sozialdemokraten weigerte sich, eine gemeinsame Erklärung zu unterschreiben, welche ihre Vorbehalte nicht zum Ausdruck brachte. Noch kritischer forderten die Grünen ein »uneingeschränktes [ostdeutsches] Selbstbestimmungsrecht auf einen eigenen Weg«, das in eine andere Richtung führen sollte.[64] Trotzdem begrüßte die westdeutsche Presse überwiegend diese »Vision, die uns der Einheit näher bringt«. Konservative, liberale und linke Zeitungen akzeptierten den Konföderationsvorschlag als geeigneten Kompromiß, und Skeptiker hatten wenig an der Substanz auszusetzen, bemäkelten aber den wahltaktischen Appell an patriotische Gefühle.[65] Erst als der internationale Aufschrei zu laut wurde, fingen progressive Stimmen an, den Bonner Alleingang zu kritisieren.

In der DDR waren die Reaktionen eher geteilt. Obwohl sich Modrow freute, »daß mein Angebot einer Vertragsgemeinschaft angenommen worden ist«, warnte er, man solle erst ein gemeinsames Fundament bauen und dann könne man über die Zukunft nachdenken. Zwar könnten zwei unabhängige deutsche Staaten über alles reden, aber, wiegelte Krenz ab, »eine Einheit Deutschlands steht nicht auf der Tagesordnung«. Die offiziellen DDR-Medien blieben ambivalent, zeigten sich von der Erwähnung der Wiedervereinigung irritiert, suchten aber auch gleichzeitig nach Kooperationsansätzen. Dagegen begrüßten die Blockparteien den Zehnpunkteplan. CDU-Vorsitzender de Maizière nannte ihn »eine interessante Idee, die wichtige Elemente unserer eigenen Vorstellungen enthält«, und NDPD-Chef Günter Hartmann behauptete sogar, das Konföderationskonzept erfunden zu haben.[66]

Anfang Dezember schwenkte die ostdeutsche Meinung um.

Viele Intellektuelle wie der aus der DDR ausgewiesene Schriftsteller Günter Kunert waren über die Wiederkehr eines größeren Deutschlands besorgt, hielten aber irgendeine Form der Vereinigung für unabwendbar. Während die Mehrheit des Neuen Forums und der SDP die Einheit weiter als »Ausverkauf« der DDR anprangerte, fanden gemäßigte Sprecher der Kirche und andere Oppositionelle die Anfangspunkte des Plans konstruktiv und hielten den Rest für diskutierbar. Weit wichtiger als formelle Beurteilungen war das Echo der Demonstranten. Ab Mitte November forderten einzelne Transparente eine Wiedervereinigung, und zwei Wochen später rief fast die Hälfte der Protestierenden: »Deutschland, einig Vaterland.« Da immer weniger DDR-Flaggen schwenkten oder stumm blieben, fingen SED-nahe Beobachter an zu befürchten: »Diese Strategie hat Aussicht auf Erfolg.«[67]

Das überraschte Ausland fürchtete ein vereinigtes Deutschland. Vor allem die Sowjetunion kritisierte die Bedingungen für die Unterstützung der DDR, sorgte sich um die Sicherheit ihrer Grenzen und lehnte einen Zusammenschluß ab. Die überrumpelten Franzosen hielten den Plan für »zu schnell« und hofften, Bonn fester in der EG verankern zu können. Ähnlich waren die Briten wenig enthusiastisch über ein »Viertes Reich«, das ihren politischen Einfluß schmälern würde. Trotz ihrer Unterstützung des Selbstbestimmungsrechts vermißten Solidarnosč-Sprecher eine Garantie der polnischen Westgrenze. Aufgrund alter Ängste aus den Weltkriegen lehnten kleinere Nachbarn wie Holland, Dänemark und die ČSSR ein größeres Deutschland ab. Die Erinnerungen an das Leiden des Holocausts motivierten den israelischen Ministerpräsidenten Yitzhak Shamir, die Vereinigung als Gefahr für die Juden zu verdammen. In der Diskussion tauchten auch neue Sorgen vor der wirtschaftlichen Übermacht und militärischen Neutralität eines vereinigten Deutschland auf.[68]

Nicht alle Regierungen waren völlig gegen die Einheit. Trotz Verstimmung über das Bonner Vorpreschen begrüßte Washington den unbekannten Plan und versuchte das »Unabwendbare« in bestehende Wirtschafts- und Verteidigungsstrukturen einzubinden. Die EG-Kommission erhob auch kaum Widerspruch, da Kohl ein vereintes Deutschland in die Europäische Gemeinschaft einfügen wollte. In Bonn war man von dem Ausmaß des internationalen Tadels bestürzt und hektisch bemüht, den Schaden zu begrenzen. Horst Teltschik informierte die Botschafter an Stelle des Kanzlers;

Hans-Dietrich Genscher zerstreute Sorgen in fremden Hauptstädten; und Helmut Kohl suchte persönlich, US-Präsident Bush und Sowjetpremier Silaiev zu beruhigen.[69] Die Darstellung des Stufenplans als Bändigung ostdeutscher Erwartungen konnte kaum überzeugen, da das Ausland Kohls Coup weitgehend als Erhöhung des Drucks zur Vereinigung verstand.

Der Zehnpunkteplan leitete einen Paradigmenwechsel von pragmatischer Zweistaatlichkeit »zur operativ angesteuerten staatlichen Vereinigung« ein. Im Gegensatz zu Modrows Vertragsgemeinschaft, die die DDR durch Anlehnung an den Westen stabilisieren wollte, schlug der Kanzlerplan Kooperation als ersten Schritt für eine spätere Wiedervereinigung vor. Auch bei entgegengesetzten Endzielen boten jedoch die übereinstimmenden Anfangspunkte eine Plattform für eine grundlegende Verbesserung der innerdeutschen Beziehungen. Obwohl das Verlangen nach Selbstbestimmung internationale Sympathien weckte, bedrohte ihre Verwirklichung gleichzeitig die Teilung, auf der die europäische Nachkriegsordnung aufgebaut war. Das Ausland war irritiert, weil der Stufenplan die Diskrepanz zwischen rhetorischer Unterstützung und praktischer Opposition gegen deutsche Einheit offenlegte.[70] Trotz vielfältiger Ängste hatte die Maueröffnung die deutsche Frage unausweichlich auf die Tagesordnung gesetzt.

Eine Bürgerrevolution

Die scheinbar uneinnehmbare Festung des Post-Stalinismus fiel überraschend schnell. Als die Stagnation des Lebensstandards den Sozialvertrag zwischen Bevölkerung und Partei brach, flohen Massen vor dem wirtschaftlichen Mangel und der Bevormundung in den Westen. Als weder sowjetische Panzer noch Stasieinheiten eingriffen, verschwand die allgegenwärtige Angst, und mündige Bürger protestierten in friedlichen Demonstrationen gegen Militarismus, Umweltverschmutzung und Menschenrechtsverletzungen. Als ein offener Dialog das volle Ausmaß der Mißstände darlegte, verloren SED-Mitglieder ihre ideologische Selbstsicherheit.[71] Die Kluft zwischen steigenden Erwartungen der Einwohner und sinkenden Regierungsleistungen zerstörte den Glauben nicht nur an die Parteiführung, sondern an das ganze Regime. Der

Sturz Honeckers war die logische Folge der Ausreisewelle, der Massendemonstrationen und des Vertrauensverlusts der Partei.

Ironischerweise trug die Hypertrophie der Staatssicherheit erheblich zum Verlust des Vertrauens in die SED bei. Obwohl der Geheimdienst in Einzelfragen richtig informierte, führte eine falsche »Sicherheitsdoktrin, die an das Machtverständnis einer Gruppe gebunden war«, dazu, daß »Andersdenkende kriminalisiert« und »der MfS-Apparat aufgebläht« sowie »Mißtrauen und Angst geschürt« wurden. Wie ein Stasi-Dozent freimütig zugab, wurde »damit der Sozialismus auch durch das MfS destabilisiert«. In ähnlicher Weise machte der Nachfolger Mielkes, General Schwanitz, »Deformationen im ehemaligen MfS« für die Krise mitverantwortlich. Der Versuch »alles [zu] wissen«, die Übernahme der Verantwortung für andere Organe, die »operative Bearbeitung Andersdenkender«, die Lösung politischer Probleme durch »administrative Mittel«, fehlender Respekt für »sozialistisches Recht« und Geheimniskrämerei hatten die Stasi so überlastet, daß ihre Diskreditierung den Zusammenbruch des Regimes beschleunigte.[72]

Ohne ihren Eckstein zerbröckelte die hohl gewordene Struktur so unaufhaltsam, daß Egon Krenz die Macht der SED nicht mehr stabilisieren konnte. Was als taktischer Rückzug aus post-stalinistischer Unterdrückung in eine flexiblere leninistische Herrschaft anfing, endete als völlige Niederlage des Kommunismus. Durch ihr Nachgeben gegenüber dem öffentlichen Druck trugen Krenz und Schabowski zwar ungewollt, aber entscheidend zum friedlichen Systemwandel bei. Ironisch pries der Schriftsteller Hans Magnus Enzensberger diese Übergangsfiguren als »Helden des Rückzugs«.[73] Aber statt die Probleme zu lösen, brachte der Führungswechsel neue Herausforderungen wie die Überwindung stalinistischer Muster in Institutionen und Verhaltensweisen. Darüber hinaus führte das offensichtliche Versagen der pragmatischen Nachfolger zu einem weiteren Machtkampf zwischen Parteireformern und Anhängern einer Zivilgesellschaft.

War der demokratische Aufbruch eine echte Revolution? Vielen Beteiligten schienen Geschwindigkeit und Ausmaß des Wandels tatsächlich revolutionär. Obwohl nur wenige Marxisten-Leninisten die Bürgerbewegung mit dem Etikett »konterrevolutionär« desavouierten, deuten häufige Umschreibungen mit Adjektiven wie »sanft«, »friedlich«, »spontan« oder »protestantisch« gewisse

Zweifel daran an. Als Symbol kontrollierter Reformen übernahm Egon Krenz Gorbatschows Wort der *Wende*, um sein Reformprogramm zu umreißen. Dieser Terminus beschreibt jedoch eher einen begrenzten Kurswechsel als einen völligen Systemwandel. Der blasse Begriff wurde im nachhinein populär, weil er das eigene Urteil über den Umbruch im Dunkeln ließ. Sozialwissenschaftler ziehen die technische Metapher der *Implosion* vor, die als moderne Umschreibung des traditionellen »Zusammenbruchs« den unausweichlichen Kollaps des SED-Kartenhauses betont. Aber die Neutralität dieses Ausdrucks behandelt die Entwicklung als Naturereignis und ignoriert die Volksbewegung von unten.[74]

Mehr als nur eine Gefühlssache ist das Revolutionsproblem eine Frage der Definition. Aus bitterer Enttäuschung ihrer Wünsche haben sich viele ostdeutsche Intellektuelle von dem Begriff distanziert. Aber Charles Tillys historische Vergleiche weisen darauf hin, daß revolutionäre Situationen wesentlich vielfältiger sind, als eine Fixierung auf den Jakobinischen Terror oder die bolschewistische Machtergreifung suggeriert. Wenn Revolution einen »erzwungenen Transfer der Macht im Staate« bedeutet, dann muß die ostdeutsche Erhebung als revolutionär eingestuft werden. Obwohl die Vermeidung von Blutvergießen, die legale Regierungsablösung und der fehlende Klassenkampf scheinbar gegen den Begriff sprechen, stützen Massenmobilisierung, Entmachtung der Partei und radikaler Systembruch eine solche Deutung. Elemente von Zwang im Honecker-Sturz vermischten sich mit Aspekten von Kompromiß am Runden Tisch und Dimensionen der Reform im Modrow-Kabinett.[75] In Tempo, Grad und Ziel war der demokratische Aufbruch daher durchaus revolutionär.

Der friedliche Charakter des osteuropäischen Umbruchs von 1989 deutet auf einen neuen Typ der »Bürgerrevolution« hin. Timothy G. Ashs Neologismus »Refolution« wird in seiner Kombination von Reform und Revolution dem Ausmaß des Umbruchs in der DDR kaum gerecht. Es handelte sich nicht um ein jahrzehntelanges Aufbegehren gegen den Kommunismus, sondern um einen wenige Monate dauernden Versuch der Demokratisierung des Sozialismus. Die durch die Ausreisewelle offenbar gewordene Unzufriedenheit der Bevölkerung verschaffte isolierten und unbedeutenden Dissidenten Resonanz und schuf eine breite Bürgerbewegung. Der von der Straße auf die eigene Parteibasis überspringende Druck zwang SED-Pragmatiker schließlich zu handeln und den Post-Stalinismus zu beenden. Während es einfachen Ostdeutschen vor allem um eine Verbesserung ihrer Lebensumstände ging, verlangten Dissidenten und Reformintellektuelle die Herstellung einer demokratischen Zivilgesellschaft mündiger Staatsbürger. Form und Programm der Bürgerbewegung schufen eine eigene Art von Revolution.[76]

Entgegen den Wünschen der Dissidenten stellte die breite Mehrheit der Bevölkerung die nationale Frage neu. Mit Hilfe des Kalten Krieges hatte ein stalinistisches Regime, das offenen Wettbewerb mit dem Westen scheute, die Teilung zementiert. Noch im Sommer 1989 bezweifelte der Rektor der SED-Parteiakademie, Otto Reinhold, die Existenzberechtigung einer kapitalistischen DDR: »Sie ist nur als antifaschistischer, als sozialistischer Staat, als sozialistische Alternative zur BRD denkbar.«[77] Die Massenflucht widerlegte diese Daseinsberechtigung, und der demokratische Aufbruch hob mit seiner Absage an den Kommunismus die Notwendigkeit einer Zweistaatlichkeit auf. Gleichzeitig verringerten die durch Proteste erzwungene Maueröffnung und Demokratisierung den Systemunterschied. Schließlich räumte die Ablösung der führenden Altkommunisten das Haupthindernis für die Wiederannäherung beider deutscher Staaten beiseite.

Der Sturz des Post-Stalinismus läutete das Ende der deutschen Teilung ein. Zweifellos war der Kollaps des Kommunismus im gesamten Osteuropa eine unabdingbare Voraussetzung für den demokratischen Aufbruch in Ostdeutschland. Auch trieb westdeutsche Einmischung den Prozeß voran, da die Bonner Aufnahmepolitik zur Ausreise einlud, obwohl Neuankömmlinge das soziale Netz strapazierten. Medienberichte und Ermutigungen von außen schürten die Protestflammen, während Reformen als Bedingung für finanzielle Unterstützung Konzessionen erzwangen. Trotzdem wurde der Rückzug der SED von der Macht mehr durch innere ostdeutsche Ursachen, wie die wirtschaftliche Stagnation und politische Unterdrückung, veranlaßt. Indem sie die Legitimität des Regimes untergrub, beendete eine einzigartige Kombination von Massenflucht, Bürgerbewegung und Willensverlust der Partei letztlich den Post-Stalinismus. Wer würde die dadurch ausgelöste Auseinandersetzung zwischen innerer Erneuerung und äußerer Vereinigung gewinnen?[78]

Zweiter Teil

Die Menschen wollen die Einheit

IV. Kapitel

Der dritte Weg

Anfang Dezember 1989 stand die DDR am Rande des Abgrunds. Während der Demonstrationen in Leipzig und anderen Städten gerieten immer öfter Anhänger der Einheit mit Verfechtern der Unabhängigkeit der DDR in Streit. Da die Polizei nicht einzugreifen wagte, »wächst täglich die Gefahr des Umschlagens in nicht mehr kontrollierbare Gewalthandlungen«. Gleichzeitig legten Flügelkämpfe die SED lahm und untergruben die Legitimität der Modrow-Regierung, so daß staatliche Organe »zunehmend handlungsunfähig« wurden. Aus Furcht vor »Tendenzen der Anarchie und des Chaos« suchten gemäßigte Opponenten nach einem Weg, um mit Modrow ins Gespräch zu kommen. In ähnlichen Krisen hatten polnische und ungarische Nachbarn ein Blutvergießen durch eine anglo-amerikanische Institution vermieden: den »Runden Tisch«.[1]

Sich an den gleichen Tisch zu setzen, symbolisierte Kooperationsbereitschaft: Die kreisförmige Sitzordnung erleichterte einen konstruktiven Gedankenaustausch durch Nichtbeachtung der Machtverhältnisse; gegenseitiger Respekt und gemeinsamer Arbeitswillen ermöglichten es politischen Gegnern, den öffentlichen Dialog zu formalisieren. Daher breiteten sich Runde Tische in der ganzen DDR aus und wurden zu einer typischen Institution des demokratischen Aufbruchs. Sie erinnerten an die revolutionären Räte von 1917/18, orientierten sich aber durch Teilnahme von Vertretern des alten Regimes weniger an Konfrontation als an Kompromiß.[2] Ihre präpolitische Spontaneität und direkte Bürgerbeteiligung boten eine Alternative zu kommunistischer Diktatur oder parlamentarischem Formalismus.

Runde Tische entstanden aufgrund von Auseinandersetzungen zwischen mündigen Bürgern und reformwilligen Behörden. Als die Leipziger Demonstranten Mitbestimmung verlangten, kam der Bezirkssekretär Roland Wötzel ihrem Verlangen nach geregelter Aussprache entgegen. Für die gesamte DDR schlug die Bürgerbewegung am 10. November ein Treffen von 15 Oppositionellen mit einer gleichen Anzahl von Regierungsvertretern vor. In getrennten Erklärungen forderten SDP, Demokratie Jetzt und Demokratischer Aufbruch die Schaffung eines zentralen Runden Tisches. Am 21. November hielten die evangelischen Bischöfe Gottfried Forck und Werner Leich es »für wünschenswert, daß baldmöglichst alle gesellschaftlichen Kräfte der DDR zu einem intensiven Gedankenaustausch über die Zukunft des Landes zusammenkommen«.[3]

Das Politbüro nahm dieses Angebot an, um die Opposition durch Gespräche über »die Lebensfragen unseres Volkes« einzubinden. Zur Machtsicherung erklärte sich die Regierung bereit, mit »anderen politischen Kräften« Diskussionen »über das neue Wahlgesetz, die Durchführung demokratischer freier Wahlen und eine Verfassungsreform« aufzunehmen. SDP-Sekretär Ibrahim Böhme hielt den Vorschlag einer Gesprächsrunde für einen »begrüßenswerten Schritt«, und die Blockparteien wollten die Gelegenheit ergreifen, der Dominanz der SED zu entkommen. Am 30. November luden evangelische und katholische Kirche zwei Vertreter jeder Gruppe zu einem »Rundtischgespräch« ein und institutionalisierten dadurch den Dialog. Auch ohne offizielle Befugnis hatte dieses Forum genügend »politisch moralisches Gewicht ... um die Weichen für die Demokratisierung zu stellen«.[4]

Am 7. Dezember hielt der Runde Tisch seine Gründungssitzung ab. Die Teilnehmer trafen »sich aus tiefer Sorge um unser in eine Krise geratenes Land, seine Eigenständigkeit und seine dauerhafte Entwicklung«. Als Voraussetzung der Erneuerung forderten sie »die Offenlegung der ökologischen, wirtschaftlichen und finanziellen Situation« in der DDR. Obwohl der Runde Tisch weder legislative noch exekutive Gewalt beanspruchte, verlangte er Informationen über wichtige Kabinettsbeschlüsse, um eigene Vorschläge zu formulieren. Statt selbst zu regieren, beschränkte er sich auf die Diskussion von Problemlösungen und die Vorlage von Ratschlägen in Grundsatzfragen: »Er versteht sich als Bestandteil der öffentlichen Kontrolle in unserem Land.« Der Runde Tisch wollte seine Tätigkeit bis zur Durchführung freier Wahlen fortsetzen, die erst am 6. Mai stattfinden sollten, um neuen Gruppen gleiche Chancen zu geben.[5]

Die Zusammensetzung des Gremiums erleichterte die Kooperation von Regierung und Opposition. Als Gastgeber moderierten die Kirchen das »Gespräch über die Zukunft unseres Landes« und propagierten einen friedlichen Verhandlungsstil. Auf der einen

Tischseite saßen sieben Dissidentengruppen (Demokratischer Aufbruch, Demokratie Jetzt, Grüne Partei, IFM, SDP und Vereinigte Linke mit zwei Vertretern und Neues Forum mit drei). Auf der anderen Seite nahmen fünf Blockparteien (CDU, DBD, LDPD, NDPD und SED mit jeweils drei Delegierten) Platz. Als die Gewerkschaften und der Bauernverband Sitze verlangten, wurden der Unabhängige Frauenverband und die Grüne Liga hinzugezogen, um das Gleichgewicht der Sitze von 19 zu 19 aufrechtzuerhalten. Obwohl die Massenorganisationen den kommunistischen Einfluß vergrößerten, sagten sich die Blockparteien von der SED los und verschafften der Opposition die Stimmenmehrheit.[6]

Die Zusammenarbeit einer starken Bürgerbewegung mit einer schwachen Regierung initiierte »eine Art Doppelherrschaft«. Eine machtscheue Opposition konnte auf Reformen drängen, während die zerbröckelnde SED Legitimität zurückzugewinnen suchte. Zur Beschleunigung der Erneuerung schuf der Runde Tisch vier Arbeitsgruppen, die jeweils ein neues Wahlgesetz, ein Vereinsrecht und eine Verfassung ausarbeiten und Wirtschaftsprobleme lösen sollten. Um zur Rechtsstaatlichkeit zurückzufinden, verlangte das Gremium zunächst die Untersuchung von Amtsmißbrauch und die Auflösung der verhaßten Geheimpolizei, des Amts für Nationale Sicherheit. Da die Kontrahenten nach zwölfstündigem Ringen eine Reihe von Kompromissen erreichten, wurden ihre Debatten eine Lektion in angewandter Demokratie.[7]

Als Schlüsselinstitution der »friedlichen Revolution« war der Runde Tisch schon während seines Bestehens umstritten. Zwar verlieh ihm die Artikulierung von Reformforderungen Glaubwürdigkeit, aber seine Selbstkonstituierung bewirkte erhebliche Unterschiede der Teilnehmer an politischer Gewichtigkeit. Als Sammlung aller politischen Kräfte sollte dieses Forum »die Übergangszeit zu den freien Wahlen überbrücken«, doch waren seine Kompetenzen unklar, und sein Programm wurde von einer wachsenden Anzahl von Bürgern abgelehnt.[8] Dieses Paradox wirft einige Fragen auf: Welche Motive inspirierten die Zusammenarbeit der Opposition mit der Regierung in Richtung eines Dritten Wegs? Wie erfolgreich waren Modrows praktische Schritte zur Demokratisierung der DDR? Wodurch erklärt sich schließlich die nationale Wende der schweigenden Mehrheit der Ostdeutschen?

Der alternative Traum

Als Ausweg aus der Krise hofften die Reformer in der DDR auf einen Dritten Weg zwischen Kommunismus und Kapitalismus. Während das Versagen des »real existierenden Sozialismus« ihre Suche nach einer Alternative inspirierte, blockierte die deutsche Teilung die Rückkehr zu westlichen Mustern. In den Nachbarländern waren die Intellektuellen so von der Unterdrückung des Prager Frühlings und den polnischen Ausnahmegesetzen schokkiert, daß sie sich vom »Sozialismus mit einem menschlichen Gesicht« abwandten. In Ostberlin träumten jedoch Dissidenten von Robert Havemann bis zu Rudolf Bahro weiter von der Demokratisierung des Marxismus, um so ihr Selbstverständnis zu wahren.[9] Obwohl sie dem kommunistischen Regen entkommen wollten, weigerten sie sich, in die kapitalistische Traufe zu geraten, da sie einen besseren Staat als die BRD schaffen wollten.

Die Bevölkerung suchte eher nach einer Verbindung von östlicher sozialer Solidarität und westlichem Lebensstandard. Verglichen mit den rosigen Versprechungen der Partei, war der DDR-Alltag enttäuschend. Versorgungslücken brachten endlosen Ärger. Staatliche Zensur machte die Medien langweilig, und politische Repression verhinderte aktive Selbstbestimmung. Dennoch hatte das Leben im Osten auch gewisse Vorteile. Die Behörden fällten alle lebenswichtigen Entscheidungen, bescheidener Wohlstand ging mit relativer Gleichheit einher, und es gab freie Kinderkrippen und billige Ferienplätze.[10] Normalbürger träumten davon, sich von entmündigenden Einschränkungen zu befreien, ohne die bestehenden sozialen Errungenschaften aufzugeben.

Die Popularität des Dritten Wegs rührte von tiefer Ambivalenz gegenüber dem Westen her. Auch informierte Ostdeutsche wußten wenig über die Bundesrepublik. Fernsehprogramme, Verwandtenbesuche und Weihnachtspakete schufen ein Fantasiebild, das gleichzeitig faszinierte und abstieß. Oberflächlich betrachtet hatten die Westdeutschen alles, was den DDR-Bürgern fehlte. Sie reisten ungehindert in der Welt umher; sie lebten im Wohlstand, trugen modische Kleider und fuhren schnelle Autos; sie äußerten sich freimütig zu öffentlichen Fragen; und sie konnten ohne Angst protestieren, wählen und für ein Amt kandidieren. Da ein solches Leben zu gut zu sein schien, um wahr zu sein, vermuteten Ostintellektuelle, daß bei ihren reichen Vettern irgend etwas nicht stimmen müsse.[11]

Auch in kritischen Köpfen hinterließ pausenlose SED-Propaganda tiefe Spuren. Die DDR-Medien stellten die Bundesrepublik als Land des NATO-Militarismus und Imperialismus, der Arbeitslosigkeit und Drogenkriminalität dar. War der Westen nicht eine »Zwei-Drittel-Gesellschaft«, in der wenige Glückliche auf Kosten vieler Armer lebten? In östlichen Augen führte Reisefreiheit zu Arroganz, schuf Wohlstand Materialismus, produzierte Meinungspluralismus Verwirrung und verleitete Parlamentarismus zu Apathie. Da ihre Vorbehalte von westlicher Selbstkritik bestätigt wurden, wollten viele Ostdeutsche keine schlechte Kopie eines fragwürdigen Originals übernehmen. Dissidenten und Parteireformer suchten nach einer Gesellschaftsform, die ihre neu entstehende Identität bewahren würde.[12]

In Künstlerkreisen weckte der Traum des Dritten Wegs große Hoffnungen. Stolz auf ihren Beitrag zum Aufbruch, machten sich Schriftsteller die Gunst der Stunde zunutze: »Es ist ein seltener geschichtlicher Augenblick, in dem wir die Macht in den Händen haben, die Zukunft zu korrigieren.« Als sie endlich ungehindert reden konnten, feierten sie die Wiedergeburt einer von post-stalinistischer Verzerrung gereinigten, authentischen Sprache. Aufgrund eigener Erfahrungen mit der Zensur konzentrierten sich ihre »frommen Wünsche« auf Freiheit der Rede und Veröffentlichung. Für einige Autoren wie Helga Königsdorf war das Erwachen schmerzhaft, da es Fragen nach persönlicher Schuld aufwarf. Aber die Volkserhebung schuf auch einen außergewöhnlichen »Moment der Schönheit«.[13] Für einen Augenblick glaubten Künstler, die Welt nicht nur interpretieren, sondern wirklich verändern zu können.

Die Intellektuellen fanden die Umsetzung des demokratischen Sozialismus in eine konkrete Politik überraschend schwierig, auch wenn sie von ihrer gesellschaftlichen Führungsrolle überzeugt waren. Besonders in der Frage der Wiedervereinigung waren sie geteilter Meinung. Viele Schriftsteller fürchteten die westliche Konsumgesellschaft und lehnten die Bundesrepublik als »Freibeuterstaat« ab. Volker Braun plädierte für »eine andere Gangart, mit der wir zu anderen Zielen kommen, zu sanfteren Technologien, zu einem milderen Markt«. Die literarischen Meinungsmacher spiegelten die Erregung des Aufbruchs wider, ohne einen praktischen Ausweg zeigen zu können. »Das kühne und ehrenwerte, aber unsichere, nirgendwo bisher verwirklichte Experiment eines demokratischen Sozialismus« hielt sie immer noch in Bann.[14]

Die Bürgerbewegung verstand den Dritten Weg als Verwirklichung der Idee von direkter Demokratie. Oppositionelle warnten sowohl vor der »Übermacht der SED und der Blockparteien« als auch vor der »Übermacht westlichen Kapitals«. Erfahrungen aus dem Widerstand gegen das Regime belegten die Notwendigkeit von Meinungs- und Versammlungsfreiheit wie der Beachtung von Menschenrechten. Höchste Priorität hatte für sie die Wiederherstellung einer Öffentlichkeit, in der sich eine Zivilgesellschaft bilden konnte. Ohne Befehl von oben sollten neue Formen der Diskussion und des Zusammenlebens entstehen. Da nur die SDP und der DA parlamentarische Vertretungsstrukturen wiederbeleben wollten, unterstützte die Mehrheit der Bürgerbewegung statt dessen den Wunsch des Neuen Forums nach einem »basisdemokratischen Ansatz«.[15]

Die zersplitterte Opposition hatte nur vage Vorstellungen von einer alternativen Gesellschaft. Obwohl Dissidenten die Notwendigkeit von Marktanreizen anerkannten, wollten sie der Profitgier »klare Grenzen« setzen, indem sie Gleichheit und Umweltschutz betonten. Auch als die marxistische Rhetorik ihre Glaubwürdigkeit verloren hatte, träumten sie weiter »von einem dritten Weg, von einem Reformsozialismus mit allen demokratischen Freiheiten«. Vor allem kirchliche Aktivisten betonten die Wichtigkeit des aktiven Einsatzes für den Frieden. Die meisten Opponenten wollten daher die DDR erneuern, statt sich mit der BRD zu vereinigen.[16] Aufgrund ihrer Oppositionsarbeit formulierten sie eine beißende Kritik post-stalinistischer Unterdrückung. Aber der atemberaubende Wandel gab ihnen kaum die Zeit, eine eigenständige Zukunftsvision zu artikulieren.

Parteitheoretiker begrüßten die Gelegenheit, sozialistische Ziele auf demokratischem Wege zu erreichen. An der Humboldt-Universität hatte eine Gruppe von marxistischen Wissenschaftlern um Dieter Klein notwendige Reformen diskutiert. Michael und Andre Brie sowie Rainer Land kritisierten den »administrativ-zentralistischen« Sozialismus wegen seiner »Tendenz zur Stagnation und Verrottung«. Ihr wichtiges »Umbaupapier«, das eigentlich für das Politbüro konzipiert war, argumentierte, daß Bürokratie, Planwirtschaft und die führende Rolle der Partei den Einzelnen unterdrückten. Nur wirkliche »Vergesellschaftung von Eigentum, Macht und öffentlichem Bewußtsein« könne den Kreislauf von wiederkehrenden Krisen unterbrechen. Um politische Entscheidungen zu legitimieren, müsse das politische System demokratisiert werden.[17]

Diese kommunistischen Kritiker wollten den Sozialismus durch einschneidende Veränderungen bewahren. Reformen müßten die Industrie wettbewerbsfähig machen, und »Wirtschafts- und Sozialräte« sollten Demokratie garantieren. Zur Festigung ihrer Unabhängigkeit hätte sich die DDR nach Westdeutschland und Europa zu öffnen. »Der realsozialistische, demokratische, humanistische, antifaschistische, umweltfreundliche Charakter der DDR als *der andere deutsche Staat* muß nicht nur gesichert, sondern erst noch geschaffen werden.« Von November an diskutierten Parteiintellektuelle in Berlin und anderen Städten die Wiedergeburt eines radikalen, aber demokratischen Sozialismus im Geiste von Rosa Luxemburg.[18] Doch die Rettung des Marxismus durch Trennung vom Leninismus baute auf eine illusionäre Strategie. Den Neubeginn sollte eine diskreditierte Organisation einleiten – die Führung der SED.

Als doppelte Verneinung versprach der Dritte Weg eine moralische Erneuerung der Politik. Bärbel Bohley glaubte, die Ostdeutschen »wollen etwas anderes, Neues«, das noch zu definieren sei. Besonders die Generation der Dreißig- bis Vierzigjährigen nahm die Suche nach einer humaneren Gesellschaft ernst. Die Rückkehr zum ursprünglichen sozialistischen Ethos brach mit den Kompromissen der Eltern und bot eine reine, selbstlose und unpolitische Grundlage für einen Neuanfang. Westliche Kapitalismuskritiker folgten ihrem Versuch mit leidenschaftlichem Interesse: »Die DDR hat eine einmalige Chance, ein neues Gesellschaftssystem aufzubauen, losgelöst von einem kommunistisch geprägten Sozialismus und frei von kapitalistischen Prinzipien.« Irgendwie sollte aus dem Zusammenbruch des realen Sozialismus eine bessere Menschenordnung entstehen.[19]

Die Verschwommenheit der Idee erlaubte es jeder Gruppe, eigene Interessen in sie zu projizieren. Mit dem Dritten Weg rechtfertigten SED-Apparatschiks Konzessionen, um ihre Privilegien zu retten. Die Blockparteien nutzten diesen Begriff, um den Marxismus abzustreifen und zu ihren bürgerlichen Wurzeln zurückzukehren. Gemäßigte Opponenten in der SDP oder den Kirchen versuchten dadurch, Parlamentarismus mit Bürgerbeteiligung zu verbinden. Manager verlangten Autonomie, um ihre Staatsbetriebe wettbewerbsfähig zu machen, während Fabrikarbeiter darunter unabhängige Gewerkschaften und höheren Lebensstandard verstanden. Da diese Losung ihre speziellen Probleme zu beseitigen versprach, suggerierte sie vielen Bürgern eine bessere Zukunft.[20] Schließlich wurde der Dritte Weg ein allgegenwärtiges Sammelbecken widersprüchlicher Reformwünsche für eine erneuerte DDR.

Was hielten Normalbürger von der Suche nach einer Alternative? Im Gegensatz zu hoffnungsvollen Intellektuellen war die Bevölkerung durch sukzessive Enttäuschungen weitgehend desillusioniert: »Ja genau, ich glaube, der Sozialismus hat verspielt.« Als die Menschen merkten, daß »im Mittelpunkt Machterhalt steht«, verloren SED-Versprechungen von einem besseren Leben ihre Glaubwürdigkeit. »Also die ganze Ideologie, die so viele Jahre in mich eingedrungen ist..., ist alles weg.« Die Älteren fühlten sich durch eine »mumifizierte Utopie« um Jahrzehnte ihres Lebens betrogen und wollten die verbleibenden Jahre genießen, ohne sich auf weitere sozialistische Experimente einzulassen. Jüngere Skeptiker hielten dagegen die praktischen Hindernisse eines solchen Neubeginns für unüberwindbar: »Einen dritten Weg zu finden, das ist das, was ich für sehr schwierig halte.«[21]

Aus aufgestauter Enttäuschung schlug das Stimmungspendel zur anderen Seite aus. Nach ostdeutschen Umfragen unterstützte im November 1989 eine überwältigende Mehrheit von 86% sozialistische Reformen, während 9% einen anderen Weg suchten und 5% für die Wiedereinführung des Kapitalismus plädierten. Anfang Februar favorisierten nur noch 56% die Erneuerung des Sozialismus, 13% suchten nach einer Alternative, und schon 31% verlangten die Rückkehr zur Marktwirtschaft. Kritiker interpretierten die schwache Resonanz des Dritten Wegs in der Bevölkerung als Beweis für die »Borniertheit einer Schicht, ja der zur Klasse gewordenen Intelligenz«. Im Gegensatz zu den meisten Kollegen argumentierte der Lyriker Uwe Kolbe: »*Wir* haben nicht das Recht, die Minderheitsherrschaft zu erhalten, indem wir sie reformieren, sie lediglich um unsere eigene Teilnahme vermehren und also weiterführen.«[22]

Trotz des Meinungsumschwungs der Bevölkerung blieb der Dritte Weg die Leitvorstellung des Runden Tischs. Außer einigen Betonköpfen erreichten die meisten Regierungsvertreter und Oppositionsmitglieder einen »ziemliche[n] Konsens darüber, was zu tun ist«. Als Minimalziel verlangte der Runde Tisch die Wiederherstellung der Menschenrechte. Die Beteiligten stimmten auch darin überein, daß ein Neuanfang eine Demokratisierung der Politik, Wiederbelebung der Wirtschaft durch Wettbewerb sowie Aufrechterhaltung einer gewissen sozialen Solidarität erforderte.[23] Zweifellos enthielten diese vagen Vorstellungen manche Widersprüche und blieben die wirtschaftlichen Rezepte stümperhaft. Aber die Suche nach einer Alternative schuf eine gemeinsame Grundlage für Entscheidungen.

Unvereinbare Erwartungen lösten dennoch politische Konflikte am Runden Tisch aus. Die Regierung tolerierte seine »Ideen und Vorschläge« lediglich, um die Situation zu stabilisieren, während die Opposition seine Debatten als einen Hebel zum Sturz der SED ansah. Unterschiedliche Erfahrungen und Diskurse trennten Parteireformer von Dissidenten und erschwerten ihre praktische Zusammenarbeit. Niemand konnte sich der Unterstützung der Bevölkerung sicher sein, denn die alten Mächte verfügten über die Institutionen, besaßen jedoch keine Glaubwürdigkeit, während die neuen Kräfte Legitimität besaßen, sich jedoch auf keine Organisation stützen konnten. Brennende Probleme verlagerten die Aufmerksamkeit von langfristiger Verfassungsreform auf kurzfristiges Krisenmanagement. Der Sog der Vereinigung ließ die Vorstellungen von einem eigenständigen Weg verblassen. Vielfältige Spannungen verwandelten den Runden Tisch von einer Klammer in einen Kampfplatz über die Richtung des Dritten Wegs.[24]

Für einen besseren Sozialismus

In der ersten Dezemberwoche 1989 näherte sich die Revolution ihrem Höhepunkt. Statt den Exodus zu stoppen, ermöglichte die Maueröffnung täglich etwa 2500 Ostdeutschen den Weg in den Westen. Obwohl Regen und Schnee die Teilnehmerzahlen drückten, gingen die Massenproteste weiter. So verlangten in Leipzig zwischen 150000 und 200000 Demonstranten freie Wahlen und den Abtritt des SED-Regimes. Freche Plakate karikierten Honekker in Sträflingskleidung, und die Losungen wurden immer drastischer wie z. B.: »Schluß SED, leck uns am Arsch!« In Chemnitz rief das Neue Forum sogar zum Generalstreik auf: Die Partei müsse sich endlich vom Staat trennen, die Betriebe verlassen, ihren Apparat verkleinern, ihre Finanzen offenlegen und die verhaßte

Stasi auflösen. Sensible Beobachter spürten: »Die Macht liegt auf der Straße.«[25]

Als Rauch die Verbrennung von Dokumenten andeutete, drangen aufgebrachte Bürger in die Stasihauptquartiere ein. Am 4. und 5. Dezember besetzten Demonstranten in Leipzig, Dresden, Rostock und anderen Städten die Gebäude der gefürchteten Geheimpolizei. Um Spuren der Unterdrückung zu sichern, begannen Bürgerkomitees, noch vorhandene Akten in ihren Panzerschränken zu versiegeln. Obwohl die Regierung die Stasi in Amt für Nationale Sicherheit umtaufte und die Personalstärke reduzierte, hatte die gewendete Stasi energisch weitergearbeitet und inkriminierende Unterlagen vernichtet. Als deren neuer Leiter, Schwanitz, im Radio behauptete, »wir haben hier auch absolut nichts zu verbergen«, konterten Bürger mißtrauisch: »Also wir glauben Ihnen kein Wort.« Der Panik nahe, appellierte das Modrow-Kabinett an »Besonnenheit« und erlies die Anweisung, mit »autorisierten Kontrollgruppen« zu kooperieren. Durch die Besetzung der meisten Bezirksämter war die Arbeitsfähigkeit des AfNS »mehr oder weniger eingeschränkt bzw. überhaupt nicht mehr gewährleistet«.[26]

Ministerratsvorsitzender Hans Modrow konnte auf mehr Sympathien als seine Vorgänger bauen. Trotz einer Bilderbuchkarriere in der SED war er als außergewöhnlich ehrlich bekannt. Im Jahre 1928 war er in einem Pommerschen Dorf in eine Bäckerfamilie geboren worden. Nachdem ihn die Rote Armee 1945 gefangen genommen hatte, bekehrte ihn eine antifaschistische Schule zum Marxismus-Leninismus. Während der fünfziger Jahre schuf Agitationstraining in Moskau emotionelle Bande zur Sowjetunion und erleichterte nach der Rückkehr seinen Aufstieg in der FDJ. Aber weil seine norddeutsche Dickköpfigkeit den SED-Chef Honecker irritiert hatte, wurde er 1973 als Parteisekretär nach Dresden verbannt.[27]

Modrow arbeitete hart in der alten sächsischen Hauptstadt, um seinen vernachlässigten Provinzbezirk aufzubauen. Fern vom Berliner Intrigenspiel konnte er sich um praktische Probleme kümmern. Aus Enttäuschung über die Zentrale begann er im engeren Kreise, Zweifel am Regime zu äußern, ohne dem Kommunismus untreu zu werden. Beziehungen zur sowjetischen Botschaft und Publizität in westlichen Medien bewahrten ihn davor, als Rache für seine Kritik an der Wirtschaft von Mittag entlassen zu werden.

Modrow gehörte zum weiteren Führungskreis der Partei, ohne vom Starrsinn der alten Garde oder dem Opportunismus der Nachfolger korrumpiert zu sein. Aus diesem Grunde schien dieser realistische Krisenmanager vielen der einzig mögliche Retter einer zerfallenden DDR: »Ich weiß, daß ich ein schweres Erbe antrete.«[28]

Die neue Regierung suchte den Autoritätsverlust durch Lösung dringender Probleme aufzuhalten. Um Handlungsfähigkeit zu gewinnen, wollte Modrow »als Ministerpräsident nicht einer Partei, sondern dem ganzen Volk« dienen. Sein Programm, den Sozialismus durch Reformen zu verbessern, überzeugte die Blockparteien, ihre Koalition mit der SED zu erneuern. Obwohl er bereit war, auch »mit den neuen Kräften« zu diskutieren, war das Ziel seiner Erneuerungsversuche doch eindeutig der Machterhalt der SED und das Überleben der DDR. Am 18. November ernannte die Volkskammer eine Kommission zur Untersuchung des Amtsmißbrauchs, die mit Eingaben überschüttet wurde. Ihr Zwischenbericht vom 1. Dezember enthüllte ein schockierendes Ausmaß von Privatbauten, Sonderjagdgebieten, persönlichen Privilegien und Devisenkorruption. Durch Vorgehen gegen »Spekulanten und Profiteure« versuchte das Parlament, westliches Aufkaufen von subventionierten Grundprodukten zu verhindern.[29]

Gegenüber der Opposition zögerte Modrow, wirkliche Konzessionen zu machen. Um die Gewaltfreiheit der Demonstrationen sicherzustellen, formalisierte die Regierung eine »Sicherheitspartnerschaft« mit Dissidentengruppen. Die unter dem Druck der Straße getroffene Vereinbarung vom 4. Dezember war ein Kompromiß. Zwar versprach das Kabinett Polizeischutz für die Aufmärsche, solange die Bürgerbewegung gewaltfrei blieb und keine öffentlichen Akten zerstörte; aber Modrow wagte keinen radikalen Neubeginn, der mit SED-Bevormundung aufräumte, da er »das Kind nicht mit dem Bade« ausschütten wollte. So unterstützte das Kabinett einen Oppositionsaufruf zur Gewaltlosigkeit, weigerte sich aber, eine unabhängige Untersuchungskommission zur Kontrolle des Staatsapparats einzusetzen. Es kam Modrow vor allem darauf an, »die Regierbarkeit des Landes zu bewahren, ein Chaos zu verhindern und der demokratischen Erneuerung Raum zu geben«.[30]

Die Reform des politischen Systems hatte höchste Priorität. Manche stalinistische Praktiken wurden einfach eingestellt. Als die CDU und LDPD austraten, zerfiel der Demokratische Block und verschwand die Nationale Front. Ebenso strich die SED als Zeichen des guten Willens am 1. Dezember ihren Führungsanspruch aus der Verfassung. Andere Institutionen konnten ihren volkstümlichen Anschein in demokratische Wirklichkeit verwandeln. Obwohl die Abgeordneten ihre Sitze manipulierten Wahlen verdankten, wurde die Volkskammer langsam ein funktionierendes Parlament. Offene Debatten und Kampfabstimmungen zwischen den Parteien hauchten ihr echtes Leben ein. Schließlich übten die vielen notwendigen Gesetzesänderungen einen gewissen Reformdruck aus. Um zum Rechtsstaat zurückzufinden, mußten politische Delikte aufgehoben, Verfolgungsopfer rehabilitiert und die Unabhängigkeit des Anwaltsberufs wiederhergestellt werden.[31]

Eine Änderung der Verfassung brauchte mehr Zeit. Anfang Dezember begannen Sonderausschüsse an einer Reihe von Reformen zu arbeiten, die mehr Bürgerbeteiligung ermöglichen sollten. Die Volkskammer diskutierte ein neues Wahlgesetz, ein revidiertes Statut für Parteien und Organisationen sowie neue Regeln für Freiheit der Meinung, Information und Medien. In aufsehenerregenden Anhörungen widersprachen Mitglieder der Nomenklatura, die Reste ihrer Privilegien bewahren wollte, den Forderungen der Bürgerbewegung nach größerer Offenheit.[32] Im Gegensatz zu symbolischen Gesten war der formelle Umstrukturierungsprozeß so kompliziert, daß ein auf sofortigen Wandel bedachtes Publikum langsam die Geduld verlor.

Die Wiederbelebung der stagnierenden Wirtschaft war eine andere wichtige Aufgabe. Am 31. Oktober hatte das Politbüro zum ersten Mal die trotz »positiver Entwicklung« bestehenden »bedeutenden Probleme der Sicherung der Akkumulation, der Proportionalität, des Entwicklungstempos und der Verwirklichung des Leistungsprinzips« diskutiert. Im Vergleich zur Bundesrepublik lag die Arbeitsproduktivität um 40% zurück, und mit 49 Mrd. Mk war die internationale Verschuldung »auf eine Höhe gestiegen, die die Zahlungsfähigkeit der DDR in Frage stellt«. Wegen des Rückgangs der Investitionen »wuchs insgesamt der Verbrauch schneller als die eigenen Leistungen«, und wegen stockenden Exports waren die inneren und äußeren Verbindlichkeiten enorm angestiegen. Nur eine politisch riskante »Reduzierung der Konsumption um 25-30%« und »die Entwicklung einer an den

Marktbedingungen orientierten sozialistischen Planwirtschaft« konnten den Staatsbankrott noch verhindern.[33]

Modrow versuchte, den maroden Wirtschaftsmechanismus bei laufendem Motor zu reparieren. Am 9. Dezember verlangten frustrierte Kombinatsmanager eine fundamentale Wirtschaftsreform mit größerer unternehmerischer Flexibilität und Eigenverantwortung. Statt dessen billigte das Kabinett am 14. Dezember ein Stabilisierungsprogramm, das die materielle Produktion schützen, den Binnenmarkt stützen, das Finanzwesen und die Währung stärken sowie den Außenhandel festigen sollte. Zwar lockerte die Volkskammer die Vorschriften für den Mittelstand, und die reformwillige Wirtschaftsministerin Christa Luft begann ein umfassendes Konzept des Übergangs zum Markt ohne Privatisierung auszuarbeiten. Aber da sich die Regierung zunächst auf Notmaßnahmen konzentrierte, wurde mehr über Joint-Ventures und westliche Hilfe geredet als gehandelt, so daß veraltete Maschinen weiter laufen mußten und Ladenregale leer blieben.[34]

Wachsende Empörung der Mitglieder bedrohte die Einheit der SED. Durch die Festnahme von Funktionären wie Mittag und Tisch fühlten sich Parteigenossen »verraten und mißbraucht«. Intellektuelle, deren Ideen jahrzehntelang mißachtet worden waren, forderten einen Volksentscheid über »die Erneuerung des Sozialismus«. Anfang Dezember konzipierten Journalisten und Arbeiter im Werk für Fernsehtechnik eine unabhängige Plattform, die der Leitung das Vertrauen entzog: »Die Rettung der Partei liegt in ihrer kompromißlosen Erneuerung, die einer faktischen Neugründung gleichkäme.« Die plötzliche Flucht des Staatssekretärs für kommerzielle Koordinierung Alexander Schalck-Golodkowski vertiefte die Krise, da sie Gerüchte von Waffenverkäufen und Devisenmanipulationen verstärkte. Verzweifelt beschwor Krenz die SED-Führung, »alles, aber auch alles zu tun, um die Einheit der Partei unter allen Umständen zu wahren«.[35]

Anfang Dezember setzte das ZK eine Kommission unter Herbert Kroker ein, um einen außerordentlichen Parteitag vorzubereiten. Unter dem Druck von Demonstrationen und Eingaben der verunsicherten Basis war nicht nur das Politbüro zurückgetreten, sondern hatte das ZK Erich Honecker und seine Vertrauten ausgeschlossen und sich selbst aufgelöst. Fünfundzwanzig unbescholtene Persönlichkeiten wie der Bezirkssekretär Roland Wötzel, Bürgermeister Wolfgang Berghofer und Ex-Spionagechef Markus

Wolf kritisierten »das Versagen der Parteiführung«, eine konstruktive Politik der Erneuerung zu entwickeln. Die dritte Garnitur der SED war überzeugt, daß nur »eine radikale Neuformierung der Partei« die Spaltung in diskreditierte Betonköpfe, konfuse Opportunisten und idealistische Reformer verhindern könne.[36] Die Rettung der Partei, das Überleben des Sozialismus und die Unabhängigkeit der DDR hingen für sie von der Lösung dieser Parteiprobleme ab.

Der Anwalt Gregor Gysi wurde Vorsitzender des brisanten Unterausschusses zur Aufklärung der Korruption. Der 41jährige Jurist war der Sohn eines Intellektuellen, Diplomaten und Staatssekretärs für Kirchenfragen von halbjüdischer Abstammung. Zwar lag in dieser prominenten Ostberliner Familie der Marxismus sozusagen in der Luft, aber als Sprößling der Nomenklatura konnte Gysi auch Auslandskontakte und einen unkonventionellen Lebensstil entwickeln. Vom Widerstand seines Vaters gegen die Nazis angespornt, wurde der Sohn ein bekannter Rechtsanwalt, der Dissidenten verteidigte. Kollegen wie Lothar de Maizière und Klienten wie Bärbel Bohley bezeugten ihm persönliche Integrität. Gysi versuchte, weil er an das humanistische Ethos dieser Weltanschauung glaubte, den Sozialismus durch die Verwirklichung von Menschenrechten zu demokratisieren.[37]

Im Herbst 1989 wurde Gysi schnell in der Öffentlichkeit bekannt. Konsequent verlangte er die Durchsetzung des Rechtsstaates, kritisierte den Reisegesetzentwurf und forderte den Rücktritt des Politbüros. Als der Dresdner Bürgermeister Berghofer das Angebot ausschlug, nominierte der Kroker-Ausschuß Gysi daher zum Kandidaten für den Parteivorsitz. Er nahm die Herausforderung an, um das System zu modernisieren und die Unabhängigkeit der DDR zu verteidigen. Die verzweifelte SED hätte keine bessere Wahl treffen können, denn der Anwalt entpuppte sich als ein Medientalent mit schlagfertigem Witz. Er war weniger ein Theoretiker als ein Mann der Praxis, der die Partei konsequent erneuern wollte. Trotz fehlender Erfahrung war Gysi ein Instinktpolitiker, der die Dynamik einer post-stalinistischen Linken verkörperte.[38]

Der entscheidende Parteikongreß fand am 8. Dezember in Berlin statt. In der kahlen Seelenbinderhalle fehlte der gewöhnliche Prunk der Macht. Viele der 2753 Delegierten waren deprimiert von der Führungslosigkeit und fürchteten den Haß der Bevölkerung. Um mit dem Stalinismus zu brechen, forderten die Aktivisten der »WF-Plattform« eine faktische Neugründung. Der Kroker-Ausschuß schlug jedoch nur eine »Neuformierung der SED als moderne sozialistische Partei« vor. Obwohl sie die alte Garde für die Krise verantwortlich machte, wollte die Kommission den aufgeblähten Parteiapparat und den großen Parteibesitz retten. In einem dramatischen Appell rief Hans Modrow die Delegierten auf, »laßt diese Partei nicht zerbrechen, nicht untergehen, sondern macht sie sauber und stark!« Sein Appell an ehrliche Kader wirkte als Hoffnungssignal: »Es geht um unser Land, um diesen Staat, in dem wir leben.«[39]

Offen verdammte Gysi das Scheitern des »administrativ zentralistischen Sozialismus«. Als Alternative zur »Herrschaft transnationaler Monopole« bot er eine populäre Formel an: »Dieser von uns angestrebte Dritte Weg sozialistischer Prägung ist gekennzeichnet durch radikale Demokratie und Rechtsstaatlichkeit, Humanismus, soziale Gerechtigkeit, Umweltschutz, Durchsetzung einer wirklichen Gleichberechtigung und Gleichstellung der Frau.« Obwohl er Amtsmißbrauch geißelte, verteidigte er die Ehrlichkeit der meisten Genossen. Die sechzehnstündige Sitzung brachte viele Probleme zur Sprache. Im kritischen Moment trat Modrow noch einmal ans Podium und warnte vor der Auflösung, damit das Land regierbar bliebe. Statt sich zu teilen, trennte sich die SED von alten Strukturen, wählte Gysi zum Vorsitzenden und ernannte ein neues Präsidium.[40]

Der Abschluß des Kongresses unterstrich eine Woche später die Unvollständigkeit der Erneuerung. Obwohl Manifeste weitere Reformen vorschlugen, arbeiteten sie weder die Fehler der Vergangenheit auf noch eröffneten sie theoretische Perspektiven. Beredt kritisierte Manfred Schumann den Stalinismus, während Dieter Klein versuchte, den Dritten Weg zu definieren. Aber Gysis Rede vom »demokratischen Sozialismus« bot ein Sammelsurium von Wahlversprechungen und Appellen an Eigenstaatlichkeit. Trotzdem biß sich die Diskussion an der symbolischen Frage des Parteinamens fest. Traditionalisten bekämpften jede Änderung, während Reformer eine Kombination von Demokratie und Sozialismus suchten, die sich von der SPD unterschied. Respekt für die Aufbaugeneration führte zur Beibehaltung der diskreditierten Abkürzung SED; aber verbreiteter Reformwillen erreichte den Zusatz PDS, um die Erneuerung der Partei des Demokratischen Sozialismus zu signalisieren.[41]

Kurzfristig hielt der SED-PDS Kompromiß die verbleibenden 1,7 Millionen Mitglieder zusammen. Aber langfristig war das Ausbleiben einer klaren Trennung von der Vergangenheit ein »Selbstbetrug«, der eine Zwitterpartei schuf. Trotz Kritik von vielen der 75 000 Intellektuellen in der Partei verhinderten psychologische Vorbehalte und materielle Gründe die Parteiauflösung und einen echten Neuanfang. Je lauter die Vorwürfe wurden, desto fester klammerten sich die 225 000 Apparatschiks an ihre emotionale Heimat und ihr Amt. Über eine halbe Million Arbeitsplätze in leitenden Positionen der Verwaltung und der Sicherheitskräfte hingen von der Weiterexistenz der Partei ab. Zwar schaffte das neue Statut das Kadersystem ab und etablierte offenere Strukturen, aber die Bevölkerungsmehrheit, die mit einer Auflösung gerechnet hatte, mußte »diese bloße Umbenennung als grobe Veräppelung empfinden«.[42]

Trotz der Lähmung der SED weigerte sich die Bürgerbewegung, selbst die Macht zu ergreifen. Dieselbe Gewaltlosigkeit, die das Honecker-Regime stürzen half, hinderte die Opposition daran, die Regierungsverantwortung zu übernehmen. Organisatorische Zersplitterung, die durch persönliche Querelen zwischen Bärbel Bohley und Rainer Eppelmann verschlimmert wurde, erschwerte die Kooperation. Zwar gewann das Neue Forum in wenigen Wochen 200 000 Unterschriften für seinen Gründungsaufruf, aber seine basis-demokratische Führung konnte sich auf keine klare Linie einigen. Die neu entstehenden Parteien wie SDP und DA stellten ausgefeilte Programme auf, zogen aber wesentlich weniger Mitglieder an. Der Streit über eine Wiedervereinigung in und zwischen den Gruppen machte gemeinsames Handeln unmöglich.[43] Auch streuten noch nicht enttarnte Stasimitarbeiter in Leitungsfunktionen weiterhin Sand ins Getriebe.

Nach dem Auftauchen aus der Illegalität wollte die Opposition zuerst ihr eigenes Haus in Ordnung bringen. Im Spätherbst versuchten die Gruppen, feste Strukturen zu schaffen, um den Zulauf Tausender neuer Mitglieder aufzufangen. Lockere Netzwerke, welche die anfängliche Mobilisierung begünstigt hatten, mußten in permanente Organisationen umgewandelt werden. Um ihre Vorstellungen in die Öffentlichkeit zu tragen, beschäftigten sich Dissidenten mit der Ausarbeitung von Programmen und Statuten. Da sie weder praktisch noch psychologisch auf die Macht vorbereitet waren, lehnten Neues Forum und SDP die Chemnitzer

Vorschläge für einen Generalstreik ab. Statt dessen unterstützte die Opposition einen »Appell der Vernunft«, um den wachsenden Volkszorn gegen Machtmißbrauch in die Arbeit von Bürgerkomitees zu kanalisieren.[44]

Als Alternative zur Machtübernahme warf sich die Bürgerbewegung in die Arbeit des zentralen Runden Tischs. Dissidenten, die sich in jahrelanger Opposition einen Namen gemacht hatten, nahmen regulär an den Sitzungen teil. Für die SDP sprachen u.a. Ibrahim Böhme und Martin Gutzeit; Demokratie Jetzt wurde von Ulrike Poppe und Wolfgang Ullmann vertreten; vom Neuen Forum waren Ingrid Köppe und Reinhard Schult anwesend; die IFM sandte Gerd Poppe und Wolfgang Templin. Die SED-PDS schickte ihre neue Garde mit Gregor Gysi und Lothar Bisky, aber die Blockparteien entsandten eher farblose Figuren. In der Zusammensetzung des Gremiums sah sich die alte Nomenklatura mit einer neuen Gegenelite konfrontiert.[45]

Tabelle IV

Sitzordnung des zentralen Runden Tischs

2 FDGB, 3 Kirchenmoderatoren und 3 Mediensprecher (ohne Stimme)	
2 Vereinigte Linke	3 LDPD
2 SDP	3 NDPD
2 Demokratie Jetzt	3 DBD
3 Neues Forum	3 CDU
2 Grüne Partei	2 VdgB
2 IFM	Sorb. (o. St.)
2 Grüne Liga, 2 Unabh. Frauenverb., 2 Dem. Aufbr.	3 SED-PDS

(Oppositionsgruppen kursiv, alte Blockparteien normal)

Der Runde Tisch konzentrierte sich auf die Grundprobleme der DDR. Hier fanden »echte Debatten über politische Grundsatzfragen« statt. Die Hauptarbeit wurde von sechzehn Kommissionen geleistet, die sich mit Wirtschaftsschwierigkeiten, Verfassungsfragen und Gleichstellungsproblemen der Geschlechter beschäftigten. Da Modrow den Einfluß seiner Regierung nicht schmälern wollte, bot er nur widerwillig logistische Unterstützung und Büroräume in einem »Haus der Demokratie« an. Um die Ausführung seiner Anweisungen durch das Kabinett sicherzustellen, forderte der Runde Tisch »die ständige Präsenz eines kompetenten Regierungsvertreters« und eines Wirtschaftsspezialisten.[46] Wegen bürokratischer Sabotage und fehlenden Medienzugangs war seine erste Priorität die Herstellung politischer Handlungsfähigkeit.

Zur Stärkung seiner Autorität verlangte der Runde Tisch ein Vetorecht und versuchte, brennende Themen zu besetzen. Am 18. Dezember verurteilte er die »menschenverachtende Rechtspolitik« der SED und forderte den Rücktritt des alten Justizministers, weil sonst »die gewünschte Rechtsstaatlichkeit nicht glaubwürdig ist«. Aus revolutionärer Sympathie unterstützte der Runde Tisch mit einer Resolution die Bürgerrevolte in Rumänien. In einem Kommentar zum Kohl-Besuch in Dresden betonte das Gremium gleichzeitig seine Skepsis gegenüber wachsenden Bürgerwünschen nach Wiedervereinigung: »Die Souveränität und staatliche Identität jedes der beiden deutschen Staaten darf durch keine Seite in Frage gestellt werden.« Während der nächsten Sitzung verurteilte der Runde Tisch die amerikanische Invasion in Panama und legte den weiteren Arbeitsplan fest.[47]

Die Ideologie des Runden Tisches steckte voller Widersprüche. Einerseits griff die Opposition mit großer Energie den post-stalinistischen Repressionsapparat an und verlangte am 27. Dezember die Vertagung der Neugründung eines Verfassungsschutzes bis nach den Wahlen. Andererseits argumentierte sie weiter mit linken antikapitalistischen sowie antiimperialistischen Standardphrasen und ging aus antifaschistischer Überzeugung auf SED-Warnungen gegen »neo-faschistische Tendenzen« ein, die den Sicherheitsapparat und die Selbständigkeit der DDR stützen sollten. Von Anfang an kämpfte der Runde Tisch daher an zwei Fronten: Einerseits forcierte er den »Abbau der alten Machtstrukturen«, um einen Rückfall in den Stalinismus zu verhindern. Andererseits suchte er eine demokratische Form des Sozialismus, die in einem souveränen ostdeutschen Staat verwirklicht werden sollte.[48]

In gemeinsamer Sorge versuchten Regierung und Bürgerbewegung, den Ausbruch von Gewalt zu verhindern. Modrows zögernde Reformen lähmten die Betonköpfe, ohne Hoffnungen auf eine radikale Erneuerung befriedigen zu können. Die Verwandlung der SED in die PDS warf stalinistischen Ballast ab, ging aber nicht weit genug, um die Partei an die Spitze der Volksbewegung zu bringen. Oppositionsforderungen artikulierten den Unmut der Bevölkerung, vermieden jedoch ein Chaos durch ihre gewaltlose

Form. Obwohl er mehr als ein »Feigenblatt« war, wurde der Runde Tisch nie zu einem Revolutionsrat. Aber nach Überwindung der Anfangsschwierigkeiten bot er einen Mechanismus, um auf geordnetem Wege Reformen herbeizuführen. Die Furcht vor sowjetischem Eingreifen zwang Hitzköpfe in Regierung, Opposition und Bevölkerung zur Mäßigung.[49]

Die Wende in der Wende

Nach der Maueröffnung tauchten erste Plakate auf mit der Losung: »Wiedervereinigung! Der Anfang ist gemacht!« Anfang Dezember forderten Dutzende von Transparenten »ein Deutschland« mit dem Argument: »40 Jahre Gemeinheit, jetzt wollen wir die Einheit!« Nationale Wünsche fanden immer neue Varianten in Formulierungen wie »DDR + BRD = Deutschland« oder »Wir leben nur einmal – dann Ja zur Einheit Deutschlands«. Sozialistische Bekenntnisse zur DDR wie »Vereinigung ja, aber nur im Bett!« wurden seltener. Hunderte von Ostdeutschen schnitten in der DDR-Flagge Hammer und Zirkel heraus, um mit den schwarz-rot-goldenen Farben der Urburschenschaft für die Vereinigung zu demonstrieren. Wie bei internationalen Fußballspielen riefen Tausende: »Deutschland, Deutschland!«[50]

Diese »Wende in der Wende« signalisierte die Abkehr der Massen vom Oppositionsprogramm. Viele Dissidenten warnten weiter, »kein Viertes Reich!« und wollten »weder Stalinismus noch Kapitalismus«, sondern autonome Erneuerung. »Nach Hammer und Sichel im Nacken, möchte ich nicht unbedingt einen Mercedes-Stern auf der Stirn tragen.« Aber der »grenzenlos jubelnde Haß« der Bevölkerung gegen jahrzehntelange Unterdrückung fegte intellektuelle Sorgen vor einer »neuen Fremdbestimmung, erneutem Ausverkauf« hinweg. Schreie von »Die Roten aus der Demo raus!« übertönten trotzige Rufe für die »DDR, DDR!« Als die Bürgerbewegung die Redefreiheit errungen hatte, wagte es die schweigende Mehrheit, ihren Wunsch nach Einheit auszusprechen. Da sie die soziale Marktwirtschaft der Bundesrepublik für ihren Dritten Weg hielten, wollten Normalbürger »keine weiteren Experimente«, sondern »Wiedervereinigung Jetzt!«[51]

Gegen den Vereinigungsdruck bemühte sich die ostdeutsche Regierung, ihre Eigenständigkeit zu stärken. Während des Gipfeltreffens in Malta Anfang Dezember teilte Gorbatschow dem amerikanischen Präsidenten seine »tiefe Sorge« über die Entwicklung in Deutschland mit. Modrow folgerte in seinem Parteitagsbericht aus dem anschließenden Warschauer-Pakt-Treffen in Moskau, daß eine Wiedervereinigung nicht auf der Tagesordnung stehe: »Unsere Verbündeten, an erster Stelle die Sowjetunion ... setzen auf eine souveräne DDR, die außenpolitisch eine Voraussetzung für die politische Stabilität in Europa ist.« Flexibel begrüßte er jedoch Kohls »gemäßigten Ansatz« und schlug den Ausbau der Kooperation zwischen beiden Staaten vor. Gleichzeitig suchten seine Berater nach diplomatischen Wegen, die »Existenz- und Legitimationskrise der DDR« zu überwinden.[52]

Zur Sicherung der ostdeutschen Souveränität intensivierte Modrow Kontakte zu anderen westlichen Staaten. Zwar vermied der amerikanische Außenminister James Baker während eines überraschenden Besuchs in Ostberlin jede Festlegung, aber er hinterließ den Eindruck, »daß eine Vertragsgemeinschaft die Zustimmung seiner Regierung fände«. Auf dem Rückweg von Konsultationen in Kiew, die an das russische Bündnis von 1892/94 erinnerten, sprach sich François Mitterrand »dafür aus, Europa nicht in Gefahr zu bringen und das bestehende Gleichgewicht zu zerstören«. Der Abschluß von sechs Vereinbarungen über wirtschaftliche und kulturelle Zusammenarbeit demonstrierte, daß Frankreich »weiter von der Existenz zweier deutscher Staaten« ausging. Aber gegenüber Leipziger Studenten deutete der französische Präsident an, daß er sich dem Volksempfinden »nicht widersetzen würde«, wenn es in freien Wahlen zum Ausdruck käme.[53]

Der Stimmungswandel der Bevölkerung zwang die Opposition und die Blockparteien, ihre Haltung zur Einheit zu revidieren. Die meisten Dissidenten zogen den Aufbau einer besseren Welt dem Ausverkauf an den Westen vor: »Wir denken nicht daran, nachdem wir uns aus den Klauen des Stalinismus befreit haben, mit wehenden Fahnen in die soziale Ungerechtigkeit der Zwei-Drittel-Gesellschaft eines Herrn Kohl überzulaufen.« Aber am 7. Dezember schwenkte die SDP um und bejahte die »nationale Einheit« in einer Vertragsgemeinschaft mit konföderativen Strukturen. Beide Wirtschaftssysteme sollten unter Garantien der sozialen Sicherheit vereinigt werden. Während das Neue Forum weiter geteilter Meinung blieb, legten sich auch die Grüne Partei und die LDPD auf die Vereinigung fest.[54]

Am 14. Dezember schlug Demokratie Jetzt einen »Dreistufenplan der nationalen Einigung« vor. Als Alternative zur »Wiedervereinigung« schwebte diesen Berliner Intellektuellen eine »Neuvereinigung« durch politische und soziale Reformen vor. Demokratisierung des Ostens und Ökologisierung des Westens würden zu einem Zusammenschluß in einem Staatenbund führen, der sich schließlich in einen Bundesstaat deutscher Staaten entwikkeln sollte. Dieses ausgefeilte Szenario propagierte eine langsame Gangart in der deutschen Frage, die einen Kompromiß zwischen Dissidentenhoffnungen auf eine Erneuerung und Bevölkerungswünschen auf einen Zusammenschluß bilden sollte. Am folgenden Tage beschloß der Reformparteitag der CDU, deutlich »nach der Einheit der deutschen Nation zu streben«. Um nicht übertroffen zu werden, verlangte auch der Demokratische Aufbruch »die Überwindung der Teilung« in einem einheitlichen Staat.[55]

Auf allen Regierungsebenen wurden die Kontakte zwischen den deutschen Staaten enger. Am 5. Dezember kamen Hans Modrow und Rudolf Seiters überein, wie vorher besprochen einen gemeinsamen Fond zur Finanzierung von Reisemitteln zu schaffen. Bonn versprach sein »Begrüßungsgeld« auszusetzen, wenn Ostberlin den »Zwangsumtausch« abschaffte. Mit jeweils 200 DM in harter Währung würden sich die Ostdeutschen freier im Westen bewegen können. Nach dem Neujahr sollten auch die Westdeutschen ohne Beschränkungen einreisen dürfen. Länder mit ähnlichen Strukturen wie Baden-Württemberg und Sachsen entdeckten wieder alte Beziehungen. In Berlin schufen die Bürgermeister Momper und Krack eine »Regionalkommission«, welche die getrennten Hälften der früheren Hauptstadt wieder zusammenfügen sollte.[56]

Bonner Politiker suchten ausländische Ängste über diese hektische Zusammenarbeit abzubauen. In transatlantischen Telefongesprächen warb der Kanzler um amerikanische Unterstützung während des Gipfels in Malta, während Außenminister Genscher in Moskau versuchte, den sowjetischen Ärger über das »Diktat« des Zehnpunkteplans zu besänftigen. Beim EG-Gipfel in Straßburg bemühte sich Kohl nachdrücklich, die Bedenken der Nachbarländer, vor allem der Franzosen, zu zerstreuen. Nach hitziger Debatte begrüßte die Europäische Gemeinschaft die »deutsche Einheit in freier Selbstbestimmung«, solange Bonn einwilligte, gleichzeitig die europäische Integration zu beschleunigen. Um die deutsche mit der europäischen Vereinigung zu synchronisieren, warnte Bundespräsident Weizsäcker während einer Visite in Ostberlin demonstrativ vor einem »Zusammenwuchern«.[57]

Mit Kohls Besuch in Dresden am 19. Dezember erreichte die deutsche Annäherung ihren Höhepunkt. Ein stattliches Ministerialgefolge von Norbert Blüm, Helmut Haussmann, Rudolf Seiters und Dorothee Wilms begleitete den Bundeskanzler. Modrow und Kohl zeigten sich von ihrer besten Seite, um »ein gutes Klima für offene Gespräche zu schaffen«. Da sie auf lange Erfahrungen in der Ostpolitik aufbauen konnten, erreichten die Delegationen bald Übereinstimmung über die Gestaltung einer Vertragsgemeinschaft durch einen »Vertrag über Zusammenarbeit und gute Nachbarschaft«. Sachverhandlungen über Zusammenarbeit in Wirtschaft, Verkehr und Umweltschutz sollten nach Jahresanfang beginnen. Aber als Modrow 15 Milliarden DM als Ausgleich für die Nachkriegslasten verlangte, lehnte Kohl solche Reparationen ab und zog es statt dessen vor, von einem »Solidarbeitrag« zu sprechen.[58]

Als Zeichen des guten Willens versprachen die ostdeutschen Gastgeber, ihre Grenze noch vor dem Weihnachtsabend für Westbesucher zu öffnen. Detailbesprechungen über Wirtschaftsfragen wie Joint-Ventures und Mittelstandsförderung sowie über kulturelle und andere Kontakte machten schnelle Fortschritte. Die abschließende Pressekonferenz zeigte neue Gemeinsamkeiten wie bestehende Akzentunterschiede. Während Modrow für die nähere Zukunft die staatliche Unabhängigkeit betonte, legte Kohl Wert auf die langfristige Perspektive der Vereinigung Deutschlands. Aber der Ministerratsvorsitzende und der Bundeskanzler stimmten in Fragen der Selbstbestimmung, Stabilität und finanziellen Unterstützung überein.[59] Während der Gespräche erhielt Modrow westliche Zusicherungen über engere Bindungen, die eine weitere Existenz der DDR voraussetzten.

Die begeisterte Begrüßung der Dresdner Bürger machte diese Kooperationspläne zunichte. Skeptiker warnten weiter: »Herr Kohl, Sie wollen unser Bestes, aber das kriegen Sie nicht!« Doch »brodelnder Haß« trieb eine frustrierte Bevölkerung dazu, ihre Hoffnung auf Einheit dramatisch zu äußern. Als der Kanzler sich zum Mikrofon an der Ruine der Frauenkirche begab, wehte ihm ein Meer deutscher Fahnen entgegen. »Helmut, Helmut«, rief die erregte Menge, »wir brauchen Dich!« Für einen Politiker, der im Westen oft ausgepfiffen wurde, war dieser überschwengliche Empfang unvergeßlich. Auch einfache Zusicherungen wie: »Wir werden unsere Landsleute nicht im Stich lassen«, lösten frenetischen Beifall aus. Gleichzeitige Appelle an Vernunft und Hinweise auf Europa gingen dagegen in den Akklamationen unter. Die Zuschauer jubelten, als Kohl versprach: »Mein Ziel bleibt – wenn die geschichtliche Stunde es zuläßt – die Einheit unserer Nation.«[60]

Aus Rücksicht auf das Ausland bemühte sich der Bundeskanzler um einen gemäßigten Ton. Obwohl die Verkündung neuer Gemeinsamkeiten zwischen den Staaten die Einheitshoffnungen eher dämpfen als steigern sollte, gaben die Wünsche der Zuhörer seinen Worten einen euphorischen Effekt. Durch seinen Dresdner Besuch bündelte Kohl die wachsenden, aber diffusen Einheitshoffnungen auf seine Person. Die Medien sendeten die »bewegenden Bilder« seines Triumphs in östliche wie westliche Wohnzimmer und verstärkten diese Wirkung. Der unerwartete Ausbruch der Volksgefühle traf einen »nationalen Nerv« und zwang den Kanzler, seine schrittweise Politik zu überdenken. Dadurch gerieten Vorstellungen von ostdeutscher Eigenstaatlichkeit sowie Zeitpläne einer langsamen Annäherung beider Staaten ins Wanken. Traurig notierte ein Beobachter mit nur leichter Übertreibung: »Von diesem Tage an hört die DDR auf zu existieren.«[61]

Auf ihrem gleichzeitig stattfindenden Berliner Parteitag gab auch die SPD den Einheitswünschen widerwillig nach. Sympathie für das »freiheitliche Erwachen der Völker« weckte nationale Regungen in dem sonst unsentimentalen Willy Brandt. Da willkürliche Spaltung die historische Schuld nicht tilgen konnte, hatte er in Rostock vorgeschlagen, »daß wir zu einer neuen Art von deutschem Bund zusammenfinden«. Statt dessen forderte Oskar Lafontaine als Sprecher einer post-nationalen Generation weiter die Anerkennung der DDR-Staatsbürgerschaft. Der Flüchtlingsstrom müsse enden, damit das soziale Netz nicht zerreiße. Verzweifelt bemühte sich der Parteivorsitzende Hans-Joachim Vogel, diese widerstrebenden Richtungen zu vereinen. Nach langen Verhandlungen erreichte er schließlich einen Kompromiß, der ein langsames Fortschreiten von Vertragsgemeinschaft zu Bundesstaat vorsah.[62]

Die Berliner Erklärung der SPD versuchte aus der Not der Zerstrittenheit eine Tugend zu machen. In den Worten vergangener, erfolgreicher Ostpolitik versprach die SPD, »auf einen Zustand des Friedens in Europa hinzuwirken, in dem das deutsche Volk in freier Selbstbestimmung seine Einheit wiedererlangt«. Endlich distanzierte sich die Partei von der maroden SED, akzeptierte die neugegründete SDP als legitimen Partner und bot ihr materielle Unterstützung an. Brandt begrüßte die wachsende »Einheit von unten«, und Meckel kündigte die Wiedergeburt sozialer Demokratie in Ostdeutschland an. Aber ein trotziger Lafontaine forderte weiterhin »soziale Gerechtigkeit in beiden deutschen Staaten«.[63] Obwohl sie schließlich auf die Volksstimmung einging, blieb die gemäßigte Linke gespalten. Dieses Zögern sollte ihr später manche Stimmen kosten.

Wachsender Vereinigungsdruck zwang schließlich auch die Sowjetunion, ihre Haltung zur deutschen Frage zu überdenken. Schon lange hatten sich Moskauer Reformer über die Halsstarrigkeit Ostberlins geärgert. Seit 1987 dachten liberale Planer darüber nach, welche Vorteile ein Opfer des Satelliten DDR bringen könnte. Zwar verbesserte die ostdeutsche Wende die Möglichkeit von fruchtbarer Zusammenarbeit mit Ostberlin; aber langfristig würde sich die Annäherung der Deutschen kaum verhindern lassen, da Selbstbestimmung in der inneren Logik der Perestroika lag. Dennoch weigerte sich Michail Gorbatschow wegen vielfältiger innenpolitischer Widerstände, die Wiedervereinigung zu einer »Frage der aktuellen Tagespolitik« zu machen. Verstimmt über den Zehnpunkteplan seufzte er noch Anfang Dezember philosophisch: »Wir haben die beiden Deutschlands von der Vergangenheit geerbt. Die Geschichte hat dieses Problem geschaffen, und sie wird es auch lösen müssen.«[64]

Außenminister Schewardnadse suchte einen Ausweg aus dem Dilemma durch Präzisierung der sowjetischen Interessen. Mitte Dezember hielt er vor dem europäischen Parlament in Brüssel eine sibyllinische Rede, die zwischen Warnungen vor Veränderungen und Angeboten zur Zusammenarbeit schwankte. So erkannte er die Logik einer deutschen Vereinigung nach der Vollendung der europäischen Integration und Abrüstung an, bestand aber auf der Klärung von sieben Grundfragen, bevor sie verwirklicht werden könne. Die Sowjetunion verlangte Antworten über das Verfahren, den Grenzverlauf, die Bündnisverpflichtungen, Größe der Streitkräfte, Präsenz der Alliierten, den KSZE-Prozeß und die europäische Sicherheit. Zwar erhob dieser Katalog schwer erfüllbare Forderungen, stellte aber gleichzeitig rationale Bedingungen. Das Bundeskanzleramt hielt die Erklärung für »widersprüchlich«, begrüßte aber den Vorschlag zu einem engeren Dialog.[65]

Als Zeichen der Normalisierung öffnete die DDR am 22. Dezember das Brandenburger Tor. Im kalten Regen »weinten und lachten« Zehntausende von Zuschauern, als die Politiker beider Staaten durch die meterdicke Mauer schritten. Bürgermeister Krack pries den Frieden, während Walter Momper ausrief: »Berlin ist immer noch geteilt, aber die Menschen sind nicht mehr voneinander getrennt. Und Berlin hat sein altes Wahrzeichen wieder.« Unterkühlt zitierte Hans Modrow den Durchbruch als Beweis seiner »Absicht, Begegnungen von Menschen zu fördern«. Als Historiker freute sich Helmut Kohl über »eine der glücklichsten Stunden meines Lebens«, da er lange gehofft hatte, vom Reichstag zur Stadtmitte gehen zu können. Die Mischung aus offiziellen Reden und Volksfeststimmung machte den »historischen Schritt« zu einem Medienereignis.[66] Trotz verschiedener Akzente feierten die Ost- und Westmedien die Öffnung in seltener Einmütigkeit.

Diese Feststimmung beflügelte auch die Weihnachtsfeiertage. Zum ersten Mal seit einer Generation konnten sich getrennte Familien und Freunde ungehindert wiedersehen. Etwa 380 000 Westdeutsche und 765 000 Berliner besuchten den Osten, während etwa 1 200 000 Ostdeutsche in den Westen reisten. Diese Begegnungen gaben dem Friedensfest eine unerwartet persönliche Bedeutung. Am Silvesterabend versammelten sich Jugendliche beider Stadthälften am Brandenburger Tor zu einer Massenparty. Mit Bier- und Champagnerflaschen in den Händen tanzten sie nach dem Rhythmus von Rockbands auf der Mauerkrone. Übermütige Zecher beschädigten sogar die Quadriga und verursachten einen Unfall.[67] Trotzdem gab es viel Grund zum Feiern: Ein außerordentliches Jahr hatte tödliche Kugeln in ein harmloses Feuerwerk verwandelt.

Nicht alle Ostdeutschen freuten sich über den wachsenden Drang zur Einheit. Viele PDS-Mitglieder sorgten sich um ihre Privilegien, Intellektuelle fürchteten einen Rückfall in den Nationalismus, und die Bürgerbewegung wollte ihre Zukunft selbst bestimmen, statt sich dem Westen anzuvertrauen. Daher demonstrierten am 19. Dezember 50 000 Ostberliner für »eine souveräne DDR, gegen Wiedervereinigung und einen Ausverkauf des Landes«. In Rostock protestierten 30 000 Anhänger eines Dritten Weges mit dem Motto: »Dieses Land gehört uns, wir müssen seine Zukunft in die eigenen Hände nehmen.«[68] Trotz eindrucksvoller Teilnehmerzahlen blieben solche Gegenkundgebungen weitgehend wirkungslos, da ihnen eine positive Botschaft fehlte.

Am 28. Dezember tauchten »anti-sowjetische und nationalistische Losungen« an einem russischen Kriegerdenkmal auf. Diese mysteriöse Schändung gab der Modrow-Regierung eine populäre Handhabe zum Einschreiten, denn das DDR-Kabinett wertete die Schmierereien ohne Untersuchung als neo-nazistische Drohungen. Am 4. Januar 1990 marschierten 250000 Demonstranten der SED, von Blockparteien, Massenorganisationen, Intellektuellen und linken Oppositionsgruppen (VL, Nelken) nach Treptow. »Unser Land ist in Gefahr, und zwar von Rechts«, warnte Gregor Gysi. Es dürfe »nicht zugelassen werden, daß uns die Rechten die Chance auf einen demokratischen Sozialismus in der DDR kaputtmachen«. Nach erprobtem Rezept sollte die Formierung einer anti-faschistischen Volksfront die Massen zurückgewinnen: »Gegen Wiedervereinigung und braune Pest!« Aber die Kampagne schlug auf die Urheber zurück, als Gerüchte auftauchten, welche die Stasi für die Grafitti verantwortlich machten.[69]

Am Jahresende 1989 blieben daher die Aussichten für eine Wiedervereinigung gemischt. Die Einschätzung der ostdeutschen Stimmung war schwierig, da das Fehlen von Telefonen die Erhebung von zuverlässigen Umfragen erschwerte. Bei einer ungeübten Bevölkerung konnte die Formulierung der Fragen die Antworten erheblich beeinflussen. In den vorgenommenen Untersuchungen schien jedoch Modrows Regierung eindeutig an Boden zu gewinnen. Ungefähr die Hälfte der Befragten unterstützte das Kabinett, während nur ein Drittel der SED traute. Zwischen einem Viertel und der Hälfte wünschte irgendeine Form der Vereinigung. Eine noch größere Anzahl befürwortete eine Vertragsgemeinschaft oder eine europäische Lösung. In der Bundesrepublik verband sich Solidaritätsgefühl mit steigender Sorge vor den möglichen Kosten eines solchen Schritts.[70]

Die politischen Kräfte, die eine Vereinigung befürworteten oder bekämpften, waren etwa gleich stark. Im Osten verlangten Normalbürger, die gemäßigte Opposition (DJ, SDP) und die Blockparteien einen Zusammenschluß. Im Westen unterstützten die CDU/FDP-Koalition, der rechte Flügel der SPD und die Bevölkerungsmehrheit den Kurs von Kohl. Aber im Ausland befürworteten nur die Amerikaner eine deutsche Selbstbestimmung, unter der Bedingung, daß Bonn im atlantischen Bündnis verblieb. Dagegen zogen in der DDR die Regierung Modrow, die SED-PDS und Anhänger des Runden Tischs eine Unabhängigkeit vor. In der

Bundesrepublik forderten die Linken in der SPD, die Grünen und viele Intellektuelle die Fortexistenz zweier deutscher Staaten. Unter den Nachbarn fürchteten die Sowjetunion und Polen, aber auch Engländer und Franzosen, eine Vereinigung. Sie liebten, wie François Mauriac bissig bemerkt hatte, Deutschland so sehr, daß sie mehr als eins davon haben wollten. Wie würde dieses Ringen ausgehen?

Erneuerung oder Einheit?

Das Ziel der Bürgerrevolution war die Erneuerung der DDR. In Ostberlin konnte sich der Dialog am Runden Tisch konstruktiv entwickeln, da beide Seiten dem gleichen Traum eines Dritten Weges anhingen. In anderen Ostblockländern hatten Dissidenten längst den Marxismus-Leninismus als sowjetischen Import abgelehnt und verfolgten einen liberalen oder nationalen Weg. Aber obwohl sie deren Protestformen nachahmten, forderten ostdeutsche Parteireformer wie Oppositionsgruppen die Schaffung eines demokratischen Sozialismus jenseits von Stalinismus und Kapitalismus. Im Spätherbst 1989 propagierten Dutzende von Papieren den Dritten Weg als »eine Vision ... für die es sich lohnt zu leben und aus der wir auch praktisch erfahrbar etwas schaffen«.[71]

Die Attraktion des Dritten Wegs beruhte auf den besonderen Umständen Ostdeutschlands. Das Nazi-Trauma hatte den Nationalismus so vollständig diskreditiert, daß er keine Basis für Widerstand gegen die Sowjetherrschaft bieten konnte. Die Präsenz von vielen russischen Truppen und die Effizienz der Stasirepression erzwangen mehr Parteidisziplin und öffentlichen Konformismus als anderswo. Da die SED Antikommunisten unweigerlich in den Westen abschob, konnte sich eine marginale Opposition nur *innerhalb* des Systems entwickeln. Trotz seiner Instrumentalisierung behielt ein anti-faschistischer Humanismus, der den Kapitalismus als materialistisch ablehnte, eine gewisse Glaubwürdigkeit für Intellektuelle. Westliche Linke wie Wolfgang Fritz Haug unterstützten das östliche Experiment als »eine[n] Ort projektiver Wunscherfüllung« von Reformen, die sie in ihrer eigenen Gesellschaft nicht durchsetzen konnten.[72]

Der Fehlschlag dieser Utopie hatte eine gewisse Zwangsläufigkeit. Massenflucht, innere Unruhen und Stagnation der Wirtschaft erschwerten eine Erneuerung, während der Machtkampf zwischen einer zerbröckelnden Regierung und einer wachsenden Opposition die Ausarbeitung von Reformen komplizierte. Auch bot die antipolitische Agenda des Dritten Wegs keine praktische Handlungsrichtschnur. Der Runde Tisch hatte klarere Vorstellungen von dem, was er ablehnte, als von dem, was er wollte und wie es zu erreichen sei. Häufige Einmischung der Bonner Politiker machte den Neuanfang nicht gerade leichter. Schließlich drängten auch die Medien diese »Fernsehrevolution« in eine nationale Richtung. Nachrichtensendungen schürten Emotionen durch Bilder von Kohls Dresdener Besuch oder der Öffnung des Brandenburger Tors. Im Gegensatz zu professionellen Erklärungen westlicher Politiker schienen die Programme der Dissidenten amateurhaft und konfus.[73]

Als die schweigende Mehrheit ihre Stimme wiedergewann, lehnte sie den Dritten Weg ab. Immer mehr Demonstranten sprachen sich für einen radikalen Bruch mit dem kommunistischen System aus. Man hatte sozialistische Experimente so satt, daß die »einzige Hoffnung« im westlichen Modell bestand. Diese Artikulation eigener Bedürfnisse und die Weigerung, weiterhin zu gehorchen, schockierte marxistische Idealisten. Die anfängliche Zustimmung zur Forderung nach mehr Bürgerrechten hatte bei vielen Dissidenten nämlich zunächst die Illusion einer Übereinstimmung mit der Bevölkerung erzeugt. Aber als die Opposition postmaterielle Reformen anstrebte, anstatt die Lebensverhältnisse zu verbessern, zerbrach dieses Bündnis, und Normalbürger setzten ihre Hoffnungen auf die Vereinigung. Die Erneuerung blieb nicht nur in praktischen Problemen stecken, sondern versandete auch in der Kluft zwischen den Intellektuellen und den Massen.[74]

Wachsende Einheitsforderungen verstärkten Warnungen vor einem größeren Deutschland. Aus Sorge vor internationaler Kritik nannte der Historiker Hans-Ulrich Wehler »die staatliche Einheit ... ein höchst dubioses Ziel«. Progressive Geister hielten »ein ungeteiltes Deutschland ... entweder [für] das Unwichtigste oder das Unerwünschteste«. Typisch für die instinktive Ablehnung war Günter Grass' beißender Kommentar von »viel Gefühl, wenig Bewußtsein«. Nur an der »Kulturnation« interessiert, argumentierte dieser sozialdemokratische Schriftsteller, daß Hitlers Untaten die Wiederherstellung eines Nationalstaats auf ewig verböten. Aus

Sympathie für das »langsamere Lebenstempo« des Ostens behauptete er, daß Einheit die »eigentlichen Problematiken der Gegenwart« wie Umweltzerstörung nicht löste. Aber vielleicht könne die Revolution im Osten neue Reformen im Westen inspirieren.[75]

Die Mehrheit der westlichen Intellektuellen lehnte eine Vereinigung rigoros ab. Allein Kohls populistischer Stil trieb die kultivierten Kritiker zur Weißglut. Meinungsmacher ärgerten sich über des Kanzlers kleinbürgerliche »Engstirnigkeit ... Unbelehrbarkeit [und] verletzende Arroganz«. Am 9. Dezember protestierten einhundert Journalisten gegen eine »Großmannspolitik«, welche die Revolution des Ostens in eine Vereinigung mit dem Westen verwandeln wollte. Nur wenige Autoren begrüßten wie Peter Schneider die Maueröffnung und dachten über die Ironien eines Zusammenschlusses nach. Eine andere Ausnahme war Martin Walser, der sich mit den ostdeutschen Bürgern freute: »Das Volksfest an der Mauer. Baumelnde Füße, lachende Polizisten. Das haben wir erlebt. Deutsche Geschichte darf auch einmal gut gehen.«[76] Doch aus negativem Nationalismus sperrten sich viele Intellektuelle gegen die Einheit.

Im Dezember wich die internationale Furcht vor der Einheit Deutschlands pragmatischen Versuchen, mit der sich anbahnenden Entwicklung fertig zu werden. Um den Vereinigungsprozeß zu kontrollieren, stellte Präsident Bush in einer Rede vor dem NATO-Gipfel vier grundlegende Bedingungen: Ostberlin solle die Form der Vereinigung bestimmen, Bonn müsse in der NATO bleiben und alliierte Rechte berücksichtigen, die Einheit könne nur friedlich erreicht werden, und bestehende Grenzen seien zu respektieren. Wenig später versuchte Außenminister Baker sowjetische Befürchtungen durch eine Veränderung der europäischen Sicherheitsarchitektur zu beruhigen.[77] Obwohl sie durch ein Berliner Botschaftertreffen auf ihre Verantwortung hinwiesen, beschlossen die vier Siegermächte des Zweiten Weltkriegs, den volkstümlichen Einheitsdrang nicht zu blockieren. Solange die Deutschen behutsam und legal vorgingen, sollten sie die Form ihres Zusammenschlusses selbst bestimmen dürfen.[78]

V. Kapitel

Die Abkehr vom Sozialismus

In den ersten Wochen des Jahres 1990 schlug die Stimmung der Bevölkerung um. Die Begeisterung des Aufbruchs wich nüchterner Einsicht in die Schwierigkeiten eines Neuanfangs. Dasselbe »Volk«, welches »mit Phantasie und Entschlossenheit sein Geschick selbst bestimmt« hatte, merkte nun, »daß sich rein praktisch gar nichts verändert hatte, jedenfalls nicht in positiver Richtung«. Zwar versprach Modrow in seiner Neujahrsbotschaft die Fortführung politischer Reformen: »Die DDR braucht revolutionäre Veränderungen. Sie braucht Rechtsstaatlichkeit. Sie braucht Vernunft und Augenmaß.«[1] Aber eine mündige Bevölkerung traute solchen Versprechungen nicht länger und wollte endlich Verbesserungen im täglichen Leben sehen.

Öffentlicher Unmut konzentrierte sich auf die Stasi, das Instrument und Symbol der Repression. Obwohl die Regierung versuchte, einen Verfassungsschutz und Nachrichtendienst zu retten, um kein »Sicherheitsvakuum in unserem Lande zuzulassen«, bestand der Runde Tisch Anfang Januar auf ihrer vollständigen Auflösung. Die großzügige Abfindung von entlassenen Agenten und die Entdeckung eines Rundbriefs der Geraer AfNS-Bezirksverwaltung, der zur Wiedergewinnung der Macht aufrief, wirkten provozierend. Obwohl der Auflösungsbeauftragte Peter Koch am 8. Januar am Runden Tisch die Entlassung von 25 965 Mitarbeitern ankündigte, konnte er nicht einmal Fragen über den zentralen Datenspeicher beantworten. Daraufhin verlangten die Blockparteien seinen sofortigen Rücktritt, drohte die Opposition mit Abbruch der Beratungen und streikten Berliner Bauarbeiter. Erst am 12. Januar gab die Regierung dem Druck nach und versprach, die Stasi aufzulösen sowie vor der Wahl kein neues Amt für nationale Sicherheit aufzubauen.[2]

Um die Durchführung dieser Zusage zu erzwingen, nahmen mißtrauische Bürger schließlich die Angelegenheit selbst in ihre Hand. Als das Neue Forum zu einer »Demonstration gegen Stasi und [ihren Nachfolger] Nasi« einlud, versammelten sich am 15. Januar etwa 100 000 Berliner vor der berüchtigten Zentrale in der Normannenstraße. Durch hohe Mauern und bewaffnetes Personal geschützt, befand sich in diesem Block von etwa vierzig Gebäuden das administrative und elektronische Nervenzentrum der Repression. In seinen berüchtigten Kellern fand das *S*chlagen, *T*reten, *A*bhören, *S*pionieren und *I*nhaftieren statt, das der Volkswitz in die Abkürzung *Stasi* hineinlas. Zur gewaltlosen Lahmlegung der Arbeit brachten Dissidenten Ziegel mit, um das Haupttor zu dem Gebäudekomplex symbolisch zuzumauern.[3]

Auf den Ruf »Stasi raus und laßt uns rein« öffneten sich plötzlich die massiven Stahltore von innen. Ohne nach der Ursache zu fragen, stürmten Tausende von neugierigen Demonstranten in die Anlage. Empört über große Vorräte an Silberbesteck, Kristall und Fleisch schlugen sie Bürotüren ein, zerfledderten Geheimpapiere und warfen Möbel aus den Fenstern. Da der aufgestaute Ärger gegen die Unterdrücker sich in Gewalt gegen Sachen entlud, sprühten die Eindringlinge Parolen wie »Nieder mit der SED!« auf die Wände. Stasi-Agenten posierten als Dissidenten, brachten brisante Akten in Sicherheit und lenkten die Zerstörungswut auf periphere Einrichtungen wie Kantinen ab. Obwohl die Demonstranten Tonnen von Waffen sowie Folterinstrumente erbeuteten, entging das »Gespenst von Mielkeville« der Rache, da bürokratische Unterdrückung unfaßbar blieb.[4]

Die Erstürmung der ostdeutschen Bastille drohte ein allgemeines Chaos auszulösen. Der Runde Tisch unterbrach sofort seine Debatten und autorisierte Konrad Weiss von Demokratie Jetzt, vor Gewalt zu warnen. Mit Blaulicht und Sirene eilte Modrow zur Normannenstraße und appellierte an die erregte Menge, sich zu zerstreuen: »Meine Aufgabe als Ministerpräsident kann ich nur erfüllen, wenn ihr gewaltlos bleibt.« Auch der mitgefahrene Oppositionspolitiker Ibrahim Böhme versuchte, die Wogen zu glätten. Dieselben Dissidenten, die in der Stasizitadelle verfolgt worden waren, riegelten nun deren verwüstete Räume ab und wählten ein Bürgerkomitee, um die Akten zu sichern.[5] Am gleichen Abend demonstrierte eine halbe Million Menschen in anderen Städten gegen die SED und verlangte eine beschleunigte Auflösung des Geheimdiensts.

Die Besetzung des Stasihauptquartiers in Berlin war ein psychologischer Wendepunkt. Die vom Volkszorn überraschte Regierung warnte: »Die Demokratie, die sich gerade beginnt zu entwickeln, ist in höchster Gefahr.« Die dramatischen Fernsehbilder von dem

Sturm der Normannenstraße zeigten, daß »das Symbol der alten Macht« seine Terrorgewalt verloren hatte.[6] Durch das erzwungene Nachgeben erschien das Modrow-Kabinett entweder als schwach oder, was noch schlimmer war, als verlogen. Der Stasi-Konflikt demonstrierte, daß die Bevölkerung anfing, unabhängig von Regierung oder Opposition ihre eigenen Vorstellungen zu entwickeln. Der Widerspruch zwischen offiziellen Reformversprechungen und Festhalten am Unterdrückungsapparat raubte der Erneuerung des Sozialismus den Rest der Glaubwürdigkeit.

Der Stasi-Sturm signalisierte eine Vertrauenskrise, die den allgemeinen Verfall der DDR einleitete. Die überraschende Abkehr ostdeutscher Bürger vom Sozialismus in den Wochen zwischen Mitte Januar und Februar 1990 wirft eine Reihe von ungeklärten Fragen auf: War die DDR-Planwirtschaft mit ihren Möglichkeiten am Ende oder gaben Manager und Arbeiter vorschnell auf? Warum reichte die Partizipation des Runden Tischs an der Regierungsverantwortung nicht aus, um den innenpolitischen Autoritätsverfall des Modrow-Kabinetts aufzuhalten? Weshalb willigte die Sowjetunion in einen Verhandlungsmodus ein, der zur Herausgabe ihres Siegespreises des Zweiten Weltkriegs führen mußte?[7]

Ökonomische Stagnation

Die tiefere Ursache für den Mißmut der Bevölkerung war das wirtschaftliche Versagen. In seinem Lagebericht an die Volkskammer vom 11. Januar malte Hans Modrow ein düsteres Bild. Der Verlust von 250000 Arbeitskräften hatte zu einem »absolute[n] Rückgang der Produktion im vierten Quartal gegenüber dem Vorjahr« geführt. Der resultierende Ausfall von »vier Milliarden Mark ... Nationaleinkommen« verursachte ein Haushaltsdefizit von fünf bis sechs Milliarden Mark. Am gleichen Tag enthüllte ein sensationeller Artikel im *Neuen Deutschland* der Öffentlichkeit das lange geheimgehaltene Ausmaß der Wirtschaftsmisere. Selbst in geschönten DDR-Statistiken war nach 1985 das nominelle Wachstum von 4,5% auf 3,1% gefallen und gegen Ende 1989 ganz ausgeblieben.[8] Dieses Eingeständnis von Schwierigkeiten schokkierte die Bevölkerung, weil es die Falschheit offizieller Erfolgsnachrichten bewies.

Die Fehleranalyse der SED, die der Ministerrat durch noch

schwärzere Zahlen belegte, nannte vielfältige Ursachen für die Stagnation der Volkswirtschaft: »Zu wenig Mittel flossen in [den] produzierenden Bereich.« Hohe Sozialausgaben verhinderten Investitionen oder leiteten sie in unproduktive Bereiche. Die »Maschinen und Anlagen kamen in die Jahre«, so daß die Produktion stockte und die Qualität der Waren sank. Der »Import wuchs schneller als der Export«, weil fehlende Konsumgüter aus dem Ausland beschafft wurden, ohne daß eigene Ausfuhren in ähnlichem Maße anstiegen. Aus diesen Disproportionen war eine »uneffektive Struktur der Beschäftigten entstanden«, die zu niedriger Arbeitsproduktivität führte. Die Ausschaltung des Markts verzerrte das Preisniveau und begünstigte kostspielige Subventionen.[9] Kurzum, die DDR hatte über ihre Mittel gelebt. Im Systemwettbewerb mit dem dynamischen Westen bedeutete das Ausbleiben des Wachstums eine politische Niederlage.

In der Praxis hatte die attraktive Idee der Planwirtschaft eher enttäuschende Resultate gebracht. Jahrzehntelang hatten Arbeiter davon geträumt, die Schwankungen des Markts durch die Sicherheit des Plans zu ersetzen. Aber Josef Stalin hatte diese Vision in eine Methode der gewaltsamen Schwerindustrialisierung und der politischen Unterdrückung umgewandelt. Nach sowjetischem Vorbild waren in den fünfziger Jahren ostdeutsche Firmen als »volkseigene Betriebe« (VEB) verstaatlicht und von Verbrauchs- auf Investitionsgüter umgestellt worden. Nach Aufteilung der Junker-Güter war den Bauern das Land abgenommen und in »Landwirtschaftliche Produktionsgenossenschaften« (LPG) zusammengelegt worden. Ähnlich waren Handel und Dienstleistungen in kooperative Handelsorganisationen (HO) zusammengeschlossen und der private Sektor praktisch eliminiert worden.[10]

Die staatliche Plankommission richtete die Produktionsziele nach politischen und sozialen Prioritäten aus. Unabhängig von Preis und Gewinn organisierten einzelne Ministerien spezielle Sektoren wie Schwerindustrie, Bauwirtschaft usw. Die Wirtschaftsabteilung des Zentralkomitees bestimmte jedoch die Grundrichtung und legte Dispute bei. Um den Kapitalismus zu überholen, versuchte die SED, ein Wachstum ohne Krisen zu organisieren und die Wirtschaft auf anderen Werten als Profit aufzubauen. Aber statt den Arbeitern Mitsprache einzuräumen, war das Plansystem eine Art von Staatskapitalismus, der von Bürokraten und Managern kontrolliert wurde. Obwohl die DDR den Wiederaufbau leidlich bewältigte und einen bescheidenen Wohlstand schuf, versagte sie schließlich im Übergang zur Hochtechnologie.[11]

Auf der Betriebsebene produzierte die Planwirtschaft ein organisiertes Chaos. Fixiert auf die Erfüllung eines Planziels (IWP), entwickelten die Manager eine Produktionsmentalität, die Qualität und Kosten vernachlässigte. Ihre Entscheidungen mußten widersprüchliche Parteibefehle, Sachnotwendigkeiten und Lokalinteressen in Einklang bringen. Die Leiter hatten permanent mit Mangel zu kämpfen und Lösungen zu improvisieren, um mit fehlendem Material fertig zu werden. Daher strebten einzelne Betriebe nach Autarkie und versorgten sich selbst mit allem, von Nägeln bis zu Maschinen, was sie brauchten. Diese ungewöhnliche Produktionstiefe führte zum Horten von Rohstoffen und zur Umgehung des Markts durch Tauschhandel zwischen den Betrieben. Trotz der großen Belastung waren die Managergehälter kaum höher als Arbeiterlöhne für Überstunden.[12]

Für Arbeiter brachte das System höhere Sicherheit ohne viel Einfluß. Das jedem Bürger zustehende Recht auf Arbeit verhinderte Arbeitslosigkeit, untergrub jedoch den Leistungswillen. Zusammen mit antiquierten Maschinen schufen fehlende Anreize eine niedrige Arbeitsproduktivität, die weniger als ein Drittel des Westens erreichte. Prämien und Auszeichnungen wurden kollektiv statt individuell verteilt und im Rotationsverfahren an Gruppen verliehen. Ohne Gemeindesteuern für Infrastruktur mußten Betriebe Kinderbetreuung, Sportplätze, kulturelle Unterhaltung und Ferienheime organisieren. Trotz der Produktionsrhetorik schuf die SED-Kontrolle eine nicht nach ökonomischen Prinzipien funktionierende Wirtschaft.[13] Da scheinbare Planerfüllung statt erwirtschafteter Gewinn belohnt wurde, ist es überraschend, wieviel überhaupt produziert wurde.

Verbrauchern machte die Planwirtschaft mehr Ärger als Freude. Zwar waren im Gegensatz zu den osteuropäischen Nachbarstaaten in der DDR die Ladenregale meistens voll. Aber allzu oft hatten Geschäfte nicht die Waren, welche die Käufer wirklich wollten. Wenn es unbegrenzt Schuhe gab, waren sie meist häßlich und in den falschen Größen vorhanden. Da viele Produkte schlecht waren, wurde die Suche nach den wenigen Qualitätswaren, die meist aus dem Ausland kamen, eine Obsession. Preisgestaltung ohne Rücksicht auf Kosten verschlimmerte die Versorgungslücken. Subventionen machten Grundnahrungsmittel so billig, daß Brot an Schweine verfüttert wurde. Aber Luxuswaren wie Fernsehempfänger oder Autos waren so teuer, daß sie Normalverbrauchern unerschwinglich schienen.[14]

Als Ausgleich entwickelte die Bevölkerung Strategien, um den Plan zu umgehen. Der andauernde Mangel machte persönliche oder politische Beziehungen wichtig. Die wenigen Glücklichen, die attraktive Waren besaßen oder handwerkliche Fähigkeiten hatten, konnten diese gegen begehrte Produkte oder Dienstleistungen austauschen. Manche der besten Häuser gehörten Schreinern, Klempnern oder Elektrikern, die sich gegenseitig durch Feierabendarbeit helfen konnten. Zuviel Geld mit zuwenig Waren führte zur Entstehung eines schwarzen Markts, zum Beispiel für Gebrauchtwagen. Um Kaufkraft abzuschöpfen, richtete die Regierung Intershops für harte Währung sowie Luxusläden ein, die eine privilegierte Klasse schufen.[15] Obwohl Normalbürger alle Grundprodukte bekommen konnten, verschlang die Jagd nach etwas Besonderem viel Zeit und Energie.

Mit seinem Opportunismus blockierte Günter Mittag jede Chance für größere Effizienz. Fast drei Jahrzehnte übte dieser ehrgeizige Planer entscheidenden Einfluß auf die DDR-Wirtschaft aus. Als junger Berater von Walter Ulbricht half er im Jahre 1963, das »Neue Ökonomische System« konzipieren, das wieder auf Marktanreize als Produktionsmaßstab zurückgriff. Als dieses Experiment nicht genügend Erfolg brachte, schob ihn Erich Honekker nach seiner Machtübernahme in den Ministerrat ab. Mit der Losung der »Einheit von Wirtschafts- und Sozialpolitik« gab der neue Generalsekretär dem Verbrauch und Sozialleistungen höhere Priorität als forcierten Investitionen. Obwohl dieser kommunistische Keynesianismus anfangs zu Wachstum führte, verschlangen die Sozialausgaben mehr, als sie produzierten, so daß sich schließlich eine wachsende Kluft zwischen begrenzten Mitteln und steigenden Erwartungen auftat.[16]

Im Jahre 1976 wurde ein eingeschüchterter Mittag wieder zum Leiter der Wirtschaftsabteilung des ZKs berufen. Als der Ölpreisschock und das Wettrüsten die Aufnahme von internationalen Krediten erschwerten, konnte nur ein erfahrener Fachmann das Defizitsystem aufrechterhalten. Um das Wirtschaftswachstum anzukurbeln, schloß Mittag Tausende von Firmen in 257 staatsmonopolistische Kombinate zusammen, setzte auf technologische Innovation und zentralisierte alle Macht in seiner Hand. Als die

Wirklichkeit hinter seinen kühnen Plänen zurückblieb, benützte der gerissene Bürokrat Propaganda und Zensur, um den Anschein des Erfolgs aufrechtzuerhalten. Obwohl er genau wußte, daß Honeckers Defizite den Ruin bedeuteten, unterdrückte der Zyniker seine Zweifel: »Man mußte manchmal mit den Wölfen heulen und trotzdem das Richtige tun.«[17]

Im Verlauf der achtziger Jahre wurden die wirtschaftlichen Schwierigkeiten bedrohlich. Der fünfzehnfache Anstieg der Auslandsverschuldung verschlang soviel harte Währung, daß schließlich zwei Drittel der Außenhandelserlöse dazu dienten, die fälligen Zinsen zu bezahlen. Exporte von Maschinen, optischen Geräten oder Textilwaren mußten erhöht werden, auch wenn sie der eigenen Bevölkerung vorenthalten wurden. Ineffiziente Strukturen verdoppelten den Aufwand für den Verdienst einer Westmark von 1:2,2 auf 1:4,4. Gleichzeitig halbierte sich die Akkumulationsrate und verzögerte dadurch notwendige Investitionen. Trotz begrenzter Mittel stieg der Anteil von unproduktiven Projekten des Wohnungsbaus von einem Drittel auf über die Hälfte an. Ausgaben für Militär und Stasi verschlangen Unsummen (16,4 Mrd. Mk 1989), die produktiven Vorhaben fehlten.[18]

Tabelle V

Ostdeutsche Wirtschaftsentwicklung 1970-1987

Jahr	Auslandschulden in Mrd. Mk	Akkumulation in Prozent	Investitionen in Mrd. Mk	Unprod. Proj. in Prozent
1970	2,2	19,4	34,4	34,3
1975	11,0	17,1	42,0	41,4
1980	25,3	16,5	46,9	43,1
1985	30,0	12,0	39,6	54,0
1987	34,7	11,4	45,5	49,2

Diese Fehler hatten schwerwiegende Folgen. Wegen ungenügender Investitionen war ein Großteil der Produktionsmittel museumsreif; zwei Fünftel der Dampfkessel und Turbinen waren zum Beispiel über fünfzig Jahre alt. Der Versuch, westliche Verbotslisten für den Export von Hochtechnologie (COCOM) zu umgehen, verschärfte manche Engpässe. Trotz einer Förderung mit über 15 Mrd. Mk konnte die DDR-Mikroelektronik einen

256-KB-Computerchip nur für 534 Mk produzieren, der auf dem Weltmarkt für 17 Mk zu kaufen war! Wegen solcher Fehlinvestitionen sank das nominelle Wachstum 1987 auf 2,5%, und eine nur notdürftig durch den Begriff »Wertwachstum« verdeckte Inflation halbierte den Außenwert der Ostmark. Während rosige Berichte Planer in Sicherheit wiegten, beschleunigten solche Beschönigungen den Vertrauensverlust bei den Managern, Arbeitern und Verbrauchern.[19]

Auch hektische Gegenmaßnahmen konnten das Debakel nicht verhindern. Als die Sowjetunion 1981 ihre Öllieferungen um zwei Millionen Tonnen senkte, schrumpfte die Energiebasis und trocknete die Valutaquelle des Exports von veredelten Petroleumprodukten aus. Zwei Jahre später konnte nur der überraschend vom bayerischen Ministerpräsidenten Franz-Josef Strauß ausgehandelte Milliardenkredit die Zahlungsfähigkeit der DDR sichern. Die Notwendigkeit, harte Währung zu verdienen, verschaffte dem Staatssekretär für kommerzielle Koordinierung, Schalck-Golodkowski, immer größere Freiheit. Mit Unterstützung der Stasi verkaufte sein Handelsimperium alles, von Dissidenten bis zu Pflastersteinen. Statt produktive Investitionen zu unterstützen, wurde der jährliche Gewinn von mehr als 1,5 Mrd. Mk zu militärischen Zwecken oder für den Verbrauch der Bevölkerung ausgegeben.[20]

Gegen Ende 1987 sah Mittag ein, daß dieses Spiel verloren war: »Vom Osten war keine Hilfe möglich, und zum Westen konnte die Wende zur umfassenden Wirtschaftskooperation wegen latent wirkender politischer Widerstände in unseren Reihen nicht erfolgen.« Da eine Senkung des Lebensstandards die Bevölkerung zur Revolte angestachelt hätte, war die Verringerung der Sozialausgaben zur Ausgleichung des Haushalts unmöglich. Obwohl Experten wie der Leiter der Plankommission, Gerhard Schürer, wiederholt vor dem drohenden Staatsbankrott warnten, hielt Honecker störrisch daran fest, mehr auszugeben, als eingenommen wurde. Als sich im Herbst 1989 die schleichende Stagnation zu offenem Niedergang auswuchs, drohte eine Umschuldung zu vom IMF auferlegten Bedingungen, die ein Ende der ökonomischen Souveränität bedeutet hätten.[21] Die wachsenden Wirtschaftsprobleme schränkten die Handlungsfähigkeit der Regierung ein und führten in der Bevölkerung zu Wut und Enttäuschung.

Die schockierende Wahrheit löste eine verwirrende Diskussion über Wirtschaftsreformen aus. In der DDR hofften Manager der Staatsbetriebe auf größere Autonomie, mehr Leistungsdenken und realistischere Preisgestaltung. Um die Produktion zu stabilisieren, die Abwanderung einzudämmen und die internationale Wettbewerbsfähigkeit zu verbessern, propagierte Wirtschaftsministerin Christa Luft einen widersprüchlichen Wechsel zur »sozial-ökologischen Marktwirtschaft«.[22] Zur Erarbeitung eigener Ideen berief das Neue Forum eine Konferenz ein, welche die Umrisse einer »sozio-ökologischen Marktwirtschaft« skizzierte. Durch Maßnahmen wie begrenzte Privatisierung, offenen Wettbewerb und Konvertibilität der Währung versuchte die Bürgerbewegung, »die private Initiative der Menschen, deren soziale Sicherheit und die Bewahrung der natürlichen Umwelt« zu verbinden.[23]

Westliche Kritiker verlangten eine radikalere Umgestaltung. Wirtschaftminister Helmut Haussmann wertete die Kombinate als »Dinosaurier« und verkündete: »Das planwirtschaftliche System ist am Ende.« Da die DDR-Wirtschaft nur gesunden könne, »wenn das System geändert wird«, schlug der Vorsitzende der Deutschen Bank, Alfred Herrhausen, rechtliche sowie politische Reformen als Vorbedingung für Investitionen auf dem Wege zur Wiedervereinigung vor.[24] Demgegenüber behauptete der SPD-Wirtschaftssprecher Wolfgang Roth, daß die DDR »nicht mit dem Rücken zur Wand« stehe, sondern »gute Chancen für ein zügiges Aufholen« habe. Da fast alle Ratschläge auf die Ablösung des Plansystems hinausliefen, beschloß der Runde Tisch Maßnahmen, um die Produktion zu stabilisieren und einen sanften Übergang in die Marktwirtschaft einzuleiten.[25]

Das Versagen der Planwirtschaft war strukturell und politisch bedingt. Hohe Reparationen an und ungleiche Handelsbedingungen mit der Sowjetunion schufen ungünstige Ausgangsbedingungen. »Der Mangel an industriell verwertbaren Rohstoffen bis auf Kalisalze und Braunkohle« und die Abwanderung qualifizierter Arbeitskräfte erschwerten das Wirtschaftswachstum. Die durch den Kalten Krieg bedingte »weitgehende Abschottung von der internationalen wissenschaftlich-technischen Entwicklung« sowie chronischer Kapitalmangel behinderten Innovationen. Aber erst »eine falsche Wirtschaftspolitik, ein erstarrtes Planungs- und Leitungssystem und die willkürlichen Entscheidungen der Machthaber« führten in die Katastrophe. Mangels Wettbewerb entfernten sich die Planziele von der Wirklichkeit und wurden Statistiken geschönt. Honeckers ökonomische Unwissenheit, Mittags Machtversessenheit und Schalcks Geheimniskrämerei verhinderten die Korrektur solcher Fehlentwicklungen.[26]

Anfang 1990 reichte auch Krisenmanagement nicht mehr aus. Jede Problemlösung schuf neue Schwierigkeiten und opferte Zukunftschancen. In den letzten Jahren hatten nur noch die 2,5 Mrd. DM, die Bonn jährlich für Besuchergebühren und Autobahnbau zahlte, die Zahlungsfähigkeit der ostdeutschen Wirtschaft erhalten. Obwohl die DDR unter schwierigen Bedingungen erstaunliche Leistungen vollbrachte, erreichte das Pro-Kopf-Einkommen 1989 nur ein Drittel des Westniveaus (11 829 versus 35 856 DM). Aus Angst vor dem Verlust ihrer Macht wagte es die SED-Führung nie, rigorose Maßnahmen einzuleiten, welche den Niedergang hätten aufhalten können. Als die Auslandsschulden auf $ 20,6 Mrd. anwuchsen und der RGW sich entschied, zu harter Währung überzugehen, befand sich die Planwirtschaft am Rande des Bankrotts.[27] Regierung, Opposition und Bevölkerung hofften daher immer mehr auf Hilfe aus der Bundesrepublik.

Politische Krise

Mitte Januar lösten Stasiängste und Wirtschaftssorgen eine Legitimationskrise der DDR aus. Demonstranten deuteten die schleppende Auflösung des AfNS als Rückkehr zur Repression und skandierten »Nieder mit der SED« und »Modrow muß weg!« Als der Ministerpräsident um einen »Vertrauensvorschuß« zur Lösung ökonomischer Probleme bat, lehnte das Neue Forum die Zusammenarbeit ab, weil das kommunistische Machtmonopol unangetastet blieb. Während die SED in verschiedene Fraktionen zerfaserte, drängte der westdeutsche CDU-Sekretär Volker Rühe die ostdeutsche Schwesterpartei, die Regierungskoalition zu verlassen. Westberliner Beobachter wie Bürgermeister Momper spürten die steigende Spannung: »Ein Funke hätte gereicht, um das Pulverfaß zur Explosion zu bringen.«[28]

In der Volkskammer warb Hans Modrow eindringlich um die Fortsetzung der Erneuerungspolitik. Zur Aufrechterhaltung der Regierungsautorität lehnte er ein »Vetorecht« des Runden Tisches ab. Wegen des unerhörten Haushaltsdefizits von 17 Mrd. Mk mußte die Gesundung der Wirtschaft höchste Priorität haben. Um Investoren anzulocken, ohne die Arbeiter zu verunsichern, versprach Christa Luft einen »radikalen, aber geregelten Übergang« zur Marktwirtschaft. Da die Bevölkerung praktische Verbesserungen erwartete, forderten die Blockparteien »eine Beschleunigung des Reformprozesses«. Lothar de Maizière war besorgt, daß die DDR noch vor der ersten freien Wahl unregierbar werden könne: »Die wirtschaftliche Situation des Landes war hoffnungslos ... die Stimmung kurz unterhalb des Siedepunkts und die Tendenz zu Gewalttätigkeiten unübersehbar.«[29]

Am 15. Januar 1990 erschien Modrow als Zeichen des guten Willens vor dem Runden Tisch. Wegen des Ernsts der Lage plädierte er für einen »Konsens aller verantwortungsbewußten Kräfte«. Die Fortführung der Reformen verlange unbedingte Gewaltlosigkeit, ungestörte wirtschaftliche Arbeit und ein Abebben der Ausreisewelle. »Es ist mein besonderes Anliegen, daß die Regierung mit Ihrer Unterstützung handlungsfähig bleibt.« Als Anreiz bot er der Opposition »unmittelbare und verantwortliche Teilnahme an der Regierungsarbeit durch kompetente Persönlichkeiten« sowie Mitwirkung in Kommissionen, an den Verhandlungen mit Bonn und in der Vorbereitung von Gesetzen an. Durch Vorlage eines Zwischenberichts unterstrich er seine Bereitschaft, die Stasi ganz aufzulösen: »Ich hoffe auf ein enges Zusammenwirken Regierung – Runder Tisch.«[30]

Das überraschende Angebot veränderte das Verhältnis zwischen dem Kabinett und der Opposition grundlegend. Modrows Initiative bot der Bürgerbewegung die Chance, schon vor Wahlen die Freiheit des Kritikers gegen die Verantwortung des Regierenden auszutauschen. Obwohl der Ministerpräsident der SPD den Posten des stellvertretenden Umweltministers anbot, lehnte Ibrahim Böhme die Mitarbeit in einer Übergangsregierung ab. Da der Vorschlag die Spannung der Stasi-Krise beseitigen sollte, begrüßten die Medien ihn als Ansatz zu einem »konstruktiven Konsens«.[31] Für die Opposition schuf die Offerte jedoch ein grundsätzliches Dilemma: Sollte sie zur Durchsetzung von Reformen an der Stabilisierung mitarbeiten oder durch Ablehnung der Zusammenarbeit eine radikalere Erneuerung erzwingen?

Die Regierung mußte ihre Basis verbreitern, weil ihre tragende Säule, die SED, immer mehr abbröckelte. Die Dezemberentscheidung, nicht radikal mit der Vergangenheit zu brechen, um die

Partei zu bewahren, untergrub ihre öffentliche Glaubwürdigkeit. Aus Enttäuschung über ausbleibende Veränderungen war etwa die Hälfte der alten Mitglieder (über 1 Million) bis Ende Januar ausgetreten. Oft blockierten die alten Apparate Gysis Reformvorschläge, so daß die SED zwischen Starrheit und Erneuerungswillen schwankte. Übermüdete Reformer fanden kaum überzeugende Antworten auf drängende Probleme des Parteieigentums, der Arbeitslosigkeit oder der Wiedervereinigung. Die sprichwörtliche Parteieinheit zerbrach in konkurrierende orthodoxe und reformerische Fraktionen, die von einer »kommunistischen Plattform« über einen »sozialdemokratischen Studienkreis« zu einer »Dritten Weg«-Gruppe reichten.[32]

Am 20. Januar versammelte sich das Parteipräsidium zu einer Krisensitzung. Obwohl intellektuelle Vertreter des demokratischen Sozialismus die sofortige Auflösung der Organisation verlangten, wollten jüngere Genossen und Frauen nur die radikale Erneuerung. Um die sozialen Errungenschaften der DDR zu sichern, lehnte die Parteiführung die Selbstauflösung ab und kündigte statt dessen weitere Reformen an. Als symbolische Konzession opferte sie den Namen SED und das Emblem der verschränkten Hände, die an die Zwangsvereinigung von KPD und SPD erinnerten. Am folgenden Tag traten jedoch der Bürgermeister Wolfgang Berghofer und die gesamte Dresdener Bezirksleitung aus, da sie »nicht die politische Kraft dieser Partei, sich grundsätzlich zu verändern«, sahen.[33] Nur durch den Ausschluß von Krenz und Schabowski konnte Gregor Gysi den Kern der PDS retten.

Der Runde Tisch nützte diese Schwäche der Regierungspartei, um seine eigene Autorität zu festigen. In der Diskussion über die verwirrenden Stasivorgänge plädierte er weiterhin für Gewaltlosigkeit, bekräftigte aber gleichzeitig seine »Entschlossenheit, keinen Aufschub, keine Inkonsequenz, keine Halbheiten« in der Demokratisierung zu dulden. Zur Kontrolle der Auflösung der Nachfolgeorganisation AfNS schuf der Runde Tisch eine Arbeitsgruppe mit weitgehenden Vollmachten. Allgemein kritisierte die Opposition die Nichtvorlage von Gesetzentwürfen des Kabinetts und verlangte das Rederecht vor der Volkskammer sowie die Überprüfung von zweifelhaften Grundstücksgeschäften des Staatsapparats. Durch diese Forderungen unterstrich der Runde Tisch die Notwendigkeit weiterer Reformen.[34]

Am 22. Januar wiederholte Hans Modrow sein Kooperationsangebot. Durch Distanzierung von der diskreditierten PDS betonte er, »daß meine Regierung die konstruktive Zusammenarbeit mit dem Runden Tisch braucht«, um handlungsfähig zu bleiben. Zur Stabilisierung des Landes bis zu den Wahlen bot er eine »neue Qualität« des Mitwirkens in außenpolitischen Verhandlungen und innenpolitischen Reformen an. »Ich ersuche alle am Runden Tisch vertretenen neuen Parteien, mir Persönlichkeiten zu benennen, die bereit sind, als Mitglieder des Ministerrates in die Regierung einzutreten.« Durch den sorgenvollen Ton der Ausführungen spürten die Oppositionsgruppen, daß die Regierung nunmehr auf ihre Unterstützung angewiesen war.[35] Diese Schwäche erlaubte es der Bürgerbewegung, harte Bedingungen zu stellen, um ihre eigenen Vorstellungen durchzusetzen.

In geheimen Verhandlungen suchte der Runde Tisch nach einer akzeptablen Lösung. Während langer Sitzungen am 24. und 26. Januar klärten Blockparteien und Oppositionsgruppen ihre unterschiedlichen Positionen. Vor allem die CDU stand unter Druck der Mitglieder und westdeutschen Berater, sich von der PDS zu distanzieren, um nicht mit ihr unterzugehen. Obwohl der Vorsitzende de Maizière sich verpflichtet fühlte, bis zu den Wahlen eine große Koalition zu unterstützen, drohte seine Partei damit, das Kabinett zu verlassen, wenn sich nicht Kräfte der Bürgerbewegung an der Regierung beteiligten. Da sich die unbelasteten Sozialdemokraten aufgrund optimistischer Umfragen schon als Wahlsieger fühlten, sperrte sich Ibrahim Böhme, um nicht die fallenden Rivalen zu stützen.[36]

Schließlich zwang die »Überlebenskrise« der DDR die Opposition, das Risiko der Regierungsbeteiligung dennoch einzugehen. Die Verschlechterung der Lage überzeugte Skeptiker im Demokratischen Aufbruch und Neuen Forum, Modrows Angebot anzunehmen. Auch unter den kleineren Gruppen erklärten sich Demokratie Jetzt, IFM sowie die Grünen zum Eintritt in die Regierung bereit; nur die Vereinigte Linke weigerte sich aus grundsätzlicher Ablehnung der Wiedervereinigung. Als Preis der Mitwirkung verlangte die Bürgerbewegung eine »geschäftsführende Personalregierung«, welche dem Runden Tisch verantwortlich sein und bis zur Wahl amtieren sollte. Als die CDU-Minister das Kabinett verließen, gab die SPD nach und nahm den Vorschlag einer überparteilichen großen Koalition an. Scharfsichtige Beobachter konstatierten »eine entscheidende Veränderung der Machtverhältnisse im Lande«.[37]

Nach sieben Verhandlungsstunden erreichten Regierung und Opposition am 28. Januar einen Kompromiß. Wachsende Wirtschaftsprobleme, Ungeduld der Bevölkerung und Autoritätsverlust des Kabinetts hatten die Lage weiter zugespitzt. »Die Gefahr, daß die Dinge außer Kontrolle geraten«, überzeugte beide Seiten von der Notwendigkeit, eine »unabhängige Übergangsregierung« zu schaffen. Obwohl der Termin der Kommunalwahlen am 6. Mai bestehen blieb, wurden die landesweiten Wahlen auf den 18. März vorgezogen. Zwar protestierten die neuen Gruppen gegen die Beeinträchtigung ihrer Chancen, aber die PDS und SPD bestanden auf einem früheren Datum, um das gefährliche Interregnum zu verkürzen. Gleichzeitig wurde die Bildung einer Mammutkoalition aus allen politischen Kräften vereinbart. Jede der acht Oppositionsgruppen würde einen Vertreter entsenden, der an allen Kabinettsentscheidungen als Minister ohne Ressort teilnehmen sollte.[38]

Diese Kooptation von führenden Dissidenten institutionalisierte ihre Teilhabe an der Macht ohne administrative Verantwortung. Da ihr die technische Kompetenz zur Verwaltung von Ministerien fehlte, beschränkte sich die Bürgerbewegung auf politische Kontrolle der Grundsatzentscheidungen. Die CDU konnte im Kabinett bleiben und die SPD an der Regierung teilnehmen, ohne für deren Fehlschläge geradestehen zu müssen. Als Zeichen seines guten Willens versprach Modrow die Entsendung eines permanenten Kabinettsvertreters zum Runden Tisch. Als der Ministerpräsident am folgenden Tage die Volkskammer informierte, begrüßten die Medien diese Notlösung als ein »Zeichen der Vernunft« und Stabilität.[39] Nach vier Monaten scharfer Kritik trat die Opposition in die Regierung ein, um die DDR durch radikalere Umgestaltung vor dem Bankrott zu retten.

Mit gestärkter Autorität drängte der Runde Tisch auf weitere Reformen. Neben der Überwachung der Stasiauflösung bestand die Bürgerbewegung auf voller »Gewährleistung der Meinungs-, Informations- und Medienfreiheit«. Am 29. Januar diskutierte der Runde Tisch die aus der Produktionsideologie der SED resultierenden ökologischen Probleme Ostdeutschlands. Im Gegensatz zu früheren Dementis gab Minister Peter Diederich offen zu, daß die höchsten Schwefeldioxyd-Emissionen in Europa eine Umweltkrise verursacht hatten. Atomkraftgegner prangerten vor allem die nuklearen Reaktoren von Greifswald als gefährlich an. Die Kritiker warnten ebenso vor den Folgen großbetrieblicher Viehzucht, den Altlasten von Betrieben und der Verseuchung des Trinkwassers.[40]

Als Ausweg forderte die Umweltarbeitsgruppe »einen ökologischen Umbau in unserem Lande«. Um die drohende Katastrophe zu verhindern, sollte die Gesellschaft andere Prioritäten als Wachstum setzen und von Verschwendung zu Bewahrung übergehen. Einstimmig propagierte der Runde Tisch gesetzliche Kontrollmaßnahmen, verstärkte Information und Forschung sowie Wiederverwendung von Abfall, Einsparung von Energie, chemiefreie Landwirtschaft, Landschafts- und Naturschutz und öffentlichen Nahverkehr. Diese erste Diskussion der enormen Umweltschäden der DDR setzte starke Emotionen frei.[41] Aber das umfassende Reformprogramm der Bürgerbewegung ignorierte die Kostenfrage und enthielt keine Hinweise, wie die Vorschläge gegenüber unkooperativen Kommunen und Firmen durchzusetzen wären.

Ähnlich schwierig war die Demokratisierung der 8,5 Millionen Mitglieder starken Gewerkschaften. Der Wandel von SED-Gehilfen zur Vertreterin der Arbeiterinteressen machte kaum Fortschritte, bis Korruptionsvorwürfe die Wendehälse der Führung zum Rücktritt zwangen. Obwohl Betriebsräte antikommunistische Streiks organisierten, hatten Versuche, unabhängige Organisationen zu gründen, wenig Erfolg. Daher verlief der außerordentliche Gewerkschaftskongreß Ende Januar stürmisch. Als die Mitglieder die Funktionäre abwählten, veränderten diese die Spielregeln und ignorierten die Basis. Alte und neue Kräfte kooperierten in der Verabschiedung eines Aktionsprogramms und Gewerkschaftsgesetzes mit weitgehenden Rechten. Da die Apparatschiks ihre Macht durch Gründung von Einzelorganisationen unter dem Dach des FDGB verteidigten, schwand der Einfluß der Gewerkschaften.[42]

Am 5. Februar stellte Modrow erleichtert der Volkskammer seine »Regierung der nationalen Verantwortung« vor. Diese aus der Not geborene Koalition zwischen dreizehn verschiedenen Parteien und Gruppen sollte »die dringend notwendige Stabilität der inneren Entwicklung« fördern sowie »weitere Schritte zur Reform« einleiten. Die neuen Minister waren eine eindrucksvolle

Gruppe von engagierten Akademikern: Tatjana Böhm (UFV) eine Frauenforscherin; Rainer Eppelmann (DA) ein pazifistischer evangelischer Pfarrer; Sebastian Pflugbeil (NF) ein Atomphysiker und Ökologe; Matthias Platzeck (Grüne) ein Umweltaktivist; Gerd Poppe (IFM) ein Ingenieur und Sozialreformer; Dr. Walter Romberg (SPD) ein Mathematiker und Abrüstungsbefürworter; Klaus Schlüter (Grüne Liga) ein Umweltingenieur; und Dr. Wolfgang Ullmann (DJ) ein bekannter Kirchenhistoriker.[43]

Der Eintritt der Opposition verschaffte dem Kabinett eine größere Legitimität. Die Neuankömmlinge versuchten vor allem, die Vorbereitung von Reformgesetzen zu beeinflussen. Doch fand die Verwaltungsarbeit weitgehend hinter ihrem Rücken statt, da ihre Mitarbeiterstäbe klein und die alten Apparate nicht davon begeistert waren, unkonventionelle Weisungen von Dissidenten auszuführen. Die Verbreiterung der Regierungsbasis durch Minister ohne Geschäftsbereich bedeutete gleichzeitig »ein Ende und ein[en] Neuanfang«.[44] Für die PDS bewahrte dieses Arrangement einen Teil der Macht; für die Bürgerbewegung bot es die erste Chance, Entscheidungen durch Zugang zur Regierungsautorität mitzubestimmen.

Eine Schlüsselfigur der neuen Koalition war Wolfgang Ullmann. Der sechzigjährige Theologe an der evangelischen Akademie in Berlin verkörperte Ehrlichkeit und Offenheit. »Der mündige Bürger will selbst entscheiden, wer im Lande plant und regiert.« Konsequent suchte Ullmann nach einer direkten Form der Demokratie, welche die »Selbstorganisationskräfte der Gesellschaft« freisetzen würde. Durch seine persönliche Ausstrahlung machte er als einer der Väter des Runden Tischs die vom Fernsehen übertragenen Debatten zu einer »Vorschule der Demokratie«.[45] Seine gelehrte Rhetorik war jedoch wirkungsvoller in der Propagierung einer neuen Zivilgesellschaft als in der Lösung praktischer Probleme.

Die dringendste, aber schwierigste Aufgabe war die Sanierung der Wirtschaft. Als die Produktion auf das Niveau von 1985 absackte, mußte Ostberlin interne Reformen beschleunigen und externe Hilfe suchen. Durch »Öffnung von Freiräumen für Unternehmertum ... Ausgestaltung des Leistungsprinzips«, eine Preisreform, Teilkonvertierbarkeit der Währung und Neugestaltung des Außenhandels wollte Christa Luft das festgefahrene Plansystem auf Wettbewerb umstellen. Als Gegenleistung für die Zulassung von Joint-ventures bat Ostberlin die Bonner Regierung um 10 bis 15 Mrd. DM Unterstützung für Strukturverbesserungen und Konsumgüter. Der ökonomische Kollaps ließ dem Runden Tisch keine Wahl, als der Umstellung auf Marktprinzipien halbherzig zuzustimmen. Bei der notwendigen Wirtschaftsreform versuchte er jedoch, Bevölkerungsängste vor Arbeitslosigkeit zu berücksichtigen und Schutz für sozial Schwache zu verlangen.[46]

Gerade als der Runde Tisch wirklichen Einfluß erlangte, fingen die Massen an, sich von seiner Politik abzuwenden. Während des Stasi-Konflikts konnte die Opposition in Leipzig, Dresden oder Chemnitz noch eine halbe Million Protestierende mobilisieren. Aber die Menschen merkten langsam, daß der Runde Tisch einen Dritten Weg statt ihre Lebensbedingungen zu verbessern suchte. In Eingaben begannen Ostdeutsche, sich von der Bürgerbewegung zu distanzieren und ihre eigenen Wünsche zu artikulieren: »Wir fordern die Auflösung des Runden Tisches. Eine baldige Währungsunion ist das einzige, was uns retten kann.« Im Winter 1990 veränderte sich die Agenda der Massenproteste grundlegend: »Überwiegend wurde für die Einheit Deutschlands, die soziale Marktwirtschaft, freie und geheime Wahlen sowie gegen die PDS demonstriert.«[47]

Umfragen belegen einen fundamentalen Stimmungswandel. Mitte Februar verlangten 72% der Leipziger Demonstranten die Vereinigung, und weitere 20% unterstützten sie mit Einschränkungen. Die Mehrheit der Teilnehmer war jung (durchschnittlich 35,5 Jahre), männlich (72%), stark engagiert (war schon zehnmal marschiert) und kam aus Arbeiterkreisen (39%) und dem Angestelltenmilieu (32%). Obwohl das Gros der Bevölkerung ängstlicher war, folgte sie mit einiger Verzögerung den Tendenzen der Demonstranten. Zwischen November und Februar verdoppelte sich der Anteil der entschiedenen Einheitsanhänger von 16% auf 40%, während der Prozentsatz der gemäßigten Vertreter von 32% auf 39% stieg. In einer anderen Umfrage befürworteten zwei Drittel die Einheit und weitere 16% eine Konföderation.[48] Da Träume von einer Zivilgesellschaft immer mehr mit dem Verlangen nach einem besseren Leben kollidierten, verlor der Runde Tisch an Autorität.

Ein weiteres Indiz für den Meinungsumschwung war die Entstehung von liberalen und konservativen Gruppen. Da antikommunistische Opposition als Landesverrat verboten war, konnten nationale Hoffnungen nur zögernd in den Freiräumen der Demonstrationen auftauchen. Erst nach der Jahreswende wagten Konservative die Gründung rechter Parteien, welche einen radikalen Bruch mit dem Sozialismus forderten. Mit Angriffen auf den Marxismus als »Scherz des Jahrhunderts« wurde von den neuen Gruppen vor allem die Deutsche Soziale Union im Süden der DDR schnell populär. Viele Bürger waren enttäuscht, daß die Regierung mehr redete als handelte. »Im Alltag spürbare Verbesserungen gibt es kaum«, notierte ein Dresdener Pfarrer die wachsende Ungeduld. »Die Zeit drängt. Deshalb die Forderung nach schnellstmöglicher staatlicher Einheit mit der BRD.«[49]

Der neuen Kooperation zwischen Regierung und Opposition gelang es nicht, diese politische Krise beizulegen. Als die SED ihre Macht zu rekonsolidieren schien, unterstützte die Bevölkerung Dissidentenforderungen nach Auflösung der verhaßten Stasi. Durch Mitarbeit in einer Regierung der nationalen Verantwortung erreichte die Bürgerbewegung einen Teil der Macht, die es ihr erlaubte, auf zusätzliche Reformen zu drängen. Doch die Normalbürger benutzten den neugewonnenen Spielraum, um ihre Hoffnungen auf ein besseres Leben zu vertreten, statt die Verfassungsprioritäten des Runden Tisches zu unterstützen. Zwar folgten sie im Kampf gegen stalinistische Repression der Opposition, aber die Menschen gingen ihren eigenen Weg, als sie bemerkten, daß ihre eher konkreten Zukunftserwartungen mit intellektuellen Visionen unvereinbar waren.[50]

Diplomatische Destabilisierung

Wirtschaftlicher Niedergang und politische Instabilität weckten Zweifel an der Lebensfähigkeit der DDR als unabhängigem Staat. In Unterredungen mit Vačlav Havel und westlichen Wirtschaftsführern äußerte sich Modrow noch optimistisch über »die Überwindung der Existenz- und Legitimationskrise«. Aber RGW-Debatten am 9. Januar in Sofia über die Einführung von »Marktprinzipien« und »Verrechnungen in frei konvertierbarer Währung« zeigten unüberbrückbare Meinungsunterschiede. Da ein zerbröckelnder Ostblock nicht mehr helfen konnte, kam der Ministerpräsident zu dem bitteren Schluß, »daß für uns nur die Orientierung auf die BRD eine reale Alternative war«.[51] Doch dies war leichter gesagt als getan. In Ostberlin mißtrauten die PDS und der Runde Tisch westlicher Unterstützung; in Bonn warnten FDP und SPD vor Verhandlungen mit einer abgewirtschafteten SED.

In den ersten Wochen des Jahres 1990 beschleunigte die politische Krise Ostdeutschlands den Einheitsprozeß. Mit dem Argument der Auflösung der DDR bemühte sich Helmut Kohl, die internationalen Vorbedingungen für eine Vereinigung zu verbessern. Während intensiver Diskussionen mit Präsident Mitterrand zerstreute der Bundeskanzler französische Ängste durch Unterstützung weiterer Schritte zur europäischen Integration. Zur Linderung der russischen Hungersnot begann die westdeutsche Regierung Nahrungsmittel zu senden, um Gorbatschows Position zu stärken und Einheitsgegner umzustimmen. Obwohl Feministinnen die nationalen »Träume alter Männer« verspotteten, verstärkten westliche Parteien Kontakte mit potentiellen östlichen Partnern und bereiteten den kommenden Wahlkampf vor.[52]

Die innere Schwächung der DDR machte alle Pläne für eine Vertragsgemeinschaft obsolet. Als Modrow einen Besuch vorschlug, um die Vertiefung von Wirtschafts-, Verkehrs- und Umweltbeziehungen zu beraten, hatte Bonn positiv reagiert. Im Fernsehen erklärte Kohl die Notwendigkeit, der DDR-»Bevölkerung eine Perspektive zu geben«, auch wenn er keinen festen Zeitplan für die Vereinigung habe. Aber die dramatischen Nachrichten über den Sturm der Stasi-Zentrale am 15. Januar stimmten ihn um. Als er das Ausmaß der Unzufriedenheit in Ostdeutschland erkannte, entschied der Kanzler, »die SED-PDS so schnell wie möglich aus der Regierungsverantwortung zu drängen« und »über die Vertragsgemeinschaft erst nach den freien Wahlen« zu verhandeln. Jedoch teilte er seinen Sinneswandel nicht Ostberlin mit, so daß man dort weiter an Vorbereitungen für engere Kooperation arbeitete.[53]

Am 17. Januar legte die DDR-Regierung den Entwurf eines Vertrages über »Zusammenarbeit und gute Nachbarschaft« vor. Als »neue Dimension der gegenseitigen Beziehungen« sollte eine Vertragsgemeinschaft, »die den Weg zu einer Konföderation bahnt«, eine »politische Konsultativkommission« enthalten sowie einen »Wirtschaftsverbund« mit einem »Währungsverbund« schaffen. Aber da Kohl keinen Sinn mehr darin sah, »mit Modrow und der SED-PDS irgendwelche Verträge zu schließen«, autorisierte er nur Vorgespräche über kurzfristige Unterstützungen, um den Übersiedlerstrom zu verringern. Am 25. Januar wies Modrow den Kanzleramtsminister auf den »Ernst der Lage in der DDR« hin. Obwohl Seiters »gemeinsame Institutionen«, die »Festschreibung der Perspektive der Einheit« und eine »Wirtschaftsgemeinschaft« andeutete, zeigte er sich wenig an baldigem Verhandlungsbeginn oder an wirtschaftlicher Hilfe interessiert.[54]

Während der zweiten Januarhälfte zog die Sowjetunion ihr Veto gegen die deutsche Vereinigung zurück. Realisten wie Eduard Schewardnadse hatten schon lange erkannt, daß das »deutsche Problem« eine dauerhaftere Lösung verlangte, aber das Trauma von 27 Millionen Opfern des Zweiten Weltkriegs verhinderte jede Abweichung von der Politik der Teilung. Nun löste die DDR-Krise einen Machtkampf zwischen russischen Traditionalisten wie dem ZK-Sprecher Valentin Falin und Glasnost-Anhängern wie dem Gorbatschow-Berater Anatolij Tscherniajew aus. In einer hitzigen Sitzung in der dritten Januarwoche setzte sich schließlich das Reformargument durch, daß der Zusammenbruch der DDR es notwendig mache, die sowjetische Politik auf eine Verhandlungslösung mit Bonn umzuorientieren. Schließlich signalisierte der Deutschlandspezialist Nikolai Portugalow der *BILD-Zeitung* einen russischen Sinneswandel: »Wenn das Volk der DDR die Wiedervereinigung will, dann wird sie kommen.«[55]

Am 30. Januar brachte Hans Modrows Besuch in Moskau den offiziellen Durchbruch. Während Gorbatschow die DDR als »besonderen, einen strategischen Partner« lobte, stellte der Ministerpräsident »die zugespitzte Situation« schonungslos dar. Obwohl er weiter auf Selbständigkeit durch Reform hoffte, riet der Gastgeber, »die Realitäten und realen Prozesse zu berücksichtigen«. Um westdeutschem Druck zu begegnen, kamen Gorbatschow und Modrow überein, »daß diese Fragen jetzt konzeptionell neu durchdacht werden müssen«, d. h., »klare Vorstellungen über ein etappenweises Vorgehen bis zur Vereinigung beider deutscher Staaten entwickelt« werden sollten. Der abschließenden Pressekonferenz teilte der sowjetische Staatsmann mit, »daß die Vereinigung Deutschlands niemals und von niemandem prinzipiell in Zweifel gezogen werde«. Trotz gewisser Bedingungen löste diese sensationelle Ankündigung in deutschen Medien Freude aus: »Gorbatschow lenkt ein: Vereinigung unausweichlich.«[56]

Mit solcher Rückendeckung versuchte Modrow die Initiative in der Vereinigungsfrage zurückzugewinnen. Bei seiner Rückkehr von Moskau nach Berlin stellte er einen Plan für »Deutschland, einig Vaterland« mit den Worten der DDR-Nationalhymne vor. Als Antwort auf das »verständliche Drängen großer Teile der Bevölkerung in beiden Staaten« wollte er »ein Richtmaß geben, das eine friedliche Entwicklung ermöglicht und einen vernünftigen Zeithorizont ... erkennen läßt«. In Weiterentwicklung früherer Ideen schlug er nun ein »einig Vaterland aller Bürger der deutschen Nation« vor, das militärisch neutral sein sollte. Um Befürchtungen anderer Staaten zu besänftigen, skizzierte er »ein stufenweises, für die europäischen Völker überschaubares und berechenbares Zusammengehen beider deutschen Staaten«. Obwohl seine Partei wie die Bürgerbewegung die Unabhängigkeit vorzogen, machte Modrow dieses Angebot, um die Bevölkerungsmehrheit für einen langsamen Prozeß der Vereinigung zu gewinnen.[57]

Dieser Vorschlag bewirkte jedoch das Gegenteil und beschleunigte den Prozeß. Entzückt von »Modrows Kapitulation«, beanstandeten Bonner Kommentatoren nur seine Forderung nach Neutralität.[58] Der Kanzler schloß aus dem Moskauer Kurswechsel, »daß die staatliche Einheit noch schneller kommen kann, als wir alle bisher angenommen hatten«. Um ein Hoffnungszeichen nach Osten zu senden, fingen westliche Finanzexperten an, Stufenkonzepte für eine Reform der wertlosen Währung zu diskutieren. Zur Belebung der stockenden Produktion schlug die SPD-Sprecherin Ingrid Matthäus-Maier eine »DM-Währungsunion« der deutschen Staaten spätestens ab 1991 vor. Während des Weltwirtschaftsforums in Davos bat Modrow den Bundeskanzler um massive Hilfe zur Rettung der DDR-Wirtschaft. Statt darauf einzugehen, regte Kohl einen möglichen Übergang zur DM-Währung an.[59]

Angespornt von Katastrophengerüchten entwickelte die »Arbeitsgruppe Deutschlandpolitik« des Kanzleramts Szenarios für eine Wirtschaftsunion. Um einer Initiative seines Parteirivalen Lothar Späth zuvorzukommen, schlug Kohl am 6. Februar überraschend der Bundestagsfraktion der CDU/CSU vor, »mit der DDR unverzüglich in Verhandlungen über eine Währungsunion und Wirtschaftsreform einzutreten«. Diesen drastischen Schritt begründete er mit dem Hinweis, daß der fortdauernde Strom der Übersiedler nur durch die baldige Einführung der DM in Ostdeutschland gestoppt werden könne. Am folgenden Tage billigte das Kabinett eine schnelle Währungsunion, als Bundesbankpräsident Karl-Otto Pöhl sich dem politischen Druck beugte, die Währung als Hebel für die Vereinigung einzusetzen. Kohl schlug alle Warnungen vor ökonomischem Chaos und sozialen Kosten mit dem Argument in den Wind, daß man »an diese historische Entscheidung jetzt nicht mit einer Krämerseele herangehen« solle.[60]

Der Besuch des Bundeskanzlers in Moskau am 10. Februar bestätigte die sowjetische Kehrtwendung. Um russische Ängste vor einem »neuen München« zu entkräften, hatte Genscher in Tutzing vorgeschlagen, die NATO nicht auf ostdeutsches Territorium auszudehnen. Vor der Presse hatte Kanzlerberater Teltschik auf die Notwendigkeit hingewiesen, »das drohende Chaos« durch eine Vereinbarung zu verhindern. Da James Baker Moskauer Kompromißbereitschaft signalisiert hatte, betonte Kohl, daß die innere Einigung eine äußere Einbettung verlange: »Er hätte zwar lieber mehr Zeit zur Verfügung, die Entwicklung sei jedoch unaufhaltsam.« Obwohl Gorbatschow über die wachsende Geschwindigkeit des Vereinigungsprozesses besorgt war, konzedierte er großzügig: »Es gebe zwischen der SU, der BRD und der DDR keine Meinungsverschiedenheiten über die Einheit und über das Recht der Menschen, sie anzustreben.« Da die Deutschen aus der Geschichte gelernt hätten, müßten sie »selbst wissen, welchen Weg sie gehen sollten«.[61]

Diese Zusage überreichte Bonn »den Schlüssel zur Lösung der deutschen Frage«. Zwar waren noch schwierige äußere Probleme zu klären, aber Horst Teltschik war sich sicher: »Das ist der Durchbruch! Gorbatschow stimmt der Einigung Deutschlands zu. Ein Triumph für Helmut Kohl, der als Kanzler der deutschen Einheit in die Geschichte eingehen wird.« Da die westdeutschen Besucher Wirtschaftshilfe versprachen, zeigte der sowjetische Gastgeber überraschende Flexibilität hinsichtlich der Forderung nach militärischer Neutralität. Vor den Fernsehkameras kündigte Kohl stolz an, daß die Deutschen nun Tempo und Form der Einheit selbst bestimmen könnten. Anfänglich waren die Medien skeptisch, da komplizierte Sicherheitsfragen ungelöst blieben. Erst als die sowjetische Nachrichtenagentur TASS Gorbatschows Zusicherungen wiederholte, stießen Journalisten mit dem Kanzler auf den Erfolg an.[62]

Verstört von Gerüchten über den Kollaps der DDR entschied der Runde Tisch, sich zu wehren. In seltener Einmütigkeit stellte die Opposition scharfe Bedingungen für die Vereinigungsverhandlungen. Bonn müsse alles tun, »um einer weiteren Destabilisierung der Lage« in Ostdeutschland entgegenzuwirken, und ein Solidarbeitrag von 10 bis 15 Mrd. DM würde die Lösung der Wirtschaftsfragen erleichtern. Statt einer »vorschnellen Preisgabe der Finanzhoheit« sollten alle Modalitäten gründlich beraten und die Bevölkerung durch »die sofortige Erarbeitung einer Sozialcharta« abgesichert werden. Die schrittweise Herstellung der Einheit müsse in den europäischen Annäherungs- und Abrüstungsprozeß eingeordnet werden. »Der Runde Tisch wendet sich gegen jeden Versuch der direkten oder indirekten Ausdehnung der NATO auf das Gebiet der heutigen DDR.« In acht zusätzlichen Briefen verlangten die PDS, der FDGB, die Bauern, Grüne und andere Gruppen besonderen Schutz für ihre jeweilige Klientel.[63]

Während Modrows Besuch in Bonn am 13. Februar kollidierte die langsame mit der schnellen Konzeption der Vereinigung. In der westdeutschen Hauptstadt wurden die ostdeutschen Minister des Runden Tischs und der Koalition kühl, aber korrekt empfangen. Um den Ausreisestrom zu stoppen, bot Kohl Gespräche über außenpolitische Fragen sowie Verhandlungen über eine Währungs- und Wirtschaftsunion an: »Das Beste, was die BRD besitzt, die D-Mark, wird nun auch bald der Bürger der DDR besitzen.« Zwar akzeptierte Modrow diplomatische und ökonomische Kommissionen, jedoch legte er die Positionen des Runden Tisches vor. Nach deren kurzem Überfliegen war Teltschik entsetzt: »Mit diesem Papier ist nicht viel anzufangen, weil es in vielen Punkten an der Realität vorbeigeht.« Als Modrow vor Überhastung warnte und die »Zahlungsunfähigkeit« der DDR andeutete, versprach Kohl, »man müsse vernünftig aufeinander zugehen«, weigerte sich aber zu helfen. »Der Kanzler ist nicht mehr daran interessiert, mit einem hilflosen Modrow noch entscheidende Verabredungen zu treffen.«[64]

Die anschließenden Delegationsverhandlungen verliefen in angespannter Atmosphäre. Während Kohl auf eine schnelle Antwort auf die »historische Herausforderung« drängte, betonte Modrow die Unzahl der noch zu lösenden Probleme. Als Wolfgang Ullmann eine rasche Vereinigung mit dem Anschluß Österreichs an das Nazi-Deutschland verglich, explodierte der Kanzler, er »wolle kein viertes Reich begründen«. Um einen Solidarbeitrag zu motivieren, brachten Platzek und Romberg östliche Ängste vor, aber

Finanzminister Theo Waigel verweigerte weitere Ausgaben. Vor der Presse pochte ein sich mißverstanden fühlender Kohl daher auf die Großzügigkeit des Angebots der Währungsunion; ein enttäuschter Modrow wies jedoch auf die Selbstbefreiung sowie die kulturellen Werte der DDR hin. In kritischen Augen symbolisierte die Begegnung dieser ungleichen Verwandten eine »bedingungslose Übergabe der DDR an die BRD«.[65]

Das ernüchternde Treffen enthüllte den zentralen Konflikt des Vereinigungsprozesses zwischen »nationaler Euphorie und sozialer Angst«. Im Westen feierten die konservativen Medien das DM-Angebot, während linke Kommentatoren das Ausspielen wirtschaftlicher Macht kritisierten. Die großen Parteien sahen Modrow als »Konkursverwalter«, den sie nicht mit Steuergeldern unterstützen wollten, weil ihn die ostdeutsche Bevölkerung in einem Monat abwählen würde. Nur die Grünen waren bestürzt, daß die DDR-Regierung fast so behandelt wurde, als ob sie nicht mehr existiere. Eine linksorientierte »Bremer Initiative« verlangte, daß die Bundesregierung Ostberlin 727 Mrd. DM als Ausgleich für DDR-Reparationen an die UdSSR zahlen sollte. Kritische Akademiker warnten, daß sich eine vorschnelle Währungsunion als ein »(bi-)nationales Unglück« herausstellen werde.[66]

Nach seiner Rückkehr betonte Modrow die »nationale Verantwortung« als Motiv seines Bonner Besuchs. Statt über Brüskierung zu klagen, wies er vor dem Runden Tisch auf konstruktive Erfolge hin: »Wichtiges Ergebnis des Besuches ist, daß nunmehr von den Regierungen beider Staaten die Weichen für die baldige Vereinigung von DDR und BRD zu einem deutschen Bundesstaat gestellt werden.« Auch ohne Solidarbeitrag könnten außenpolitische Gespräche und Verhandlungen über die Währungsunion sofort beginnen und würde die Vereinigung in »vertraglich geregelter Form« erfolgen. Dennoch protestierte ein verunsicherter Runder Tisch gegen einen »Ausverkauf gemeinschaftlichen Eigentums« und lehnte eine schnelle Vereinigung ab. Die PDS sah ihre Befürchtungen vor DM-Vereinnahmung bestätigt, und die Opposition kritisierte, daß sich Bonn »über die Sorgen der BürgerInnen beider deutscher Staaten hinwegsetzt«. Nur die Blockparteien CDU und LDPD begrüßten die Währungsunion ohne Vorbehalte.[67]

Der Zerfall der DDR erhöhte internationale Sorgen vor einer Machtverschiebung im Gefolge der deutschen Wiedervereinigung.

Um die Vereinigung schnell zu vollziehen, beauftragte US-Präsident Bush seine Mitarbeiter, einen diplomatischen Rahmen für Verhandlungen auszuarbeiten. Robert Blackwill vom National Security Council und Robert Zoellick vom State Department hielten die von Moskau gewünschten Viermächte-Gespräche für zu begrenzt, KSZE-Diskussionen zwischen 35 Ländern jedoch für zu kompliziert. Daher schlugen sie vor, die vier Siegernationen des Zweiten Weltkriegs mit den beiden deutschen Staaten zusammenzubringen und die inneren von den äußeren Aspekten der Verhandlungen zu trennen. Als Außenminister Baker die Engländer davon informierte, zog sein Kollege Dennis Hurd anfangs »vier plus null« vor, willigte aber schließlich ein. Wenig später akzeptierte Hans-Dietrich Genscher in Washington die »Zwei-Plus-Vier«-Formel, solange russische Sicherheitsinteressen gewahrt blieben.[68]

Bonn lehnte eine Neuauflage der Versailler Friedenskonferenz aus Sorge vor unbegrenzten Reparationsforderungen ab. Um einen deutschen Sonderstatus am »Katzentisch« zu vermeiden, wollte Genscher gleichberechtigt mit den Siegermächten verhandeln, war aber bereit, das Resultat solch begrenzter Gespräche von einer europäischen Gipfelkonferenz ratifizieren zu lassen. Obwohl der französische Außenminister Dumas Viermächteverhandlungen vorzog, stimmte er dem amerikanischen Vorschlag zu. Am 8. Februar bot Baker Generalsekretär Gorbatschow große amerikanische Truppenreduzierungen an und stellte die »Zwei-Plus-Vier«-Idee vor. Der sowjetische Außenminister Schewardnadse begrüßte Genschers Plan einer Nichtausdehnung der NATO auf die DDR als Ausweg aus dem Dilemma deutscher NATO-Mitgliedschaft. Als Kohl davon hörte, war er zwar nicht von den »vier Hebammen« begeistert, akzeptierte aber diesen Modus Procendi während seines Moskauer Besuchs. Überraschend stimmte Gorbatschow der deutschen Beteiligung an Verhandlungen zu: »Nichts ohne den Kanzler!«[69]

Der internationale Rahmen für die Verhandlungen wurde auf der Konferenz über den »Offenen Himmel« in Ottawa ausgearbeitet. Während die Außenminister am 13. Februar über Luftinspektionen von Truppenbewegungen sprachen, schlossen die Minister der Siegermächte und der zwei deutschen Staaten die »Zwei-Plus-Vier«-Vereinbarung ab. James Baker, der zwischen Douglas Hurd, Roland Dumas und Hans-Dietrich Genscher vermittelte, sprach mit »erstaunlicher Offenheit« von dem Ende der Nachkriegsordnung. Nach einem Frühstück mit seinen Verbündeten gab der amerikanische Secretary of State Eduard Schewardnadse ein Papier mit einem Formulierungsvorschlag in seiner eigenen Handschrift. Gleichzeitig telefonierte George Bush mit Helmut Kohl über die Beibehaltung der deutschen NATO-Mitgliedschaft, und Genscher informierte den Kanzler, um Mißverständnisse über die Leitung und den Zeitplan der Gespräche auszuräumen.[70]

Erst nach Konsultation mit Gorbatschow überwand Schewardnadse seine Zweifel und akzeptierte den »Zwei-Plus-Vier«-Mechanismus. Um »Sicherheitsgarantien für die UdSSR und ganz Europa in diesen Prozeß einzubinden«, bestand Moskau auf einer Zusage an Polen, daß die Belange der Nachbarstaaten berücksichtigt würden. Obwohl sie die kleineren Länder ausschloß, befriedigte die Ottawa-Formel mit den vier Siegermächten des Zweiten Weltkriegs und den deutschen Nachfolgestaaten alle Hauptbeteiligten. Die Presse konnte eine doppelte Sensation berichten: Nicht nur sollte die Truppenstärke in Europa erheblich reduziert, sondern auch das Ergebnis der Vereinigungsverhandlungen allen KSZE-Staaten vorgelegt werden. Erleichtert, »daß eine Entscheidung über die Köpfe der Deutschen hinweg nicht in Frage komme«, konnte Genscher dem Kabinett berichten: »Das Ergebnis von Ottawa sei optimal.«[71]

Die diplomatischen Vereinbarungen vom Februar kamen so schnell zustande, daß ihre volle Bedeutung nur schwer zu erkennen war. Die Kombination von sowjetischer Zustimmung, westdeutschem DM-Angebot und internationaler Zwei-Plus-Vier-Lösung veränderte die Lage grundlegend. Erfreut über die Beschleunigung des Prozesses, bat Helmut Kohl den Bundestag um nationale Solidarität: »Noch nie ... sind wir unserem Ziel, der Einheit aller Deutschen in Freiheit, so nahe gekommen wie heute.« Der SPD-Vorsitzende Hans-Jochen Vogel war jedoch darüber verärgert, daß er nicht an den Verhandlungen beteiligt wurde: »Es geht nicht um den Anschluß eines herrenlosen Territoriums«, sondern um die Vereinigung »mit Menschen, die sich selbst die Freiheit erkämpft haben.« Um internationale und ostdeutsche Befürchtungen zu zerstreuen, plädierte Hans-Dietrich Genscher für »völlige Gleichberechtigung« und europäische Stabilität.[72]

Der Sieg des Kapitalismus über den realen Sozialismus beunruhigte eine von den Entscheidungen ausgeschlossene Linke. Obwohl die DDR kaum zu retten war, polemisierten Intellektuelle gegen eine westliche Vereinnahmung und schilderten die sozialen Risiken einer Währungsunion in den schwärzesten Farben. Da die Kritiker keine praktische Alternative vorschlagen konnten, setzte die ostdeutsche Bevölkerung trotzdem auf die wirtschaftliche Stärke der Bundesrepublik. Um die Unabhängigkeit der DDR zu bewahren, versuchte Modrow das Interesse der UdSSR, Polens und der ČSSR sowie der Westmächte an der Beibehaltung der Teilung anzusprechen. Aber Moskaus überraschende Zustimmung zur Vereinigung und die Ottawa-Vereinbarung offenbarten den Verlust internationaler Unterstützung für diese Position. Das Absinken Ostberlins von einem Partner zu einem Objekt sollte die Verhandlungen bald in »Eins-Plus-Vier«-Gespräche verwandeln.[73]

Die Implosion der DDR

Während der ersten beiden Monate des Jahres 1990 brach das Fundament des ostdeutschen Staats zusammen. Obwohl der Begriff »Implosion« nicht die Frage der Verantwortung beantwortet, suggeriert diese Metapher, daß die Ostdeutschen aufgrund der ökonomischen und politischen Probleme die Hoffnung auf Weiterentwicklung der DDR aufgaben. Der Bankrott der Planwirtschaft machte, sobald er öffentlich bekannt wurde, alle Versuche, den Sozialismus zu demokratisieren, zwecklos. Indem er die Gefahr eines stalinistischen Rückfalls an die Wand malte, diskreditierte der Stasi-Konflikt die Suche nach dem Dritten Weg. Der Brükkenschlag zwischen Reformkommunisten und Bürgerbewegung führte zwar zur Beteiligung der Opposition an der Macht, verzögerte aber die Lösung dringender Probleme.[74] Auf die Dauer mußte das Projekt einer Erneuerung der DDR daher den Wettlauf mit dem steigendem Wunsch der Bevölkerung nach Vereinigung verlieren.

Die ökonomisch-politische Doppelkrise verwandelte Demokratisierungswünsche in einen Drang zur Einheit. »Die Geduld der Massen ist erschöpft. Sie wollen keine neuen sozialen Experimente mehr«, notierte der Ostberliner Soziologe Heinz Kallabis deprimiert. »Sie wollen den Lebensstandard wie ihre Brüder und

Schwestern in der BRD. Sie wollen das heute und nicht erst morgen. Sie wollen nicht allein die ›Karre aus dem Dreck ziehen‹.« Vielleicht unfairerweise hatte Honeckers Travestie »die Idee des Sozialismus ... bei breitesten Volksschichten fürs nächste diskreditiert«. In den ersten Wochen von 1990 »sind die letzten Illusionen über die Möglichkeit der Weiterexistenz der DDR mit der Perspektive einer demokratischen sozialistischen Gesellschaft an den rauhen Tatsachen zerschellt«. Als die schweigende Mehrheit der Erneuerung den Rücken kehrte, mußte das sozialistische »Freiluftmuseum DDR« geschlossen werden.[75]

Die Implosion der DDR beschleunigte den Vereinigungsprozeß dramatisch. Die Bonner Regierung benützte den Legitimationsverlust des ostdeutschen Systems, um die Eiligkeit der Einheit zu begründen. Die Abkehr der Bevölkerung vom Sozialismus zwang Modrow, durch Eingehen auf Kohls Währungsunionsangebot die Wirtschaftshoheit aufzugeben. Von den Medien aufgebauschte Katastrophengerüchte halfen, die Sowjetunion zu überreden, ihren wichtigsten osteuropäischen Klientenstaat zu opfern, um ihre Beziehungen mit dem Westen zu verbessern. Da Gorbatschow auf amerikanischen Druck hin Ostberlin Ende Januar nicht mehr unterstützte, war die internationale Lebensfähigkeit der DDR zerstört. Den nicht gerade erfreuten Nachbarn wie Frankreich blieb keine Wahl, als dem »Zwei-Plus-Vier«-Mechanismus zuzustimmen, der »das Unvermeidliche managen« sollte.[76]

Durch Eliminierung der Konföderationsalternative verkürzte die Neujahrskrise den Zeithorizont der Vereinigung von Jahren auf Monate. Politische Initiativen, die vor ein paar Wochen noch kaum denkbar erschienen, veralteten fast über Nacht. Die wachsende Schnelligkeit der Veränderungen drohte wiederholt die Reaktionsfähigkeit der Politiker zu überfordern. »Weder hat die Politik die Entwicklung der letzten Zeit vorausgesehen, noch beherrscht sie bis heute das Tempo der Ereignisse.« Erschrocken von der nationalen Begeisterung protestierten kritische Journalisten gegen den Bonner »Rausch der Geschwindigkeit« auf dem rasenden Vereinigungsexpreß: »Die Zugführer, von der Beschleunigung in den Sitz gepreßt, stoßen spitze Schreie der Lust aus.«[77] Würden die Passagiere den Bahnhof sicher erreichen oder die Waggons unterwegs entgleisen?

Je schneller die Vereinigung zu kommen schien, desto stärker wurde die Debatte über ihre Legitimität. Karl-Heinz Bohrer prangerte das nationale Tabu als eine Art von »kolonialisiertem Bewußtsein« an. Da der Dritte Weg eine Utopie blieb, könne nur ein geläuterter Nationalstaat die Vergangenheit aufarbeiten und eine stabile Identität begründen. Dadurch fühlten Linksintellektuelle sich im Nerv getroffen. SPD-Vordenker Peter Glotz griff konservative Gedankengänge als gefährliche Geschichtsklitterung an und plädierte für eine »intelligente Aufteilung der Souveränität« in einem vereinten Europa. Noch emphatischer bemühte Günter Grass das Argument des Holocausts: »Die grauenhafte und mit nichts zu vergleichende Erfahrung Auschwitz, die wir und die Völker Europas mit uns gemacht haben, schließt einen deutschen Einheitsstaat aus.«[78]

Außer einigen radikalen Studenten teilte die westdeutsche Öffentlichkeit solche Skrupel kaum. Zwischen November und Februar wuchs nach Umfragen in der Bundesrepublik die Unterstützung der Einheit von 70% auf 78%, während drei Viertel den Ostdeutschen helfen wollten. Aber nicht nur bei Skeptikern, sondern auch bei zwei Dritteln der Befragten löste die Schnelligkeit des Prozesses weiterhin Sorgen aus. Da eine große Mehrheit den Zusammenschluß beider deutscher Staaten für die baldige Zukunft voraussah, schufen die Durchbrüche des Winters 1990 ein Gefühl der Unausweichlichkeit: »Es ist wirklich nicht mehr die Frage ob, sondern nur noch wie und in welchem Tempo.«[79]

Die wachsende Wahrscheinlichkeit erhöhte die internationale Ambivalenz über die deutsche Einheit. Überraschend unterstützte die Mehrheit der Bürger in vielen Ländern die Vereinigung. In den USA begrüßten 61% die Entwicklung, während nur 13% sich dagegen aussprachen. Am größten war die Sympathie in Italien (78%), gefolgt von Spanien (73%), Frankreich und Ungarn (je 68%), Großbritannien (61%) und der Tschechoslowakei (58%). Einige Länder wie Holland (52,4%) und die Sowjetunion (51%) waren gespalten. Jedoch lehnte nur die Mehrzahl der Polen (64%) und Dänen (51%) die Vereinigung ab.[80] Im Gegensatz dazu blieben die politischen und intellektuellen Eliten der Nachbarländer weitgehend skeptisch. In Frankreich wollte der Historiker Alfred Grosser Ostdeutschland von westlicher Bevormundung bewahren, und in England wünschten konservative Politiker eine Vertagung. In Rußland warnten militärische und nationale Stimmen vor einer künstlichen Beschleunigung des Zusammenschlusses.[81]

Wegen des Holocausttraumas kam die schärfste Kritik aus jüdischen Kreisen. Während der Journalist Abraham Rosenthal an die »offenen Wunden« von Hitlers Opfern erinnerte, warnte Israels Ministerpräsident Itzhak Shamir vor einer »Gefahr für die Juden«. Fixiert auf die Vergangenheit, fürchtete der Nobelpreisträger Elie Wiesel, daß die Rehabilitierung der Deutschen die Erinnerung an die Naziverbrechen auslöschen würde. Nur wenige Gemäßigte wie der Bürgermeister von Jerusalem Teddy Kolleck und Simon Wiesenthal waren gewillt zu verzeihen.[82] Schließlich beruhigten der frühere Außenminister Henry Kissinger, der Schriftsteller Michel Tournier und Lord Weidenfeld die Ängste der Eliten: Der Osten werde nicht dem alten Reich, sondern einem demokratischen Weststaat beitreten, mit dem die Partner gute Erfahrungen gemacht hatten.[83] Widerwillig lernten ausländische Beobachter die deutsche Gleichung von vier plus zwei macht eins.

VI. Kapitel

Die Entscheidungswahl

Die Volkskammerwahl am 18. März 1990 besiegelte das Schicksal der DDR. Zum erstenmal in achtundfünfzig Jahren konnten ostdeutsche Bürger ohne Angst ihre politische Meinung per Stimmzettel ausdrücken. Da Hitler und Honecker nur Akklamation erlaubt hatten, weckte die ungewohnte Freiheit hohe, aber widersprüchliche Erwartungen. Bärbel Bohley hoffte, daß »sich der Sturm legt und man wieder bereit ist, vier Himmelsrichtungen als Angebot zur Weiterfahrt anzuerkennen«. Der Linksintellektuelle Jürgen Rennert wollte »nahezu Unmögliches: Daß es [die DDR] noch gibt«. Die Schriftstellerin Helga Schubert wünschte jedoch drastische Reformen, um die Wirtschaft wiederzubeleben und die Vereinigung vorzubereiten: »Ich erwarte also eine Auflösung der DDR.«[1]

Für die ostdeutsche Bevölkerung stand viel auf dem Spiel. Die Volkskammerwahl entschied nicht nur, welche Partei in Ostberlin die Macht ausüben würde, sondern auch welches politische System in der DDR gelten sollte. Die vorgezogene Abstimmung war gleichzeitig ein Plebiszit über die Fortführung der Revolution und über das Weiterbestehen eines separaten ostdeutschen Staates. Weil es »um eine aus freien Wahlen hervorgehende DDR-Regierung, die den Interessen von 16 Millionen Menschen gerecht wird«, ging, verfolgten Deutsche in Ost und West den Wahlkampf mit besonderem Interesse. Auch ausländische Beobachter waren gespannt, wie das Plebiszit über die Vereinigung ausgehen würde. »Die Ereignisse vollziehen sich mit Lichtgeschwindigkeit«, bemerkte der Schriftsteller Joachim Seyppel. »Wird die Wahl eine Klärung bringen: Welche erwarte ich wohl?«[2]

Der Ausgang der ersten freien Wahl war völlig ungewiß. Wegen des revolutionären Umbruchs war es unmöglich vorherzusagen, wohin die Wähler sich wenden würden. Da der letzte Urnengang in der Weimarer Republik zwei Generationen zurücklag, konnte er kaum Anhaltspunkte für einen Wahlkampf zwischen alten und neuen Kräften wie Kommunisten, Blockparteien und der Bürgerbewegung liefern. Darüber hinaus hatte es das Mißtrauen der

SED-Führung in empirische Sozialforschung erschwert, Erfahrungen in der Erstellung von repräsentativen Erhebungen zu sammeln. Da nur jeder zehnte Haushalt ein Telefon hatte, Parteimitglieder als Interviewer auftraten sowie veraltete Methoden benutzt wurden, waren die Ergebnisse von ostdeutschen Meinungsumfragen anfangs wenig zuverlässig.[3]

Erste Prognosen zeigten eine schrumpfende PDS, eine zersplitterte Opposition und eine große Gruppe von unentschiedenen Wählern. Ende Januar sagte das Leipziger Zentralinstitut für Jugendforschung voraus, daß die wiedergeborene SPD mit 54 % die absolute Mehrheit der Stimmen erringen würde. Weitere Umfragen bestätigten diese Erwartung eines sozialdemokratischen Sieges mit einem Anteil zwischen 36 % und 44 %. Leitartikler interpretierten diesen Befund als Beweis dafür, daß ein Wechsel zu einer milderen, demokratischen Form des Sozialismus wahrscheinlicher als eine vollständige Abkehr von Marx sei.[4] Aber Anfang März stellten andere Erhebungen fest, daß die bürgerlichen Parteien anfingen, Boden gutzumachen. Starke Schwankungen der Volksstimmung und ein hoher Anteil von unentschiedenen Wählern ließen jedoch jede Vorhersage unsicher erscheinen.[5]

Im Gegensatz zum erwarteten SPD-Erfolg brachte der Wahlausgang eine politische Sensation. Als die ersten Hochrechnungen über den Bildschirm flimmerten, waren ostdeutsche Kommentatoren zunächst sprachlos. Um 19.00 Uhr wagten es die öffentlichen Fernsehanstalten, ihre Wahlprognose bekanntzugeben: »Bei den ersten freien Wahlen in der DDR seit 58 Jahren feiert die ›Allianz für Deutschland‹ einen überwältigenden Wahlsieg.« Aufgrund einer ungewöhnlich hohen Beteiligung von 93,38 % gewann die Allianz 192 Mandate, während die SPD nur 88 Sitze erhielt. »Wer hätte das erwartet?« Der erhoffte Sieg, den prominente Sozialdemokraten wie Willy Brandt, Oskar Lafontaine und Hans-Jochen Vogel in Berlin begrüßen wollten, hatte sich in eine bittere Niederlage verwandelt.[6]

Im überfüllten Saal der Ost-CDU feierten Parteimitglieder, Politiker und Reporter den überraschenden Erfolg. Dagegen versank die Bonner SPD-Baracke in »Stille, Betretenheit, ungläubiges Staunen und den krampfhaften Versuch, Schmäh zu unterdrükken«. Im Kanzlerbungalow war jedoch »die Begeisterung... groß, alle beglückwünschen Helmut Kohl«, notierte Horst Teltschik. »Wir sind uns einig, daß er einen persönlichen Triumph erlebt – seine Wahlkampfauftritte scheinen die Wende herbeigeführt zu haben.« Die westliche CDU-Führung hatte allen Grund zum Feiern. Zusammen mit neuen Bundesgenossen wie dem Demokratischen Aufbruch und der DSU hatte die ostdeutsche Schwesterpartei mit 48,1 % fast die absolute Mehrheit erreicht. Im Vergleich zu ihren hochfliegenden Hoffnungen erlitt die SPD eine enttäuschende Schlappe, da sie nur 21,9 % der abgegebenen Stimmen erhalten hatte.[7]

Das Votum der Wähler war ein klares Mandat für eine schnelle Vereinigung. In ihren Analysen würdigten die meisten Parteien das Resultat als eine Entscheidung für Freiheit, soziale Sicherheit und Marktwirtschaft, kurzum als einen »ganz erhebliche[n] Sieg für die Demokratie«. Nachdem das höchste Risiko seiner politischen Karriere einen »großartigen Erfolg« gebracht hatte, dankte Helmut Kohl den Ostdeutschen überschwenglich, »daß sie einen Weg wollen, der mit der Bundesrepublik zusammen zum vereinigten Deutschland führt«. Lothar de Maizière war eher von der »große[n] Überraschung« überwältigt, die »auch ein hohes Maß von Erwartung der Bürger« an die CDU zum Ausdruck brachte. Der liberale Koalitionspartner konnte erfreut sein, daß sein hastig zusammengezimmertes Wahlbündnis des Bunds Freier Demokraten die Fünfprozenthürde überwunden hatte.[8]

Die SPD-Führung war von ihrem miserablem Abschneiden tief enttäuscht. Oskar Lafontaine erklärte die Schlappe mit östlichen Wohlstandserwartungen und warnte, daß Helmut Kohl seine »große[n] Versprechungen« halten müsse. Gleichzeitig beschwichtigte der ostdeutsche SPD-Sprecher Steffen Reiche: »Die DDR-Bürger haben sich für die Bundesregierung entschieden, nicht für eine bestimmte Partei.« Dagegen freute sich die PDS über ihr respektables Resultat von 66 Sitzen, das sie zur drittstärksten Partei machte und eine solide Grundlage zur Opposition bot. Wegen der Marginalisierung der Bürgerbewegung (mit weniger als 5 %) trauerte Bärbel Bohley über »die verlorene Chance, daß hier wirklich etwas hätte entstehen können, was ganz neu ist in der Welt«.[9] Die überwältigende Mehrheit für die Einheit schuf eine unwiderlegbare Legitimation für den inneren und äußeren Vereinigungsprozeß.

Warum entschieden sich die Ostdeutschen in dieser Schicksalswahl für den Beitritt zur Bundesrepublik? Schon am Wahlabend beschwerte sich der westdeutsche Grüne Ralf Fücks über »eine massive Mißachtung« der DDR-Eigenständigkeit durch die »Dampfwalzenpolitik von Herrn Kohl«. Der Kanzler verwahrte sich gegen solche »Wählerbeschimpfung« und konterte: »Der oberste Souverän, die Bürgerschaft der DDR, hat gesprochen.« Im nachhinein hatten auch die Wahlforscher mit der Interpretation des Resultats Schwierigkeiten, da das ostdeutsche Abstimmungsverhalten westlichen sozial-psychologischen Theorien widersprach.[10] Eine Erklärung dieser Überraschung muß bei den Programmen und Wahlkampfstrategien der gewendeten wie neuen Parteien ansetzen. Der Umschwung von bürgerrechtlichen Forderungen zu nationalen Hoffnungen ist zentral für das Verständnis des ostdeutschen Aufbruchs.

Parteien und Programme

In der Politik der DDR spielten Wahlen eine andere Rolle als im Westen. Um ihre Legitimität zu stärken, stellte sich die östliche »Volksdemokratie« der Nachkriegszeit in die fortschrittliche Tradition deutscher Geschichte. Wegen der begrenzten Popularität der KPD hatte die Sowjetische Militäradministration im April 1946 ihre Verschmelzung mit der größeren SPD in die Sozialistische Einheitspartei Deutschlands erzwungen. Mit erneuerten liberalen (LDPD) und christlichen (CDU) Parteien organisierte die SED einen Demokratischen Block, der auch neugeschaffene nationale (NDPD) und bäuerliche (DBD) Parteien sowie Massenorganisationen für Frauen (DFD), Gewerkschaftler (FDGB), Intellektuelle (Kulturbund) und Jugendliche (FDJ) einschloß. Als die Kommunisten einige Lokalwahlen verloren, führten sie zur Machtsicherung eine Einheitsliste aller Parteien und Organisationen für die republikweiten Wahlen von 1950 ein.[11]

SED-Kontrolle verwandelte ostdeutsche Wahlen in Rituale öffentlicher Zustimmung. Da die führende Rolle der Partei in der Verfassung verankert war, verloren demokratische Verfahren ihren ursprünglichen Zweck der freien Entscheidung und verkümmerten durch weitverbreitetes »Zettelfalten« zur Herrschaftslegitimation. Um alle Risiken auszuschließen, wurden die Volkskammersitze schon vorher verteilt: Anfangs erhielten die SED 25 %, die CDU und LDPD jeweils 15 %, die anderen Parteien 7,5 % und die

Massenorganisationen den Rest. Bei einem solchen Kräfteverhältnis konnten Parlamentsdebatten nur die Öffentlichkeit informieren und vorausgegangene SED-Entscheidungen ratifizieren. Obwohl das Regime die Formen bürgerlicher Demokratie ablehnte, behielt es Wahlen als internationalen Beweis der »Entfaltung der sozialistischen Demokratie« bei. In der DDR war Nominierung eine Belohnung für treuen Dienst, und Wahlkampagnen galten der Thematisierung kollektiver Ziele.[12]

Im Herbst 1989 fingen die Blockparteien an, ihre Unterordnung zu beenden. Besonders liberale und christliche Parteien hatten ihren Mitgliedern eine geschützte Nische geboten, die Loyalität gegenüber dem System ohne Beitritt zur SED bewies. Den Funktionären brachte Kollaboration mit den Machthabern öffentliches Prestige und privaten Wohlstand. Die 113 000 Mitglieder starke LDPD, die vor allem Akademiker, kleine Geschäftsleute und selbständige Handwerker ansprach, bemühte sich um ein liberales Erscheinungsbild. Als erster Politiker wagte es ihr Vorsitzender Manfred Gerlach, die Ausreisewelle zu bedauern. »Widerspruch ist keine Opposition«, rechtfertigte er mutig die öffentliche Kritik. »Die DDR braucht Fragende, Ungeduldige, Neugierige«, um »Neues zu entdecken und durchzusetzen.« Zwar unterstützte die LDPD praktische Reformen für ihre Klientel, aber die liberale Führung zögerte, völlig mit dem Post-Stalinismus zu brechen.[13]

Die angepaßte CDU muckte später, aber dafür um so entschiedener auf. Diese konfessionsübergreifende Sammelpartei von 140 000 Mitgliedern vertrat vor allem die Interessen von christlichen und traditionellen bürgerlichen Kreisen. Auch ohne Westkontakte wurde die Ost-CDU durch kirchliche Unterstützung von Ausreisewilligen und Dissidenten in einen Loyalitätskonflikt mit dem System getrieben. Am 10. September verlangte ein »Brief aus Weimar« eine Diskussion über die »Weiterentwicklung der innerparteilichen Demokratie«, die »Profilierung des Beitrages der Partei« in der Regierung und ein »entschlossenes Herangehen an gesamtgesellschaftliche Probleme«. Vorangetrieben durch die Kritik auf der Eisenacher Synode der Evangelischen Kirche, drängten christliche Reformer auf eine »Erneuerung der Partei« sowie »spürbare und grundsätzliche Veränderungen der Gesellschaft«. Um eine »unabhängige und eigenständige Partei« zu werden, verlangte die Führung Anfang November baldige Neuwahlen für die Volkskammer und ein wirklich demokratisches Wahlgesetz.[14]

Auf »massiven Druck aus der Parteibasis« stürzte die CDU den korrupten Gerald Götting und wählte Lothar de Maizière zum neuen Vorsitzenden. Dieser Jurist, der einer Hugenottenfamilie entstammte, versuchte nach traditionellen preußischen Tugenden zu leben. Als ihn eine Nervenentzündung zwang, seine Karriere als Konzertbratschist aufzugeben, wurde er durch ein Abendstudium in Rechtswissenschaft schließlich der »einzige christliche Anwalt in Ostberlin«. Aus protestantischem Pflichtbewußtsein vertrat er Dissidenten und geriet dadurch in Konflikt mit den Behörden. Kirchengeschäfte, die er als Laienmitglied der Synode besorgte, brachten ihn in Kontakt mit der Stasi, die er anscheinend über Interna informierte. Schon im Jahre 1956 war er der CDU beigetreten, ohne jedoch aktiv zu werden oder Ehrenämter auszuüben.[15]

Zur Erneuerung der Blockpartei forderten CDU-Reformer einen demokratischeren Diskussions- und Führungsstil. Um »das kritische Potential der evangelischen Kirche in die CDU einzubringen«, suchten sie einen Kandidaten, der kirchennah und erfahren war, ohne belastet zu sein, und somit die Partei gegenüber den Bürgern vertreten konnte. Als juristischer Berater der evangelischen Kirche und als Vizepräsident der DDR-Synode schien de Maizière diesen Ansprüchen gerecht zu werden. Obwohl er aus Aversion gegen politische Phrasen und Kungelei lieber in der zweiten Reihe stand, nahm er schließlich diese schwierige Aufgabe an. Seine integre Bescheidenheit machte ihn glaubwürdig, aber spröde Dickköpfigkeit begrenzte seine Ausstrahlungskraft. Der couragierte Ruf des neuen Vorsitzenden, »Verkrustungen aufzubrechen«, symbolisierte christlich orientierte Hoffnungen auf Reform.[16]

Die potentiell stärkste der Oppositionsgruppen in Ostdeutschland war die SPD. Im Gegensatz zu den durch Kollaboration belasteten Blockparteien hatten die Sozialdemokraten neu angefangen. Da sie auf alte regionale Traditionen zurückgreifen und auf breite Sympathien für Willy Brandts und Helmut Schmidts Ostpolitik bauen konnten, stellten sie eine echte Gefahr für die zersplitterte SED dar. Aber ohne Arbeiterbasis oder Gewerkschaftsunterstützung besaßen die linken Pastoren und Akademiker, welche die SPD wiedergründeten, keine Organisation, Publikationsorgane oder Infrastruktur. Mitte Februar behauptete die neue Partei, hunderttausend Mitglieder zu haben, doch fehlten ihr praktische Hilfsmittel wie Büros, Telefone oder Kopiergeräte.[17] Das größte Kapital der SPD war das hohe Ansehen, das sich mit ihrem Namen verband.

Anerkennung durch die westdeutsche Partei als Hauptpartner hob das Selbstbewußtsein der ostdeutschen Sozialdemokraten. Während ihres Kongresses Mitte Januar in Berlin gaben sie daher den neuen Namen SDP auf und kehrten zu der vertrauten Abkürzung SPD zurück. Zur Verwirklichung von »Freiheit, Gerechtigkeit und Solidarität« forderte ihr Programm Menschenrechte, Demokratisierung, Gleichberechtigung der Geschlechter und Bildungsreform. Aber eine »ökologisch und sozial orientierte Marktwirtschaft« war schwer zu definieren, und die außenpolitischen Ziele der deutschen Einheit und der europäischen Friedensordnung widersprachen einander. Solch programmatische Unschärfe war das Resultat einer kollektiven Führung, aus der nur der charismatische Ibrahim Böhme herausragte. Aber in doppelter Absetzung von Blockparteien und Bürgerbewegung wies eine zuversichtliche SPD Annäherungsversuche der SED zurück und verkündete: »Es geht uns um die Macht in diesem Land.«[18]

Andere Dissidenten zogen eine spontane Bürgerbewegung vor. So verstand sich das Neue Forum als »eine politische Plattform für alle Bürger, die unabhängig von Parteien eine konsequente und basisorientierte Demokratisierung anstreben«. Statt zum Parlamentarismus zurückzukehren, wollte es die Zivilgesellschaft direkt »zur öffentlichen Kontrolle und Umgestaltung der unerträglich gewordenen politischen, wirtschaftlichen und ökologischen Verhältnisse in unserem Land« ermächtigen. Durch lokale Selbstverwaltung hoffte Jens Reich, Politik von unten zu erneuern und die Verhärtung des Parteiensystems durch Wählergemeinschaften und unabhängige Abgeordnete zu verhindern. Um Partizipation zu erleichtern, organisierte sich das Neue Forum als eine »landesweite Bürgerinitiative« mit örtlichen und betrieblichen Basisgruppen und thematischen Arbeitskreisen.[19]

Eine stürmische Landesdelegiertenkonferenz in Leipzig im Januar hielt am »Prinzip der Selbstorganisation« fest und stoppte die Verfestigung der Organisation auf halbem Wege. Verärgert über basispolitische »Illusionen«, traten Dissidenten aus den südlichen Bezirken aus und gründeten eine Deutsche Forumpartei, die sich den Liberalen anschloß. Der Rest versuchte, dem Dilemma zu entgehen, indem er Bürgerbeteiligung außerhalb des Parlaments anregte, sich aber als »politische Vereinigung« an Wahlen beteiligen wollte. Auf Bürgerrechte fixiert, hatte diese Intellektuellenbewegung wenig Interesse an der Lösung von Problemen der Gleichberechtigung, Wirtschaftsstagnation und Vereinigung.[20] Trotz Versuchen von direkter Partizipation, gelang es dem Neuen Forum kaum, praktische Alternativen zur parlamentarischen Demokratie zu entwickeln.

Die fehlende Glaubwürdigkeit der Blockparteien inspirierte die Profilierung von neuen Gruppen am rechten Rand des Spektrums. Da westliche Parteien und östliche Bürgergruppen seinen Führungsanspruch nicht akzeptierten, versuchte sich der Demokratische Aufbruch zu einer christlichen Volkspartei zu entwickeln. In aufreibenden Flügelkämpfen entschied sich diese kirchlich orientierte und von dem Rechtsanwalt Wolfgang Schnur geleitete Bewegung für die soziale Marktwirtschaft und die schnelle Einheit. Als linke Köpfe wie Pastor Friedrich Schorlemmer austraten, bewegten sich die etwa 15 000 eher gemäßigten Mitglieder im Einklang mit der Volksstimmung auf die politische Mitte zu. Der DA sah seine Chance als Alternative zu der sich reformierenden, aber durch Kollaboration mit dem Regime belasteten CDU.[21]

Im Februar führte der Einfluß der bayerischen CSU auf die Südbezirke der DDR zur Gründung einer Deutschen Sozialen Union. Unter dem Vorsitz von Pfarrer Hans-Wilhelm Ebeling warb diese dezidiert marktwirtschaftliche und vereinigungsfreundliche Partei um noch konservativere Wählerstimmen. Die Bonner CDU beobachtete diese etwa 25 000 Mitglieder starke Gruppe mit einigem Unbehagen, da sie einen nationalen Konkurrenten im eigenen Lager fürchtete.[22] Liberale Kreise gründeten schließlich eine ostdeutsche FDP als marktorientierte Alternative zu der ins SED-System verstrickten LDPD und Auffangbecken für gemäßigte Bürgerrechtler.[23] Nach jahrzehntelanger Eintönigkeit standen ostdeutsche Bürger im März 1990 vor einer verwirrenden Wahl zwischen lädierten Altparteien, neuen Oppositionsgruppierungen und westdeutschen Importen.

Das Heranrücken des Wahltermins erzwang eine Konsolidierung der konkurrierenden Gruppen. Im bürgerlichen Lager der rechten Mitte war die Unübersichtlichkeit des Angebots am größten. Obwohl sie den richtigen Namen, eine große Organisation und viele Mitglieder besaß, war die gewendete CDU als »Blockflöte« im SED-Orchester weitgehend diskreditiert. Der unbelastete DA war attraktiver, hatte aber weder Organisation noch Erfahrung. Als regionale Schwesterpartei der CSU schien die DSU kaum in der Lage, eine Mehrheit der Stimmen auf sich zu vereinen. Als er merkte, daß er gleichzeitig die alte Blockpartei *und* die neuen Kräfte brauchte, um die Wahl zu gewinnen, versuchte CDU-Generalsekretär Volker Rühe, beide in einer »Deutschen Allianz« miteinander zu verbinden.[24]

Sechs Wochen vor dem Wahltag griff Helmut Kohl persönlich ein, um ein Wahlbündnis in der DDR zustande zu bringen. Am 1. Februar traf sich der Kanzler zum ersten Mal mit dem störrischen de Maizière, dem farblosen Schnur und dem sanguinen Ebeling, um die CDU, den DA und die DSU zur Zusammenarbeit zu überreden. Der große SPD-Vorsprung in den Umfragen half den westdeutschen Konservativen wie ostdeutschen Reformern, ihre Vorbehalte zu überwinden und gemeinsam mit der CDU eine »Allianz für Deutschland« einzugehen. Dieses Zweckbündnis erlaubte es den beteiligten Gruppen, ihre Identität zu bewahren, jedoch den Wahlkampf in der Hoffnung auf eine gemeinsame Regierungsbildung zu bestreiten. Der Pate Helmut Kohl war hoch erfreut, daß »die CDU endlich ihren Partner in der DDR gefunden« hatte, der stark genug für den Kampf um die Macht war.[25]

Die Liberalen wählten dieselbe Lösung für das gleiche Problem. Anfang Februar erneuerte die kompromittierte Blockpartei LDPD ihr Programm und wählte den Ingenieur Rainer Ortleb zum Vorsitzenden. Auf Drängen von Graf Otto von Lambsdorff verband sich die kleine, aber saubere Ost-FDP mit der Deutschen Forumpartei und der gewendeten LDPD zu einem »Bund Freier Demokraten«. Dieses liberale Wahlbündnis verstand sich als »eine starke liberale Mitte« zwischen Sozialisten und Christkonservativen. Die Liberalen setzten auf die Popularität des Hallensers Hans-Dietrich Genscher und die Ausstrahlung von Marktwirtschaft und Vereinigung.[26] Die Aufgabe des BFD war nicht einfach, weil die SED die Basis der Liberalen, selbständigen Handwerker, Geschäftsleute und Freiberufler, fast vollständig zerstört hatte.

Die Bürgerbewegung hatte weniger Erfolg mit der Schaffung einer Einheitsfront. Die westdeutschen Grünen weigerten sich aus Respekt vor dem »unabhängigen politischen und wirtschaftlichen Weg« des Ostens einzugreifen. Als die SPD in der Hoffnung auf einen eigenen Wahlsieg ausstieg, zerbrach das Oppositionsbündnis und die Chance einer Dissidentenmehrheit. Daher schlossen sich das auf 30000 Mitglieder geschrumpfte Neue Forum und die kleineren Demokratie Jetzt und Initiative für Frieden und Menschenrechte am 7. Februar zu einem eigenen »Bündnis 90« zusammen. Als »Korrektiv zu den Parteien« propagierte es Bürgerbeteiligung, Solidarität und ostdeutsche Selbstbestimmung. Mitte Februar verbanden sich der Unabhängige Frauenverband und die Ost-Grünen zu einem weiteren Bündnis für Gleichberechtigung und Umweltreform.[27] Daher ging die Bürgerbewegung stolz, aber gespalten in den Wahlkampf.

Trotzdem arbeiteten die konkurrierenden Gruppen bei einem neuen Wahlgesetz zusammen. Am 20. Februar billigte die wiederbelebte Volkskammer die Vorschläge des Runden Tisches für ein demokratischeres Verfahren. Unparteiische Wahlbeobachter und die Möglichkeit gerichtlicher Klage sollten Mißbräuche verhindern. Die Bürger würden nun in geschlossenen Kabinen die Wahlzettel ankreuzen. Um alle Meinungen zu berücksichtigten, bestand die Bürgerbewegung auf dem Verhältniswahlrecht ohne Untergrenze, so daß jede Gruppe mit mehr als 0,25 % der Stimmen einen der 400 Volkskammersitze erreichen konnte. Zur Erhöhung des Bürgerinteresses durften neben Parteien auch lockere politische Vereinigungen und Wahlbündnisse teilnehmen; nur neo-nazistische Gruppen blieben ausgeschlossen.[28]

Für Ostdeutsche, denen demokratische Gepflogenheiten ungewohnt waren, schien die Wahl gleichzeitig schwierig und einfach. Einerseits wetteiferten vierundzwanzig verschiedene Gruppen, von der Biertrinkerunion bis zur Vereinigten Linken, um ihre Gunst. Andererseits lag hinter den verwirrenden Etiketten eine dreifache Alternative: Die Bürger konnten mit der PDS die Erneuerung der DDR oder mit allen anderen Parteien einen Beitritt zu der Bundesrepublik wählen. Gleichzeitig konnte die Bevölkerung mit der Bürgerbewegung für eine Basisdemokratie oder mit den anderen Gruppen für eine Rückkehr zum Parlamentarismus stimmen. Schließlich konnten die Stimmberechtigten sich mit der SPD für eine langsame Vereinigung oder mit der Allianz oder den Liberalen für einen schnellen Zusammenschluß entscheiden.[29]

Der Schicksalswahlkampf

Der Verlauf des Wahlkampfs bestimmte den Ausgang der Wahl in ungewöhnlich hohem Maße. Da viele ostdeutsche Bürger ihre politischen Anschauungen veränderten, war es für Parteien ungemein wichtig, der eigenen Botschaft Gehör zu verschaffen. Trotz weiterer Erosion hatte die PDS durch ihre große Mitgliederzahl, Kontrolle der Medien und Regierungsautorität einen enormen Startvorteil. Von Anfang Januar an klagten Oppositionssprecher über unzureichende Arbeitsbedingungen und verlangten die Fernsehübertragung der Debatten des Runden Tischs sowie Zugang zu den Druckmedien. Da der Apparat nur widerwillig Büroräume, Autos oder Telefone zur Verfügung stellte, forderte Bonn die Gewährleistung der »Chancengleichheit aller politischen Gruppierungen in der DDR«.[30]

Die Brechung des kommunistischen Monopols erwies sich als schwierig, da Ideologie und Kompetenz eng miteinander verflochten waren. Einige Zeitungen boten der Opposition eine wöchentliche Seite an, und elektronische Medien produzierten Werbespots für die neuen Parteien. Erst im Januar konnte das Neue Forum mehr als hektographierte Blätter produzieren und eine eigenständige Wochenzeitung herausgeben, die bezeichnenderweise *Die Andere* hieß. Im Februar sicherte die Verabschiedung von Reformgesetzen endlich die Meinungs- und Versammlungsfreiheit. Obwohl ihre Führungskräfte in ihrem Beruf freigestellt wurden, hatten Oppositionsgruppen große Schwierigkeiten, ihrer Botschaft Gehör zu verschaffen.[31] Nur Austritte aus der PDS, Selbstreform in vielen Institutionen und offenere Berichterstattung der Medien boten den Regimekritikern überhaupt eine Chance.

Als Kompensation für diese Benachteiligung stützten sich einige Gruppen auf westliche Hilfe. Die SPD, die Allianz und die Liberalen erhielten Kopiergeräte und Funktelefone, profitierten von professionellen Beratern und setzten Prominente als Redner ein. Parteien mit Kontakten benützen bundesrepublikanische Medien wie das Fernsehen oder die *BILD-Zeitung*, um ihr Programm im Osten zu verbreiten. Aus Sorge, »nicht mehr zu Wort« zu kommen, verurteilte Bärbel Bohley solche Wahlhilfe scharf: »Bevor uns klar geworden ist, was passiert ist, waren eigentlich die westlichen Politiker da und haben Slogans in die Welt gesetzt, die von den Menschen, die ziemlich orientierungslos augenblicklich sind, auch sehr aufgegriffen wurden.« Die PDS appellierte an östliche Ressentiments gegen westliche Einmischung mit dem Schlagwort der »Ko(h)lonisierung«.[32]

Am 5. Februar wies der Runde Tisch jede Einmischung von außen zurück. Mit zweiundzwanzig zu zehn Stimmen und sechs Enthaltungen verlangten PDS und Bürgerbewegung, daß die anderen Parteien im Sinne eines fairen Wahlkampfs »auf Gastredner aus der Bundesrepublik« verzichten sollten. Die Ost-CDU prangerte das Verbot als »einen massiven Eingriff in die inhaltliche Gestaltung des Wahlkampfs« an; sie werde sich nicht daran halten, da »heute die politische Zukunft unseres Landes und seiner Bevölkerung überhaupt nicht mehr vom Verhalten der politischen Kräfte in der Bundesrepublik zu trennen ist«. In seltener Einmütigkeit verwarfen alle westdeutschen Parteien außer den Grünen diesen Beschluß als Bevormundung. Aber unter den doppelt benachteiligten Dissidentengruppen hinterließ solche »Mißachtung des Runden Tisches« einen bitteren Nachgeschmack.[33]

Die Neuheit der Aufgabe machte den Wahlkampf teils frustrierend, teils aufregend. Da vielen Beteiligten Erfahrung wie Infrastruktur fehlten, mußten sie improvisieren. Die Möglichkeit, zum ersten Male seit zwei Generationen zwischen Alternativen wählen zu können, weckte großes Interesse unter den Bürgern. Die Leute waren »unglaublich hungrig« auf Informationen und studierten nicht nur hektographierte Handzettel, sondern auch kleingedruckte Programme. In den grauen Städten sahen die glänzenden Plakate, farbigen Luftballons und bunten Informationsstände wie Importe aus einer fremden Welt aus. Obwohl Auseinandersetzungen schärfer, Ankündigungen oft abgerissen und Konkurrenten ausgepfiffen wurden, gab es kaum gewaltsame Übergriffe. Überall verwandelten sich die fortgesetzten Demonstrationen in »ganz normale« Wahlkampfveranstaltungen mit Flugblättern, Rednern und Musik.[34]

Der frühe Wahltermin führte zu einer hektischen Geschäftigkeit der Parteien. Wegen der schnellen politischen Veränderungen mußten Programme dauernd überarbeitet werden, und der Mangel von einfachem Material wie Papier trieb die Helfer zur Verzweiflung. Für Politprofis aus dem Westen wirkte die ungewöhnliche öffentliche Resonanz wie ein erfrischender »Jungbrunnen«. Aber idealistischen Amateuren aus dem Osten erschienen kaltschnäuzige Anweisungen der Westberater oft als arrogante Bevormundung. Je nach Ressourcen entwickelten die konkurrierenden Gruppen unterschiedliche Wahlkampfstile. So baute die PDS auf gedruckte Texte sowie Banner, das Bündnis 90 konterte mit spritzigen Sprüchen und Plakaten, während die Westparteien auf Lautsprecherwagen und Glanzbroschüren setzten.[35] Diese Gegensätze spiegelten das Ringen der ost- und westdeutschen politischen Kulturen um die politische Loyalität der DDR-Bürger wider.

Die regierende PDS distanzierte sich von ihrer stalinistischen Vergangenheit, um ihre Glaubwürdigkeit wiederzugewinnen. Um antikommunistische Kritik zu entkräften und den Mitgliederschwund zu beenden, präsentierte sich die SED-Nachfolgerin als eine »moderne sozialistische Partei« und als Anwalt von DDR-Interessen. Ihr Programm bemühte sich, soziale Errungenschaften dadurch zu bewahren, daß es eine schrittweise »europäische Lösung der deutschen Frage« durch gleichberechtigte Verhandlungen zwischen Ostberlin und Bonn vorschlug. Trotz der verbleibenden 650000 Altgenossen verbreitete die Partei ein Bild jugendlicher Dynamik mit einem charismatischen Vorsitzenden und frechen Slogans wie »progressiv, produktiv, pro-DDR«, und »don't worry, take Gysi«. Schließlich überredete die Basis den »ehrlichen Hans« Modrow, als Spitzenkandidat anzutreten, um seine Popularität in Stimmen umzusetzen.[36]

Während des Wahlkampfs bemühte sich die PDS, eine neue Rolle für die kommunistische Elite zu definieren. Da die feindliche Stimmung ihren Machtverlust wahrscheinlich machte, mußte sich die Partei auf eine ungewohnte Opposition vorbereiten und einen Platz links von der SPD sichern. Um sich als Garant für »soziale Sicherheit für jeden« zu profilieren, schürte die PDS Ängste vor Arbeitslosigkeit, Mietsteigerungen, Kürzung der Renten, Auflösung der Kindertagesstätten usw. Gleichzeitig versuchte die Partei, ostdeutsche Ressentiments gegen westliche Bevormundung zu stärken, ohne jedoch eine Alternative zur Einheit anzubieten. Durch Mobilisierung der verbliebenen Treuen in Apparat und Nomenklatur wollte die PDS wenigstens eine Zweidrittelmehrheit für die Vereinigung verhindern. Modrow machte das Beste aus dem Niedergang mit der Losung: »Für die Schwachen, eine starke Opposition.«[37]

Nach der Erregung des demokratischen Aufbruchs fand die

Bürgerbewegung den Wahlkampf ernüchternd. Ein später Start, Uneinigkeit und fehlende Mittel dämpften die Stimme der Opposition, aber Integrität, Enthusiasmus und Kreativität boten ihr eine Chance. Der Mikrobiologe Jens Reich verglich Dissidentengruppen mit »Pilzsporen«, die vom Winde verbreitet, unterirdisch wuchsen und überall auftauchten. Das Bündnis 90 stützte sich auf einfallsreiche Lokalblätter wie die Erfurter *nez*, »die Zeitung für einen alterna(t)iven Journalismus«. Obwohl technisch primitiv, waren diese Handzettel und Wochenblätter interessant und wirkungsvoll. Mit aufmüpfigen Texten griffen sie die Stasi an, kritisierten Amtsmißbrauch, warnten vor einem Anschluß und kündigten die zahlreichen Treffen und Aktivitäten der Protestszene an.[38]

Durch Stil wie Inhalt betonte das Wahlmaterial der Opposition ihren basisdemokratischen Charakter. Einprägsame Grafiken und witzige Wortspiele wie der Slogan »Bürger für Bürger« machten einen frischen und frechen Eindruck. Einerseits attackierte das Bündnis 90 die regierende Partei, indem es behauptete, die PDS sei trotz kosmetischer Änderungen im *P*rinzip noch *D*ie *S*elbe Partei. Andererseits warnten die Dissidenten, daß der Bonner »Elefantenzirkus« über kurz oder lang die Unabhängigkeit der DDR erdrücken werde. Da die Bevölkerung sich um ihr wirtschaftliches Überleben sorgte, fanden jedoch postmaterielle Appelle an »die soziale Solidarität unabhängiger Bürger« kaum Anklang. Das Wahlbündnis der Grünen und Frauenbewegung erregte noch weniger Aufmerksamkeit, konnte sich aber auf seine ökologische und feministische Klientel verlassen.[39]

Die neugegründeten Sozialdemokraten gingen als hohe Favoriten in den Wahlkampf. Ihre lange Tradition, populären Altkanzler, Hilfe benachbarter Bundesländer, Sympathie der Medien und Unterstützung von prominenten Intellektuellen gaben ihr einen erheblichen Vorsprung. Aber die SPD hatte mit schlechter Organisation, geringer Mitgliederschaft, fehlendem Arbeiterinteresse und Zweifel an Oskar Lafontaines Bekenntnis zur Einheit zu kämpfen. Werbeprofis produzierten Tonnen von Druckmaterial, besonders leicht lesbare Flugblätter, die sich auf einfache Themen konzentrierten. Indem sie sich »*S*ympathisch, *P*raktisch und *D*emokratisch« nannte, versuchte die SPD ihre Vergangenheit einzubringen und gleichzeitig »zukunftsorientiert« zu erscheinen. Als Alternative zu den alten Kräften wie der neuen CDU-Dampfwalze versprach sie, die Einheit mit »Würde und Anstand« sowie »sozial und gerecht« zu gestalten.[40]

Als Wahllokomotive setzte die SPD ihren Parteivorsitzenden Ibrahim Böhme ein. Wahlzeitungen stellten den staatsmännisch gekleideten Kandidaten als »letzten DDR-Ministerpräsident[en]« mit einem »Sinn für Gerechtigkeit und Integrität« vor. Der Leipziger Parteitag arbeitete einen Vereinigungsfahrplan aus, der Reformen in der DDR mit der Entwicklung gemeinsamer deutscher Institutionen und Fortschritten in der europäischen Integration verband. Der populärste der westlichen Gastredner war Altkanzler Willy Brandt, der zehn gut besuchte Auftritte absolvierte. Um nicht als sozialistisch verschrien zu werden, wies die SPD Sondierungen der PDS zurück und versuchte statt dessen, als »das soziale und europäische Gewissen der Einheit« zu erscheinen.[41] Aber wegen Uneinigkeit über die Kosten und Geschwindigkeit der Vereinigung fehlte ihrer vernünftigen Botschaft der zündende Funke.

Die Allianz für Deutschland führte einen aggressiven Wahlkampf, um den Vorsprung der anderen Parteien aufzuholen. Als widersprüchliche Mischung von alten und neuen Kräften besetzte sie die politische Mitte und benutzte die Machtmittel der Bundesregierung. Zur Abwehr von Vorwürfen des Opportunismus und der Westdominanz ging die Allianz professioneller vor und steckte mehr Geld in die Werbung. Ihre zahlreichen Flugblätter konzentrierten sich auf Einzelprobleme, die von Alterssorgen und Bildungsreformen über Familienfragen, Marktwirtschaft, medizinische Versorgung und soziale Sicherheit bis zur Umweltzerstörung und dem Verfall der Städte reichten. Auch waren ihre Wahlplakate glänzender und ihre Taktik skrupelloser als die Methoden ihrer Rivalen. So suggerierte ein Handzettel mit den Buchstaben »PDSPDPDSPD ...«, daß eine Stimme für die SPD die Wiederwahl der verhaßten Kommunisten bedeuten würde.[42]

Die CDU konzentrierte sich auf wenige einfache Themen, welche die Sehnsüchte der Bevölkerung ansprachen. Ihre Losungen propagierten eine »Umkehr in die Zukunft« und versprachen »die deutsche Einheit in Freiheit« sowie »Wohlstand für alle«. Aufwendige Wahlextras verurteilten sozialistische Experimente, forderten einen schnellen Zusammenschluß und bildeten weniger den spröden de Maizière als den strahlenden Kanzler ab: »Helmut Kohl gibt uns Hoffnung auf eine bessere Zukunft.« Obwohl der DA und die DSU ihre Eigenständigkeit bewahren wollten, dominierte die etablierte CDU das Bündnis mit Forderungen nach der D-Mark, baldiger Privatisierung, sozialer Gerechtigkeit und kultureller Erneuerung. Um Ängste vor dem Umbruch zu besänftigen, appellierte die Allianz an Hoffnungen auf ein besseres Leben.[43] Ähnlich benutzte der Bund Freier Demokraten seine »verlorenen Söhne« wie Genscher, um für Marktwirtschaft zu werben.[44]

Bis auf die Frage der polnischen Westgrenze spielte die Außenpolitik kaum eine Rolle im Wahlkampf. Da die Bonner CDU glaubte, jede Vertriebenenstimme für die kommende Bundestagswahl zu benötigen, weigerte sich der Kanzler, über die Warschauer Verträge von 1976 hinauszugehen und die Oder-Neiße-Linie nochmals zu garantieren. Obwohl nur ein vereinigtes Deutschland endgültig über seine Grenzen bestimmen konnte, war Kohls Zögern ein schwerer diplomatischer Fehler. Der »sinnlose Grenzstreit« beunruhigte die polnische Bevölkerung so sehr, daß Warschau eine sofortige vertragliche »Anerkennung der Dauerhaftigkeit seiner Westgrenze« verlangte. Auch in den USA erregte die Bonner Dickhäutigkeit Sorgen über die Absichten eines vereinten Deutschlands. Während Paris unmißverständlich auf ein Nachgeben drängte, zauderte der Kanzler jedoch aus Parteirücksichten sich festzulegen.[45]

Innenpolitisch war die Grenzdebatte ein Sprengsatz für die Koalition und bot der Opposition neue Munition. Als Genscher verlangte, »wir sollten mit den Polen sprechen«, war der konservative CDU-Flügel verärgert. Im Osten benutzten PDS und Bürgerbewegung Kohls Rücksichtslosigkeit, um die Glaubwürdigkeit der Allianz in Frage zu stellen, während im Westen die Grünen den Kanzler »als Demokratie- und Sicherheitsrisiko« kritisierten. Unglückliche Versuche, die Grenzgarantie mit einem polnischen Verzicht auf Reparationen und größeren Minderheitsrechten für Schlesier zu verknüpfen, verstärkten nur den Aufruhr. Am 6. März brachte eine hitzige Koalitionsrunde endlich einen Kompromiß, der sofortige gemeinsame Parlamentserklärungen vorschlug, denen nach der Vereinigung ein bilateraler Vertrag folgen würde.[46]

In den letzten Wochen vor der Wahl gaben sechs persönliche Auftritte des Bundeskanzlers den Ausschlag. Auf Großveranstaltungen in Erfurt, Chemnitz, Magdeburg, Rostock, Cottbus und Leipzig sprach Kohl vor etwa einer Million Menschen und erreichte fast zehn Prozent der Wählerschaft. Eine perfekte Choreographie umgab seine massive Gestalt mit einer staatsmännischen Aura. Die ostdeutschen Parteivorsitzenden de Maizière, Ebeling und Schnur putschten das Publikum mit harter Kritik an den Fehlschlägen des Sozialismus auf. Als die Erregung den Siedepunkt erreichte, bestieg Kohl unter »Helmut, Helmut«-Rufen, welche PDS-Pfiffe übertönten, das Podium und winkte dem Meer von deutschen Fahnen zu. Seine Ausführungen waren sorgfältig abgewogen, aber die erwartungsvolle Menge begrüßte vage Andeutungen als feste Versprechungen.[47]

Die Reden des Kanzlers zeichneten eine attraktive Vision von baldigem Wohlstand. Mit der sozialen Marktwirtschaft würden »Tausende von investitionsbereiten Unternehmern« aus der Bundesrepublik kommen, und »gemeinsam mit ihnen werden wir in kurzer Zeit ein blühendes Land schaffen«. Um Übergangsängste zu zerstreuen, versicherte Kohl den Rentnern, Arbeitslosen und Kleinsparern, daß sie vom »bewährten sozialen Netz« des Westens aufgefangen würden. Die Vereinigung solle kein Anschluß, sondern eine Befreiung von Unterdrückung und Mangel, ein Tor zu einem besseren Leben sein. »Es geht um ihre Heimat«, schloß er eindrucksvoll: »Es geht um unser deutsches Vaterland, und es geht um eine gemeinsame Zukunft in Europa.« Diese optimistische Botschaft, daß die Dunkelheit nun vorbei sei, machte Zehntausenden Hoffnung. Ein Plakat strahlte Dankbarkeit aus: »Gott schütze unseren Kanzler, den Vater der deutschen Einheit.«[48]

In Kohls Worten erschien die Vereinigung als Erfüllung aller Wünsche. Zwar ärgerten sich Intellektuelle über die »Unverfrorenheit«, mit welcher der Westen »politisch und wirtschaftlich von der DDR« Besitz nahm. Aber man »hatte es satt, immer nur den Mund zu halten«, erinnerte sich eine Leipziger Postbotin: »Wir hatten es ehrlich gesagt auch satt, immer nur verschimmelte Sellerie zu kaufen ... Wir hatten die verpestete Luft satt, die stinkende Pleiße, die verfallenen Häuser, wir wollten nicht länger als Vögel ohne Flügel leben.« Aus Furcht vor einem Rückfall in den Stalinismus hofften viele, Kohl »werde uns DDR-Bürgern aus der vermurksten Lage unseres Landes schnell heraushelfen« und »eine Wende zum Besseren« bringen. In den Augen von Thomas Rosenlöcher sahen die Ostdeutschen die Vereinigung als Erfolg ihrer Revolution: »Sie kommen bei sich selbst an, wenn sie nun wählen werden, was sie eigentlich schon immer wollten, den Westen im Osten.«[49]

In den letzten Tagen vor der Wahl versuchte die besorgte Linke,

Tabelle VI

Das Ergebnis der Volkskammerwahl vom 18. März 1990

Partei	Gesamt Sitze	Proz.	Regionen in Prozent Berl.	Brbg.	Meckbg.	Sachs.	Sa-Anh.	Thü.
PDS	66	16,4	30,0	18,4	22,4	13,3	14,0	11,2
SPD	88	21,9	35,0	28,9	23,9	15,1	23,6	17,1
Bün. 90	12	2,9	6,4	3,3	2,3	3,0	2,2	2,0
FDP	21	5,3	3,0	4,8	3,6	5,7	7,7	5,6
Allianz	192	48,1	21,6	38,5	39,3	57,7	47,8	60,2
Andere	21	5,0	4,0	6,1	8,5	5,2	4,7	3,6

diesen Rechtstrend zu brechen. Zum Abschluß forderte der Runde Tisch Bürgerbeteiligung und Absicherung durch eine »Sozialcharta« in einer gleichberechtigten Einigung. In der Presse auftauchende Berichte über eine Stasiverbindung von Wolfgang Schnur zwangen den DA-Vorsitzenden zurückzutreten. In West-Berlin demonstrierten Radikale lautstark gegen eine »nationale Verblendung«. Als Hilfe für die PDS warnte die Sowjetunion vor »massive[r] Einmischung in die inneren Angelegenheiten« der DDR und vor »Einverleibung eines deutschen Staates durch den anderen«. Am Wahlabend sagte Bürgerrechtler Jens Reich ein Patt voraus, bei dem die SPD das erste, die Allianz das zweite und die anderen Gruppen das dritte Drittel gewinnen würden. Für einen kurzen Moment schwankte Ostdeutschland zwischen einer repressiven Vergangenheit und einer unsicheren Zukunft.[50]

Meinungsschwankungen kurz vor dem Wahltag machten das endgültige Resultat zu einer echten Überraschung. Die hohe Wahlbeteiligung von mehr als neunzig Prozent bewies die Intensität der Auseinandersetzung und das Interesse der Wähler. Im Endspurt erreichte die Allianz für Deutschland mit über 48 % und 192 Sitzen fast die absolute Mehrheit, während die anfangs führende SPD auf 21,9 % und 88 Sitze zurückfiel. Obwohl die PDS die Macht aufgeben mußte, übertraf sie mit 16,4 % und 66 Sitzen alle Erwartungen. Die Liberalen erreichten mit 5,3 % und 21 Sitzen knapp ihr Ziel als Mehrheitbeschaffer einer bürgerlichen Koalition. Da das Bündnis 90 nur 2,9 % der Stimmen erhielt und die Grünen mit 1,9 % noch schlechter abschnitten, marginalisierte die Märzwahl die enttäuschte Bürgerbewegung.[51]

In struktureller Hinsicht brachte das Ergebnis einige Besonderheiten. Regional gesehen gewann die Allianz den vernachlässigten Süden, während die Linksparteien in Berlin triumphierten und sich im Norden besser hielten. Die CDU hatte in Industriegebieten erstaunlichen Zulauf, während sie sich in Dienstleistungsbereichen und ländlichen Gegenden schwerer tat. Entgegen marxistischen Erwartungen, stimmten mit 58 % mehr Arbeiter für Rechtsparteien als Angestellte (48 %) oder Akademiker (32 %). Die Linke dominierte die Großstädte, während die Kleinstädte zur Allianz tendierten. Die PDS und die Bürgerbewegung stützten sich weitgehend auf dieselbe junge, säkulare und intellektuelle Klientel. Da die SPD ihre traditionellen Arbeiterhochburgen nicht mobilisieren konnte, fiel sie zwischen alle Stühle. Die Liberalen erzielten in den südlichen Handelsstädten ihre besten Resultate. Arbeiter, Ältere und religiös Gebundene wollten einen drastischen Wandel, jedoch viele Bauern und die meisten administrativen Eliten hingen am Erbe der DDR.[52]

Das eindeutige Resultat ließ wenig Zweifel an dem Willen der ostdeutschen Bürger. »Das wichtigste Ergebnis der ersten freien Wahlen in der DDR ist der Sieg der Demokratie, für die sich etwa achtzig Prozent der Wähler entschieden haben.« Wohlwollende Beobachter interpretierten das Resultat als einen persönlichen Triumph von Helmut Kohl: »Gewonnen hat der Kanzler. Er hat besser gespürt als jeder andere, daß es der Mehrheit der DDR-Bürger nur darum ging, möglichst schnell den Schritt in das ganze Deutschland zu tun.« Trotz einer »starke[n] Leistung für eine neugegründete Partei«, war das SPD-Abschneiden »eine klare Niederlage«, die Enttäuschung auslöste. »Sieger ist weniger die Demokratie als die Angst«, polemisierte ein der Sozialdemokratie nahestehendes Blatt. »Die große Mehrheit in der DDR setzt auf Bonn, auf den baldigen Anschluß ans westliche Wohlstandsparadies.«[53]

Die Rechtsparteien feierten ihren Wahlsieg als »eine klare Entscheidung für das Modell Bundesrepublik«. Konservative Leitartikler machten weniger nationale Gefühle als die »Hoffnung auf ein Wirtschaftswunder« dafür verantwortlich. Als »einzige klare Alternative zu dem alten Sozialismus« schaffe es die CDU, das Verlangen nach Freiheit und Wohlstand anzusprechen. Da sich die SPD nicht genügend vom Marxismus distanzierte, fiel sie dem verbreiteten Unwillen gegen weitere sozialistische Experimente zum Opfer. Internationale Beobachter interpretierten das Ergebnis als ein »Votum für die Einheit« nach Artikel 23 des Grundgesetzes. Trotz Sorgen über Tempo und Form des Zusammenschlusses bestätigten Umfragen das Vereinigungsthema als das dominierende bei der Wahlentscheidung. Einstimmig werteten Kommentatoren im In- wie Ausland das Ergebnis als eine weitere »Beschleunigung der Wiedervereinigung«.[54]

Bei DDR-Bürgern löste der harte Wahlkampf einen außerordentlichen Umschwung der Vorstellungen von Sozialismus und Souveränität aus. Viele Ostdeutsche hatten in einer Art Doppelbewußtsein gelebt, das zwischen eigener Realität und westdeutscher Wunschwelt schwankte. Zum ersten Mal erlaubte die Wahl es ihnen, die durch allabendliche Auswanderung per Fernsehen erwachsene potentielle Loyalität zu einer Bonner Partei auszudrükken. Gleichzeitig konnten DDR-Bürger durch eine Stimme für schnelle Einheit ihr gebrochenes Alltagsbewußtsein beenden und in einer größeren nationalen Identität aufgehen. Nach jahrzehntelangem »Gefühlsstau« wollten viele ihr Minderwertigkeitsgefühl loswerden und endlich aufhören, Deutsche zweiter Klasse zu sein. »Also wurde aus dem Bauch heraus die Wahl entschieden, Kopf und Herz zogen den kürzeren.«[55]

Dennoch greift die Erklärung, daß die Ostdeutschen einfach auf Kohls Versprechungen hereingefallen seien, zu kurz. Zwar stiftete das Medienbild des Wohlstands Verwirrung, aber die Menschen wollten ihr Leben in einem allgemeineren Sinn verbessern, der auch Gesundheit, Umwelt und Kultur einschloß. »Es war überwältigend, wie diese hoffnungslosen Leute so hoffnungsvoll waren, daß wenigstens ihre Kinder, Enkel und Urenkel bessere Zeiten erleben würden, als wie sie selbst durchgemacht hatten«, resümierte eine einfache Leipzigerin. »Diese Begeisterung riß einen förmlich mit.« Intellektuelle schimpften enttäuscht: »Offensichtlich haben viele nur den Führer gewechselt, statt Honecker Kohl, statt Diktatur der Partei wählten sie die Macht des Geldes.«[56] Trotz mancher Ängste entschieden sich die Massen aus materiellen *und* aus ideellen Motiven für einen radikalen Wandel als den schnellsten Weg zu einem besseren Leben.

Die Wahlsieger standen vor der paradoxen Herausforderung, die DDR zu demokratisieren, um sie abzuschaffen. Obwohl de Maizière zögerte, diese »große Verantwortung« anzunehmen, arbeitete er zielstrebig auf die Schaffung einer funktionsfähigen Regierung hin. Da Verfassungsänderungen eine Zweidrittelmehrheit benötigten, appellierte der CDU-Vorsitzende an die Freien Demokraten und die Sozialdemokraten, »ein möglichst breites Bündnis« zu schaffen. Eher überwältigt als übermütig versprach de Maizière, die Einheit nicht nur so schnell, sondern auch »so gut wie möglich« anzusteuern. In seinen Augen hatte ein neues Kabinett enorme Probleme zu bewältigen: Die Herbeiführung einer Währungs-, Wirtschafts- und Sozialunion, die Wiederbelebung der alten Länderstrukturen, die Einbettung der Vereinigung in die europäische Integration, die Respektierung bestehender Verträge und die Beseitigung der Mauerreste.[57]

Die Bonner Regierung hoffte, daß der konservative Sieg den teuren Zustrom von Übersiedlern stoppen und soziale Ängste besänftigen würde. Wegen des wachsenden Unmuts der westdeutschen Bevölkerung bat Kohl die Ostdeutschen: »Bleiben Sie zu Hause, helfen Sie mit, gemeinsam mit uns dieses schöne Land aufzubauen. Niemals waren die Chancen für jeden einzelnen größer als heute.« Da die Kosten immer mehr die Ressourcen der Kommunen überstiegen, entschied das Bundeskabinett, die finanziellen Unterstützungen für Übersiedler mit dem Einsetzen der Währungsunion aufzuheben. Gleichzeitig machten sich außenpolitische Berater über den Abschluß der Zwei-Plus-Vier-Verhandlungen und die Lösung offener Abrüstungsfragen Sorgen: »Ein riesiges Paket von Aufgaben liegt vor uns.«[58]

Die Konstituierung der ersten freien DDR-Regierung erwies sich als schwieriger denn erwartet. Die Wahl hatte die politische Landschaft grundlegend verändert, und ostdeutsche Parteien mußten westdeutsche Partner konsultieren, deren Interessen oft von den eigenen abwichen. In einer vorentscheidenden siebenstündigen Sitzung nominierte die CDU den unentschlossenen de Maizière zum Vorsitzenden ihrer Volkskammerfraktion. Aber nach Rückfrage in München weigerte sich die DSU, stolz auf ihren sechsprozentigen Stimmenanteil, in einer gemeinsamen parlamentarischen Gruppe mit der CDU aufzugehen. Nur der Demokratische Aufbruch, der von seiner schwachen Resonanz von weniger als einem Prozent enttäuscht war, willigte in eine engere Anlehnung ein. Mit Graf Lambsdorffs Unterstützung verbanden sich die liberalen Gruppen in eine einheitliche Fraktion und schluckten ebenso die schwindenden Nationalisten der NDPD.[59]

Auf Kohls Anraten rang sich Lothar de Maizière schließlich dazu durch, als Ministerpräsident zu kandidieren. Zunächst erneuerte er sein Koalitionsangebot an die bürgerliche FDP und die rivalisierende SPD. Erste Kontakte ergaben viele Gemeinsamkeiten zwischen der Allianz und den Liberalen, die zusammen auf 213 von 400 Volkskammersitzen kamen. Für die enttäuschten Sozialdemokraten kündigte Ibrahim Böhme an, nicht mit der rechten DSU, die unfaire Wahlkampftaktiken benutzt hatte, in eine gemeinsame Regierung einzutreten, und bot nur an, in praktischen Fragen zu kooperieren. Trotz dieser Abfuhr gab die CDU ihr Werben nicht auf, da die SPD die zur Vereinigung auf dem Wege der Verfassungsänderung notwendige Zweidrittelmehrheit garantierte. Gleichzeitig versuchte die PDS mit den Sozialdemokraten und der Bürgerbewegung, eine Sperrminorität zur Verhinderung von Verfassungsänderungen zu bilden.[60]

Die SPD konnte sich nicht entscheiden, da ihr weder eine Opposition mit der PDS noch eine Regierung mit der CDU zusagte. Der brutale Wahlkampf hatte besonders bei jungen Mitgliedern aus dem Süden, die dem linken Flügel nahestanden, Spuren hinterlassen. Aber wenn sie den Vereinigungsprozeß sozial abfedern wollte, mußte die Partei, wie der rechte Flügel argumentierte, »die Kröte schlucken« und mit der antisozialistischen DSU kooperieren. Die gemäßigte Mitte wollte in den kommenden Verhandlungen mit Bonn der DDR-Regierung »gern den Rücken stärken«. Westdeutsche Sozialdemokraten gaben widersprüchliche Ratschläge, da sie selbst zwischen Verantwortungsbewußtsein und Wahlkampfkalkül gespalten waren. Eine unschlüssige SPD wählte Ibrahim Böhme zum Fraktionsvorsitzenden und autorisierte »Informationsgespräche« mit allen Gruppen außer der PDS und DSU.[61]

Die Koalitionsverhandlungen schleppten sich über zehn Tage hin. Am 21. März trafen sich die CDU- und SPD-Führungen, um sich kennenzulernen und das Terrain zu sondieren. Langsam schwand »die Angst, vom ungeliebten Partner umarmt zu werden«, und stieg das Verlangen, »sich der politischen Verantwortung nicht zu verweigern«. Die Chancen für eine große Koalition verbesserten sich, als Oskar Lafontaine seinen Widerspruch aufgab und prominente Gewerkschaftler für einen Regierungseintritt plädierten. Am 27. März stimmte die SPD Verhandlungen zu, solange die polnische Grenze anerkannt, Ostdeutschland nicht in die NATO integriert und DDR-Eigentumsrechte garantiert würden. Obwohl de Maizière sichtbar ungeduldig wurde, wies der SPD-Fraktionsvorsitzende Richard Schröder in den Medien auf »gute Gesprächsergebnisse mit der CDU« hin.[62]

Am 4. April setzte eine knappe Mehrheit der SPD-Volkskammerfraktion weitere Verhandlungen durch. Zwar lehnte der Parteivorstand eine Koalition mit zwölf zu sechs Stimmen ab, aber die Fraktion hatte »den Eindruck gewonnen, Herr de Maizière will eine Politik in der DDR für die DDR machen«.[63] Auf massiven Druck der CDU-Führung hin entschuldigte sich der Vorsitzende Ebeling formell für die Häßlichkeit der DSU-Angriffe während des Wahlkampfs. Als damit der wichtigste Stolperstein ausgeräumt war, stellte die SPD harte Bedingungen. Von den vierundzwanzig Kabinettsmitgliedern forderte sie sieben Ressorts, besonders solche Schlüsselposten wie das Außen-, Arbeits- und Innenministerium.[64] Auch machten fortgesetzte Querelen innerhalb der Sozialdemokratie eine Übereinkunft zwischen den vorherigen Wahlgegnern weiterhin schwierig.

Ein Wechsel an der Parteispitze der SPD brachte schließlich den Durchbruch in den Koalitionsgesprächen. Als *Der Spiegel* Ende März Ibrahim Böhme beschuldigte, ein Stasimitarbeiter gewesen zu sein, mußte er von seinen Parteiämtern zurücktreten. Obwohl ein Kommunikationstalent, war Böhme ein Chamäleon im Nadelstreifenanzug, der sich überall anpassen und populär sein wollte. Die veröffentlichten Stasiakten enthüllten den Ex-Dissidenten nicht nur als ein bedauernswertes Opfer, sondern auch als einen skrupellosen Täter, der die Opposition zersetzt hatte. Obwohl es die Parteibasis nicht wahrhaben wollte, hatte er noch bis in den Winter 1989 Berichte geschrieben, als er schon leitende Funktionen in der SPD ausübte.[65] Böhmes überraschender Sturz beseitigte das letzte Hindernis für eine große Koalition mit der CDU.

Sein Nachfolger, der Theologe Markus Meckel, war ein unabhängigerer Kopf. Da er wegen Aufmüpfigkeit von der Oberschule relegiert worden war, konnte er nur in einer evangelischen Hochschule studieren, wo er sich für Hegelsche Philosophie interessiert hatte. Um die »Vision eines humanen Sozialismus« zu verwirklichen, wurde er in Umweltgruppen aktiv und organisierte jährliche Friedensseminare. Aber Meckel unterschied sich von anderen Dissidenten durch sein Verständnis dafür, daß zur Durchsetzung von Ideen auch Macht notwendig war. Dieser brandenburgische Landpfarrer war die treibende Kraft hinter der Wiedergründung der SPD als Partei, »ein Tritt gegen das Schienbein der SED«. Um als möglicher Außenminister Politik mitzugestalten, entschloß sich der idealistische, aber undiplomatische Meckel für eine große Koalition mit der CDU.[66]

Die neue Spitze der Sozialdemokraten führte die Verhandlungen schnell zum Abschluß. Am 9. April erreichten Marathonsitzungen eine Lösung wichtiger Personal- und Sachfragen. Obwohl die Bevölkerung wenig Geduld für diese Grundsatzdiskussion aufbrachte, war die fünfzigseitige Koalitionsvereinbarung »ein ansehnlicher Erfolg«. Durch die Kombination von Schlüsselbegriffen beider Parteien wie »Wohlstand und soziale Gerechtigkeit« versprach das gemeinsame Dokument, »Freiheit und Rechtstaatlichkeit durchzusetzen«. Der Kompromiß wollte »die Einheit Deutschlands nach Verhandlungen mit der BRD auf der Grundlage des Artikel 23 GG zügig und verantwortungsvoll für die gesamte DDR gleichzeitig... verwirklichen«. Außenpolitisch sollte die Vereinigung durch Anerkennung der Grenzen, Schaffung eines übergreifenden Sicherheitssystem und drastische Abrüstung in die »europäische Friedensordnung« integriert werden.[67]

Das innenpolitische Koalitionsprogramm war ebenso ehrgeizig wie umfassend. Die ungleichen Partner wollten die Länder wiederherstellen, die Justiz säubern, die Stasi auflösen und die stalinistische Vergangenheit bewältigen. »Die Herstellung der Währungs-, Wirtschafts- und Sozialunion gehört zu den wichtigsten Aufgaben der neuen Regierung.« Ein besonderer Schutz von Arbeitseinkommen, Mieten und Renten sollte den Übergang zu einer sozial und ökologisch orientierten Marktwirtschaft abfedern. Weitere Maßnahmen wie Privatisierung, Vermögensbildung, Wettbewerbsförderung oder Steuererleichterung sollten die Wirtschaftsreform vorantreiben, ohne der Umwelt zu schaden. Diese gemeinsame CDU- und SPD-Wunschliste wollte zugleich den Übergang zu dem radikal anderen System des Westens einleiten und ihn sozial verträglich gestalten.[68]

Am 12. April bestätigte die Volkskammer das erste demokratisch gewählte Kabinett der DDR. Eine große Mehrheit von 265 zu 108 Stimmen bei neun Enthaltungen wählte Lothar de Maizière zum Ministerpräsidenten. Als stärkste Partei verlangte die CDU elf Ministerien, während die SPD sieben, die FPD drei, die DSU zwei und der DA einen Posten erhielten. Außer der Richtlinienkompetenz des Kabinettsvorsitzenden besetzten die Christdemokraten nur in Wirtschaft (Gerhard Pohl) und Erziehung (Hans-Jochen Meyer) wichtige Bereiche. Mit Markus Meckel im Außenamt, Walter Romberg im Finanzministerium und Regine Hildebrandt im Sozialbereich hatte die SPD eine Reihe von markanten Persönlichkeiten im Kabinett. Die DSU mußte sich mit dem Innenressort (Peter-Michael Diestel), die FDP dem Justizportefeuille (Kurt Wünsche) und der DA mit dem Verteidigungsministerium (Rainer Eppelmann) begnügen.[69]

Trotz hoher Fachkompetenz waren die Kabinettsmitglieder meist politische Neulinge ohne administrative Erfahrung. Mit vier Frauen und fünfzehn Doktoren repräsentierte de Maizières Mannschaft eine von Anwälten und Pastoren dominierte Gegenelite zu der SED. Bei allen Vorbehalten paßte sich der bürokratische Apparat an und setzte seine Arbeit unter der neuen Führung weitgehend fort. Der Ministerpräsident sah seine Rolle als »Sachwalter in schwierigen Zeiten, als Anwalt der wohlverstandenen Interessen aller Leute in unserem Land«. In einem symbolischen Bruch mit der Vergangenheit entschuldigte sich das freie Parlament für die Ermordung der Juden und Slawen, das Leiden Rußlands im Zweiten Weltkrieg und die Niederwerfung des Prager Frühlings im Jahre 1968. Um den Nachbarn im Osten zu beruhigen, bestätigte die Volkskammer sodann unverzüglich die Unantastbarkeit der polnischen Westgrenze.[70]

Wegen zunehmender »Verunsicherung in breiten Teilen der Bevölkerung« mußte die große Koalition ein schwieriges Erbe antreten. Während ihrer letzten Wochen hatte sich die Modrow-Regierung vor allem »auf die Sicherung ihrer Arbeitsfähigkeit, die Vorbereitung der Wahlen, die Unterstützung der Wirtschaftsfähigkeit der Betriebe und die Stabilisierung des gesellschaftlichen Lebens« konzentriert. Aber das letzte kommunistische Kabinett hatte auch die Säuberung der Personalakten erlaubt, Stasimitarbeiter als Lehrer eingestellt, finanzielle Machenschaften übersehen und die Verschleuderung von Staatsbesitz geduldet. Da seine halbherzigen Reformen durch solche Konzessionen an alte Kader kompromittiert waren, boten sie wenig Ansätze für den Übergang zu einem demokratischeren Regime.[71]

Vor seiner Auflösung versuchte der Runde Tisch, das Vermächtnis der »revolutionären Erneuerung« in einem Verfassungsentwurf für ein vereinigtes Deutschland festzuschreiben. Lange Diskussionen unter Bürgerrechtlern und Experten aus Ost und West brachten ein eindrucksvolles Konzept für ein »demokratisches und solidarisches Gemeinwesen« hervor. Seine 136 Artikel enthielten umfassende und einklagbare Rechte für soziale Versorgung sowie direkte Demokratie und sahen eine behutsame Vereinigung vor. Vom Geist des Dritten Wegs durchdrungen, weitete dieser Entwurf die wiedergewonnenen liberalen Menschenrechte in soziale Anrechte auf Wohnung, Arbeit oder Erziehung aus und versuchte, die Bürger stärker an öffentlichen Entscheidungen zu beteiligen. Da sich die Wähler von der Bürgerbewegung abgewendet hatten, konnte diese Verfassung jedoch nur eine alternative Zivilgesellschaft aufzeigen, ohne sie politisch durchzusetzen.[72]

In seiner Regierungserklärung versprach de Maizière, die Einheit zügig, aber würdig zu verwirklichen. Im Geist der friedlichen Revolution formulierte er als sein Leitmotiv: »Nach Jahrzehnten der Unfreiheit und der Diktatur wollen wir Freiheit und Demokratie unter der Herrschaft des Rechts gestalten.« Obwohl er eine Wirtschafts-, Währungs- und Sozialunion befürwortete, wollte er für ostdeutsche Interessen, wie einen Währungs-Umtauschkurs von 1 : 1, kämpfen: »Die Einheit muß so schnell wie *möglich* kommen, aber ihre Rahmenbedingungen müssen so gut und so zukunftsfähig sein wie *nötig*.« Um seine Landsleute aufzurichten, betonte er, daß die DDR nicht mit leeren Händen in die Vereinigung gehe: »Wir bringen ein unser Land und unsere Menschen, wir bringen geschaffene Werte und unseren Fleiß ein, unsere Ausbildung und unsere Improvisationsgabe.«[73]

Der neue Ministerpräsident legte der Volkskammer eine Agenda für einen mehrjährigen Reformprozeß vor. In überparteilichen Worten versprach der CDU-Vorsitzende, die rechtlichen, finanziellen und strukturellen Voraussetzungen für die Umstellung zur Marktwirtschaft zu schaffen, aber gleichzeitig die Bevölkerung sozial abzusichern und die Umwelt zu schützen. Ebenso wollte de Maizière mit dem »katastrophale[n] Erbe« der SED-Herrschaft wie Plattenbau, Indoktrination, Geheimpolizei und Parteijustiz aufräumen. Seine Jungfernrede gipfelte in der Hoffnung, daß die deutsche Vereinigung zur Überwindung der Spaltung des alten Kontinents beitragen würde: »Unsere Zukunft liegt in der Einheit Deutschlands in einem ungeteilten friedlichen Europa.« Das war kein Szenario für eine sofortige Übergabe, sondern ein umfassendes Konzept der Erneuerung, das zu einem Zusammenschluß gleichwertiger Partner führen sollte.[74]

In Ostberlin wurde »der Wille zu selbstbewußter Politik im Interesse der DDR-Bürger« mit Respekt begrüßt. Alle Fraktionen der Volkskammer stimmten mit der Grundrichtung des Koalitionsprogramms überein, die Errungenschaften der Bürgerrevolution möglichst mit dem Verlangen nach Vereinigung zu verbinden. Naturgemäß fanden die Koalitionssprecher Grund zum Lob, indem sie auf von ihrer Partei gestaltete Passagen hinwiesen. Doch auch marxistische Skeptiker, welche die schnelle Einheit nach Grundgesetz-Artikel 23 ablehnten, konnten »dem neuen Regierungschef Würde, Selbstbewußtsein und ethische Prinzipien nicht absprechen«. Zwar kritisierte die Bürgerbewegung den Eintritt der SPD in eine große Koalition als Schwächung der Demokratie, doch die Bevölkerung zeigte Sympathie für de Maizières entschiedenen, aber besonnenen Weg in die Einheit.[75]

Bonn hielt die Rede des Ministerpräsidenten für »eine durchaus beeindruckende Regierungserklärung«. Obwohl Kohl mehr Dank erwartet hatte, freute sich die CDU über das Bekenntnis zur schnellen Vereinigung und Marktwirtschaft. Auch SPD-Kanzlerkandidat Lafontaine begrüßte die Betonung sozialer Gerechtigkeit, verlangte aber eine größere Beteiligung des Bundestags an weiteren Verhandlungen. Nur die Grünen behaupteten sarkastisch, »de Maizières Regierungserklärung scheint nun direkt aus dem Bundeskanzleramt zu kommen«. Die Medien lobten die »Schlichtheit, Glaubwürdigkeit und Würde« der Antrittsrede, obwohl manche konservative Leitartikler das Programm für zu linkslastig hielten.[76] Da Entscheidungen bis zur Regierungsbildung unmöglich waren, war die Bonner Regierung froh, nun endlich mit offiziellen Gesprächen beginnen zu können.

Das Ergebnis der DDR-Wahlen führte zu einer deutlichen Verbesserung des internationalen Klimas für die Vereinigung. Vor der Abstimmung klagte der sowjetische Außenminister Schewardnadse über die Destabilisierung der DDR; sorgte sich US-Präsident Bush während Kohls Besuch über die deutsche Bündnistreue zur NATO; unterstützte der französische Staatschef Mitterrand polnische Forderungen nach Grenzgarantien; und versuchte die britische Premierministerin Thatcher, eine deutsche Machtvergrößerung zu verhindern. Aber das eindeutige Votum für die Einheit erlaubte in intensiven Konsultationen die Herstellung einer westlichen Einheitsfront und ermöglichte die Begrenzung der polnischen Grenzdiskussion auf eine Zwei-Plus-Vier-Sitzung. Als unanfechtbarer Beweis der Selbstbestimmung schwächte das Wahlresultat die Opposition der Nachbarn gegen eine baldige Währungsunion und Vereinigung nach Paragraph 23.[77]

Das Ostberliner Regierungsprogramm erleichterte die Zerstreuung ausländischer Bedenken über die deutsche Einheit. In enger Abstimmung mit Washington versicherte Kohl, daß er die sowjetischen Sicherheits- und Wirtschaftsinteressen berücksichtigen wolle. Vor der EG-Kommission argumentierte der Bundeskanzler ähnlich, daß deutsche Einheit den europäischen Integrationsprozeß beschleunigen werde. Als Resultat der ostdeutschen Entscheidung reduzierte der sowjetische Außenexperte Portugalow Moskaus Forderung nach Neutralität auf die aus der Ostpolitik stammende Formel, »daß von deutschem Boden kein Krieg mehr ausgehen dürfe«. Da sie keine Bundesgenossen für eine Verweigerung fand, gab sogar Margaret Thatcher ihren Widerstand auf, solange die NATO nicht in Frage gestellt würde.[78] Obwohl noch schwierige Fragen offenblieben, machte die parallele Politik der deutschen Staaten ihre Lösung wahrscheinlicher.

Eine nationale Revolution

Die Märzwahl entschied die Alternative sozialistische Erneuerung oder nationale Einheit. Nach dem Sturz des Stalinismus war der »Erdrutsch zur Ost-CDU« die zweite Überraschung des ostdeutschen Aufbruchs. Als Erklärung betonten konservative Kommentatoren die Wirklichkeitsferne des Traums vom Dritten Weg, während politische Beobachter auf die Erosion von Modrows Glaubwürdigkeit und die Unerfahrenheit des Runden Tisches hinwiesen. Intellektuelle der Opposition erklärten die Abkehr der Massen als Blendung durch westlichen Konsum, und marxistische Kritiker machten Kohls Versprechungen für »die bedingungslose Übergabe« verantwortlich. In einer symbolischen Geste, die Enttäuschung und Arroganz verriet, hielt der Ex-Grüne SPD-Politiker Otto Schily als Erklärung des Wahlergebnisses eine Banane vor die Fernsehkameras.[79]

Der Zusammenbruch des »real existierenden Sozialismus« war so vollständig, daß er die Möglichkeit eigenständiger Demokratisierung unter sich begrub. »Jetzt sind diese Zielvorstellungen in der praktischen gesellschaftlichen Bewegung negiert«, reflektierte ein marxistischer Soziologe, und »die bürgerliche Gesellschaft in ihrer modernen Entwicklungsform wird Wirklichkeit auch bei uns«. Keine einfache Konterrevolution, sondern eine »Negation der Negation in wirklich dialektischem Sinne« führte zu einer fortgeschritteneren sozialen Marktwirtschaft. Da die ersten freien Wahlen in ganz Osteuropa ähnliche Resultate hervorbrachten, hatte die verbreitete Hinwendung zu der Antithese des abgewirtschafteten Systems eine gewisse innere Logik für sich.[80] Aufgrund der Teilung konnten die DDR-Bürger den Übergang zur kapitalistischen Demokratie am schnellsten durch eine Vereinigung mit der Bundesrepublik erreichen.

Im Winter 1990 trat die ostdeutsche Revolution in ihre nationale Phase ein. Ironischerweise ermöglichte der Wiedergewinn der Menschenrechte es vorher sprachlosen antisozialistischen Gefühlen, sich zu artikulieren und zu organisieren. Dadurch veränderten die Massenproteste ihren Charakter wie ihre Ziele und verlagerten mit Unterstützung westlicher Politiker ihre Priorität von Meinungsfreiheit zur ungelösten nationalen Frage. Der Wahlkampf beschleunigte den Stimmungsumschwung, kanalisierte aber den Erwartungsdruck, indem er ihn auf den friedlichen Gewinn der Volkskammermehrheit ausrichtete.[81] Zwar führte die Gleichsetzung von Stalinismus mit Sowjetdominanz zu antirussischen Tönen, aber Gorbatschow war realistisch genug, um dem Bevölkerungswillen ohne Gewaltanwendung nachzugeben. Obwohl Kohl den Drang zur Einheit anheizte, wählten die Ostdeutschen den Beitritt hauptsächlich aus eigenen Motiven.

Bei allen restaurativen Zügen setzte die »Wende in der Wende« zur Nation die Revolution mit neuen Zielen fort. Die Vereinigung ging über den Wechsel von post-stalinistischer Diktatur zu einem demokratischen Sozialismus hinaus, da sie gleichzeitig die Auflösung der DDR als separatem Staat bedeutete. Obwohl die Rückkehr zur sozialen Marktwirtschaft kaum futuristisch anmutete, verlangte sie einen drastischeren Bruch der Kontinuität, als es eine noch so rigorose interne Reform bedeutet hätte. Da der Zusammenschluß die Bevölkerung vom östlichen ins westliche System transportieren sollte, mußte der dadurch ausgelöste Modernisierungsschub eine fundamentale Unterbrechung des individuellen Lebens und der kollektiven Institutionen bringen. Im Gegensatz zur langsamen inneren Umstrukturierung anderer osteuropäischer Länder war die äußere Vereinigung der radikalste Versuch des Übergangs zur kapitalistischen Demokratie.[82]

Linksintellektuelle kritisierten die »Hast und Rücksichtslosigkeit« der Einheitskampagne als »Anschlußpolitik«. Bitter enttäuscht von dem Wahlausgang, hofften sie, den Vereinigungsexpreß durch Manifeste und Unterschriftensammlungen zu stoppen. Da die nationalen Wünsche vom bolschewistischen Modell abwichen, beklagten manche Literaten die Abkehr der Bevölkerung vom Sozialismus als eine »abgetriebene Revolution«. Ein Rückfall in den verhaßten Kapitalismus, so sagten sie voraus, würde Ostdeutschland nur von einem »Staatsbetrieb in eine DM-Kolonie« verwandeln. Demgegenüber bedauerten Vertreter einer emanzipierten Zivilgesellschaft die verlorene Gelegenheit, eine postmaterialistische und postnationale Alternative zu errichten.[83] Die schreckliche Erinnerung an die Weltkriege und den Holocaust bewirkte, daß die ausländische Intelligenz eine deutsche Vereinigung gleichfalls als Bedrohung ansah.

In den Augen westlicher Intellektueller verlor die Revolution durch die nationale Wende ihre Legitimität. In einer kuriosen Umkehr von früherem Chauvinismus hatten besonders die 68er einen »negativen Nationalismus« entwickelt. Eine marxistisch angehauchte Elite, welche die Lehren der Geschichte zu gut gelernt hatte, interpretierte ostdeutsche Einheitswünsche als »Orgie des Nationalismus«, die in einem imperialistischen Rausch enden würde. Das überraschende Wahlergebnis spornte westliche Radikale zu Traktaten an, die versuchten, den DDR-Bürgern die schlimmen Folgen ihrer Entscheidung auszumalen. Obwohl sie den Zusammenbruch der Wirtschaft meist korrekt voraussagten, konnten schrille Warnungen kaum überzeugen, da sie mehr Selbsthaß als Mitgefühl ausdrückten. Nur wenige Gemäßigte wie Peter Schneider und Monika Maron verteidigten die Mehrheitsentscheidung.[84]

Trotz aller Kritik erwies sich die Veränderung des demokratischen Aufbruchs zu einer Vereinigungsbewegung als unaufhaltsam. Unbeeindruckt von westdeutscher Skepsis und jahrelanger

Stasi-Unterdrückung tauchten nationale Hoffnungen nun unerwartet wieder auf. Auf individueller Ebene demonstrierte schon die Massenflucht das Verlangen nach einem besseren Leben im Westen. Obwohl die Bürgerbewegung im Oktober 1989 nur von Menschenrechten redete, unterstützte die Mehrheit ihr Reformprogramm, um durch den Sturz des Post-Stalinismus ihre persönliche Existenz zu verbessern. Mit dem Fall der Mauer brach das Verlangen nach einem westlichen Lebensstandard, den DDR-Bürger nun mit eigenen Augen sehen konnten, mit elementarer Gewalt auf. Nach dem Kollaps der SED-Diktatur bot die Einheitsparole eine praktische Alternative zu weiteren Experimenten mit einem Reformsozialismus oder einem Dritten Weg.[85]

Die Wiederkehr des Parlamentarismus beschleunigte die Rückbesinnung auf die Solidargemeinschaft der Nation. Die März-Wahl entschied das Ringen des Runden Tisches zwischen alten Kommunisten und neuen Bürgerrechtlern zugunsten einer dritten Gruppe, die auf Vereinigung setzte. Der Wahlkampf erlaubte es den Blockparteien, durch Bündnisse ihre Glaubwürdigkeit wiederzugewinnen, neuen konservativen Strömungen sich zu organisieren und Bonner Politikern, die Volksstimmung zu ihren Zwekken zu benutzen. In ihrer ersten freien Abstimmung versagten die mobilisierten Massen der Bürgerbewegung die Gefolgschaft, weil sie fühlten, daß ein demokratischer Sozialismus ihr Leben nicht hinreichend verbessern würde: »Sie stimmten für den sichersten Weg zu Freiheit und Wohlstand.«[86] Durch die Artikulierung der Wünsche der schweigenden Mehrheit beendete die Entscheidungswahl den unvorhergesehenen Wandel des ostdeutschen Aufbruchs von Revolution zu Nation.

Dritter Teil

Der Osten geht in den Westen

VII. Kapitel
Die Währungsunion

Praktische wie psychologische Gründe sprachen dafür, den Zusammenschluß der deutschen Staaten mit der Fusion der Wirtschaft zu beginnen. Der Präzedenzfall des deutschen Zollvereins im 19. Jahrhundert zeigte, daß ökonomische Zusammenarbeit zu politischer Vereinigung führen konnte. Bei dem drohenden Haushaltsbankrott der DDR schien nur ein rascher Übergang zur Marktwirtschaft eine Wiederbelebung der maroden Planwirtschaft zu versprechen. Um die andauernde Ausreise von 4000 Menschen pro Woche zu stoppen, bot sich der Transfer westlichen Wohlstands in den Osten als das radikalste Mittel an. Außerdem gehörten Währungsfragen zu den inneren Angelegenheiten, welche die Deutschen nach der Zwei-Plus-Vier-Vereinbarung selbst entscheiden durften. Um die günstige internationale Lage zu nützen, wollten beide Regierungen unumkehrbare Tatsachen schaffen.[1]

Die Ostdeutschen erwarteten die Einführung der DM mit Angst und Hoffnung. In den Wochen vor dem Stichtag waren die Zeitungen voll komplizierter Anweisungen, welche die technischen Einzelheiten der Umstellung erklären sollten. Widersprüchliche Prognosen verwirrten eine skeptische Öffentlichkeit. Für Optimisten versprach der Besitz harter Währung einen »Freudenrausch«, da die DM langgehegte Wünsche erfüllen würde. Viele dachten, »jetzt bin ich endlich frei, beginnt der Konsum, wir können überall hin und werden vom Verkäufer nicht mehr vollgepflaumt«. Trotzdem waren viele Kaufwünsche für ein paar Schallplatten, einen Spiegel oder eine besondere Teesorte »extrem bescheiden«. Manche hofften auf größere Anschaffungen wie eine Waschmaschine, einen Farbfernseher oder ein schickes Auto. Aber nur wenige wollten richtig auf den Putz hauen, »anständig essen, Disko, mal in Puff gehen. Jetzt ist es alles da.«[2]

Pessimisten fühlten sich von der kommenden Währungsumstellung eher bedroht. Da sie nicht wissen konnten, wie weit Lohn oder Rente reichen würden, hielten sie sich zurück. »Erst einmal wird gespart. Außerdem muß man abwarten, was vom Gehalt am

Monatsende noch übrigbleibt.« Aus Angst um ihren Arbeitsplatz wollten viele sich »finanziell etwas Sicherheit« verschaffen, bevor sie sich größere Einkäufe leisteten. Zur Beruhigung ließ die Bonner Regierung einen Karikaturstreifen über den »klugen Ludwig« Erhard, den »Vater« des Wirtschaftswunders, verbreiten. Trotz mancher Sorgen erwarteten die Ostdeutschen eine Verbesserung des Angebots und hofften, endlich den Verwandten im Westen »als ebenbürtig entgegenzutreten«. Auch wenn die Konsequenzen unberechenbar waren, herrschte im großen und ganzen doch »Freude, daß das DDR-System ein Ende gefunden hat«.[3]

Der magische Moment kam um Mitternacht vom 1. zum 2. Juli. Wochenlang hatten westdeutsche Banken Büros der DDR-Staatsbank als ostdeutsche Filialen angeworben. Im Schutze der Dunkelheit verteilten Lastwagen der Bundesbank 28 Mrd. DM in 6000 Tonnen Banknoten und 500 Tonnen Münzen an neue regionale Außenstellen. Genau um 24 Uhr öffnete die Zweigstelle der Deutschen Bank am Berliner Alexanderplatz im Licht von Fernsehscheinwerfern ihre Türen für den Umtausch. Während Tausende versuchten, sich hineinzuzwängen, würdigte Filialleiter Rüdiger Wrede diesen »historischen Moment« als einen Schritt zur deutschen Einheit. Der Lastwagenfahrer Hans-Joachim Corsalli, der sich zuerst durchgedrängt hatte, wurde mit einem Glas Champagner und einem 100-DM-Sparbuch begrüßt.[4]

Andere Städte feierten die Ankunft der neuen Währung mit Feuerwerk und Rockkonzerten. Der Run auf die DM drohte fast, die zehntausend Ausgabestellen von Sparkassen, Banken und Postämtern in der ganzen DDR zu überfordern. Erst als die etwa 30000 Mitarbeiter den Massenandrang bewältigt hatten, begann sich die Situation zu entspannen. In der Hoffnung, daß sie bald nicht mehr Schlange stehen müßten, waren die meisten Menschen entspannt und optimistisch. Durchschnittlich hoben die Kunden nur 833 DM pro Kopf ab, um sich einige Kleinigkeiten zu kaufen, in den Westen zu reisen oder ihre Ausgaben für die nächsten beiden Wochen zu bestreiten. Bundesbankpräsident Karl-Otto Pöhl freute sich über den reibungslosen Ablauf des Umtauschs, denn er hatte »bei dieser beispiellosen Operation mehr technische Probleme« erwartet.[5]

Die Währungsunion veränderte das Leben der Ostdeutschen grundlegend. Vor allem bedeutete der wirtschaftliche Zusammenschluß das Ende der verhaßten innerdeutschen Grenze. Am 1. Juli kamen die Innenminister Schäuble und Diestel überein, Paßkontrollen zu suspendieren und die Übergänge zum Anfang der Sommerferien vollständig zu öffnen. Mit dem Abbau der Grenzsperren konnten sich die Deutschen zum ersten Mal in Jahrzehnten überall frei bewegen und reisen, wohin sie wollten. Die Geldumstellung machte auch die Vernichtung der vertrauten DDR-Währung notwendig. Obwohl sie für bescheidene Ostmark-Löhne hart gearbeitet hatten, trauerten DDR-Bürger den eingeschmolzenen Aluchips und in geheimen Salzbergwerken gelagerten Noten kaum nach. Das neue Westgeld machte einen solideren Eindruck, denn die Banknoten waren größer und die Metallmünzen schwerer.[6]

Die Ankunft der DM brachte auch die Einführung von zahllosen westlichen Gesetzen und Vorschriften mit sich. Die neuen Spielregeln krempelten öffentliches Verhalten wie private Beziehungen um. Ostdeutsche hatten neue, höhere Steuern zu bezahlen oder ungewohnte Versicherungen abzuschließen; jetzt mußten sie den Schutz ihres Kollektivs verlassen und auf den eigenen Vorteil schauen. Schließlich setzte die »Roßkur« der Währungsumstellung die moribunde Planwirtschaft über Nacht dem harten Wettbewerb des Weltmarkts aus. Staatlich geführte Kombinate hatten selbständige Entscheidungen zu treffen und ihre vorher garantierten Produkte einem nun auf Qualität und Stil bedachten Publikum zu verkaufen. Um den Übergang zu erleichtern, drängte die Bundesregierung die Leitungen der Großkonzerne, sofort in DDR-Arbeitsplätze zu investieren.[7]

Als »der erste große Schritt zur deutschen Einheit« war die Währungsunion von Anfang an kontrovers. Finanzexperten wie Helmut Schlesinger sorgten sich um die inflationären Risiken, und die Opposition warnte vor den »sozialen Härten« eines allzu schnellen Aufbruchs. Aber de Maizière betonte die Chance für einen Neuanfang, und der marktgläubige Kanzler verbreitete Zweckoptimismus: »Gemeinsam werden wir es schaffen.« In der ökonomischen Diskussion sind psychologische und menschliche Fragen zu wenig beachtet worden: Was waren die tieferen Ursachen für den unaufhaltsamen Wunsch der DDR-Bevölkerung nach der DM? Welche Alternativen gab es für die Durchführung der Währungsunion und warum setzte sich die radikalste Variante durch? Wie wirkte sich die Umstellung nicht nur wirtschaftlich, sondern auch sozial aus?[8]

Der Drang zur DM

Die zwei unterschiedlichen Währungen hatten eine wichtige Rolle in der deutschen Teilung gespielt. Nach dem Zusammenbruch von 1945 wurden die Weimarer Rentenmark und die Reichsmark der Nazis in allen Besatzungszonen weiter verwendet, aber bei fehlendem Warenangebot brachte der aufgestaute Geldüberhang einen rapiden Kaufkraftverfall. Da die Sowjets offensichtlich ihre Okkupation durch Druck von Banknoten mit in ihrem Besitz befindlichen Maschinen finanzierten, entschlossen sich die Westmächte, in ihren Zonen das Geld auszutauschen. Aus Angst vor kapitalistischem Einfluß führte die russische Militärverwaltung am 23. Juni 1948 hastig eine eigene neue Währung ein. Diese Umstellung sollte den »Interessen des werktätigen Volkes«, der Herstellung »sozialer Gerechtigkeit« und der schnellsten »Entwicklung der deutschen Friedenswirtschaft« dienen.[9]

Zur Verringerung der im Umlauf befindlichen Geldmenge wertete die SMAD die ostdeutsche Währung im Verhältnis von 10 zu 1 ab. Die einzigen Ausnahmen waren ein paritätischer Umtausch für die ersten 70 Mark pro Person und bessere Raten für Versicherungspolicen (3 : 1) und kleine Spareinlagen (5 : 1). Aber die Bevölkerung war darüber empört, daß ihre Kaufkraft durch anfänglich unverändert hohe Preise drastisch reduziert wurde. Da in Berlin beide Währungen ungeregelt nebeneinander galten, zogen Schwarzmarkthändler enorme Profite aus den gegenseitigen Kursschwankungen. Schließlich setzten die Ostbehörden scharfe Kontrollen ein, um durch Festschreibung der Umtauschrate den Ausverkauf von billigen Waren und subventionierten Nahrungsmitteln zu verhindern.[10] Solche Zwangsmaßnahmen brachten die neue Ostmark besonders bei älteren Leuten in Mißkredit.

Die westliche Währungsreform war ein größerer wirtschaftlicher und politischer Erfolg. Durch eine ähnliche zehnfache Abwertung löschte die Umstellung alte Schulden und half Besitzern von Betrieben oder Grundstücken. Über Nacht füllten sich die Geschäftsauslagen mit Waren, und die Wirtschaft erholte sich. Obwohl der Westen durch den Krieg mehr als der Osten zerstört worden war, hatte er erhebliche Startvorteile beim Wiederaufbau. Im Gegensatz zu über Hundert Mrd. ostdeutscher Reparationen an die Sowjetunion mußten die Westgebiete nur 75 Mrd. DM für Wiedergutmachung und Kriegsschulden bei dreifach so großer Bevölkerung aufbringen. Nach Beendung der Demontagepolitik der Westmächte waren die verbleibenden Industrieanlagen relativ modern, das Management energisch und die Arbeiterschaft diszipliniert.[11]

Trotz Nahrungsmittelrationierung und anfänglicher Arbeitslosigkeit leitete diese Währungsumstellung ein Wirtschaftswunder ein. Amerikanische Kredite des European Recovery Programs, Marshall-Plan genannt, halfen beim Wiederaufbau. Die vom Koreakrieg ausgelöste Nachfrage nach Stahl verwandelte eine stockende Expansion in einen atemberaubenden Aufschwung. Schließlich konnte Wirtschaftsminister Ludwig Erhard die Kontrolle von Produktionsmengen und Wechselkursen aufheben und zu einem freien Markt zurückkehren. Im Lauf der Jahrzehnte verbesserte die westliche DM ihren Wert gegenüber dem US-Dollar von 1 : 4,2 auf 1 : 1,6 und wurde die Leitwährung im Europäischen Wirtschaftssystem. Solcher Erfolg stärkte das Selbstbewußtsein und schuf eine neue wirtschaftliche Identität. Durch konservative Rhetorik wurde das Wirtschaftswunder zum Gründungsmythos der Bundesrepublik und übte starke Anziehungskraft auf den Osten aus.[12]

Im Gegensatz dazu verhinderte die Schwäche der Planwirtschaft die Konvertibilität der DDR-Währung. In den fünfziger Jahren schien die monetäre Selbständigkeit gewisse Vorteile für den Übergang zum Sozialismus zu bieten. Eine unabhängige Geldpolitik konnte im Aufbau befindliche sozialistische Produktionszweige vor dem Wettbewerb des Kapitalismus schützen. Gleichzeitig schirmte die eigene Währung den Umbau von Wirtschaft und Gesellschaft durch die Verstaatlichung der Industrie und die Kollektivierung der Landwirtschaft ab. Autonomie der Zahlungsmittel erleichterte auch die Umstellung des Handels von traditionellen Westmärkten auf neue Beziehungen zu den RGW-Staaten im Osten. Da er nicht die reale Kaufkraft widerspiegelte, verlangte der künstliche Kurs strikte Kontrollen, die zur Umgehung durch Schwarzumtausch einluden.[13]

Von den sechziger Jahren an brachte die Abkopplung der Währung fatale Nachteile für die DDR. Im Inneren schuf Nichtkonvertibilität ein andauerndes Gerangel um harte Zahlungsmittel als Zugang zu internationalen Waren. Nach außen behinderte die Schwäche der Ostmark den Handel, da Partner lieber Güter tauschten als Mark der DDR in Zahlung zu nehmen. Während der achtziger Jahre verdoppelte sich die Menge der Ostmark, die nötig waren, um eine Westmark zu verdienen von 2,2 auf 4,4, was eine effektive Abwertung um die Hälfte bedeutete! Die chronische Devisenknappheit war auch die Machtgrundlage von Schalck-Golodkowskis geheimnisumwittertem Außenhandelsimperium, der Koko. Indem sie die DDR vom Weltmarkt abschnitt, beeinträchtigte die Währungstrennung nicht nur die Wettbewerbsfähigkeit der ostdeutschen Wirtschaft, sondern verschärfte auch ihre Valutaabhängigkeit vom Westen.[14]

Ihre überlegene Kaufkraft machte die westdeutsche DM zum Zaubermittel für die Überwindung von ostdeutschem Mangel. Zwar waren Grundnahrungsmittel und einfache Kleidung überall reichlich vorhanden, aber teure Konsumgüter wie Farbfernseher oder Stereoanlagen konnte man nur schwer finden. An solche Beschränkungen gewöhnte Verbraucher mußten über ein Jahrzehnt für ihr Anrecht auf einen veralteten Trabant oder Wartburg, der einen Jahreslohn kostete, warten. Harte Währung erlaubte einem Kunden den Zugang zu den verbotenen Intershops, welche die sonst unerreichbaren Spirituosen, Parfüme, Moden oder Werkzeuge aus dem Ausland verkauften.[15]

Durch ihre praktischen Vorteile gewann die Westwährung langsam einen mythischen Nimbus. Für Reisen oder Konferenzen im Ausland war die Zuteilung von Devisen noch wichtiger als die Ausstellung einer offiziellen Genehmigung. Daher erfanden Institutionen ausgeklügelte Strategien, um sich Zugang zu lebensnotwendigen harten Zahlungsmitteln zu schaffen. Als einzelner konnte man Westgeld entweder von Verwandten geschenkt bekommen, es durch international begehrte Fertigkeiten verdienen oder es von der Stasi als Belohnung für außerordentliche Dienste erhalten. Die DM war daher die inoffizielle Zweitwährung der DDR. Im Inland schuf ihr Besitz eine soziale Trennungslinie zwischen wenigen Glücklichen und zahlreichen Neidern. Im Ausland nährte ihr erniedrigendes Fehlen ostdeutsche Ressentiments gegenüber westdeutscher, mit hartem Geld protzender Arroganz.[16]

Der bescheidene Wohlstand des Ostens konnte kaum mit dem ostentativen Reichtum des Westens konkurrieren. Eine DDR-Familie mit zwei Kindern hatte mit 2074 Mk nur etwa die Hälfte des monatlichen Haushaltseinkommens von 4118 DM einer vergleichbaren BRD-Familie zur Verfügung. Wegen hoher Staatssubventionen zahlten die Ostdeutschen weniger für Miete und Nahverkehr sowie für Nahrungsmittel (nur 7,3 % und 21,9 % ihres respektiven Einkommens). Dagegen mußten sie für Genußmittel wie Alkohol oder Kaffee mit 8,7 % und Möbel oder Industriewaren mit 23 % erheblich tiefer als Westdeutsche in ihre Tasche greifen. Während die Unterschiede zwischen einzelnen Gehältern relativ klein waren, stiegen Nominaleinkommen während der achtziger Jahre ungefähr um ein Viertel, so daß etwa 45 % der Familien mehr als 2000 Mk im Monat verdienten.[17]

Trotz ausreichender Grundversorgung blieben in der DDR viele Konsumwünsche unerfüllt. Wegen des geringen Kaufanreizes wurden jährlich 6 % des Einkommens gespart, so daß sich pro Kopf um 10 000 Mk in Bankeinlagen ansammelte (159,79 Mrd. im Jahre 1989). Zwar wohnten zwei Drittel der Bevölkerung zur Miete, aber der verfügbare Wohnraum war langsam auf 27,7 Quadratmeter pro Person angestiegen. Obwohl über vier Fünftel der Wohnungen mit einem Bad und drei Viertel mit einer Innentoilette ausgestattet waren, hatten weniger als die Hälfte eine Zentralheizung, und nur 16 % besaßen ein Telefon. Da viele Gebäude zerfielen und Produkte veraltet waren, versprach die Westwährung Sanierung des Bestehenden und Zugang zu technischen Neuentwicklungen.[18]

Ohne direkten Kontakt bildeten Ostdeutsche sich ein überzogenes Wunschbild der westlichen Konsumgesellschaft. Reisebeschränkungen machten es schwer zu entscheiden, ob die positiven Berichte der Rentner oder die negative Parteipropaganda Recht hatten. Manche Reisende übertrieben die Wunder des Westens nach ihrer Rückkehr, während Apparatschiks kritisierten, was sie noch nie gesehen hatten. Im Vergleich zu brauchbaren, aber oft lieblosen Ostprodukten präsentierten die wenigen vorhandenen Westwaren attraktiveren Stil und neuere Technik. Rituelle Besuchsgeschenke und obligatorische Weihnachtspäckchen vertieften das Bild einer überlegenen Wohlstandsgesellschaft der Bundesrepublik. Durch das ostdeutsche »Mangelsyndrom« wurde die DM zum Generalschlüssel für die einladende, aber verbotene Welt kapitalistischen Konsums.[19]

Solange westliche Zeitungen und Zeitschriften unerreichbar blieben, mußten elektronische Medien das Informationsbedürfnis stillen. Da sie den manipulierten Nachrichten der DDR wenig trauten, schalteten die meisten Ostdeutschen westliche Fernsehkanäle oder Radiostationen ein. Durch wiederholtes Zuschauen wurde ihr Bild des täglichen Lebens im Westen von der reichen Ausstattung der Krimis und Komödien unterschwellig beeinflußt. Trotz begrenzter Sendezeit schufen raffinierte Werbesendungen eine bunte Fantasiewelt, in der alle Probleme verschwanden, wenn man das richtige Haarwaschmittel verwendete. Fernsehreklame etablierte führende Markennamen wie Persil oder Tchibo-Kaffee, lange bevor die Produkte in der DDR vorhanden waren. Der lockere Lebensstil von Fernsehstars machte im Osten einen tieferen Eindruck, da er nicht durch eigene Erfahrungen widerlegt werden konnte.[20]

Die SED ließ daher nichts unversucht, um die Bevölkerung gegen die Versuchung des Westens zu immunisieren. Schulen, Medien und Organisationen bemühten sich um die Heranbildung von »sozialistischen Persönlichkeiten«, die gegen jede Verführung gefeit sein sollten. Als Antidot gegen den Sog des Konsums malte die Partei ein Schreckbild des westlichen Kapitalismus. Durch Übertreibung echter Probleme zur Karikatur konstruierte die offizielle Propaganda eine Gesellschaft von fetten Kapitalisten, die wehrlose Arbeiter ausbeuteten. Das *Neue Deutschland* liebte Schlagzeilen mit westdeutschen Arbeitslosenzahlen, um die Überlegenheit des Sozialismus zu beweisen. Ostdeutsche Fernsehnachrichten zeigten oft Kriminelle und Drogensüchtige, um die Sicherheit der DDR zu betonen. Ostberliner Zeitschriften druckten gern Geschichten über Obdachlose und Arme, um die Geborgenheit im Kommunismus zu unterstreichen.[21]

Als offizielle Ideologie lieferte der Marxismus-Leninismus »wissenschaftliche« Beweise der Verderbtheit des Kapitalismus. Stolz auf ihre antifaschistische Vergangenheit griff die SED die Akzeptanz der historischen Kontinuität durch die Bundesrepublik als neo-nazistisch an. Während des Rüstungswettlaufs kontrastierte ostdeutsche Propaganda eigene Friedfertigkeit mit NATO-Militarismus durch groteske antiamerikanische Stereotypen von Dollar-Generälen. Obwohl Übertreibungen ihre Glaubwürdigkeit beeinträchtigten, schuf die dauernde Wiederholung solcher Vorwürfe besonders bei gegenüber materiellen Dingen skeptischen Intellektuellen tiefe Bedenken gegen bürgerliche Demokratie und soziale Marktwirtschaft. Aufgrund solch widersprüchlicher Schreck- und Wunschbilder waren viele DDR-Bürger gleichzeitig von westlichen Kapitalismus verunsichert und von seinen Konsummöglichkeiten fasziniert.[22]

Nach der Maueröffnung schlug das Pendel von sozialistischer Sicherheit zu kapitalistischem Risiko aus. Die warme Begrüßung der Millionen aus dem Osten bewies, daß die westdeutschen Vettern doch ein Herz hatten. Die erste Begegnung mit zahllosen attraktiven Konsumgütern löste alle Hemmungen, und in einem wahren Kaufrausch versuchten viele DDR-Bürger, ihre Wünsche zu erfüllen. Unterdrückte Hoffnungen tauchten mit kathartischer Heftigkeit wieder auf; plötzlich schien, aller früheren Enttäuschungen zum Trotz, ein neues, ereignisreicheres Leben möglich zu sein. Angewidert vom Ansturm auf den Grabbeltisch der Kaufhäuser geißelte der Schriftsteller Stefan Heym den Drang nach Konsum als entwürdigende Gier. Von jahrzehntelangem Mangel verursachte Nachholbedürfnisse ließen sich jedoch kaum durch literarische Warnungen vor Materialismus zügeln.[23]

Entmutigende Wirtschaftsdaten gaben den letzten Ausschlag zwischen den konkurrierenden Systemen. Nach Angaben der ostdeutschen Regierung sank die Industrieproduktion während des letzten Quartals 1989 um 4,2 % und ging die Bautätigkeit im Vergleich zum Vorjahr sogar um 18,2 % zurück. Dieser Übergang von Stagnation in Rezession überzeugte Manager, Arbeiter und sogar Politiker, daß eine Reform nicht mehr ausreichte, sondern nur ein sofortiger Wechsel zur Marktwirtschaft eine Rettung bringen könne. Als Christa Lufts Versuch, Wettbewerbsanreize in sozialistische Grundstrukturen einzuführen, keine sichtbaren Erfolge brachte, schien die Bonner Offerte einer Währungsunion den einzigen Ausweg aus der Krise zu bieten. Obwohl PDS und Bürgerbewegung vor einem Anstieg der Arbeitslosigkeit warnten, wollten die ungeduldigen Massen nicht länger warten, um endlich selbst in den Besitz der starken DM zu gelangen.[24]

Ironischerweise verkleinerten östliche Appelle die westliche Hilfsbereitschaft. Da es Helmut Kohl nicht gewagt hatte, während der Maueröffnung die Kosten der Vereinigung zu erwähnen, wollte eine nicht mehr in nationalen Kategorien denkende bundesrepublikanische Öffentlichkeit die Einheit zum Billigpreis. Im Januar 1990 hielt über die Hälfte der Westdeutschen die Zuwendungen für ostdeutsche Übersiedler für zu hoch; und Mitte Februar erwarteten 55 % mehr Nachteile als Vorteile von der Einheit. In typischem Widerspruch zwischen Reden und Handeln unterstützten drei Viertel allgemein Hilfe für den Osten – aber nur die Hälfte war auch bereit, dafür zu zahlen. Obwohl Bonn traditionelle wirtschaftliche Mittel zum Erreichen seiner politischen Ziele einsetzte, lehnten im März 75 % der Bürger und die Mehrheit der Manager Steuererhöhungen für die Einheit ab.[25]

Zwischen ostdeutschen Erwartungen und westdeutscher Sparsamkeit suchte die Bundesregierung einen Kompromiß, der keine zusätzlichen Aufwendungen verlangte. Um nicht seine Wahlchancen zu ruinieren, versprach Helmut Kohl, daß die Vereinigung ohne persönliche Opfer aus Wirtschaftszuwächsen bezahlt werden könne. Dagegen appellierte Hans-Dietrich Genscher an das Gewissen seiner Mitbürger: »Die nationale Einheit ist nicht zum Nulltarif zu bekommen.« Für den Osten wies Lothar de Maizière in ähnlichen Worten darauf hin, daß die Teilung nur durch Teilen überwunden werden könne. Auch der Sozialkritiker Jürgen Habermas warnte in einem aufsehenerregenden Essay vor der Arroganz eines neuen »DM-Nationalismus«. Jedoch wollte die überwältigende Mehrheit im Osten (91 %) und im Westen (76 %) eine Währungsunion gerade deswegen, weil sie eine rasche Vereinigung ohne große Kosten versprach.[26]

Der erste Staatsvertrag

Die Form der Währungsunion löste heftige Kontroversen aus. Finanzexperten wie Bundesbankpräsident Karl-Otto Pöhl, Politiker wie Wirtschaftsminister Helmut Haußmann und Unternehmer wie der Vorsitzende des Bundesverbands der Deutschen Industrie, Tyll Necker, befürworteten ein langsames Vorgehen. Durch Privatisierung, Subventionsabbau, Haushaltsausgleich und Konvertierbarkeit der Ostmark sollte schrittweise der Zusammenschluß vollzogen werden. Eine anfängliche Kopplung der Währungen durch einen festen Kurs von etwa 4 : 1 würde den Umbau der ostdeutschen Wirtschaft abschirmen und DDR-Produkte durch den Preisvorteil wettbewerbsfähig machen.[27]

Das graduelle Szenario sah die Einführung der Westmark als Schlußpunkt eines längeren Annäherungsprozesses vor. Einhellig warnten Bankiers, daß vor der Umstellung grundlegende Wirtschaftsreformen notwendig seien, denn eine »schnelle Verwirklichung der Währungsunion kann [die] Strukturprobleme der DDR nicht lösen«. Wegen der fehlenden Vorbereitung sprach sich die Mehrheit der renommierten Wirtschaftsinstitute dagegen aus,

»den zweiten Schritt vor dem ersten zu tun«. Während die Grünen behaupteten, daß eine rapide Währungsunion den Anschluß der DDR bedeute, sagten die PDS und der Runde Tisch voraus, daß Überhastung den wirtschaftlichen Zusammenbruch mit sich bringe.[28] Aber die Ungeduld der ostdeutschen Bevölkerung ließ kaum Raum für irgendwelche Bedenken. Auch wenn sie ökonomisch falsch sein sollte, wurde eine schnelle Währungsunion durch steigende Ausreisezahlen immer unvermeidlicher.

Die Motive für einen raschen Zusammenschluß waren daher eher psychologisch als volkswirtschaftlich. Im Januar schlug die Sozialdemokratin Matthäus-Maier eine Währungsreform als »Signal zum Bleiben« für die Bevölkerung in der DDR vor. Auch das Bundeskanzleramt riet, die Initiative zu ergreifen: »Wenn wir nicht wollen, daß sie zur DM kommen, muß die DM zu den Menschen gehen.« Nach anfänglichem Zögern entschied sich der Kanzler zum Handeln, um das Thema selbst zu besetzen und die Vereinigung durch ungewöhnliche Maßnahmen voranzutreiben. Der Mythos der westdeutschen Währungsreform von 1948 war ein weiteres Argument. Der Erfolg von Erhards Wagnis bewies scheinbar, daß die Einführung einer harten Währung einen »wirtschaftlichen Urknall« herbeiführen werde und der »Startschuß für ein Wirtschaftswunder in der DDR« sein könne.[29]

Der Hauptgrund für ein schnelles Vorgehen war der drohende Kollaps der DDR. Die baldige Einführung der DM würde den Ostdeutschen signalisieren, »daß wir bereit sind, einen entscheidenden Schritt zur deutschen Einheit zu tun«. Obwohl Bundesbankpräsident Pöhl und Finanzminister Waigel ihre technischen Bedenken abschwächten, blieb die Währungsunion ein doppeltes Risiko: Für den Westen brachten »riesige Transferleistungen« und steigende Kaufkraft das Gespenst einer Inflation; für den Osten drohte die Schocktherapie der radikalen Aufwertung zum Bankrott ganzer Industriezweige zu führen. Trotz solcher Risiken gelang es Helmut Kohl, die überraschte CDU-Fraktion und sein skeptisches Kabinett von der Notwendigkeit eines raschen Vorgehens zu überzeugen, um die Hoffnungen der DDR-Bevölkerung in Richtung Vereinigung zu kanalisieren: »Angesichts der Dramatik des Geschehenen halte ich diesen Weg für den jetzt möglichen und notwendigen.«[30]

Die öffentliche Diskussion kreiste um den vorgesehenen Umtauschkurs. Wegen des niedrigen Schwarzmarktkurses von 10:1

befürworteten die meisten Westdeutschen ein Verhältnis von 2 : 1, während fast alle Ostdeutschen die Erhöhung ihrer Kaufkraft auf 1 : 1 forderten. Ein ungleicher Kurs, der mehr DDR-Mk für eine DM verlangte, hatte den ökonomischen Vorteil, daß niedrige Ostlöhne Produktionskosten senkten, aufgestaute Kaufkraft verringerten und Schuldenlasten reduzierten. Demgegenüber brachte ein paritätischer Währungstausch den politischen Gewinn, daß er mehr Kaufkraft bot, mühsam erworbene Sparkonten erhielt und teuere Westprodukte zugänglicher machte. Geringere ostdeutsche Produktivität, die nur ein Drittel des Westniveaus erreichte, sprach für einen schlechteren Kurs, aber bescheidene DDR-Löhne, die nur halb so hoch wie im Westen waren, ließen vielleicht einen höheren Umtausch zu.[31]

Bei der Wahl der Wechselkurse lag die Alternative zwischen Produktion und Konsum. Die SPD, die Gewerkschaften, die Sozialausschüsse der CDU und die Mehrheit der Ostdeutschen verlangten einen besseren Kurs als Garant eines höheren Lebensstandards. Die Finanzexperten der Bundesbank, die Wirtschaftsverbände, die FDP und der Unternehmerflügel der CDU schlugen einen niedrigeren Tausch vor, um Arbeitslosigkeit zu vermeiden. Da er es mit keiner Seite verderben wollte, verschob der Kanzler eine Entscheidung, zeigte aber Sympathien für Kleinsparer. Unter Druck Hunderter besorgter Briefe von Rentnern, Behinderten und Sparern forderte das DDR-Kabinett Parität als Symbol des Respekts für den Osten. Lothar de Maizière warnte, daß eine Reduzierung der ohnehin geringen Löhne um die Hälfte zu »untragbaren« sozialen Spannungen führen würde und dadurch die Vereinigung gefährden könne.[32]

Die Finanzminister, welche die Verhandlungen führten, hätten kaum verschiedener sein können. Der Vorsitzende der CSU, Theo Waigel, vertrat den Westen. Seine Entscheidungen mußten nicht nur zwischen finanziellen und sozialen Interessen vermitteln, sondern auch Oppositionskritik an der Verheimlichung der Kosten abwehren. Obwohl er mehr Politiker als Finanzfachmann war, fürchtete er die Lasten einer Währungsunion für den Bundeshaushalt. Aber auf Druck des Kanzlers gab er seinen anfänglichen Widerstand auf und akzeptierte ein schnelles Vorgehen aus einem Gefühl von »nationaler Solidarität«. Zur Sicherung der Währungsstabilität zog er letztlich eine Kontrolle durch die Bundesbank dem Risiko der Unterstützung einer unabhängigen DDR-Währung vor.[33]

Der sozialdemokratische Politikneuling Walter Romberg sprach für die Belange des Ostens. Dieser nachdenkliche Mathematiker hatte die evangelische Kirche in Abrüstungsfragen beraten und war der SPD aus sozialem Verantwortungsgefühl beigetreten. Als Meckel das Außenministerium für sich in Anspruch nahm, wurde Romberg die Verantwortung für die DDR-Finanzen anvertraut, da er Bilanzen lesen konnte. Um zu verhindern, daß die Ostdeutschen »Bürger zweiter Klasse« wurden, verhandelte er hart und weigerte sich, »die DDR zu übergeben«. Aus psychologischen Gründen forderte er einen paritätischen Umtausch und bestand auf seiner Abfederung durch Arbeitslosenversicherung und Umschulungsmaßnahmen. Während die Erwartung der Bevölkerung einen günstigen Kurs verlangte, engte ein wachsendes Haushaltsdefizit seinen politischen Spielraum ein.[34]

Mitte April begannen die Verhandlungen über den ersten Staatsvertrag. Als Diskussionsgrundlage hatte die Arbeitsgruppe Finanz- und Wirtschaftsfragen des Kabinettsausschusses Deutsche Einheit ein detailliertes »Arbeitspapier für die Gespräche mit der DDR« vorbereitet. Es bestand aus einer Präambel, die als Ziel die »Herstellung der staatlichen Einheit nach Artikel 23« bestimmte, sowie sechs Kapiteln über Rechtsgrundlagen, Währungsunion, Wirtschaftsgemeinschaft, Sozialgemeinschaft, Staatshaushalt wie Finanzen und Schlußbestimmungen. Obwohl der Entwurf die brisante Frage der Kurse offen ließ, boten die von den Bonner Experten erstellten 32 Artikel ein festes Gerüst, das die Verhandlungen weitgehend bestimmte. Da die DDR nicht »auf Jahrzehnte hinaus ein benachteiligtes Gebiet« sein wollte, verlangten Ostberliner Unterhändler: »Die Grundtendenz des Entwurfs muß deshalb modifiziert werden«.[35]

Am 23. April billigte das Kabinett einen Kompromiß in der umstrittenen Frage des Währungsumtauschs. Um die DM zu stabilisieren und DDR-Arbeitsplätze zu sichern, hatten Waigel, Lambsdorff, Blüm und Schäuble in Privatgesprächen sich auf gestaffelte Kurse geeinigt. Danach würden Löhne und Gehälter im Verhältnis 1 : 1 umgestellt, Ersparnisse unter 4000 Mk 1 : 1 angerechnet, aber darüber hinausgehende Beträge 2 : 1 getauscht werden. Schulden sollten 2 : 1 übertragen und ausländische Konten 3 : 1 konvertiert werden, während Renten auf 70 % des Durchschnittseinkommens festgesetzt wurden. Obwohl er höhere Preise und Abzüge nicht ausglich, war der resultierende generelle Kurs von 1,5 : 1 ein Mittelweg zwischen paritätischer Umstellung und Halbierung der Fixkosten.[36] Zwar waren weder Experten noch Ostdeutsche mit dem Kompromiß zufrieden, aber alle Beteiligten fügten sich langsam in das Unvermeidliche.

Der DDR-Regierung ging es vor allem darum, die Vereinigung zu einer gemeinsamen Aufgabe aller Deutschen zu machen. In den Gesprächen Ende April betonte Ostberlin die Notwendigkeit einer gerechten Verteilung der finanziellen Lasten des Vereinigungsprozesses. Eine wichtige Priorität war die »Vermeidung von sozialen Härtefällen bei solchen Gruppen wie Kindern, Studenten und Rentnern« oder Frauen. Ein anderes Verhandlungsziel war die »Herstellung der Wettbewerbsfähigkeit der DDR-Wirtschaft« durch industrielle und landwirtschaftliche Anpassungshilfen. In detaillierten Änderungsvorschlägen versuchte die Ostberliner Delegation, feste Haushaltszusagen zu erhalten und die eigene Souveränität gegenüber der Bonner Vormundschaft zu wahren. In der Koalition drängte vor allem die SPD auf eine entschiedenere Vertretung der eigenen Interessen in sozialen und strukturellen Fragen.[37]

Die internationale Reaktion auf die Pläne einer Währungsunion war überraschend mild. Während sich Finanzkreise um die Stabilität der DM sorgten, kümmerten sich ausländische Diplomaten mehr um Sicherheitsfragen. Trotz journalistischer Warnungen vor einem Zuwachs an deutscher Wirtschaftsmacht gab die amerikanische Regierung weiter diplomatischen Flankenschutz. Wiederholte Konsultationen mit Präsident Mitterrand vergrößerten auch langsam das Verständnis der französischen Führung für die deutschen Aspirationen. Daher schloß ein Bericht des Sondergipfels der EG in Dublin, daß eine Währungsunion und eine Vereinigung nach Paragraph 23 »vorbehaltslos und uneingeschränkt begrüßt werden« sollten. Gleichzeitig trafen sich die politischen Direktoren der beteiligten Außenministerien, um die kommenden Zwei-Plus-Vier-Verhandlungen vorzubereiten.[38]

Nur die am stärksten betroffene Sowjetunion meldete Bedenken an. Auf Anregung der scheidenden Modrow-Regierung, die DDR-Eigentumsordnung international festzuschreiben, verlangte Moskau, daß Viermächtevereinbarungen über »Entnazifizierung, Demilitarisierung und Demokratisierung« unangetastet bleiben sollten. Konkret hieß dies, daß alle Veränderungen der »Besitz- und Bodenfragen«, die vor 1949 unter Besatzungsrecht stattgefunden hatten, weiter gelten sollten. Als westdeutsche Konservative die Enteignung der Junkergüter rückgängig machen wollten, warnte de Maizière: »Das wird keine politische Gruppierung in der DDR jemals unterschreiben.« Ironischerweise erleichterte diese sowjetische Demarche den Verhandlungsabschluß dadurch, daß sie die Lösung der schwierigen Frage der Eigentumsrechte an Hunderttausenden von umstrittenen Grundstücken auf ein späteres Datum vertagte.[39]

Am 2. Mai erreichten die Unterhändler eine endgültige Übereinkunft über die Austauschkurse. Eine Demonstration von Hunderttausend Berlinern für einen Kurs von 1:1 setzte das ostdeutsche Kabinett unter Druck, auf einer Verbesserung der Bedingungen zu bestehen. Als Romberg Ausgleichszahlungen für Preissteigerungen, höhere Renten und einen günstigeren Umtausch der Ersparnisse verlangte, schoß ein stabilitätsbedachter Waigel zurück: »Unser Angebot an die DDR ist die Obergrenze des Akzeptablen.« Verhandlungen zwischen den Staatssekretären Hans Tietmeyer (für den Westen) und Günter Krause (für den Osten) bestätigten den allgemeinen Rahmen, modifizierten aber wichtige Details. Wie vorgesehen sollten daher Löhne, Gehälter und Renten 1:1 getauscht, Schulden 2:1 konvertiert und ausländische Konten 3:1 umgestellt werden.[40]

Die wichtigste Änderung betraf die Spareinlagen, die dem Alter nach abgestuft wurden. Kinder unter 15 Jahren sollten 2000 DM zum Kurs von 1:1 erhalten, während Erwachsene unter 60 Jahren bis zu 4000 DM paritätisch tauschen konnten und Senioren bis zu 6000 DM zum gleichen Kurs umstellen würden. Diese 1:1,5-Umstellung von 168,2 Mrd. Mk Ersparnissen, 12,2 Mrd. Mk Bargeld und 14,2 Mrd. Mk Lebensversicherungen bedeutete einen Abwertungsverlust von 64,5 Mrd. Mk. Günter Krause rechtfertigte die Bevorzugung von älteren Leuten damit, daß diese ihre Renten mit Ersparnissen aufbessern mußten, aber keine Gelegenheit zum Verdienst von neuen DM hätten. Helmut Kohl freute sich über das »positive Signal«, und auch linke Kritiker konnten darauf hinweisen, weitere Konzessionen erreicht zu haben. Obwohl diese Umtauschkurse nicht alle Träume verwirklichten, war auch dem Mann auf der Straße klar: »Mehr war nicht drin.«[41]

Die ostdeutschen Kommunalwahlen vom 6. Mai wurden zum Plebiszit über die Währungsunion. Ein Jahr nach der SED-Wahlfälschung sollte dieser Urnengang die Chance bieten, demokratische Strukturen von unten aufzubauen. Obwohl der monatliche Exodus sich zwischen Januar und April von 73 700 auf 24 600 Personen verlangsamt hatte, machten sich viele DDR-Bürger Sorgen über die Modalitäten des wirtschaftlichen Zusammenschlusses. PDS-Vorsitzender Gregor Gysi und Wolfgang Ullmann griffen die bürokratischen Planungen als undemokratisch an und schürten soziale Ängste. Aber die Regierung machte die Planwirtschaft für die einsetzende Arbeitslosigkeit verantwortlich und versprach, daß es niemandem schlechter gehen werde als vorher. In zerfallenen Städten wie Dresden spielten auch lokale Fragen eine erhebliche Rolle im Wahlkampf.[42]

Statt das Märzresultat zu korrigieren, bestätigte die Maiwahl weitgehend das neu entstandene Kräfteverhältnis. Da weniger auf dem Spiel stand, gingen diesmal nur 75 % der Berechtigten zu den Urnen. Zwar verlor die CDU etwa 6 % der Stimmen, aber mit 34,4 % blieb sie weiterhin die stärkste Partei. Überraschenderweise verstand es die SPD nicht, von dem Verlust der Rivalin zu profitieren, und auch die PDS sank auf 14,6 % ab. Demgegenüber rückten die kleineren Parteien wie Liberale, Grüne und das Neue Forum vor, und vor allem Bauernparteien und lokale Gruppierungen zogen Protestwähler an. Berlin blieb eine PDS-Hochburg, während Leipzig als zweitgrößte Stadt den Hannoveraner Hinrich Lehmann-Grube für die SPD zum Bürgermeister wählte. Horst Teltschik notierte in sein Tagebuch, »der Kanzler ist mit dem Ergebnis sehr zufrieden«, da es seine Politik einer raschen Vereinigung bekräftigte.[43]

Nach den Kommunalwahlen trat das Ringen um die Währungsunion in seine entscheidende Phase. In einer stürmischen Volkskammersitzung argumentierte Günter Krause, daß der Bankrott der Planwirtschaft eine schnelle, aber sozial abgefederte Umstellung auf den Markt notwendig mache. Als einige hunderttausend Gewerkschaftler demonstrierten, beschwichtigte Arbeitsminister Norbert Blüm, »niemand in der DDR braucht Angst zu haben«. Trotz Bonner Sparsamkeit erreichten öffentlicher Protest und SPD-Druck Verbesserungen bei Strukturanpassung durch Investitionszulagen und Exporthilfen, Zuschläge für Niedrigrenten sowie zweckgebundene Haushaltszuschüsse. Schließlich willigten auch die westlichen Bundesländer ein, die Hälfte der Kosten eines »Fonds deutscher Einheit« zu bezahlen, der 115 Mrd. DM aufbringen sollte. Politiker wie Kurt Biedenkopf begrüßten diese

Veränderungen, da sie den Westen zwangen, einen angemessenen Beitrag zu leisten.[44]

Am 18. Mai wurde der Staatsvertrag im Palais Schaumburg mit »spürbare[r] Ergriffenheit und Freude« unterzeichnet. Zuversichtlich, daß die Bundesrepublik die finanzielle Bürde tragen könne, nannte der Kanzler den Schritt zur Wiederherstellung der Einheit eine »historische Stunde im Leben der deutschen Nation«. Hoffnungsvoll begrüßte auch de Maizière das Werk als »ein solides Kursbuch zur Einführung einer ökologisch ausgerichteten sozialen Marktwirtschaft«. Aber aus »verfassungsrechtlichen, politischen und wirtschaftlichen Bedenken« lehnte die Bürgerbewegung den Vertrag ab und beerdigte die DDR-Identität satirisch in »der harten DM-Gruft des Familiengrabes zu Bonn«. Im Ausschuß Deutsche Einheit forderten sich übergangen fühlende SPD- und PDS-Parlamentarier einige Tage später weitere Erläuterungen sowie eine Volksabstimmung.[45]

Obwohl unter enormem Zeitdruck entstanden, war der erste Staatsvertrag ein eindrucksvolles Dokument. Seine 38 Artikel legten die Bedingungen der wirtschaftlichen Integration der DDR in die Bundesrepublik fest. Um einen Hinweis auf die »friedliche und demokratische Revolution« erweitert, versprach die Präambel »die Herstellung der staatlichen Einheit« Deutschlands. Mit der sozialen Marktwirtschaft übernahm Ostberlin auch die »freiheitliche, demokratische, föderative, rechtsstaatliche und soziale Grundordnung«. Die Vertragsbestimmungen über die Währungsunion wiederholten den Wechselkurskompromiß und übertrugen der Bundesbank zur Sicherung der Stabilität die »geldpolitische Verantwortung«. Die Wirtschaftsklauseln sahen die Schaffung von »Rahmenbedingungen für die Entfaltung der Marktkräfte und der Privatinitiative« vor, enthielten aber nur vage Absichtserklärungen über Wettbewerbsfähigkeit, EG-Beitritt und Umweltschutz.[46]

Lange, auf ostdeutsches Drängen neu hinzugekommene Abschnitte versuchten, die Umstellung sozial abzusichern. Der Vertrag führte Arbeitsrecht, Sozialhilfe und private medizinische Versorgung im Osten ein und versprach westliche Starthilfe für Renten-, Krankheits-, Unfall- und Arbeitslosenversicherung. Abschließende Haushaltsbestimmungen sollten das DDR-Defizit durch Privatisierung der Staatsbetriebe, Subventionsabbau und Reduzierung der Personalkosten ausgleichen. Zwar begrenzte

Bonn die Kreditaufnahme auf 10 Mrd. DM (plus 7 Mrd. für die Treuhand), aber es versprach Transfers von 22 Mrd. DM in der Hoffnung, den Osten durch neue Zölle und Steuern unabhängig zu machen. Weitere Anhänge verlangten DDR-Maßnahmen zur Aufhebung des Sozialismus, Einführung von Privatinitiative, Aufbau von freien Gewerkschaften, Reform der Justiz und notwendige Durchführungsgesetze.[47]

Die Auseinandersetzung um die Ratifizierung geriet zum Satyrspiel. Durch den Gewinn der Landtagswahlen in Rheinland-Pfalz und Niedersachsen hatte die SPD die Mehrheit im Bundesrat erlangt, der den Vertrag billigen mußte. Um seinen Rivalen Kohl zu blamieren, verweigerte Kanzlerkandidat Lafontaine seine Zustimmung. Der SPD-Vorstand verlangte stärkere Unterstützung für industrielle Wettbewerbsfähigkeit, Umweltschutz, Kontrolle des SED-Eigentums und Beteiligung an den Entscheidungen. Als Kohl der Opposition Gespräche anbot und die Ost-SPD eine Ratifizierung befürwortete, schlug Lafontaine raffiniert vor, dem Vertrag im Bundesrat zuzustimmen, ihn aber im Bundestag abzulehnen. Das SPD-Präsidium lehnte jedoch diese verwirrende Taktik ab und nannte nach Konzessionen in Umwelt- und Eigentumsfragen den Abschluß »unvermeidbar und notwendig«.[48]

Die parlamentarische Diskussion führte zu weiteren Detailverbesserungen. Trotz Zustimmung wies SPD-Fraktionschef Schröder in der Volkskammer auf Regelungsbedarf bei Strukturanpassung, Eigentum und PDS-Vermögen hin. Da der Zeitdruck nur »sinnvolle Ergänzungen« zuließ, beschränkte sich die Stellungnahme des Ausschusses Deutsche Einheit vom 13. Juni auf die Klärung von strittigen Bestimmungen. So sollten Eigentumsrechte gesichert, Treuhanderlöse zur Strukturanpassung eingesetzt, eine Umweltunion angestrebt, Sozialleistungen fortgesetzt und ein Kulturfonds geschaffen werden.[49] Obwohl zweihunderttausend Berliner dagegen demonstrierten, billigte die Volkskammer den Vertrag am 21. Juni mit 302 gegen 82 Stimmen (PDS und Bündnis 90). Der Bundestag verabschiedete das Dokument mit 445 zu 60 (Grüne), und im Bundesrat ratifizierten es 9 der 11 Länder. Das »größte Experiment der Finanzgeschichte« konnte beginnen.[50]

Die letzten Tage vor der Umstellung waren hektisch. DDR-Bürger drängten in die Banken, um für jedes Familienmitglied ein separates Konto einzurichten und Umtauschformulare abzuholen. Plötzlich füllten sich verstaubte Auslagen mit billigen Sonderangeboten, da die Geschäfte ihre alten ostdeutschen Waren zu jedem Preis absetzen wollten. Das Publikum versuchte, sich mit Grundprodukten einzudecken und seine letzten DDR-Mark auszugeben, bevor alles teuerer wurde. Diese unerwartete Kaufwut leerte die Regale und führte zu Versorgungsschwierigkeiten, da manche Großhändler den Nachschub verweigerten, um nach dem Währungsumtausch mehr zu verdienen. Gleichzeitig drängelten sich in den Interhotel-Lobbies abgehetzte Vertreter, die nach ostdeutschen Filialen für westdeutsche Handelsketten suchten.[51]

Im Vorfeld der Währungsumstellung wuchs im Osten der Optimismus auf eine bessere Zukunft. Sogar der trockene Ministerpräsident de Maizière bemerkte »so etwas wie Aufbruchstimmung. Die brauchen wir.« Auch westdeutsche Manager gaben sich zuversichtlich, und der BDI beurteilte die Konjunkturaussichten euphorisch: »Zur Bewältigung der enormen unternehmerischen und wirtschaftspolitischen Aufgaben ... könnte die wirtschaftliche Ausgangssituation kaum günstiger sein.« Bundesbankvizepräsident Schlesinger prognostizierte ohne seine gewohnte Zurückhaltung: »Die DDR hat bessere Chancen als jedes andere osteuropäische Land.« Dennoch entließen Staatsbetriebe Teile ihrer aufgeblähten Belegschaften, um sich durch Senkung der Produktionskosten wettbewerbsfähig zu machen. Wegen solch widersprüchlicher Signale schwankten einfache Leute zwischen Hoffnungen und Ängsten: »Wir sind hier hin- und hergerissen.«[52]

Der Staatsvertrag war ein entscheidender Schritt auf dem Weg zur Einheit. Während die Bürgerbewegung die ökonomische Übergabe als »die Enteignung der Revolution« interpretierte, glaubte die Mehrheit, durch Kohls Versprechungen von »Wohlstand und Sicherheit« ihre ursprünglichen Ziele zu verwirklichen. Obwohl der von Bonner Ministerialbeamten und Finanzexperten erstellte Entwurf von den Parlamenten nur leicht verändert werden konnte, war der Vertrag kein völliges Diktat. Nach einer ostdeutschen Übersicht erreichten harte Verhandlungen innerhalb der Regierungskoalition, mit der SPD-Opposition und den Bundesländern, im DDR-Kabinett und zwischen den beiden Regierungen 32 wichtige Verbesserungen in der Gleichstellung der Vertragspartner, Strukturanpassung und sozialen Absicherung. Aufgrund des immer größer werdenden Haushaltsdefizits überrascht es kaum, daß die Endfassung die Machtungleichheit zwischen dem zerbröckelnden Osten und dem erfolgreichen Westen widerspiegelte.[53]

Mit der Währungs-, Wirtschafts- und Sozialunion trat die DDR der Bundesrepublik de facto bei. Fehlende Vorbilder und wachsender Termindruck gaben dem Vertrag eher den Charakter von rechtlichen Absichtserklärungen als von endgültigen Detailregelungen. Die Vereinbarung war inspiriert von Ludwig Erhards liberalem Glauben an die Wunderkraft des Markts sowie der Hoffnung auf die »einmalige Chance« westdeutscher Hilfe. Im Kern beendete der Staatsvertrag die ökonomische und soziale Souveränität der DDR und zerstörte die letzten Träume eines Dritten Wegs. Seine existentiellen Risiken konnten nur dadurch gerechtfertigt werden, daß ein Wirtschaftszusammenschluß die staatliche Einheit voranbrachte. Westdeutsche sorgten sich wegen der Kosten der Währungsunion, und Ostdeutsche fragten sich, ob sie ein »Ende oder [einen] Anfang« bedeuten würde.[54]

Schöpferische Zerstörung

Die DDR-Bürger fanden die Anfangsschritte in den Kapitalismus ebenso aufregend wie frustrierend. Während des ersten Juliwochenendes füllten sich die Geschäfte mit Westwaren. Wo vorher Ostprodukte standen, glänzten nun attraktiv verpackte Gegenstände aus der ganzen EG und aus Übersee. Mit bunter Reklame verwandelten sich lieblose Auslagen in verführerische Visionen von materiellem Glück durch Konsum. Da sie zum erstenmal miteinander konkurrierten, versuchten Verkäuferinnen höflich zu bedienen und sogar dabei zu lächeln. Statt, wie Kritiker gefürchtet hatten, in einen Kaufrausch zu verfallen, hielten sich Kunden zurück und inspizierten die Schaufenster. Bevor sie sich von ihrem neuen Geld trennten, wollten die meisten erst Qualität und Kosten vergleichen.[55]

Die Auswirkungen der DM auf das tägliche Leben lösten einen Schock aus. Ohne Subventionen verdoppelten oder verdreifachten sich die Preise von Nahrungsmitteln und Grundprodukten über Nacht. Dem Kleinverbraucher half es kaum, daß andere Fertigwaren wie ein Walkman oder eine Spülmaschine drastisch billiger wurden. Gegenüber ungeübten Kunden nutzten viele Geschäfte ihr Monopol schamlos aus und verhielten sich wie skrupellose

Manchester-Kapitalisten. Daher wollten, aus Unsicherheit über die eigene Zukunft, vier Fünftel der Ostdeutschen ihr »neues Geld« sparen und folgten den Warnungen, zunächst nur wirklich notwendige Anschaffungen zu tätigen. Auf beiden Seiten des Ladentischs mußten erst die Rollen des Verkaufens und Kaufens unter neuen Wettbewerbsbedingungen erlernt werden. Aber schon nach ein paar Tagen erwies sich »der Sprung ins kalte Wasser« als weniger schlimm, als viele befürchtet hatten.[56]

In der ersten Begegnung zeigte die Marktwirtschaft kaum ein soziales Gesicht. Nach der Umstellung auf Westwaren leerten sich die Verkaufsregale wieder, da westliche Großhändler den Nachschub wegen schlechter Straßen und fehlender Telefonverbindungen nicht termingerecht liefern konnten. Auch verlangten unerfahrene Manager, die mit der Kostenkalkulation nicht zurechtkamen, zu hohe Preise, um einen schnellen Profit zu machen. Wenn Waren teuerer als in der Bundesrepublik waren, fuhren schlaue Kunden einfach über die Grenze und kauften in Billigketten, wo sie auch wieder Schlange stehen mußten. Um den Unwillen der Bevölkerung zu dämpfen, beschloß das Kabinett, auch die letzten Handelsbeschränkungen zwischen Ost und West aufzuheben. Die »Entflechtung des Handels in den Kommunen« und die Zulassung von westlichen Discountfirmen wie ALDI sollten die Versorgung durch Brechung des HO- und Konsum-Monopols verbessern.[57]

Eine unerwartet radikale Abkehr von DDR-Produkten verschlimmerte das Chaos. Von glitzernder Reklame angelockt, zogen die Ostdeutschen unbekannte Westwaren ihren eigenen Erzeugnissen vor. Oft sperrten westdeutsche Ketten alte Ostprodukte durch exklusive Lieferverträge von ihren neuen Filialen aus, so daß Kirschen aus Werder verfaulten, während Ostberliner Geschäfte Früchte aus dem amerikanischen Bundesstaat Washington anboten. Daher kippten protestierende Bauern ihre Milch auf die Straße, und in den Fabriken türmten sich Produkte, die niemand kaufen wollte. Verzweifelt versuchte die Regierung durch Strukturanpassungshilfen, Exportstützungen und Liquiditätskredite zu helfen.[58] Obwohl manche Kunden und Produzenten davon profitierten, fanden sich die meisten Leute nur langsam mit den Folgen der Währungsumstellung zurecht.

Als sich die Aufregung gelegt hatte, merkten viele Ostdeutsche, daß es ihnen trotz aller Versprechungen schlechter ging als vorher. Nicht nur die Nomenklatura, die ihre Privilegien verlor, sondern auch einfache Bürger schimpften über die Auswirkungen der Währungsunion. Als man endlich Reisen buchen und Luxusartikel kaufen konnte, war kein Geld für solche Ausgaben übrig. Der Umtausch verzehrte die Hälfte der Ersparnisse über dem Minimum, wodurch ein Durchschnittskonto etwa 3500 DM verlor. Als sie ihren ersten Lohnstreifen erhielten, konnten Arbeiter kaum ihren Augen trauen: Wegen höherer Lohnsteuern, Versicherungszahlungen und Rentenbeiträge waren die neuen Abzüge fast doppelt so hoch wie gewohnt. Als Resultat der Umstellung schrumpfte das durchschnittliche Nettoeinkommen auch bei besser verdienenden Angestellten anfänglich um etwa 15 %.[59]

Tabelle VII

Soziale Auswirkungen der Währungsunion

	DDR	Veränderung	BRD	Unterschied
Einkommen				
Brutto	1 170 Mk	keine	3 000 DM	+ 1 830 DM
Netto	1 000 Mk	– 150 DM	2 200 DM	+ 1 350 DM
Ausgaben				
Ernährung	822 Mk	+ 106 DM		
Industriewaren	838 Mk	– 226 DM		
Dienstleistungen	166 Mk	+ 128 DM		
Summe pro Mt.	1 826 Mk	+ 8 DM		
Miete	3 %	+ ?	20 %	+17 %
Ersparnisse pro Person	11 022 Mk	–3 500 DM	40 747 DM	+33 225 DM
Unzufriedenheit mit Einkommen	44 %		19 %	

Auch wenn ein repräsentativer Warenkorb in etwa gleich blieb, wurden viele Gegenstände des täglichen Bedarfs erheblich teuerer. Höhere Nahrungsmittel- und Restaurantpreise wurden kaum durch billigeren Tabak, Kaffee oder Alkohol ausgeglichen. Die Kosten von Dienstleistungen, Reparaturen, Kultur und Unterhaltung zogen an, während Kleidung, Möbel und Elektronik erschwinglicher wurden. Die künstlich niedrigen Mieten fingen an, auf das Westniveau zu steigen, weil der Unterhalt und die Sanierung von vernachlässigten Altbauwohnungen Unsummen verschlangen. Auch städtische Kraftwerke steigerten die Strom- und Wasserabgaben empfindlich. Diese Teuerung machte die Ostdeutschen noch unzufriedener mit ihrem sowieso schon geringeren Einkommen. Neue West-Gewerkschaften wie die IG Metall forderten einen allgemeinen Lohnausgleich von 250 DM und erreichten durch lokale Streiks Konzessionen, welche die Löhne langsam verbesserten.[60]

Trotzdem kündigten frische Farbtupfer eine Metamorphose des Ostens an. Die alte DDR war ein seltsam graues Land, in der Vorkriegsreste mit sozialistischen Neuerungen kontrastierten. Malerische Dörfer, wo Kirchturmuhren seit langem stehengeblieben zu sein schienen, lagen mitten in endlosen, von Maschinen bearbeiteten LPG-Feldern. Während außerhalb Berlins die Innenstädte verfielen, reihten sich an den Rändern nahe der qualmenden Industrieanlagen triste Plattenbausiedlungen aneinander. Nach der Währungsumstellung zogen bunte Sonnenschirme Autofahrer an neue Imbißbuden, welche italienisches Eis, dänisches Bier oder westdeutsche Zeitungen wie *Bild* verkauften. Auf Wiesen und in Höfen flatterten Fähnchen über blitzenden Westautos, die den Trabantmüden Kunden ungewohnte Geschwindigkeit und Komfort versprachen.[61]

Die Großbanken zahlten die begehrten DM in Behelfsfilialen aus und warben in Containern um Kunden. Gegen die sozialistische Langeweile schossen Videoläden, die Hollywood-Träume und Sex-Fantasien verkauften, wie Pilze aus dem Boden. Auf den Marktplätzen boten fliegende Händler in bunten Buden Ramsch aus dem Westen wie billige T-Shirts und laute Rock-Musik an. Restaurierte Namen der Eigentümer von Handwerksbetrieben zeugten von neuem Stolz, und modernisierte Auslagen von Bäckereien oder Metzgereien zogen Käufer an. Hier und da belebte ein frischer Verputz ein Haus mit Farbe und unterbrach das Einheitsgrau der anderen Fassaden. Zehntausende von Betriebsneugründungen schienen den versprochenen Aufschwung einzuleiten.[62] Aber würden solche Kleininitiativen ausreichen, um die zusammenbrechende Industrie einer Planwirtschaft wieder anzukurbeln?

Für Geschäftsleute bedeutete der Eintritt in den Kapitalismus einen harten Überlebenskampf. Man konnte schnell einen traditionellen Namen wiederbeleben, indem man die »VEB Siebter Oktober« in die »Niles Werkzeugmaschinenbau GmbH« umbenannte. Aber Manager, die an Befehle von oben gewöhnt waren, taten sich schwer, eigenverantwortlich zu handeln. Einerseits hatten sie mit bekannten Altlasten wie ausgedienten Maschinen, die zu teuer schlechte Produkte produzierten, zu kämpfen. Trotz ihrer Halbierung verschlangen durch Staatskredite aufgetürmte Schulden zuviel kostbare Investitionsmittel. Die Garantie der Arbeitsplätze und Lieferungsstockungen hatten Betriebe motiviert, zu große Belegschaften einzustellen und eine zu hohe Produktionstiefe zu entwickeln. Aus Kostengründen mußten nun zahlreiche Arbeitskräfte entlassen, periphere Aktivitäten abgestoßen und soziale Einrichtungen geschlossen werden.[63]

Andererseits mußten sich Manager gegen die unbekannten Herausforderungen des Wettbewerbs durchsetzen. Durch ihren Preisanstieg raubte die Aufwertung der Ostmark vielen sonst verkäuflichen Produkten die Wettbewerbsfähigkeit. Die Ablehnung von DDR-Waren, der Kollaps des Osthandels und der Einstieg von neuen Westkonkurrenten zerstörten traditionelle Märkte im Inland wie im Ausland. Die Weigerung westdeutscher Großbanken, maroden Ostbetrieben Kredite zu geben, trocknete deren Liquidität aus und trieb viele unnötigerweise in den Bankrott. Die Unzuverlässigkeit von selbsternannten Beratern aus dem Westen und der Rückzug mancher Partner aus vorherigen Kooperationsplänen verschärften die Schwierigkeiten. Ohne westliche Buchhalter und Bilanzen konnten viele Firmen nicht einmal feststellen, ob sie rote oder schwarze Zahlen schrieben.[64]

Die neugeschaffene Treuhandanstalt versuchte, den Umstellungsprozeß zu organisieren. Mitte Februar hatte der Runde Tisch auf Antrag von Wolfgang Ullmann »die umgehende Bildung einer ›Treuhandgesellschaft‹ (Holding) zur Wahrung der Anteilsrechte der Bürger mit DDR-Staatsbürgerschaft am ›Volkseigentum‹ der DDR« vorgeschlagen. Da das Grundgesetz diese Rechtsform nicht kannte, sollte eine »Kapital-Holding« das Volksvermögen privatisieren, damit es nicht »herrenlos wird und einfach verlorengeht«. Am 1. März beschloß das Modrow-Kabinett die Einrichtung einer Treuhandanstalt, welche den Staatsbesitz von 600 Mrd. Mk auf Bund, Länder und Kommunen (¼), Enteignungsansprüche (¼), Volksanteilsscheine (⅓), und Bürgschaften (⅒) sowie auf Stiftungen verteilen sollte. Aber die von kommunistischen Planern besetzte Behörde schaffte es in drei Monaten nur, 170 Betriebe in Privatbesitz zu überführen.[65]

Um die Privatisierung zu beschleunigen, organisierte de Maizière am 19. Juni die Treuhandanstalt um. Obwohl Dissidenten die Enteignung des Volkes kritisierten, bestand das neue Statut darauf, »die unternehmerische Tätigkeit des Staates so rasch und so weit wie möglich zurückzuführen«. Durch die Auflösung von Kombinaten hoffte die Treuhand, Betriebe wettbewerbsfähig zu machen, alte Arbeitsplätze zu sichern und neue Beschäftigung zu schaffen. Das nach »Strukturanpassung der Wirtschaft« und »Sanierung des Staatshaushalts« übriggebliebene Vermögen sollte als öffentliche Anteile ausgeschüttet werden. Am 1. Juli wurde diese Staatsholding die größte Firma der Welt mit etwa achttausend Betrieben, vierzigtausend Fabriken, 6 Millionen Angestellten und zweiundsechzigtausend Quadratkilometern an Feldern, Wäldern und anderem Grundbesitz.[66]

Die Umstellung einer Plan- auf eine Marktwirtschaft verlangte unorthodoxe Manager. Da den Ostdeutschen Wettbewerbserfahrungen fehlten, suchte die Treuhand ausgewiesene Westunternehmer, die einen ohne Vorbild verlaufenden Übergang meistern konnten. Der in Thüringen geborene SPD-Ökonom Detlev Rohwedder war ein hervorragender Vorsitzender, denn er hatte erfolgreiche Karrieren in Regierung wie Wirtschaft hinter sich. Als Staatssekretär unter sozialdemokratischen und liberalen Wirtschaftsministern hatte er sich auf Energie- und Strukturpolitik spezialisiert. Als Unternehmer hatte er in den frühen achtziger Jahren den defizitären Hoesch-Stahlkonzern durch drastische Einsparungen und Umstrukturierungen saniert. Um die Treuhand handlungsfähig zu machen, bemühte er sich um die Anwerbung von erfahrenen Managern, die die Vorbereitung von ineffizienten Betrieben auf den Markt als persönliche Herausforderung ansahen.[67]

Die Treuhand war eine paradoxe Mischung von Staatsbehörde und Wirtschaftsunternehmen. Ihre Belegschaft bestand teils aus enttäuschten sozialistischen Planern, teils aus erfolglosen West-Managern auf der Suche nach einer zweiten Chance und teils aus einigen dynamischen Unternehmern, die sich aus Solidargefühl einsetzten. Obwohl Rohwedder versuchte, eine kleine Dachgesellschaft für strategische Entscheidungen zu schaffen, erzwang die praktische Verantwortung für Hunderte von Firmen die Vergrößerung des Personals auf über 3000 und die Gründung von regionalen Zweigstellen. Indem sie den Politikern die harten Entscheidungen ersparte, fungierte die Treuhandanstalt als Blitzableiter für öffentlichen Unmut. Paradoxerweise mußte dieses Zwittergebilde mit bürokratischen Mitteln versuchen, den wirtschaftlichen Wettbewerb anzuregen.[68]

Rohwedders erste Priorität war die Privatisierung der Staatsbetriebe. Bei der Umstellung verfolgte er die widersprüchlichen Ziele, gleichzeitig zur Deckung des Haushaltsdefizits Gewinne zu erwirtschaften und wegen des sozialen Friedens Arbeitsplätze zu erhalten. Während Bonner Aversionen gegen langfristige Staatssubventionen den Verkauf von Volkseigentum notwendig machten, erwies es sich als überraschend schwierig, seriöse Interessenten zu finden. Viele potentielle Investoren verloren ihren Enthusiasmus, als sie erfuhren, wie schlecht die Produktionsbedingungen im Osten wirklich waren. Daher sollte sich auch Günter Krauses Schätzung in der Volkskammer, daß von etwa 1534 Betrieben etwa 32 % überleben könnten, 54 % massive Hilfe benötigten, und 208 untergehen würden, als immer noch zu optimistisch entpuppen.[69]

Die Investitionshemmnisse waren erstaunlich groß. So konspirierten alte Manager mit örtlichen Behörden, um Käufer fernzuhalten, während Rechtsstreitereien um Eigentumsverhältnisse den Abschluß von Verträgen verhinderten. Auch schreckte die ökologische Verseuchung von Betriebsgelände mögliche Anleger ab, da sie teuere Sanierungsarbeiten fürchteten. Während die DDR durch den Zusammenbruch des RGW ihre Attraktivität als Standort für den Osthandel verlor, konnten Westfirmen durch Einstellung von Übersiedlern den Ostmarkt bedienen, ohne dort Investitionen zu riskieren. Einige wettbewerbsfähige Firmen zogen schnell Interessenten an, aber in den meisten Kombinaten mußten erst die rentablen von den maroden Teilen getrennt werden. Wieder andere Betriebe konnten auch beim besten Willen nicht gerettet werden. Durch die Bevorzugung der Privatisierung vor der Sanierung versetzte die Treuhand vielen Industrien den Todesstoß.[70]

Das Entscheidungskriterium von sofortiger Rentabilität zerstörte unnötig viele Betriebe. Da bei einer DM-Bilanz nur drei der Spitzenkombinate (KSFB, GuK und MBH) schwarze Zahlen schrieben, wurden auch renommierte Firmen wie der Kamerahersteller Pentacon in der Annahme, daß sie mit fernöstlichen Herstellern nicht konkurrieren konnten, aufgelöst. Da die DDR Monostrukturen favorisierte, verödete die Stillegung eines Industriezweigs wie des Kupferbergbaus ganze Regionen wie das Mansfelder Gebiet. Die petrochemischen Industrieanlagen um Buna und Leuna waren so mit Gift verseucht, daß auch die westdeutsche Großchemie kein Engagement an alter Stätte riskieren wollte. Nur durch die Kopplung von Sanierung mit dem Verkauf der lukrativen Minol-Tankstellen konnten schließlich einige Kernbereiche gerettet werden. Anfänglich laxe Aufsicht führte zu wiederholten Skandalen wie dem Billigverkauf des Glühbirnenherstellers NARVA oder der Ruinierung von Konkurrenten wie der DDR-Fluglinie INTERFLUG.[71]

Manchmal konnte politischer Druck einen Standort retten. Als die Nachfrage versiegte, mußten die veralteten Trabi- und Wartburgfabriken geschlossen werden; aber auf Bonner Fürsprache investierten VW und Opel einige Milliarden in neue Anlagen in Zwickau und Eisenach. Die Zeiss-Stammwerke in Jena konnten den Wettbewerb mit ihren westdeutschen Ablegern in Oberkochen nicht bestehen; als jedoch der Ex-Ministerpräsident Lothar Späth das Land Thüringen zur Rettung überredete, machte die Treuhand Mittel dafür locker. Westdeutsche Investoren kämpften erbittert um Konsumbranchen wie Versicherung, Nahrungsmittel, Getränke, Warenhäuser, Kraftwerke und Medien, die sofort Gewinne brachten. Außer in einigen hundert Fällen von »Management-Buyout« führte eine Sanierung aber zu westlicher Kontrolle, Kreditabhängigkeit und der Entlassung von Arbeitern.[72]

Die Umkehrung der Außenhandelsströme machte die Umstellung noch schwieriger. Im Tauschgeschäft des RGW hatte sich die DDR auf die Herstellung von Zügen, Schiffen und Werkmaschinen spezialisiert, für die sie Rohmaterial wie Öl, Fertigprodukte wie Straßenbahnen und Nahrungsmittel wie Südfrüchte erhielt. Die sowjetische Aufwertung des Transferrubels als Verrechnungseinheit von 1:4 auf 1:2 raubte diesem Osthandel fast alle Gewinne. Gleichzeitig vernichtete die verständliche Weigerung der ostdeutschen Bevölkerung, mit harter DM schlechte osteuropäische Waren zu kaufen, ihren eigenen Exportmarkt. Aufgrund der Zahlungsunfähigkeit und politischen Unsicherheit der Nachbarstaaten fiel die Ausfuhr in den Ostblock um 60 %. Da Hunderttausende von Arbeitsplätzen von der Produktion von im Westen unverkäuflicher Waren abhingen, schritt Bonn ein und garantierte einen Teil dieses Geschäfts durch Kreditbürgschaften.[73]

Die Bevorzugung von attraktiveren Edelprodukten aus der EG war die andere Seite der selben Münze. Als die billigen Ostgegenstände keinen Absatz mehr fanden, brachen die sie produzierenden Firmen zusammen. Wer wollte zum Beispiel noch fettigen lokalen Schweinespeck essen, wenn zarter italienischer Schinken preiswert angeboten wurde? Während die LPGs mit hohen Schulden, unsicheren Eigentumsverhältnissen und übergroßer Belegschaft kämpften, versuchten Bonner landwirtschaftliche Interessengruppen, eine Rückkehr zum Familienbetrieb zu erzwingen. Die EG begrüßte die Eingliederung der DDR und stellte einige Überbrückungsgelder für findige Unternehmer bereit. Aber bei einem so fundamentalen Umbruch konnten einzelne Hilfen kaum ausreichen, um marode Industrien gesundzuschrumpfen und quantitätsorientierte Bauern auf Qualitätswettbewerb umzustellen.[74]

Die sozialen Auswirkungen der Währungsunion waren schlichtweg katastrophal. Von den vielen Veränderungen überwältigte Bekannte begrüßten sich mit dem Seufzer: »Haste noch Arbeit?« Da immer mehr ihre Stelle verloren, stieg bis zum Dezember 1990 die offizielle Arbeitslosigkeit auf 642 200 oder 7,3 %. Diese im Osten unerhörte Quote wurde durch Unterbeschäftigung künstlich niedrig gehalten, denn weitere 1,8 Millionen (20,5 %) machten Kurzarbeit oder wurden umgeschult. Gleichzeitig wurden 460 000 ältere Arbeitnehmer in den Vorruhestand geschickt. Besonders Frauen, die fast alle gearbeitet hatten (über 90 %), wurden arbeitslos, denn ihre Stellen im Dienstleistungssektor oder im Sozialbereich wurden als erste abgebaut. Die gleichzeitige Auflösung von Kinderbetreuungseinrichtungen erschwerte ihre Wiedereinstellung. Auch junge Leute fanden kaum noch Ausbildungsplätze.[75]

Trotz großzügiger westlicher Unterstützung vertiefte die Einführung der DM die gesellschaftliche Ungleichheit. Einige energische Neuunternehmer profitierten davon, fuhren flotte Autos und warfen mit Geld um sich. Die meisten Leute wurstelten sich irgendwie durch, indem sie höhere Kosten durch Sparen in anderen Bereichen ausglichen. Aber viele andere verloren bei dem Umbruch Ansehen wie Stellung. Obwohl Gewerkschaften versuchten, Proteste zu organisieren, gingen kleine Firmen oft sang- und klanglos unter. Nur wenn Großbetriebe bedroht wurden, zogen Streiks die Aufmerksamkeit auf sich und zwangen Politiker zum Eingreifen. Auch in den besten Fällen konnte nur ein Bruchteil der Arbeitsplätze gerettet werden. Während die Treuhand zum Sündenbock wurde, predigte das Kabinett Geduld und finanzierte Arbeitslosigkeit oder Umschulung.[76]

Die Währungsunion brachte, in Anlehnung an Schumpeters Formulierung, viel »schöpferische Zerstörung« mit sich. Staatsmonopole, Subventionen, Produktivitätsrückstände und verdeckte Arbeitslosigkeit mußten weichen, damit sich ein freier Wettbewerb entfalten konnte. Die Treuhand verfolgte den Grundsatz »Privatisierung ist die wirksamste Sanierung« so konsequent, daß sie innerhalb eines Jahres 3378 von 10334 Betrieben verkauft hatte. Banken, Versicherungsanstalten, Kraftwerke, Einzelhandelsgeschäfte, Lebensmittelketten, Hotels und Zeitungen führten die Parade an. Aber für Renommierindustrien wie Chemie, Schiffbau, Textil und Elektronik waren kaum Käufer zu finden, da potente Branchenkonkurrenten im Westen nicht ausgelastet waren. Hunderte von hoffnungslosen Betrieben wie das deutsch-sowjetische Urankombinat Wismut mußten stillgelegt und ökologisch saniert werden. Im ersten Halbjahr kostete dieser Abbau etwa zwei Millionen Arbeitsplätze.[77]

Die Schaffung neuer wirtschaftlicher Strukturen fiel der Treuhandanstalt weitaus schwerer. Bis Mitte 1991 konnte der Aufbau von »Strukturen der Marktwirtschaft« nur 600000 Arbeitsplätze in wettbewerbsfähigen Industrien sichern. Ostdeutsche konnten selbst wenig dazu beitragen, da ihr knappes Kapital nur zur Gründung kleiner Firmen reichte. Die westdeutsche Großindustrie versprach etwa 70 Mrd. DM an Investitionen, verwirklichte aber nicht alle ihre Prestigeprojekte. Die Bundesregierung gab noch größere Beträge zur Verbesserung der Infrastruktur wie Straßen, Eisenbahn oder Telefon aus. Trotz all solcher Anstrengungen sah die Bevölkerung als Resultat der Währungsunion anfangs mehr Zerstörung als Neuaufbau. Nicht nur Dissidenten wunderten sich, ob sie die »stalinistische Diktatur« abgeworfen hatten, um im »Manchester-Kapitalismus« zu landen.[78]

Neoliberaler Glaube an die Kräfte des Markts diente als Rechtfertigung für die Risiken einer schnellen Währungsunion. Nach dem Erfolg seiner Währungsreform von 1948 argumentierte Ludwig Erhard, daß eine zukünftige Wiedereingliederung des Ostens »mit den Mitteln der Marktwirtschaft erfolgen muß«. Vom Segen privater Initiative überzeugt, hielt er alle »Befürchtungen hinsichtlich tragischer materieller Rückwirkungen auf menschliche Einzelschicksale« für unbegründet. Obwohl er die Notwendigkeit anfänglicher Staatsinterventionen anerkannte, sagte der »Vater« der Marktwirtschaft voraus, daß eine Wiedervereinigung Kräfte freisetzen würde, »von deren Stärke und Macht sich die Schulweisheit der Planwirtschaftler nichts träumen läßt«. Aber seine Schüler vergaßen die Rolle der Regierung im Abbau der Zwangswirtschaft und mythologisierten die Macht des Markts.[79]

Dieses Mißverständnis des Wirtschaftswunders führte die Bonner Koalition dazu, dem Wettbewerb blind zu vertrauen. Befangen in liberaler Orthodoxie weigerte sich das Kabinett, die Umstellung zu steuern und überließ die Schlüsselentscheidungen der Treuhand. Der Widerstand westdeutscher Wähler gegen die Vereinigungskosten trieb Kohl zu dem irreführenden Versprechen, die Steuern nicht zu erhöhen. Während die ostdeutsche Wirtschaft zusammenbrach, wiederholten westdeutsche Politiker gebetsmühlenartig, daß sich der Aufschwung schon anbahne. Um ihre Vorhersage wirklich einzulösen, begannen sie in den Medien die Gründung von Mittelstandsbetrieben zu propagieren. Aber ohne begleitende Strukturpolitik setzte der vielbeschworene Wettbewerb im unerfahrenen Osten mehr destruktive als kreative Kräfte frei.[80]

Skeptiker hatten von Anfang an gewarnt, daß der Schock einer raschen Umstellung schlimme Folgen zeitigen würde. Marxisten sagten voraus, daß ein ökonomischer Anschluß Staatsbetriebe bankrott und die Hälfte der Bevölkerung arbeitslos machen werde. Sozialdemokraten befürchteten, daß ein ungezügelter Wettbewerb den Benachteiligten wie Alten, Frauen, Jugendlichen und Behinderten schaden werde. Die Bürgerbewegung betonte, daß eine westliche Kolonisierung nur östliche Gefühle von Unterlegenheit und Hilflosigkeit steigern werde. Aber im Frühjahr 1990 wollte kaum jemand solchen Horrorprophezeiungen Glauben schenken, weil sie von Politikern kamen, die gegen den Beitritt der neuen Bundesländer gekämpft hatten und keine konstruktive Alternative anbieten konnten.[81]

Kritik an einzelnen Umstellungsfehlern hatte eine größere Wirkung. So stoppten *Spiegel*-Enthüllungen die skandalöse Verteilung von Bankkonten und Grundstücken des Koko-Außenhandelsimperiums an frühere Stasi-Mitarbeiter. Exposés von Wirtschaftsjournalisten machten die Verscherbelung der prestigereichen Interhotels an die Steigenberger-Gruppe rückgängig. Einwände von linken Politikern zwangen die Treuhandanstalt, andere Kriterien, etwa regionale Wirtschaftsstrukturen, bei ihren Entscheidungen zu berücksichtigen. Auf massiven öffentlichen Druck begann ein parlamentarischer Untersuchungsausschuß, die mysteriösen Geschäfte von Schalck-Golodkowski zu untersuchen. Nach langen Prozessen erreichten die übervorteilten Kommunen einen Vergleich mit den westdeutschen Strommonopolen. Anfang 1991 erkämpften sich ostdeutsche Landes- und Gewerkschaftsvertreter Sitze im Aufsichtsrat der Treuhand, leiteten Arbeitsbeschaffungs-Maßnahmen ein und schufen Regionalkommissionen, die der Sanierung von Firmen eine höhere Priorität gaben.[82]

Die politisch bedingte Überhastung der Wirtschaftsunion produzierte ein ökonomisches Chaos. Die meisten Indikatoren bestätigten eher Warnungen vor einer Deindustrialisierung als optimistische Wachstumsprognosen. Im Jahre 1991 schrumpfte das schon 1990 um 13,4 % zurückgegangene Bruttosozialprodukt des Ostens noch um weitere 20 %. Innerhalb dieser beiden Jahre fiel die Industrieproduktion um zwei Drittel, während die Preise allein 1991 um 12 % stiegen. Dieser unerhörte Einbruch mußte bei gleichzeitiger Rationalisierung den Arbeitsmarkt verwüsten. Mit einer Million Arbeitslosen und weiteren 1,6 Millionen Kurzarbeitern verlor die ostdeutsche Wirtschaft weitere 1830000 Arbeitsplätze im Jahre 1992. Auch wenn man verdeckte Arbeitslosigkeit und eine hohe weibliche Erwerbstätigkeit in Betracht zieht, war der Verlust von fast der Hälfte der vorherigen Arbeitsplätze ein noch nie dagewesenes Desaster.[83]

Trotzdem gab es einige positive Anzeichen. Zwischen 1990 und 1992 wuchsen Investitionen in Ostdeutschland von 48,3 auf 88,3 Mrd. DM. Auf Gewerkschaftsdruck hin stiegen die durchschnittlichen Realeinkommen durch westliche Unterstützung zwischen 1989 und 1992 um erstaunliche 28 %. Auch wenn etwa ein Drittel bald wieder aufgab, wurden im gleichen Zeitraum ungefähr 175 000 Firmen gegründet, die neue Arbeitsplätze versprachen. Durch das aus Wahlkampfrücksichten ein halbes Jahr verspätete Programm für einen »Aufschwung Ost« transferierte die Bonner Regierung die erstaunliche Summe von 135 Mrd. allein im Jahre 1991.[84] Trotz einzelner Proteste revoltierte die Bevölkerung während des ökonomischen Kollapses nicht, da die Angliederung an eine der stärksten Wirtschaften Grund zur Hoffnung gab, daß der Wiederaufbau langfristig gelingen müsse.

Die Währungsunion stellte die ostdeutsche Wirtschaft vor eine doppelte Herausforderung. Da es kein Vorbild gab, war die Umstellung einer Plan- in eine Marktwirtschaft ein schwieriges Unterfangen. Schon vor dem demokratischen Aufbruch hatte Günter Mittag das DDR-System in eine Sackgasse geführt. Trotz verzweifelter Innovationsanstrengungen hatte es seine Infrastruktur verbraucht, die Umwelt verpestet, den internationalen Wettbewerb verloren und zu stagnieren begonnen. Der Zusammenschluß mit der Bundesrepublik mußte schwere Verwerfungen auslösen, da er über Nacht eine ineffiziente Wirtschaft der zweiten Welt dem Wettbewerb eines Marktführers der ersten Welt auslieferte. Der Drang zur DM verhinderte einen behutsameren Übergang als in den Nachbarländern durch überhöhte Umtauschkurse, und eine allzu hastige Privatisierung der Staatsbetriebe vertiefte die Anpassungskrise noch.[85]

Gleichzeitig mußte sich die DDR-Wirtschaft von einer hoch- auf eine post-industrielle Struktur umstellen. Nach stalinistischem Muster hatte Ostdeutschland eine fortgeschrittene Fertigungsproduktion in eine arbeitsintensive Schwerindustrie der zweiten Phase der Industrialisierung zurückentwickelt. Die kurzfristige Abschirmung von den Ölschocks durch russische Lieferungsgarantien hatte den rechtzeitigen Strukturwandel der Montanindustrie zu tertiären Hochtechnologien und Dienstleistungen verhindert. Die Währungsunion zwang daher den Osten mitten im ohnehin harten Übergang zum Kapitalismus, effizientere postindustrielle Produktionsformen zu entwickeln. Obwohl sie eine »kräftige Starthilfe« brachte, erhöhte die rasche Umstellung die Transferkosten und verschärfte die Verweigerung einer Strukturpolitik die Anpassungskrise unnötigerweise. Die »Schocktherapie« der Währungsunion war der Preis für die rasche Wiedergewinnung der Einheit.[86]

VIII. Kapitel

Der Verhandlungsdurchbruch

Die Suche nach dem besten Weg zur Vereinigung löste starke Reaktionen aus. Konservative konnten kaum erwarten, die verhaßte DDR loszuwerden, aber Linke wollten durch schrittweises Vorgehen den Schock mildern. Obwohl Manfred Stolpe am 17. Juni für eine behutsame Überwindung der Unterschiede plädierte, verlangte die DSU den Beitritt »mit dem heutigen Tag«. Ein überraschter de Maizière weigerte sich, da »es eines weiteren, nicht unerheblichen und sogar umfänglichen Staatsvertrages bedarf«. Erst wären im Osten Länder zu bilden, und die inneren Prozesse müßten »mit den äußeren Aspekten sorgfältig und psychologisch vertretbar verknüpft werden«.[1] Solange solch schwierige Probleme ungelöst waren, hing die Form der Einheit vom Ausgang dieser innen- wie außenpolitischen Verhandlungen ab.

Einen Monat später brachte das »Wunder von Moskau« den internationalen Durchbruch. Am 15. Juli traf ein nervöser, aber optimistischer Kohl sich mit einem freundlichen und ernsten Gorbatschow, um die Bedingungen des deutschen Zusammenschlusses auszuhandeln. Auf der Basis persönlichen Vertrauens, amerikanischer Vermittlung und sorgfältiger Vorarbeiten wagten es beide Staatsmänner, den Schatten des Zweiten Weltkriegs zu vertreiben, um »Rußland und Deutschland wieder zusammen [zu] führen«. Unter der »Voraussetzung, daß die aktuellen Probleme gemeinsam gelöst würden«, bot der Bundeskanzler an, »innerhalb eines Jahres einen umfassenden Vertrag mit der Sowjetunion zu schließen«. Während Kohl die dramatische Verschlechterung der Lage in der DDR schilderte, räumte Gorbatschow ein, »daß sich die NATO in Richtung einer politischen Allianz verändere«.[2]

Diese Annäherung der Standpunkte machte einen Kompromiß möglich. Wenn die Bundesrepublik die gegenwärtigen Grenzen akzeptierte und ihren Verzicht auf ABC-Waffen erneuerte, würde sie »ihre volle Souveränität« zurückerhalten. Solange militärische Strukturen des westlichen Bündnisses nicht auf das DDR-Gebiet ausgedehnt würden, akzeptierte Gorbatschow, »daß Deutschland weiter in der NATO bleiben kann«. Nach Regelung des mittelfristigen Abzugs der sowjetischen Truppen durch einen separaten Vertrag könnte die Viermächteverantwortung ohne Übergangszeit aufgehoben werden. »Welch' eine Sensation! So klare Zusagen Gorbatschows hatten wir nicht erwartet«, notierte Horst Teltschik aufgeregt. »Für den Bundeskanzler ist dieses Gespräch ein unglaublicher Triumph. ... Ich bin Zeuge eines historischen Moments!« Seinem Pressesprecher Hans Klein raunte Kohl im Vorbeigehen zu: »Alles ist gelaufen.«[3]

Ein Szenenwechsel erleichterte die Lösung der verbleibenden Detailfragen. Die anschließende Reise zur idyllischen Datsche des sowjetischen Präsidenten in den Bergen des Kaukasus entspannte die Atmosphäre weiter. Am 16. Juli stimmten die Delegationen im Prinzip zu, daß Bonn die Öffnung der Sowjetunion nach Europa unterstützen würde, wenn Moskau die deutsche Einigung billige. Als Beweis einer neuen Qualität der Beziehungen erneuerte Kohl sein Angebot eines langfristigen Kooperationsvertrags, um dadurch die vollständige Souveränität in einem »völkerrechtlich verbindlichen Dokument« zu erreichen. Im Gegenzug wiederholte Gorbatschow seine Hauptbedingungen eines ABC-Waffenverzichts, der Nichtausdehnung von militärischen NATO-Strukturen und des Abschlusses eines Truppenstationierungs- und Abzugsvertrags.[4]

In dem umstrittenen Bereich des militärischen Status führten vierstündige Verhandlungen schließlich zu einer Übereinkunft. Bündnismitgliedschaft und Gebietsausweitung der NATO seien Deutschlands Angelegenheiten, solange im Osten keine Nuklearwaffen stationiert würden. Im Austausch für engere wirtschaftliche Zusammenarbeit sollten die russischen Truppen innerhalb von vier Jahren abziehen und könnten westliche Kräfte solange in Berlin bleiben. Als die Gespräche an der Frage der Truppenreduzierung zu scheitern drohten, gaben sich die sowjetischen Gastgeber überraschenderweise mit einer Beschränkung auf 370000 Mann zufrieden, obwohl Genscher noch zu weiteren Konzessionen bereit war. »Das große Ziel ist erreicht!« Die deutschen Gäste freuten sich, daß die Klärung der militärischen Fragen die Wiedererlangung der vollständigen Souveränität ermöglichte. »Alle Fragen sind einvernehmlich gelöst. Welch' ein Erfolg.«[5]

Das Ausmaß der Kaukasus-Vereinbarungen erstaunte Diplomaten wie Publikum. Obwohl Fernsehbilder von entspannten Politikern beim gemeinsamen Spaziergang am Bergbach ungewohnte

Herzlichkeit suggerierten, war »der Überraschungseffekt perfekt«, als Gorbatschow und Kohl die Resultate der Gespräche der Presse mitteilten. Die acht Punkte der Zusammenfassung brachten Lösungen für fast alle strittigen Fragen der Zwei-Plus-Vier-Verhandlungen. Russische, deutsche und internationale Journalisten reagierten mit einer »Mischung aus Ungläubigkeit, Staunen und zunehmender Freude«. Auf dem Heimflug gab Kohl zu, »ich habe nicht damit gerechnet, daß wir heute mit allem fertig werden«, und Genscher sprudelte, es sei »ein Gefühl, als könnte man Berge versetzen«. In Deutschland priesen die Medien »Kohls Coup« nahezu einstimmig als einen historischen Durchbruch.[6]

Dieser Erfolg basierte auf beiderseitiger Bereitschaft zu Konzessionen. Die Deutschen akzeptierten endgültig den Verlust ihrer früheren Ostgebiete, mußten ihre Truppen drastisch reduzieren und erhebliche finanzielle Opfer bringen. Im Gegenzug hatten die Sowjets schmerzliche Kriegserinnerungen zu überwinden, den westlichen Eckpfeiler ihres Imperiums aufzugeben und die Wiederherstellung eines deutschen Nationalstaats zu konzedieren. Ausländische Beobachter kommentierten sofort, daß die Kaukasus-Vereinbarung das Ende der sowjetischen Hegemonie über Ostmitteleuropa bedeute. Im Gegensatz zu 1918 oder 1945 war dies eine Übereinkunft zwischen gleichberechtigten Partnern, welche die Trümmer der Vergangenheit wegräumen wollten, um eine bessere Zukunft einzuleiten. Da Ostberlin nur als Objekt beteiligt war, beendete diese Vereinbarung auch »die Aufgabe einer unabhängigen Außenpolitik der DDR«.[7]

Im nachhinein betrachtet, zeigen die Vereinigungsverhandlungen ein widersprüchliches Bild. Außenpolitisch hat sich das Argument eines begrenzten »Fensters« der russischen Zustimmung gegenüber einem langsameren Vorgehen weitgehend durchgesetzt. Aber innenpolitisch scheint die Vereinigungskrise eher den Kritikern als den Autoren des Vertragswerks Recht zu geben.[8] Um seine Vor- und Nachteile einzuschätzen, muß das Ringen um Gestaltung der Einheit untersucht werden, bevor seine Rahmenbedingungen in Vergessenheit geraten: Wie weit hatte die selbstverständlich gewordene Teilung die Deutschen voneinander entfremdet? Welche Strategien verfolgte vor allem die Bonner Regierung, um die Vereinigung international durchzusetzen? Wie versuchte die DDR trotz des Verfalls ihrer Macht die Verhandlungen um die Beitrittsbedingungen zu beeinflussen?

Über vier Jahrzehnte entstandene Strukturen der Trennung erschwerten die Vereinigung. Das sichtbarste Symbol der deutschen Teilung war die verhaßte Staatsgrenze der DDR. Nicht zur Verteidigung, sondern zur Kontrolle der eigenen Bevölkerung hatte das SED-Regime eine ausgeklügelte Befestigungsanlage gebaut, die nur durch etwa ein Dutzend Transitstellen überschritten werden konnte. Zu Lande bestanden die Grenzanlagen aus einem breiten verbotenen Hinterland, einem inneren Zaun, einem gepflügten und verminten Streifen, Wachtürmen mit Scheinwerfern, einem geteerten Weg für Jeeps, Selbstschußanlagen und einem elektrifizierten Außenzaun. Zu Wasser schreckten Wachtposten, Küstenbarrieren, Netze und Polizeiboote von einer Überquerung ab. Tausende von privilegierten Grenztruppen mit Hunderten von scharfen Schäferhunden bewachten diese Gefängnismauer gegen jeden Ausbruchversuch.[9]

Etwa 1378 Kilometer lang, zerschnitt dieser Todesstreifen die mitteleuropäische Landschaft.[10] Je nach historischem Zufall verlief die unregelmäßige Grenze mitten durch Dörfer, Straßen, Bahnlinien und Brücken. Wie eine Wunde zog sich die häßliche Schneise durch Täler wie Höhen und trennte Felder, Wiesen und Wälder. Die Grenzbefestigungen zerrissen Bande der Freundschaft oder Verwandtschaft, trennten alte Kirchengemeinden und unterbrachen wirtschaftliche Beziehungen. Auf der Ostseite wurden die Bewohner der Grenzzone aus Kontrollgründen zwangsenteignet und umgesiedelt. Auf der Westseite ragten Aussichtsplattformen über ein verbotenes Land, wo die Zeit stillstand und sich nur Hasen tummelten und Habichte kreisten.

Ein weiteres Anzeichen der Teilung waren die allgegenwärtigen fremden Uniformen. Auf einem kleinen Territorium, das noch nicht einmal so groß wie Spanien war, standen sich mehr schwerbewaffnete Truppen gegenüber als an irgendeinem anderen Platz der Welt. Als Folge des Kalten Kriegs konzentrierten sich 1,4 Millionen Soldaten des Warschauer Pakts und der NATO allein in Deutschland. Um einen Angriff abzuwehren, waren diese Truppen mit hochmodernem Gerät wie 21000 Panzern, 7400 Stück Artillerie, 2250 Kampfflugzeugen und 900 Hubschraubern ausgerüstet. Da nach militärischen Planspielen der Dritte Weltkrieg hier stattfinden sollte, waren 2000 Nuklearsprengköpfe auf mitteleuropäische Ziele gerichtet.[11] Kein Wunder, daß diese Bedrohung auf beiden Seiten eine starke Friedensbewegung entstehen ließ.

Diese Konfrontation führte zum Aufbau einer parallelen Schattenwelt in Ost und West. Besonders in den Herbstmonaten verursachten langsame Militärkonvois auf den Autobahnen Staus, und ohrenbetäubendes Gedröhn von übenden Tieffliegern zerrte an den Nerven. Während der jährlichen Manöver wühlten Panzer Felder auf, ratterten Lastwagen durch enge Kopfsteinstraßen und lärmten Hubschrauber. Im Osten waren große Gebiete für militärische Übungen gesperrt, und russische Soldaten lebten in umzäunten Kasernenkomplexen ohne die Möglichkeit, mit der Bevölkerung ins Gespräch zu kommen. Im Westen war der Kontakt zwischen Soldaten und Zivilisten leichter, aber auch hier entstanden getrennte anglo-amerikanische Siedlungen mit eigenen Schulen, Sportanlagen und Radiosendern.[12] Durch die unübersehbare Präsenz dieser Militärenklaven fühlten sich manche Deutsche, als ob sie in einem besetzten Land lebten.

Die Teilung begrenzte auch die rechtliche Souveränität der deutschen Staaten. Obwohl das tägliche Leben davon wenig beeinflußt wurde, verursachte die unvollständige Autorität der Nachfolgeregime praktische wie psychologische Probleme. Als Resultat der Niederlage bestanden militärische Auflagen wie der Verzicht von ABC-Waffen.[13] In ihrer früheren Hauptstadt Berlin waren die Deutschen nicht einmal Herren im eigenen Hause. Obwohl der Ostteil sich langsam in die Hauptstadt der DDR verwandelte, konnten die Westsektoren nicht die vollen politischen Rechte anderer Bundesländer erlangen. Aus militärischen Gründen durfte die Lufthansa nicht nach Westberlin fliegen, wodurch alliierte Fluglinien ein gutes Geschäft machten. Alle Transitprobleme mußten mit den Vier Mächten besprochen werden, bevor sie mit DDR-Behörden diskutiert werden konnten.

Bis zum Abschluß eines Friedensvertrags behielten die Sieger des Zweiten Weltkriegs die Verantwortung für Deutschland als Ganzes. Zwar spielten in militärischen Fragen die DDR wie BRD eine wachsende Rolle im Warschauer Pakt wie der NATO und wuchs ihr wirtschaftliches Gewicht innerhalb des RGW und der EG. Aber die DDR sah in der Viermächtegarantie eines kapitalistisch-demokratischen Westberlins eine Begrenzung ihrer eigenen Unabhängigkeit. Auch erfolgreichen Westdeutschen schienen die als Bündnispräsenz gerechtfertigten westlichen Besatzungsrechte irritierend und anachronistisch. Aus unvollständiger Souveränität heraus verhielt sich Ostberlin manchmal sowjetischer als Moskau, und hatte sich der wirtschaftliche Riese Bonn daran gewöhnt, als außenpolitischer Zwerg zu handeln.[14] Weil sich ihre Dominanz darauf begründete, zeigten die Siegermächte kaum Interesse daran, ihre Vormundschaft aufzugeben.

Im Inneren führte die Teilung zur Verdopplung der jeweiligen Institutionen. Trotz aller Einheitsbeteuerungen schien es selbstverständlich, daß die beiden deutschen Staaten zwei Regierungen, Parlamente, Botschaften, Polizeien und Streitkräfte benötigten. Sogar zwei separate Eisenbahnnetze und Postanstalten mußten die beiden Territorien versorgen. Zwei verschiedene Flaggen hatten über den jeweiligen Nationalmannschaften zu wehen und zwei Nationalhymnen die Olympiasieger zu begrüßen. Zwei komplette Kulturbetriebe mit Akademien, Orchestern, Museen und Verlagen interpretierten ironischerweise das gleiche Erbe, um daraus ein gegensätzliches Staatsbewußtsein abzuleiten. Beide Institutionengeflechte waren negativ aufeinander fixiert, da sie ihre Berechtigung aus der Bekämpfung des gefährlichen Einflusses ihres Pendants zogen.[15]

Als Konsequenz solcher Spiegelung wurde viel öffentliches Geld auf gegenseitiges Übertrumpfen verschwendet. In internationalen Prestigeprojekten wie der Feier des 750jährigen Jubiläums der Stadt Berlin versuchten sich Ost und West mit noch eindrucksvolleren Shows auszustechen.[16] Solche ideologische Konfrontation führte oft zur Intoleranz, da Kritiker durch physische oder rhetorische Ausgrenzung mundtot gemacht werden konnten. In Fragen des diplomatischen Protokolls wirkte die dauernde Stichelei wie ein komischer Zopf aus früherer Kleinstaaterei. Der krampfhafte Wettbewerb hatte jedoch einen ernsten Hintergrund, denn es ging um den Anspruch, im Namen des gesamten Deutschlands sprechen zu können. Aus transatlantischer Distanz wirkten die Nachfolgestaaten manchmal wie verfeindete Geschwister, die sich in eine bittere Rivalität verbissen hatten.

Trotz des gemeinsamen Ursprungs war die Teilung im politischen Bereich am sichtbarsten, da sich beide Staaten in gegensätzliche Richtungen entwickelten. Während das Dritte Reich dem Osten zur Rechtfertigung des kommunistischen Antifaschismus diente, leitete der Westen daraus die Notwendigkeit einer liberalen Demokratie ab. Theoretisch lehnte Ostberlin jede Verbindung mit der dunklen Vergangenheit ab, während Bonn historische Kontinuität reklamierte, selbst wenn es NS-Unrechtstaten finanziell entschädigen mußte. Aber praktisch erinnerten DDR-Uniformen und Stechschritt mehr an autoritäres Preußentum als BRD-Repräsentationsformen, die auf republikanische Traditionen zurückgriffen. Während ältere westliche Symbole eine gewisse Legitimität besaßen, nahmen sich neugeschaffene östliche Embleme wie Hammer und Zirkel etwas künstlich aus.[17]

Unterschiedliche Erfahrungen führten zur schrittweisen Polarisierung von parallelen Institutionen und Verhaltensweisen. Im Osten untergrub die führende Rolle der SED das Mehrparteiensystem und beendete die Aufteilung der Länder in fünfzehn Bezirke den Föderalismus. Auch unterbrach die Machtverlagerung zur Partei und zu den Kombinaten die Tradition lokaler Selbstverwaltung. Im Westen machten sukzessive Reformen die Marktwirtschaft sozialer, und die neuen sozialen Bewegungen nach 1968 verwandelten die Formaldemokratie in Richtung breiterer Bürgerbeteiligung. Während der bürokratische Sozialismus weiterhin Gefolgschaft und Delegation verlangte, entstand in Westdeutschland eine aufmüpfige, postmaterielle Protestkultur.[18] Durch die Betonung verschiedener Aspekte der gemeinsamen Traditionen bildete die staatliche Teilung unterschiedliche politische Kulturen heraus.

Auf die Dauer veränderte die Zweistaatlichkeit auch das tägliche Leben auf beiden Seiten der Grenze. Zwar blieben viele Sekundärtugenden wie Arbeitsamkeit und Ehrlichkeit oder manche Gewohnheiten weiterhin ähnlich. Aber die verschiedenen Rahmenbedingungen beider Staaten bewirkten oft unbewußte Differenzen der Lebensstile: Verglichen mit den wohlhabenden Westdeutschen blieben die meisten Ostdeutschen arm; im Gegensatz zu den verwirrenden Freiheiten des Westens wurden die Entscheidungen im Osten weitgehend vom vormundschaftlichen Staat bestimmt; anders als die wettbewerbsorientierte, stratifizierte Bundesrepublik war die DDR formell egalitär und kooperativ. So schien z. B. die Ostberliner Nomenklatura, der die internationale Erfahrung der Bonner Elite fehlte, eher spießig und provinziell.[19]

Im Kontrast zu westlichen Mustern hatte das Leben im real existierenden Sozialismus eigenartige Vor- und Nachteile. Die Ostdeutschen mußten länger arbeiten, öffentliche Verkehrsmittel benutzen, in heruntergekommenen Mietshäusern wohnen und oft

Schlange stehen. Aber sie konnten ihre Kinder in unentgeltliche Tagesstätten schicken, billig in Gewerkschaftsheimen Ferien machen, sich fast kostenlos medizinisch behandeln lassen und Solidarität im Mangel erfahren. Obwohl Vergleiche mit dem Westen ein verbreitetes Minderwertigkeitsgefühl hervorriefen, entwickelte die DDR-Bevölkerung auch einen defensiven Stolz auf die Erfolge ihrer Sportler, die relative Führungsrolle im Ostblock und den Status als zehntgrößte Industrienation der Welt. Trotz aller Verwandtenbesuche und Weihnachtspakete entwickelten sich die Lebensmuster so weit auseinander, daß separate Gesellschaften entstanden.[20]

Auch die kulturelle Einheit begann langsam zu zerbröckeln. Obwohl die Kulturnation weiterhin die gleiche Sprache benutzte, nahmen aufgrund fehlender Kommunikation die Wörter unterschiedliche Bedeutungen an. Sowjetische Importe, marxistische Schlagworte, neue Lebensbedingungen und Humor verbanden sich zu einem DDR-Patois, das Fremde nur schwer verstehen konnten.[21] Mit zeitlicher Verzögerung divergierten auch die Stile der Druckerzeugnisse mehr und mehr. Mit einem enormen Lesehunger verschlangen Ostdeutsche Publikationen, die kaum Interesse in der Bundesrepublik erweckten. Bunt aufgemachte Westprodukte, die trotz seichten Inhalts DDR-Bürger faszinierten, blieben ihnen weitgehend unzugänglich. Während kritische Ostautoren im Westen verbreitet waren, gab es im Osten nur »fortschrittliche« Westschriftsteller zu kaufen.

Medien und Bücher stellten verschiedene Welten dar, weil sich die Probleme des realen Sozialismus immer stärker von postmateriellen Wohlstandssorgen unterschieden. Ostdeutsche Schriftsteller versuchten durch verhaltene Kritik ihr antifaschistisches System zu humanisieren, während westdeutsche Kollegen sich postmodernen Wortspielen in exotischen Kontexten hingaben. Nur wenige Autoren wie Christa Wolf, Martin Walser oder Peter Schneider dachten über die Folgen der Teilung nach. Zwar stieß der Versuch der SED, eine »sozialistische Nation« zu propagieren, auf wenig Resonanz in der Bevölkerung, aber auch der von westdeutschen Intellektuellen befürwortete »Verfassungspatriotismus« hatte kaum größeren Erfolg. Obwohl beide Regime ihre ideologischen Ziele nicht vollständig durchsetzen konnten, schuf die Trennung verschiedene kulturelle Selbstbilder und kollektive Identitäten.[22]

Auf ausländische Besucher wirkte der abgeschnittene Osten oft deutscher als der weltgewandte Westen. Obwohl die riesigen LPG-Felder neu waren, hatte sich in der DDR die Landschaft außerhalb der Industriegebiete weniger verändert als in der BRD. Dörfer scharten sich weiter um Kirchtürme, und Städtchen hatten, bis auf Plattenbauten an den Rändern, im letzten halben Jahrhundert kaum ihre Bausubstanz erneuert. Der unverkennbare DDR-Geruch, der aus einer Mischung von Karbol, Braunkohlestaub und Zweitaktergemisch bestand, erinnerte an die fünfziger Jahre, die der Westen längst durch Spray, Klimatisierung und Katalysator hinter sich gelassen hatte. Als Resultat des Wartens auf mürrische Beamte oder unfreundliche Bedienung hatte man den Eindruck, daß die Zeit im realen Sozialismus merklich langsamer als im hektischen, geldgierigen Kapitalismus verstrich.[23]

Wegen schlechter Verkehrsmittel schien auch der Raum im Osten enger, intimer und kontrollierter zu sein. Der Geschwindigkeitsrausch der Autobahnen und interkontinentale Jetreisen hatten die Horizonte der Westdeutschen erweitert. Dagegen führte in der DDR erzwungener Konformismus zum Rückzug in die privaten Nischen, während die permanente Selbstinszenierung des bundesrepublikanischen Wettbewerbs ein öffentliches Publikum verlangte. Wegen jahrzehntelanger Unterdrückung verhielten sich Ostdeutsche oft autoritärer und gefügiger als anspruchsvolle und selbstbewußte Bürger des Westens. Da materielle Ablenkung geringer war, spielte das geistige Leben eine größere Rolle, so daß Bücher, Theaterstücke, Konzerte und Ausstellungsbesuche intensiver genossen wurden. Während ältere Besucher in der DDR ein sympathisches Beispiel früherer Tugenden sahen, fanden jüngere Gäste Muffigkeit und Langweiligkeit.[24]

Die jahrzehntelange Trennung hatte die Deutschen einander stärker entfremdet, als sie es selbst wahrhaben wollten. Trotz ritueller Einheitsbeteuerungen wußten beide Seiten erschreckend wenig voneinander. Während Reisebeschränkungen die DDR-Bürger vom Westen fernhielten, erschwerten Zwangsumtausch und ungemütliche Hotels den bundesrepublikanischen Zugang zum Osten. Die westdeutsche DDR-Forschung war ein kleines, ideologisiertes Spezialgebiet innerhalb der Sozialwissenschaften, das große Schwierigkeiten hatte, an ungeschönte Daten zu kommen. Ostdeutsche Arbeiten über die kapitalistische Außenwelt dienten hauptsächlich der Polemik, und ihre Ergebnisse wurden der Öffentlichkeit weitgehend vorenthalten. Wegen der stark ideologisierten Berichterstattung der Medien lebten die respektiven politischen Klassen in profunder Unkenntnis übereinander.[25]

Persönliche Kontakte konnten den Graben kaum überbrücken. Im Osten waren reisende Pensionäre eine wichtige Nachrichtenquelle, während im Westen Geschäftsleute von ihren DDR-Erlebnissen erzählten. Manche evangelische Geistliche hielten ökumenische Bindungen aufrecht, und einige Intellektuelle riskierten eine akademische Zusammenarbeit. Wenige West-Politiker mit ostdeutschen Wurzeln oder besonderer Sensibilität wie Erhard Eppler knüpften sogar mit Dissidenten Beziehungen an.[26] Trotz der erheblichen Zunahme der Kontakte in den achtziger Jahren dachte die überwältigende Mehrheit der Eliten in negativen Stereotypen über die andere Seite. Während DDR-Intellektuelle gegen die »Ellbogengesellschaft« polemisierten, schimpften westliche Meinungsmacher gegen »stalinistische Repression«. Diese äußere Rivalität und innere Fremdheit schufen Mißverständnisse und machten die Vereinigung zu einer schwierigen Herausforderung.

Diplomatische Billigung

Die Siegermächte des Zweiten Weltkriegs hielten die internationalen Schlüssel zur Herstellung der Einheit in ihrer Hand. Im Gegensatz zur Stabilität des Kalten Krieges verunsicherte der Aufbruch in der DDR, so daß vor allem die Sowjetunion Bonner Einigungsbemühungen mißtraute. Das Auftauen der eingefrorenen deutschen Frage brachte unerwartete Risiken mit sich: Wenn die großen Vier eine Selbstbestimmung ablehnten, mußten sie bereit sein, militärische Gewalt anzuwenden. Wollten sie den Zusammenschluß verlangsamen, würden die Deutschen möglicherweise die Dinge selbst in die Hand nehmen. Nur wenn sie die Wiederherstellung der Einheit prinzipiell akzeptierten, würden sie in der Lage sein, ihre Gestalt zu beeinflussen. Gleichzeitig konnten die kleineren, nicht direkt beteiligten Staaten nervös zuschauen und auf das Beste hoffen.[27]

Das Auswärtige Amt formulierte neun Ziele für die Zwei-Plus-Vier-Verhandlungen. Erstens sollten die Gespräche auf die »Regelung der äußeren Aspekte« beschränkt bleiben; zweitens wollten die Deutschen »als gleichberechtigte Teilnehmer« mitwirken; drittens lehnte Bonn einen allgemeinen Friedensvertrag ab, um »ein zweites Versailles« zu vermeiden; viertens forderte das Außenministerium die »ersatzlose Ablösung der Vier-Mächte-Rechte«; fünftens sollte das vereinigte Deutschland »uneingeschränkte Souveränität« genießen; sechstens wollte die Bundesrepublik »ein volles Mitglied der NATO bleiben«; siebtens wies Bonn jeden Sonderstatus, jede Diskriminierung zurück; achtens sollten alle sowjetischen Streitkräfte abgezogen werden; und neuntens mußte die polnische Grenzfrage gelöst werden. Unermüdlich versicherte Genscher, daß er keinen Alleingang anstrebte und nur den Kontinent stabilisieren wollte: »In diesem Sinn schafft die Vereinigung Deutschlands nicht ein Problem, sondern sie löst ein Problem, das ganz Europa betraf.«[28]

Am 5. Mai begann die erste Sitzung der Zwei-Plus-Vier-Verhandlungen in Bonn. Die westdeutsche Regierung hatte das Treffen sorgfältig durch Konsultationen mit den westlichen Verbündeten und östlichen Nachbarn vorbereitet. Zur Ausräumung des Mißtrauens zitierte Hans-Dietrich Genscher den Schriftsteller Thomas Mann als seine eigene Leitlinie: »Wir wollen kein deutsches Europa, sondern ein europäisches Deutschland.« Für die DDR versuchte der diplomatische Neuling Markus Meckel, »als gleichberechtigter Partner« aufzutreten und die Spaltung Europas durch Ostberliner Neutralität zu überwinden. Um die deutsche Sonderstellung abzubauen, forderte der amerikanische Außenminister James Baker die vier Mächte auf, »ihre Rechte zum Zeitpunkt der Vereinigung auf[zu]geben, so daß die Souveränität Deutschlands in keiner Weise eingeschränkt ist«.[29]

Zum Zeitgewinn schlug dagegen der sowjetische Außenminister Schewardnadse vor, die inneren von den äußeren Aspekten der Vereinigung »abzukoppeln«. Obwohl er die Einheit für unvermeidlich hielt, zwang ihn das reaktionäre Politbüro zu betonen, daß »jede Lösung die innenpolitische Situation in unserem Land« in Betracht ziehen müsse. In der Bonner Koalition verursachte dieser Vorschlag einen kurzen »Sturm im Wasserglas«. Während Genscher eher nachgeben wollte, weigerte sich Kohl, beide Prozesse zu trennen, da er Komplikationen befürchtete, wenn ein vereintes Deutschland weiter unter ausländischer Kontrolle bliebe. Trotz »ernster Differenzen« in Sicherheitsfragen kamen die Minister überein, den Terminplan zu beschleunigen und polnische

Vertreter nur zu einem Treffen hinzuzuziehen. Zum Abschluß konnte Genscher befriedigt feststellen, daß »der Wille der Deutschen, ihre Vereinigung ordnungsgemäß und ohne Verzögerung zu vollziehen, von allen Teilnehmern anerkannt wurde«.[30]

Die deutschen Diplomaten arbeiteten hart, um russischen Widerstand gegen eine NATO-Mitgliedschaft Deutschlands zu überwinden. Obwohl Ostberlin eher dazu neigte, wollte Bonn aus dem vereinigten Land kein zweites neutrales Österreich machen. Um in »der Frage aller Fragen« kein Veto der Roten Armee zu provozieren, versicherte die Bundesregierung, daß sie »die legitimen Sicherheitsinteressen der Sowjetunion« anerkennen wolle. Bei wiederholten Treffen in Genf, Windhoek, Brest und Münster betonte Genscher gegenüber seinem Partner Schewardnadse sieben Punkte: Die deutsche Einheit werde für alle ein Vorteil sein; Europa werde nicht an der polnischen Ostgrenze enden; neue kooperative Sicherheitsstrukturen sollten geschaffen werden; NATO und Warschauer Pakt könnten sich »entfeinden«; die Abrüstung müsse fortschreiten; ein vereinigtes Land werde als wirtschaftlicher Partner attraktiver; und das neue Deutschland werde die Durchsetzung von sowjetischen Reformen erleichtern.[31]

Durch diplomatische Kanäle lancierte Kanzler Kohl die Idee »eines umfassenden bilateralen Vertrags« mit der Sowjetunion. Eine allgemeine Erklärung über Gewaltverzicht und Zusammenarbeit würde alte Konflikte beseitigen und zukünftige Beziehungen konstruktiver gestalten. Auf Bonner Vorschlag wies das stärker von Moskau abhängige Ostberlin auf seinen festen Entschluß zu einer baldigen Währungsunion hin. Während seines Besuchs in der russischen Hauptstadt wohnte de Maizière der feierlichen Auflösung des Warschauer Pakts bei und befürwortete eine deutsche NATO-Mitgliedschaft. Als konkretes Zeichen des guten Willens reagierte Kohl schnell auf sowjetische Finanzschwierigkeiten, indem er einen Kredit von fünf Milliarden DM vermittelte. Erfreut darüber, daß solche Bemühungen das Verhandlungsklima verbesserten, resümierten Bonner Beobachter: »Wir sind auf dem richtigen Weg.«[32]

Enge Abstimmung mit den westlichen Verbündeten führte langsam zu einer gemeinsamen Position. Während des fünfundfünfzigsten deutsch-französischen Gipfeltreffens betonte Kohl, daß deutsche Vereinigung und europäische Integration zwei Seiten der gleichen Münze seien. Nach dem Fehlschlag des britischen Versuchs, eine Verweigerungsfront aufzubauen, zeigte Präsident Mitterrand mehr Verständnis für die historische Chance seiner Nachbarn. Vor der Atlantischen Allianz, der EG und anderen Foren wiesen westdeutsche Politiker eine Neutralisierung als »altes Denken« zurück. Statt das Machtgleichgewicht zu stören, würde eine NATO-Mitgliedschaft die europäische Sicherheit durch die Aufrechterhaltung von erprobten multilateralen Bindungen stärken.[33] Obwohl diese Argumente russische Nationalisten nicht überzeugen konnten, erhöhte das westliche Zusammengehen den Druck für einen Kompromiß.

Während eines Besuchs in Washington im Mai bekräftigte der Bundeskanzler seine Loyalität zur NATO. Um sowjetische Einwände zu verringern, betonte er aber gleichzeitig, »daß sich die Allianz den Entwicklungen anpassen müsse«. Ausdrücklich dankte Kohl dem amerikanischen Präsidenten für seine wichtige Unterstützung in den zurückliegenden Monaten und nannte Bush einen »Glücksfall für die Deutschen«. Um die atemberaubende Geschwindigkeit der Vereinigung zu erklären, verglich der Kanzler die Situation »mit der eines Bauern, der vorsorglich, weil möglicherweise ein Gewitter drohe, die Ernte einbringen möchte«. Dank amerikanischer Zusammenfassung der Fortschritte in neun Bereichen brachte das folgende Gipfeltreffen einen wichtigen Fortschritt. Im Gespräch mit George Bush konzedierte Michail Gorbatschow überraschend, daß Deutschland wie andere Staaten das Recht habe, »seine Bündnisse selbst zu wählen«.[34]

Zuerst mußte die polnische Grenzfrage geklärt werden. Wachsende internationale Kritik demonstrierte, daß Kohls Verweigerung einer Garantie Sorgen vor einem deutschen Revisionismus hervorgerufen hatte. Um die Bevölkerung in den Westprovinzen zu beruhigen, drängte Warschau darauf, noch vor der Vereinigung einen Vertrag abzuschließen. Aber Bonn entgegnete uneinsichtig, daß ein paraphierter Entwurf weniger bindend als eine parlamentarische Erklärung sei: »Nur eine zukünftige Regierung eines vereinten Deutschlands kann letztlich die Grenze durch einen juristisch bindenden Vertrag mit Polen anerkennen.«[35] Da er Vertriebenenstimmen für die Bundestagswahl benötigte, bereitete Kohl rechte Kreise auf das Unvermeidliche mit dem Argument vor, daß eine Nichtanerkennung der polnischen Grenze die Vereinigung diplomatisch gefährdete.

In einer Sondersitzung mit den Führern der Vertriebenenverbände rang der Bundeskanzler leidenschaftlich um Verständnis für ein Nachgeben. Wegen des »verheerenden Echos des Auslands« hätten verantwortliche Deutsche keine andere Wahl, als die Grenzen des Zweiten Weltkriegs zu akzeptieren. »Die Anerkennung der Oder-Neisse-Grenze« war die unabdingbare Vorbedingung für »die Chance, einen Traum [der Wiedervereinigung] zu verwirklichen«. Am 21. Juni stimmten Bundestag und Volkskammer mit nur wenigen Gegenstimmen einer Resolution zu, welche dem gemeinsamen Willen Ausdruck gab, »daß der Verlauf der Grenze zwischen dem vereinten Deutschland und der Republik Polen durch einen völkerrechtlichen Vertrag endgültig ... bekräftigt wird«.[36] Obwohl diese Willenserklärung polnischen Politikern nicht ganz genügte, beruhigte sie das deutsche Publikum und beschwichtigte die internationale Öffentlichkeit.

Am 22. Juni fand die zweite Sitzung der Zwei-Plus-Vier-Verhandlungen in Berlin statt. Zum Auftakt wohnten die Außenminister dem symbolischen Abriß des alliierten Grenzübergangs Checkpoint Charlie bei. Dann überraschte Schewardnadse seine Kollegen mit dem Entwurf von »Grundzügen einer endgültigen völkerrechtlichen Regelung mit Deutschland«. Vorgespräche hatten einen Konsens erzielt, daß die Grenzen eines vereinten Deutschlands die Bundesrepublik, DDR und Berlin umfassen sollten. Als Garantie zukünftiger Friedfertigkeit müsse das wiedervereinigte Land auf atomare, chemische und biologische Waffen verzichten. Jetzt bestanden die Russen darauf, daß alle DDR- und BRD-Verpflichtungen für eine »Übergangsperiode von fünf Jahren« weitergelten sollten. Um seine militärische Überlegenheit zu sichern, verlangte Moskau die Reduzierung der deutschen Streitkräfte auf eine Polizeitruppe von 250000 Mann.[37]

Der sowjetische Vorschlag wurde »mit eisiger Kälte aufgenommen«, da er frühere Konzessionen zurücknahm. Als Baker ihm einen fragenden Zettel zuschob, schrieb Genscher trocken zurück: »Window dressing.« Nur der Neutralitätsbefürworter Meckel unterstützte die paradoxe Idee, daß Deutschland gleichzeitig dem Warschauer Pakt und der NATO angehören solle. Der amerikanische Außenminister war dagegen, Bonn durch Begrenzung seiner Souveränität zu »singularisieren«, und sein deutscher Kollege wollte keine »offenen Fragen« in den Verhandlungen übriglassen. Schewardnadses Hinweis, daß der Entwurf nicht von Gorbatschow, sondern vom Politbüro stamme, weckte die Hoffnung, daß die Demarche auf den kommenden Parteitag abzielte und nicht unbedingt das letzte Wort sein müsse. Wegen des russischen Widerstands brachte die Berliner Sitzung »kein[en] Durchbruch, aber doch passable Ausblicke«.[38]

Um einen Kompromiß zu erleichtern, mußte das Verhandlungsklima durch militärische und wirtschaftliche Anreize verbessert werden. Auf Moskaus Anraten hin schlug Bonn vor, dem westlichen Bündnis seinen bedrohlichen Charakter zu nehmen. Im gleichen Sinne drängte Kohl Anfang Juni in Washington auf eine öffentliche Geste, die Gorbatschows innenpolitischen Bewegungsspielraum gegen seine nationalistischen Kritiker stärken würde. Nach intensiven internen Beratungen schlug Präsident Bush eine Erklärung vor, welche die NATO-Doktrin des »flexiblen Gegenschlags« revidieren sollte. Auch Genscher argumentierte, daß ein »klares politisches Signal« wie die Veränderung des Erscheinungsbildes der Atlantischen Allianz eine Einigung erleichtern würde.[39] Am 5. Juli trafen sich die führenden NATO-Politiker in London, um den Widerstand der sowjetischen Militaristen durch einen Beweis westlicher Friedlichkeit zu überwinden.

Versöhnlich streckte Präsident Bush dem früheren Gegner »die Hand der Zusammenarbeit« entgegen. Konkret bot die NATO an, die Strategie der Vorneverteidigung aufzugeben, einem nuklearen Erstschlag abzuschwören, atomare Artillerie abzuziehen und Konsultationen mit dem Warschauer Pakt einzuleiten. Die Bonner Regierung war über diese »Londoner Erklärung« erfreut, denn die Umwandlung eines militärischen in ein politisches Bündnis verringerte das Mißtrauen der sowjetischen Generale in die NATO. Auf deutsche Initiative hin entschloß sich der anschließende Weltwirtschaftsgipfel in Houston, im Osten »die Demokratie zu stärken«. Obwohl fehlende Mittel und die Skepsis der Wirtschaft die Vergabe neuer Kredite verhinderten, stimmten die führenden Industrienationen prinzipiell zu, den Übergang zur Marktwirtschaft zu fördern. Diese Botschaften halfen den sowjetischen Reformern, ihre Zusammenarbeit mit dem Westen auf dem Parteikongreß der KPdSU durchzusetzen.[40]

Nach dem Sieg der Roten Armee hatte Moskau zwischen drei deutschen Alternativen wählen können. Erstens hofften viele Sowjets, daß soziale Unruhen im Westen das ganze Land in das eigene Lager treiben würden. Zweitens konnten Besetzung und Unterstützung der SED zur Bildung eines ostdeutschen Satellitenstaats führen. Drittens war es möglich, durch Aufgabe des eroberten Gebiets die Neutralität und wirtschaftliche Kooperation Deutschlands ähnlich dem österreichischen Staatsvertrag von 1955 festzuschreiben. Als das Wirtschaftswunder die erste Option verhinderte, begnügte sich die Sowjetunion mit der zweiten Variante, flirtete aber manchmal mit der dritten Lösung. Erst im Zuge der Perestroika argumentierten liberale Berater, daß die Vereinigung Deutschlands im sowjetischen Interesse liege, da der Stalinismus nur durch Beendigung der Konfrontation und Reintegration in Europa überwunden werden könne.[41]

Westliche Konzessionen und interne Reformen erleichterten die Umkehr der sowjetischen Außenpolitik. Zwischen Juni 1989 und Juli 1990 verlagerte Moskau seine Priorität schrittweise von der Erhaltung der DDR zu einer an Neutralität gebundenen Vereinigung. Erst als die Nationalisten auf dem 28. Parteitag der KPdSU überstimmt worden waren, konnten Gorbatschows Berater bei der Lösung offener Sicherheitsfragen freier handeln. Obwohl orthodoxe Leninisten und sowjetische Militärs die Preisgabe der DDR erbittert bekämpften, setzte sich nach langen Debatten Schewardnadses Überzeugung durch, daß es »unmöglich sei, die eigene Sicherheit auf der Spaltung eines anderen Volkes aufzubauen«. Als Valentin Falin vor dem entscheidenden Treffen mit Kohl eindringlich vor einem Anschluß warnte, seufzte Gorbatschow: »Ich werde tun, was ich kann. Nur fürchte ich, daß der Zug schon abgefahren ist.«[42]

Detaillierte Vorbereitung und eine herzliche Atmosphäre förderten die Verhandlungen. Um eine Wiederkehr der Leiden des Zweiten Weltkriegs zu verhindern, wollten Gorbatschow und Kohl die deutsch-sowjetischen Beziehungen dauerhaft verbessern. Obwohl sie auf intensiven Vorgesprächen aufbauen konnten, waren die von ihnen gefundenen Lösungen für die Zwei-Plus-Vier-Streitpunkte »geradezu eine politische Sensation« für die Öffentlichkeit: 1. »Die Einigung Deutschlands umfaßt die Bundesrepublik, die DDR und Berlin.« 2. Mit Vollzug der Einheit würden die Viermächterechte abgelöst, so daß Deutschland »seine volle und uneingeschränkte Souveränität« erhielt. 3. Das vereinigte Land könne »frei und selbst entscheiden, ob und welchem Bündnis es angehören will«, somit also in der NATO bleiben. 4. Ein zweiseitiger Vertrag werde den Truppenabzug aus der DDR regeln, »der innerhalb von drei bis vier Jahren beendet sein soll«.[43]

Die Übereinkunft schloß mit der Bereinigung von militärischen Detailfragen. 5. Während der Übergangsphase »werden die NATO-Strukturen nicht auf diesen [Ost-]Teil Deutschlands ausgedehnt«. 6. Für die Dauer der Präsenz sowjetischer Truppen sollen auch »die Truppen der drei Westmächte in Berlin verbleiben«. 7. In den Wiener Abrüstungsverhandlungen werde die Bundesregierung sich verpflichten, »die Streitkräfte eines geeinten Deutschlands innerhalb von drei bis vier Jahren auf eine Personalstärke von 370000 Mann zu reduzieren«. 8. Schließlich werde ein geeintes Deutschland »auf Herstellung, Besitz und Verfügung von ABC-Waffen verzichten und Mitglied des Nichtweiterverbreitungsvertrages bleiben«. Aus Dank für die Regelung der Sicherheitsfragen versprach Kohl, »Möglichkeiten der wirtschaftlichen, finanziellen Zusammenarbeit« zu erwägen.[44]

Die Kaukasus-Vereinbarung war der eigentliche Punkt, »an dem der Kalte Krieg zu Ende ging«. Eine fundamentale Revision nationaler Interessen sowie die Kombination ausstehender Differenzen in eine Paketlösung machten den Kompromiß möglich. »Wir haben Realpolitik gemacht«, erklärte Gorbatschow dem eigenen Volke: »Einen Teil hat die BRD nicht bekommen, einen Teil dessen, was sie wollte, einen Teil haben wir nicht erreicht.« Indem sie mehr konzedierten, als die Deutschen zu hoffen wagten, hatten die Sowjets »in der schwierigsten und gefährlichsten Frage des Kalten Krieges kapituliert«. Die Überwindung des Weltkriegstraumas ermöglichte die Abwendung von Jahrzehnten des »sozialistischen Messianismus« und die Aufgabe des Imperiums in Osteuropa.[45] In kühnem Bruch mit alten Tabus versprach Gorbatschow den Rückzug der Truppen aus der DDR, die Rückgabe der Souveränität Deutschlands und die Tolerierung von dessen NATO-Mitgliedschaft.

Im Gegenzug machte Kohl weitreichende Konzessionen bei der Stützung des russischen Reformprozesses. Der umfassende Kooperationsvertrag hoffte, alte Spannungen durch zukünftige Zusammenarbeit zu ersetzen. Deutsche Abrüstung konventioneller Streitkräfte sowie der Verzicht auf ABC-Waffen sollten das russische Gefühl der Bedrohung verringern und die Umschichtung von Militärausgaben auf zivile Reformprojekte erleichtern. Milliardenzahlungen für Truppenabzug, weitere Kredite und westliche Expertenkonsultationen würden die Rettung der maroden Sowjetwirtschaft ermöglichen. Die die sowjetische Vormachtstellung vertretende Nomenklatura kritisierte die Vereinbarungen als »die schlechteste aller möglichen Varianten«.[46] Aber mit dem Verbot westlicher Truppen und Atomwaffen in der DDR rettete Moskau Elemente der Neutralität, die sein Prestige wahrten.

Bonn und Ostberlin begrüßten das »phantastische Ergebnis« der Verhandlungen. Ein erleichterter Kohl relativierte seine Rolle im »Durchbruch auf dem Wege zur Regelung der äußeren Aspekte der deutschen Einheit« durch den Hinweis auf »viele Faktoren, da ist auch viel Fortune«. Die CDU/CSU war hocherfreut über den Coup, und für den FDP-Vorsitzenden Graf Lambsdorff war es »ein sehr erfolgreicher Tag der deutschen Außenpolitik«. Auch der SPD-Sprecher Horst Ehmke war froh, daß sich die Regierung einige alte Oppositionsforderungen in Abrüstungsfragen zueigen gemacht hatte. Nur die Grünen verlangten einen gleichzeitigen Abzug der westlichen NATO-Verbündeten. Während der Ostberliner Premier de Maizière mit den sowjetischen Zugeständnissen zufrieden war, fürchtete Außenminister Meckel, daß ihr Ausmaß sein Amt überflüssig machte.[47]

Innerhalb und außerhalb Deutschlands würdigte die Mehrzahl der Medien das Resultat der Gespräche. Viele Zeitungen feierten mit Überschriften wie »Gorbi gibt ganz Deutschland frei« oder »Kohl im Glück«, und nur wenige Blätter warnten vor »Einheit auf Kredit«. Sonst so kritische Kommentatoren lobten, »Bundeskanzler Kohl hat sein politisches Lebensziel erreicht« und notierten, »die Welt staunt über Kohl«. Auch die internationale Presse war sichtlich von »Kohls größtem Erfolg« beeindruckt. Obwohl führende Kreise der westlichen Hauptstädte sich anfangs übergangen fühlten, erwärmten sie sich langsam für das positive Resultat der Gespräche.[48] Solch unerwartete Zustimmung schwächte die innere Opposition gegen die Einheit, indem sie ihr das Argument der internationalen Befürchtungen raubte. Insgesamt beschleunigte die positive Reaktion auf die Kaukasus-Vereinbarungen den Abschluß der inneren und äußeren Verhandlungen.

Am 17. und 18. Juli bestätigte das Zwei-Plus-Vier-Treffen in Paris das Ergebnis der bilateralen Vereinbarung. Um Mißverständnissen vorzubeugen, versicherte Genscher den westlichen Alliierten, daß Bonn keinen Sonderweg einschlagen werde, der Rapallo wiederholen solle. Statt dessen hätten die deutsch-sowjetischen Gespräche solch sachliche Fortschritte erzielt, daß sie die gleichzeitige Fortführung der inneren und äußeren Verhandlungen über die Vereinigung erlaubten. Fast euphorisch signalisierte Schewardnadse, daß die Gesamtlösung der strittigen Fragen Moskau gewillt mache, seine Viermächterechte in naher Zukunft aufzugeben. Aufgrund solch rapider Fortschritte konnte schon die dritte Zwei-Plus-Vier-Konferenz damit beginnen, ein Schlußdokument zu formulieren, das den Friedensvertrag ersetzen sollte.[49]

Die Diskussionen in der französischen Hauptstadt kreisten um die Garantie der deutsch-polnischen Grenze. Als Warschau verlangte, die Bonner Souveränität bis zur Ratifizierung eines Grenzvertrags zu vertagen, konterte Genscher verärgert, daß mit dem Zwei-Plus-Vier-Vertrag »auch die endgültige Anerkennung der polnischen Westgrenze verbunden sei«. Da die sich anbahnende Übereinstimmung nicht an polnischen Einwänden scheitern sollte, erklärte die Konferenz schlichtweg die Grenzfrage als zur allseitigen Genugtuung gelöst. James Baker wies stolz darauf hin, »daß wir uns auf dem Weg zu einem souveränen und vereinigten Deutschland sowie einem stabilen Sicherheitsumfeld für Europa befinden«. Obwohl die Vertriebenen »sehr unglücklich« waren, versprach Kohl, auf eine endgültige »Aussöhnung mit Polen« hinzuarbeiten.[50] Mit der Überstimmung des polnischen Vetos räumte die Sitzung ein weiteres Hindernis aus dem Weg.

Die westdeutsche Öffentlichkeit war über diese unerwartete internationale Zustimmung erfreut. Obwohl viele Bürger weiterhin von der Geschwindigkeit der Ereignisse beunruhigt waren, wuchs die Zustimmung für Kohls Vereinigungspolitik auch im linken Lager und in der jüngeren Generation. Eine solide Zwei-Drittel-Mehrheit unterstützte eine NATO-Mitgliedschaft, und weniger als ein Zehntel kritisierte die Anerkennung der Oder-Neisse-Grenze. Der internationale Erfolg erhöhte die Wahlchancen der Bundesregierung sichtbar, denn zwischen Juni und August gewann die CDU in westdeutschen Umfragen die Meinungsführung von der lange vorne liegenden SPD zurück (Tabelle VIII).[51]

Trotz ihres Drangs zur Einheit hatte die ostdeutsche Bevölkerung unterschiedliche Vorstellungen in außenpolitischen Fragen. Auch nach Auflösung des Ostblocks zogen fast neun Zehntel den Aufbau eines europäischen Sicherheitssystems der Ausdehnung des atlantischen Bündnisses nach Osten vor. Vor allem um ihre Arbeitsplätze besorgt, befürwortete die überwältigende Mehrheit eine Neutralität und wies die Wiederherstellung der Grenzen von 1937 zurück. Als Gegengewicht zur »offenen Arroganz« west-

Tabelle VIII
Parteipräferenz im Jahre 1990 in Prozent

	OSTEN					WESTEN				
	Feb.	Apr.	Juni	Juli	Aug.	Feb.	Apr.	Juni	Juli	Aug.
CDU	13	32	35	33	37	41	40	42	43	43
SPD	53	26	26	30	25	41	40	40	39	38

deutscher Macht arbeitete Meckel auf eine übergreifende Sicherheitsarchitektur hin, welche die Militärblöcke verbinden sollte. Aber die Erosion der DDR, das Ende des Warschauer Pakts und die Konzessionen der Sowjets machten seine Vorschläge irrelevant.[52] Der diplomatische Durchbruch stärkte daher die Bonner Hand in den Beitrittsverhandlungen mit Ostberlin.

Der Einigungsvertrag

Ein geordneter Übergang verlangte einen zweiten Staatsvertrag zwischen beiden deutschen Staaten. Im März hatten die Ostdeutschen den langsamen Prozeß der Ausarbeitung einer neuen Verfassung abgelehnt und die schnelle Lösung eines Beitritts zur Bundesrepublik gewählt. Der Präzedenzfall für die Anwendung von Artikel 23 des Grundgesetzes war die Eingliederung des Saargebiets nach dem Plebiszit von 1956. Gegen Konrad Adenauers Wunsch hatte die Bevölkerung dieser unter französischer Verwaltung stehenden Region sich mit großer Mehrheit für eine Rückkehr nach Deutschland entschieden. In dem komplizierteren Fall der DDR mußte ein völlig anderes System schnell, aber behutsam westlichen Verhältnissen angeglichen werden, um ein »juristisches Vakuum« zu vermeiden.[53] Da die Übergangsregelungen zahlreiche Interessen tangierten, rief ihre Gestaltung heftige Auseinandersetzungen hervor.

Das konservative Bonner Kabinett wollte so wenig wie möglich von bewährter bundesrepublikanischer Praxis abweichen. Außer kleineren Korrekturen wie der Streichung des danach überflüssigen Artikels 23 sah Innenminister Schäuble »keinen Anlaß zu Änderungen am Grundgesetz«. Aber die Opposition ging auf das Verlangen der Bürgerbewegung ein und forderte eine »Vertiefung und Erweiterung der demokratischen Substanz der neuen Republik«. Da sie den Beitritt als Gelegenheit zur Durchsetzung von Reformen verstand, schlug die SPD die Aufnahme von Prinzipien wie einem Recht auf Arbeit, Mitbestimmung, Bürgerbeteiligung, kommunale Autonomie, Multikulturalismus und Gleichstellung der Geschlechter vor.[54] Bei solch grundverschiedenen Vorstellungen standen die Vereinigungsverhandlungen vor der Herausforderung, ein bankrottes ökonomisches und politisches System in eine ganz andere, bereits bestehende Ordnung zu überführen.

Trotz ihrer unterschiedlichen Herkunft ähnelten sich die Chef-Unterhändler in ihrem Willen, »rasch und möglichst unkompliziert« vorzugehen. Vorsitzender der westdeutschen Delegation war der im Weltkrieg geborene Freiburger Jurist Wolfgang Schäuble. Im Jahre 1984 war der pragmatische CDU-Parlamentarier zum Leiter des Bundeskanzleramts berufen und fünf Jahre später zum Innenminister ernannt worden. Vor allem verstand sich Schäuble als ein effizienter Organisator, dem die Lösung von Problemen wichtiger als politische Selbstdarstellung war. Wegen seiner Sachlichkeit genoß er eine höhere Glaubwürdigkeit als andere Politiker und wurde häufig als Kohls potentieller Nachfolger genannt. Schon im Herbst 1989 fing er an, sich über die staatlichen Konsequenzen der Bürgerrevolution Gedanken zu machen und eine Wiedervereinigung zu befürworten.[55]

Sein ostdeutscher Verhandlungspartner war der parlamentarische Staatssekretär Günter Krause. Der nur einunddreißig Jahre alte Ingenieur kam aus Halle in Sachsen-Anhalt, wo er als ein Musterschüler galt. Nach dem Abschluß seiner Ausbildung lehrte er Informatik an der Technischen Hochschule in Wismar und interessierte sich schon vor 1989 für die Marktwirtschaft, da er von der Leistungsfähigkeit der westlichen Computer beeindruckt war. Als ein unbelasteter Politikneuling stieg er zum Vorsitzenden der CDU-Fraktion in der Volkskammer auf, indem er sich mit energischen Forderungen nach Aufräumen der SED-Hinterlassenschaft profilierte. Obwohl er manchmal polemisch wurde, arbeitete dieser anpassungsfähige Techniker unermüdlich auf eine schnelle Vereinigung hin.[56]

Die Bonner Regierung fing schon frühzeitig an, einen Einigungsvertrag vorzubereiten. Nach der Zwei-Plus-Vier-Übereinkunft stellte Schäuble Mitte Februar innerhalb des Kabinettsausschusses »Deutsche Einheit« eine Arbeitsgruppe für »Staatsstrukturen und öffentliche Ordnung« zusammen. Als »eine Art Keimzelle« bereitete dieser bürokratische Stab von etwa zwanzig Mitarbeitern mögliche Szenarien für den kommenden Zusammenschluß vor. Im März legte das Team von Ministerialrat Schnapauff dem Kabinett und den Ländern einen ersten Entwurf vor, der Positionen für Überleitungsgesetze skizzierte. Im April arbeitete das Innenministerium »Diskussionselemente« mit Vorschlägen für alle wesentlichen Punkte eines Vertrages aus. Schon während dieser Vorbereitungsphase trieb Schäuble »ein Spiel mit vielen Bällen«, um andere Ressorts wie Justiz, Finanz oder Äußeres zur Zustimmung zu bewegen.[57]

In der DDR setzten die Vorarbeiten später ein, da de Maizière eine längere Übergangsphase vorzog. Noch mit der Währungsunion beschäftigt, produzierte der überlastete Krause einen fünfseitigen Text, der viele »konkrete Sorgen« der Bevölkerung in Form von Fragen an Bonn enthielt. Am 29. Mai tauschten die Unterhändler ihre ersten Skizzen aus, und am 23. Juni legte der Westen ein überarbeitetes »Diskussionspapier« vor. Mit dem Argument, »daß es keine Vertragsentwürfe gebe«, versuchten die direkt Beteiligten die Gespräche abzuschirmen, um ihre Standpunkte möglichst vor der Veröffentlichung anzugleichen.[58] Widerstrebende Interessen zwangen jedoch die Unterhändler, in Konsultationen mit den Koalitionsparteien, Ländern und Parlamenten auf einen Konsens hinzuarbeiten. Obwohl sie die Akzeptanz erhöhte, blähte die Einbeziehung weiterer Stellen den minimalistischen Entwurf durch zahllose Sonderwünsche auf.

Am 6. Juli trat die erste Verhandlungsrunde offiziell in Ostberlin zusammen. Als Ausdruck ostdeutscher Hoffnungen plädierte de Maizière dafür, das Dokument »Einigungsvertrag« zu nennen und die Rechte der DDR-Bürger vertraglich abzusichern: »Die Teilung ist nur durch Teilen zu überwinden.« Um die Gespräche schnell zum Abschluß zu bringen, schlug der DDR-Ministerpräsident die Ausarbeitung eines einfachen Texts mit Präambel, allgemeinen Sachbestimmungen und detaillierten Anhängen vor. Nach langen Ausführungen über Wahlmodus und Beitrittstermin legte er überraschenden Wert auf »die symbolischen Fragen der Einheit« wie die Bezeichnung, Flagge, Hymne und Hauptstadt. Schließlich sprach sich de Maizière auch für eine Umstrukturierung der Treuhand, die Vertretung von DDR-Interessen im Bundeskabinett und neue Staatszielbestimmungen aus.[59]

In seiner Antwort deutete Schäuble freundlich, aber bestimmt die Machtverhältnisse an. Obwohl ein Beitritt neuer Bundesländer keinen Vertrag verlangte, erklärte er sich zu Gesprächen bereit, da er respektiere, daß »sich die Menschen in der DDR in einem vereinten Deutschland wiederfinden wollen«. Demgegenüber ging die Bundesregierung von der Position aus: »Wir haben ein gutes Grundgesetz, das sich bewährt hat. Wir tun alles für euch. Ihr seid herzlich willkommen. Wir wollen nicht kaltschnäuzig über eure Wünsche und Interessen hinweggehen. Aber hier findet nicht die Vereinigung zweier gleicher Staaten statt.« Trotz Verständnis für die Sorgen Ostberlins verlangte Bonn in wichtigen Streitfragen das letzte Wort. Obwohl der von Krause vorgelegte Problemkatalog noch viele Fragen offen ließ, war Schäuble erleichtert: »Der Auftakt war gelungen.«[60]

Die Juliwochen wurden von Ressortgesprächen innerhalb der beiden Regierungen bestimmt. In Ostberlin versuchte der Ausschuß Deutsche Einheit, seine »Positionen in die Verhandlungen einzubringen« und regte die Einsetzung von Vertretern der erst zu schaffenden Länder an. Mitte des Monats diskutierte der Ministerrat als Richtlinie »die Verantwortung gegenüber den 16 Millionen Deutschen, die 40 Jahre auf dem Gebiet der DDR gelebt haben«. Die ostdeutsche Regierung wollte hart verhandeln, um die »soziale Sicherstellung« der Bevölkerung während der Rechtsangleichung zu erreichen.[61] Gleichzeitig nahmen die beteiligten Ressorts in Ost und West Kontakt miteinander auf und versuchten Sachfragen direkt zu klären. Als das Arbeits-, Finanz- und Justizministerium auf der sofortigen Übernahme westdeutscher Vorschriften bestanden, gab Ostberlin überraschend nach und begnügte sich mit der Aufzählung von Ausnahmen.

Anfang August begann die zweite Verhandlungsrunde in Berlin. Der offizielle Vertragsentwurf bestand aus einer Präambel und 32 Artikeln, welche in zehn Kapiteln die Beitrittswirkung, Grundgesetzänderungen, Rechtsangleichung, internationale Verträge, Verwaltung, Staatsvermögen, Sozialfragen, Kultur, andere Regelungen und Schlußbestimmungen behandelten. Ostberlin war vor allem an der Klärung von Finanzfragen, Verfassungsänderungen und sozialen Problemen interessiert. Aufgrund der Vorgespräche gab es bald Übereinstimmung in bezug auf die Revisionen der Präambel des Grundgesetzes, der Streichung von Artikel 23 und der Einfügung eines Artikels 143, um während der Übergangszeit Rechtsunterschiede zu erlauben. Schwierige Probleme jedoch wie die Regeln für Zivildienst, die Höhe des Finanzausgleichs, die Hauptstadtfrage und die Schaffung eines Wiederaufbauministeriums blieben weiterhin ungelöst.[62]

Auch nach dem Rückzug der zwischen Kooperation und Opposition schwankenden SPD machten die Gespräche weitere Fortschritte. Als die Sozialdemokraten wegen Nichtbefragung über Wahlmodus und Beitrittstermin den Verhandlungstisch verließen, setzte Schäuble die Diskussionen innerhalb der eigenen Delegation fort und erzielte weitere Kompromisse. Berlin wurde als Hauptstadt bezeichnet, ohne den Regierungssitz dadurch festzulegen; auch bestimmte ein neuer Artikel 5, daß die umstrittenen Verfassungsfragen innerhalb von zwei Jahren geregelt werden sollten. Trotz westlichen Widerstands gegen die Teilung der eigenen reichen Steuerquellen sollten die neuen Bundesländer schrittweise am Länderfinanzausgleich beteiligt werden. So wurde vereinbart, den zum Einstieg auf 55 % begrenzte Umsatzsteueranteil bis 1995 auf die volle Menge zu erhöhen.[63]

Politische Konfusion in Ostberlin erschwerte den Fortgang der Verhandlungen. Als der Ausschuß Deutsche Einheit auf Verbesserung der finanziellen Bedingungen drängte, konterte Krause bestimmt: »Maximalforderungen seien im Einigungsvertrag nicht durchzusetzen.« Grund seiner Nachgiebigkeit war die Angst vor einer Auflösung der öffentlichen Ordnung durch Stasiintrigen und lokale Streiks. Mit jedem Tag wurde es klarer, daß der ökonomische Zusammenbruch keine Zeit dafür ließ, vor dem Beitritt erst das Land in Ordnung zu bringen: »Wir schaffen es nicht alleine. Wir brauchen auch die staatliche Einheit, weil die wirtschaftliche Einheit nach der Währungsunion eine imperfekte, unvollständige geblieben ist.« Wegen politischer Unerfahrenheit sahen die hektischen Handlungen ostdeutscher Minister oft wie die Darbietungen einer »Laienspielerschar« aus.[64]

Die aufgetretenen Spannungen führten schließlich zum Bruch der ostdeutschen Koalition. Gegen Ende Juli verließ die Ost-FDP das Kabinett in einem Disput über den Wahltermin. Am 19. August trat die SPD ebenso aus, als Finanzminister Romberg wegen öffentlicher Kritik an den Gesprächen entlassen wurde. Der SPD-Vorsitzende Thierse drohte, den Vertrag abzulehnen, falls die finanziellen Bedingungen nicht verbessert, die Bodenreform abgesichert, eine neue Verfassung vorbereitet, Zivildienst erleichtert und die Fristenlösung erlaubt würden. Ideologische Differenzen, westliche Einmischung und der kommende Bundestagswahlkampf führten zu Auseinandersetzungen um den Königsweg zur Einheit, die Zeit verschlangen und die Ostberliner Position schwächten.[65] Da ein geordneter Übergang einen glaubwürdigen Partner verlangte, konnte Schäuble nur hoffen, daß das unausweichliche Heranrücken der Vereinigung eine Zustimmung erzwingen würde.

Am 20. August begann die Endrunde der Verhandlungen unter einem schlechten Vorzeichen. Aus Ärger über unzureichende Beteiligung an den Gesprächen verlangte die West-SPD, zentrale Punkte zu verändern und Fragen wieder aufzurollen, die bereits geklärt waren. Um ein Scheitern des Entwurfs zu verhindern, warnte Schäuble, daß ein »Bundestagsüberleitungsgesetz« noch zeitraubender, teuerer und verwirrender sei. Auch das Ostberliner Rumpfkabinett hielt den Einigungsvertrag für »die bessere Lösung« zum Schutz der DDR-Interessen und stimmte Verordnungen auf seine Prinzipien ab. Die dritte Runde bereinigte weitere Probleme wie unterschiedliche Termine für Übergangsregelungen, den Modus von Verfassungsänderungen und die Verteilung finanzieller Lasten.[66] Diese Kompromisse ließen Einzelheiten offen, die durch Bundestagsgesetze zu klären waren.

Die Einfügung von elf weiteren Artikeln machte den endgültigen Vertrag gleichzeitig präzise und vage. Da erst nach dem Beitritt Länder konstituiert würden, mußten Übergangsregelungen für die Landesverwaltung gefunden werden (Artikel 14 ff.). Um trotz knapper Finanzen SED-Opfer zu rehabilitieren, versprach Artikel 17 ein späteres Entschädigungsgesetz. Im teueren Bereich des Umweltschutzes beabsichtigte Artikel 34, »die Einheitlichkeit der ökologischen Lebensverhältnisse auf hohem, mindestens jedoch auf dem in der BRD erreichten Niveau zu fördern«. Nach Artikel 36 sollten Radio und Fernsehen unabhängig und regional organisiert werden, obwohl die genauen Formen unklar blieben. In anderen Bereichen gab es keine Zusätze, außer daß einzelne Ministerien ihren Personalüberhang abbauen sollten.[67] Obwohl größere Flexibilität den Wiederaufbau erleichtert hätte, bestanden die Beamten auf ausgefeilte Übergangsregelungen.

Als das Dokument unterschriftsreif zu sein schien, tauchten neue Schwierigkeiten auf. Am 24. August erklärte Krause seine Zustimmung, da die Verhandlungen wesentliche ostdeutsche Ziele erreicht hatten. Der Entwurf enthielt »ein umfangreiches System der Rechtsangleichung« sowie »Bedingungen, die den Aufbau der jetzigen DDR in den nächsten Jahren sichern werden« und Leistungen, »die den Übergang in die Marktwirtschaft aus sozialer Sicht besser verträglich gestalten«. Da die SPD-Mehrheit im Bundesrat der Ratifizierung zustimmen mußte, lud Kohl widerwillig die Führer der großen Parteien für den 26. August ins Bundeskanzleramt ein. In aufreibenden Verhandlungen verlangte der Oppositionsführer Hans-Jochen Vogel weitere Verbesserungen der Beitrittsbedingungen in Eigentumsfragen, Staatsfinanzen, Abtreibungsregeln und Verfassungsreform.[68]

Kleinere Arbeitsgruppen versuchten Lösungen auch für die letzten Streitpunkte zu finden. Da die Frage der zukünftigen Hauptstadt weitere Diskussion erforderte, wurde ihre Beantwortung einer Bundestagsentscheidung anheimgestellt. Als die Volkskammer den 3. Oktober zum Beitrittstermin designierte, wurde dieser Tag als neuer Nationalfeiertag in Artikel 2 eingesetzt. Erst durch komplizierte Manöver konnte ein Kompromiß gefunden werden, der den finanzstärkeren Ländern durch Erhöhung der Stimmenzahl ein Veto im Bundesrat garantierte. Gegen den Widerstand der Kommunen vergaben die Unterhändler die ostdeutsche Stromversorgung an drei westdeutsche Konsortien, die groß genug für die notwendigen Investitionen schienen. Die Kontroversen waren so aufreibend, da sie nicht nur Interessenunterschiede zwischen Ost und West, sondern auch Gegensätze innerhalb der beiden Regierungen betrafen.[69]

Aus ethischen wie praktischen Gründen war das Abtreibungsrecht die umstrittenste Frage. Während im Osten Frauen eine Schwangerschaft in den ersten drei Monaten uneingeschränkt abbrechen durften (Fristenlösung), konnte im Westen ein Fötus nur abgetrieben werden, wenn ein Arzt eine medizinische, psychologische oder soziale Notlage bescheinigte (Indikationslösung). Unvereinbare Weltanschauungen von säkularer Selbstverwirklichung des Individuums und christlichem Schutz ungeborenen Lebens verschärften den Konflikt. Während die SPD die Vereinigung als Chance sah, die Abtreibungsfreiheit auf den Westen auszudehnen, wollten katholische CDU-Kreise auch den Osten in die Restriktionen einbeziehen. Da die Gegensätze unüberbrückbar blieben, sah der Entwurf die Weitergeltung der unterschiedlichen Praktiken des jeweiligen Gebiets bis zur Erarbeitung eines gemeinsamen Bundesgesetzes vor.[70]

Durch einen Meinungswandel zerstörte die FDP den mühsam ausgehandelten Kompromiß. Unter dem Druck ihres Frauenflügels wollten die Liberalen Abtreibungen nicht mehr danach behandeln, wo Frauen lebten (Wohnortprinzip), sondern wo sie ausgeführt wurden (was Abtreibungstourismus erlaubte). Um den Vertrag trotzdem zu retten, akzeptierte die CDU-Fraktion widerwillig dieses Tatortprinzip, aber da lehnte die SPD die Verkürzung der Übergangsperiode auf zwei Jahre ab. Erst am 30. August stimmten die Sozialdemokraten einem neuen Kompromißartikel 31 zu, der den Frauen »Hilfe statt Strafe« versprach. Obwohl ihre grundsätzlichen Standpunkte unüberbrückbar blieben, gaben beide Seiten endlich nach, weil sie merkten, daß die Bevölkerung den Fehlschlag des Einigungsvertrags wegen des Streits um Paragraph 218 nicht verstehen würde.[71]

Eine weitere Hürde für den Vertragsabschluß war die Eigentumsfrage, in der unvereinbare Ansichten aufeinanderprallten. Unter dem Druck früherer Flüchtlinge forderten westliche Politiker, »das Enteignungsrecht muß rückgängig gemacht werden«. Demgegenüber dominierte auf östlicher Seite »die Furcht, sein Haus zu verlieren«, das man sich unter den schwierigen DDR-Bedingungen erworben hatte. Altes Unrecht konnte nur durch neues Unrecht rückgängig gemacht werden, denn eine Befriedigung westlicher Ansprüche machte eine Verletzung östlicher Rechtsvorstellungen notwendig. Da unter der SED nur der »persönliche Gebrauchswert« zählte, war bei vielen von neuen Bewohnern benutzten Häusern der Rechtstitel unklar. Obwohl die Sowjetunion und die DDR formell die Beibehaltung der Bodenreform vor 1949 verlangten, gab das Grundgesetz der Wiederherstellung von Besitz Priorität vor Entschädigung für Verlust.[72]

Das Verfahren der vorgesehenen begrenzten Rückgabe stieß bei allen Seiten auf Widerspruch. Die Kommunen forderten energisch die Restitution ihres früheren Gemeindeeigentums. Die Lobby der Großgrundbesitzer focht die Nachkriegsenteignungen beim Bundesgerichtshof an, der aber ihre Klage abwies. Da unklare Verhältnisse bei fast 250000 Grundstücken Investitionen hemmten, mußten Eigentumsdispute begrenzt werden, um Arbeitsplätze zu schaffen. Weil eine »sozial ausgewogene und politisch vertretbare« Lösung »redlichen Erwerb« unangetastet lassen mußte, drängten ostdeutsche Regierung und SPD auf Ausgleichszahlungen statt Rückenteignungen. Letztlich setzten sich jedoch die juristischen Argumente der FDP zugunsten einer begrenzten Rückgabe an seit 1933 enteignete Besitzer durch.[73] Während Westdeutsche mit diesem Kompromiß leben konnten, waren Ostdeutsche von der Möglichkeit zukünftiger Ansprüche verunsichert.

Das letzte Problem war die Stasi-Hinterlassenschaft, die das öffentliche Leben vergiftete. Um Rachegelüste zu dämpfen, wollte Schäuble lediglich Verbrechen gegen Personen verfolgen und Mitarbeiter, welche nur Informationen beschafft hatten, straffrei lassen. Aber Proteste der Bevölkerung gegen eine »Stasi-Amnestie« verhinderten die juristische Amnestie von teilungsbedingten Delikten. Die einhundertachtzig Kilometer langen Stasi-Akten, die belastendes Material über sechs Millionen Menschen enthielten, verursachten eine noch schärfere Kontroverse. Um die widersprüchlichen Ziele des Personendatenschutzes und der Rehabilitierung zu vereinen, sah der Entwurf eine strikte Begrenzung des Zugangs vor. Aber die Bürgerbewegung kritisierte die Regelung als kollektive Amnestie von SED-Vergehen, interpretierte Kontrolle durch das Bundesarchiv als Enteignung und lehnte eine Benutzung durch westliche Geheimdienste ab.[74]

Die ostdeutsche Öffentlichkeit verlangte die Anerkennung des Stasi-Erbes »als spezifisches DDR-Problem«. Die Volkskammer forderte, daß ihr Gesetz, das »die politische, historische und juristische Aufarbeitung« vorsah, auch nach dem Beitritt weiter gelten sollte. Druck der Betroffenen zwang den Vorsitzenden des MfS-Auflösungsausschusses, Pastor Gauck, und den Unterstaatssekretär, Hans Neusen, einen neuen Kompromiß zu finden. Die DDR sollte einen »Sonderbeauftragten« zur Kontrolle der Stasi-Archive ernennen; ein fünfköpfiger Beirat (davon drei Ostdeutsche) würde ihn beaufsichtigen; die Akten müßten dezentral im Osten gelagert werden; und das Material dürfte nur zur Rehabilitierung, Überprüfung von Beamten und Verfolgung von Verbrechen benutzt werden.[75] Die emotionale Stasi-Debatte war ein symbolischer Kampf um die Vergangenheit der DDR.

Nach Bereinigung letzter Dissenspunkte mutete die Unterzeichnung des Einigungsvertrags fast prosaisch an.[76] Am 31. August unterschrieben ein erschöpfter Günter Krause und Wolfgang Schäuble den Text im festlich geschmückten Kronprinzenpalais in Ostberlin. Erfreut über seine »ausgewogene Balance«, lobte Ministerpräsident de Maizière das Dokument als »eines der bedeutendsten Vertragswerke in der deutschen Nachkriegsgeschichte«. Die langen Verhandlungen hatten bei Eigentumsfragen, Investitionsbedingungen, sozialer Sicherheit, Finanzausstattung der Länder, Umweltsanierung, Erneuerung des Föderalismus und Pflege der Kultur weitgehend Klarheit geschaffen. Tief bewegt begrüßte Schäuble den »Tag der Freude und der Zuversicht«, daß die Einheit durch den Vertrag in geordneten Bahnen verlaufen würde. »Wir haben damit ein solides und tragfestes Fundament für unser Gemeinwesen gesetzt.«[77]

Die Regierungsparteien waren verständlicherweise erfreut, daß mit dem Vertrag »die letzte Hürde« genommen war. Weil durch ihre Mitwirkung »einige Fehler korrigiert werden« konnten, akzeptierte auch die Opposition das Resultat mit Genugtuung. Obwohl die Grünen wegen unzureichender Distanzierung vom Dritten Reich, des Umgangs mit Stasi-Akten und der Abtreibungsregelung ihre Zustimmung verweigerten, fügte sich eine skeptische PDS in das Unvermeidliche. Die Presse atmete angesichts des »Ende[s] eines quälenden Prozesses« auf und feierte den Abschluß als »historischen Tag für Deutschland«. In Ost und West applaudierten die Zeitungen diesem »großen Schritt« und würdigten die ungeheure Anstrengung, welche diese »Beamtenleistung« möglich gemacht hatte.[78] Nur die kritischen Intellektuellen waren nicht so sicher, ob sie die Unterzeichnung wirklich feiern sollten.

Das endgültige Dokument war ein Triumph »des deutschen Perfektionismus«. Die Präambel definierte als Vertragszweck »die Einheit Deutschlands in Frieden und Freiheit als gleichberechtigtes Glied der Völkergemeinschaft in freier Selbstbestimmung zu vollenden«. In fünfundvierzig Artikeln regelte der Text Beitritt, Verfassungsänderungen, Rechtsangleichung, Vertragsgeltung, öffentlichen Dienst, Staatshaushalt, Sozialsystem sowie Kulturförderung. Weitere neunzehn Kapitel legten für die einzelnen Ressorts Bestimmungen zur Überleitung von Bundesrecht sowie Ausnahmen für fortgeltendes DDR-Recht fest. Diese detaillierten Angaben enthielten die eigentlichen Übergangsmodalitäten und setzten vor allem Fristen für die verschiedenen Angleichungsprozesse. Das Kleingedruckte blähte den endgültigen Text auf fast tausend Seiten auf.[79]

Für die Bundesrepublik brachte der Einigungsvertrag nur kleinere Veränderungen. An sechs Stellen, wie der Streichung des Wiedervereinigungsmandats in der Präambel, wurde das Grundgesetz geändert. Aber für die DDR bedeutete der Abschluß eine

Umstellung von zahllosen Gesetzen und Vorschriften, indem er systematisch ein demokratisches Rechtssystem über eine kommunistische Ordnung stülpte. Weil das Werk in fast allen Zweifelsfällen westdeutschem Bundesrecht Priorität über ostdeutsche Gepflogenheiten gab, war der Übergang für die Betroffenen unerhört schnell und hart. Bevor westliche Regeln funktionieren konnten, mußten erst zivilgesellschaftliche Institutionen entstehen und sich ein neues Rechtsbewußtsein bilden. Obwohl manche Fragen offen blieben, konnten Geschwindigkeit und Gründlichkeit dieses Grundrisses der Einheit imponieren.[80]

Der Vertrag war gleichzeitig besser, als seine Gegner zugaben, und schlechter, als seine Befürworter behaupteten. Viel linke Kritik ging von illusionären Voraussetzungen aus: Der Wunsch, daß sich Osten und Westen auf halbem Wege treffen sollten, ignorierte die Unvereinbarkeit von Diktatur und Demokratie; die Erwartung, daß gleichberechtigte Partner verhandeln sollten, übersah den Zusammenbruch der DDR; die Hoffnung, daß die Vereinigung vorher steckengebliebene Reformen ermöglichen würde, mißverstand die parlamentarischen Mehrheiten. Aber auch manches Lob der Rechten war ähnlich überzogen: Der Segen einer erprobten Rechtsordnung wurde vom Fehlen einer kompetenten Verwaltung zunichte gemacht; die Vorteile eines engen sozialen Netzes wurden durch eine ungleichmäßige Behandlung verschenkt; und hohe Bonner Finanztransfers wurden von Haushaltsdefiziten und Sozialleistungen aufgesogen.[81]

Der Vereinigungsmodus verband daher eindrucksvolle Stärken mit erheblichen Schwächen. Einerseits war er »ein Kompromiß zwischen Bund und Ländern, zwischen den Regierungen in Ost und West« sowie zwischen den Parteien. Als Ausgleich unterschiedlicher Interessen befriedigte er niemanden ganz, aber die Berücksichtigung diverser Kräfte verbreiterte seine Akzeptanz. Andererseits zeigte er deutliche Spuren von Hast und Einseitigkeit. Trotz der Lösung alter Ost-West-Probleme schuf der Zeitdruck neue Schwierigkeiten, führte er doch zu Sachfehlern und der Vertagung strittiger Fragen. Obwohl Ostberlin hart verhandelte, setzte sich Bonn allzu oft durch und zerstörte wichtige Einrichtungen der DDR.[82]

Skeptiker machten sich über die bürokratische Art des Vorgehens Sorgen: Würde die Ausdehnung westlicher Muster Deutschland wirklich vereinigen?

Ein geordneter Übergang

Eine wichtige Herausforderung der Einheit war die Überführung des Dranges zur Einheit in geordnete Bahnen. Die Freisetzung lange unterdrückter Emotionen brachte die Gefahr mit sich, daß die Menschen die Dinge selbst in die Hand nehmen und »Provokationen« gegen sowjetische Garnisonen in Blutvergießen ausarten könnten. Um den Unmut gegen die SED zu kanalisieren, versuchte die Bürgerbewegung, die Aspirationen der Bevölkerung auf innere Erneuerung der DDR zu richten. Dagegen wollten westdeutsche Eliten den Protest durch Eingliederung in ihre eigenen Institutionen auffangen, da sie Bürgerbeteiligung mit Ausschreitungen der Autonomen bei Friedens- oder Umweltdemonstrationen assoziierten. In einer eigentümlichen Kombination beider Varianten steuerte die Regierung de Maizière die Sanierung Ostdeutschlands als Vorstufe für eine würdige Vereinigung an.[83]

Der Wunsch, den unberechenbaren Prozeß zu kontrollieren, dominierte die internationalen wie die deutschen Verhandlungen. Angst vor militärischer Konfrontation motivierte die Suche nach einer überschaubaren Diplomatie, die dem Zwei-Plus-Vier-Prozeß zugrundelag. Statt unilateraler Überraschungen ermöglichten diese Gespräche multilaterale Lösungen, welche die Wiederherstellung eines deutschen Nationalstaats in die europäische Ordnung einbetteten. Die Befürchtung gewaltsamer Aktionen spornte beide deutsche Staaten an, die ökonomischen und politischen Formen des Beitritts der DDR zur BRD auszuhandeln. Die Zwei-Plus-Vier-Vereinbarungen und die deutsch-deutschen Verträge waren daher komplementäre Aspekte des Versuchs, den Umbruch in eine rechtliche Form zu bringen, ihn zu bändigen.[84]

Ein weiteres Problem war der allgegenwärtige Zeitdruck. Kritiker erfanden das Schlagwort der »Tempokratie«, um die schnellen Veränderungen zu charakterisieren, die kaum Gelegenheit zur Reflexion boten. Zum Teil war für die Überhastung die Ungeduld der Ostdeutschen verantwortlich, die nicht länger auf eine Verbesserung der Lebensumstände warten wollten. Zum Teil benutzte aber auch die Bundesregierung diese Erwartungen als Rechtfertigung für die Verkürzung von Fristen und die Beschleunigung von Zeitplänen. Die Entscheidung, die internationalen Verhandlungen vor der KSZE-Konferenz im November zu beenden, sollte den russischen Widerstand gegen die NATO-Mitgliedschaft überwinden.

Ebenso bezweckte die Festsetzung des 2. Dezember als Datum für die gemeinsame Bundestagswahl eine Erhöhung des Kompromißdrucks in den innerdeutschen Gesprächen.[85]

Die Beteiligten gaben sich dieser Beschleunigung hin, als ob sie von der Geschwindigkeit berauscht wären. Die Bonner Forderung, beide Verhandlungsstränge zu synchronisieren, verschärfte das Tempo, da Fortschritte in einem Bereich keine dauerhaften Stockungen auf einem anderen Gebiet zuließen. Durch die Golfkrise und die Instabilität der Sowjetunion gewann das Argument einer zeitlich begrenzten Chance für die außenpolitische Durchsetzung der Vereinigung weiteres Gewicht. Der wirtschaftliche Kollaps der DDR nach der Währungsunion zwang auch de Maizière und Lafontaine, ihre Vorstellungen von einem langsamen Übergang zu revidieren und einem schnellen Beitritt zuzustimmen. Der teils echte, teils künstliche Zeitdruck trug erheblich zur Aushandlung von Kompromissen in den Sommermonaten des Jahres 1990 bei.[86]

Traditionelle Verhandlungen zwischen den Großmächten fügten ein renoviertes Deutschland in das europäische Haus ein. Mit dem demokratischen Aufbruch von 1989 setzte sich die Einsicht durch, daß eine Überwindung der Spaltung des Kontinents auch die Wiedervereinigung der deutschen Mitte notwendig machte. Aufgrund des Wohlverhaltens der Bundesrepublik bestanden die Siegermächte nicht auf einem allgemeinen Friedensvertrag, sondern erlaubten es den Besiegten, an den Verhandlungen teilzunehmen. Die Zwei-Plus-Vier-Formel wirkte konstruktiv, weil sie internationale Gespräche mit deutscher Beteiligung in einem Forum verband. Zwar bildete sich oft eine Front von fünf gegen eins, aber Amerikaner und Deutsche suchten einen Konsens mit den isolierten Sowjets. Die Verhandlungen waren erfolgreich, weil nur wenige Regierungschefs und Diplomaten beteiligt waren und Washington wie Bonn an einem Strang zogen.[87]

Im Gegensatz zu Bismarcks drei Kriegen zwischen 1864 und 1871 fand die zweite Vereinigung mit internationaler Billigung statt. Beeindruckt vom Geist der Versöhnung betonte Theo Waigel: »Noch nie hat sich eine deutsche Einheit so in Frieden und Freiheit vollzogen, mit Zustimmung der Nachbarn.« Obwohl ihre Neutralitätswünsche dadurch irreal wurden, gaben auch linke Kritiker zu, daß die sowjetischen Zugeständnisse alle Erwartungen übertrafen. Die Aufhebung von Nachkriegsbeschränkungen stärkte die Westbindung an die NATO und EG und verwandelte Mitteleuropa von einem Schauplatz des Kalten Kriegs zu einer Brücke der Zusammenarbeit zwischen Ost und West. Indem sie dem elementaren Wunsch auf Selbstbestimmung nachgaben, hofften die Siegermächte den Aufstieg eines ressentimentgeladenen »Vierten Reichs« zu vermeiden und Deutschland von einem Unruheherd in einen Stabilitätsanker zu verwandeln.[88]

Der Einigungsvertrag zwischen beiden deutschen Staaten war ein Produkt korporativer Politik. Seine Bestimmungen wurden zwischen den Kabinetten im Osten und Westen, der Bundesregierung und den Ländern, der Koalition und der Opposition ausgehandelt. Mehr als in der Währungsunion nahm der endgültige Text auch stellenweise DDR-Vorstellungen und SPD-Vorschläge auf. Aber die Bürgerbewegung war enttäuscht davon, daß die Verhandlungen auf Eliten in etablierten Institutionen begrenzt blieben und die Bürger zum Zuschauen verdammt waren. Intellektuelle Träume von politischen Innovationen wurden keine Wirklichkeit, weil der Zeitdruck für praktische Problemlösungen eine prinzipielle Verfassungsdiskussion verhinderte. Da sie sich nicht bei den Insider-Gesprächen beteiligen wollten, konnten Dissidenten und Grüne deren Resultate nur von außen kritisieren.[89]

Die Bestimmungen des Vertragswerks verwandelten den Drang nach Einheit in einen bürokratischen Prozeß. Über Nacht versuchte der Einigungsvertrag ein bankrottes kommunistisches System in eine funktionierende demokratische Ordnung einzupassen. Um die Unwägbarkeiten des Übergangs zu verringern, arbeiteten die Unterhändler einen überschaubaren Vorgang aus, der in präzisen Vorschriften festgelegt war. Ein ganzer Stab von Juristen kodifizierte Kompromisse zwischen verschiedenen Interessen und Praktiken in Hunderten von detaillierten Regeln. Statt eine Serie von Bürgerdiskussionen über die gemeinsame Zukunft einzuleiten, brachte der Wunsch nach einem geordneten Übergang ein voluminöses Rechtskompendium hervor. Die Komplexität der Vereinigung von zwei entfremdeten Staaten nahm den Bürgern die Entscheidung aus der Hand und übergab ihre Durchführung einem Heer von Bonner Beamten.[90]

IX. Kapitel

Die Gestaltung der Einheit

Am 2. Oktober verabschiedete sich die DDR als Staat aus der Geschichte. Ihr »Hammer und Zirkel«-Wappen verschwand von öffentlichen Gebäuden und hinterließ nackte Fassaden. Genug rote Fahnen für eine Maiparade türmten sich in den Müllablagen, und ostdeutsche Botschaften schlossen ihre Türen. Die Büroetagen der Ministerien vereinsamten, während einige wenige Beamte die Akten versiegelten und Entlassungsbescheide ausschrieben. Mit einem großen Zapfenstreich übergab die Nationale Volksarmee das Kommando an den früheren Todfeind, und die Volkskammer trat zu einer letzten Sitzung zusammen, um sich selbst den Nachruf zu halten. Mit dem Erlaß von 164 Gesetzen in 181 Tagen hatte das freigewählte Parlament seine selbstgestellte Aufgabe erfüllt, »die deutsche Einheit in Selbstbestimmung zu vollenden«.[1]

Am Vorabend der Vereinigung war die Stimmung merkwürdig gespalten. »Hoffnung und Angst, Sorge und Neugier, Resignation und zaghafter Optimismus« rangen vor allem im Osten miteinander. Drei Viertel der Westdeutschen waren mehr oder weniger über die Einheit erfreut; zwar erwarteten viele Ostdeutsche einen schwierigen Übergang, aber auch sie waren froh, der Anarchie des Interregnums zu entkommen. Die Revolutionäre vom Herbst 1989 waren »etwas traurig« über das unerwartete Resultat ihres demokratischen Aufbruchs; auch Intellektuelle, die seine Beschränkungen oft kritisiert hatten, blickten auf den sich auflösenden Staat mit einem Hauch von Nostalgie.[2] Bald würde nur noch ein schwunghafter Handel mit Andenken an die einundvierzigjährige Unabhängigkeit der DDR erinnern.

Der Beitritt der neuen Bundesländer wurde mit Würde gefeiert. Im Berliner Schauspielhaus widmete der Leipziger Dirigent Kurt Masur Beethovens Hymne an die Freude der neugewonnenen Freiheit: »Wir sind ein Volk – wir werden ein Staat«, beschrieb Premierminister de Maizière den Abgang der DDR. »Es ist ein Abschied ohne Tränen. ... Was für die meisten nur noch ein Traum war, wird Wirklichkeit; daß die selbstverständliche Zusammengehörigkeit wieder gelebt werden kann.« Am Abend versammelten sich über eine halbe Million Schaulustige mit Fackeln vor dem alten Reichstagsgebäude am Brandenburger Tor, schwenkten schwarz-rot-goldene Fahnen und erwarteten friedlich den historischen Moment. Viele konnten es kaum glauben, daß das Versprechen der Nationalhymne von »Einigkeit und Recht und Freiheit« nun doch verwirklicht worden war.[3]

Um Mitternacht war plötzlich die Einheit da. Vierzehn Sportler hißten eine sechzig Quadratmeter große Flagge, die Freiheitsglocke begann zu läuten, Jubelrufe erschollen, und ein farbiges Feuerwerk illuminierte den Nachthimmel taghell. Um das »enorme Aufwallen der Gefühle« zu dämpfen, wies Bundespräsident von Weizsäcker jedoch auf die größere Verantwortung der Deutschen hin: »Wir wollen in einem vereinten Europa dem Frieden der Welt dienen.« Hunderttausende tanzten im neu vereinigten Lande auf Straßenfesten, aber die meisten waren bei diesen Feierlichkeiten eher nachdenklich als ausgelassen. Nur einige Skinheads mit Reichskriegsflaggen brüllten »Sieg Heil«, während enttäuschte Anarchisten für eine Republik namens Utopia demonstrierten. »Halb zuversichtlich, halb verängstigt« freuten sich dennoch viele Ostdeutsche, nun endlich auch zum Westen zu gehören.[4]

Ein neuer Nationalfeiertag am 3. Oktober markierte die Wiederherstellung des geeinten Deutschlands. In einem Dankgottesdienst in der Marienkirche erinnerte der katholische Bischof Karl Lehmann die Politiker an ihre Zukunftsaufgaben: »Wenn die Mauer aus Stein beseitigt ist, muß noch die Mauer in unseren Köpfen abgebaut werden.« Die sorgfältig choreographierten offiziellen Feiern kulminierten in einem Staatsakt in der Berliner Philharmonie. Nachdem er den Ostdeutschen, Alliierten und Nachbarn gedankt hatte, betonte Bundespräsident Weizsäcker die deutsche Friedfertigkeit: »Am heutigen Tage findet die vereinte deutsche Nation ihren anerkannten Platz in Europa.« Doch warnte er gleichzeitig, daß die Angleichung der Lebensverhältnisse Opfer verlange und das psychologische Zusammenwachsen Takt benötige: »Die Form der Einheit ist gefunden. Nun gilt es, sie mit Inhalt und Leben zu erfüllen.«[5]

Im Gegensatz zum offiziellen Pathos machten viele Bürger aus dem feierlichen Anlaß eher ein Volksfest. Unzählige Besucher drängten sich in Berlin am Tiergarten, Unter den Linden oder auf dem Alexanderplatz. Trotzdem gab es keinen »nationalen Rausch,

Überschwang, sicher weniger Bier als nach dem Gewinn der Fußballweltmeisterschaft«. Nur etwa zehntausend militante Autonome störten die friedliche Stimmung, als sie mit dem Ruf »Halt's Maul, Deutschland« gegen die Vereinigung demonstrierten und sich die fast obligatorische Schlägerei mit der Polizei lieferten. Außer diesem zu erwartenden Mißton war der erste Nationalfeiertag des vereinigten Deutschlands ein »harmonisches Fest«.[6]

Die Feiern sollten einen neuen demokratischen Stil des vereinigten Deutschlands demonstrieren. Unter dem Kaiser, Hitler und Honecker waren Feiertage martialische Angelegenheiten zur Darstellung äußerer Macht gewesen. Um diese Geister zu bannen, gab es diesmal »weder Paraden noch Ehrensalute, weder Aufmärsche noch Fackelzüge, sondern Trubel und Karneval«. Bewußt hielten Politiker nachdenkliche Reden und spielten die elektronischen Medien klassische Musik, um »stille Freude« zu verbreiten. Weder der Tag der Republik von Weimar noch der Tag der deutschen Einheit, der 17. Juni, waren von der Bevölkerung angenommen worden, da sie politisch umstritten blieben und steife offizielle Anlässe waren.[7] Die zurückhaltenden und unprätentiösen Feierlichkeiten des 3. Oktober versuchten den neuen Nationalfeiertag populär zu machen.

Der Festtag war auch ein Versuch, die ambivalenten Gefühle bei der Vereinigung zu klären. Viele Ostdeutsche fühlten sich nun fremd, da sie sich in einem vertrauten Land schlafen gelegt hatten, aber in einem unbekannten Staat wieder aufgewacht waren. Auch vielen jüngeren Westdeutschen war die Freude der Älteren unverständlich, da sie kein persönliches Verhältnis zum Osten hatten.[8] Diese unterschiedlichen Reaktionen auf die Gestaltung der Einheit werfen wichtige Fragen auf: Wie beeinflußten die Schatten der Vergangenheit die Herstellung und Folgen der Vereinigung? Welches waren die Ursachen des überstürzten Beitritts, und welche Bedeutung hatte er für die Zukunft? Wie stand es bei so vielen Zweifeln mit der demokratischen Legitimierung des Vereinigungsprozesses?

Schatten der Vergangenheit

Um eine zweite Chance zu erhalten, mußte Deutschland zuerst mit seiner Vergangenheit ins reine kommen. Da böse Erinnerungen Haltungen beeinflussen, wurde jede Entscheidung über die Einheit in historischen Analogien diskutiert. In den Nachbarländern wurden das Kaiserreich oder Dritte Reich zitiert, die alten Stereotypen des *Boche* oder der *Huns* herangezogen. Immer wieder erinnerten frühere Opfer an die Greueltaten der Nazis, so daß die Feier von Jahrestagen endlose öffentliche Entschuldigungen verlangte.[9] In Bonn und Berlin war die deutsche Geschichte keine Quelle des Stolzes, sondern Anlaß dauernder Verlegenheit.

Im Vergleich zu Westeuropa ist die deutsche Geschichtskultur tief gespalten und ambivalent. Der Wechsel der Straßenschilder und endlose Kontroversen spiegeln diese Unsicherheit. In diesem Jahrhundert bezeichneten die Namen von Kaiser Wilhelm II., Friedrich Ebert und Adolf Hitler oft dieselbe Hauptstraße, um dann von Konrad Adenauer oder Walter Ulbricht abgelöst zu werden. Im Historikerstreit stritten einerseits fortschrittliche Wissenschaftler um die Bewahrung eines Schuldbewußtseins über die Einmaligkeit der Judenvernichtung; andererseits hatten viele Leute solche Selbstkritik satt und forderten ein positiveres Verhältnis zur Vergangenheit. Der populäre Wunsch nach einem Schlußstrich und das intellektuelle Bestehen auf Schuld waren entgegengesetzte Versuche, mit demselben Erbe fertig zu werden.[10]

Bezugspunkt der Debatten über einen deutschen Nationalstaat war weiterhin das Kaiserreich. Als erster moderner Versuch einer kleindeutschen Vereinigung hatte das Zweite Reich eine zwiespältige Erinnerung hinterlassen. Teilweise repräsentierte der Hohenzollernstaat »die gute alte Zeit«, eine legendäre Epoche, in der die Welt im Gegensatz zu späteren Katastrophen noch in Ordnung zu sein schien. Apologeten argumentierten, daß Bismarcks föderale Schöpfung Jahrhunderte der Teilung beendete und internationalen Respekt genoß. Sie feierten seine industriellen und wissenschaftlichen Fortschritte und übersahen seine Neuheit, die es durch Rückgriff auf mittelalterliche Reichssymbole verdeckte. Da das Kaiserreich der Bevölkerung wachsenden Wohlstand brachte, konnten wohlwollende Interpreten seine Rechtsstaatlichkeit, seinen akademischen Weltruf und seine städtischen Reformen hervorheben.[11]

Kritiker interpretierten dagegen das Zweite Reich als autoritäres System der Unterdrückung von Katholiken, Sozialisten und Minderheiten. Ausländer assoziierten mit dem säbelrasselnden »Kaiser Bill« eine deutsche imperiale Weltpolitik und das Wettrüsten zu Wasser und zu Lande. Letztlich war das Kaiserreich durch seine Verantwortung für den Ausbruch des Ersten Weltkriegs, die in der Kriegsschuldklausel des Versailler Vertrages festgelegt war, diskreditiert. In der Erinnerung rief der erste deutsche Nationalstaat daher widersprüchliche Eindrücke von Modernität und Rückständigkeit, von Freiheit und Repression hervor. Zwar war es dem neuen Nationalismus gelungen, die Loyalität der meisten »Reichsfeinde« zu erwerben; aber seine aggressive Außenpolitik hatte schließlich die Legitimität eines deutschen Nationalstaats überhaupt in Frage gestellt.[12]

Die darauffolgenden Desaster konnten diese negative Beurteilung eines deutschen Nationalstaats nur verstärken. Bewies der Zusammenbruch der Weimarer Republik nicht, daß die Deutschen für eine Demokratie nicht reif waren? Zwar hatten die ersten Jahre des Dritten Reichs in der Bevölkerung unterschwellige Erinnerungen an Frieden und Wohlstand hinterlassen, aber die unzähligen Opfer und, durch ihre Kriegserlebnisse, auch die Täter verbanden mit dem Begriff Großdeutschland unsägliches menschliches Leiden. Im Inland erinnerte der SS-Staat an skrupellose Diktatur und Krieg; und im Ausland suggerierte das Dritte Reich erneute Aggression und massenhaften Tod. Eine kritische Aufarbeitung verband beide Dimensionen im Begriff eines einzigartigen Holocausts, der in ganz Europa Juden, Slawen und Roma vernichtet hatte.[13]

Die Untaten des Hitlerregimes förderten die Überzeugung, daß Deutschland ein für allemal geteilt sein müsse. Die Sicherheit der Nachbarstaaten erforderte Garantien gegen die Wiederholung eines deutschen Hegemonialversuchs. Gleichzeitig hatte der Mißbrauch der Selbstbestimmung in Österreich, im Sudetenland und in Danzig Appelle an dieses Recht verwirkt. Nach 1945 argumentierten viele Intellektuelle wie Günter Grass, daß die Verbrechen von Auschwitz eine Vereinigung moralisch unmöglich machten. Jüdische Überlebende dehnten ihre aus dem Leiden entstandene Losung »Nie Wieder!« auf die Wiederherstellung eines deutschen Nationalstaats aus. Obwohl deutsche Politiker wiederholt ihre besondere »historische Verantwortung« betonten, verlangte die Erfahrung des Dritten Reichs die Teilung Deutschlands als eine notwendige Barriere gegen die Wiederkehr der Barbarei.[14]

In der Nachkriegszeit schien die Gründung der DDR das deutsche Problem endgültig gelöst zu haben. Das sowjetische Experiment eines östlichen Teilstaates sollte durch Antifaschismus und soziale Gleichheit ein »besseres Deutschland« schaffen. Der »Arbeiter- und Bauernstaat« behauptete, die Lehren der Geschichte ein für allemal gelernt zu haben, indem er statt Nationalismus einen kommunistischen Internationalismus propagierte. Als aber die Konfrontation des Kalten Kriegs nachließ, konnten die zahlreichen Schwächen der DDR nicht länger als Preis des Fortschritts entschuldigt werden. Durch die Kritik der Dissidenten merkte die Bevölkerung langsam, daß die SED ihren antifaschistischen Widerstand benutzte, um die eigene Macht zu zementieren.[15]

Schließlich stellte die unerwartete Implosion der DDR die nationale Frage aufs neue. Die Stasi-Repression untergrub die moralische Legitimität der Eigenstaatlichkeit, indem sie die Theorie des Totalitarismus wiederbelebte, welche nationalsozialistische mit stalinistischen Gewalttaten in NKWD-Lagern gleichsetzte. Daneben machte der allgemeine Zusammenbruch des Kommunismus die linke Akzeptanz der Teilung als eine Voraussetzung für die Sicherung des Weltfriedens überflüssig. Die friedlichen Revolutionen in Osteuropa suggerierten, daß eine Vereinigung der deutschen Staaten als Brücke für die Rückkehr Polens, der Tschechoslowakei oder Ungarns nach Westeuropa dienen könne.[16] Mit ihrer Diskreditierung der »Zweistaatentheorie« als Rechtfertigung für die Teilung schuf der Kollaps der DDR einen negativen Anreiz für eine Wiedervereinigung.

Durch ihre politische Stabilität wurde die anfänglich restaurativere Bundesrepublik dagegen zur positiven Alternative. Die Bonner Republik verstand sich als provisorische Fortsetzung deutscher Staatlichkeit, bis der abgetrennte Osten mit dem Rumpf vereinigt würde. Aber das Grundgesetz wollte die Fehler der Weimarer Verfassung vermeiden, indem es dem Militarismus abschwor und zur föderalistischen Tradition zurückkehrte. Trotz stärkerer Nazi-Überreste in Personal und Praxis bemühte sich Bonn schließlich mehr als Ostberlin, die Vergangenheit zu bewältigen. Zusammen mit dem spektakulären Wirtschaftswunder gewann die konservative Kanzlerdemokratie die westdeutsche Bevölkerung für die Demokratie. Um den Schatten der Vergangenheit zu entfliehen, integrierte sich Bonn in den Westen durch multinationale Organisationen wie die NATO und EG.[17]

Auf lange Sicht erwiesen sich Adenauers »Magnettheorie« und Brandts Ostpolitik nicht als unvereinbare Gegensätze, sondern als komplementäre Strategien. Statt auf sofortige Wiedervereinigung hinzuarbeiten, hatte der Gründungskanzler auf den Ausbau eines erfolgreichen Weststaats gesetzt, der den Osten schließlich anziehen würde. Aber erst die Verringerung der Spannungen durch die sozial-liberale Verständigung mit Osteuropa baute die Feindbilder ab und machte dadurch den Westen attraktiv. Zwar hatten die christlich-liberalen Regierungen die Institutionen etabliert, aber die neuen sozialen Bewegungen nach 1968 waren notwendig, um dieses formale Gehäuse zu demokratisieren.[18] Da sich die Bonner Republik im Gegensatz zu Ostberlin auch in Krisen als wandlungsfähig erwies, bot sie nach dem Fehlschlag des kommunistischen Experiments ein für weite Kreise akzeptables Modell.

Obwohl Westdeutschland ein verläßlicher Partner war, bestanden im Ausland weiterhin alte Ängste. Die Konsultation von Premierministerin Margaret Thatcher mit führenden angloamerikanischen Historikern in Chequers offenbarte starke geschichtliche Vorurteile. Das von ihrem Privatsekretär Charles Powell erstellte Protokoll enthielt erschreckende Stereotypen eines deutschen Nationalcharakters. So bestand die Liste der unschmeichelhaften Eigenschaften aus »Angst, Aggressivität, Anmaßung, Rücksichtslosigkeit, Egoismus, Minderwertigkeitskomplexe[n] und Sentimentalität«. Aufgrund der positiven Erfahrungen mit der Bonner Republik kamen diese Experten jedoch zu dem Schluß, daß die Deutschen sich so stark verändert hatten, daß vergangene Untaten kein gegenwärtiges Mißtrauen rechtfertigten. Schon aus praktischen Gründen war ihr Ratschlag für die Zukunft eindeutig: »Wir sollten zu den Deutschen nett sein.«[19]

Ausländische Befürchtungen über die deutsche Gefahr waren schwer zu zerstreuen, da sie mehr aus der Vergangenheit als aus der Gegenwart resultierten. Zum Beispiel griff der britische Industrieminister Nicholas Ridley während des Sommers die Schaffung einer einheitlichen europäischen Währungspolitik mit dem charakteristischen Argument an: »Das ist alles ein deutscher Plan, um ganz Europa zu beherrschen.« Obwohl mit dieser Anspielung auf Hitler nur ausgesprochen wurde, was viele dachten, erzwang der Protest gegen solche Hetze seine baldige Entlassung. In der Bevölkerung bestand ironischerweise mehr Sympathie für deutsche Wünsche.[20] Solche tief verankerten antideutschen Gefühle konnten die Vereinigung nur verlangsamen, jedoch nicht verhindern.

Im Inland bot die Vereinigung die Chance, das nationale Tabu zu brechen. Um einen Rückfall in den Nationalismus zu verhindern, hatten Intellektuelle partielle ost- oder westdeutsche Identitäten geschaffen, die jeden Bezug auf die Nation verteufelten. Im Vergleich zu den nationalistischen Exzessen des Dritten Reichs empfanden sie ihren humanen Sozialismus oder provinziellen Kosmopolitismus als große Fortschritte. Peter Glotz zitierte die früheren Untaten des Nationalismus, um eine post-nationale Zukunft zu propagieren. Aber die demokratische Legitimität des ostdeutschen Drangs nach Einheit entzog diesem »negativen Nationalismus« weitgehend den Boden. So konnte der Historiker Thomas Nipperdey argumentieren, daß der Wunsch nach Selbstbestimmung die verspätete Erfüllung des Programms der 1848er-Revolution sei.[21]

Konservative Intellektuelle hofften, die »kollektive Anomalie« des Selbsthasses durch die Wiederkehr der Einheit zu beenden. Der Bonner Politikwissenschaftler Hans-Peter Schwarz argumentierte, daß nun die Deutschen zum ersten Mal in ihrer Geschichte in allgemein akzeptierten Grenzen lebten. »Nach einer langen Irrfahrt ist das Land zu sich selbst zurückgekehrt.« Trotz aller Risiken bot die Vermischung der östlichen und westlichen Erfahrungen den Deutschen die Möglichkeit einer Normalisierung. »Die Bundesbürger verlieren nicht ihre Identität, sondern allenfalls ihre kollektive Identitätsneurose.« Die Vereinigung müsse nicht zum Wiederaufflammen des Chauvinismus führen, sondern könne endlich die Wunden der Geschichte heilen. Als erfolgreichster deutscher Staat hätte Bonn das Recht, den Charakter des neuen Landes zu bestimmen.[22]

Die Vereinigung signalisierte daher gleichzeitig eine Rückkehr in und einen Ausweg aus der deutschen Geschichte. Die Debatte um ihre Legitimität und Form wurde von Hinweisen auf die Vergangenheit bestimmt, weil vorherige Erfahrungen das einzige Vokabular boten, mit dem sie diskutiert werden konnten. Dabei argumentierten Kritiker mit abschreckenden Beispielen aus den Weltkriegen, während Befürworter auf positive Entwicklungen in der Bonner Republik hinwiesen. Oft führte der unterschiedliche Erfahrungshorizont der Generationen auch zu entgegengesetzten Reaktionen. Ältere Leute begrüßten die »Wiedervereinigung« als Rückkehr in einen Normalzustand, während jüngere die »Neuvereinigung« mit Skepsis betrachteten. Die Vereinigungsdebatte war daher auch eine Auseinandersetzung darüber, welche Art der Geschichte weiter wirken würde.[23]

Ständige Hinweise auf den historischen Hintergrund ihres Handelns zwangen die Politiker, aus früheren Katastrophen zu lernen, um ihre Wiederkehr zu verhindern. Innenpolitisch beschleunigte der Vorwurf des »Anschlusses« den Abschluß von Verträgen, die versuchten, trotz ungleicher Verhandlungspositionen, eine vollständige Vereinnahmung des Ostens zu vermeiden. Außenpolitisch führten Warnungen vor einem »Vierten Reich« zur Anerkennung der polnischen Westgrenze und zum Interessenausgleich mit der Sowjetunion.[24] In den schwierigen Einigungsverhandlungen erwies sich die Erinnerung an die Vergangenheit daher nicht als ein unentrinnbares Gefängnis, sondern als ein Ansporn für konstruktive Lösungen von überkommenen Problemen.

Der überstürzte Beitritt

Die letzten Wochen vor der Vereinigung waren von einer seltsamen Hast geprägt. Als der wirtschaftliche Kollaps die DDR zwang, noch vor der Neugründung von Ländern der BRD beizutreten, erhöhte sich der Zeitdruck weiter. In den Verhandlungen bemühten sich die Beteiligten, letzte strittige Punkte zu klären. Die Zwei-Plus-Vier-Gespräche mußten formell abgeschlossen, der Einheitsvertrag ratifiziert und die östlichen mit den westlichen Parteien vereinigt werden. Da die alte Ordnung schnell zusammenbrach, während die neue Autorität noch auf sich warten ließ, entstand ein rechtsfreies Niemandsland. Dieser eigenartige Schwebezustand zog zwar hilfsbereite Idealisten an, ermöglichte aber auch Opportunisten einen Profit bei zweifelhaften Geschäften.[25]

Der kommende Umbruch weckte gemischte Gefühle in Ost und West. Die direkt betroffenen DDR-Bürger erwarteten den Augenblick der Umstellung »mit Befürchtungen, aber ohne Angst«. Obwohl sie dem Verschwinden ihres Staates nachtrauerten, konnten Dissidenten auf den demokratischen Aufbruch stolz sein und Kabinettsmitglieder auf die Vollendung der Vereinigung hinweisen. Auch weniger involvierte westdeutsche Beobachter bemerkten, daß sich ihre vertrauten Gewohnheiten erheblich ändern würden. Niklas Luhmann schockierte das Publikum durch die

Behauptung, daß der Beitritt der neuen Länder »das Ende der Bundesrepublik« mit ihrer Wirtschaftskraft und Protestkultur bedeuten werde.[26] Es entbehrte nicht der Ironie, daß Linksintellektuelle, welche die alte Bundesrepublik jahrzehntelang bekämpft hatten, ihre Vorliebe für sie erst in dem Moment entdeckten, als sie dabei war unterzugehen.

Die Festlegung des Beitrittstermins führte zu endlosen Auseinandersetzungen in der mit der Entscheidung betrauten Volkskammer. Um Artikel 23 des Grundgesetzes anzuwenden, mußten die Verhandlungen mit den Siegermächten und zwischen BRD und DDR abgeschlossen und die ostdeutschen Länder wiederhergestellt sein. Aber die ungeduldige DSU wollte nicht so lange warten, und der Brandenburger Bischof Günter Krusche argumentierte gleichfalls, »es wäre gut, wenn dieses Vakuum bald beendet würde«. Demgegenüber befürwortete der SPD-Vorsitzende Thierse ein langsames Vorgehen, das den Beitritt auf 1991 verschieben würde. Die linken Oppositionsparteien Bündnis 90 und PDS wollten den Prozeß ebenso hinausziehen, um den sozialen Übergang zu erleichtern.[27] Diese unterschiedlichen Prioritäten verhinderten die Festsetzung eines einheitlichen Datums in dem zerstrittenen Kabinett.

Da er zwischen beiden Fronten stand, spielte de Maizière auf Zeit. Obwohl ein wachsender Teil der Bevölkerung ein rasches Vorgehen verlangte, sperrte er sich gegen jede Überstürzung, da die Kabinettsvereinbarung die deutsche Einheit zwar rasch, aber zu guten Bedingungen zustande bringen sollte. Um eine »sichere und faire« Einheit zu erreichen, war der Premierminister entschlossen, die Probleme der DDR erst in Ordnung zu bringen, bevor er der BRD beitreten wollte. Entgegen dem Bonner Druck für ein baldiges Handeln, schlug er daher den Tag vor der Bundestagswahl Anfang Dezember als Kompromiß vor. Obwohl die Bevölkerung das parlamentarische Gezänk immer weniger verstand, führte die Auseinandersetzung um diesen Termin schließlich zum Bruch der Ostberliner Koalition. Als ihr Antrag auf ein frühes Datum in der Volkskammerabstimmung durchfiel, traten die enttäuschten Liberalen aus der Regierung aus.[28]

Ende Juli gab de Maizière in einem Anflug von Panik überraschend nach. Aus Furcht, »sein Land könne jeden Tag wirtschaftlich zusammenbrechen und im allgemeinen Chaos versinken«, suchte er Kanzler Kohl in seinem Urlaubsdomizil am

Wolfgangsee auf. Er wollte nun den Termin des Beitritts und der Bundestagswahl auf das Datum der ostdeutschen Landtagswahl am 14. Oktober vorziehen. Da ein kurzer Wahlkampf die Opposition benachteiligen würde, wiesen die Sozialdemokraten zunächst diesen Vorschlag zurück. Als die SPD jedoch mit einem noch früheren Termin, dem 15. September, die CDU zu übertrumpfen versuchte, lehnte Schäuble unwirsch ab, da erst die KSZE-Vereinbarung und der Einigungsvertrag ratifiziert werden mußten. Daraufhin desavouierte die frustrierte SPD ihren Fraktionsvorsitzenden Schröder und verließ die Ostberliner Koalition.[29]

Nachdem die Volkskammer auch den 14. Oktober ablehnte, zwang der fortschreitende Zerfall der DDR die Politiker zum Kompromiß. Öffentliche Ungeduld mit dem parlamentarischen Taktieren ließ die Kontrahenten in CDU und SPD nachgeben und das Bündnis 90 vermitteln. Um ein »gewisses Maß an Würde« zu wahren, bot de Maizière den 9. Oktober, den Jahrestag der friedlichen Demonstrationen in Leipzig, an. Da auch dieser Termin keine Zweidrittelmehrheit fand, entschloß sich die CDU, den gordischen Knoten durch weitere Konzessionen zu zerschneiden. In einer Nachtsitzung am 23. August schlug Günter Krause den 3. Oktober als erstmögliches Datum nach Abschluß der KSZE-Verhandlungen vor. Als verwirrende Abstimmungen andere Alternativen beseitigt hatten, stimmten endlich 294 der 363 Abgeordneten diesem Termin zu. Nach endlosem Gerangel waren alle Parteien froh: »Der Weg ist frei.«[30]

Das Vorziehen des Beitrittsdatums setzte die Fertigstellung des diplomatischen Vertragswerks unter »enormen Zeitdruck«. Indem der Golfkrieg die Vereinigungsfragen aus den Schlagzeilen verdrängte, erleichterte er indirekt die Ausarbeitung eines deutsch-sowjetischen Vertrags über wirtschaftliche Zusammenarbeit. Aber als Kohl am 7. September in einem Ferngespräch der Sowjetunion acht Milliarden DM für den Wohnungsbau für zurückkehrende Truppen der Sowjetunion anbot, verlangte Gorbatschow mehr als das Doppelte. Um russische Befürchtungen zu zerstreuen, versprach der Bundeskanzler, weder ausländische Truppen im Osten zu stationieren noch dort NATO-Manöver abzuhalten. Drei Tage später führte Kohl erneut ein Telefongespräch mit Gorbatschow und erhöhte sein Angebot auf zwölf Mrd. DM und drei weitere Mrd. als zinsfreies Darlehen. Gorbatschow nahm diesen Kompromißvorschlag an.[31]

Diese deutsche Großzügigkeit erhöhte die russische Kompromißbereitschaft bei weiteren Detailproblemen. Besondere Übergangsabkommen sollten den Rückzug der sowjetischen Truppen organisieren und offene Vermögensfragen regeln. In harten Verhandlungen klärten Experten unter Staatssekretär Dieter Kastrup und Vizeaußenminister Julij Kvitsinskij diese Fragen und bereiteten einen allgemeinen Text vor. Die gegenseitige Annäherung kulminierte in einem Generalvertrag über »gute Nachbarschaft, Partnerschaft und Zusammenarbeit«. Um ihren gegenseitigen Beziehungen »eine gute Qualität« zu verleihen, garantierte diese Vereinbarung die jeweiligen Grenzen, versprach Neutralität und stärkte die kulturellen Beziehungen. Im Kabinett notierte der Kanzler zufrieden: »Das Tor für eine Zukunft der guten Nachbarschaft, der neuen Partnerschaft und der umfassenden Zusammenarbeit mit der Sowjetion [ist] weit geöffnet.«[32]

Die deutsch-russische Verständigung erleichterte den Abschluß des Zwei-Plus-Vier-Vertrags am 12. September. Obwohl die Umrisse schon feststanden, mußten noch Einzelheiten wie die Rolle »doppel-verwendbarer Waffensysteme« in den Moskauer Gesprächen geklärt werden. Als Douglas Hurd gegen ein Verbot von NATO-Manövern in Ostdeutschland protestierte, klingelte ein besorgter Genscher James Baker nachts aus dem Bett. Als Ausweg konzipierten die Minister eine Protokollnotiz, die es den Deutschen überließ, diese Angelegenheit nach Abzug der sowjetischen Truppen »in einer vernünftigen und verantwortungsvollen Weise« selbst zu entscheiden. Eine weitere Hürde war Schewardnadses Zögern, die Viermächterechte schon vor der Ratifizierung der Vereinbarung am 1. Oktober aufzugeben. Nur ein Hinweis darauf, daß sowjetische Großzügigkeit durch finanzielle Unterstützung honoriert würde, ließ ihn schließlich nachgeben.[33]

Diese Kompromisse erlaubten die Unterzeichnung des »Vertrags über die abschließende Regelung in bezug auf Deutschland«. In der Überzeugung, daß die Vereinigung »ein bedeutsamer Beitrag zu Frieden und Stabilität in Europa« sei, wiederholten seine sieben Artikel die Substanz der Kaukasus-Vereinbarungen. Ein gemeinsamer Brief von Genscher und de Maizière enthielt Zusicherungen hinsichtlich der Eigentumsfragen, Kriegsdenkmäler usw. Da das Abkommen die russische Sicherheit durch deutsche Freundschaft erhöhte, konnte es ein nachdenklicher Schewardnadse als »Schlußstrich unter die Ereignisse des Zweiten Weltkrieges« begrüßen. Glücklich über die Krönung seines Lebenswerks interpretierte Außenminister Genscher die Lösung »der äußeren Aspekte der deutschen Vereinigung« als Anfang eines neuen Kapitels der europäischen Geschichte. Einstimmig lobten die Medien das Acht-Monats-Wunder als eine »Glanzleistung der Außenpolitik«.[34]

In letzter Minute drohten jedoch erneute Stasi-Kontroversen, die Ratifizierung des Einigungsvertrags zu verhindern. Um die Übergabe von Akten an westliche Geheimdienste zu stoppen, besetzten Dissidenten das Hauptquartier an der Normannenstraße und traten in einen Hungerstreik. Obwohl er den Vertrag nicht verändern wollte, stimmte Schäuble einem Zusatz zu, welcher die Archivierung von Stasiakten genauer beschrieb, das Informationsbedürfnis der Opfer berücksichtigte und den routinemäßigen Zugang des BND verbot. Ende September erschütterten Gerüchte die Volkskammer, daß einige Minister und über sechzig Abgeordnete informelle Mitarbeiter der Stasi gewesen seien. Obwohl eine unheilige Allianz von CDU und PDS die Veröffentlichung der Namen blockierte, traten einige Politiker in einer Geheimsitzung unter Tränen zurück.[35] Das Stasi-Problem war unlösbar, da immer mehr prominente Ostdeutsche sich als kompromittiert erwiesen.

Weniger publikumswirksam, aber politisch brisant war das Bestehen der Volkskammer auf weiteren Nachbesserungen. Am 14. September legte der Ausschuß Deutsche Einheit einen Katalog von in den Fachausschüssen erarbeiteten Forderungen vor, um sie dem Vertrag als Anlagen anzufügen. Neben Fragen im Zusammenhang mit dem MfS ging es um ein Rehabilitierungsgesetz, die Vorruhestandsgrenze, Kindertagesstätten, Kulturförderung und Kernkraftwerke. In einigen Punkten wie den Stasi-Akten, der Wiedergutmachung oder der Einrichtung neuer Nationalparks gab die Bundesregierung nach und legte sie in einer Zusatzvereinbarung fest. Obwohl die ostdeutschen Parlamentarier von dem mageren Ergebnis enttäuscht waren, stimmte der Ausschuß mit 18 zu 4 für die Annahme: »Mit dem vorliegenden Einigungsvertrag wird eine der wesentlichen Bedingungen für den Beitritt der DDR zur BRD« erfüllt.[36]

Die parlamentarische Verabschiedung des Einigungsvertrags löste neue Konflikte aus. Im Bundestag konzentrierte sich die Auseinandersetzung auf die Kosten für den westdeutschen Steuerzahler. Innenminister Schäuble erklärte, daß das Dokument »die großen, dramatischen Veränderungen« für die Menschen der DDR »erträglich« machen sollte. Zwar hatte die SPD wichtige Verbesserungen erreicht, aber die Opposition machte die Bundesregierung für Steuererhöhungen verantwortlich.[37] In der Volkskammer verteidigte de Maizière das Vertragswerk als »eine gute Grundlage« für den Wiederaufbau und als Garantie der Rechte der Bürger nach dem Verschwinden der DDR. Obwohl es »kein Wunschergebnis« war, versprach die ostdeutsche SPD zuzustimmen. Nur die PDS lehnte den »Anschlußvertrag« ab, und die Bürgerbewegung kritisierte ihn als »kollektiven Ausreisevertrag«.[38]

Trotz hitziger Debatten ratifizierten große Mehrheiten in Ost und West das Beitrittsabkommen. In den Schlußdiskussionen versuchten die Parteien, sich eher für die kommende Bundestagswahl zu profilieren. In einem breitangelegten Angriff kritisierte der sozialdemokratische Spitzenkandidat Lafontaine die »katastrophalen Fehler« von Kohls Wirtschaftspolitik. »Wovon redet der Mann«, schoß Schäuble spitz zurück: »Sagen sie in ihren Reden einmal Ja zur Einheit.« Da die FDP den Vertrag ebenso akzeptierte, kritisierten nur die Grünen die vergebenen Innovationschancen, während die Vertriebenenverbände den endgültig verlorenen Ostgebieten nachtrauerten. Unbeeindruckt durch die Vorbehalte der politischen Extreme stimmte schließlich eine überwältigende Mehrheit von 80% der Volkskammerabgeordneten, 90% der Bundestagsmitglieder und 100% der Bundesratsdelegierten dem Vertragswerk zu.[39]

Am Vorabend des Beitritts vereinigten sich auch die politischen Parteien. Schon im August waren die ostdeutschen Liberalen (BFD) der westdeutschen FDP beigetreten und hatten Graf Lambsdorff zum Vorsitzenden und Rainer Ortleb zu seinem Stellvertreter gewählt. In ihrem Bemühen, Bundesgenossen für einen freien Markt zu finden, übersahen die Freien Demokraten die kompromittierte Vergangenheit der früheren Blockpartei. Am 27. September gliederte sich nach 354tägiger Selbständigkeit die ostdeutsche SPD in ihre größere westdeutsche Schwester ein. Obwohl sie nur etwa 35 000 unbelastete Mitglieder zählten und keinen Besitz mitbrachten, hingen diese Sozialdemokraten an ihrer eigenen Identität. Zwar war ihnen Lafontaines Populismus fremd, aber die Ostdeutschen akzeptierten ihn als Spitzenkandidat und wählten dafür den rhetorisch begabten Wolfgang Thierse als eigenen Vertreter in die Parteiführung.[40]

Als letzte Partei verschmolz die CDU mit ihren Partnern am 1. Oktober. Nachdem sie den Demokratischen Aufbruch und die Bauernpartei (DBD) absorbiert hatte, war die Ostpartei eine große und wohlhabende Organisation, die nur durch ihre Kollaboration mit der SED belastet war. Als Dank für seine Vereinigungspolitik bestätigten die triumphierenden Christdemokraten Helmut Kohl mit einer an die DDR erinnernden Mehrheit von 98,5% als ihren Vorsitzenden. Aber sein Stellvertreter Lothar de Maizière versprach, »ein wacheres soziales Gewissen« im konservativen Lager zu sein.[41] Da sie ein kleineres Territorium vertraten, waren ostdeutsche Politiker de facto gezwungen, in bestehende Westorganisationen einzutreten, ohne sie entsprechend ihren Bedürfnissen verändern zu können.

Eine Erweiterung des Bonner Kabinetts schloß den politischen Übergang ab. Am 4. Oktober trat der vergrößerte Bundestag zusammen, um fünf neue Minister ohne Geschäftsbereich zu vereidigen. Sabine Bergmann-Pohl, Günter Krause und Lothar de Maizière von der CDU sowie Rainer Ortleb (FDP) und Hans-Joachim Walther (DSU) sollten die neuen ostdeutschen Wähler vertreten. Durch das Hinzukommen von 144 weiteren Abgeordneten wuchs der Bundestag auf 663 Mitglieder an, behielt aber eine erhebliche Mehrheit der Regierungsparteien. Die Neulinge waren eher Techniker (38 Ingenieure, 16 Ärzte, 15 Naturwissenschaftler und 12 Nationalökonomen) als humanistische Akademiker (13 Lehrer, 8 Pfarrer und 7 Anwälte).[42] Im Gegensatz zur moralisch argumentierenden Bürgerbewegung war diese neue ostdeutsche Elite mehr auf die Lösung von Sachproblemen ausgerichtet.

Die Schaffung einer gesamtdeutschen Regierung markierte den Prioritätswandel von der äußeren zur inneren Einheit. Als wichtigste Aufgabe der nächsten Jahre forderte Bundeskanzler Kohl, »daß Deutschland auch wirtschaftlich und sozial möglichst rasch wieder eins wird«, und kündigte an, für die Behebung der ostdeutschen Altlasten »werden wir auch Opfer bringen müssen«. Dagegen wollte sein Rivale Lafontaine die Bundesregierung zum Offenbarungseid über das Ausmaß der Vereinigungskosten zwingen: »Wer von Opfern redet, muß auch die Wahrheit sagen; und das sind Steuererhöhungen.« Gregor Gysi warnte vor der Verletzung des ostdeutschen Selbstbewußtseins und der Schaffung von Bürgern zweiter Klasse, während Wolfgang Ullmann an die offenen Verfassungsfragen erinnerte. In der ersten gemeinsamen Bundestagssitzung stimmten jedoch alle Redner darin überein, daß die Vereinigung Geduld und Takt benötigen werde.[43]

Die Befürworter der Vereinigung versuchten den schnellen Beitritt durch einen Festdiskurs zu rechtfertigen. Für den neuen Nationalfeiertag schrieben Helmut Kohl, Lothar de Maizière und andere Regierungssprecher eine offizielle Erfolgsgeschichte: »Der Tag der Wiedervereinigung, der 3. Oktober, ist ein Tag der Freude und Dankbarkeit für alle Deutschen.« In einer Sprache, die an den Kalten Krieg erinnerte, behaupteten sie: »Diktatur und Tyrannei, Repression und Teilung sind endlich überwunden.« Die CDU, FDP und große Teile der SPD feierten die Vereinigung daher als die Erfüllung des Grundgesetzauftrags. Die Mehrheit der Älteren, die sich noch an ein Deutschland erinnern konnte, betrachtete die Vereinigung als Wiederherstellung des Normalzustandes. Optimisten priesen den unerwarteten demokratischen Aufbruch im Osten als eins der »großartigsten Kapitel der deutschen Geschichte«.[44]

Diese Feiertagsrhetorik sollte einen Gründungsmythos für das wiedervereinigte Deutschland schaffen. Die offizielle Version pries die Adenauersche Westintegration und das Erhardsche Wirtschaftswunder als die notwendigen Vorbedingungen. Ohne »nationalistischen Überschwang« behaupteten ihre Befürworter, daß die Menschen die Geschwindigkeit bestimmt hatten, und gratulierten einander zur Durchführung eines »geordneten Übergangs«. Diese positive Darstellung anerkannte die »gewaltige Herausforderung« der Schaffung innerer Harmonie, suchte aber das öffentliche Vertrauen in einen ostdeutschen Aufschwung durch die Einführung der Marktwirtschaft zu stärken. Zahlreiche Verlautbarungen versicherten den Nachbarländern, daß das neue Deutschland auf »dauerhafte Verständigung und Versöhnung« sowie europäische Integration hinarbeite.[45]

Weniger euphorisch warnten Kritiker vor ungelösten Problemen in einem entgegengesetzten Katastrophendiskurs. Viele Intellektuelle trauerten darüber, daß der Demokratisierungsprozeß im Frühjahr abgebrochen und durch eine schnelle Vereinigung ersetzt wurde. Linke SPD-Mitglieder sowie die PDS, Grüne und Bürgerbewegung sahen den Zusammenschluß als eine verhängnisvolle Entwicklung, die konservative Kräfte stärken werde. Jüngeren

Leuten, die mit der Teilung aufgewachsen waren, schien eine Neuvereinigung künstlich. Mit postmateriellen Vokabeln argumentierten sie, daß dadurch die eigentlichen Probleme der Umweltzerstörung, Geschlechterungleichheit oder Nord-Süd-Spannungen nicht gelöst würden. Antistalinistische Dissidenten bedauerten, daß »das definitive Ende einer längst begrabenen Utopie« ihre Suche nach einem Dritten Weg gegenstandslos gemacht hatte.[46]

Die pessimistische Gegenversion verurteilte die Vereinigung als einen »überhasteten Anschluß«. Da Radikale die Bundesrepublik wegen ihrer Zwei-Drittel-Gesellschaft und ihres Fremdenhasses ablehnten, beklagten sie den Sieg des westlichen Großkapitals und sagten eine erbarmungslose Kolonisierung des Ostens voraus. Gemäßigtere Skeptiker wie Oskar Lafontaine warnten vor den »Mühen der Ebene« und wiesen darauf hin, daß der »schwierige und langwierige Prozeß der gesellschaftlichen Vereinigung« erst beginne. Aus Sorge vor einem Rückfall in von einem deutschen Nationalstaat angerichtete Untaten weigerte sich Joschka Fischer zu feiern, und es war ihm »eher etwas bänglich zumute«.[47] Aus dem Debakel aller Hoffnungen auf umfassende Reformen versuchte der Katastrophendiskurs wenigstens eine Oppositionsrhetorik zu retten.

Internationale Kommentare zur Vereinigung suchten einen Mittelweg zwischen alten Ängsten und neuen Hoffnungen. Anfang Oktober führten die Aufhebung der Besatzungsrechte der Siegermächte und die Billigung des Zwei-Plus-Vier-Vertrags durch die KSZE zu ausführlichen Kommentaren. Während finanzielle und militärische Kreise eher Wohlwollen zeigten, blieben gesellschaftliche und kulturelle Eliten weitgehend reserviert. Ohne Verständnis für die Eingliederungsprobleme des maroden Ostens sagten Zeitschriften auf reißerischen Titelseiten das Entstehen eines deutschen Kolosses voraus. Im Gegensatz zu deutschfeindlichen Klischees betonten informiertere Kommentatoren eher das konstruktive Verhalten der Bundesrepublik in den letzten Jahrzehnten. Daher fügten sich die meisten Beobachter, wie ein holländischer Journalist, in das Unvermeidliche: »Nochmals – egal, was wir davon halten, es ist eine Realität.«[48]

Von seiner Zustimmung zur Vereinigung überrascht, war das Ausland besorgt, aber resigniert. Obwohl sich die kleinen Nachbarn eher fürchteten, schienen allgemein »Sympathie und Gelassenheit das Mißtrauen und die unguten Erinnerungen bei weitem zu überwiegen«. Washington freute sich, durch eine kluge Politik »den Kalten Krieg am Ende doch gewonnen« zu haben; in Paris bedauerten Kommentatoren den Verlust der französischen Führungsposition in Europa, und Londoner Glückwünsche hatten einen ähnlichen bitteren Beigeschmack. In Moskau vermischte sich Erstaunen über sowjetische Konzessionen mit Hoffnung auf eine bessere Zukunft; nur bei Israelis und Polen, den Völkern, die am meisten unter den Nazis gelitten hatten, dominierte offene Kritik. Trotz unterschwelliger Sorgen bemühten sich ausländische Beobachter um eine Mischung von Akzeptanz und Wachsamkeit.[49]

Der Vergleich mit einer Hochzeit wurde zur zentralen Metapher für die Vereinigung. Die körperlichen Unterschiede zwischen dem massiven Kohl und dem zarten de Maizière schienen die Machtdifferenz zwischen Ost- und Westdeutschland zu symbolisieren. In bissigen Karikaturen suggerierten linke Kritiker eine kapitalistische Vergewaltigung des hilflosen Sozialismus. Ein obszöner Handzettel stellte Bonn als geilen alten Wolf dar, der betrunken im Bett wartet, um das Ostberliner Rotkäppchen zu verführen. Wenn das pralle Mädchen ihre falsche Großmutter fragt, warum sie ein so großes Glied habe, antwortet das Biest: »Damit wir uns besser vereinigen können.« Andere, weniger primitive Karikaturen zeigten einen ungeduldigen Kohl als Bräutigam beim Werben um einen widerspenstigen de Maizière als Braut, um mit der Diskrepanz der Partner eine ähnliche Botschaft von sexueller Unterdrückung zu suggerieren.[50]

Ironischerweise konnten Befürworter der Vereinigung dasselbe Bild für die entgegengesetzte Botschaft benutzen. Als Beweis, daß der DDR-Kollaps keine Alternative ließ, zeigte eine weitere Karikatur zwei Figuren in Hochzeitskleidern auf dem Standesamt. Lothar, die ostdeutsche Frau, hält ihr leeres Portemonnaie dem westdeutschen Mann hin und sagt: »Helmut, ich brauche mehr Haushaltsgeld!« Ein makaberer amerikanischer Cartoon bildete eine besorgte Genscher-Gestalt ab, die die DDR-Wirtschaft über die Schwelle trägt – um erschreckt festzustellen, daß seine Braut ein Skelett ist! Weniger polemisch verglich Egon Bahr die Vereinigung mit einer Ehe von Spätvermählten, bei der »spätere Liebe nicht ausgeschlossen« sei: »Die Hochzeitsfeier war wirklich schön, aber nun müssen wir uns kennenlernen.«[51]

Demokratische Legitimierung

Die Vollendung der Vereinigung verlangte ihre Bestätigung durch das Wahlvolk. Obwohl die Politikstrategen ein Verfassungsplebiszit als unnötige Komplikation zurückwiesen, planten beide Regierungen, die Zustimmung ihrer Bevölkerung einzuholen, um ihre Entscheidungen demokratisch abzusichern. Entgegen ursprünglichen Erwartungen erzwang jedoch der schnelle Zusammenbruch der DDR den Beitritt, bevor die neuen Länder geschaffen und Wahlen abgehalten werden konnten. Da die Proteste im Herbst 1989 als Bewegung für größere Bürgerbeteiligung angefangen hatten, hinterließ diese Umkehr des Ablaufs bei vielen Beteiligten einen bitteren Nachgeschmack. Kritiker monierten daher nicht zu Unrecht: »Mit Demokratie hat das über weite Strecken nichts oder fast nichts zu tun.«[52]

Obwohl die gesamtdeutsche Bundestagswahl erst den Endpunkt bildete, beeinflußte sie den Ablauf und Charakter der Vereinigung grundlegend. Immer wieder beklagten Kommentatoren eine überhandnehmende Politisierung von Entscheidungen, die nicht aufgrund sachlicher Gesichtspunkte, sondern aus Parteirücksichten gefällt wurden. Diese Konzentration auf kurzfristige Wahlvorteile führte zu gravierenden Fehlern wie das Hinausschieben der Anerkennung der polnischen Westgrenze. Als die Opposition die Kosten der Einheit zum Wahlkampfthema machte, weigerte sich die Bundesregierung, die notwendigen Opfer öffentlich zu benennen, da sie ihre bürgerlichen Anhänger nicht durch Steuererhöhungen verschrecken wollte.[53] Wen würden die gesamtdeutschen Wähler bestätigen, die pragmatischen Macher oder die intellektuellen Kritiker der Vereinigung?

Im Osten mußten zuerst die fünf Länder wiederhergestellt und ihre Regierungen gewählt werden. Um Bürgerbeteiligung an der Politik zu erleichtern, hatten Dissidenten die Aufhebung des SED-Zentralismus gefordert. Die Wiedergeburt der Länder würde regionale Traditionen wiederbeleben und Identitäten der zerfallenden DDR auf eine engere »Heimat« umorientieren. Ebenso sollte die Kompatibilität ostdeutscher Strukturen mit westdeutschem Föderalismus die Vereinigung nach Artikel 23 des Grundgesetzes erleichtern. Ende Juli verabschiedete die Volkskammer ein Ländereinführungsgesetz zur »Schaffung einer rechtsstaatlich verpflichteten demokratischen und sozialen Föderation«.

Statt die zwischen 1946 und 1952 bestandenen Einheiten wiederherzustellen, entschied sich das Kabinett für die einfachere »Zusammenlegung der Bezirksterritorien«.[54]

Bei der Neugliederung lösten Anzahl und Grenzen der neuen Bundesländer die schärfsten Kontroversen aus. Obwohl weniger und größere Einheiten leistungsfähiger gewesen wären, erwies sich die Gründung von fünf neuen Ländern als die »einzig machbare Lösung«. Mit fünf Millionen Einwohnern schien der neu-alte »Freistaat Sachsen« lebensfähig, und Brandenburg sowie Thüringen mit halb soviel Menschen besaßen starke historische Wurzeln. Aber Sachsen-Anhalt war aus einer preußischen Provinz und einem unabhängigen Herzogtum zusammengesetzt und Mecklenburg-Vorpommern war klein und arm. Als einziges Gebiet mußte Ostberlin direkt mit der westlichen Stadthälfte verschmelzen. Die früheren Hauptstädte Dresden, Potsdam und Erfurt setzten sich schnell durch, aber Magdeburg und Schwerin blieben lange umstritten. Fünfzehn Landkreise konnten erst nach Volksabstimmungen über ihre neue Zugehörigkeit entscheiden.[55]

Der Länderwahlkampf kam nur schwer in Gang, da viele Ostdeutsche wahlmüde und von der Politik enttäuscht waren. Die Kandidaten für das Amt des Ministerpräsidenten waren entweder unbekannt oder stammten aus der Bundesrepublik, da eigene Politiker durch Kollaboration mit der Stasi diskreditiert waren. Josef Duchac (Thüringen), Gerd Gies (Anhalt) und Alfred Gomolka (Mecklenburg) von der CDU sowie Reinhard Höppner (Anhalt) von der SPD hatten kaum politische Erfahrung. Nur die Brandenburger Peter Michael Diestel (CDU) und Manfred Stolpe (SPD) hatten vorher wichtige Positionen bekleidet. Die Christdemokraten griffen auf einen Westimport, nämlich Kurt Biedenkopf in Sachsen, zurück, aber die Sozialdemokraten mußten mit Friedhelm Fahrtmann (Thüringen), Anke Fuchs (Sachsen) und Klaus Klinger (Mecklenburg) gleich drei Westdeutsche aufbieten.[56]

Diesmal waren die Ressourcen weniger ungleich verteilt. Trotzdem hatten die alten Blockparteien der CDU, FDP und PDS weiterhin materielle Vorteile vor den neuen Gruppierungen der SPD, Bündnis 90 und DSU. Als Konsequenzen der Währungsunion machten wachsende Arbeitslosigkeit, steigende Preise und Mieterhöhungen die Wirtschaft zum zentralen Wahlkampfthema. Zwar sagte Lafontaine weiter Katastrophen voraus, aber Kohl predigte unerschüttert Optimismus und einen baldigen Aufschwung.

Der Zusammenbruch früherer Loyalitäten machte die Frage der Identität zu einem zweiten Streitpunkt zwischen den Parteien. Während die Linke an DDR-Nostalgie oder sozialistischen Internationalismus appellierte, versuchte die Rechte, Heimatgefühle oder nationalen Stolz zu wecken. Trotz des schwachen Interesses ging es um nichts Geringeres als die neuen Landesregierungen und die Bundesratsmehrheit.[57]

Das Wahlergebnis vom 14. Oktober brachte einen weiteren Erfolg für Helmut Kohl. Obwohl Umfragen einen konservativen Trend signalisiert hatten, überraschte die Höhe des Sieges der Christdemokraten. Während die CDU und SPD um die Führung der neuen Landesregierungen rangen, kämpften die kleineren Parteien um die Überwindung der 5%-Hürde. Die Popularität des Bundeskanzlers und die regionale Herkunft ihrer Kandidaten machte die ostdeutsche CDU zur stärksten Partei in vier der fünf neuen Bundesländer. Obwohl die Sozialdemokraten überall Stimmengewinne erzielten, konnten sie nur in Brandenburg einen Sieg verbuchen. Die PDS schrumpfte weiter, die FDP gewann bürgerliche Stimmen von der CDU, die Bürgerbewegung überlebte knapp als Protestgruppe, aber die DSU verschwand, da sie an Profil verloren hatte.[58] Durch die Konsolidierung ihres März-Triumphs erneuerte die CDU in den Landtagswahlen ihr Führungsmandat.

Tabelle IX

Ostdeutsche Landtagswahlen vom 14. Oktober 1990

	Brandenbg.		Mecklenbg.		Sachsen		Sa.-Anhalt		Thüringen	
Partei	%	Sitze	%	Sitze	%	Sitze	%	Sitze	%	Sitze
CDU	29,4	27	*38,3*	*31*	*53,8*	*92*	*39,0*	*48*	*45,4*	*44*
SPD	*38,3*	*36*	27,0	21	19,1	32	26,9	27	22,8	21
PDS	13,4	13	15,7	12	10,2	17	12,0	12	9,7	9
FDP	6,6	6	5,5	4	5,3	9	13,5	14	9,3	9
Bü 90	6,4	6	–	–	5,6	10	5,3	5	6,5	6

Die meisten Wahlanalysen führten den Sieg der CDU auf materielle Ursachen zurück. Umfragen zeigten, daß die Ostdeutschen sich mehr Sorgen über Arbeitslosigkeit (86%) und Wirtschaftsentwicklung (75%) als über Abtreibung (58%) oder Umweltschäden (40%) machten. Trotz aller Anfangsschwierigkeiten der Wirtschaftsunion hielten Bürger die CDU für ökonomisch kompetenter als die SPD (35% zu 11%). Volker Rühe freute sich über den »Riesenerfolg für die Union«, während Wolfgang Thierse das enttäuschende Abschneiden der SPD mit dem Glauben seiner Landsleute an Wunder erklärte. Helmut Kohl interpretierte das Resultat als Bestätigung seiner Politik, verstand aber die hohen auf die Bundesregierung gerichteten Erwartungen: »Ich versuche mit meinen Freunden, dieser Verantwortung gerecht zu werden.« Während die Linke sich mit dem Erfolg in Brandenburg trösten konnte, feierte die Rechte einen weiteren »Triumph des Kanzlers«.[59]

Der Neuaufbau der Landesregierungen erwies sich als unerwartet schwierig. Das Fehlen jeglicher Infrastruktur erschwerte alle Entscheidungsprozesse, denn die einfachsten Dinge mußten improvisiert werden. Gleichzeitig hatten parlamentarische Neulinge die Bildung von Koalitionen zu lernen. In Brandenburg verhandelte Stolpe geduldig, um eine »Ampelkoalition« aus den heterogenen Kräften der SPD, FDP und des Bündnis 90 zusammenzustellen. In Mecklenburg überredete Gomolka ein SPD-Mitglied, die Partei zu wechseln, um dadurch der CDU-FDP-Koalition zu einer Einstimmenmehrheit zu verhelfen. Während Gies in Sachsen-Anhalt und Duchac in Thüringen ähnliche schwarz-gelbe Bündnisse schlossen, erlaubte die starke CDU-Mehrheit in Sachsen es Biedenkopf, allein zu regieren.[60]

Die Herstellung einer effektiven Verwaltung war eine noch größere Herausforderung. Alte SED-Kader wie neue Beamte mußten moderne bürokratische Verfahrensweisen kennenlernen. Zwar halfen westdeutsche Länder mit Personal, Maschinen und Ratschlägen; so kümmerte sich Nordrhein-Westfalen um Brandenburg und Baden-Württemberg adoptierte Sachsen. Aber der Osten war nicht immer für diese »Unterstützung« dankbar: wenn Wessis ihre Routine störten, beklagten Ossis die Neuerungen als arrogante Einmischung. Da sie nur minimale Steuern aufbringen konnten, lebten die neuen Länder von Bonner Finanztransfers, die oft an Bedingungen geknüpft waren. Wichtige Entscheidungen über das Überleben von Industrien wurden von der Treuhand in Berlin getroffen.[61] Trotz solcher Abhängigkeit gewannen die Regierungen langsam Gestaltungskraft, so daß die Länder eine neue regionale Identität schufen.

Der populärste Landesvater war der Brandenburger Ministerpräsident Manfred Stolpe. Dieser Jurist hatte als Syndikus für die evangelische Kirche mit der SED und auch mit der Staatssicherheit verhandelt. Sein Temperament machte ihn zu einem auf Ausgleich bedachten Diplomaten, der statt Konfrontation Gemeinsamkeiten mit seinem Gegenüber suchte. Er trat in die SPD ein, um beim Wiederaufbau Brandenburgs mitzuhelfen. Aufgrund seiner administrativen Erfahrung verstand er die Umstellungsprobleme und versuchte, durch soziale und progressive Politik öffentliches Vertrauen wiederherzustellen. Obwohl immer klarere Beweise für seine Kooperation mit der Stasi auftauchten, taten die Vorwürfe seiner Popularität kaum Abbruch.[62]

Ähnlich erfolgreich war der sächsische Premier Kurt Biedenkopf. Als die sächsische CDU sich nicht zwischen alten Kadern und neuen Reformern entscheiden konnte, wandte sie sich an den Gastprofessor an der Leipziger Universität, der als Jugendlicher Erfahrungen im Osten gesammelt hatte. Trotz seiner Herkunft erwarb sich Biedenkopf durch politische Erfahrung, ökonomische Kompetenz und mutige Haltung gegenüber Bonn sächsische Sympathien.[63] Über Parteigrenzen hinweg arbeiteten beide Ministerpräsidenten öfter zusammen, da sie den Neuanfang als Innovationschance verstanden und vom Westen größere Opfer verlangten.

Die erste Möglichkeit für die Westdeutschen, ihre Meinung zur Vereinigung auszudrücken, war die gesamtdeutsche Bundestagswahl. Ihre Form und ihr Zeitpunkt lösten heftige Kontroversen aus. Obwohl das Grundgesetz die Abhaltung der Wahl bis Januar 1991 verlangte, wollte die ostdeutsche Regierung das Datum hinausschieben, um vorher ihre inneren Reformen abzuschließen. Als Lösung schlug Wolfgang Schäuble drei Alternativen vor: ein früher Beitritt würde eine gemeinsame Wahl im Dezember erlauben; ein Vertrag könnte Bedingungen klären und den Zusammenschluß sofort nach der Wahl festsetzen; oder getrennte Wahlen sollten gleichzeitig stattfinden. Nach langen Auseinandersetzungen stimmte die Volkskammer einem Kompromiß zu, der einen baldigen Beitritt mit einem formellen Wahlvertrag verband.[64]

Auch die Fünfprozenthürde für den Bundestag war zwischen den Parteien strittig. Um kleinere Rivalen auszuschalten, forderten SPD und FDP einen gemeinsamen Standard für das gesamte Bundesgebiet. Aus Angst, dadurch nicht in den Bundestag zu gelangen, verlangten PDS und DSU eine separate Auszählung im Osten, während die Bürgerbewegung jede Barriere ablehnte. Am

3. August schlossen die beiden Regierungen einen Wahlvertrag, der die westdeutschen Bestimmungen auf die neuen Bundesländer ausdehnte. Durch Drohung mit dem Koalitionsbruch in Bonn setzte die FDP eine einheitliche 5%-Hürde durch, die jedoch die Möglichkeit von Listenverbindungen offenließ. Als das Bundesverfassungsgericht am 29. September diese Variante für verfassungswidrig erklärte, kehrte das Verfahren auf den anfänglichen CDU-Vorschlag einer getrennten Auszählung zurück.[65]

Der Parteienstreit um die Form der Einheit machte den Wahlkampf zum Plebiszit über die Vereinigungspolitik der Bundesregierung. Im Winter 1989/90 lag die SPD in den Meinungsumfragen vor der CDU, und im Frühjahr 1990 hatte die Opposition daher die Koalitionsparteien auch in einigen Landtagswahlen in der Bundesrepublik besiegt. Da Themen wie Umwelt und Geschlechtergleichheit vor allem in der jüngeren Generation Resonanz fanden, griff die Regierung auf den bei älteren Leuten stärkeren Trumpf der Wiedervereinigung zurück. Indem sie die Auseinandersetzung zur »Kanzlerwahl« machte, versuchte die CDU, Kohls vom Frühsommer an wachsende Popularität als Architekt der Einheit in Wählerstimmen umzusetzen. Durch seine Kritik an der Vereinigung erschien demgegenüber Lafontaine als der »falsche Mann zur falschen Zeit am falschen Platz«.[66]

Obwohl die Auseinandersetzung entschied, wer das neue Deutschland regieren würde, fehlte ihr die Spannung. Umfrage über Umfrage zeigte Kohl mit einem Vorsprung von 15 bis 20 Punkten vor Lafontaine und die CDU/FDP-Koalition mit einer uneinholbaren Führung vor ihren Herausforderern. Da der Ausgang des Hauptrennens entschieden zu sein schien, blieb nur das Abschneiden der kleineren Parteien ungewiß. Würden die Liberalen die 10%-Marke überschreiten, überlebten die Grünen auf Bundesebene, schrumpfte die PDS weiter oder kämen die neuen Rechtsradikalen in den Bundestag? Das Resultat dieser kleineren Gruppierungen war jedoch nicht unwichtig, da es die Zusammensetzung der nächsten Regierung bestimmen würde. Als sich am Vorabend der Wahl der Abstand zwischen CDU und SPD verringerte, wuchs in der Opposition die Hoffnung, daß ein rot-grün-gelber Trend noch eine absolute Mehrheit der Regierungskoalition verhindern könne.[67]

Der sozialdemokratischen Opposition blies ein steifer Wind ins Gesicht. Die Bürger zweifelten an ihrer Kompetenz in internationalen und wirtschaftlichen Fragen, schätzten aber ihren Sachverstand in Umwelt- und Sozialproblemen. Der Spitzenkandidat Oskar Lafontaine war gleichzeitig ein Vorteil und ein Handikap für die SPD. Während im Westen der schwungvolle und polemische Stil des saarländischen Ministerpräsidenten durchaus Anklang fand, hatte er im Osten weniger Resonanz, weil er sich als Kritiker der sozialen Folgen der Vereinigung profilierte. Bissig schimpfte er über Kohls »Selbstherrlichkeit und Überheblichkeit«, warnte davor, »die Kosten der Einheit zu verschleiern«, und sagte Steuererhöhungen voraus. Das Wahlprogramm sprach vor allem westliche Sorgen an, indem es die Schaffung eines »ökologisch, sozial und wirtschaftlich stark[en]« Deutschland versprach.[68]

Die SPD stellte sich als frische Alternative zur verbrauchten Regierung dar, die einen »neuen Weg« weisen wollte. Ihre attraktiven Plakate benutzten ein rotes Rosenmotiv und verbreiteten die aufmunternde Losung: »Mit uns gelingt's.« Führende Gewerkschaftler, Feministinnen, Künstler und Intellektuelle unterzeichneten Erklärungen für »mehr Demokratie«. Trotz aller Versuche tat sich die deprimierte Opposition schwer zu glauben, daß sie wirklich gewinnen könne, denn besonders im Osten hatten die Wähler sozialistische Rhetorik satt. Zwar beeindruckte Lafontaine mit persönlichem Charisma und scharfem Humor, aber seine Katastrophenszenarios und Opferforderungen begeisterten kaum. Verzweifelt hoffte der SPD-Kandidat auf ein Wunder: »Ich spüre, [daß] die Stimmung kippt.«[69]

Demgegenüber versuchte die CDU vor allem, aus der Vereinigung Kapital zu schlagen. Die christdemokratischen Strategen wollten einen »Kanzlerwahlkampf« führen, weil sie glaubten, »da sind wir unschlagbar«. Zum ersten Mal in seiner Karriere hatte Helmut Kohl den Vorteil von größerer Popularität als sein Herausforderer. Das Geheimnis seines erstaunlichen Erfolges war die wiederholte Unterschätzung durch die Gegner innerhalb und außerhalb seiner Partei. Zwar boten seine kleinbürgerlichen Lebensgewohnheiten und Redewendungen den Spöttern eine Zielscheibe, aber durch Kontakt mit einfachen Leuten hatte er ein Gespür für die Stimmung der Massen. Als Amtsinhaber konnte Kohl den Staatsmann spielen und Lafontaines Angriffe ignorieren. Im Gegensatz zur Opposition strahlte die CDU Zuversicht aus und versprach Freiheit, Wohlstand und Sicherheit: »Ja zu Deutschland – Ja zur Zukunft!«[70]

Die Christdemokraten setzten auf traditionelle Wahlkampfmethoden und nutzten ihren »Regierungsbonus« in den Medien. Ihr vages Programm sprach bürgerliche Ängste an, propagierte eine Verschärfung des Asylrechts und lehnte die Liberalisierung der Abtreibung ab. Da ihre ältere Klientel eher Kontinuität als Wandel wollte, betonte die CDU »Sicherheit und Wohlstand für ganz Deutschland«. Mit deutlich lesbaren Großbuchstaben sahen die Flugblätter altmodisch aus, wirkten aber durch ihren Zuschnitt auf besondere Zielgruppen. Christdemokratische Plakate betonten die große Regierungserfahrung der Partei und zeigten vor allem den Bundeskanzler mit der Überschrift »Gemeinsam schaffen wir's«. Ohne die finanziellen Opfer anzusprechen, versprach Kohl in seinen Reden und Interviews eine bessere Zukunft, um durch Ablenkung von Gegenwartsproblemen die Dankbarkeit für die Erringung der Einheit auf sich zu konzentrieren.[71]

Tabelle X

Bundestagswahl vom 2. Dezember 1990

	1983	1987	1990 Westen	Osten	Gesamt	Sitze
CDU/CSU	*48,8*	44,3	44,1	43,4	43,8	319
SPD	*38,2*	37,0	35,9	23,6	33,5	239
FDP	7,0	9,1	10,6	13,4	*11,0*	79
Grüne/Bü	5,6	*8,3*	4,7	5,9	3,9	8
PDS/DKP	0,2	–	0,3	9,9	*2,4*	17
NPD/Reps	0,2	0,6	2,6	1,6	*2,4*	0

Da sich die Vorhersagen diesmal als korrekt erwiesen, brachte das Resultat der Bundestagswahl am 2. Dezember kaum Überraschungen. Als die Stimmen ausgezählt waren, hatte die CDU/CSU, die schon ihren Höhepunkt überschritten hatte, mit 43,8% triumphiert. Obwohl sie gegenüber früheren Wahlen zurückfielen, hielten die Christdemokraten ihre westdeutsche Klientel und bauten eine fast ebenso starke Bastion im Osten auf. Die FDP vergrößerte ihren Stimmenanteil, da sie von Genschers Popularität in seiner ostdeutschen Heimat profitierte. Manche bürgerlichen Wähler wechselten zu den Liberalen, weil sie die Koalition unterstützten, aber dem Kanzler nicht mehr Macht geben wollten.[72]

Die SPD erzielte dagegen ihr schlechtestes Resultat seit Jahren.

Vor allem in den neuen Bundesländern blieben die Sozialdemokraten schwach und fielen insgesamt über 10% hinter die CDU zurück. Zwar kostete ihre anti-nationale Weigerung, mit der Bürgerbewegung eine Listenverbindung einzugehen, den westdeutschen Grünen knapp den Einzug in den Bundestag, aber das ostdeutsche Bündnis 90 schaffte es aufgrund der getrennten Auszählung der Stimmen. Zum ersten Mal seit 1949 gab es wieder Kommunisten in Bonn, da genügend Wähler im Osten die PDS unterstützten. Trotz wachsender Fremdenfeindlichkeit scheiterten alte (NPD) wie neue Rechte (Reps) an der 5%-Hürde. Im wiedervereinigten Berlin gewann überraschend die CDU (39,3%) vor der SPD (30,5%), PDS (9,7%) und FDP (9,3%). Als Historiker freute sich Kohl besonders über »das beste Wahlergebnis... das eine demokratische Partei in Deutschland je erreicht hat«.[73]

Die Regierungskoalition gewann vor allem durch die Mobilisierung ihrer eigenen Klientel. Obwohl die Nettoverschiebungen zwischen den Parteien klein waren, wechselten zahlreiche individuelle Wähler. Im Westen gewann die FDP von allen Seiten Stimmen, während die Grünen nach allen Richtungen verloren. Im sich konsolidierenden Osten mußte die PDS Anhänger an die SPD abgeben, während die FDP am meisten von CDU-Wechslern profitierte. Obwohl die Christdemokraten in ihren Hochburgen abbauten, waren sie in Bayern (51,9%), Sachsen (49,5%), Baden-Württemberg (46,5%), Rheinland-Pfalz (45,6%) und Thüringen (45,2%) besonders erfolgreich. Während sie weiter von Katholiken, Bauern und älteren Leuten überdurchschnittlich gewählt wurde, erweiterte die CDU ihren Einzugsbereich auf Mittelstädte und Facharbeiter in Ostdeutschland.[74]

Die deutsche Frage hatte alle anderen Wahlkampfthemen überschattet. Der »erdrutschartige Sieg der CDU und ihrer Verbündeten« beruhte vor allem darauf, daß die Bevölkerung die überraschenden Erfolge des raschen Vereinigungskurses honorierte. Der Rückgang der Wahlbeteiligung auf 78,5% im Westen und 75,1% im Osten schadete scheinbar vor allem den Oppositionsparteien. Die SPD verlor Arbeiterstimmen und zog eher jüngere und städtische Wähler aus Angestelltenkreisen an. Nur in strukturschwachen Regionen wie der Saar (51,2%), Bremen (42,5%), Nordrhein-Westfalen (41,1%) und Hamburg (41,0%) lagen die Sozialdemokraten weiter vorn. Elisabeth Noelle-Neumann interpretierte den Wahlausgang als Produkt ungewöhnlicher Dankbarkeitsgefühle: Da Kohl und Genscher ein Wunder vollbracht hätten, sei ihr Sieg gewissermaßen der »Lohn der Einheit«.[75]

Die CDU verstand ihren Triumph als eine eindeutige »Bestätigung für Kohls Deutschlandpolitik«.[76] Nachdenkliche Beobachter sahen jedoch auch Gefahren in dem eindeutigen Wahlergebnis: »So glanzvoll der Sieg der Koalition, so schwer [wird] die Herausforderung für Kohl, Genscher und Lambsdorff in den kommenden Jahren.« Wenn der Neuaufbau Ostdeutschlands, trotz alles Leugnens während des Wahlkampfs, »viele Opfer auch von den Bürgern im Westen verlangen« würde, könnte das »klare Führungsmandat der CDU/CSU und der FDP« sich bald in eine schwierige Verantwortung verwandeln. Aber in einem allgemeineren Sinn hatte das unmißverständliche Resultat die Herbeiführung der Einheit demokratisch legitimiert: »Der Prozeß der deutschen Wiedervereinigung ist vom Volk ratifiziert, plebiszitär bestätigt worden.«[77]

Eine soziale Revolution

Für den Osten war die Vereinigung gleichsam ein »natürliches Experiment«. Einerseits zwang der Beitritt die neuen Bundesländer, jahrzehntelang gewachsene kommunistische Strukturen abzuschaffen, um wieder an ältere gemeinsame Muster anzuknüpfen. Andererseits machte der Zusammenschluß mit der Bundesrepublik es notwendig, den westdeutschen Modernisierungsprozeß der Nachkriegszeit in wenigen Monaten nachzuholen: Eine Einparteiendiktatur mußte sich in eine pluralistische, parlamentarische Demokratie verwandeln; eine Planwirtschaft war gezwungen, sich in eine soziale Marktwirtschaft umzuwandeln; ein korruptes Justizsystem hatte sich in einen Verteidiger der Menschenrechte zu verändern; ein serviler Indoktrinationsapparat sollte sich zu einem freien Erziehungswesen mausern.[78] Kurzum, fast alle Aspekte des Lebens mußten sich grundlegend wandeln.

Diese doppelte Transformation hatte ebenso revolutionäre Absichten wie Auswirkungen. Schon unter Modrow begonnen, beschleunigte sich die Umstellung unter de Maizière und erreichte unter Kohl eine atemberaubende Geschwindigkeit. Nur wenige Institutionen, die wie die Kirchen der Korruption des Regimes weitgehend entgangen waren, konnten intakt bleiben. Obwohl die

Mehrheit einen Wandel herbeigesehnt hatte, brachte die von Beamten und Wessis forcierte Umstrukturierung für die Bevölkerung oft mehr Verunsicherung als Befreiung. Das unerwartete Resultat der nationalen Wende vom Frühjahr 1989 war weniger eine Restauration des vorkommunistischen Zustands als eine rapide, von Konservativen forcierte Modernisierung. Die Überstülpung des westlichen Systems auf den Osten im letzten Stadium der deutschen Vereinigung erinnert daher in gewisser Weise an das klassische preußische Muster einer »Revolution von oben«.[79]

Die Umstellung war am Arbeitsplatz am deutlichsten spürbar. Im Gegensatz zu den auf Freizeit ausgerichteten Westdeutschen definierten sich die Ostdeutschen durch ihre Arbeit und ihren Betrieb. Der kapitalistische Wettbewerb des ersten halben Jahres nach dem Beitritt bedeutete für fast drei Fünftel der Arbeitskräfte, darunter besonders die Frauen, einen Verlust von Sicherheit und Stabilität: Ein Fünftel (21%) mußte die Stelle wechseln, teilweise durch Pendeln in den Westen (4%); ein Sechstel (16%) war auf Kurzarbeit zurückgestuft worden; und der Rest war entweder entlassen (8%) oder in den Vorruhestand (10%) geschickt worden.[80] Durch die Offenlegung der vorher verdeckten Arbeitslosigkeit zerstörte die schnelle Strukturanpassung unzählige Arbeitskollektive, brachte eingespielte Routine durcheinander und zerriß viele soziale Bindungen.

Auch für diejenigen, welche von Entlassung verschont blieben, wurde die Arbeit intensiver. Der harte Wettbewerb zwischen Firmen verlangte größere Anstrengungen, so daß es nicht mehr ausreichte, nur so zu tun als ob, und sich Arbeiter wirklich einsetzen mußten. Wenn man Erfolg haben wollte, brauchte man neue Kenntnisse und individuelles Leistungsbewußtsein sowie persönliches Verantwortungsgefühl. Zwar eliminierten bessere Zulieferungen und neuere Maschinen viele Engpässe, aber das höhere Tempo war so ermüdend, daß sich viele ostdeutsche Arbeiter überfordert fühlten und sich manche bei Westbetrieben nicht einmal bewarben. Für die übriggebliebenen setzten aggressive Gewerkschaften eine Arbeitszeitreduzierung auf 40 Wochenstunden und Lohnerhöhungen auf die Hälfte des Westniveaus durch.[81]

Die post-kommunistische Transformation löste scharfe Verteilungskämpfe in der Gesellschaft aus. Das kleinbürgerliche DDR-Muster von relativer Gleichheit der Löhne bei gleichzeitiger Privilegierung der Partei zerbrach schnell. Einerseits fächerte die

Belohnung von Leistung Einkommen auf und erhöhte den Abstand zwischen den Gehältern; andererseits zerstörten ideologische Säuberungen weitgehend die alte Nomenklatur von etwa 1,5 Millionen Kadern in »staatsnahen Positionen«. Schon nach einigen Monaten zeichneten sich verschiedene Verlierer der dramatischen Systemumstellung ab: Politisch Belastete wurden entlassen, ältere Leute gingen in den Vorruhestand, Frauen verloren den Arbeitsplatz, und ungelernte Arbeiter wurden nicht mehr gebraucht. Die Vereinigung zertrümmerte daher viele Säulen der »sozialistischen Ständegesellschaft«.[82]

Andere Gruppen profitierten dagegen von dem raschen Strukturwandel. So entstand aus den gewendeten Blockparteien und weiter aktiven Dissidenten eine neue politische Elite im Osten. Im wirtschaftlichen Wettbewerb konnten gut Ausgebildete ihre Arbeitsplätze besser verteidigen; erfahrene Facharbeiter fanden leichter in neuen Firmen Anstellung; und junge sowie flexible Leute hatten weniger Schwierigkeiten, sich die anderen Regeln anzueignen. Die Auflösung der realsozialistischen Ordnung erhöhte die gesellschaftliche Ungleichheit, und bildete eine neue Pyramide, an deren Spitze Politiker, Geschäftsleute und Akademiker standen. Im Gegensatz zur reglementierten Geborgenheit der DDR machte die Herausbildung gesellschaftlicher Unterschiede die Zukunft aufregend und unsicher.[83]

Für die Betroffenen schuf diese soziale Revolution eine »tiefe Sinnkrise«. Der Systemumbruch warf peinliche Fragen nach der eigenen Vergangenheit auf und ließ vorher notwendige konforme Äußerungen in einem befremdenden, gefährlichen Licht erscheinen. In »beleidigtem Schweigen« wurde deren Beantwortung meist durch Minimierung der eigenen Verantwortung und Hinweis auf neue westdeutsche Demütigungen umgangen. Gleichzeitig entwertete die radikale Umstellung einen Großteil des mühsam errungenen kulturellen Kapitals und machte formelle Techniken des Vorankommens im SED-Regime sowie informelle Überlebensstrategien wie Kooperation, Passivität oder Privatheit unwirksam. Über Nacht hatten Neubürger sich andere Vorschriften für Krankenversicherung, Kindergeld oder Mietbeihilfe anzueignen. Um sich im demokratischen Kapitalismus zurechtzufinden, mußten sie ungeschriebene Regeln von eigener Initiative, öffentlicher Diskussion und Verantwortung für die Allgemeinheit lernen.[84]

Die Ostdeutschen reagierten auf diesen Orientierungsverlust je nach persönlicher Einstellung. Einige marxistische Idealisten hielten trotzig an einer verblassenden DDR-Identität fest. Frühere Opportunisten versuchten sich dem neuen Herrschaftsduktus vollständig anzupassen, ohne jedoch seine Feinheiten ganz zu verstehen. Diejenigen, welche der SED mit Reserve begegnet waren, gingen kritischer mit dem Westen um, akzeptierten einige Aspekte, wiesen aber andere zurück. Anti-sozialistische Dissidenten gliederten sich nur widerwillig in die marxistisch angehauchte Protestkultur der Bundesrepublik ein. Während Westdeutsche kaum Verständnis für die Schwierigkeit dieses Umstellungsprozesses zeigten, schwankten Ostdeutsche fast stündlich zwischen Freude und Frust. Nur die Zukunft konnte zeigen, ob das »kolossale gesellschaftliche Großexperiment« der Vereinigung letztlich erfolgreich sein würde.[85]

Schluß

Ein »neues« Deutschland?

In den Medien hat das vereinigte Deutschland vor allem für negative Schlagzeilen gesorgt. Im Herbst 1989 flimmerten ergreifende Bilder von Freiheit, Solidarität und Demonstrationen oder Verbrüderung zwischen Ost und West über die Bildschirme. Aber in den Jahren danach folgten schockierende Szenen von Bischofferoder Kumpeln im Hungerstreik oder brennenden Asylantenhäusern in Mölln oder Solingen. Unter den neuen Bürgern führte die »verlorene Hoffnung der Einheit« zu einer Welle der DDR-(N)ostalgie, während im Westen der Widerstand gegen finanzielle Opfer wuchs. Die Nachbarn quittierten erste Regungen der Unabhängigkeit mit Mißtrauen, kritisierten aber auch das Bonner Zögern, im Golfkrieg militärische Macht einzusetzen. Statt der erwarteten Freude und Zuversicht fanden ausländische Besucher einen »Winter der deutschen Verwirrung«.[1]

Ausmaß und Geschwindigkeit der Veränderungen sind für die davon Betroffenen nur schwer zu verkraften. Schließlich war in einem kurzen Jahr das Undenkbare geschehen und die DDR, das stabilste Mitglied des Ostblocks, als Staat verschwunden. Sogar das zentrale Symbol des Kalten Krieges, die Berliner Mauer, war gefallen. Die verhaßte Stasi-Krake, die Furcht und Schrecken verbreitet hatte, hinterließ Berge von brisanten Akten. Hohle Versprechungen von Wohlstand und sozialer Gleichheit hatten in Industrieruinen und Umweltverschmutzung gemündet.[2] Da niemand auf den Sieg des Westens im Systemwettbewerb vorbereitet war, wußten weder Beobachter noch Beteiligte, was sie mit der unverhofften Einheit anfangen sollten.

Solch ambivalente Reaktionen übersahen, daß der neue Koloß der kleinste deutsche Nationalstaat der Geschichte war. Auch nach dem Zuwachs von 108 333 qkm DDR-Territorium war die Bundesrepublik mit 357050 qkm nur das drittgrößte Land in Europa und damit weniger dominant als seine Vorgänger. Zwar wuchs die Bevölkerungszahl durch die ostdeutschen 16,34 Millionen auf 78,42 Millionen, die höchste auf dem alten Kontinent, an. Der Beitritt der DDR verjüngte die Bevölkerungsstruktur (17%

unter 15 Jahre) und machte sie protestantischer (42%) sowie atheistischer. Der Zuwachs des Bruttosozialprodukts um 12% erhöhte das Gesamtvolumen der führenden europäischen Volkswirtschaft auf $ 2 Billionen (1992). Aber die Eingliederung verursachte enorme Sanierungskosten. Wegen des Zusammenbruchs des ostdeutschen Außenhandels blieb die erweiterte Bundesrepublik lediglich die zweitgrößte Exportnation hinter den USA, aber vor Japan.[3]

Obwohl diese Veränderungen begrenzt waren, brauchte die praktische und psychologische Umstellung mehr Zeit als erwartet. Erst nach Monaten gelang es der Post, die Leitzahlen und Telefonvorwahlnummern zu vereinheitlichen, und dem Verkehrsministerium, die Autokennzeichen anzupassen. Auch der sprachliche Umgang mit der verschwundenen DDR veränderte sich nur langsam. Während Bürokraten vom »Beitrittsgebiet« sprachen und Politiker die »fünf neuen Bundesländer« zitierten, setzte sich bei der Bevölkerung »Ostdeutschland« oder »der Osten« durch. Der nach der Einheit aufgetauchte Neologismus von »Ossi« und »Wessi« zeigte einen Bedarf an differenzierenden Begriffen, um die jetzt bewußt gewordenen Unterschiede zu verdeutlichen.[4]

Nach 1990 wurde der Meinungsstreit über den Vereinigungsprozeß und seine Zukunftsauswirkungen eher noch schärfer. Einerseits veröffentlichten Bundesregierung und Treuhand weitere Erfolgsbilanzen über westdeutsche Investitionen und Verbesserungen der Infrastruktur: »Die Weichen sind gestellt« für den Aufschwung des Ostens. Andererseits warnten Kritiker vor dem Überspielen der nun auch im Westen aufgetretenen Rezession durch einen Rückgriff auf nationale Parolen. Jürgen Habermas bezeichnete die Behauptung, »wir sind wieder ›normal‹ geworden«, als »die zweite Lebenslüge der Bundesrepublik«.[5] Solche fortdauernden ideologischen Grabenkämpfe werfen eine doppelte Schlußfrage auf: Was ist im Verlauf der Vereinigung wirklich geschehen, eine Selbstbestimmung oder eine Vereinnahmung des Ostens? Und welche Implikationen hat die Art des Zusammenschlusses für die Zukunft des neuen, größeren Deutschlands?

Der deutsche Umbruch hat ein Kaleidoskop von verwirrenden Bildern hinterlassen. Im Sommer 1989 machten wagemutige Ausreisende Schlagzeilen, während im Herbst friedliche Demonstranten die Titelseiten füllten. Dann dominierten Honeckers überraschender Sturz und vage Versprechungen von Krenz, bis die Sensation der Maueröffnung um die Welt ging. Während des Winters richteten sich die Mikrofone auf den »ehrlichen Hans« Modrow und nahmen die Kameras die Debatten des Runden Tischs auf. Im Frühjahr 1990 zeigten Fernsehkameras die Begeisterung bei Helmut Kohls Auftritten und Lothar de Maizières unerwarteten Wahlsieg. Im Sommer diskutierten Journalisten die Folgen der Währungsunion, während der Durchbruch im Kaukasus den trokkenen Vereinigungsverhandlungen die Show stahl. Im Herbst druckten Zeitungen Aufnahmen von der Vereinigungsfeier und brachten lange Analysen des Bundestagswahlkampfs.[6]

Die Medien erhellten und verzerrten gleichzeitig den Ablauf dieses Dramas. Die Berichterstattung informierte nicht nur über die atemberaubenden Veränderungen, sondern trieb sie durch ihre Kommentierung auch voran. Im Osten beschleunigte die Revolte der Journalisten gegen Jahrzehnte der Zensur den Zusammenbruch der kommunistischen Macht, indem sie deren Amtsmißbrauch schonungslos anprangerte. Im Westen weckten Reportagen über menschliches Leiden Sympathien für die Einheit, verdeckten aber ihre Probleme und Kosten. Im Ausland fanden die packenden Bilder bei der Bevölkerung Resonanz, lösten jedoch bei den Eliten besorgte Kommentare aus. Diese Art der Berichterstattung erschwerte das Verständnis des Prozesses und nährte Legenden von »heroischem Widerstand« oder einer »abgetriebenen Revolution«.[7]

Manche Aspekte des ostdeutschen Aufbruchs suggerierten eine optimistische Deutung der Vereinigung. Die Massenflucht und die friedlichen Proteste erschienen als Zeichen elementaren Freiheitsdrangs. Der Ruf nach Menschenrechten und Zivilgesellschaft stieß auch im Ausland auf Resonanz, weil er universalen Vorstellungen entsprach. Der überfällige Sturz Honeckers löste allgemein Freude aus, da er die Überwindung der post-stalinistischen Erstarrung versprach. Im Gegensatz zum Versagen der Nachfolger weckte der Runde Tisch durch seine Träume eines Dritten Wegs besonders bei Intellektuellen Sympathie. Obwohl Dissidenten die Bonner Einmischung kritisierten, sah die Märzwahl wie ein eindeutiges Plebiszit für den Westen aus. Zur Erleichterung ausländischer Beobachter fand der Drang nach der deutschen Einheit ohne nationalistische Exzesse statt.[8]

Der rasche Abschluß des Vereinigungsprozesses machte es möglich, ihn als »großen Erfolg« zu feiern. Den davon profitierenden Geschäftsleuten und vielen Bürgern erschien die Einführung der DM als Öffnung des Tores zum gelobten Land des westlichen Konsums. Im Gegensatz zu den Konfrontationen des Kalten Krieges hatten die bilateralen Vereinbarungen mit der Sowjetunion und die multilateralen Zwei-Plus-Vier-Verträge den Charakter echter Kompromisse. Obwohl der Einigungsvertrag viel öffentliche Kritik auslöste, erlaubte er einen geordneten Beitritt der fünf neuen Länder, der den Umbruch etwas abfederte. Die juristische Bestätigung des Verlustes der Ostgebiete schuf das westlichste Deutschland der neueren Geschichte. Im Gegensatz zu Bismarcks kriegerischer Reichsgründung von 1871 war die zweite Vereinigung bemerkenswert friedlich, demokratisch legitimiert und international akzeptiert.[9]

Andere Dimensionen des Umbruchs legten eher pessimistische Interpretationen nahe. So bezeichneten in der DDR zurückgebliebene Dissidenten die in den Westen Ausreisenden als krasse Materialisten, während Bonner Politprofis die Regimekritiker allzuoft als konfuse Idealisten abqualifizierten. Eine skeptische Bevölkerung verstand krampfhafte Versuche von Krenz, die SED zu modernisieren, als flagranten Opportunismus. Diejenigen, welche den Sozialismus durch Demokratisierung retten wollten, betrachteten die Implosion ihres Staates als ein unnötiges Resultat einer internationalen Verschwörung. Naturgemäß beklagten die Verlierer das Resultat der Abstimmung im März als eine durch falsche Wohlstandsversprechungen gestohlene Wahl.[10] Weil die Wende bestehende Interessen und Ideologien gefährdete, konnte bei einer so grundlegenden Veränderung Kritik nicht ausbleiben.

Viele von ihr Bedrohte erlebten die Vereinigung als eine Katastrophe. Arbeitslose oder Mieter sahen die Währungsunion als kapitalistische Landnahme und fürchteten ein ökonomisches Debakel. Linke Parteigänger einer grundsätzlicheren Verfassungsreform lehnten den schnellen Beitritt nach Artikel 23 des Grundgesetzes als Anschluß ab, und Marxisten kritisierten die Verhandlungen mit der schwachen russischen Regierung als ein westliches Diktat. Dissidenten der ersten Stunde griffen den Einigungsvertrag als von Beamten betriebene Überstülpung einer fremden Rechtsordnung an, während Intellektuelle den Verlust ostdeutscher Identität sowie die geistige Kolonisierung bedauerten. Diese verbreiteten Vorwürfe wiesen auf den hastigen, neo-liberalen und bürokratischen Charakter der Vereinigung zwischen zwei so ungleichen Partnern hin.[11] In der Realität wie der Verarbeitung des raschen Zusammenschlusses waren daher positive und negative Elemente untrennbar miteinander verknüpft.

Eine weniger parteiische Perspektive versteht die Vereinigung als das Resultat eines außerordentlichen Zusammenwirkens von vier Faktoren. Die wichtigste Voraussetzung war zweifellos der Zusammenbruch des Kommunismus in Osteuropa. Die lange hinausgezögerte Auflösung des Sowjetsystems erwies sich als unaufhaltsam, da sie gleichzeitig an allen Fronten stattfand. Weil die Kommandowirtschaft den Übergang von schwerindustriellen Strukturen zu Dienstleistungen und Informationstechnologien nicht schaffte, stagnierte der Lebensstandard und verloren marxistische Versprechungen ihre Glaubwürdigkeit. Die Rhetorik des demokratischen Zentralismus konnte die arbeitenden Massen nicht länger überzeugen, eine post-stalinistische Parteidiktatur zu akzeptieren. Schließlich wurde für Intellektuelle der wachsende Widerspruch zwischen anti-faschistischer, humanitärer Ideologie und elitärer, repressiver Praxis unerträglich.[12]

Gorbatschows mutige Versuche, den Kommunismus durch Reformen zu retten, beschleunigten letztlich nur seinen Kollaps. In der Sowjetunion selbst weichte Perestroika die autoritären Strukturen auf und belebte Glasnost die öffentliche Diskussion, ohne fundamentale wirtschaftliche Schwierigkeiten beheben zu können. In Osteuropa ermutigte das russische Beispiel Reformkräfte in den regierenden Parteien zu Experimenten mit größeren Freiheiten, welche von lange bestehenden Dissidentenkreisen genutzt wurden. Auch in der sorgfältig abgeschirmten DDR verstärkten polnische Konzessionen an Solidarnosč und ungarische Reformversuche die Erosion der Loyalität gegenüber dem eigenen Regime. Als Gorbatschow von der Breschnjew-Doktrin abrückte und den Satelliten Entwicklungsfreiheit einräumte, entzog er der SED die lebensnotwendige militärische Unterstützung.[13]

Eine zweite Bedingung war die durch Aufweichung des Kommunismus möglich gewordene Bürgerrevolution in der DDR. Erst das späte, aber um so dramatischere Aufbegehren in Ostdeutschland stürzte die post-stalinistische Diktatur und ermöglichte die Artikulierung der lange unterdrückten Wünsche der Bevölkerung. Im demokratischen Aufbruch wirkten ironischerweise drei Handlungsstränge unterschiedlicher Provenienz zusammen: Die auf Verbesserung des persönlichen Lebens gerichtete Massenflucht forderte die Gerontokratie heraus; die Demonstrationen der auf Menschenrechte drängenden Dissidenten destabilisierten das Regime; der Putsch einer jüngeren, flexibleren SED-Führungsgeneration erzwang schließlich Honeckers Sturz. Wegen ihrer entgegengesetzten Ziele mußte die Schaffung einer politischen Öffentlichkeit dann zwischen diesen Richtungen einen harten Kampf um die Macht auslösen.[14]

Gegen seine eigenen Intentionen unterminierte der demokratische Aufbruch die Legitimität der DDR. Durch weitgehende politische und wirtschaftliche Reformen hofften Partei-Reformer um Modrow, die kommunistische Ideologie und die Eigenstaatlichkeit Ostdeutschlands zu retten. Auf ihrer Suche nach einer teils nachholenden, teils vorwärtsschauenden Zivilgesellschaft, ging die Bürgerbewegung ebenfalls von der Existenz einer unabhängigen, sozialen und demokratischen DDR aus. Da die Grundsatzdebatten des Runden Tischs über einen Dritten Weg den Bevölkerungswünschen nach sichtbaren Verbesserungen zu wenig entgegenkamen, wandte sich nach der Maueröffnung die Mehrheit von einer Reform des Sozialismus ab. Im ersten demokratischen Wahlkampf versuchten die gewendeten Blockparteien wie die konservativen Neugründungen, diese lange unterdrückten und nun elementar aufbrechenden Gefühle durch Propagierung der Vereinigung anzusprechen.[15]

Ein dritter Aspekt, der den deutschen Fall von dem osteuropäischen Muster unterschied, war die nationale Solidarität. Appelle an die gemeinsame Nationalität beschleunigten die post-kommunistische Transformation durch den Beitritt zur BRD. Die neugeschaffene DDR-Öffentlichkeit erlaubte die Artikulation von unterdrückten Gefühlen, die durch die gesamtdeutsche Rhetorik und Übersiedleranreize der Bundesrepublik verstärkt wurden. Der Drang nach Einheit kam weniger aus nationalem Überschwang als aus der kühlen Einsicht, daß der schnellste Weg zu einem besseren Leben über Bonn führte. Gegen die Wünsche der

PDS und der Bürgerbewegung legitimierte die Märzwahl die Vereinigung und schob die Initiative der Bundesregierung zu. Obwohl westdeutsche Politiker kaum darauf vorbereitet waren, nahmen sie die Herausforderung aus nationaler Verantwortung heraus an.[16]

Die Koalition bearbeitete die öffentliche Meinung im Westen intensiv, um ihrer Vereinigungspolitik eine Mehrheit zu sichern. Zwar besaßen die ältere Generation, konservative Kreise und frühere Flüchtlinge noch einen Sinn für nationale Verantwortung, aber die Jugend, linksgerichtete Gruppen und die Intellektuellen dachten in post-nationalen Begriffen. Daher griff das Kabinett auf Artikel 23 des Grundgesetzes zurück, der Bonn keine andere Wahl ließ, als dem ostdeutschen Beitrittsgesuch zu entsprechen. Um Widerstände zu überwinden, ging die Regierung in zwei Schritten vor, die mit der Währungsunion einsetzten und dem Einigungsvertrag abschlossen. Zur Machtsicherung handelten Kohl und Genscher die Bedingungen in Spitzengesprächen aus, die dem Resultat einen konservativen Anstrich gaben. Nur ein unbestrittenes Gefühl nationaler Zusammengehörigkeit konnte die Anstrengungen der Vereinigung rechtfertigen.[17]

Die vierte Dimension war die Verbesserung der Ost-West-Beziehungen, die eine internationale Zustimmung möglich machte. Nach dem verlorenen Weltkrieg verfestigte der Kalte Krieg die provisorische Aufteilung des Landes. Aber gegen Ende der achtziger Jahre erlaubte die von persönlichem Vertrauen zwischen Gorbatschow und Bush getragene Entspannung zwischen den Supermächten ein konstruktives Wiederaufgreifen der deutschen Frage. Während die amerikanische Führung die Vereinigung in diplomatischen Gesprächen energisch unterstützte, erleichterte Washingtons öffentliche Zurückhaltung Moskau die Billigung von Konzessionen, da sie den Schein eigener Entscheidung wahren half. Der durch Abrüstungsfortschritte symbolisierte Rückgang der Ost-West-Spannung war eine unabdingbare Voraussetzung für die Überwindung der Konfrontation und den abschließenden Erfolg.[18]

Der deutsche Beitrag zur Entspannung war der Abbau von osteuropäischen Hegemonieängsten durch die sozial-liberale Ostpolitik. Gleichzeitig beruhigte die Bonner Verankerung in NATO wie EG den Westen und schuf eine multilaterale Vertrauensbasis, welche die Wiederkehr eines deutschen Nationalstaats entschärfte. Indem Genscher die Teilung als Hindernis beim Aufbau eines gemeinsamen europäischen Hauses darstellte, überzeugte er die Nachbarn, daß weitere Integration die Wiedervereinigung verlange. Auf Gipfeltreffen zwischen Staatschefs und in Geheimdiplomatie auf der Außenminister-Ebene argumentierte die Bonner Regierung für die Vereinigung, so daß die Resultate ihrer bilateralen Verhandlungen in multilateralen Verträgen festgelegt werden konnten. Der behutsame, in breitere Bezüge eingebettete Umgang mit der wachsenden deutschen Wirtschaftsmacht erleichterte die äußere Akzeptanz der Einheit.[19]

Die besondere Dramatik des Vereinigungsprozesses beruhte auf seiner rasanten Geschwindigkeit. Nach Jahrzehnten diplomatischer Stagnation mußte jede Bewegung nicht nur befreiend, sondern auch bedrohlich wirken. Während Gegner der Einheit auf die Gefahren eines unkontrollierten Geschehens hinwiesen, betonten Befürworter die Notwendigkeit, eine begrenzte, nie wiederkehrende Chance zu nutzen. In der Entwicklung von Aufbruch zur Einheit beschleunigten sich die Ereignisse mehrere Male. Der erste, überraschende Durchbruch im Oktober und November 1989 führte zum Triumph der Bürgerrevolution in der DDR. Zwischen der Duldung der Leipziger Demonstrationen und der Öffnung der Mauer beendete die Bevölkerung das poststalinistische System und erzwang den Anfang einer Demokratisierung.[20] Dieser Riß in den Verkrustungen löste eine Kettenreaktion aus, die sich schließlich als unaufhaltsam erwies.

Die zweite Akzeleration im Januar und Februar 1990 brachte den ostdeutschen Teilstaat zum Einsturz. Der Sturm des Stasi-Hauptquartiers, das Versagen der Planwirtschaft, die sowjetische Billigung einer Konföderation und der Vorschlag von Zwei-Plus-Vier-Verhandlungen verlagerten die Priorität von der Erneuerung des Sozialismus zur Wiedervereinigung. Die dritte Beschleunigung im Juli und August bestimmte die Art und Weise des Beitritts zur Bundesrepublik. Währungsunion, Kaukasus-Vereinbarungen und Einigungsvertrag legten die wirtschaftlichen, diplomatischen und innenpolitischen Bedingungen des östlichen Eintritts in das westliche System fest. Während der Sturz Honeckers den Zeithorizont der Vereinigung von Jahrzehnten auf Jahre verkürzte, reduzierte die Implosion der DDR den Fahrplan auf Monate und verringerten die Durchbrüche im Sommer die Fristen auf Wochen.[21]

Dieser Zeitdruck war in den Ereignissen selbst angelegt, wurde aber von Politikern noch verschärft. Der erste Anstoß kam zweifellos von der ostdeutschen Bevölkerung, denn es waren Flüchtlinge und Dissidenten, die den Sturz des verhaßten SED-Regimes einleiteten. Anfangs wußte Bonn nicht so recht, wie es reagieren sollte, bis Bundeskanzler Kohl in seinem umstrittenen Zehnpunkteplan die diffusen Hoffnungen auf eine Wiedervereinigung lenkte. Mit solcher Unterstützung von außen wandte sich die schweigende Mehrheit der Ostdeutschen von der Erneuerung der DDR ab, forderte die Vereinigung mit den wohlhabenderen Vettern im Westen und wählte die heterogene »Allianz für Deutschland«, um den Beitritt zu organisieren. Obwohl Wirtschaftsverfall, Auflösung der Ordnung und Autoritätsverlust der Regierung weitreichend waren, hatten andere Regime noch schlimmere Krisen überlebt, so daß der Zusammenbruch der DDR letztlich psychologisch bedingt war.[22]

Westdeutsche Manipulation verwandelte echte ostdeutsche Ungeduld in eine Taktik zur Erreichung diplomatischer Konzessionen. Die auf den Kollaps des SED-Regimes folgenden diplomatischen, finanziellen und juristischen Auseinandersetzungen übergaben die Initiative dem Bonner Kabinett, das den weiteren Prozeß bestimmte. Mit dem Argument der drohenden Auflösung der DDR und dem Hinweis auf den in der Märzwahl manifestierten Mehrheitswillen konnten Kohl und Genscher wiederholt Stockungen in den internationalen Verhandlungen überwinden. Auch Präsident Bush und Außenminister Baker drängten auf eine schnelle Vereinigung, um die ungewohnt günstige Konstellation zu nutzen und den Widerstand der Verbündeten wie der Sowjets zu überwinden. Seit dem Frühjahr 1990 hielten alle Beteiligten die Herbeiführung der Einheit für einen raschen Prozeß, der nur noch zu beeinflussen, nicht aber aufzuhalten war.[23]

Trotz der Enttäuschung seiner Urheber war dieser Umbruch in dreifacher Hinsicht revolutionär. Unbewußt trug der Aufbruch der ostdeutschen Bevölkerung das unerfüllte Erbe der liberalen, nationalen und sozialen Befreiungsversuche von 1848 und 1918 mit sich. Als Reaktion auf SED-Repression konzentrierte sich die Anfangsphase vom Herbst 1989 auf die Wiedergewinnung der bürgerlichen Menschenrechte und die Gestaltung einer post-industriellen Zukunft. Als Königsweg zu einem besseren Leben hoffte die zweite Phase im Frühjahr 1990 auf eine Wiederherstellung der staatlichen Einheit, die durch die Verbrechen des Dritten Reichs verspielt worden war. Als Mittel für ein schnelles Zusammenwachsen brachte die dritte Phase, die im Sommer begann, eine soziale Transformation von oben und außen, die den Osten in eine westliche Marktwirtschaft und Demokratie verwandeln sollte.[24]

Jedes Stadium dieser deutschen Revolution hatte verschiedene Protagonisten und Ziele. Durch ihre mutige Forderung einer demokratischen Zivilgesellschaft setzte die Bürgerbewegung das anfängliche Aufbegehren der Bevölkerung gegen das post-stalinistische System in Gang. Mit ihrem Wunsch nach dem Wohlstand der sozialen Marktwirtschaft leitete die schweigende Mehrheit danach die nationale Wende zur Wiedervereinigung ein. In ihrem Versuch, das westdeutsche Modell in die neuen Länder zu exportieren, beschleunigte die Bonner Regierung schließlich den Prozeß der Umgestaltung und des Zusammenwachsens. Trotz gravierender Unterschiede ging jede dieser Phasen aus der vorherigen hervor, veränderte aber ihre Stoßrichtung und führte dadurch zu einem nicht vorherzusehenden Resultat. Wie in früheren deutschen Revolutionen vermengten sich im Umbruch von 1989/90 revolutionäre mit nationalen und sozialen Aspekten.[25]

Der Übergang von revolutionärem Aufbruch in nationale Vereinigung kam für die Beteiligten höchst unerwartet. Noch mehr als die ostdeutsche Revolte überraschte die Wiederherstellung der Einheit, da die Greuel des Holocausts und die Konfrontationen des Kalten Krieges den Nationalstaat tabuisiert zu haben schienen. Nach meßbaren Indikatoren hatte der Mauerbau die Kommunikation zwischen Ost- und Westdeutschland auf ein zwischen innerstaatlichem und internationalem Austausch liegendes Niveau reduziert. Daher fiel in Meinungsumfragen die Erwähnung von Wiedervereinigung als »der wichtigsten Frage« von über 40% auf 1% in den siebziger Jahren. Trotz menschlicher Bindungen, kultureller Gemeinsamkeiten und dem Grundgesetzauftrag hielten zwei Drittel der Westdeutschen eine Vereinigung während der achtziger Jahre für schlichtweg »unmöglich«.[26] Nur der Kollaps der DDR gab der Einheit wieder eine Chance und machte ihre Anziehungskraft für viele unwiderstehlich.

Aus historischen Gründen hatte die unverhoffte Vereinigung dennoch eine gewisse Logik für sich. Trotz seiner Konflikte bot der Bismarcksche Nationalstaat auch seinen Kritikern ein gewisses Modell für ein Zusammenleben der Deutschen. Sogar die Gründer der SED hofften auf ein kommunistisches Gesamtdeutschland und hielten eine unabhängige DDR für die zweitbeste Lösung. Im Osten versprach sich die Mehrheit vom Beitritt zur erfolgreichen BRD den schnellsten Ausweg aus ihren Schwierigkeiten. Im Westen bot menschliche Solidarität der Kohl-Regierung die Möglichkeit, ihre Wahlchancen durch nationale Themen zu verbessern. Um die Wiederherstellung des Nationalstaats akzeptabel zu machen, setzte Bonn auf einen durch Föderalismus und europäische Integration geläuterten Patriotismus. Da die Jugend in beiden Teilen separate Identitäten entwickelte, kam die Einheit im letzten Moment, an dem sie noch politisch machbar war.[27]

Die Vereinigungskrise

Trotz großer Hoffnungen erwies sich die Herstellung der inneren Einheit als schwieriger denn die staatliche Vereinigung. Der Beitritt der fünf neuen Bundesländer hatte eigentlich nur die äußeren Probleme nach innen verlagert, ohne sie einer Lösung näher zu bringen. Erst als Ostdeutsche ungehindert auf Westdeutsche trafen, konnten beide merken, wie verschieden ihre Welten inzwischen geworden waren. In den vier Jahrzehnten der Trennung hatten sich Lebensumstände, institutionelle Gepflogenheiten und persönliche Meinungen weit auseinanderentwickelt. Unvorhergesehene Schwierigkeiten verlängerten den Zeitraum der Integration von Wochen auf Monate, von Monaten auf Jahre, von Jahren auf Jahrzehnte. Statt Freude und Zufriedenheit brachte der Beitritt Ostdeutschlands daher eine hartnäckige Vereinigungskrise.[28]

Die erheblichen Umstellungsprobleme waren teils unvermeidbar, teils selbst geschaffen. Einerseits war das Erbe der SED, wie z. B. die Industrie, in wesentlich schlechterer Verfassung als angenommen. Auch kamen jetzt erst viele geheimgehaltene Schäden wie die Verschmutzung von Luft, Wasser und Boden ans Licht. Andererseits behinderten Fehler des raschen Zusammenschlusses, wie z. B. die Rückgabe von Grundbesitz an seine früheren Eigentümer, unnötigerweise den Wiederaufbau. Auch rächte sich jetzt, daß die auf Wahlerfolg bedachte liberal-konservative Koalition systematisch die Kosten und Probleme der notwendigen Sanierungsmaßnahmen unterschätzt hatte. Obwohl die Politiker auf die Verbesserung der Infrastruktur stolz waren, schlug die Hochstimmung in Niedergeschlagenheit um.[29]

Hauptursache der Krise war der wirtschaftliche Zusammenbruch in Ostdeutschland. Der atemberaubende Rückgang der Industrieproduktion und der Verlust von Arbeitsplätzen waren »eine ausgesprochene Katastrophe« mit noch verheerenderen Auswirkungen als die Weltwirtschaftskrise. Nur die Ausdehnung des sozialen Netzes von Arbeitslosengeld und Umschulung verhinderte eine soziale Explosion. Der drastische Rückgang des Osthandels, der überhöhte Umtauschkurs und die Rückgabe des Eigentums behinderten einen Aufschwung. Die Privatisierungspolitik der Treuhand zerschlug zwar die Großkombinate, berücksichtigte aber die Erhaltung von regionalen Schlüsselindustrien zu wenig. Neue Investitionen flossen nur spärlich, da die Produktion an anderen Standorten mit weniger Risiko vergrößert werden konnte. Auch erhöhte der Druck der Gewerkschaften auf gleiches Gehalt wie im Westen innerhalb weniger Jahre die ostdeutschen Lohnkosten zu schnell.[30]

Die Regierung Kohl reagierte nur langsam auf die Probleme, da sie Steuererhöhungen vermeiden wollte. Erst im März 1991 regte sie ein »Aufschwung Ost«-Programm an, das einen Solidaritätszuschlag von 7,5% einführte, Anleihen für Infrastrukturmaßnahmen aufnahm und besondere Investitionsanreize schuf. Verspätet realisierten die Bonner Politiker, daß sie jährlich etwa 150 Mrd. DM für den Wiederaufbau in den Osten transferieren mußten. Obwohl sich Bauwirtschaft und Dienstleistungen bald erholten, ging die Produktion in Landwirtschaft und traditionellen Industrien weiter zurück. Gleichzeitig schlug die Vereinigungskonjunktur im Westen durch öffentliche Schulden und deflationäre Zinserhöhungen in eine Rezession um. Als der Aufschwung auch im Frühjahr 1993 ausblieb, war ein neuer »Solidarpakt« notwendig, der den Zerfall der Industrie stoppte und ein zaghaftes Wachstum anregte.[31]

Die Umstrukturierung von ostdeutschen Institutionen wie Universitäten oder wissenschaftlichen Akademien war ebenso frustrierend. Obwohl diese überbesetzten Einrichtungen manche hervorragende Arbeit geleistet hatten, waren sie von Stasi-Informanten und inkompetenten Forschern durchsetzt. Anfangs versuchten Kritiker von innen zu reformieren, während Opportunisten das Fach Marxismus-Leninismus durch Etikettenwechsel in Politikwissenschaft verwandelten. Trotz Proteste gegen eine solche »geistige Enthauptung« »wickelten« daraufhin die neuen Landesregierungen ideologisch belastete Bereiche wie »das kommunistische Weltsystem« »ab«. Um international wettbewerbsfähig zu werden, evaluierten westliche Gutachter die akademische Qualität und setzten Bürokraten die finanzielle Ausstattung fest.[32]

Der schmerzhafte Erneuerungsprozeß brachte gemischte Resultate. Enttarnte Stasi-Mitarbeiter wurden schnell entlassen, viele ältere Wissenschaftler gingen in den Vorruhestand, und manche jüngere Kollegen verloren ihre Stellen, so daß sie sich mit Arbeitsbeschaffungsmaßnahmen durchkämpfen mußten. Die Akademieinstitute wurden aufgelöst, aber die besten Projekte und Mitarbeiter wurden in neugeschaffene kleinere Zentren überführt oder Hochschulen angegliedert. In den Universitäten erwies sich die Erneuerung des Lehrpersonals als kontrovers. In den Geisteswissenschaften wurden ganze Fachbereiche durch westdeutsche Forscher ersetzt. Doch in den Naturwissenschaften und der Medizin änderte sich wenig. Obwohl diese drakonische Veränderung viel Bitterkeit hinterließ, konnten die meisten kulturellen Institutionen ihre Arbeit auf reduziertem Niveau fortsetzen.[33]

Am schwierigsten war die psychologische Verständigung zwischen den neuen und alten Bundesbürgern. Trotz neuer Chancen kämpften viele Ostdeutsche mit dem Bruch ihrer Identität und schwankten in ihrem Bemühen um Anpassung zwischen Selbstmitleid und Trotz. Der Hallenser Psychotherapeuth Hans-Joachim Maaz beschrieb dies zwiespältige Gefühl: »Ich lebe in zwei Welten und bin in keiner wirklich zu Hause.« Durch die vielen neuen Anforderungen im Beruf und Privatleben waren die neuen Bürger oft desorientiert und »einfach überfordert«. Während Ostdeutsche ihre Bevormundung durch arrogante oder wohlmeinende »Besserwessis« kritisierten, ärgerten sich Westdeutsche über die Larmoyanz und Undankbarkeit der »Ossis« gegenüber ihrer finanziellen Unterstützung. Da »die Mauer im Kopf« weiterwirkte, würde es viel Geduld und Verständnis benötigen, sie abzutragen.[34]

Zur Erringung kultureller Hegemonie im geeinten Land polemisierten Intellektuelle über frühere Grenzen hinweg. Neo-Konservative feierten ihren ideologischen Sieg, während Linke dem Verlust ihrer marxistischen Utopie nachtrauerten. In einem veritablen »Literaturstreit« klagten westliche Kritiker bekannte ostdeutsche Schriftsteller wie Christa Wolf der Kollaboration mit dem SED-Regime an und qualifizierten ihre Werke als »Gesinnungsästhetik« ab. Gleichzeitig vergifteten Stasi-Enthüllungen die Atmosphäre, da Wolf Biermann den Dichter Sascha Anderson aus der Prenzlauerberg-Szene sarkastisch angriff, während die Gauck-Behörde den Brandenburger Ministerpräsident Stolpe der Zusammenarbeit beschuldigte. Der ständige Vergleich mit dem Dritten Reich machte solch bittere Kollaborationsdebatten zu einer Auseinandersetzung um die »doppelte Vergangenheitsbewältigung«. Statt die Vereinigung voranzutreiben, vertieften Intellektuelle die Gräben zwischen Ost und West sowie Links und Rechts.[35]

Ausmaß und Dauer der Krise überraschten, da Bismarcks Konflikte nach der ersten Vereinigung in Vergessenheit geraten waren. Ostdeutsche hofften, sofort alle Errungenschaften genießen zu können, welche die Bundesrepublik vier Jahrzehnte harter Arbeit gekostet hatten; Westdeutsche wollten nicht von ihren Gewohnheiten lassen und blickten auf die vorherige Ruhe mit einem Anflug von Wehmut zurück. Auch hatte die Überstürzung des Beitritts Probleme wie die Abtreibungsfrage oder die Verfassungsdiskussion hinterlassen, die nicht weiter aufgeschoben werden konnten. Die finanziellen Opfer zugunsten des Ostens, die das Grundgesetz mit seiner Klausel der Herstellung gleicher Lebensbedingungen verlangte, drohten den westdeutschen Konsens aufzukündigen, der auf der Verteilung von Zuwächsen beruht hatte.[36] Diese neuen Herausforderungen veränderten die innenpolitische Agenda und stellten die Bürger auf eine harte Probe.

Das geeinte Deutschland hatte auch Schwierigkeiten, eine neue internationale Rolle zu finden. Die Vereinigung verschob das Zentrum der Bundesrepublik vom Westen in die Mitte Europas, so daß sie nicht nur an Tschechien, sondern auch an Polen angrenzte. Während sich Moskaus Imperium auflöste und der sowjetische Staat zerbrach, gewann Deutschland an Territorium, Bevölkerung und wirtschaftlichem Potential. Dieses Zusammentreffen von russischem Niedergang und deutschem Machtzuwachs gab Bonn die Möglichkeit, seinen Einfluß auf die östlichen Nachbarstaaten auszudehnen. Die potentielle Hegemonie über Europa, die Wilhelm II. und Hitler vergebens mit militärischen Mitteln gesucht hatten, fiel Deutschland nun friedlich zu. Obwohl alte Ängste fortwirkten, erwarteten die Nachbarn im Osten materielle Hilfe und die Partner im Westen politische Führung.[37]

Die deutschen Politiker waren nicht auf diese Herausforderung vorbereitet, da sie ihre Interessen gern in moralistische Rhetorik kleideten. Nicht ganz zu Unrecht behaupteten konservative Kritiker, daß die Absage an die »Machtversessenheit« der Nazis zu einem diplomatischen Stil der »Machtvergessenheit« geführt habe, der so tat, als ob Macht zur Durchsetzung eigener Ziele nicht mehr notwendig sei. Die Wiedergewinnung der Souveränität beendete diese Flucht vor der Verantwortung, da sie die Strategie, wie »ein wirtschaftlicher Riese und ein politischer Zwerg« aufzutreten, unmöglich machte. Aber das Verständnis für diese neue außenpolitische Lage wurde dadurch erschwert, daß die Vereinigungskosten große Ressourcen verschlangen und Energien nach innen lenkten. Wegen ihrer multilateralen Einbindung in die NATO und EG waren sich die Deutschen unschlüssig, ob sie größere äußere Verantwortung annehmen sollten.[38]

In der Redefinition seiner weltpolitischen Rolle schwankte Deutschland daher zwischen internationalen Erwartungen und interner Zurückhaltung. Während Verbündete von der »europäischen Zentralmacht« stärkere Unterstützung erhofften, weigerte sich die deutsche Öffentlichkeit, sich machtpolitisch stärker zu engagieren. Der Golfkrieg wurde zum außenpolitischen Debakel, da die Ostdeutschen den westdeutschen Pazifismus verstärkten und eine verwirrte Regierung auf den Ausweg verfiel, ihre Glaubwürdigkeit durch die Zahlung eines Beitrags von 18 Mrd. DM wiederherzustellen.[39] Das Ausland hatte wenig Verständnis für die juristische Debatte über friedenserhaltende oder friedensschaffende Maßnahmen und interpretierte den Rekurs auf das Bundesverfassungsgericht bei der Entscheidung über Militäreinsätze als einen Schwächebeweis Bonner Politik. Der Anspruch auf einen permanenten Sitz im UNO-Sicherheitsrat verlangte eine größere Bereitschaft, sich an gemeinsamen Aktionen der internationalen Staatengemeinschaft zu beteiligen.[40]

Vor allem aus historischen Gründen erwies sich die Ausübung von regionaler Verantwortung als ebenso schwierig. In Osteuropa komplizierten schlimme Erinnerungen aus den Weltkriegen die Anwendung neuerer Erfahrungen des erfolgreichen deutschen Modells, und die Gewährung von Bonner Wirtschaftshilfe rief politische Ressentiments hervor. Dabei konnten es deutsche Investoren niemandem recht machen, denn wenn sie Betriebe durch DM-Investitionen modernisierten, kritisierten Nationalisten dies als wirtschaftlichen Imperialismus.[41] Im Auseinanderbrechen von

Jugoslawien spielte Bonn eine kontroverse Rolle, da es die Anerkennung slowenischer und kroatischer Selbstbestimmung forcierte, sich aber aus Erinnerung an Nazi-Untaten weigerte, zur Befriedung Bosniens direkt einzugreifen. Generell steckte die Bundesrepublik in einem unlösbaren Dilemma: Setzten sich die Deutschen für eine Sache ein, wurden sie des Gebrauchs von NS-Methoden beschuldigt; hielten sie sich zurück, wurden sie wegen fehlenden Führungswillens kritisiert.[42]

Sogar das Engagement für die weitere Integration Europas rief unerwartete Kritik hervor. Als Preis für die Zustimmung der Nachbarn zur Einheit sollte eine Europäisierung »die deutschen Ängste vor sich selbst und die Ängste der Nachbarn vor den Deutschen« beruhigen. Die Paketlösung des Maastrichter Gipfels von 1991 war ein mutiger Versuch, die Wiedererstarkung der Nationalstaaten durch die Vollendung der Währungsunion und die Intensivierung der politischen Zusammenarbeit zu verhindern.[43] Doch der EG-Alltag enttäuschte hochfliegende Erwartungen, denn im Gegensatz zu den Eliten hielten Normalbürger die Brüsseler Vorschriften für »bürokratisch, zentralistisch und undemokratisch«. Zwar retteten die französische Volksabstimmung und das englische Parlamentsvotum den unpopulären Vertrag, aber die deutsche Hochzinspolitik erschwerte die Herstellung einer gemeinsamen Währung. Auch in europäischen Fragen wie dem Konflikt über Vertiefung oder Osterweiterung der Gemeinschaft setzte eine deutsche Führungsrolle die Überwindung der Scheu vor einer klaren Definition eigener Interessen voraus.[44]

Schließlich mußte die Vereinigung auch die Beziehungen zu den beiden Hauptverbündeten, Frankreich und den Vereinigten Staaten, verändern. Die Vergrößerung Deutschlands erschwerte die Pariser Umarmungspolitik gegenüber dem Nachbarn und beendete die Bonner Gewohnheit, der französischen Führung fast automatisch zu folgen. Gleichzeitig verstärkte sie die schon 1988 einsetzende Tendenz Washingtons, sich in Europa hauptsächlich auf die Deutschen als »Partner bei der Führung« zu stützen. Trotz rhetorischer Versicherungen deutscher Bündnistreue sorgten sich die Amerikaner um ihren Einfluß in Bonn und betrachteten die ersten Versuche einer eigenständigen Politik gegenüber Osteuropa mit Skepsis. Nur durch selbstlose Vermittlung in den GATT-Verhandlungen konnte Bonn die Brüskierung eines der beiden Partner verhindern und dadurch einen Kompromiß erleichtern.[45]

Die Folgen der Machtverschiebung in der Mitte Europas lösten verständliche Besorgnis aus. Da ein stärkeres Deutschland weniger gefügig schien, notierten internationale Beobachter jedes Anzeichen von »neuer Eigenwilligkeit« mit Besorgnis. Während die Nachbarn den Abzug sowjetischer Truppen begrüßten, unterstützten sie die weitere Präsenz der Amerikaner als eine Art Versicherung für deutsches Wohlverhalten. Zwar reagierte Bonn mit symbolischen Handlungen wie der Schaffung eines »Eurocorps«, aber erst der Umgang mit dem gewachsenen Einfluß würde die Bedenken wirklich zerstreuen können. Im Inland bemühten sich Kommentatoren, eine Diskussion über die größere außenpolitische Verantwortung anzufachen. Um »ein normaler Nationalstaat« zu werden, riet der Soziologe Wolf Lepenies, »selbstbewußt genug« zur Verfolgung deutscher Interessen zu werden, aber »bescheiden genug« zu bleiben, um dies mit Zurückhaltung zu tun.[46]

Wegen falscher Erwartungen saß der Schock der Vereinigungskrise tief. Ernüchtert stellten die Deutschen fest, daß die innere Entfremdung zwischen Ost und West kaum abnahm und die äußere Rolle des geeinten Staats umstritten blieb. Da Bundeskanzler Kohl nur widerwillig eigene Fehler einräumte und die Opposition ihre ideologische Verweigerungshaltung ungern aufgab, machte sich bei den Bürgern eine gewisse Politikmüdigkeit breit. Trotz solcher Parteikontroversen versuchten aber vernünftige Köpfe in allen Lagern die eigentlichen Probleme anzupacken. So drängte Ministerpräsident Biedenkopf darauf, den Wiederaufbau Ostdeutschlands als gemeinsame Aufgabe zu akzeptieren, und der Historiker Christian Meier warnte, daß die geistige Integration einen »Nations(neu)bildungsprozeß« verlange.[47] Die zukünftige Stabilität des demokratischen Nationalstaats hängt von der Überwindung dieser Anfangsschwierigkeiten ab.

Auf der Suche nach Identität

Die Vereinigung hat eine neue Antwort auf die alte Frage »Was ist des Deutschen Vaterland« gegeben. Der Beitritt des östlichen Teils zu dem westlichen Nachfolger des gesamtdeutschen Staats hat definitive, international anerkannte Grenzen geschaffen. Zwar ist die dritte Republik kleiner, homogener und westlicher als ihre Vorgänger, aber sie muß erst noch ihre innere und äußere Identität finden. Viele Ostdeutsche befürchten, mit ihrem Staat auch ihre Vergangenheit und ihr Selbstbewußtsein verloren zu haben. Manche Westdeutsche verlangen, ihre eigenen Institutionen und Gewohnheiten einfach fortzuschreiben. Aufgrund dieser widerstreitenden Gefühle stehen die alten und neuen Bürger vor wichtigen Entscheidungen über die Grundrichtung ihres zukünftigen Selbstverständnisses.[48]

Erfreut begrüßt die Rechte die Einheit als Gelegenheit, einen »neuen Patriotismus« zu predigen. Trotz der Gefahr, damit radikalen Strömungen Vorschub zu leisten, propagieren auch gemäßigte Konservative wieder Pflichtbewußtsein und Opferwillen als Nationaltugenden. Zur Bewältigung der Umstellung bieten sie eine wettbewerbsorientierte Marktwirtschaft und einen »verantwortlichen Umgang mit der Macht« an.[49] Dagegen fühlt sich eine deprimierte Linke von den Rezessionsproblemen und dem Wiederaufflammen des Chauvinismus bestätigt. Progressive Kreise versuchen die Zivilgesellschaft zu stärken und kritisieren die Illusion einer neuen Normalität. Da die Einheit besonders viele Frauen arbeitslos gemacht hat, warnen Feministinnen vor einer Restauration patriarchalischer Verhältnisse.[50] Wird die Vision eines neuen Nationalismus oder einer post-nationalen Verantwortung die Identität des neuen Deutschland bestimmen können?

Die Diskussion über die Bundeshauptstadt illustriert dieses Identitätsdilemma. Da die Meinungen zwischen Bonn und Berlin geteilt waren, zögerte die Bundesregierung die Entscheidung bis zum 20. Juni 1991 hinaus. Ein von Fraktionsdisziplin befreiter Bundestag lieferte eine der eindrucksvollsten Debatten seiner Geschichte. Mit viel Emotion argumentierten die Befürworter Berlins für die alte Reichshauptstadt, beriefen sich auf jahrzehntelange Versprechungen und wiesen auf die Signalwirkung eines Wechsels für die neuen Bundesländer hin. Dagegen bestanden die Vertreter Bonns ebenso vehement darauf, daß ihre »kleine Stadt am Rhein« einen Bruch mit der Vergangenheit repräsentiere, ein Umzug unzumutbare Kosten verursachen würde und das permanente Provisorium die Westwendung des demokratischen Nachkriegsdeutschlands symbolisiere.[51]

Die Fronten in der Hauptstadtkontroverse gingen quer durch alle Parteien. Allgemein sprachen sich ältere, östliche und gemäßigte Politiker für die Rückkehr an die Spree aus, während jüngere, westliche und linke Parlamentarier eher am Rhein bleiben wollten. Da die Berlin-Lobby zu verlieren befürchtete, schlug sie einen Kompromiß vor, der nur die wichtigsten Ministerien bewegen, die restlichen Dienststellen aber in Bonn belassen sollte. Schließlich gab ein gefühlsbetonter Appell Wolfgang Schäubles den Ausschlag: »In Wahrheit geht es um Deutschlands Zukunft.« Zur allgemeinen Überraschung gewann Berlin die Abstimmung knapp mit siebzehn Stimmen, was der zynischen Vermutung Raum gab, daß diese Mehrheit nur aus Helmut Kohl und der PDS bestanden habe. Mit dieser Entscheidung wählte das vereinte Deutschland die historische Kontinuität, ohne seine Westbindung aufzugeben.[52]

Ein weiterer Brennpunkt der Identitätsdebatte ist die Frage, wer ein Deutscher sein sollte. Wegen ihrer späten Nationalstaatsbildung hatten die Deutschen einen ethnischen Nationalitätsbegriff entwickelt, der das Staatsbürgerrecht seit 1913 auf dem *jus sanguinis* gemeinsamer Abstammung aufbaut. Zur Wiedergutmachung nationalsozialistischen Unrechts nahm die Bundesrepublik nach 1945 einen liberalen Asylparagraphen ins Grundgesetz auf, der fast alle Flüchtlinge akzeptierte. Diese doppelte Aufnahmebereitschaft verursachte im Jahre 1992, als etwa 250000 Volksdeutsche und 438000 Asylbewerber einreisten, eine akute Krise, die kommunale Ressourcen überstieg. Zwar hat der umstrittene Kompromiß der Begrenzung der Rückwandererzahl und der Abschiebung von Wirtschaftsflüchtlingen den Andrang drastisch verringert. Aber das ideologische Patt zwischen Konservativen, die Volksdeutsche, jedoch keine Fremden wollen, und Linken, die das Gegenteil anstreben, blockiert eine Anerkennung der neuen Rolle von Deutschland als Einwandererland.[53]

Auch der Ausbruch von Fremdenhaß in der Bevölkerung ist ein Anzeichen von innerer Unsicherheit. Besonders ost-, aber auch westdeutsche Jugendliche, die sich in Schule und Arbeitsplatz überfordert fühlen, sind zu Skinheads geworden und haben neonazistische Symbole adoptiert. Da die Polizei kaum einschritt, griffen sie fast täglich vietnamesische Gastarbeiter oder türkische Familien an und verübten 1992 insgesamt 2200 Ausschreitungen mit siebzehn Todesopfern. Aus Empörung über diese Gewaltwelle haben zwar besorgte Bürger spontane Sympathiekundgebungen für ihre ausländischen Freunde organisiert. Als Hunderttausende in Großstädten mit Kerzen für Toleranz demonstrierten, haben sich endlich auch Politiker und Manager von der Ausländerfeindlichkeit distanziert, um den internationalen Ruf des Landes zu retten.[54] Aber die Fortsetzung von Gewalttaten trotz des härteren Durchgreifens der Behörden illustriert, daß das deutsche Bewußtsein weiterhin zwischen Fremdenhaß und Weltoffenheit schwankt.

Paradoxerweise hat die Einheit neue Spannungen zwischen den alten und neuen Bundesländern geschaffen. Auch wenn es bereits in früheren Jahrhunderten ein sozio-kulturelles Gefälle von West nach Ost gab, hat erst die Überwindung der Teilung die alte Zonengrenze zu einer neuen Bruchlinie innerhalb Deutschlands gemacht. Dabei sind die materiellen Unterschiede im Lebensstandard nicht einmal am gravierendsten, da sie von einer Fortsetzung des im Osten deutlich höheren Wirtschaftswachstums in voraussehbarer Zeit weitgehend ausgeglichen werden können. Schwieriger noch sind die aus Verletzungen des östlichen Selbstwertgefühls entstandenen Ressentiments, die sich in trotziger (N)-Ostalgie äußern. Der durch die »Rote-Socken«-Kampagne der Bundesregierung mit verursachte Erfolg der PDS bei den Bundestagswahlen von 1994 illustriert eine verbreitete Abwehrhaltung gegen westliche Vereinnahmungen.[55] Es bleibt daher weiter offen, ob sich dieses wiederentstandene ostdeutsche Wir-Gefühl in die vergrößerte Bundesrepublik eingliedern wird.

Dennoch verbergen sich hinter den negativen Schlagzeilen einige positive Anzeichen einer im Entstehen begriffenen gesamtdeutschen Identität. Viele Westdeutsche, die sich beim Aufbau des »wilden Ostens« praktisch einsetzen, sind bereits zu »Wossis« geworden, einer neuen Legierung aus bundesrepublikanischer Energie und östlicher Solidarität. Manche ostdeutsche Kleinunternehmer haben eine ähnliche Mischung geschäftlichen Muts und menschlichen Verständnisses entwickelt. Ebenso bildet sich in der intellektuellen Auseinandersetzung zwischen den Extremen der post-nationalen Verweigerung und der unkritischen Re-Nationalisierung langsam eine Mittelposition eines demokratischen und weltoffenen Patriotismus heraus. Wenn die innere Vereinigung gelingen soll, müssen sich solch konstruktive Ansätze verstärken und die Bürger der alten und neuen Bundesländer versuchen, ihre unterschiedlichen Erfahrungen und Verhaltensweisen besser zu verstehen.[56]

Hat die Vereinigung von 1990 die deutsche Frage endgültig beantwortet? Die Wiederkehr eines Nationalstaats bietet Deutschland eine unverhoffte »zweite Chance«, seine alten Probleme zu lösen. Der Kollaps des Kommunismus macht es möglich, den Wechsel der politischen Systeme vom Zweiten zum Dritten Reich durch das Modell einer westlichen parlamentarischen Demokratie zu beenden. Die freiwillige Bestätigung der verkleinerten Grenzen kann das Problem der territorialen Ausdehnung ohne Sorge vor einem zukünftigen Revisionismus im Osten lösen. Nach zwei verfehlten Hegemonieversuchen wird eine demokratische Bundesrepublik ihre Macht wahrscheinlich rücksichtsvoller ausüben als ihre aggressiven Vorgänger. Solche Mäßigung sollte dem traditionellen »Sonderweg« ein Ende setzen und das geeinte Deutschland schrittweise in einen »normalen« europäischen Staat verwandeln.[57]

Trotzdem kann sich ein Aufatmen als verfrüht erweisen, denn die Wende von Revolution zur Nation hat neue Besonderheiten geschaffen. Gegen einen vorschnellen Optimismus warnt Ex-Kanzler Helmut Schmidt: »Wir sind noch kein normales Volk.« Da die Vereinigung das historische Gefälle von West zu Ost wiederbelebt hat, werden die Angleichung der Lebensverhältnisse und die psychologische Integration noch lange schwierig bleiben. Weil das erweiterte Deutschland das strukturelle Ungleichgewicht des letzten Jahrhunderts in Europa wiederhergestellt hat, ist es gleichzeitig zu groß zum harmonischen Zusammenleben mit seinen Nachbarn und zu klein für eine unumstrittene Vorherrschaft. In der »Meistererzählung« der deutschen Geschichte hat der Beitritt der DDR zur BRD das problematische Nachkriegskapitel der selbstverschuldeten Teilung abgeschlossen. Man kann nur hoffen, daß die vom geeinten Deutschland neu zu schreibenden Seiten eine glücklichere Fortsetzung bringen werden.[58]

Abkürzungsverzeichnis

ADN	Allgemeiner Deutscher Nachrichtendienst
AAZ	*Augsburger Allgemeine Zeitung*
APZG	*Aus Politik und Zeitgeschichte*
BA Po	Bundesarchiv Potsdam
BfdiP	*Blätter für deutsche und internationale Politik*
BPA Dok	Bundespresseamt Dokumentation
BR	*Bonner Rundschau*
BStU	Bundesbeauftragter für Stasi-Unterlagen
BZ	*Berliner Zeitung*
CEH	*Central European History*
DA	Demokratischer Aufbruch
DA	*Deutschland Archiv*
DBD	Demokratische Bauernpartei Deutschlands
DJ	Demokratie Jetzt
DPA	Deutsche Presseagentur
DSt	*Deutsche Studien*
DSU	Deutsche Soziale Union
EA	*Europa-Archiv*
FAZ	*Frankfurter Allgemeine Zeitung*
FDGB	Freier Deutscher Gewerkschaftsbund
FDJ	Freie Deutsche Jugend
FT	*Flensburger Tageblatt*
FR	*Frankfurter Rundschau*
GA	*Generalanzeiger* (Bonn)
GMH	*Gewerkschaftliche Monatshefte*
GPS	*German Politics and Society*
GSR	*German Studies Review*
HA	*Hannoversche Allgemeine*
HAbl	*Hamburger Abendblatt*
HB	*Handelsblatt*
IFM	Initiative für Frieden und Menschenrechte
KSA	*Kölner Stadt-Anzeiger*
KZSS	*Kölner Zeitschrift für Soziologie und Sozialpsychologie*
LDPD	Liberal-Demokratische Partei Deutschlands
LVZ	*Leipziger Volkszeitung*
MM	*Münchener Merkur*
MP	*Morgenpost* (Berlin)

MfS	Ministerium für Staatssicherheit
NCDDR	*Neue Chronik DDR*
ND	*Neues Deutschland*
NDPD	National-Demokratische Partei Deutschlands
NF	Neues Forum
NP	*Neue Presse*
NRZ	*Neue Ruhr Zeitung*
NYT	*New York Times*
NZ	*Neue Zeit*
NZZ	*Neue Züricher Zeitung*
OZ	*Osnabrücker Zeitung*
PDS	Partei des Demokratischen Sozialismus
RM	*Rheinischer Merkur*
RP	*Rheinische Post*
SAP	Stiftung Archiv der Parteien (Berlin)
Sbl	*Sonntagsblatt*
SDP	Sozialdemokratische Partei (DDR)
SED	Sozialistische Einheitspartei Deutschlands
Stasi	Staatssicherheit, vgl. MfS
SDZ	*Süddeutsche Zeitung*
StZ	*Stuttgarter Zeitung*
taz	*die tageszeitung*
TS	*Tagesspiegel*
UFV	Unabhängiger Frauenverband
VL	Vereinigte Linke
WamS	*Welt am Sonntag*
WAZ	*Westdeutsche Allgemeine Zeitung*
WP	*Washington Post*
WR	*Westfälische Rundschau*
WW	*Wirtschaftswoche*
ZfP	*Zeitschrift für Parlamentsfragen*
ZK	Zentralkomitee der SED

1 Gerd Meyer, »Die westdeutsche DDR- und Deutschlandforschung im Umbruch«, *DA* 25 (1991), 273-285; Michael Howard, »1989 – eine neue Zeitwende?« *EA* 14 (1989), 440f. Aus Platzgründen enthalten die Anmerkungen nur knappe Hinweise auf direkte Zitate oder wichtige Interpretationen.

2 Karl Dietrich Bracher, »Zeitgeschichtliche Anmerkungen zum ›Zeitenbruch‹ von 1989/90«, *NZZ*, 20. Jan. 1991; Klaus Tenfelde, »1914 bis 1990 – Einheit der Epoche«, *APZG* (1992), B 40: 3ff.; und Jürgen Kocka (Hg.), *Historische DDR-Forschung. Aufsätze und Studien* (Berlin 1993), 9ff.

3 Norman Birnbaum, »Ein Winter der deutschen Verwirrung«, *ZEIT*, 19. Feb. 1993; Umfrage; »Stärkste Partei: die Nichtwähler«, *Spiegel*, 1. März 1993.

4 Berliner Illustrierte (Hg.), *Deutschland. Die Stunde der Einheit* (Berlin 1990) sowie Karin und Karlheinz Lau (Hg.), *Deutschland auf dem Weg zur Einheit* (Braunschweig 1990).

5 *taz* (Hg.), *DDR-Journal zur Novemberrevolution* (Berlin 1989); Michael Schneider, *Die abgetriebene Revolution. Von der Staatsfirma in die DM-Kolonie* (Berlin 1990).

6 Geoffrey Barraclough, *An Introduction to Contemporary History* (New York 1965); H. G. Hockerts, »Zeitgeschichte in Deutschland. Begriff, Methoden, Themenfelder«, *APZG*, B 29/30: 3-19.

7 Cees Noteboom, *Berliner Notizen* (Frankfurt 1991), 123, 197ff.

8 Siehe die Videofilme über den Umbruch wie die vierteilige Serie, die vom *Spiegel* produziert wurde. Vgl. auch Georg Reuth und Andreas Bönte, *Das Komplott. Wie es wirklich zur deutschen Einheit kam* (Berlin 1993).

9 Jürgen Habermas, *Die nachholende Revolution* (Frankfurt 1990); Günter Grass, *Deutscher Lastenausgleich. Wider das dumpfe Einheitsgebot* (Berlin 1990).

10 Timothy Garton Ash, *The Magic Lantern* (New York 1990); Volker Gransow, »DDR – Bocksprung in die Zivilgesellschaft«, *BfdiP* (1989), No. 12; Ralf Dahrendorf, *Reflections on the Revolution in Europe* (New York 1990).

11 Hans Joas und Martin Kohli (Hg.), *Der Zusammenbruch der DDR. Soziologische Analysen* (Frankfurt 1993); Klaus von Beyme, »Transformationstheorie – ein neuer interdisziplinärer Forschungszweig?« *GG*, 20 (1994), 99ff. Peter Merkl, *German Unification in the European Context* (University Park, PA, 1993).

12 Thomas Nipperdey, »Die Deutschen dürfen und wollen eine Nation sein«, *FAZ*, 13. Juli 1990; Jürgen Kocka, »Revolution und Nation 1989«, *Tel Aviver Jahrbuch für deutsche Geschichte* 19 (1990), 479f.;

und Udo Wengst (Hg.), *Historiker betrachten Deutschland* (Bonn 1992).

13 Konrad H. Jarausch, »Towards a Social History of Experience«, *CEH* 22 (1990), 237ff.

14 Ilse Spittmann (Hg.), *Chronik der Ereignisse in der DDR* (Köln 1990), 3. Aufl.; Zeno und Sabine Zimmerling (Hg.), *Neue Chronik DDR* (Berlin 1990).

15 Reiner Tetzner, *Leipziger Ring. Aufzeichnungen eines Montagsdemonstranten* (Frankfurt 1990); Jens Reich, *Abschied von Lebenslügen* (Berlin 1992); Karl Kaiser, *Deutschlands Vereinigung. Die internationalen Aspekte* (Bergisch Gladbach 1991).

16 Sigrid Meuschel, *Legitimation und Parteiherrschaft. Zum Paradox von Stabilität und Revolution in der DDR* (Frankfurt 1992); Konrad H. Jarausch, »Divided by Words: Constructing German Unification as History« (MS, Stanford 1991).

17 Gert-Joachim Glaeßner, *Der schwierige Weg zur Demokratie. Vom Ende der DDR zur deutschen Einheit* (Opladen 1992), 2. Aufl.; Volker Gransow und Konrad H. Jarausch (Hg.), *Die deutsche Vereinigung: Bürgerbewegung, Annäherung und Beitritt* (Köln 1991).

18 Michael Geyer und Konrad H. Jarausch, »The Future of the German Past: Transatlantic Reflections for the 1990s«, *CEH* 22 (1990), 193ff.; und Michael Geyer, »Geschichte als Wissenschaft für eine Zeit der Unübersichtlichkeit«, in Konrad H. Jarausch und Matthias Middell (Hg.), *Nach dem Erdbeben. (Re-)Konstruktionen ostdeutscher Geschichte und Geschichtswissenschaft* (Leipzig 1994).

19 Konrad H. Jarausch, *The Rush to German Unity* (New York 1993).

20 Mary Fulbrook, *The Divided Nation: A History of Germany, 1918-1990* (Oxford 1992), 129ff.; und Kocka, »Die Geschichte der DDR als Forschungsproblem«, *Historische DDR-Forschung*, 14ff.

21 Ingo von Münch, *Dokumente des geteilten Deutschland* (Stuttgart 1968), 32ff.

22 Hans-Peter Schwarz, *Die Ära Adenauer, 1949-1957* (Wiesbaden 1981); Dennis L. Bark und David R. Gress, *A History of West Germany* (Oxford 1989), Bd. 1: 21ff.

23 Christoph Kleßmann, *Die doppelte Staatsgründung* (Göttingen 1982) im Gegensatz zu den Thesen von Wilfried Loth, *Stalins ungeliebtes Kind. Warum Moskau die DDR nicht wollte* (Berlin 1994).

24 Piotr Abrassimov-Interview, *Spiegel*, 17. Aug. 1992; Hans Magnus Enzensberger, »Katechismus zur deutschen Frage«, *Kursbuch* 4 (1966), 1-18.

25 Peter Longerich, *»Was ist des Deutschen Vaterland?«* (München 1990), 196f.; Bundesministerium für gesamtdeutsche Fragen (Hg.), *Die Bemühungen der Bundesrepublik um Wiederherstellung der Einheit Deutschlands durch gesamtdeutsche Wahlen* (Bonn 1958) Bd. 2: 246ff.

26 Michael Lemke, »›Doppelte Alleinvertretung‹. Die nationalen Vereinigungskonzepte der beiden deutschen Regierungen«, *Zeitschrift für Geschichtswissenschaft* 40 (1992), 531–543.
27 J. Rühle (Hg.), *13. August 1961. Die Mauer von Berlin* (Köln 1981), 93 ff.; Reinholt Andert und Wolfgang Herzberg, *Der Sturz: Honecker im Kreuzverhör* (Berlin 1990), 259 f.
28 Willy Brandt, *People and Politics: The Years 1960-1975* (Boston 1978); Heinrich August Winkler, »Nationalismus, Nationalstaat und nationale Frage in Deutschland seit 1945«, *APZG* (1992), B 40: 12 ff.
29 J. Nawrocki, *Die Beziehungen zwischen den beiden Staaten in Deutschland* (Berlin 1986), 99 ff.; William E. Griffith, *The Ostpolitik of the FRG* (Cambridge 1978); und Timothy Garton Ash, *In Europe's Name: Germany and the Divided Continent* (New York, 1993), 48 ff.
30 Nawrocki, *Beziehungen*, 113 ff.; James A. McAdams, *East Germany and Detente* (Cambridge 1985). Aufgrund dieser Paradoxe ist der Medienstreit um die Ostpolitik politischer Bauernfang.
31 Jahresberichte der Bundesregierung, *Zur Lage der Nation* (Bonn 1984); BPA (Hg.), *Dokumentation zu den Innerdeutschen Beziehungen. Abmachungen und Erklärungen* (Bonn 1989), 12. Aufl.
32 Erich Honecker, *Moabiter Notizen* (Berlin 1994), 106 ff.; Ilse Spittmann (Hg.), *Die DDR unter Honecker* (Köln 1990); Carl-Christian Kaiser, »Der General ging unter die Decke«, *ZEIT*, 4. Sept. 1992.
33 Bernard Gwertzman und Michael T. Kaufmann (Hg.), *The Collapse of Communism* (New York 1990); Christiane Lemke und Gary Marks (Hg.), *The Crisis of Socialism* (Durham 1992).
34 Wolfgang Rüddenklau, *Störenfried. DDR-Opposition 1986-1989* (Berlin 1992), 259 ff.; Rainer Eppelmann, *Fremd im eigenen Haus. Mein Leben im anderen Deutschland* (Köln 1993), 189 ff.
35 Fritz Haug, *Versuch beim täglichen Verlieren des Bodens unter den Füßen neuen Grund zu gewinnen* (Hamburg 1990), 18 ff.; Michael R. Beschloss und Strobe Talbott, *At the Highest Levels: The Inside Story of the End of the Cold War* (Boston 1993), 81; und Richard Kiessler und Frank Elbe, *Ein runder Tisch mit scharfen Ecken. Der diplomatische Weg zur deutschen Einheit* (Baden-Baden, 1993), 16 ff.
36 Enno von Loewenstern, »Wessen Selbstbestimmung?« *Welt*, 7. Juli 1989; »Bonn: Fischers Aufruf Angriff auf die Verfassung«, *ebd.*, 29. Juli. Vgl. Wolfgang Seiffert, *Die Deutschen und Gorbatschow. Chancen für einen Interessenausgleich* (Erlangen 1989), 204 ff.
37 Mielke-Rede vom 28. April 1989, BStU, ZAIG, Bd. 8677; und Honekker-Rede vom 7. Juli, SAP, J IV, Nr. 967. Vgl. Honecker, *Moabiter Notizen*, 29 f., und Gerd-Rüdiger Stephan (Hg.), *»Vorwärts immer, rückwärts nimmer!«* (Berlin 1994), 63 ff., 75 ff.
38 Christian Hacke, »Deutschlandpolitik der Bundesrepublik Deutschland«, und Johannes Kuppe, »Die deutsch-deutschen Beziehungen aus

der Sicht der DDR«, in Werner Weidenfeld und Hartmut Zimmermann (Hg.), *Deutschland-Handbuch. Eine doppelte Bilanz* (Bonn 1989), 535 ff., 551 ff.

39 Essays in Werner Weidenfeld (Hg.), *Geschichtsbewußtsein der Deutschen. Materialien zur Spurensuche einer Nation* (Köln 1987).

40 Arnold Esch, »Geschichte im Entstehen«, in Udo Wengst (Hg.), *Historiker betrachten Deutschland* (Bonn 1992), 17 ff.

41 Konrad H. Jarausch (Hg.), *Zwischen Parteilichkeit und Professionalität* (Berlin 1991); Rainer Eckert, Wolfgang Küttler und Gustav Seeber (Hg.), *Krise – Umbruch – Neubeginn* (Stuttgart 1992).

42 Christoph Dieckmann, »Die Heimreise«, *ZEIT*, 12. März 1993; Jürgen Habermas, »Die zweite Lebenslüge der Bundesrepublik«, *ebd.*, 18. Dez. 1992.

43 Noteboom, *Berliner Notizen*, 99 ff.; Texte in Ulrich Wickert (Hg.), *Angst vor Deutschland* (Hamburg 1990).

44 Peter Schneider, »Man kann ein Erdbeben auch verpassen«, *GPS* 1990, No. 20: 1-21; Armin Mitter und Stefan Wolle, *Untergang auf Raten. Unbekannte Kapitel der DDR-Geschichte* (München 1993), 20; Erich Honecker, *Zu dramatischen Ereignissen* (Hamburg, 1992), 77 f.; und Kocka, »Die Geschichte der DDR als Forschungsproblem«, 10 ff.

45 Hermann Graml und Klaus-Dietmar Henke, *Nach Hitler. Der schwierige Umgang mit unserer Geschichte. Beiträge von Martin Broszat* (München 1987), 159 ff.; Konrad H. Jarausch und Matthias Middell, »Die DDR als Geschichte: Verurteilung, Nostalgie oder Historisierung?« *Nach dem Erdbeben*, 8-20.

Anmerkungen zu Kapitel I

1 Mittig an Krenz, 21. Juli 1989, SAP, IV, 2/2.039, Bd. 307; »Hinweis zum verstärkten Mißbrauch des Territoriums der UVR«, BStU, ZAIG, Bd. 5352; »Protest mit den Füßen«, *ZEIT*, 11. Aug.; G. Jonathan Greenwald, *Berlin Witness* (State College, 1993), 79, 86 ff., 95 ff., 99 ff.

2 Helmut Kohl an Erich Honecker, 14. August, 1989, SAP, J IV, 2/2A. Bd. 3234; *NYT* Berichte aus Budapest vom 22. Aug. und 5., 6., 7., 9. Sept.; »Mein Gott, vielleicht geht's diesmal gut«, *ZEIT*, 25. Aug.; Greenwald, *Berlin Witness*, 104, 108.

3 »East Berlin Faults Bonn for Exodus«, *NYT*, 12. Sept. 1989; Gyula Horn, *Freiheit, die ich meine* (Hamburg 1991), 308 ff.

4 Vehres an Mittag, 10. Sept. 1989, SAP, J IV, 2/2A, Bd. 3239; »Hungary Allows 7,000 East Germans to Emigrate West«, *NYT*, 11. Sept. 1989; und die tendenziösen Berichte von *BILD* am 12. Sept.

5 Information über die Massenaktion zur Ausschleusung von Bürgern

der DDR aus der UVR, BStU, ZAIG, Bd. 14398; Vehres an Mittag, 10. und 11. Sept. 1989; sowie Fischer an Horn, 12. Sept. SAP, J IV, 2/2A. Bd. 3239; »Mitteilung des ADN«, *ND*, 11. Sept.; Ligatschow-Interview, 18. Sept., BPA Dok 1989, IX: 337A.

6 »Schwache Moskauer Schützenhilfe für Ostberlin«, *NZZ*, 14. Sept. 1989; Berichte von Craig Whitney und Serge Schmemann *NYT*, 12. und 13. Sept.

7 Die Literatur über die Vereinigung ignoriert die Ausreisewelle weitgehend. Vgl. Glaeßner, *Der schwierige Weg zur Demokratie*, 62f.

8 Elizabeth Pond, »A Wall Destroyed: The Dynamics of German Unification in the GDR«, *International Security* 15 (1990), 35–66.

9 H. Merker (Hg.), *Grundgesetz für die Bundesrepublik Deutschland vom 23. Mai 1963* (Stuttgart 1963), 16ff.; D. Müller-Römer (Hg.), *Die neue Verfassung der DDR* (Köln 1974), 78ff.

10 Hartmut Wendt, »Die deutsch-deutschen Wanderungen«, *DA* 24 (1991), 386–395.

11 Manfred Stolpe, *Schwieriger Aufbruch* (Berlin 1992), 146f.; Wendt, »Die deutsch-deutschen Wanderungen«, 390f.

12 Dickel an Krenz, 10. Febr. 1989, SAP, IV, 2/2.039, Bd. 307; »Hinweise zur Reaktion der Bevölkerung« auf die RVO, 29. Jan., BStU, ZAIG, Bd. 5352; Böttger (Hg.), »DDR-Verordnung über Reisen und Ausreisen«, *DA* 22 (1989), 108ff.; Roland Pechmann und Jürgen Vogel, *Abgesang der Stasi* (Braunschweig 1991), 129ff.

13 »DDR-Verordnung über Reisen und Ausreisen«, *passim*; Zahlen in Dickel an Krenz, 16. Juni 1989, SAP, IV, 2/2.039, Bd. 307 und Henry Krisch, *The German Democratic Republic* (Boulder 1985), 80f.

14 Andreas Graf, »Probleme und Beurteilung der DDR-Geschichtswissenschaft«, in Konrad H. Jarausch (Hg.), *Zwischen Parteilichkeit und Professionalität – Bilanz der DDR-Geschichtswissenschaft* (Berlin 1991), 35ff.

15 Dickel an Krenz, 16. Jan. 1989; Information für die Leiter der Abteilungen Sicherheitsfragen, Februar 1989, SAP, IV, 2/2.39, Bd. 307; und Information über die Entwicklungstendenzen der Übersiedlung, BStU, ZAIG, Bd. 5352.

16 Matthias Ott, *Deutschland – Ein Ausreisemärchen* (Koblenz 1989), Armin Mitter und Stefan Wolle (Hg.), *Ich liebe Euch doch alle! Befehle und Lageberichte des MfS* (Berlin 1990), 28. Vgl. Richard Hilmer und Anne Köhler, »Der DDR läuft ihre Zukunft davon«, *DA* 22 (1989): 1386-7.

17 Hinweise auf Bevölkerungsreaktionen zur »Lageentwicklung in der UVR« 17. Mai 1989, BStU, ZAIG, Bd. 5352; *Problem Ausreisewelle: ›Herr Pfarrer, was sagt denn die Kirche?‹* (Evangelischer Pressedienst, Frankfurt 1989), 2, 5; Stolpe, *Schwieriger Aufbruch*, 145ff.; Rüddenklau, *Störenfried*, 228ff.

18 Zahlen aus Information zu Privatreisen vom 10. Febr. und 8. Juni, sowie aus »Informationen und Schlußfolgerungen zu einigen aktuellen Fragen« im August, SAP, IV, 2/2.039, Bd. 307; Fischer Weltalmanach, *Sonderband DDR*, 135; Mitter-Wolle, *Ich liebe Euch*, 82 ff.; Andert-Herzberg, *Der Sturz*, 57f., 90f.

19 Dpa Pressebericht, 19. Jan. 1989 und zahlreiche andere Dokumente in BPA Dok 1989, I; Mielke-Rede vom 28. Apr., BStU, ZAIG, Bd. 8677. Vgl. auch *Welt*, 6. Juli 1989.

20 »Zu Problemen Antragstellungen auf ständige Ausreise und ungesetzliches Verlassen der DDR«, BStU, ZAIG, Bd. 4884; mündliche Anweisung an die Diensteinheiten, 4. Aug., *ebd.*, Bd. 13740; und Mielke-Rede vom 31. Aug., *ebd.*, Bd. 5731. Vgl. auch das statistische und analytische Material in SAP, IV, 2/2.039, Bd. 307.

21 Hinweise auf Bevölkerungsreaktionen auf wirtschaftliche Probleme, 6. Juni 1989 und weiteres Material in BStU, ZAIG, Bd. 5352 sowie *Problem Ausreisewelle*, 10, 12.

22 Ausdruck von Jens Glüsing und Joachim Nawrocki in *ZEIT*, 18. Aug. 1989; Siegfried Grundmann, »Außen- und Binnenmigration der DDR 1989«, *DA* 23 (1990), 1424f.

23 Niederschrift über die Gespräche von Rudolf Seiters mit Erich Honekker und Oskar Fischer am 4. Juli 1989; Glienke an Krenz, 8. Aug.; Gespräch von Seiters und Herbert Krolikowski, 18. Aug.; und »Aktivitäten der DDR gegenüber der BRD« betr. Botschaftsflüchtlinge, o. D., SAP, IV, 2/2.039, Bd. 304; Honecker an Kohl, 31. Aug., SAP, J IV, 2/2A, Bd. 3238; Axel Schützsack, *Exodus in die Einheit. Die Massenflucht aus der DDR 1989* (Melle 1990).

24 ADN-Information vom 7. Aug. 1989, SAP, IV, 2/2.039, Bd. 304; Protokoll der Politbürositzung vom 29. Aug., *ebd.*, Bd. 76; Heinrich Bortfeldt, *Von der SED zur PDS* (Bonn 1991), 52 ff.; »Der Medienrummel und die Realitäten«, *ND*, 13. Sept.; »Zu einer zügellosen Hetzkampagne der BRD«, *LVZ*, 5. Sept.

25 Vermerk über Horns Gespräche mit Mittag und Fischer, 31. Aug. 1989, SAP J IV, 2/2A, Bd. 3238; Protokoll der Politbürositzung vom 5. Sept., SAP, IV, 2/2.039, Bd. 77; Entwurf einer Note an Ungarn, o. D., SAP, J IV, 2/2A, Bd. 3238; Fischer Vermerk über Gespräche mit Kotschemassow, 5. und 7. Sept. 1989; Kotschemassow an Fischer, 7. Sept.; Fischer an Honecker, 8. Sept., *ebd.*, Bd. 3239.

26 Schewardnadse an Fischer, 1. Sept. 1989; SAP, J IV, 2/2A, Bd. 3238; Botschafter Vehres an Mittag, Telegramme vom 8. und 9. Sept.; Vehres an Mittag und Fischer, 10. Sept., Entwurf einer Note an Ungarn vom 12. Sept., *ebd.*, Bd. 3239; BPA-Bulletin, 12. Sept. 1989, BPA Dok 1989, IX: 190f.; Innenminister Horvath Interview im *Stern*, 7. Sept.; Horn, *Freiheit*, 317ff.

27 »Aus dem Bericht von Bischof Leich«, o. D.; »Beschluß der Synode in

Eisenach«, o.D.; W. Jarowinsky an G. Mittag, 22. Sept. 1989, SAP, IV, B 2/14, Bd. 95. Weitere Dokumente in Gerhard Rein (Hg.), *Die protestantische Revolution, 1987-1990. Ein deutsches Lesebuch* (Berlin, 1990), 193ff.

28 H. Sindermann an H. Ehmke, 15. Sept. 1989, SAP, J IV, 2/2A, Bd. 3241; Protokoll der Politbürositzung vom 12. Sept. 1989, SAP, IV, 2/2.039, Bd. 77; H. Axen Politbürovorlage über Beziehungen zur SPD, 6. Sept., SAP, J IV, 2/2A, Bd. 3239; Maßnahmeplan zum rechtzeitigen Erkennen und zur vorbeugenden Verhinderung des Mißbrauchs von Reisen nach der bzw. durch die Ungarische Volksrepublik vom 12. Sept., BStU, ZAIG, Bd. 14398.

29 »Stellungnahmen von Bürgern der DDR zum Menschenhandel der BRD«, SAP, J IV, 2/3A, Bd. 4875, abgedruckt als »Menschenhandel«, *LVZ*, 19. Sept. 1989; »Bürger zur BRD-Hetzkampagne«, *ebd.*, 25. Sept.; »Mitteilung von ADN«, *ND*, 16./17. Sept.; »Ich habe erlebt, wie BRD-Bürger ›gemacht‹ werden«, *ebd.*, 21. Sept. Zahlen aus einer Aufstellung von Anfang Oktober, SAP, IV, 2/2.039, Bd. 307.

30 »East Germans Swell Embassy in Prague«, *NYT*, 29. Sept. 1989; John Tagliabue, *ebd.*, 30. Sept.; Darnton, *Berlin Journal, 1989-1990* (New York 1991), 65ff.; und Richard Kiessler und Frank Elbe, *Ein runder Tisch mit scharfen Ecken* (Baden-Baden, 1993), 33ff.

31 Neubauer an Krolikowski, 30. Sept. 1989, BStU, ZAIG, Bd. 14395; Genscher ZDF-Interview vom 1. Okt. und BPA-Bulletin vom 4. Okt. in BPA Dok 1989, IX: 383ff.; »Humanitärer Akt«, *ND*, 2. Okt.; Günter Schabowski, *Das Politbüro. Ende eines Mythos* (Reinbek 1990), 68f.; Schützsack, *Exodus*, 36f.

32 »Sie haben sich selbst aus unserer Gesellschaft ausgegrenzt«, *ND*, 2. Okt. 1989; »Unvereinbar mit den Regeln des internationalen Rechts«, *ebd.*, 5. Okt. Vgl. Genscher-Interview vom 2. Okt. und andere Äußerungen, BPA Dok 1989, IX: 403ff.

33 Protokoll der Sitzungen des Politbüros vom 3. und 4. Okt. 1989, SAP, J IV, 2/2A, Bd. 3244/5; »Zur zeitweiligen Aussetzung des paß- und visafreien Verkehrs zwischen der DDR und ČSSR«, *ND*, 4. Okt.; »Information über erste Hinweise«, 4. Okt. und Mielke-Befehl vom 5. Okt. in Mitter-Wolle, *Ich liebe Euch*, 192ff.; sowie *NCDDR* 1: 67f.

34 Egon Krenz' Notizen über die gegenwärtige politische Situation vom 17. Sept. 1989, SAP, IV, 2/2.039, Bd. 77; »Hinweise auf wesentliche motivbildende Faktoren«, Mitter-Wolle, *Ich liebe Euch*, 141ff.; Dieter Voigt *et al.*, »Die innerdeutsche Wanderung und der Vereinigungsprozeß«, *DA* 23 (1990), 733ff.

35 Siegfried Grundmann und Ines Schmidt, »Wanderungsbewegungen in der DDR 1989«, sowie Ines Schmidt, »Zur Übersiedlung aus Berlin«, *Berliner Arbeitshefte und Berichte zur Sozialwissenschaftlichen Forschung* (1990), Nr. 30.

36 Mitter-Wolle, *Ich liebe Euch*, 82 ff.; Voigt, »Die innerdeutsche Wanderung«, 733 ff.

37 Besprechung der evangelischen Kirchenleitung mit Honecker, 2. Sept. 1989, *NCDDR*, 1: 20 ff.; Bischof Leich an Honecker, »Änderungen längst überfällig«, *FR*, 11. Sept. Vgl. Krenz an Honecker, 3. Okt., SAP, IV, 2/2.039, Bd. 307 und Egon Krenz, *Wenn Mauern fallen. Die friedliche Revolution* (Wien 1990), 34.

38 »Wortlaut des Amnestie-Beschlusses«, *SDZ*, 28. Okt. 1989; Spittmann, *Chronik der Ereignisse*, 9 ff.; Schützsack, *Exodus*, 40 ff.

39 Protokoll der Politbürositzung vom 20. Oktober mit Information über den Reiseverkehr, Grundsätze für den Entwurf eines Reisegesetzes, Konzeption zum Vorgehen gegenüber der BRD, usw. SAP, IV, 2/2A, Bd. 3250; Niederschrift des Gesprächs zwischen Gorbatschow und Krenz, 1. November 1989, *ebd.*, Bd. 704; »Entwurf des Gesetzes über Reisen ins Ausland«, *ND*, 6. Nov. 1989.

40 Information des Eingabenbüros des Politbüros, 4. Nov. 1989, SAP, IV, 2/1, Bd. 704; Dickel an Stoph mit Beschlußvorschlag zur Veränderung der Situation der ständigen Ausreise von DDR-Bürgern vom 9. Nov., BA, DC-20, I/3, 2867; Protokoll der ZK-Sitzung vom 9. Nov., *ebd.*, IV. 2/1, Bd. 707; Krenz, *Wenn Mauern fallen*, 180 f.; Momper, *Grenzfall*, 131 ff.; Igor Maximytschew und Hans Hermann Hertle, »Die Maueröffnung«, *DA* 42 (1994), 1137 ff.

41 Krenz an Gorbatschow, 10. Nov. 1989, SAP, IV, 2/1, Bd. 704; MfS Anweisung vom 10. Nov., BStU, ZAIG, Bd. 7560; Schabowski, *Politbüro*, 134 ff. Vgl. Cordt Schnibben, »Diesmal sterbe ich, Schwester«, *Spiegel* 44 (1990), 102-109; Leserbriefe von Krenz und Schabowski, *ebd.*, Nr. 43: 103.

42 Greenwald, *Berlin Witness*, 260 ff. Siehe die Fotoreportagen von Klaus Liedtke (Hg.), *Vier Tage im November* (Hamburg 1989); Brigitte Beier *et al.* (Hg.), *9. November 1989. Der Tag der Deutschen* (Hamburg 1989).

43 Momper, *Grenzfall*, 129 f., 133 ff.; Willy Brandt, *»... was zusammengehört«. Reden zu Deutschland* (Bonn 1990); Telefongespräch von Gorbatschow mit Kohl, mündliche Botschaft von Gorbatschow an Mitterrand, Thatcher und Bush, Telefonat von Schewardnadse mit Genscher, 13. Nov. 1989, SAP, J IV, 2/2A, Bd. 3258; »East Germany Opens Frontier to the West for Migration or Travel«, *NYT*, 10. Nov. 1989.

44 Heinz J. Kuzdas, *Berliner MauerKunst* (Berlin 1990); Robert Darnton, *Berlin Journal*, 76 ff.; Greenwald, *Berlin Witness*, 265 ff.

45 Honecker, *Sturz*, 58; Schabowski, *Politbüro*, 59; Krenz, *Wenn Mauern fallen*, 170 ff.

46 »Was die Kirchen in der DDR am meisten bewegt«, *Problem Ausreisewelle*, 8; Anna Köhler, »Ist die Übersiedlerwelle noch zu stoppen?«

DA 23 (1990), 425; Infas Umfrage, 12. Sept. 1989, BPA Dok 1989, XII: 537f., Hilmer-Köhler, »Der DDR läuft die Zukunft davon«, 1385.

47 Bundesminister des Inneren, *Wegweiser für Übersiedler aus der DDR* (Bonn 1989).

48 »Sie sollen gleich fühlen, daß sie zu Hause sind«, *FAZ*, 2. Okt. 1989; Wolfgang Käppler, »Übersiedler in der Bundesrepublik Deutschland«, in Brüsewitz-Zentrum (Hg.), *Fachtagung zur psychischen Situation von DDR-Übersiedlern* (1985).

49 Karin Wagner, »Psychische Schwierigkeiten von DDR-Übersiedlern«, *Fachtagung*, 20ff.; Volker Ronge, »Die soziale Integration von DDR-Übersiedlern in der BRD«, *APZG* (1990), B 1/2: 39ff.

50 Kristina Pratsch und Volker Ronge, »Ganz normale Bundesbürger?« *DA* 22 (1989), 904ff.; Hilmer-Köhler, »Der DDR läuft«, *ebd.*, 1387f.; Köhler, »Ist die Übersiedlerwelle«, *ebd.*, 23 (1990), 427ff.

51 Richard Hilmer und Anne Köhler, »Die DDR im Aufbruch«, *DA* 22 (1989), 1389ff.; Gerd Herdegen, »Aussiedler in der BRD«, *ebd.*, 912ff.

52 Infratest-Umfrage vom Sept. 1989, BPA Dok 1989, III: 424ff.; andere Erhebungen, *ebd.*, XII: 578ff.; »Das Faß läuft über«, *Spiegel*, 18. Sept.; Hans-Peter Baumeister (Hg.), *Integration von Aussiedlern* (Weinheim 1991).

53 »Kohl nimmt Flüchtlinge in Schutz«, *FAZ*, 4. Sept. 1989; Paul Bocklet (Hg.), *Aussiedler, Gastarbeiter, Asylanten. Zu viele Fremde im Land?* (Düsseldorf 1990); und Klaus Bade (Hg.), *Ausländer, Aussiedler, Asyl in der Bundesrepublik Deutschland* (Hannover 1990).

54 Rainer Bohn *et al.*, *Mauer Show. Das Ende der DDR, die deutsche Einheit und die Medien* (Berlin 1992), 7ff.

55 Alfred Grosser, »Ein Wunschzettel voller Widersprüche«, *ZEIT*, 27. Okt. 1989; Günter Mittag im Politbüro, SAP, IV, 2/2A, Bd. 76; »Was steckt hinter der ›Frontberichterstattung‹?« *ND*, 10. Aug.; Wolfgang Herles, *Nationalrausch* (München 1990), 45f., 53f.

56 Vgl. die Beiträge in Reinhard Appel (Hg.), *Helmut Kohl im Spiegel seiner Macht* (Bonn 1990).

57 »Unsicher wie jedermann«, *ZEIT*, 6. März 1992; Genscher-Interview und »Der Eimer ist voll«, *Spiegel*, 4. Mai. Vgl. Vernon Walters, *Die Vereinigung war voraussehbar* (Berlin 1994), 89ff.

58 Fischer an Honecker, 8. Sept. 1989 (Ablehnung der Freilassung von Flüchtlingen durch die ČSSR-Regierung), SAP, J IV, 2/2A, Bd. 3239; Horst Ehmke-Interview mit *NP*, 15. Aug. 1989 und zahlreiche Äußerungen anderer Politiker, BPA Dok 1989, IX: 238ff., 358ff.

59 »Schäuble: Ausreise sorgfältig überlegen«, *KSA*, 18. Nov.; Schützsack, *Exodus*, 45ff.; Herles, *Nationalrausch*, 63ff.

60 Helmut Kohls Erklärung vom 11. Juli 1989, BPA Dok 1989, IX: 431; Horst Teltschiks Interview, *GA*, 6. Juli, *ebd.*, 458ff.; Hans Kleins Dossier über die deutsche Frage vom 8. Aug., *ebd.*, 464.

61 Martin Walser-Interview, *SDZ*, 23. Aug. 1989; Freya Klier-Interview, *AAZ*, 16. Sept.; Interview von Staatssekretär Ottfried Henning, *Nordwest-Zeitung*, 26. Aug. 1989.

62 Axen-Information zu Beziehungen zur SPD, 8. Sept. 1989, SAP, J IV, 2/2A, Bd. 3239; Debatte zwischen Egon Bahr und Stefan Heym, *SDZ*, 28. Aug.; und Interview mit Hans Büchler.

63 Erklärung von Hans Klein, 28. Juli, BPA Dok 1989, II: 462f.; »Falsche Angst vor Veränderung«, *FAZ*, 10. Aug.; »Nachdenken über deutsche Einheit«, *SDZ*, 12. Aug.

64 Dregger-Artikel, *AAZ*, 29. Sept. 1989; Hans Klein-Interview, *Passauer Neue Presse*, 13. Sept.; »Wiedervereinigung geht nicht aus Urknall hervor«, *Welt*, 29. Sept.

65 Egon Bahr, *Stern*, 13. Juli 1989; Helmut Schmidt, *ZEIT*, 14. Juli; Norbert Gansel, »Wenn alle gehen wollen, weil die Falschen bleiben«, *FR*, 13. Sept.; Willy Brandt, *BILD*, 21. Sept.; Oskar Lafontaine, »Das Gespenst des Vierten Reiches«, *Spiegel*, 25. Sept.

66 Joschka Fischer-Interview, *Saarbrücker Zeitung*, 9. Sept. 1989; Kommentare von Hermann Kant, Lutz Rathenow, Rainer Schedlinski und anderen im *RM*, 15. Sept.

67 Bericht über den Aufenthalt der Delegation von J. Ligatschow vom 12. bis 15. Sept. 1989, SAP, J IV, 2/2A, Bd. 3241; Gennadij Gerassimow BBC-Interview, 12. Sept. 1989 und andere Erklärungen, BPA Dok 1989, IX: 333ff.; Jurij Kwizinskij-Interview mit der *NRZ*, 25. Okt. 26 und weitere Verlautbarungen, BPA Dok 1989, III: 1159f.

68 François Mitterrand-Interview mit der *SDZ*, Juli 27, 1989, und andere Kommentare BPA Dok 1989, III: 1129ff.

69 Vernon Walters-Fernsehinterview, 3. Sept. 1989, BPA Dok 1989, III: 1135; Henry Kissinger-ARD-Interview, 13. Okt. *ebd.*, 1149ff.; George Bush-Interview mit der *NYT*, 25. Okt. Vgl. Walters, *Vereinigung*, 8, 52 und Wolfgang-Uwe Friedrich, *Die USA und die deutsche Frage 1945-1990* (Frankfurt 1990), 369ff.

70 Bronislaw Geremek-Interview mit *BILD am Sonntag*, 3. Sept. und andere Kommentare, *ebd.*, 1136ff.; Jacques Delors-Interview mit dem französischen Fernsehen, 22. Okt., *ebd.*, 1157ff.

71 Fernsehdiskussion vom 27. Sept. 1989, BPA Dok 1989, II: 28f.; Hans Kleins Presseerklärung, 28. Juli, *ebd.*, III: 462.

72 Vgl. Helmut Kohls Interview mit *BILD*, 14.–16. Sept. 1989 mit Hans-Dietrich Genschers *Spiegel*-Interview vom 25. Sept., sowie »Vogel gegen Wiedervereinigungsgerede«, *Welt*, 4. Okt. und Egon Bahr, »Einheit und NATO sind unvereinbar«, *Vorwärts*, 1. Okt.

73 Fernsehdiskussion zwischen Oskar Lafontaine, Volker Rühe, Stefan Heym und Günter Grass, 20. Sept. 1989, BPA Dok 1989, III: 1094; Umfrage in *BUNTE*, 12. Okt.; »Hornhues: Große Chance zur Wiedervereinigung«, *Welt*, 13. Okt.

74 Horn, *Freiheit*, 326ff.; Infas Übersiedler-Umfrage vom Sept. 1989; Volker Bergsdorf, »Staunend vor offenen Türen«, *RM*, 27. Okt.
75 »Sie haben den Schlußstrich gezogen«, *Morgen*, 18./19. Nov. 1989; »Das Ausreise-Phänomen«, *Sinn und Form* 24 (1990), 197–210; Wolfgang Fritz Haug, *Versuch beim täglichen Verlieren des Bodens unter den Füßen neuen Grund zu gewinnen. Das Perestroika-Journal* (Hamburg 1990), 47ff.
76 »Flucht junger Menschen trifft DDR hart«, *TS*, 8. Okt. 1989; Schabowski, *Politbüro*, 33, 62ff., 134ff., 166.
77 Argumentation zum Entwurf des Reisegesetzes, BA Po, DC-20, I/3, Bd. 286/1, Niederschrift über das Gespräch von Krenz mit Rau, 9. Nov. 1989, SAP, IV, 2/2.039, Bd. 328. Dabei betonte Krenz vor allem die finanziellen Schwierigkeiten einer Liberalisierung. Vgl. Rüddenklau, *Störenfried*, 356ff.; Honecker, *Sturz*, 90ff.; Krenz, *Wenn Mauern fallen*, 166ff.
78 Gunter Hofmann, »Politik geschieht anderswo«, *ZEIT*, 27. Okt. 1989; Conor Cruise O'Brien, »Beware, the Reich Is Reviving«, *London Times*, 31. Okt.; und Kiessler und Elbe, *Runder Tisch*, 45ff.

Anmerkungen zu Kapitel II

1 Rainer Tetzner, *Leipziger Ring. Aufzeichnungen eines Montags-Demonstranten* (Frankfurt 1990), 7; Wolfgang Schneider, *Leipziger Demontagebuch* (Leipzig 1990), 10ff.; Hans-Jürgen Sievers (Hg.), *Stundenbuch einer deutschen Revolution* (Zollikon 1990), 29ff.
2 *Ebd.*, Neues Forum Leipzig, *Jetzt oder nie – Demokratie* (Leipzig 1989), 31ff.; Rüddenklau, *Störenfried*, 298ff.; Hartmut Zwahr, *Ende einer Selbstzerstörung* (Göttingen 1993), 23ff.
3 Hackenberg an Honecker, 3. Okt. 1989 und Information des Urania-Präsidiums, 5. Okt., SAP, J IV, 2/2.039, Bd. 317. Mitter-Wolle, *Ich liebe Euch*, 174ff., 191f.; Neues Forum, *Jetzt oder nie*, 39ff.; Stasi Überwachungsfilm der Demonstration vom 2. Oktober 1989 im Leipziger MfS-Museum.
4 Mitter-Wolle, *Ich liebe Euch*, 199, 201ff.; Tetzner, *Leipziger Ring*, 7ff.; Schneider, *Leipziger Demontagebuch*, 17; Sievers, *Stundenbuch*, 66ff.
5 *Ebd.* sowie Honecker-Befehl vom 8. Okt. 1989 in Mitter-Wolle, *Ich liebe Euch*, 200ff., 216ff. Vgl. auch Information über ein Gespräch zwischen M. Stolpe, G. Krusche und General Hoffmann über Gewaltfreiheit am 9. Oktober 1989 in Berlin, SAP, IV, B2/14, Bd. 44.
6 Mitteilung von Pastor Peter Zimmermann während eines Symposiums in Leipzig am 7. Juni 1991; Zwahr, *Ende*, 79ff. Vgl. Krenz, *Wenn Mau-*

ern fallen, 134 ff.; »Feuert's Magazin leer bis zur letzten Mumpel«, *taz*, 24. Okt. 1989.

7 Greenwald, *Berlin Witness*, 182 ff.; Pond, *Beyond the Wall*, 111 ff. Armin Mitter und Stefan Wolle, *Untergang auf Raten* (München 1993), 490 postulieren eine unaufgefundene zentrale Weisung. Vgl. auch Bericht von Generalmajor Schwarz, Mitte Oktober, BStU, ZAIG, Bd. 14326.

8 Anthony Oberschall, »Opportunities and Framing in the East European Revolts of 1989« (MS, Chapel Hill 1993); und Susanne Lohmann, »The Dynamics of Regime Collapse: A Case Study of the Monday Demonstrations in Leipzig«, *Graduate School of Business Research Paper Nr. 1225* (Stanford 1992).

9 Krisch, *The GDR*, 129 ff.; Hermann Weber, *Die DDR 1945-1986* (München 1988), 156 ff.

10 Christiane Lemke, *Die Ursachen des Umbruchs 1989: Politische Sozialisation in der ehemaligen DDR* (Opladen 1991), 9 ff. Vgl. auch Bernd Lindner (Hg.), *Zum Herbst '89. Demokratische Bewegungen in der DDR* (Leipzig 1994).

11 Mielke-Interview mit *Spiegel*, 31. Aug. 1992; David Gill und Ulrich Schröter, *Das MfS. Anatomie des Mielke-Imperiums* (Berlin 1991); Karl Wilhelm Fricke, *MfS intern. Macht, Strukturen, Auflösung der DDR-Staatssicherheit* (Köln 1991); und Clemens Vollnhals, »Das MfS. Ein Instrument totalitärer Herrschaftsausübung«, in Hartmut Kaelble u. a. (Hg.), *Sozialgeschichte der DDR* (Stuttgart 1994), 498 ff.

12 Ausarbeitung zur MfS »Sicherheitspolitik« vom August 1989, BStU, ZAIG, Bd. 13664; Mitter-Wolle, *Ich liebe Euch*, 54 f., 72 ff., 108 ff. Vgl. Suhler Auflösungskommitee, *Genossen! Glaubt's mich doch!* (Suhl 1990); sowie Roland Pechmann und Jürgen Vogel, *Abgesang der Stasi* (Braunschweig 1991).

13 Albrecht Schönherr, »Weder Opportunismus noch Opposition«, *Zeit*, 14. Febr. 1992; Richard Schröder, »Nochmals: Kirche im Sozialismus«, *ebd.*, 28. Febr.; Gerhard Besier und Stephan Wolf (Hg.), *»Pfarrer, Christen und Katholiken«. Das MfS der ehemaligen DDR und die Kirchen* (Neukirchen 1992), 2. Aufl., 17-103.

14 Stefan Bickhardt (Hg.), *Recht ströme wie Wasser* (Berlin 1988); Gerhard Rein, *Die protestantische Revolution, 1987-1990* (Berlin 1990); Stolpe, *Schwieriger Aufbruch*, 87 ff.; Josef Schmid, »Die politische Rolle der evangelischen Kirchen in der DDR in den achtziger Jahren«, in Helmut Müller-Enbergs et al. (Hg.), *Von der Illegalität ins Parlament* (Berlin 1991), 342 ff.

15 Eppelmann, *Fremd*, 198 ff.; Friedrich Schorlemmer, *Träume und Alpträume* (Berlin 1990), 12 ff.; Markus Meckel und Martin Gutzeit, *Opposition in der DDR* (Köln 1994); Rein, *Protestantische Revolution*, 19 ff.; Mitter-Wolle, *Ich liebe Euch*, 20 ff., 56 ff.; Rüddenklau, *Störenfried*, 28 ff.

16 Eingabe vom 2. Apr. 1986, SAP, IV, 2/2.039, Bd. 312; Brief an Michail Gorbatschow vom 27. Mai 1987, BStU, HA IX, Bd. 687; Leipziger IFM Rundbrief, Rush Sammlung; Wolfgang Templin und Reinhard Weisshuhn, »Initiative Frieden und Menschenrechte«, *Von der Illegalität*, 148 ff.; Rüddenklau, *Störenfried*, 51 ff.

17 Krenz an Politbüro, 29. Jan. 1988, mit Rechtfertigung der Festnahmen, SAP, IV, 2/2.039, Bd. 312; Rüddenklau, *Störenfried*, 68 ff., 171 ff.; Stolpe, *Schwieriger Aufbruch*, 152 ff.; Mitter-Wolle, *Ich liebe Euch*, 17 ff., 66 ff.; Rein, *Protestantische Revolution*, 42 ff.

18 Horst Schumann Information über den 2. Pleißemarsch vom 4. Juni 1989, SAP, IV, 2/2.039, Bd. 312; Rüddenklau, *Störenfried*, 178 ff.; DPA-Meldung, 26. April 1989, BPA Dok 1989, I; »Eine ›Arche‹ – viele Noahs«, *FAZ*, 6. Nov.; Menge, *Revolution in der DDR*, 39 ff.

19 Hans Modrow-Information zu den Kommunalwahlen und »Auszüge aus Briefen von Genossen«, SAP, IV, 2/2.039, Bd. 230; DPA- und AP-Meldungen, 9. Mai 1989 ff., BPA Dok 1989, I; Mitter-Wolle, *Ich liebe Euch*, 42 ff., 72 ff., 93 f., 97 ff., 108 ff., 139 f.; Pechmann, *Abgesang*, 40 ff., 82 ff., 104 ff., 126 ff. Spätere Gerichtsverfahren erwiesen, daß es keine zentrale Anweisung gab, sondern das Resultat durch vorauseilenden Gehorsam verfälscht wurde.

20 »Hinweise über ausgewählte Probleme im Zusammenhang mit den Ergebnissen der Kommunalwahlen«, Juni 1989, SAP, IV, 2/2.039, Bd. 230; *Wahlfall 89* (Berlin 1989); Menge, *Revolution in der DDR*, 85 f.; Rein, *Protestantische Revolution*, 135 ff.; Rüddenklau, *Störenfried*, 288 ff.; Mitter-Wolle, *Untergang*, 496 ff.; Honecker, *Notizen*, 26 ff.

21 AP-Meldung, 7. Juni 1989, BPA Dok 1989, I; »Die DDR-Opposition geht an den Start«, *taz*, 15. Aug.; Mitter-Wolle, *Ich liebe Euch*, 46 ff., 113 ff.

22 Mittig-Referat auf MfS-Dienstbesprechung, 20. Juni 1989, BStU, ZAIG, Bd. 4883; Mielke-Rede, 31. Aug., *ebd.*, Bd. 5731; »Zu Aktivitäten feindlicher, oppositioneller Kräfte in der DDR«, *ebd.*, Bd. 4884; Pechmann, *Abgesang*, 160 ff. Vgl. Sigrid Meuschel, *Legitimation und Parteiherrschaft in der DDR* (Frankfurt 1992).

23 »Informationen über antisozialistische Bewegungen in der DDR«, SAP, J IV, 2/2A. Bd. 3252; Schabowski im Politbüro, *ebd.*, IV, 2/2.039, Bd. 76; Kurt Löffler, »Information über eine Begegnung mit Landesbischof Dr. Werner Leich am 1. Sept. 1989«, *ebd.*, IV, B2/14, Bd. 44; Greenwald, *Berlin Witness*, 127 ff.

24 »Informationen über antisozialistische Bewegungen«, SAP, J IV, 2/2A, Bd. 3252; »Aufbruch 89 – Neues Forum« (Sept. 1989); Neues Forum Flugblatt, 1. Okt. 1989, NF Archiv. Vgl. Jens Reich-Interview, 12. Sept. 1989, BPA Dok 1989, XVI: 153 ff.; Rolf Henrich, *Der vormundschaftliche Staat. Vom Versagen des real existierenden Sozialismus*

(Reinbek 1989); Marianne Schulz, »Neues Forum«, *Von der Illegalität*, 11 ff.

25 »Informationen über antisozialistische Bewegungen«, SAP, J IV, 2/2A, Bd. 3252; »Auskunftsmaterial« zur Bearbeitung von Anmeldungsanträgen, BStU, Bd. 14327; Dirk Philipsen (Hg.), *We were the People: Voices from East Germany's Revolutionary Autum of 1989* (Durham 1992), 227 ff.; Neues Forum (Hg.), *Die ersten Texte des Neuen Forums* (Berlin 1990); Mitter-Wolle, *Ich liebe Euch*, 153 ff., 170 f., 177, 184 ff.

26 Markus Meckel-Interview, 20. Juni 1991; Mitter-Wolle, *Ich liebe Euch*, 153, 161 f.; Th. Ammer und J. Kuppe, »Politische Zielvorstellungen wichtiger Oppositionsgruppen in der DDR«, Gesamtdeutsches Institut, *Analysen, Dokumentationen und Chronik zur Entwicklung der DDR* (Bonn 1990), 14 ff., 46 ff.

27 Information »Zu den Aufrufen der ›Bürgerbewegung – DJ‹...« SAP, IV, 2/2.039, Bd. 326; Karsten Voigt-Interview, 28. Aug. 1989, BPA Dok 1989, XVI: 261 ff.; Arndt Noack-Interview, 9. Okt. *ebd.*, 273 ff.; Hans-Jochen Vogels Bericht, 17. Okt., *ebd.*, 278 ff.; Stefan Reiche-Interview, *Abendzeitung*, 26. Okt.; Dieter Dowe (Hg.), *Von der Bürgerbewegung zur Partei. Die Gründung der Sozialdemokratie in der DDR* (Bonn 1993).

28 Vereinigte Linke, »Böhlener Plattform«, *Die Aktion*, Januar 1990, Nr. 60/63, 936 ff.; *taz*-Interview, 23. Sept. 1989. Vgl. Ammer-Kuppe, »Politische Zielvorstellungen«, 31 ff., 76; Jan Wielgohs, »Die Vereinigte Linke«, *Von der Illegalität*, 283 ff.

29 »Aufruf zur Einmischung in eigener Sache« sowie »Thesen für eine demokratische Umgestaltung in der DDR« (Sept. 1989); Demokratie Jetzt (Hg.), *Bürgerbewegung Demokratie Jetzt. Programm, Aussagen* (Berlin 1990); »Zu den Aufrufen der Bürgerbewegung – DJ...« SAP, IV, 2/2.039, Bd. 326.

30 *Demokratie Jetzt: Zeitung der Bürgerbewegung*, Nr. 1 (Okt. 1989), DJ-Archiv; Philipsen, *We Were the People*, 210 ff.; sowie Jan Wielgohs und Helmut Müller-Enbergs, »Die Bürgerbewegung Demokratie Jetzt«, *Von der Illegalität*, 105 ff.

31 »Zu neuen Entwicklungstendenzen im Vorgehen innerer Feinde«, BStU, ZAIG, Bd. 4884; Edelbert Richter-Interviews, 15. Sept. 1989 ff., BPA Dok 1989, XVI: 390 ff.; ders., *Erlangte Einheit. Verfehlte Identität* (Berlin 1991), 15 ff.; Schorlemmer, *Träume*, 115 ff.; Eppelmann, *Fremd*, 335 ff.

32 »Informationen über antisozialistische Bewegungen«, SAP, J IV, 2/2A, Bd. 3252; Mitter-Wolle, *Ich liebe Euch*, 156, 178 ff.; *NCDDR* 1: 40 ff.; Ammer-Kuppe, »Politische Zielvorstellungen«, 21 ff., 69.

33 »Standortbestimmung der Fraueninitiative ›lila offensive‹«, 26. Sept. 1989, im Zimmerling-Archiv; Essays von Gislinde Schwarz und Ina Merkel sowie »Geht die Erneuerung an uns Frauen vorbei?« in Cordula

Kahlau (Hg.), *Aufbruch – Frauenbewegung in der DDR* (Berlin 1990).

34 *Ebd.*; Anna Hampele, »Der Unabhängige Frauenverband«, *Von der Illegalität*, 221 ff.

35 Grüne Partei, »Gegen Ellbogenfreiheit, Verschwendung, Wegwerf-Mentalität«, in taz (Hg.), *DDR-Journal zur Novemberrevolution* (Berlin 1989), 85.

36 »Erklärung der Grünen Partei« 25. Nov. 1989, Zimmerling Archiv sowie Wolfgang Kühnel und Carola Sallmon-Metzner, »Grüne Partei und Grüne Liga«, *Von der Illegalität*, 166 ff.

37 Rüddenklau, *Störenfried*, 112 ff.; Pechmann, *Abgesang*, 147 ff.; Eppelmann, *Fremd*, 287 ff.

38 Eppelmann-Interview in *We Were the People*, 236 ff.; Richter, *Erlangte Einheit*, 20 f.; Besier, *Pfarrer*, 40 f., 325 ff.; Rainer Eppelmann, *Wendewege. Briefe an die Familie* (Bonn 1992), 2 ff.

39 Bohley-Interview in *We Were the People*, 131 ff., 293 ff.; Porträt in Ernst Eilitz, *Sie waren dabei* (Stuttgart 1991), 27 ff.

40 Mitter-Wolle, *Ich liebe Euch*, 208 ff.; »Security Forces Storm Protesters in East Germany«, *NYT*, 9. Okt. 1989.

41 Jens Reich-Interview, 5. Okt. 1989, BPA Dok 1989, XIII: 132 f.; Rolf Henrich-Interview, *Sbl*, 13. Okt.

42 Rainer Schedlinski, »Die DDR wollte den Vergleich«, *RM*, 6. Okt. 1989; Manfred Stolpe, »Ein deutsches Sommertheater«, *Spiegel*, 25. Sept.; Bärbel Bohley-Interview, 6. Nov., BPA Dok 1989, IX: 328.

43 Rundbrief Honeckers an die Bezirkssekretäre, 22. Sept. 1989, SAP, J IV, 2/3A, Bd. 4877; »Maßnahmen zur Verhinderung der weiteren Formierung und Zurückdrängung anti-sozialistischer Sammlungsbewegungen« mit Antwort auf SDP und Information über Anerkennung des Neuen Forums vom 30. Okt., *ebd.*, J IV, 2/2A, Bd. 3252; und Vorlage über Gründung von Vereinigungen vom 8. Nov., *ebd.*, Bd. 3256.

44 Jochen Willerding an Krenz, 22. Sept. 1989, SAP, IV, 2/2.039, Bd. 88; »Die Protestanten in der DDR gehen aus der Kirche auf die Straße«, *FAZ*, 27. Sept. 1989; Walter Friedrich und Hartmut Griese (Hg.), *Jugend und Jugendforschung in der DDR* (Opladen 1991), 135 ff.

45 Hubertus Knabe, »Politische Opposition in der DDR«, *APZG* (1990), B 1/2: 21 ff.; Ammer-Kuppe, »Politische Zielvorstellungen«, 13 f., 19 f., 23; Erhart Neubert, »Eine protestantische Revolution«, *DA* 23 (1990), 704 ff.; Mitter-Wolle, *Untergang*, 522 ff.

46 Handschriftliche Aufzeichnungen von Politbürositzungen Ende September 1989, SAP, IV, 2/2.039, Bd. 77; Darnton, *Berlin Journal*, 95 ff.; Richter, *Erlangte Einheit*, 31 ff.; Pechmann, *Stasi Abgesang*, 217 ff.

47 Plan der Maßnahmen zur Gewährleistung der Sicherheit während des

40. Jahrestages, 27. Sept. 1989, BStU, ZAIG, Bd. 7314, und Hinweise für die Kollegiumssitzung vom 3. Okt., *ebd.*, Bd. 8680; Umweltbibliothek, »Gedächtnisprotokolle«, teilweise gedruckt in Ulrike Bresch et al. (Hg.), *Oktober 1989. Wider den Schlaf der Vernunft* (Berlin 1990), 46-70.

48 Forck an Stoph, 13. Okt. 1989 und Resolution der Theaterschaffenden, 15. Okt., BStU, ZAIG, Bd. 145335; Stellungnahme des MfS Bezirksleiters, o. D., *ebd.*, Bd. 14409; Bericht über die »Übergriffe der Sicherheitsorgane«, SAP, J IV, 2/2A, Bd. 3260; Daniela Dahn und Fritz-Jochen Kopka, *Und diese verdammte Ohnmacht. Report der unabhängigen Untersuchungskommission* (Berlin 1991); *Schnauze! Gedächtnisprotokolle 7. und 8. Oktober 1989* (Berlin 1990).

49 Alexander Zwahr Niederschrift über den 2. und 9. Oktober, Hoover Institution; Hartmut Zwahr, »Die Revolution in der DDR«, in Manfred Hettling (Hg.), *Revolution in Deutschland?* (Göttingen 1991), 122-143.

50 Eckhard Bahr, *Sieben Tage im Oktober. Aufbruch in Dresden* (Leipzig 1990), 129 ff.; *Schnauze!* 158 ff.; Zwahr, *Ende einer Selbstzerstörung*, 76 ff.

51 Mitter-Wolle, *Ich liebe Euch*, 216 ff., 221 f., 227 f.; Tetzner, *Leipziger Ring*, 22 ff.; Schneider, *Demontagebuch*, 48 f.; Neues Forum, *Jetzt oder nie*, 115 ff.; Krenz, *Wenn Mauern fallen*, 205 f. Nach Pond, *Beyond the Wall*, 111 ff. und Zwahr, *Ende*, 88 ff., rief Krenz erst nach Beilegung der Krise in Leipzig an.

52 Erich Honecker, *Zu den dramatischen Ereignissen* (Hamburg 1992); Bernd Lindner, »Die politische Kultur der Straße als Medium der Veränderung«, *APZG* (1990), B 27: 16-28.

53 Franziska Wende, *Die Zeit ist reif! Revolutionserlebnisse einer Leipziger Postbotin* (Amberg 1990); Heinz Kallabis, *Ade, DDR! Tagebuchblätter* (Treptow 1990); Darnton, *Berlin Journal*, 96 ff.

54 Losungen aus Tetzner, *Leipziger Ring*, 15-44; Neues Forum, *Jetzt oder nie*, 79-220; Schneider, *Demontagebuch*, 41-97.

55 Sievers, *Stundenbuch*, 102 ff. und wöchentliche Berichte der *LVZ* vom 17. Oktober 1989 an.

56 »Zur aktuellen Lage nach der 9. Tagung des ZK der SED«, 23. Okt. 1989, SAP, J IV, 2/2A, Bd. 3250; Peter Marcuse, *A German Way of Revolution* (Berlin 1990), 37 ff.; Zahlen für die anderen ostdeutschen Städte aus *NCDDR*, Bde. 1-2.

57 »Zur aktuellen Lage«, 23. Okt. 1989, SAP, J VI, 2/2A, Bd. 3250; Leipziger Schätzungen von Karl-Dieter Opp, »DDR 1989. Zu den Ursachen einer spontanen Revolution«, *KZSS* 43 (1991), 302 ff. Die Stasi schätzte 140 000 Teilnehmer zwischen dem 16. und 22. Okt. 1989, 540 000 zwischen dem 23. und 29. Okt. und 1 350 000 zwischen dem 30. Okt. und 5. Nov.; Mitter-Wolle, *Ich liebe Euch*, 234 f., 248 f.

58 Peter Förster und Günter Roski, *DDR zwischen Wende und Wahl. Meinungsforscher analysieren den Umbruch* (Berlin 1990), 159ff.; Dieter Rink und Michael Hofmann, »Oppositionelle Gruppen und alternative Milieus in Leipzig im Prozeß der Umgestaltung in Ostdeutschland«, *DA* 24 (1991), 940ff.

59 »Dialog, Besonnenheit und aufeinander zugehen!« *LVZ*, 13. Okt. 1989 und Dutzende ähnlicher Artikel im *ND*.

60 Mitter-Wolle, *Ich liebe Euch*, 223ff.; Neues Forum, *Jetzt oder nie*, 101f., 103f., 110f., 113, 123ff., 133f., 136f., 144f., 153f., 159ff. Vgl. Tetzner, *Leipziger Ring*, 27f., 34, 37f.

61 Walter Janka, »Manchmal heißt schweigen so viel wie lügen«, taz, *DDR Journal* 1: 60f., 65; sowie Einleitung von Daniela Dahn und Jürgen Rennert, *Oktober 1989*, 147ff.

62 Texte von Volker Braun, Joachim Walther, Günter de Bruyn und Stefan Heym, in *Oktober 1989*, 154-162.

63 »Informationen über die Beratung des Sekretariats des ZK mit den 1. Sekretären der Bezirksleitungen« am 27. Okt. 1989; Abt. Parteiorgane des ZK, »Zur aktuellen politischen Lage in der DDR«, 30. Okt., SAP, J IV, 2/2A, Bd. 3252.

64 »Stand und weitere Vorbereitung der Demonstration«, 21. Okt. 1989, SAP, J IV, 2/2A, Bd. 3252; Mielke Anweisung vom 31. Okt., BStU, ZAIG, Bd. 13660; Annegret Hahn *et al.* (Hg.), *4. November 1989. Der Protest, die Menschen, die Reden* (Frankfurt 1990).

65 Markus Wolf, *In eigenem Auftrag* (München 1991), 221ff.; Mitter-Wolle, *Ich liebe Euch*, 242ff.; ausführliche Berichte in *taz, TS, BZ* und *ND*, am 5. Nov. 1989.

66 »Unglaubliches ist geschehen«, *ZEIT*, 29. Sept. 1989 und weitere Artikel vom 6., 13. und 20. Oktober. Vgl. Gunter Holzweissig, »DDR-Presse im Aufbruch«, und Anneliese Holzschuh, »Die Medien proben die Pressefreiheit«, *DA* 23 (1990): 220ff., 231ff.

67 »Wir schalten um«, *ZEIT*, 10. Nov. 1989. Vgl. »Police and Protesters Clash Amid East Berlin Festivity«, *NYT*, 8. und 9. Okt.

68 »Viele Forderungen, aber noch kein präzises Programm«, *SDZ*, 3. Nov. 1989; »So leicht ist die SED nicht zu entmachten«, *RM*, 3. Nov.; Herbert Werner (CDU) Kommentar, 22. Sept. und Helmut Lippelt, 10. Okt. in BPA Dok 1989, XVI: 120f.

69 Weitere Reaktionen in BPA Dok 1989, XXII; Herles, *Nationalrausch*, 44ff. Für den Hintergrund vgl. Ash, *In Europe's Name*, 343ff.

70 Kohl-Interview mit *BILD*, 6. Okt. 1989 und andere Verlautbarungen, BPA Dok 1989, XXII: 78ff. Für den Text des Berichts vgl. *FAZ*, vom 9. Nov. und Pond, *Beyond the Wall*, 131.

71 Christian Weber, *Alltag einer friedlichen Revolution. Notizen aus der DDR* (Stuttgart 1990), 19; Helga Schubert, »Wessen Straße ist die Straße«, *DA* 25 (1992), 60f.; Karl-Dieter Opp und Christiane Gern,

»Dissident Groups, Personal Networks, and Spontaneous Cooperation«, *American Sociological Review* 58 (1993), 659-689.

72 Sidney Tarrow, »Aiming at a Moving Target: Social Science and the Recent Rebellions in Eastern Europe«, *PS: Political Science and Politics* 24 (1991), 12-20; Hans-Joachim Maaz, *Der Gefühlsstau. Ein Psychogramm der DDR* (Berlin 1990), 145 ff.

73 Jürgen Habermas, *Die nachholende Revolution* (Frankfurt 1990), 177 ff.; Ash, *Magic Lantern, passim*; Dahrendorf, *Reflection*, 100 ff.

74 Thomas Schmid, *Staatsbegräbnis. Von ziviler Gesellschaft* (Berlin 1990); Volker Gransow, »From Cold Civil War to Civil Society in Germany« (MS, Berlin 1990).

75 Mittig-Rede vom 20. Juni 1989, BStU, ZAIG, Bd. 4883; Mielke-Rede vom 31. Aug., *ebd.*, Bd. 5731; Mielke-Anweisung vom 31. Okt., *ebd.*, Bd. 13880; W. Süß, *Entmachtung und Verfall der Stasi* (Berlin 1994).

76 Mitter-Wolle, *Ich liebe Euch*, 204 ff., 225 ff., 236. Vgl. Weber, *DDR*, 211 ff.; Zwahr, »Die Revolution in der DDR«, *Revolution in Deutschland*, 122 ff.

77 Martin Walser, »Kurz in Dresden«, *Zeit*, 20. Okt. 1989; A. Grosser, »Ein Wunschzettel voller Widersprüche«, *ebd.*; »Kein Weg zurück«, *ebd.*, 3. Nov.; »Auf einmal lösten sich die Zungen«, *ebd.*; »Die führende Rolle also Fiktion«, *taz*, 25. Okt. Vgl. Ash, *Magic Lantern*, 78 ff.

Anmerkungen zu Kapitel III

1 Honecker, *Sturz*, 66 ff.; Krenz, *Wenn Mauern fallen*, 85 ff.; Schabowski, *Politbüro*, 73 ff., und *Der Absturz* (Berlin 1991), 238 ff.

2 *ND*, 7. und 8. Okt., sowie *NCDDR* 1: 73 ff.; Wolf, *In eigenem Auftrag*, 186 ff.; und »Mutige Zeiten erwarten Sie«, *Spiegel*, 9. Sept. 1991, 107 f. Vgl. das Material in BPA Dok 1989, XIII.

3 Niederschrift des Gesprächs zwischen Krenz und Gorbatschow vom 1. Nov. 1989, SAP, IV, 2/1, Bd. 704; Krenz, *Wenn Mauern fallen*, 32 ff., Schabowski, *Politbüro*, 80 ff. und *Absturz*, 245 ff.; Hans Modrow, *Aufbruch und Ende* (Hamburg 1991), 18 ff.; Honecker, *Notizen*, 33; Günter Mittag, »Das geht so nicht weiter!«, *Spiegel*, 9. Sept. 1991, 84 f.

4 Horst Ehmke-Interview, 12. Okt. 1989, und Äußerungen in BPA Dok 1989, XVII: 49 ff.; Bärbel Bohley, »Keine Wende durch die SED-Erklärung«, *MP*, 13. Okt.; Wolf, *In eigenem Auftrag*, 197 ff.; »Im festen Bündnis lösen wir die Aufgaben mit dem Volk und für das Volk der DDR«, *LVZ*, 14. Okt.

5 Gesprächsnotiz von Hager und Medwedjew vom 13. Okt. 1989, SAP,

IV, 2/2.039, Bd. 283; Mielke-Reden vom 31. Aug. und 2. Okt., BStU, ZAIG, Bde. 5731 und 4080; Honecker, *Sturz*, 29 ff.; Krenz, *Wenn Mauern fallen*, 141 ff.; Mittag, »Das geht nicht«, 84 f.; Schabowski, *Politbüro*, 99 ff., und *Absturz*, 259 ff.; Mielke-Interview, *Spiegel*, 31. Aug. 1992; Wolf, *In eigenem Auftrag*, 208 ff.; Karl W. Fricke, »Honeckers Sturz mit Mielkes Hilfe«, *DA* 24 (1991), 5 ff.

6 Protokoll der Politbüro-Sitzungen vom 17. und 18. Okt., SAP, J IV, 2/2A, Bd. 3247 und 3249; Protokoll der ZK-Sitzung, 18. Okt., *ebd.*, IV, 2/1, Bd. 701; »Wie Erich Honecker und sein Politbüro die Konterrevolution erlebten«, *Spiegel*, 16.–30. Apr. 1990; Heinrich Bortfeldt, *Von der SED zur PDS* (Bonn 1992), 74 ff.; Pond, *Beyond the Wall*, 102, 120.

7 Für die westliche Presse vgl. BPA Dok 1989, XVII. Erst am 19. Oktober brachte die *LVZ* die Überschrift: »Egon Krenz zum Generalsekretär gewählt.«

8 Honecker, *Zu dramatischen Ereignissen*, 7 ff.; Schabowski, *Absturz*, 243 ff.; Erhard Neubert, »Die vorletzte Revolution«, in Ilse Spittmann (Hg.), *Die DDR auf dem Weg zur deutschen Einheit* (Köln 1990), 15 ff. versus Hannelore Horn, »Collapse from Internal Weakness«, in Dietrich Grosser (Hg.), *German Unification: The Unexpected Challenge* (Oxford 1992), 55 ff.

9 Der Terminus Stalinismus wurde ursprünglich von trotzkistischen Gegnern geprägt. Vgl. die endlosen Eintragungen unter diesem Begriff im Katalog der Ostberliner Stadtbibliothek und im *LVZ*-Archiv.

10 Weber, *DDR*, 12 ff.; weitere Belege in Jarausch, Einführung zu *Zwischen Parteilichkeit und Professionalität* (Berlin 1991), 13 ff.

11 Für eine sympathische Innensicht vgl. Landolf Scherzer, *Der Erste. Protokoll einer Begegnung* (Rudolstadt 1988).

12 Günter Simon, *Tisch-Zeiten* (Berlin 1990), 6 ff.; Stolpe, *Schwieriger Aufbruch*, 115 ff. Vgl. Krisch, *GDR*, 30 ff.; Gert Glaeßner (Hg.), *Die DDR in der Ära Honecker* (Opladen 1989).

13 Hermann Weber, »Aufstieg und Niedergang des deutschen Kommunismus«, *APZG* (1991), B 40: 25 ff.

14 Mielke-Rede vom 21. Okt. 1989, BStU, ZAIG, Bd. 4885. Kremlinologen versuchten, politische Veränderungen aus ideologischen Nuancen abzulesen, ohne über ihre allgemeine Rolle nachzudenken. Vgl. Wolfgang Leonhard, *Das kurze Leben der DDR* (Stuttgart 1990).

15 Beispiele in Krenz, *Wenn Mauern fallen*, 74 ff.; Schabowski, *Politbüro*, 154 ff.

16 »Unfähig den Wandel zu begreifen«, *Spiegel*, 2. Okt. 1989; Glaeßner, *Der schwierige Weg*, 55 ff.

17 Honecker, *Sturz*, 103 ff.; Schabowski, *Absturz*, 110 ff.; Peter Przybylski, *Tatort Politbüro. Die Akte Honecker* (Berlin 1991), 36 ff.

18 Simon, *Tisch-Zeiten*, 11 ff.; Mittag-Interview, *Spiegel* (1991) 37: 88 ff.

Dieter Staritz, »Ursachen und Konsequenzen einer deutschen Revolution«, Fischer Weltalmanach (Hg.), *Sonderband* DDR (Frankfurt 1990), 13 ff.

19 Simon, *Tisch-Zeiten*, 14 ff.; Christa Wolf, *Kassandra* (Darmstadt 1983) 2. Aufl. und Jürgen Seifert, »›Kassandra‹ und ›Marmor-Klippen‹«, in Thomas Blanke und Rainer Erd (Hg.), *DDR – Ein Staat vergeht* (Frankfurt 1990), 48 ff.; sowie Christoph Hein, *Die Ritter der Tafelrunde* (Frankfurt 1989).

20 Jürgen Kuczynski, *Dialog mit meinem Urenkel* (Berlin 1983); Markus Wolf, *Die Troika. Geschichte eines nichtgedrehten Films* (Berlin 1989); Jens-Uwe Heuer, *Demokratie und Sozialismus* (Berlin 1989). Vgl. Wolf, *In eigenem Auftrag*, 65 ff., 75 ff.

21 Aufzeichnung des Gesprächs von Krenz mit Gorbatschow vom 1. Nov. 1989, SAP, J IV, 2/1, Bd. 704; »Hätte es ohne Stalin Hitler gegeben?«, *Sputnik* (Oktober 1988): 135 ff.; Bortfeldt, *Von der SED*, 20 ff., 36 ff.; Mitter-Wolle, *Untergang*, 499 ff.

22 Mitschrift der Politbürositzungen vom 29. Aug., 5. Sept. und 12. Sept. 1989, SAP, IV, 2/2.039, Bd. 76 und 77. Vgl. Bortfeldt, *Von der SED*, 53 ff.

23 Notizen vom 17. Sept. 1989, SAP, IV, 2/2.039, Bd. 77; Willerding an Krenz mit 16 Thesen über die Stimmung der Jugend, 22. Sept., *ebd.*, Bd. 88; Mitter-Wolle, *Ich liebe Euch*, 139 ff.

24 Information über die Resolution der Unterhaltungskünstler, 2. Okt. 1989; über einen Einsatz der Bezirksparteiorganisation, 5. Okt.; über die Versammlung der SED-Grundorganisation an der Kunsthochschule, 3. Okt.; über den Aufenthalt im VEB Lokomotivbau, o. D., SAP, IV, 2/2.039, Bd. 324; Stoph-Rede zum Ministerrat vom 12. Okt. BA Po, DC-20, I/3, Bd. 2859.

25 Bericht über den Ligatschow-Besuch, 12. bis 15. Sept. und Hager-Rede vom 18. Sept. in SAP, J IV, 2/2A, Bd. 3241; Mielke-Information vom 22. Sept., Mitter-Wolle, *Ich liebe Euch*, 148 ff.; Protokolle der Politbürositzungen vom 29. Sept. und 3. Okt., SAP, J IV, 2/2A, Bd. 3243 f.; Wolf, *In eigenem Auftrag*, 26 ff.; Honecker, *Zu dramatischen Ereignissen*, 16 ff.

26 Bericht von Generalmajor Schwarz, Mitte Oktober, BStU, ZAIG, Bd. 14326; Krenz, *Wenn Mauern fallen*, 11 ff.; Schabowski, *Absturz*, 267 ff.; Modrow, *Aufbruch*, 17 ff.; Heinz Kallabis, *Ade DDR! Tagebuchblätter, 7. Okt. 1989 bis 8. Mai 1990* (Treptow 1990), 7 ff.; und die Reaktion der Westpresse in BPA Dok 1989, XVII.

27 Krenz, *Wenn Mauern fallen*, 9 ff.; Ernst Elitz, *Sie waren dabei. Ostdeutsche Profile* (Stuttgart 1991), 38 ff.

28 *Ebd.* und Franziska Wende, *Revolutionserlebnisse einer Leipziger Postbotin* (Amberg 1990), 34 ff.

29 Stenographischer Bericht der Diskussion im ZK, 18. Okt. 1989, SAP,

IV, 2/1, Bd. 701; Text der Krenz-Rede veröffentlicht im *ND*, 19. Okt. Vgl. »Vor uns ein Riesenberg Arbeit«, *LVZ*, 19. und 20. Okt.; Krenz, *Wenn Mauern fallen*, 146ff.

30 »Hinweise über die Reaktionen der Bevölkerung« vom 21. Oktober 1989, SAP, IV, 2/2.039, Bd. 88; Schabowski, *Absturz*, 272ff.; Modrow, *Aufbruch*, 20ff.; Wolf, *In eigener Sache*, 207f.; Haug, *Perestroika Journal*, 96f.; Oppositionskommentare in BPA Dok 1989, XVII: 303ff.

31 Christa Wolf-Rede vom 4. Nov. 1989, *TschüsSED*, 38ff.; Krenz an *Für Dich*, 26. Okt., SAP, IV, 2/2.039, Bd. 324; Erklärung des Neuen Forums, 23. Okt., *NCDDR* 2: 16; Kallabis, *Ade, DDR!*, 15f.; Kommentare von Rühe, Lafontaine, Kohl, usw. in BPA Dok 1989, XVII: 291ff. Vgl. »Egon Krenz – ein Reformer?«, *Spiegel*, 23. Okt.

32 »Regelungen zu Reisen von Bürgern der DDR in das Ausland«, 20. Okt. 1989, und Niederschrift über das Gespräch mit Landesbischof Werner Leich, 19. Okt., SAP, J IV, 2/2A, Bd. 3250; Krenz, *Wenn Mauern fallen*, 146ff.; »Arbeiter in mehrstündigem Gespräch mit Egon Krenz«, *LVZ*, 20. Okt.; Resolutionen von Journalisten und Künstlern in *NCDDR* 2: 7ff.; *ND*, 23. Okt.; Schabowski, *Absturz*, 276ff.

33 »Zur aktuellen politischen Lage«, 23. Okt. 1989, SAP, J IV, 2/2A, Bd. 3250; Protokoll der Politbürositzung vom 24. Okt., *ebd.*, J IV, 2/2A, Bd. 3250; Krenz-Rundschreiben vom 24. Okt., *ebd.*, J IV, 2/2A.039, Bd. 314; Krenz-Rede im *ND*, 25. Okt.; Demokratie Jetzt Resolution in *DJ* Nr. 3 (1989); Schabowski, *Absturz*, 279ff.; Vgl. *NCDDR* 2: 17ff. und anderes Material in BPA Dok 1989, XVII: 400ff.

34 »Information über die Beratung der Bezirkssekretäre« am 27. Okt. 1989, SAP, J IV, 2/2A, Bd. 3252; Mielke-Rede vom 21. Okt., BStU, ZAIG, Bd. 4885; Kallabis, *Ade, DDR!*, 23ff.; »Positionen der CDU zu Gegenwart und Zukunft«, *NZ*, 28. Okt.; Gerlach-Interview mit *Junge Welt*, 31. Okt.; *NCDDR* 2: 28ff.; Schabowski, *Absturz*, 288ff.

35 »Zur aktuellen politischen Lage«, 30. Okt., SAP, J IV, 2/2A, Bd. 3252; »Standpunkt des Parteiaktivs der AdW«, 31. Okt. 1989, *ebd.* IV, 2/1, Bd. 704; Simon, *Tisch-Zeiten*, 136ff.; Kallabis, *Ade, DDR!*, 26ff.; »KPdSU und SED: Erneuerung mit Kraft zum Erfolg führen«, *LVZ*, 1. und 2. Nov. 1989; Krenz, *Wenn Mauern fallen*, 149ff.; Modrow, *Aufbruch*, 21f.; Wolf, *In eigenem Auftrag*, 218f.

36 Protokoll der Politbürositzungen vom 31. Okt. und 3. Nov. 1989, SAP, J IV, 2/2A, Bd. 3252 und 3255; Parteiorganisation der Humboldt-Universität an Krenz, 2. Nov., *ebd.*, J IV, 2/2.039, Bd. 324; und Auswertung von Eingaben, *ebd.*, Bd. 317; Simon, *Tisch-Zeiten*, 136ff.; »Funk- und Fernsehansprache von Egon Krenz an die Bürger«, *LVZ*, 4./5. Nov. 1989; Krenz, *Wenn Mauern fallen*, 150f.; *NCDDR* 2: 54ff.; Wolf, *In eigenem Auftrag*, 220f.

37 Stoph im Ministerrat vom 19. Okt. 1989, BA Po., DC-20, I/3, Bd. 2861; Reden von Krenz, Modrow und anderen, Protokoll der 10. ZK-Tagung, SAP, IV, 2/1, Bd. 712, 31 ff.; Krenz-Rundschreiben vom 31. Okt. und 8. Nov., SAP, J IV, 2/2A.039, Bd. 314; anderes Material in *NCDDR* 2: 76 ff. Vgl. Krenz, *Wenn Mauern fallen*, 153 f., 176 ff.; Schabowski, *Absturz*, 302 ff.; Kallabis, *Ade, DDR!*, 33 ff.; Wende, *Revolutionserlebnisse*, 42 f.

38 Protokoll der 10. ZK-Tagung, BA Po, DC-20, I/3, Bd. 712, 62 ff.; Michael R. Beschloss und Strobe Talbott, *At the Highest Levels: The Inside Story of the End of the Cold War* (Boston 1993), 134. Reisestatistik aus MfS Lageberichten vom 11. bis 18. Nov. 1989, BStU, ZAIG, Bd. 14418; Exodus-Zahlen aus einem Bericht des Bundesministeriums des Innern und Arbeitslosenstatistik aus einer Übersicht der Bundesanstalt für Arbeit, Hoover Institution.

39 Protokoll der 10. ZK-Tagung, BA Po, DC-20, I/3, Bd. 712, 98 ff.; und »Analyse der ökonomischen Lage der DDR mit Schlußfolgerungen«, Ende Okt. 1989, SAP, J IV, 2/2A, Bd. 3252; »Die SED wird sich ändern, aber nie aus der Verantwortung stehlen«, *LVZ*, 11./12. Nov., vgl. Kallabis, *Ade, DDR!*, 36 ff.; Wolf, *In eigenem Auftrag*, 232 ff.; Bortfeldt, *Von der SED*, 105 ff.

40 *Volkskammerprotokolle*, 9. Wahlperiode, Bd. 25, 229 ff.; Flugblatt des Neuen Forums, 12. November 1989; »Volkskammer beriet über die politische Lage in der DDR«, *LVZ*, 14. Nov.; Umfragedaten in *NCDDR* 2: 93; Wolf, *In eigenem Auftrag*, 243 ff., 271 ff.

41 »Vorschlag für die Neubildung des Ministerrates der DDR«, SAP, J IV, 2/2A, Bd. 3258; »Außenseiter im Inneren der Macht«, *ZEIT*, 6. Okt. 1989; *NCDDR* 3: 5; Elitz, »Hans Modrow«, *Sie waren dabei*, 70 ff.; Dietmar Keller, *Minister auf Abruf* (Berlin 1990), 16 ff.

42 *Volkskammerprotokolle*, 9. Whp., Bd. 25, 271 ff.; Modrow-Rede im Ministerrat, 18. Okt. 1989, Regierungsprogramm vom 23. Nov., BA Po, DC-20, I/3, Bd. 2870 und 2872; Rede vor dem AfNS, 21. Nov., BStU, ZAIG, Bd. 4886; »Wille zur Erneuerung der sozialistischen Gesellschaft hat Millionen Bürger erfaßt«, *LVZ*, 18./19. Nov.; Modrow, *Aufbruch*, 27 ff.; Heinz Arnold, *Die ersten hundert Tage des Hans Modrow* (Berlin 1990), 16 ff.; Konrad Weiss-Erklärung in *NCDDR* 2: 94.

43 Resolution der Kreisparteiorganisation der Humboldt-Universität, 17. Nov. 1989, SAP, IV, 2/2.039, Bd. 324; Audehn an Krenz vom 22. Nov. in *ebd.*, Bd. 317; Schwanitz-Redemanuskript vom 15. Nov., BStU, ZAIG, Bd. 13660; Walter Janka, *Schwierigkeiten mit der Wahrheit* (Reinbek 1989); Schabowski, *Absturz*, 312 ff.; Thomas Falkner, »Die letzten Tage der SED«, *DA* 23 (1990), 1750 ff.; Bortfeldt, *Von der SED*, 90 ff.

44 »Bericht über die Ereignisse der Überprüfung der Übergriffe der Sicherheitsorgane«, o. D., SAP, J IV, 2/2A, Bd. 3260; Daniela Dahn und

Fritz-Jochen Kopka (Hg.), *Und diese verdammte Ohnmacht* (Berlin 1991); Stadtjugendpfarramt (Hg.), *Gedächtnisprotokoll. Tage und Nächte nach dem 7. Oktober 1989* (Berlin 1989).

45 SED-Grundorganisation der Bauakademie an Krenz, 29. Nov. 1989, SAP, IV, 2/2.039, Bd. 324; ZK-Information vom 27. Nov., *ebd.*, Bd. 317; *Volkskammerprotokolle*, 9. Whp., Bd. 25, 343 ff.; Kallabis, *Ade, DDR!*, 48 ff.; Peter Kirschey, *Wandlitz/Waldsiedlung – die geschlossene Gesellschaft* (Berlin 1990); Krenz, *Wenn Mauern fallen*, 156 f.; Schabowski, *Absturz*, 320 ff.; Volker Klemm, *Korruption und Amtsmißbrauch in der DDR* (Stuttgart 1991).

46 Protokoll der Politbürositzungen vom 1. und 3. Dez. 1989, SAP, IV, 2/2, Bd. 3264 und 3265; Protokoll der ZK-Sitzung vom 3. Dez. 1989, *ebd.*, IV, 2/1, Bd. 716; Krenz-Rundschreiben, o. D., *ebd.*, J IV, 2/2.039, Bd. 314; »Tumultartige Szenen bei der Kundgebung vor dem ZK-Gebäude«, *LVZ*, 4. Dez. 1989. Vgl. Rosenlöcher, *Verkaufte Pflastersteine*, 34; Weber, *Alltag einer friedlichen Revolution*, 22; Bortfeldt, *Von der SED*, 129 ff.

47 Krenz, *Wenn Mauern fallen*, 158; Schabowski, *Absturz*, 324 ff.

48 »Grundpositionen im Verhältnis zur BRD«, SAP, IV, 2/2.039, Bd. 328; Text der Rede von Krenz vom 19. Okt., *ebd.*, J IV, 2/2A, Bd. 3255; »SDP gegen Diskussion über Wiedervereinigung«, *SDZ*, 28. Okt. Vgl. Schabowski, *Absturz*, 327 ff.

49 Niederschrift des Gesprächs zwischen Krenz und Mischnick vom 25. Okt. 1989, und stenographische Aufzeichnung des Telefonats zwischen Krenz und Kohl vom 26. Okt., SAP, IV, 2/1, Bd. 704; Konzeption für ein Gespräch zwischen Krenz und Kohl, o. D., *ebd.*, IV, 2/2.039, Bd. 328; »Telephongespräch zwischen Egon Krenz und Helmut Kohl«, *ND*, 27. Okt. 1989; und Maßnahmen im Zusammenhang mit dem Telefonat Krenz-Kohl, 26. Okt., SAP, J IV, 2/2A, Bd. 3252.

50 Niederschrift des Gesprächs zwischen Krenz und Gorbatschow, 1. Nov. 1989, SAP, IV, 2/1, Bd. 704; Bericht über Krenz-Besuch vom 31. Okt. bis 1. Nov., *ebd.*, J IV, 2/2A, Bd. 3255; »Es ist nichts wiederzuvereinigen«, *FAZ*, 2. Nov.; Gesamtdeutsches Institut (Hg.), *Analysen, Dokumentationen und Chronik zur Entwicklung in der DDR von September bis Dezember 1989* (Bonn 1990), 169 ff.; Krenz, *Wenn Mauern fallen*, 214 ff.

51 »Eine Nacht und ein Tag hüben und drüben an der Bornholmer Brücke«, *ND*, 11./12. Nov. 1989; »DDR-Bewohner sind für die Wiedervereinigung«, *MM*, 13. Nov.; »Immer mehr wollen Wiedervereinigung«, *ebd.*, 20. Nov. Andere Umfragen argumentierten, daß nur ein Viertel der Ostdeutschen für die Vereinigung war.

52 Mitschrift des Telefonats zwischen Krenz und Kohl vom 11. Nov. 1989 und Vermerk über das Gespräch von Seiters und Schalck vom 15. Nov., SAP, 2/2.039, Bd. 328; Mitschrift des Telefonats zwischen Kohl und

Gorbatschow sowie Genscher und Schewardnadse vom 13. Nov. 1989, SAP, J IV, 2/2A, Bd. 3258.

53 Horst Teltschik, *329 Tage* (Berlin 1991), 12ff.; Helmut Kohl-Rede, 16. Nov. 1989, und anderes Material in BPA Dok 1989, XXII: 771ff.; sowie Herles, *Nationalrausch*, 77f.

54 Institut für Internationale Politik und Wirtschaft der DDR, »Arbeitspapier für Gespräche mit Bundesminister Seiters«, 17. Nov. 1989, SAP, IV, 2/2.039, Bd. 328; Bericht über das Gespräch von Krenz, Modrow und Seiters am 20. Nov., SAP, J IV, 2/2A, Bd. 3262; Modrow, »Wille zur Erneuerung der sozialistischen Gesellschaft«, *LVZ*, 18./19. Nov.; und *Aufbruch*, 41.

55 »Nicht Kleinmut und Kleinlichkeit«, *RM*, 17. Nov. 1989; »Sagen, was ist«, *Spiegel*, 20. Nov.; Brigitte Seebacher-Brandt, »Die Linke und die Einheit«, *FAZ*, 21. Nov.

56 »Dregger: Der Weg zur Wiedervereinigung«, *FAZ*, 15. Nov. 1989; »Außer staatlicher Einheit alles möglich«, *TS*, 22. Nov.; »Bin ein Gegner von der Phrase der Wiedervereinigung«, *WR*, 24. Nov. Für die Reaktion der Parteien vgl. BPA Dok 1989, II: 589ff., 681ff.

57 Modrow-Interview, 18. Nov. 1989, BPA Dok 1989, II: 836; »Grenzöffnung ist keine Wiedervereinigung«, *ND*, 20. Nov.; Aufruf, »Für unser Land«, *LVZ*, 29. Nov.

58 »Die Eigenständigkeit der DDR bewahren!«, *LVZ*, 30. Nov. 1989; »Für Euer Land, für unser Land«, *BfdiP*, Januar 1990, 123f. Vgl. Wolf, *In eigenem Auftrag*, 285f.; Haug, *Perestroika Journal*, 162ff.

59 Teltschik, *329 Tage*, 42ff.; Herles, *Nationalrausch*, 83ff.

60 Der volle Text ist in BPA Dok 1989, V: 1ff. Vgl. auch den Wiederabdruck der Bundestagsrede in *EA* 24 (1989), 728ff.

61 *Ebd.*; Karl Kaiser, *Deutschlands Vereinigung. Die internationalen Aspekte* (Bergisch Gladbach 1991), 37ff., 158ff.

62 *Ebd.*; Kohl-Interview mit dem DDR-Fernsehen, 12. Dez. 1989; und andere Erklärungen in BPA Dok 1989, V: 20ff.

63 Hornhues (CDU) Presseerklärung, 28. Nov. 1989; Ehmke-Interview, 29. Nov.; anderes Material in BPA Dok 1989, V. 39ff. Vgl. »Kurz wehte der Atem der Geschichte im Bonner Wasserwerk«, *FR*, 30. Nov. und Kiessler und Elbe, *Runder Tisch*, 50ff.

64 Lafontaine-Interview, 3. Dez. 1989; Presseerklärung der Grünen, 30. Nov. und andere Reaktionen in BPA Dok 1989, V: 39ff. Vgl. Haug, *Perestroika Journal*, 162ff.

65 »Eine Vision, die uns der Einheit näher bringt«, *MP*, 13. Dez. 1989; »Der Bonner Stufenplan«, *FR*, 29. Nov.; »Endlich wird nachgedacht«, *Welt*, 29. Nov.; »Vor einem finsteren Wahlkampf«, *taz*, 29. Nov.; »Kohl nutzt die Stunde«, *FAZ*, 30. Nov.; »Zehn Punkte für ein Miteinander«, *Zeit*, 1. Dez.

66 Modrow-Interview, 30. Nov. 1989; Krenz-Interview, 28. Nov.; de

Maizière-Interview, 4. Dez., in BPA Dok 1989, V: 109ff.; »Sprecher der DDR zu ›10-Punkte-Programm zur Deutschlandpolitik‹ von Kanzler Kohl«, *ND*, 29. Nov.; »Zwiespältiges Echo der DDR auf Kohls Vorstoß«, *NZZ*, 1. Dez.

67 Günter Kunert-Interview, 30. Nov. 1989; Ingrid Koeppe-Interview, 28. Nov.; Jens Reich-Interview, 29. Nov., BPA Dok 1989, V: 112ff.; MfS Lageberichte Nov. 14, 18, Dez. 1, 3, 10ff., BStU, ZAIG, Bd. 14418; »DDR bekundet ›Interesse‹ an dem Vorschlag einer Konföderation«, *FAZ*, 30. Nov.; Förster/Roski, *DDR zwischen Wende und Wahl*, 53; Kallabis, *Ade, DDR!*, 57f.; Wende, *Revolutionserlebnisse*, 71f.

68 »Moskau: Kohl will der DDR Bedingungen diktieren«, *SDZ*, 30. Nov. 1989; »Supermächte zeigten Kohl die kalte Schulter«, *FR*, 1. Dez.; »Die Siegermächte warnen Bonn«, *Spiegel*, 11. Dez.; Regierungserklärungen und anderes Material, in BPA Dok 1989, V: 30ff.

69 Beschloss und Talbott, *Highest Levels*, 135ff.; Kiessler und Elbe, *Runder Tisch*, 52ff.; »Deutscher Wille zur Einheit wird Thema der Weltpolitik«, *Welt*, 30. Nov.; »Bonn in der deutschlandpolitischen Offensive«, *NZZ*, 1. Dez. Vgl. Kommentare in BPA Dok 1989, V: 138ff., 311ff. und Glossen in *BfdiP* (1990) Nr. 1.

70 Herles, *Nationalrausch*, 83ff.; vgl. die Reaktionen in Ulrich Wickert (Hg.), *Angst vor Deutschland* (Hamburg 1990).

71 Die Parallele zu dem von Albert O. Hirschman entwickelten Reaktionsschema ist auffallend. Vgl. ders., *Exit, Voice and Loyalty: Responses to Decline in Firms, Organizations and States* (Cambridge 1970).

72 Thesen von Dr. Phillip zum »Nachdenken über uns selbst!« 22. Nov. 1989, BStU, ZAIG, Bd. 14280; Schwanitz vor dem Kollegium vom 15. Nov. und Anweisungen vom 17. und 19. Nov., *ebd.*, HA IX, Bd. 687; sowie Rede vor dem AfNS, 21. Nov., *ebd.*, Bd. 4886. Diese Quellen widerlegen Henrik Broder, »Eine schöne Revolution«, *ZEIT*, 10. Jan. 1992.

73 Hans Magnus Enzensberger, »Die Helden des Rückzugs«, *FAZ*, 9. Dez. 1989. Vgl. Rolf Reißig, »Der Umbruch in der DDR und das Scheitern des ›realen Sozialismus‹«, in Gert Glaeßner und ders. (Hg.), *Das Ende eines Experiments* (Berlin 1991), 12ff.

74 Als Beispiele vgl. nur Jörg Swoboda (Hg.), *Die Revolution der Kerzen* (Wuppertal 1990); Neubert, »protestantische Revolution«, 705ff.; Opp, »spontane Revolution«, 302ff.; Meuschel, »Revolution in der DDR«, 3ff.; Joachim Warbeck, *Die deutsche Revolution 1989/90* (Berlin 1991), 13ff.; und Zwahr, *Ende*, 107ff.

75 Charles Tilly, »Europe's Changing Revolutions, 1492-1992«, *New School for Social Research Working Paper* (New York 1991); Philippe Schmitter, »The Consolidation of Democracy and the Choice of Institutions« (MS Stanford 1992); Glaeßner-Reißig, *Das Ende eines Experiments*, 7ff.

76 Ash, *Magic Lantern*, 14, 136ff.; Dahrendorf, *Reflections on the Revolution*, 8ff.; Darnton, *Berlin Journal*, 9ff.; Habermas, *Die nachholende Revolution*, 179ff. Vgl. Rosenlöcher, *Pflastersteine*, 35f.

77 Reinhold-Rede vom 19. Aug. 1989, abgedruckt in *BfdiP* (1989), 10: 1175.

78 Kallabis, *Ade, DDR!*, 63; Haug, *Perestroika-Journal*, 165ff.

Anmerkungen zu Kapitel IV

1 Hinweise für die Beratung im Nationalen Verteidigungsrat, 5. Dez. 1989, BStU, ZAIG, Bd. 14392. »SED-Führungsrolle nicht mehr verfassungsmäßig verankert«, *LVZ*, 2. Dez. 1989; und »Vor innerdeutscher Vertragsgemeinschaft«, *NZZ*, 8. Dez.

2 Ash, *Magic Lantern*, 17ff.; Uwe Thaysen, *Der Runde Tisch. Oder: Wo blieb das Volk?* (Opladen 1990).

3 Rudi Pahnke u. a. an ev. und kath. Kirche, 24. Nov. 1989 sowie de Maizière an Ziegler, 28. Nov., BA Po, DA-3, Bd. 1. Notiz in der *NZ*, 21. Nov. und dem *ND*, 23. Nov.; Krenz-Interview, *ebd.*, 24. Nov., Ibrahim Böhme-Interview, 23. Nov., BPA Dok 1989, XIX: 168ff.; und Momper, *Grenzfall*, 214.

4 Krenz-Rundschreiben, 29. Nov. 1989, SAP, J IV, 2/2A.039, Bd. 314; Politbüroprotokoll, 22. Nov. 1989, *ebd.*, J IV, 2/2A, Bd. 3262; »Erstmals Runder Tisch«, *LVZ*, 2. Dez. 1989; Erhard Neubert-Interview, *taz*, 24. Nov.; Eppelmann-Interview, *Morgen*, 1. Dez.; Uwe Thaysen, »Der Runde Tisch«, *ZfP* 21 (1990), 71f.

5 »Beschlüsse des Rundtischgespräches am 7./8. 12. 1989« (Manuskript, Berlin, 1989), abgedruckt in Helmut Herles und Ewald Rose (Hg.), *Vom Runden Tisch zum Parlament* (Bonn 1990), 23-26.

6 Begrüßung von Ziegler, 7. Dez. 1989, BA Po, DA-3, Bd. 1; Thaysen, *Runder Tisch*, 39ff., 120ff. Es gab zahlreiche lokale wie thematische Runde Tische für Jugend, Umwelt, usw. Andere Gruppen wie die DSU erhielten keine Sitze, sondern nur Beobachterstatus.

7 Momper, *Grenzfall*, 215f.; Walter Süß, »Mit Unwillen zur Macht. Der Runde Tisch in der DDR der Übergangszeit«, *DA* 24 (1991), 470ff.

8 Erklärung der Konferenz der evangelischen Kirchenleitungen in der DDR vom 8. Dezember 1990, BA Po, DC-20, I/3, Bd. 2878; Kallabis, *Ade, DDR!*, 70 und Haug, *Perestroika-Journal*, 185ff. Vgl. auch die Zuschriften in BA Po, DA 3, Bd. 69ff.

9 Robert Havemann, *Dialektik ohne Dogma. Naturwissenschaft und Weltanschauung* (Hamburg 1964) und Rudolf Bahro, *Die Alternative. Zur Kritik des real existierenden Sozialismus* (Köln 1977). Vgl. Andre Brie in *We Were the People*, 270ff.

10 Fritz Damm (Hg.), *Wir dekorieren! 40 Jahre politischer Witz in der DDR* (Frankfurt 1990).

11 Für eine anthropologische Sicht vgl. John Borneman, *After the Wall: East Meets West in the New Berlin* (New York 1991).

12 Essays in Hubertus Knabe (Hg.), *Aufbruch in eine andere DDR* (Hamburg 1989).

13 Volker Braun in Michael Naumann (Hg.), *Die Geschichte ist offen... Schriftsteller aus der DDR über die Zukunftschancen ihres Landes* (Hamburg 1990), 20; Helga Königsdorf, *1989 oder Ein Moment der Schönheit* (Berlin 1990), 58 ff.

14 Volker Braun, Günter de Bruyn, Stefan Heym und andere in Naumann, *Die Geschichte ist offen*, 18 f., 27 f., 75 f.

15 Essays von Erhart Neubert, Reinhard Schult, Ludwig Mehlhorn, Hans-Jürgen Fischbeck und Konrad Weiss in *Aufbruch in eine andere DDR*, 141 ff.

16 Eppelmann, *Fremd*, 334; Friedrich Schorlemmer und andere in Peter Neumann (Hg.), *Träumen verboten. Aktuelle Stellungnahmen aus der DDR* (Göttingen 1990); sowie Sebastian Pflugbeil in *We Were the People*, 312 ff.

17 Essays von Michael Brie, Rainer Land, usw., in *Aufbruch in eine andere DDR*, 181 ff.; Andre Brie in *We Were the People*, 172 ff.; Rainer Land und Ralf Possekel, *Namenlose Stimmen waren uns voraus. Politische Diskurse von Intellektuellen in der DDR* (Bochum 1994).

18 Rainer Land (Hg.), *Das Umbaupapier. Argumente gegen die Wiedervereinigung* (Berlin 1990); und Dieter Segert, Jürgen Kuczynski und andere in »Aufbruch? Umbruch? Ende?« Sonderheft von *Marxistische Blätter* (1989), Nr. 12.

19 Bohley, *40 Jahre DDR*, 5 ff.; Bernd Aischmann *et al.* (Hg.), *»Menschen wichtiger als Macht...«. Briefe an Hans Modrow* (Berlin 1990), 17 ff.; Haug, *Perestroika-Journal*, 123 ff., 171 ff.

20 Schreiben von Arno Dittmer, Petra Sitte und anderen in *Briefe an Hans Modrow*, 57 ff.; Interviews mit Runki, Evelyn Schmidt und anderen in Clement von Wroblewsky (Hg.). *»Da wachste eines Morgens uff und hast 'nen Bundeskanzler«* (Hamburg 1990), 31 ff.; sowie Werner Bramke in *We Were the People*, 262 ff.

21 Interviews in Bärbel Bohley und andere (Hg.), *... und die Bürger melden sich zu Wort*, 52 ff. Vgl. Lutz Niethammer, »Das Volk der DDR und die Revolution«, in Charles Schüddekopf (Hg.), *Wir sind das Volk!*, 251 ff.

22 Zahlen aus Förster-Ranki, *DDR zwischen Wende und Wahl*, 56 f.; und Uwe Kolbe, »Gebundene Zungen. Ein offener Brief«, in *Die Geschichte ist offen*, 85 ff.

23 Wroblewsky-Interview mit Eva Kunz, *Und da wachste*, 62 ff. Vgl. Süß, »Mit Unwillen zur Macht«, 470 ff.

24 Modrow, *Aufbruch und Ende*, 65 ff.; Günter Kunert, »Tagtraum«, *Die Geschichte ist offen*, 97 ff.; Land-Possekel, *Namenlose Stimmen*, 67 ff.

25 Mfs-Lageberichte, 1.-5. Dez. 1989, BStU, ZAIG, Bd. 14418; »Die Macht liegt auf der Straße«, *Spiegel*, 11. Dez. 1989; Schneider, *Leipziger Demontagebuch*, 103 ff.; Haug, *Perestroika-Journal*, 179 ff.

26 Zur AfNS-Reorganisation vgl. BStU, ZAIG, Bde. 7705, 13955 und 14279; zur Besetzung siehe Schwanitz-Interviews vom 5. und 7. Dez. 1989, *ebd.*, Bd. 14354 und 14293, sowie Anweisungen vom 5. bis 7. Dez., *ebd.*, Bd. 7944; und MfS-Lageberichte vom 5. bis 10. Dez., BStU, ZAIG, Bd. 14418. Vgl. Wolf, *In eigenem Auftrag*, 294; Neues Forum, *Stasi Intern*, 21 ff.; Gill-Schröter, *MfS*, 177 ff.; Kallabis, *Ade DDR!*, 74 f.; und Zwahr, *Ende*, 117 ff.

27 »Hans Modrow«, in Elitz, *Sie waren dabei*, 70 ff.; und Günter Gaus, »Hans Modrow«, *Deutsche Zwischentöne* (Hamburg 1990), 115 ff.

28 Modrow-Interviews, 14. und 15. Nov. 1989, BPA Dok 1989, XIX: 6 ff.; »Der Reformer geht einen schweren Gang«, *SDZ*, 17. Nov.; Arnold, *Die ersten hundert Tage*, 22 ff.; und Momper, *Grenzfall*, 228 ff.

29 Modrow-Rede vor dem AfNS, 21. Nov. 1989, BStU, ZAIG, Bd. 4886; *Volkskammerprotokolle*, Bd. 25: 343 ff.; Wolf, *In eigenem Auftrag*, 253 ff.; Pechmann, *Abgesang der Stasi*, 335 ff.; Manfred Schell und Werner Kalinka, *Stasi und kein Ende. Die Personen und Fakten* (Bonn 1991), 335; und Klemm, *Korruption und Amtsmißbrauch*, 94 ff.

30 »Information über Gespräche mit Vertretern der neuen gesellschaftlichen Gruppen und Parteien«, sowie »Aufruf« in BA Po, DC-20, I/3, Bd. 2876; Modrow, *Aufbruch und Ende*, 34 ff.; Arnold, *Hundert Tage*, 36 ff.

31 *Volkskammerprotokolle*, Bd. 25: 319 ff. »SED-Führungsrolle nicht mehr verfassungsmäßig verankert«, *LVZ*, 2. Dez. 1989; Walter Süß, »Bilanz einer Gratwanderung – Die kurze Amtszeit des Hans Modrow«, *DA* 24 (1991), 596 ff.

32 Modrow, *Aufbruch und Ende*, 43 ff.; Kallabis, *Ade DDR!*, 69 f.

33 »Analyse der ökonomischen Lage der DDR mit Schlußfolgerungen«, 31. Okt. 1989, SAP, J IV, 2/2A, Bd. 3252; Mitteilungen von Günter Ehrensperger und Gerhard Schürer ans ZK am 9. und 10. Nov., SAP, IV, 2/1, Bd. 708 und 709. Vgl. Krenz, *Wenn Mauern fallen*, 221.

34 Modrow, *Aufbruch und Ende*, 40 ff.; und *NCDDR* 3: 75 f.; Christa Luft, *Zwischen Wende und Ende* (Berlin 1991), 64 ff.; Jörg Roesler, »Marode oder Unterlegen? Zum Kollaps der DDR-Wirtschaft«, *Marxistische Blätter* (1991) 5: 33 ff.

35 Protokoll der Politbürositzung vom 1. Dez. 1989, BA SAP, IV 2/2A, Bd. 3264; Krenz-Rundschreiben, Anfang Dezember, SAP, J IV, 2/2.039, Bd. 314; Thomas Falkner, »Die letzten Tage der SED«, *DA* 23 (1990), 1750; *NCDDR* 3: 34 ff.; Gregor Gysi und Thomas Falkner,

Sturm aufs große Haus (Berlin 1990), 50ff.; und Bortfeldt, *Von der SED*, 129ff.

36 Resolution des Politbüros und des Vorbereitungsausschusses in BA SAP, IV 2/2A, Bd. 3265; Protokoll der Politbürositzung vom 3. Dez., BA SAP, IV 2/1, Bd. 716; sowie Presseberichte in *ND*, 4. Dez. 1989; Kroker-Interview vom 5. Dez., *ebd.*; »Die Neugründung hat schon begonnen«, *taz*, 5. Dez.; und Wolf, *In eigenem Auftrag*, 288ff.

37 Elitz, »Gregor Gysi«, *Sie waren dabei*, 212ff.; und Gaus, »Gregor Gysi«, *Deutsche Zwischentöne*, 57ff.

38 Gysi-Interview mit Radio DDR, 10. Dez. 1989, BPA Dok 1989, XIX: 1347; Gysi-Interview mit *Stern*, 14. Dez.; Gregor Gysi, *Einspruch. Gespräche, Briefe, Reden* (Berlin 1992), 41ff.

39 »Sonderparteitag vollzog den endgültigen Bruch mit der stalinistischen Vergangenheit«, und Reden in *ND*, 9./10. Dez., sowie Material in *LVZ*, 9.-11. Dez. 1989; Gysi-Falkner, *Sturm*, 98ff.; *NCDDR* 3: 65ff.; und Unterlagen in BPA Dok 1989, XIX: 1558ff.

40 »SED auf der Suche nach dem dritten Weg«, *taz*, 11. Dez. 1989; Wolf, *In eigenem Auftrag*, 304ff.; Arnold, *Die ersten hundert Tage*, 73ff.; Bortfeldt, *Von der SED*, 214ff.; und Ute Reuter, *Dokumentation zum letzten Parteitag der SED* (Bonn 1990), 3ff.

41 »Wir stellen uns der Pflicht, für dieses Land Verantwortung zu tragen«, und Gysi-Interview, *ND*, 18. Dez. 1989; Gysi-Interview mit *Spiegel*, 18. Dez.; und andere Reden in Reuter, *Dokumentation*, 41ff.

42 Siegfried Suckut und Dieter Staritz, »Alte Heimat oder neue Linke?«, *DA* 24 (1991), 1038ff.; Th. Ammer *et al.*, »Vom 9. ZK-Plenum zum außerordentlichen Parteitag der SED«, *Analysen, Dokumente und Chronik zur Entwicklung der DDR*, 78ff.; Wende, *Revolutionserlebnisse*, 79f.; Kallabis, *Ade DDR!*, 79ff.; und BPA Dok 1989, XIX: 1646ff.

43 Jens Reich, *Rückkehr nach Europa. Zur Lage der deutschen Nation* (München 1991), 180ff.; und Erklärungen in *NCDDR* 3: 28, 46f., 55, 61, 92ff.

44 Ute Reuter und Thomas Schulte (Hg.), *Dokumentation zur Entwicklung der neuen Parteien und Bürgerrechtsgruppen in der DDR* (Bonn 1990); und Bärbel Bohley in *We Were the People*, 294ff.

45 Ingrid Köppe in *We Were the People*, 324ff.; Luft, *Zwischen Wende*, 139ff.; und Thaysen, *Der Runde Tisch*, 39ff.

46 Protokolle der Beschlüsse vom Dezember in Herles und Rose, *Vom Runden Tisch*, 27ff.; Beschlußprotokoll des Ministerrats vom 11. Dez. 1989, BA Po, DC-20, I/3, Bd. 2878; einige Bemerkungen zum Zusammenwirken mit den am RT vertretenen Kräften, BA Po, DA-3, Bd. 3; und Modrow, *Aufbruch und Ende*, 69ff.

47 IFM-Schreiben an Ziegler, 13. Dez. 1989 und Standpunkte des Neuen Forum vom 18. Dez., BA Po, DA-3, Bd. 2; Resolution zum Kohl-

Besuch in Dresden, *ebd.*, Bd. 3; »Drittes Treffen am Runden Tisch in Berlin«, *LVZ*, 23. Dez. 1989; und »Eine neue Runde am Runden Tisch«, *ebd.*, 28. Dez.

48 Resolutionsentwürfe zur Sitzung vom 27. Dez. 1989, BA Po, DA-3, Bd. 4; Orientierung zur Bekämpfung neofaschistischer Erscheinungen in der DDR, 19. Dez., und Niebling-Anweisung, 28. Dez., BStU, ZAIG, Bd. 7955; Festlegungen zu Stellung, Verantwortung und Aufgaben der nachrichtendienstlichen Aufklärung und Abwehr, *ebd.*, Bd. 14279; Thaysen, *Der Runde Tisch*, 55 ff. Vgl. Kallabis, *Ade DDR!*, 77 ff.

49 »Überlebensfrage für DDR: Der Dritte Weg«, *LVZ*, 14. Dez. 1989; Weber, *Alltag einer friedlichen Revolution*, 44 ff.

50 Fotografien und Listen der Losungen in Schneider, *Demontagebuch*, 103 ff.; Haug, *Perestroika-Journal*, 181 ff.

51 Rosenlöcher, *Verkaufte Pflastersteine*, 70 ff.; Weber, *Alltag einer friedlichen Revolution*, 54 f.; Wende, *Revolutionserlebnisse*, 71 ff.; Kallabis, *Ade DDR!*, 75; und Zwahr, *Ende*, 136 ff.

52 »Konzeptionelle Orientierung ... auf dem Gebiet der Außenpolitik« vom 21. Dez. 1989, BA Po, DC-20, I/3, Bd. 2883; Beschloss und Talbott, *At the Highest Levels*, 157 ff.; Modrow, *Aufbruch*, 91 ff.; »Souveräne DDR muß ein solider Baustein für europäisches Haus sein«, *ND*, 9./10. Dez. 1989. Vgl. Gerhard Basler. »Die ›Herbstrevolution‹ und die Ost-West-Beziehungen der DDR«, *EA* 24 (1990), 13 f.

53 »Hans Modrow traf USA-Außenminister«, *LVZ*, 13. Dez. 1989; Oskar Fischer, »Bericht über den Staatsbesuch [von] ... François Mitterrand«, 3. Jan., 1990, BA Po, DC-20, I/3, Bd. 2886; Mitterrand-Toast, 21. Dez., BPA Dok 1989, IV: 1848 ff.; »Mitterrand warnt vor Grenzveränderungen«, *SDZ*, 22. Dez.

54 Erklärungen in *NCDDR* 3: 19, 61, 64 f., 78 f.; und Stefan Reiche-Interview, *NRZ*, 13. Dez. 1989.

55 »Dreistufenplan der nationalen Einigung«, 14. Dez. 1989, *DJ*, Nr. 11; »Neufassung der Präambel zum zweiten Entwurf des Positionspapiers«, *CDU-Texte*, Nr. 1 (1990), 22-23; und DA-Parteiprogramm vom 17. Dez.

56 »DDR und BRD vereinbarten gemeinsamen Fonds für Reisezahlungsmittel«, *ND*, 6. Dez. 1989; »Ein Stück Einheit«, *MM*, 6. Dez.; »DDR-Premier und Momper für erweiterte Zusammenarbeit«, *ND*, 13. Dez. Vgl. Material in BPA Dok 1989, XIII; und Momper, *Grenzfall*, 217, 234 ff.

57 Kohl und Mitterrand-Interviews, 10. Dez. 1989, BPA Dok 1989, IV: 1666 ff.; »Der Gipfel bettet die deutsche Frage in die Europäische Gemeinschaft ein«, *Welt*, 11. Dez.; »BRD-Bundespräsident warnt vor Bevormundung der DDR«, *ND*, 14. Dez.; Kiessler und Elbe, *Runder Tisch*, 68 ff. und Herles, *Nationalrausch*, 114 ff.

58 Ministerratsbeschluß über Schlußfolgerungen aus dem Arbeitstreffen mit Kohl vom 4. Jan. 1990, BA Po, DC-20, I/3, Bd. 2886; »Auf dem Weg zu einer Vertragsgemeinschaft« und »Vertragsgemeinschaft – eine Idee gewinnt Gestalt«, *ND*, 20. Dez. 1989; und Teltschik, *329 Tage*, 87ff.

59 »Gemeinsame Pressekonferenz in Dresden« und anderes Material in BPA Dok 1989, XXIII: 127ff. Vgl. Modrow, *Aufbruch*, 95ff.; Arnold, *Die ersten hundert Tage*, 91f.; Pond, *Beyond the Wall*, 148.

60 Text in Heinrich Seewald (Hg.), *Helmut Kohl: Deutschlands Zukunft in Europa. Reden und Beiträge des Bundeskanzlers* (Herford 1990), 125ff.; Teltschik, *329 Tage*, 91f.

61 Modrow, *Aufbruch*, 99ff.; Weber, *Alltag*, 58ff.; Herles, *Nationalrausch*, 98ff.; Rosenlöcher, *Verkaufte Pflastersteine*, 80ff. Vgl. Kohl- und Modrow-Interviews, BPA Dok 1989, XXIII: 107ff.

62 Brandt, ... *was zusammengehört*, 55ff., 63ff.; »Die Stunde der großen Emotionen«, *SDZ*, 19. Dez. 1989; »Lafontaine begeistert den SPD-Parteitag«, *FR*, 20. Dez.

63 »Die Deutschen in Europa. Berliner Erklärung der SPD«, 11. Dez. 1989; Vogel-Interview, 12. Dez., BPA Dok 1989, XXIV: 673ff.; »Deutsche Träume, deutsche Sorgen«, *ZEIT*, 22. Dez. Vgl. *NCDDR* 3: 105ff. und Herles, *Nationalrausch*, 104ff.

64 Gorbatschow-Interviews vom 15. Nov. und 7. Dez. 1989, *BPA-Ostinformationen*; Beschloss und Talbott, *At the Highest Levels*, 157; Kiessling und Elbe, *Runder Tisch*, 68ff.; Hans-Peter Riese, »Die Geschichte hat sich ans Werk gemacht. Der Wandel der sowjetischen Position zur Deutschen Frage«, *EA* (1990), 4: 117ff.

65 Schewardnadse-Interview, *Mannheimer Morgen*, 12. Dez. 1989; Datschitschew-Interview, *taz*, 13. Dez.; Portugalow-Interview, 15. Dez.; und Schewardnadse-Rede vom 19. Dez., BPA Dok 1989, III: 1397f.; Schewardnadse, *Die Zukunft gehört der Freiheit* (Hamburg 1991), 240ff.; und Teltschik, *329 Tage*, 92f.

66 Texte der Reden und Kohl-Interview, 22. Dez. 1989, in BPA Dok XV: 751ff.; »Modrow wünscht sich von den Deutschen Besonnenheit«, *FR*, 23. Dez.; »Ein Schritt, der Begegnungen der Menschen fördert«, *ND*, 23. Dez.; »Die Zuschauer lachen und weinen bei der Öffnung des Tores«, *FAZ*, 23. Dez.; und Momper, *Grenzfall*, 236ff.

67 Zahlen aus Spittmann, *Chronik*, 45. Für die Silvesterfeier vgl. den Defa-Dokumentarfilm, »Die Mauer« und Momper, *Grenzfall*, 244f.

68 Modrow, *Aufbruch*, 99ff.; Werner Bramke, »Warnende Stimmen des Auslands ernst nehmen«, *LVZ*, 24. Dez. 1989; Andre Brie in *We Were the People*, 275ff.; und Kallabis, *Ade DDR!*, 87ff.

69 »Neonazis schändeten das Treptower Ehrenmal«, *LVZ*, 29. Dez. 1989; »Einheitsfront gegen die Gefahr von Rechts«, *ebd.*, 4. Jan. 1990; Kallabis, *Ade DDR!*, 103f.; und Momper, *Grenzfall*, 247ff. Obwohl das

AfNS bereit war, bei der Aufklärung der Schmierereien mitzuarbeiten, paßte der Vorfall in ein vorher etabliertes antifaschistisches Argumentationsmuster. »Zu einigen ersten Arbeitsergebnissen des Verfassungsschutzes«, 3. Januar 1990, BStU, ZAIG, Bd. 8683.

70 Walter Friedrich vom Leipziger Institut für Jugendforschung im *ND*, 7. Dez. 1989 (48% für Einheit); ADN-Meldung von Neubrandenburger-Umfrage, 11. Dez. (39% für Einheit); DPA-Meldung über ZDF- und *Spiegel*-Erhebung, 16. Dez. (27% für Einheit); »Hoffnungen für das Jahr 1990 im Spiegel der Meinungen«, *LVZ*, 30./31. Dez. (nur 23,5% für Einheit).

71 Essays von Friedrich Schorlemmer und Gregor Gysi in Frank Blohm *et al.* (Hg.), *»Nichts wird mehr so sein, wie es war.« Die Zukunft der beiden deutschen Republiken* (Frankfurt 1990).

72 *Ebd.*; Haug, *Perestroika-Journal*, 208 ff., 214 ff.

73 Wilfried Korngiebel *et al.*, »Von einstürzenden Mauern, europäischen Zügen und deutschen Autos«, *Mauer-Show*, 31 ff.; Haug, *Perestroika-Journal*, 179 ff.

74 Herles, *Nationalrausch*, 116 ff.; Martina Krone, »Keine Chance mehr für uns?«, und Klaus Hartung, »Der große Radwechsel oder die Revolution ohne Utopie«, *Nichts wird mehr so sein*, 57 ff., 164 ff.

75 Hans-Ulrich Wehler, »Deutsche Frage und europäische Antwort«, *FR*, 14. Okt. 1989; Günter Grass, *Deutscher Lastenausgleich. Wider das dumpfe Einheitsgebot* (Frankfurt 1990), 7 ff. Vgl. Frank Wössner (Hg.), *Reden über das eigene Land* (München 1989), Bd. 7.

76 Appell in *FR* am 9. Dez. 1989; Peter Schneider, *Extreme Mittellage. Eine Reise durch das deutsche Nationalgefühl* (Hamburg 1990), 9 ff.; und Martin Walser, *Über Deutschland reden* (Frankfurt 1989), 101 ff.

77 Bush-Rede vor dem NATO-Rat am 4. Dez. 1989 sowie Baker-Interview vom 6. Dez. und Rede vom 13. Dez. in *Amerikadienst: Dokumentation*; Beschloss und Talbott, *At the Highest Level*, 138 f.; Kiessler und Elbe, *Runder Tisch*, 56 ff. Andere Experten in BPA Dok 1989, III: 1217 ff.; und Philip Zelikows definitives Manuskript zur amerikanischen Deutschlandpolitik.

78 Genscher-Interview über den Malta-Gipfel, 4. Dez. 1989, BPA Dok 1989, IV: 1939 f.; »Dem Weißen Haus und dem Kreml geht alles viel zu schnell«, *StZ*, 7. Dez.; Josef Joffe, »Das Vierer-Signal von Berlin«, *SDZ*, 12. Dez. Vgl. auch Momper, *Grenzfall*, 221 ff.

Anmerkungen zu Kapitel V

1 »Zum Neuen Jahr«, *LVZ*, 30./31. Dez. 1989; »Die Phase der schönen Revolution ist vorbei«, *taz*, 10. Jan.; Reich, *Rückkehr nach Europa*,

204f.; Kallabis, *Ade, DDR!* 99ff.; Wende, *Revolutionserlebnisse*, 81ff.

2 Ziegler an Halbritter, 4. Jan. 1990 und Information der Regierung an den Runden Tisch, 5. Jan., BStU, ZAIG, Bd. 14279; Fernsehaufzeichnung des Berichts von Koch, 8. Jan. sowie Fragestellungen zur Auflösung des ANS, *ebd.*, Bd. 13744; Stellungnahme der Bürgerkomitees vom 14. Jan. und weiteres Material, BA Po, DA-3, Bde. 5-6; Modrow-Interview, 12. Jan., BPA Dok 1990, V: 11ff.; Modrow, *Aufbruch*, 71f.; Herles-Rose, *Vom Runden Tisch*, 44, 48ff.; Thaysen, *Runder Tisch*, 57ff.

3 »Gebäude der Ex-Stasi in Berlin gestürmt«, *LVZ*, 16. Jan. 1990; Interview mit Konrad Weiss, *BZ*, 16. Jan.; Fricke, *MfS intern*, 73f.

4 Halbritter am Runden Tisch, 16. Jan. 1990, Bericht über die Besetzung der Normannenstraße mit Flugblättern und Fotos der Verwüstung (behauptet gewaltsame Öffnung), BA Po, DA-3, Bd. 8; demgegenüber Tondeur (NF) Vorlage vom 22. Jan. (bezeichnet dies als unwahr), *ebd.*, Bd. 9; »Das Gespenst von Mielkeville«, *Die Andere*, Nr. 1 (Jan. 1990); »Überall Papierschnitzel«, *taz*, 17. Jan.; Gill-Schröter, *MfS*, 184f.

5 Momper, *Grenzfall*, 259f.; Herles-Rose, *Vom Runden Tisch*, 59ff.; Arnold, *Die ersten hundert*, 70ff.; Thaysen, *Runder Tisch*, 64ff.

6 »Der sozialistische Sonnenstaat«, *taz*, 7. Feb.; und Gill-Schröter, *MfS*, 186f.; Schell, *Stasi*, 351ff.

7 Jürgen Wahl, »Einig gegen Stasi und Gysi«, *RM*, 19. Jan. 1990; Momper, *Grenzfall*, 261.

8 *Volkskammerprotokolle* 25: 357ff.; »DDR-Premier Hans Modrow gab Regierungserklärung«, *LVZ*, 11. Jan. 1990; »Zur Lage der Volkswirtschaft in der DDR«, *ND*, 11. Jan.

9 *Ebd.*; und Bericht des Wirtschaftskomitees des Ministerrats über die Lage der Volkswirtschaft, BA Po, DA-3, Bd. 10; Gerlinde und Hans-Werner Sinn, *Kaltstart. Volkswirtschaftliche Aspekte der deutschen Vereinigung* (Tübingen 1992) 2. Aufl., 34ff.; Hansjörg F. Buck, »Lieber bankrott als ehrlich«, *RM*, 7. Juni 1991.

10 Hansjörg Buck und Hans Georg Bauer (Hg.), *Transformation der Wirtschaftsordnung der ehemaligen DDR* (Bonn 1991), 2. Aufl.

11 Jörg Roesler, »The Rise and Fall of the Planned Economy in the GDR, 1945-89«, *German History* 9 (1991), 46-61; und Charles Maier, »Gibt es einen Sieger der Geschichte?« in *Zwischen Parteilichkeit*, 197ff.

12 Lutz Marz, »Der prämoderne Übergangsmanager«, in Rainer Deppe *et al.* (Hg.), *Demokratischer Umbruch in Osteuropa* (Frankfurt 1991), 104ff.

13 Lutz Marz, »Geständnisse und Erkenntnisse« (MS, Berlin 1991); sowie Interviews mit Arbeitern und Gewerkschaftlern in *We Were the People*, 281ff.

14 »Besen und Badematten – selten wie eine Sonnenfinsternis«, *SDZ*, 15. Juli 1989.

15 Dieter Golombek and Dietrich Ratzke (Hg.), *Dagewesen und aufgeschrieben. Reportagen über eine deutsche Revolution* (Frankfurt 1990), 53ff.

16 Günter Mittag, *Um jeden Preis. Im Spannungsfeld zweier Systeme* (Berlin 1991), 245ff.; und Carl-Heinz Janson, *Totengräber der DDR. Wie Günter Mittag den SED-Staat ruinierte* (Düsseldorf 1991), 30ff.

17 »Allein die Statistik im Griff«, *Spiegel*, 9. Sept. 1991; Herbert Wolf, *Hatte die DDR je eine Chance?* (Hamburg 1991); Honecker, *Sturz*, 281ff.; und Schabowski, *Politbüro*, 37ff.

18 Janson, *Totengräber*, 63ff.; Mittag-Interview mit dem *Spiegel*, 9. Sept. 1991, und *Um jeden Preis*, 245ff.

19 Roesler, »Planned Economy«, 58ff.; und Doris Cornelsen-Interview mit *MP*, 29. und 31. Okt. 1989.

20 Mittag-Interview mit dem *Spiegel*, 5. Sept. 1991 und *Um jeden Preis*, 273ff.; »Zum ökonomischen Vorfeld der Herbstereignisse 1989 in der DDR«, *DSt* 28 (1990), 386ff.

21 *Ebd.*; Diskussionen im Politbüro vom 31. Okt. 1989, BA SAP J IV 2/2A, Bd. 3252; »Hoffnung auf den Nach-Mittag«, *ZEIT*, 27. Okt. 1989; Hans-Herrmann Hertle, »Der Weg in den Bankrott der DDR-Wirtschaft«, *DA* 25 (1992), 127ff.

22 »Vorschläge und Kritiken« aus der 10. ZK-Tagung, o.D., SAP J IV, 2/2A, Bd. 3258; Christa Luft, *et al.*, »Für außenwirtschaftliche Öffnung und internationale Arbeitsteilung«, *ND*, 17. Nov. 1989; Luft-Interview, 24. Nov. in BPA Dok 1989, VII: 815ff.; Friedrich Workuta-Interview mit dem *Spiegel*, 27. Nov.; Heinz Warzecha-Interview mit der *ZEIT*, 1. Dez. Vgl. Luft, *Zwischen Wende*, 85ff.

23 »Neues Forum legt Programm für Wirtschaftsreformen vor«, *Welt*, 27. Nov. 1989; und Neues Forum, *Wirtschaftsreform der DDR. Internationale Wirtschaftskonferenz* (Berlin 1990), 9ff.

24 »Das planwirtschaftliche System ist am Ende«, *HB*, 9. Nov. 1989; Wolf von Amerongen-Interview, 12. Nov. 1989 in BPA Dok 1989, VII: 993ff.; Hans-Peter Stihl-Interview mit *Morgenpost* (Hamburg), 18. Nov.; und Alfred Herrhausen-Interview mit dem *Spiegel*, 20. Nov.

25 »DDR: Keine Krise, aber ›Schlamassel‹«, *taz*, 23. Nov. 1989; Wolfgang Roth-Interview, *Sbl*, 24. Nov.; SPD-Presseerklärung vom 21. Nov. und Material in BPA Dok 1989, VII: 1038f.

26 Janson, *Totengräber*, 17f.; Mittag, *Um jeden Preis*, 212ff., 288ff.; Wolf, *Chance*, 45ff.

27 »Gespräch mit Gerhard Schürer«, *DA* 25 (1992), 132ff.; Teltschik, *329 Tage*, 107, 121; Luft, *Zwischen Wende*, 78ff.; Ash, *In Europe's Name*, 152ff.

28 »Opposition droht mit Warnstreik«, *HAbl*, 8. Jan. 1990; »Rühe: Ost-CDU soll Koalition verlassen«, *Welt*, 9. Jan.; »Vor allem eine Krise der Legitimität«, *TS*, 28. Jan.; und Momper, *Grenzfall*, 252f.

29 *Volkskammerprotokolle* 25: 357ff.; Modrow, *Aufbruch*, 70f.; *NCDDR* 3: 15f., 44f., 52f.; Arnold, *Die ersten*, 53; Luft, *Zwischen Wende*, 100ff.; und Momper, *Grenzfall*, 256ff.

30 Modrow-Rede und Zwischenbericht über den Stand der Auflösung des ehemaligen AfNS, 15. Jan. 1990, BA Po, DA-3, Bd. 7; »Endlich Kompetenzen nach tiefen Kratzern«, *LVZ*, 16. Jan. 1990; »Rollentausch oder Wie der Hase zum Igel wurde«, *FR*, 17. Jan.; Modrow, *Aufbruch*, 73 ff.

31 Stephan Finger-Interview, 16. Jan. 1990 und Martin Kirchner-Interview, 17. Jan. in BPA Dok 1990, V: 47ff.; Herles-Rose, *Vom Runden Tisch*, 54ff.; Thaysen, *Runder Tisch*, 76ff.

32 »Modrow vor dem Kollaps?« *Spiegel*, 22. Jan. 1990; Gysi-Falkner, *Sturm aufs große Haus*, 112ff.; Bortfeldt, *Von der SED*, 157ff.

33 Berghofer-Erklärung, »Sozialdemokratisch«, *taz*, 23. Jan. 1990; Modrow-Interview mit *Expreß*, 23. Jan.; Kallabis, *Ade, DDR!*, 121f.; Thomas Falkner, »Von der SED zur PDS«, *DA* (1991), 24: 30ff.

34 Material zur Sitzung vom 18. Jan. 1990 in BA Po, DA-3, Bd. 8; »Loyalität zur Regierung erklärt, damit sie weiter arbeitsfähig bleibt«, *ND*, 19. Jan. 1990; Herles-Rose, *Vom Runden Tisch*, 62ff.; Thaysen, *Runder Tisch*, 78f.; und Kallabis, *Ade, DDR!*, 119f.

35 Modrow-Erklärung vom 22. Jan. 1990, BA Po, DA-3, Bd. 9; »Die Furcht in der Regierung verheizt zu werden«, *Welt*, 23. Jan. 1990; Reinhardt Schult, »Die Ecken des Runden Tisches«, *Die Andere*, 25. Jan.; Herles-Rose, *Vom Runden Tisch*, 77f.; Modrow, *Aufbruch*, 74ff.; Thaysen, *Runder Tisch*, 89ff.; Kallabis, *Ade, DDR!*, 124f.

36 Böhme-Interview, *ND*, 23. Jan. 1990; de Maizière-Interview, *Welt*, 25. Jan. in BPA Dok 1990, V: 60ff.

37 »Kabinett Modrow kann im Amt bleiben«, *SDZ*, 27. Jan. 1990; »Opposition für unabhängige DDR-Regierung«, *LVZ*, 27./28. Jan.; Thaysen, *Runder Tisch*, 82ff.; Modrow, *Aufbruch*, 79; Kallabis, *Ade, DDR!*, 127f.

38 »DDR-Opposition geht in Regierung«, *AAZ*, 27. Jan. 1990; Modrow, »Um wieder Vertrauen in die Zukunft zu gewinnen«, *ND*, 30. Jan. 1990; »Regiert bis März Vernunft?« *LVZ*, 30. Jan.

39 *Volkskammerprotokolle* 25: 421ff.; »DDR vor dem Konkurs«, *BR*, 30. Jan. 1990; Modrow, *Aufbruch*, 80ff.; Arnold, *Die ersten hundert*, 76f.; Thaysen, *Runder Tisch*, 90f.

40 Umweltbericht der Regierung sowie Information zu den Ursachen der bisherigen Nicht-Umweltpolitik vom 29. Jan. 1990 in BA Po, DA-3, Bd. 9 und 10; »Klares Votum für Demokratie und Rechtsstaatlichkeit«, *ND*, 30. Jan. 1990; »Wo alles ins Schwanken gerät«, *ZEIT*, 2. Feb.; Herles-Rose, *Vom Runden Tisch*, 91ff.

41 Thaysen, *Runder Tisch*, 98ff.; und *Umweltreport DDR. Bilanz der Zerstörung, Kosten der Sanierung, Strategien für einen Umbau* (Frankfurt 1990).

42 »Eine schwere ›Geburt‹«, *LVZ*, 2. Feb. 1990; Kallabis, *Ade, DDR!*, 134ff.; Theo Pirker *et al.*, *FDGB – Wende zum Ende. Auf dem Weg zu unabhängigen Gewerkschaften?* (Köln 1990), 9f., 121ff.

43 *Volkskammerprotokolle* 25: 453ff.; Eppelmann, *Wendewege*, 17f. Da das Bundespresseamt zum Zeitpunkt der Niederschrift noch bei der Materialsammlung war, konnten leider keine genauen Band- und Seitenzahlen seiner Dokumentation für 1990 angegeben werden.

44 »Kabinett der nationalen Verantwortung gebildet«, *ND*, 6. Feb. 1990; »›Staatsfeinde‹ sitzen jetzt auf der Regierungsbank«, *RP*, 6. Feb.; Modrow, *Aufbruch*, 82ff.; Luft, *Zwischen Wende*, 151ff.; Eppelmann, *Fremd*, 359ff.

45 Wolfgang Ullmann, *Verfassung und Parlament* (Berlin 1992), 41ff., und Wolfram Bürger und Michael Weichenhahn (Hg.), *Wolfgang Ullmann. Demokratie – jetzt oder nie!* (München 1990), 147ff.; »Wolfgang Ullmann«, *Sie waren dabei*, 150ff.

46 Christa Luft-Kabinettsvorlage zur Wirtschaftsreform der DDR, BA Po, C-20, I/3, Bd. 2904; »Produktion 1990 sackt auf das 85er Niveau ab«, *LVZ*, 6. Feb. 1990; Arnold, *Die ersten hundert*, 48ff.; Luft, *Zwischen Wende*, 100ff.; Herles-Rose, *Vom Runden Tisch*, 107ff.

47 Eingaben an den Runden Tisch vom Feb. 1990, BA Po, DA-3, Bd. 71; Staatssekretär Preiß, »Einschätzung der Lage in den Bezirken«, 15. Feb., BA Po, C-20, I/3, Bd. 2912; Wende, *Revolutionserlebnisse*, 85ff.; Tetzner, *Leipziger Ring*, 82ff.

48 Zentralinstitut für Jugendforschung Leipzig, Umfrage vom 12. Feb. 1990; »Ergebnisse aus der DDR-repräsentativen Meinungsumfrage M5«, Juli 1990; »Wille zur Wiedervereinigung wächst hüben und drüben«, *MM*, 15. Jan.; Tetzner, *Leipziger Ring*, 94; Förster-Ranki, *Wende und Wahl*, 53f.

49 »Ruf nach Vereinigung wird immer lauter«, *StZ*, 7. Feb. 1990; *NCDDR* 4/5: 94f.; Hans Kromer (Hg.), *Dresden. Die friedliche Revolution* (Böblingen 1990), 23. und 31. Jan.; Tetzner, *Leipziger Ring*, 86; Weber, *Alltag*, 103f.

50 Haug, *Perestroika-Journal*, 276ff.; Bortfeldt, *Von der PDS*, 166ff.

51 Oskar Fischer, »Konzeptionelle Orientierung« zur DDR-Außenpolitik vom 17. Dez. 1989, BA Po, C-20, I/3, Bd. 2883; Protokoll der RGW-Tagung vom 9./10. Jan. 1990, *ebd.*, Bd. 2892; »Modrow: Innenpolitik ist immer bestimmend«, *LVZ*, 6./7. Jan. 1990; Modrow, *Aufbruch*, 119f.; Luft, *Zwischen Wende*, 76f.

52 »Frankreich findet sich ab«, *SDZ*, 26. Jan. 1990; Antje Vollmer, »Die Träume der alten Männer«, *taz*, 6. Jan.; Herles, *Nationalrausch*, 125ff.; Teltschik, *329 Tage*, 97ff.

53 Siehe Kohls Duisburger Rede vom 12. Jan. 1990, *Washington Post*-Interview vom 18. Jan., Bremer-Ansprache vom 20. Jan. sowie andere Interviews in BPA Dok 1990. Vgl. den Beschluß des DDR-Ministerrats

vom 4. Jan. über zukünftige Beziehungen zur BRD, BA Po, C-20, I/3, Bd. 2886.

54 Entwurf eines »Vertrags über Zusammenarbeit und gute Nachbarschaft« vom 17. Jan. 1990 sowie »Bericht über die Begegnung« von Modrow und Seiters vom 25. Jan., BA Po, C-20, I/3, Bd. 2904; Modrow, *Aufbruch*, 118 ff., 170 ff.; Teltschik, *329 Tage*, 100 f., 103 f., 107 f., 115.

55 »Deutschlandpolitik der UdSSR ändert sich doch«, *Welt*, 15. Jan. 1990; Portugalow-Interview, *BILD*, 24. Jan.; Schewardnadse, *Die Zukunft*, 233 ff.; Kwizinskij, *Vor dem Sturm*, 18 ff.; Jurii P. Davidov, »Die Haltung der Sowjetunion gegenüber der deutschen Frage«, *EA* (1990), 8: 257 ff. und Anatolij Tscherniajew »Gorbachev and the Reunification of Germany«, in Gabriel Gorodetzky (Hg.), *Soviet Foreign Policy, 1917-1991: A Retrospective* (London 1994), 166 f.

56 »Information über den Arbeitsbesuch« Modrows in Moskau, 29./30. Jan. 1990, BA Po, C-20, I/3, Bd. 2904; »Gorbatschow lenkt ein«, *Welt*, 31. Jan.; Modrow, *Aufbruch*, 199 ff.; Arnold, *Die ersten hundert*, 96 ff.; Teltschik, *329 Tage*, 120 f.; Hans Adomeit, »Gorbachev and German Unification«, *Problems of Communism*, July-August 1990, 1-23.

57 Modrow-Interviews, 31. Jan. ff. 1990, BPA Dok 1990; »Kurs auf einig Vaterland der Bürger deutscher Nation«, *LVZ*, 2. Feb.; Modrow, *Aufbruch*, 119 ff., 184 ff.

58 Kohl-, Genscher- und Vogel-Presseerklärungen, 1. Feb. 1990, BPA Dok 1990; »Modrows Kapitulation«, *taz*, 2. Feb.; Brandt-Interview, *Spiegel*, 5. Feb.; und Herles, *Nationalrausch*, 161 f.

59 »Bundesbank entwickelt Plan für deutsch-deutsche Währungsunion«, *Welt*, 8. Jan. 1990; Ingrid Matthäus-Maier, »Signal zum Bleiben«, *ZEIT*, 19. Jan. Vgl. auch Kohl-Interview, 3. Feb., BPA Dok 1990; Teltschik, *329 Tage*, 126 f.; und Modrow, *Aufbruch*, 128 ff.

60 Matthäus-Maier und Wolfgang Roth, »D-Mark als gemeinsame Währung«, 2. Feb. 1990; Kohl-, Pöhl- und Waigel-Interviews, 6. und 7. Feb., BPA Dok 1990; »Der Bundeskanzler will mit Ostberlin sofort über Währungsunion verhandeln«, *HB*, 7. Feb.; Teltschik, *329 Tage*, 128 f.; Modrow, *Aufbruch*, 130; und Herles, *Nationalrausch*, 163.

61 Daschitschew-Interview, *FR*, 8. Feb. 1990; Falin-Interview, *ND*, 9. Feb.; Kohl-Interviews, 10. und 11. Feb., sowie Vogel-Kommentar, 11. Feb., BPA Dok 1990. Vgl. Stephan Szabo, *The Diplomacy of German Unification* (New York 1992), 53 ff. sowie Kiessler und Elbe, *Runder Tisch*, 78 ff.

62 »Schlüsselübergabe in Moskau«, *SDZ*, 12. Feb. 1990; »Sekt und Rührung im Kanzler-Jet«, *BR*, 12. Feb.; Teltschik, *329 Tage*, 133, 135 ff.; Herles, *Nationalrausch*, 170 ff.

63 »Positionen des Runden Tisches für die Verhandlungen Modrow-

Kohl« mit Anlagen, BA Po, DA-3, Bd. 12; »Teltschik: DDR schafft's nicht mehr bis zur Wahl«, *Expreß*, 10. Feb. 1990; »Wenn die DM den Osten überrollt«, *taz*, 7. Feb.; Herles-Rose, *Vom Runden Tisch*, 115 ff.; Thaysen, *Runder Tisch*, 138 ff.

64 »Zusammenfassung des Vieraugengespräches zwischen Ministerpräsident H. Modrow und Bundeskanzler H. Kohl«, BA Po, C-20, I/3, Bd. 2912; Teltschik, *329 Tage*, 144 ff.; Modrow, *Aufbruch*, 131 ff.; Luft, *Zwischen Wende*, 160 ff.

65 »Zusammenfassung der Sitzung im Kreis der Delegationen«, BA Po, C-20, I/3, Bd. 2912; Kohl- und Modrow-Erklärungen, *BPA-Bulletin*, 15. Feb. 1990; Kohl-, Modrow- und Brandt-Interviews, 13. Feb., BPA Dok 1990; »Experten sollen Währungs- und Wirtschaftsgemeinschaft erörtern«, *LVZ*, Feb. 14; Ullmann-Interview, *Spiegel*, 19. Feb.; Herles, *Nationalrausch*, 180 ff. und Eppelmann, *Fremd*, 354 ff.

66 »Der Katastrophe entgegen«, *FAZ*, 14. Feb. 1990; »Eher eine kühle Annäherung«, *TS*, 14. Feb.; Antje Vollmer-Interview, *taz*, 15. Feb.; und der Appell, »Revolutionäre Geduld«, *ebd.*, 14. Feb.; »Zur Einheit per Diktat?« *ZEIT*, 16. Feb.; Herles, *Nationalrausch*, 180 ff.

67 »Ministerrat-Beschluß« über Modrows Bonner Besuch, 15. Feb. 1990, BA Po, C-20, I/3, Bd. 2912; Modrow-Bericht, BA Po, DA-3, Bd. 13; *Volkskammerprotokolle* 25: 471 ff.; ADN-Zusammenfassung der Reaktionen, 14. Feb.; Pflugbeil-Interview, 15. Feb. BPA Dok 1990; Ullmann-Interview, *SDZ*, 17. Feb.; »Modrow: Ich werde nicht auf den Knien bitten«, *ND*, 20. Feb.; Herles-Rose, *Vom Runden Tisch*, 162 ff.

68 Thomas Friedman, »Steps to German Unity: Bonn as a Power«, *NYT*, 16. Feb. 1990; Robert Blackwill, »German Unification and American Diplomacy«, *ACG Occasional Paper*, 1994 Nr. 3; Kaiser, *Deutschlands Vereinigung*, 49 ff.; und Szabo, *Diplomacy*, 58 ff. Inkorrekt in Ulrich Albrecht, *Die Abwicklung der DDR* (Opladen 1992), 22 f.

69 *Ebd.*; Genscher-Interviews vom 4., 7. und 11. Feb. in BPA Dok 1990; Teltschik, *329 Tage*, 105, 128 f., 137 f., 141; Szabo, *Diplomacy*, 60 f.; Kiessler und Elbe, *Runder Tisch*, 74 ff.

70 Genscher-Erklärung, 13. Feb. 1990; und George Bush-Interview, 12. Feb., BPA Dok 1990; sowie Gorbatschow-Interview, *Prawda*, 20. Feb.; und Kwizinskij, *Vor dem Sturm*, 18 f.

71 »How German Unity Advanced«, *NYT*, Feb. 16; Teltschik, *329 Tage*, 147 ff.; Schewardnadse, *Die Zukunft*, 236 ff.

72 Kohl-, Genscher- und Vogel-Reden vom 15. Feb. 1990, in BPA Dok 1990. »Kohl würdigte große Finanzkraft der BRD«, *LVZ*, 16. Feb.; Teltschik, *329 Tage*, 149 f.

73 Resolution der Grünen vom 15. Feb. 1990, BPA Dok 1990; »Weizsäcker entsetzt über den Bundestag«, *NRZ*, 16. Feb.; »Die Bundesdeutschen auf der Siegerstraße«, *taz*, 15. Feb.

74 Dieter Grosser *et al.*, *Die sieben Mythen der Wiedervereinigung* (München 1991), 67ff.; Haug, *Perestroika-Journal*, 288ff.; und Gabriele Lindner, *Die Eigenart der Implosion* (Berlin 1994).

75 Kallabis, *Ade, DDR!*, 132ff., 136; Monika Maron, »Das neue Elend der Intellektuellen«, *taz*, 6. Feb. 1990, mit Antworten vom 9. Feb. usw.

76 »Das einzige, was in der DDR noch funktioniert sind die Verkehrsregeln«, *WR*, 8. Feb. 1990; Teltschik, *329 Tage*, 135f.; Dumas-Interview, *Welt*, 9. Feb.; »Managing the Inevitable«, *NYT*, 16. Feb.

77 Augstein, »Elektrische, furchtbare Schnelle«, *Spiegel*, 22. Jan. 1990; »Die Einheit: Eher in Monaten als in Jahren rechnen«, *Welt*, 2. Feb.; Kallabis, *Ade, DDR!*, 137f.; Herles, *Nationalrausch*, 186ff.; Grass, »Der Zug ist abgefahren, aber wohin?« *taz*, 23. Feb.

78 Karl Heinz Bohrer, »Warum wir keine Nation sind«, *FAZ*, 13. Jan. 1990; Peter Glotz, »Warum wir eine Nation sind«, *ebd.*, 9. Feb.; *idem, Der Irrweg des Nationalstaats* (Stuttgart 1990); Rudolf Augstein und Günter Grass, *Deutschland, einig Vaterland?* (Göttingen 1990), 49f.

79 »Hohle Sprüche im hohlen Zahn der Karl-Marx-Universität«, *FAZ*, 20. Feb. 1990; *Quick*-Umfrage von 22 prominenten Ost- und Westdeutschen, 4. Jan.; *BILD*-Umfrage von 69 populären Stars, 20. Jan.; »ZDF-Politbarometer«, 22. Jan. und 19. Feb., BPA Dok 1990; Kallabis, *Ade, DDR!*, 141f.

80 Wolfgang Bergsdorf, »Wer will die deutsche Einheit?« *Politische Meinung* (1990), 248: 13ff.; »Umfrage, Zustimmung zur Einheit in Italien am größten«, *RP*, 20. Feb. 1990; »ČSSR: Ja zur Einheit«, *NP*, 22. Feb.; »Mehrheit in Holland für Wiedervereinigung«, *FAZ*, 26. Feb.; »Dänen fürchten deutsche Wiedervereinigung«, *NP*, 2. Feb.

81 Alfred Grosser, »Vor einer Bevormundung bewahren«, *HB*, 16. Jan. 1990; »Mrs. Thatchers tadelnder Ton«, *Spiegel*, 19. Feb.; »Einheit nicht künstlich beschleunigen«, *Welt*, 25. Jan.

82 Abraham Rosenthal, »Hidden Words«, *NYT*, 4. Feb. 1990; »Deutschland – ein Trauma«, *ZEIT*, 9. Feb.; Elie Wiesel-Interview, *Spiegel*, 1. Jan.; Simon Wiesenthal-Interview, 15. Feb., BPA Dok 1990; Amnon Neustadt, »Israelische Reaktionen auf die Entwicklung in Deutschland«, *EA* (1990) 11: 351ff.

83 Henry Kissinger, »Der Westen läuft Gefahr zum Komplizen der Sowjets zu werden«, *WamS*, 14. Jan. 1990; Michel Tournier-Interview, *Spiegel*, 22. Jan.; »Plädoyer für Deutschlands Einheit«, *MP*, 20. Jan.

1 Antworten auf eine Prominentenumfrage, »Wer waren wir – wer sind wir?« *Sonntag* (1990), 17: 3f.

2 »Was die Wahlen hüben und drüben verbindet und was sie trennt«, *Horizont* (1990), Nr. 3. Vgl. Russell J. Dalton (Hg.), *The New Germany Votes: Unification and the Creation of the New German Party System* (Oxford 1993).

3 »Eine Wahl der Unwägbarkeiten«, *FAZ*, 3. Feb. 1990; und »Der Osten war nicht immer rot«, *FR*, 16. März. Vgl. Helmut Jung, »Von sozialistischem Methodenpluralismus zu marktwirtschaftlichem Einheitsbrei?« (MS, Frankfurt 1991).

4 »Meinungsumfragen von minderem Wert«, *taz*, 8. Feb.; *Stern*-Umfrage, 1. März; »DDR-Barometer sieht SPD als stärkste Partei«, *FAZ*, 13. März; »SPD liegt bei DDR-Wahlen vorn«, *Kieler Nachrichten*, 15. März; Kallabis, *Ade, DDR!*, 180.

5 Infas vom 9. und 16. Feb. sowie am 2. und 9. März, BPA Dok 1990, V: 240ff.; und EMNID, FGW und USUMA, »Vorwahluntersuchung zur Volkskammerwahl am 18. März 1990 in der DDR« (MS, Bielefeld 1990); »Die Allianz ist auf dem Vormarsch«, *SDZ*, 10. März 1990; und »Das Stimmungsbild schwankt von Tag zu Tag«, *Rheinpfalz*, 15. März.

6 Interview mit Sabine Zimmerling, Juli 1990; Fernsehdiskussion vom 18. März 1990, BPA Dok 1990, VI: 1238ff.; Matthias Jung, »Parteiensystem und Wahlen in der DDR«, *APZG* (1990) B 27: 3ff.

7 »In der Baracke begann die Suche nach Strohhalmen«, *Welt*, 19. März 1990; »Der Sieger betont die Verantwortung«, *BR*, 19. März; Teltschik, *329 Tage*, 176f.

8 Kohl-, de Maizière- und Lambsdorff-Analysen vom 18. März, BPA Dok 1990, VI: 1249ff., 1263ff., 1273ff.; Wolfgang Gibowski, »Demokratischer (Neu-)Beginn in der DDR«, *ZfP* (1990) 1: 1ff.

9 Lafontaine und Reiche in Fernsehdiskussionen in Bonn und Berlin am 18. März sowie Bohley-Erklärung vom 19. März, BPA Dok 1990, VI: 1244f., 1260ff., 1275.

10 Kohl und Fücks in einer Bonner Fernsehdiskussion vom 18. März, BPA Dok 1991, VI: 1263ff.; und Rainer Olaf Schulze, »Wählerverhalten und Parteiensystem«, in Hans-Georg Wehling (Hg.), *Wahlverhalten* (Stuttgart 1991), 32ff.

11 Weber, *DDR: Grundriß der Geschichte*, 21ff.; und Peter Joachim Lapp, *Die Blockparteien im politischen System der DDR* (Melle 1988).

12 Egon Krenz, »Kommunalwahlen 1989«, *ND*, 3. Feb. 1989; »98,85 Prozent stimmten für die Kandidaten der Nationalen Front«, *ebd.*, 8. Mai; und Honecker, *Moabiter Notizen*, 27ff.

13 Manfred Gerlach in *Morgen*, 20. Sept. 1989; und Interviews *ebd.*, am 1. Nov. im *Spiegel*, Nr. 45, und 10. Nov. im *TS*; Stasi-Information über LDPD, 13. Okt., BStU, ZAIG, Bd. 3750; »Leitsätze liberaldemokratischer Politik heute«, *Morgen*, 16. Nov.; Katharina Belwe und Ute Reuter (Hg.), *Dokumentation zur Entwicklung der Blockparteien der DDR von Ende September bis Anfang Dezember 1989* (Bonn 1989), 6 ff.

14 »Brief aus Weimar«, *NZ*, 26. Okt. 1989; »Schnelles Reagieren und langer Atem«, *ebd.*, 27. Okt.; »Was wir wollen und brauchen«, *ebd.*, 28. Okt.; und »CDU für baldige Neuwahlen«, *ebd.*, 9. Nov.; Stasi-Information über CDU, 26. Okt., BStU, ZAIG, Bd. 3750; *Dokumentation zur Entwicklung*, 75 f.

15 Interview mit de Maizière; Interviews mit *NZ*, 6. Nov., 2. Dez. 1989; de Maizières Parteirundbrief und »Gleichberechtigte Partnerschaft bei Gestaltung der Gesellschaft«, *ebd.* 18. Nov.

16 Elitz, »Der traurige Hugenotte«, *Sie waren*, 183 ff.; und Gaus, *Deutsche Zwischentöne*, 35 ff. Vgl. auch Stasi-Information über die befreundeten Parteien vom 2. Nov. 1989 und über die CDU, o. D., BStU, ZAIG, Bd. 3750.

17 Angelika Barbe-Interview, *GMH* (1989), Nr. 12: 779 ff.; »Die Sozialdemokraten in der DDR wollen sich wieder SPD nennen«, *Welt*, 12. Jan. 1990; Peter Weilemann *et al.*, *Parteien im Aufbruch* (Melle 1990), 75.

18 »Es geht um die Macht in diesem Land«, *ND*, 15. Jan. 1990; Ibrahim Böhme-Interview, *ND*, 23. Jan.; »Grundaussagen des Programms der SPD«, 10. Jan., *Dokumentation zur Entwicklung*, 80 ff.; *NCDDR* 4/5: 54 ff. und Gero Neugebauer mit Bernd Niedbalski, »Die SDP/SPD in der DDR 1989-1990«, *Berliner Arbeitshefte und Berichte zur sozialwissenschaftlichen Forschung* (Berlin 1992), Nr. 74.

19 Jens Reich, »Neues Forum, 10. Partei oder Bürgerbewegung«, *BZ*, 30./31. Dez. 1989; Bärbel Bohley *et al.* Flugblatt, »Gegen eine Spaltung des Neuen Forum«, 3. Jan. 1990; »Programm und Statut des Neuen Forum«, *Dokumentation zur Entwicklung*, 42 ff.

20 »Das Neue Forum bleibt in Bewegung«, *taz*, 8. Jan. 1990; »Neues Forum überstand innere Zerreißprobe«, *BZ*, 29. Jan.; und Marianne Schulz, »Neues Forum«, *Von der Illegalität*, 36 ff.

21 Interviews von Rainer Eppelmann, *JW*, 9. Dez. 1989 und Erhard Neubert, *GMH* (1989), Nr. 12: 762 ff.; *DA-Programm* (Berlin 1990); Richter, *Erlangte Einheit*, 39 ff.; Eppelmann, *Wendewege*, 12 ff.; Schorlemmer, *Träume*, 155 ff.

22 *NCDDR* 4/5: 94 f.; Wolfgang Schäuble, *Der Vertrag* (Stuttgart 1991), 46 ff.

23 Carsten Tessmer, »Innerdeutsche Parteibeziehungen vor und nach dem Umbruch in der DDR«, *DSt* 29 (1991), 191 ff.

24 »Wer ist wessen Schwester?« *FAZ*, 18. Jan. 1990; »Vorsprung für die Sozialdemokraten«, *TS*, 18. Jan.; »Die Opposition sammelt sich noch«, *RP*, 25. Jan.; »Die CDU empfiehlt den möglichen Partnern eine ›Deutsche Allianz‹«, *BR*, 25. Jan.; Schäuble, *Vertrag*, 38ff.; Eppelmann, *Fremd*, 347ff.

25 Kohl, Rühe und de Maizière-Erklärungen vom 5. und 6. Feb. sowie »Aus nationaler Verantwortung, eine Allianz für Deutschland«, 6. Feb., BPA Dok 1990, VI: 321f.; Schäuble, *Vertrag*, 44f.; und Teltschik, *329 Tage*, 124, 129.

26 »Auch die Liberalen in der DDR streben ein Wahlbündnis an«, *FAZ*, 7. Feb. 1990; »Bund Freier Demokraten«, BPA Dok 1990, VI: 400ff.; »DDR-Liberale einigen sich über Wahlbündnis«, *Welt*, 12. Feb.

27 »Wider die ständige Einmischung«, 19. Jan., BPA Dok 1990, VI: 233; Stephan Bickardt-Interview, *taz*, 15. Jan.; »Das Bündnis 90 versucht es ohne Parteien-Partner aus dem Westen«, *FAZ*, 8. Feb.; »Grüne gründen Bündnis mit dem Frauenverband«, *ebd.*, 16. Feb. Vgl. Schulz, »Neues Forum«, 59ff. und Gerda Haufe und Karl Bruckmeier (Hg.), *Die Bürgerbewegungen in der DDR und in den ostdeutschen Ländern* (Opladen 1993).

28 »Ein Wahlrecht fast als Sturzgeburt«, *SDZ*, 31. Jan. 1990; »Ein Wahlgesetz mit vierundvierzig Paragraphen nur für einen Tag«, *FR*, 23. Feb.

29 Herles-Rose, *Vom Runden Tisch*, 58f., 70, 103, 106f., 146ff. und Ulrich Thaysen, »Die rechtliche Basis politischer Pluralität«, *ZfP* 21 (1990), 38ff.

30 »Für freie Wahlen fehlen Voraussetzungen«, *FAZ*, 4. Jan. 1990; Konrad Weiss-Interview, 5. Jan. und Hans Klein-Mitteilung vom 8. Jan., BPA Dok 1990, VI: 2ff.; Herles-Rose, *Vom Runden Tisch*, 37f., 62f., 103f.

31 Gregor Gysi-Interviews, 5. Jan. 1990 und 11. Jan., BPA Dok 1990, VI: 2ff., 230; »Hier spricht die Opposition«, *LVZ*, 9./10. Dez. 1989; *Die Andere*, 1990, Nr. 1; und Thaysen, *Runder Tisch*, 134f.

32 Bärbel Bohley-Interview, 10. Feb. 1990, BPA Dok 1990, VI: 15; »Ko(h)lonie der BRD?« *ND*, 14. März.

33 Abstimmung zur Chancengleichheit, BA Po, DA-3, Bd. 11; Volker Rühe- und Anke Fuchs-Interviews, 5. Feb. 1990, BPA Dok 1990, VI: 1170ff.; »Bonn kritisiert DDR-Wahlkampfverbot«, *Welt*, 6. Feb.; Herles-Rose, *Vom Runden Tisch*, 106f., 146f.; Thaysen, *Runder Tisch*, 137.

34 »Betäubt vom Tempo der Profis«, *ZEIT*, 6. Feb.; Jan Bielickis Serie von fünf Wahlkampfberichten im *Sbl*, 9. Feb. ff.; Kontakttelefon Berlin, *Wahlkampfbeobachter*, 13. März 1990, Hoover Institution.

35 »Hart geführter Wahlkampf in der DDR«, *NZZ*, 1. März 1990; Wende, *Revolutionserlebnisse*, 92f.; Herles, *Nationalrausch*, 199f.; Helmut Müller-Enbergs, *Volkskammerwahlen in der DDR 1990. Synopse von (Wahl-)Programmen 15 kandidierender Parteien* (Berlin 1990).

36 »Wahlprogramm der PDS«, *ND*, 27. Feb. 1990; Flugblätter, »Alles vergessen?« und »Was wir wollen«, März; Gregor Gysi-Interview, 8. März, BPA Dok 1990, VI: 939f.; Hans Modrow-Interview, *ND*, 14. März; Bortfeldt, *Von der SED*, 177ff.

37 »Für die Schwachen, eine starke Opposition« und anderes Material in der Hoover Institution; Broschüren über NATO, die SED-Gründung und lokale Selbstverwaltung, *PDS Diskussionsangebot*, Februar-März, 1990; Gysi-Falkner, *Sturm*, 131ff.; und Modrow, *Aufbruch*, 141f.

38 *nez*, 22. Dez. 1989 und andere Blätter aus Greifswald, Potsdam, Rostock usw.; »Wir haben die richtigen Leute« und andere Flugblätter in der Hoover Institution; Ingrid Köppe- und Jens Reich-Interviews, 20. Feb. und 3. März 1990, BPA Dok 1990, VI: 883ff.

39 »Nach dem Höhenflug der Fall ins Leere«, *SDZ*, 9. März 1990; »Bürgerbewegung stellt sich auf Oppositionsrolle ein«, *StZ*, März 15; und Reich, *Rückkehr nach Europa*, 213ff.

40 Handzettel »SPD«, »8 gute Gründe SPD zu wählen«, »Wir sind das Volk«, März 1990; *Extrablatt: Zeitung für die Bürger der DDR*, Hefte für Feb. und März; *Berliner StattBlatt*, Feb. 24; »Wahlprogramm der SPD«, März 1; und weiteres Material, Hoover Institution.

41 Interviews mit Ibrahim Böhme, *WW*, Feb. 2; *Stern*, Feb. 8; *Vorwärts*, 1. März; »Mitten hinein ins alte Deutschland«, *SDZ*, 6. März; »DDR-SPD will die Regierung bilden«, *FAZ*, 15. März; Brandt, *»... was zusammengehört«*, 81ff.; und Momper, *Grenzfall*, 323ff., 330ff.

42 Handzettel und Plakate aus der Flugschriftensammlung des Ostberliner CDU-Archivs; *Zeitung zur Wahl. Informationen zur Allianz für Deutschland* und *CDU Extra*, Frühjahr 1990; »Umkehr in die Zukunft – das Wahlkampfthema unserer Partei«, *Union teilt mit* (1990), Nr. 2.

43 *Einheit Bald* und anderes Material, Hoover Institution; de Maizière-Interviews, 2. und 25. Feb. 1990; »Wahlaufruf und Sofortprogramm der Allianz für Deutschland zur Volkskammerwahl in der DDR«, BPA Dok 1990, VI: 468ff., 500ff., 510ff.; Momper, *Grenzfall*, 326f.

44 »Die verlorenen Söhne als willkommene Wahlhelfer«, *HA*, 19. Feb. 1990; und Material in BPA Dok 1990, VI: 853ff.

45 »Information« über Modrows Polen-Besuch am 16. Februar, 1990, BA Po, C-20, I/3, 2912; »Zum Jahresbeginn Streitereien in Bonn um die polnische Westgrenze«, *FAZ*, 2. Jan. 1990; Brief von Herbert Hupka, *ebd.*, 19. Jan.; »Koalition streitet nach Kohl-Besuch bei Bush über die polnische Westgrenze«, *Welt*, 27. Feb.; Kaiser, *Deutschlands Vereinigung*, 89ff.

46 Kohl-Erklärungen, 5. und 6. März 1990; Kohl und Genschers Bundestags-Reden vom 8. März, BPA Dok 1990; »Ende der Irritationen«, *Welt*, 7. März. Vgl. Teltschik, *329 Tage*, 97, 104, 111f., 132, 151, 160, 163ff., 167ff.; Schäuble, *Vertrag*, 58ff.; Kiessler und Elbe, *Runder Tisch*, 114ff.; und Pond, *After the Wall*, 192ff.

47 »Deutschland unser Vaterland und Europa unsere Zukunft«, *FAZ*, 22. Febr. 1990; »Die Allianz macht Jagd auf die SPD«, *HA*, 8. März; »Stunden, die nicht wieder kommen«, *SDZ*, 12. März; »Helmut, Helmut«, *BILD*, 15. März; von der SPD aufgestellte Liste der CDU-Versprechungen, Hoover Institution.

48 Passagen aus Kohls Wahlreden, 20. Feb., 1. und 9. März 1990, BPA Dok 1990, VI: 654ff.; und Teltschik, *329 Tage*, 153f., 165, 168, 172ff.

49 Kallabis, *Ade, DDR!*, 165, 169; Wende, *Revolutionserlebnisse*, 101ff.; Rosenlöcher, *Verkaufte Pflastersteine*, 100ff.

50 Herles-Rose, *Vom Runden Tisch*, 189ff., 238ff., 294ff.; »Berliner Aufruf: Für eine unabhängige DDR«, Hoover Institution; Gransow-Jarausch, *Deutsche Vereinigung*, 145ff.; »Warten auf die Zukunft«, *KSA*, 1. März 1990; Teltschik, *329 Tage*, 173; Modrow, *Aufbruch*, 138.

51 »Amtliches Endergebnis der Wahlen zur Volkskammer am 18. März 1990«, *ND*, 24. März 1990; »Wahlergebnisse in den ehemaligen Ländern der DDR«, *ZEIT*, 23. März.

52 Umfrageanalyse, *FAZ*, 23. März 1990; »Wo die Parteien die besten Ergebnisse erzielten«, *TS*, 25. März; Jung, »Parteiensystem und Wahlen«, 8ff.; und Gibowski, »Demokratischer (Neu-)Beginn«, 9ff.

53 »Wahlsieger«, *HA*, 19. März 1990; Fernsehdiskussion vom 18. März, BPA Dok 1990, VI: 1373ff.; »Kohls Sieg«, *FR*, 19. März; »Gedanken nach der Wahl«, *ND*, 20. März; »Kohl gewinnt an Gewicht«, *SDZ*, 20. März; »Wurde mit der CDU die schnelle DM gewählt?« *LVZ*, 20. März; und Momper, *Grenzfall*, 334.

54 »Großer Triumph«, *Welt*, 19. März 1990; Schäuble, *Vertrag*, 51. »Votum für die Einheit in der DDR«, *NZZ*, 20. März; Interviews und Diskussionen mit internationalen Experten, 19. März 1990, BPA Dok 1990, VI: 1671ff. »Washington begrüßt den Sieg der Konservativen«, *HB*, 20. März.

55 Infratest-Umfrage, »Vor der Volkskammerwahl«, 15. März 1990; EMNID-, FGW- und USUMA-Umfrage, 18. März; Donald Abenheim, »Volkskammer Elections, GDR«, Hoover Institution; und Maaz, *Gefühlsstau*, 157.

56 Wende, *Revolutionserlebnisse*, 105ff.; Rosenlöcher, *Verkaufte Pflastersteine*, 112f.; Weber, *Alltag*, 117ff.; Kallabis, *Ade, DDR!*, 182ff.; und Horst-Dieter Schlosser, »Ein nur scheinbar bundesdeutscher Wahlkampf«, *DA* 23 (1990), 520ff.

57 »Ich weiß nicht, ob ich es machen soll«, *BILD*, 20. März 1990; »Erklärung der Allianz für Deutschland im Wortlaut«, 20. März, BPA Dok 1990, V: 1312ff.

58 De Maizière- und Kohl-Interviews, 19. März 1990; Kohls Erklärung zum Wahlsieg, 19. März, BPA Dok 1990, VI: 1301ff.; »Einheit? Ja,

aber bitte billig!« *ZEIT*, 9. März; Teltschik, *329 Tage*, 117f.; und Schäuble, *Vertrag*, 74ff.

59 Interviews von Ibrahim Böhme und Markus Meckel, 19. März 1990, von Angela Barbe, 20. März und Otto Graf Lambsdorff, 23. März, BPA Dok 1990, VI: 1300ff.; »Konservative Allianz für möglichst große Koalition«, *SDZ*, 20. März.

60 »De Maizière sucht Rat beim Kanzler«, *Welt*, 22. März 1990; »De Maizière will DDR-Ministerpräsident werden«, *SDZ*, 24. März; Eppelmann, *Fremd*, 383ff.

61 Anke Fuchs-Interview, 19. März 1990, BPA Dok 1990, VI: 1296; »In der Koalitionsfrage ist die DDR-SPD noch uneins«, *Welt*, 22. März.

62 »Die Angst vom ungeliebten Partner umarmt zu werden«, *StZ*, 23. März 1990; de Maizière *WamS*-Interview, 25. März; Hermann Rappe-Interview, 26. März, BPA Dok 1990, VI: 1838f. Vgl. auch Richard Schröder, *Deutschland schwierig Vaterland* (Freiburg 1993), 51ff.

63 Interviews von de Maizière, 28. März 1990 und Richard Schröder, 30. März sowie 3. Apr., BPA Dok 1990, VI: 1842ff.; »Die SPD in der DDR ist zu Verhandlungen mit der CDU bereit«, *FAZ*, 18. März.

64 Interviews mit Meckel, 2., 4. und 7. Apr. 1990; und Schorlemmer, 11. Apr.; »Erklärung der SPD zur Aufnahme von Koalitionsgesprächen«, 4. Apr., BPA Dok 1990, VI: 1842ff.

65 »Es muß alles raus«, *Spiegel*, 26. März 1990; und Rainer Kunze, *Deckname ›Lyrik‹* (Frankfurt 1990), 113ff.

66 Interview mit Markus Meckel; Elitz, »Der vergessene Medienstar« und »Philosoph im Außenamt«, *Sie waren dabei*, 61ff., 101ff.; sowie Albrecht, *Abwicklung*, 16ff.

67 »Koalition in der DDR so gut wie perfekt«, *SDZ*, 9. Apr. 1990; »Große Koalition steht«, *Welt*, 10. Apr.; Kallabis, *Ade, DDR!*, 214.

68 »Grundsätze der Koalitionsvereinbarung«, 12. Apr. 1990, in Ute Reuter (Hg.), *Dokumentation zur politischen Entwicklung in der DDR und zu den innerdeutschen Beziehungen April 1990* (Bonn 1990), 6ff.

69 »Eine Regierung für die DDR«, *GA*, 10. Apr. 1990; »Standpunkte und Meinungen von sieben Ministern«, *ND*, 14. Apr.; Herles-Rose, *Vom Runden Tisch*, 379ff.; Hans-Dieter Schütt, *Regine Hildebrandt* (Berlin 1992), 163ff.; Eppelmann, *Fremd*, 385ff.

70 Kabinettssitzungen in BA Po, DC-20, I/3, Bd. 2943-4; de Maizière-Interviews, 12. und 14. Apr. 1990, BPA Dok 1990, VI: 1891ff.; »Ein historischer Tag, nicht frei von Peinlichkeiten«, *FR*, 14. Apr.; Kallabis, *Ade, DDR!*, 215; und Erich Fischer, »Waren Sie das Volk?« *DA* 24 (1991), 279ff.

71 Preiß, »Einschätzung der Lage in den Bezirken für den Zeitraum 14. 2. bis 20. 2. 1990« sowie für den 21. bis 27. Februar, BA Po, C-20, I/3,

Bd. 2912 und 2921; Hans Modrow, »Bilanz nach 150 Tagen«, *ZEIT*, 20. und 27. April sowie 4. Mai; idem, *Aufbruch*, 143 ff.

72 Verfassungsausschuß des Runden Tisches, »Verfassung der DDR. Entwurf«, *Dokumentation zur politischen Entwicklung*, 58 ff.; Herles-Rose, *Vom Runden Tisch*, 301; Thaysen, *Runder Tisch*, 143 ff.

73 Lothar de Maizière, »Politik für unser Volk«, 19. Apr. 1990, in BPA Dok 1990, VI: 2261 ff. und *Volkskammerprotokolle*, 10. Wahlperiode, Bd. 27.

74 De Maizière-Interview, 19. Apr. 1990, BPA Dok 1990, VI: 2283 ff.; Teltschik, *329 Tage*, 202.

75 Diskussion in *Volkskammerprotokolle*, 27: 68 ff. »Regierungserklärung beraten«, *LVZ*, 21./22. Apr. 1990; Kallabis, *Ade, DDR!*, 223 f.; Reich, *Rückkehr*, 217 ff.; Schütt, *Hildebrandt*, 172.

76 Karl-Heinz Hornhues-, Oskar Lafontaine- und Jürgen Reents-Erklärungen, 19. Apr. 1990; Rudolf Seiters-Interview, 19. Apr., BPA Dok 1990, VI: 2283 ff.; »Glaubwürdigkeit und Würde«, *GA*, 20. Apr.; »Das Programm«, *WamS*, 22. Apr.; und Herles, *Nationalrausch*, 219 f.

77 Schewardnadse-Interviews, 20. Feb. und 8. März 1990, Mitterrand-Interviews, 25. März, BPA Dok 1990; »Bush und Kohl sind sich einig«, *StZ*, 26. Feb.; Margaret Thatcher, »Stoppt den deutschen Moloch«, *Spiegel* 1993, Nr. 42: 162 ff.

78 Kohl-Rede in Cambridge, 29. März 1990, und Interview in *Iswestija*, 6. Apr., BPA Dok 1990. »Frau Thatcher und Kohl«, *FAZ*, 31. März; Teltschik, *329 Tage*, 157-203, und Blackwill, »German Unification«, 5 ff.

79 Klaus Hartung, *Neunzehnhundertneunundachtzig. Ortsbesichtigungen nach einer Epochenwende* (Frankfurt 1990), 81 ff.; Haug, *Perestroika-Journal*, 348, 353, 359, 415 ff.

80 Kallabis, *Ade, DDR!*, 216 f.; Ash, *Magic Lantern*, 131 ff.; Stokes, *The Walls Came Tumbling Down*, 169 ff.

81 Vorträge von Christoph Kleßmann, Jürgen John und Konrad H. Jarausch über »Communist Collapse or Civic Revolution?«, auf der Jahreskonferenz der American Historical Association im Jahre 1991 in Chicago.

82 Philippe Schmitter, »The Consolidation of Democracy and the Choice of Institutions« (MS Stanford 1992).

83 »Essener Aufruf zur Politik der Annäherung von BRD und DDR«, *FR*, 24. März 1990; Michael Schneider, *Die abgetriebene Revolution* (Berlin 1990); Thomas Schmid, *Staatsbegräbnis. Von ziviler Gesellschaft* (Berlin 1990); Peter Decker und Karl Held, *Der Anschluß* (München 1990).

84 Peter Schneider, *Extreme Mittellage. Reise durch das deutsche Nationalgefühl* (Hamburg 1990) und »Den Völkern Gespött oder Furcht«, *ZEIT*, 6. Apr. 1990.

85 Antworten der Parteien auf die Fragen nach Sozialismus und Vereinigung in *Stern extra zur Wahl* (Hamburg 1990). Vgl. Zwahr, *Ende einer Selbstzerstörung*, 136ff.

86 Abenheim, »Volkskammer Elections«, Hoover Institution; Wolfgang Bergsdorf, »Von der Vorhut zur Nachhut«, *DA* 24 (1992), 133ff.

Anmerkungen zu Kapitel VII

1 Diestel-, Gysi-, Ullmann-, Platzeck- und Thierse-Interview in *taz*, 30. Juni 1990; »Der Weg zur Währungsunion«, *NZ*, 30. Juni; Deutsche Bank, *DDR-Perspektiven* (Frankfurt 1990), 7f.

2 »Wie der Kontentausch praktisch vonstatten geht«, *BZ*, 26. Mai 1990; »Von jetzt an gilt: ›Ich könnte mir sogar den Schatten kaufen!‹« *NZ*, 30. Juni; »Was tun mit der ersten ›harten‹ Mark?«, *Morgen*, 27. Juni; »Tausend Ängste, tausend Hoffnungen«, *RM*, 29. Juni.

3 »Ost-Berliner im Konsumfieber?«, *Morgen*, 23. Juni 1990; Zeichnungen für »Der kluge Ludwig«, Hoover Institution; Deutsche Bank, *German Economic and Monetary Union* (Frankfurt 1990).

4 »Das neue Geld kommt über Nacht«, *NZ*, 30. Juni 1990; »Die ganze Welt blickt auf uns, ob denn das geht«, *Berliner Allgemeine*, 30. Juni; »Ohne Härte keine D-Mark«, *JW*, 2. Juli.

5 »Aufs harte Geld geduldig gewartet«, *LVZ*, 2. Juli 1990; Peter Christ und Ralf Neubauer, *Kolonie im eigenen Land* (Berlin 1991), 93ff.

6 Hans Klein-Pressemitteilungen, 28. und 29. Juni, BPA Dok 1990; »Ab Sonntag keine Personenkontrolle mehr«, *WAZ*, 28. Juni 1990; »Alu-Chips im feurigen Schlund«, *RM*, 29. Juni; »Das Währungsabenteuer«, *FR*, 30. Juni.

7 Helmut Kohl-Rede, 28. Juni 1990, Hans-Jochen Vogel-Erklärung und Otto Lambsdorff-Interview, 30. Juni, BPA Dok 1990; Lothar de Maizière und Lutz Wicke, *Öko-Soziale Marktwirtschaft für Ost und West* (München 1990), 171f.

8 »Ein Start mit vielen Risiken«, *RM*, 29. Juni 1990; »Ein schneller Aufbruch mit sozialen Härten«, *ND*, 30. Juni; »Kohl macht allen Deutschen Mut«, *WAZ*, 30. Juni; de Maizière-Interview, *NZ*, 2. Juli; und Konrad H. Jarausch, »The Economic Dynamics of German Unification«, *CEH* 24 (1991), 446ff.

9 Befehl der sowjetischen Militärregierung Nr. 111, 23. Juni 1948, Hermann Weber (Hg.), *DDR: Dokumente zur Geschichte der DDR 1945-1985* (München 1986), 113ff.

10 *Ebd.*; »Der Weg in die Währungsunion«, *NZ*, 30. Juni 1990.

11 Werner Abelshauser, *Wirtschaftsgeschichte der Bundesrepublik Deutschland 1945-1980* (Frankfurt 1983).

12 Anthony J. Nicholls, »Ludwig Erhard«, in Konrad Jarausch und Larry Jones (Hg.), *In Search of a Liberal Germany* (New York 1990), 389 ff.; und Christ-Neubauer, *Kolonie*, 18 ff.

13 Theo Mönch-Tegeder, »Die demaskierte Ost-Mark«, *RM*, 17. Nov. 1989; Klaus von Dohnanyi, *Das deutsche Wagnis* (München 1990), 60 ff.

14 Klaus Müller, »Welcher Währungskurs ist richtig?«, *Horizont* (1990), Nr. 2; Sinn, *Kaltstart*, 60 ff.

15 »Angenommen die D-Mark käme«, *Horizont* (1990), Nr. 3.

16 Matthias Wissmann-Erklärung, 21. Jan. 1990, BPA Dok 1990; Hartung, *Neunzehnhundertneunundachtzig*, 97 ff.

17 »Wohin geht das Geld«, *Morgen*, 21. April 1990; »Verwendung des verfügbaren Monatseinkommens«, *ebd.*, 3. Juli.

18 Zahlen aus Gunnar Winkler (Hg.), *Sozialreport DDR 1990* (Bonn 1990), 123 ff., 157 f.; und Günter Fischbar (Hg.), *DDR Almanach '90* (Bonn 1990), 29 f.

19 Walter Friedrich, »Mentalitätswandlungen der Jugend in der DDR«, *APZG* (1990) B 16/17: 25 ff. Vgl. auch den von Hannes Siegrist herausgegebenen Band zur Konsumgeschichte.

20 Maaz, *Gefühlsstau*, 65 ff.; John Borneman, *After the Wall* (New York 1991), 179 ff.

21 Christiane Lemke, *Die Ursachen des Umbruchs*, 187 ff.

22 Antonia Grunenberg, *Aufbruch der inneren Mauer* (Bremen 1990), 235 ff.; und »The Image of America as the Enemy in the Former GDR«, *Deutsches Historisches Museum-Magazin* 3 (1993), Nr. 3.

23 Friedrich Schorlemmer-Interview, *taz*, 14. Nov. 1989; Klaus Humann, *Wir sind das Geld* (Reinbek 1990), 16 ff.; Maaz, *Gefühlsstau*, 152 ff.

24 Ministerrat-Bericht über die Lage der Volkswirtschaft, 23. Jan. 1990, BA Po, DA-3, Bd. 10; Luft-Interview, *ND*, 3./4. Feb.; »Warenproduktion Februar sank auf 87er Volumen«, *ebd.*, 13. März; Marianne Schulz und Jan Wielgohs, »DDR-Identität zwischen Demokratie und DM«, in Thomas Blanke und Rainer Erd (Hg.), *DDR: Ein Staat vergeht* (Frankfurt 1990), 123 ff.

25 ZDF-Politbarometer vom 22. Jan., 19. Feb. und 18. März 1990, BPA Dok 1990; »Bürger wollen die Einheit zum Nulltarif«, *StZ*, 31. März; »Deutschstunde«, *Capital* (1990), Nr. 3: 127; »Umfrage: Einheit ja, aber ohne Unterstützung«, *Morgenpost*, 11. März. Vgl. Manfred Kuechler, »Framing Unification: Issue Salience and Mass Sentiment, 1989-1990«, in *The New Germany Votes*, 29 ff.

26 »Keiner hat Nachteile zu befürchten«, *MP*, 4. März 1990; Genscher, »Die nationale Einheit ist nicht zum Nulltarif zu bekommen«, *SDZ*, 2. Feb.; de Maizière, »Politik für unser Volk«, 19. Apr., BPA Dok 1990, VI: 2261 ff.; Jürgen Habermas, »Der DM-Nationalismus«, *ZEIT*, 30. März 1990; Teltschik, *329 Tage*, 125 f., 130 ff., 144, 152.

27 »Necker schlägt eine Wirtschafts- und Währungsunion mit der DDR bis 1992 vor«, *HB*, 24. Jan. 1990; »Bindung der Ostmark an die DM denkbar«, *FAZ*, 1. Feb.; Haußmann-Interview, 8. Feb., BPA Dok 1990; »Schnelle Verwirklichung der Währungsunion kann Strukturprobleme der DDR nicht lösen«, *HB*, 8. Feb.

28 Sachverständigenrat, »Sondergutachten«, 20. Jan. 1990, Hoover Institution; Presseerklärung der Grünen, 7. Feb.; Rainer Schult-Interview, 12. Feb., BPA Dok 1990; »Währungsunion jetzt«, *ND*, 9. Feb.; Jörg Roesler, »Die verschwundene Alternative«, *Utopie kreativ* (1991), 7: 48f. Vgl. Hans Tietmeyer, »Erinnerungen an die Vertragsverhandlungen«, in Theo Waigel und Manfred Schell (Hg.), *Tage, die Deutschland und die Welt veränderten* (München 1994), 60ff.

29 »Frau Matthäus-Maier schlägt eine Währungsunion mit der DDR vor«, *FAZ*, 18. Jan. 1990; Matthäus-Maier- und Wolfgang Roth-Erklärung, 2. Feb., BPA Dok 1990; »Der Bundeskanzler will mit Ost-Berlin sofort über Währungsunion verhandeln«, *HB*, 7. Feb.; Hans Willgerodt, »Kein Platz für Pessimisten«, *RM*, 16. Feb.; Teltschik, *329 Tage*, 129ff.

30 Kohl- und Waigel-Interviews, 6. Feb. 1990, BPA Dok 1990; »Ungeheurer Zielkonflikt«, *WW*, Feb. 16; Pöhl-Interview mit *Spiegel*, 26. Feb.; und Dohnanyi, *Deutsches Wagnis*, 144ff.

31 Matthäus-Maier-Mitteilung, 5. März 1990; Pöhl-Interview, 1. Apr. und Kohl-Erklärung vom 2. Apr. in BPA Dok 1990; »Die Kaufkraft der D-Mark wird im Ostteil deutlich höher sein«, *Welt*, 6. März.

32 Bürgerbriefe an Krause, BA Po DC-20, Bd. 6000/1; »Bei einem Umtauschkurs von 1 : 1 sind DDR-Betriebe nicht wettbewerbsfähig«, *HB*, 27. März 1990; »CDU-Sozialausschüsse bestehen auf Umstellungskurs von 1 : 1«, *OZ*, 31. März; Sinn, *Kaltstart*, 52ff.

33 Waigel-Interview, 2. Feb. 1990, BPA Dok 1990; »Solidarität und Verantwortung«, *Bayernkurier*, 17. Feb.; Interview, *AAZ*, 17. März; Schäuble, *Vertrag*, 100. Vgl. Hans Tietmeyer- und Norbert Blüm-Interviews sowie Lafontaine-Erklärung vom 2. Apr., BPA Dok 1990.

34 Romberg-Interviews, *Welt*, 14. Apr. 1990, *Bremer Nachrichten*, 21. Apr., *Weserkurier*, 23. Apr.; und Luft, *Zwischen Wende*, 157. Vgl. »Demonstranten in der DDR«, *ND*, 6. Apr.

35 »Arbeitspapier für die Gespräche mit der DDR für einen Vertrag über die Schaffung einer Währungsunion, Wirtschafts- und Sozialgemeinschaft«, 24. Apr. 1990 sowie weitere Fassungen vom 30. Apr., 2. Mai etc., BA Po, DC-20, Bd. 6005/2; erste DDR-Kritik vom 23. Apr., *ebd.*, Bd. 6008; Vermerk vom 24. Apr. über das Arbeitspapier, *ebd.*, Bd. 6007; Schäuble, *Vertrag*, 53; Tietmeyer, »Erinnerungen«, 65ff.

36 Kohl- und Rühe-Erklärungen, 23. Apr. 1990; »Angebot der Bundesregierung für den Staatsvertrag mit der DDR«, 23. Apr. sowie Lafontaine-, Romberg- und Lutz Hoffmann-Interviews, 24. Apr., BPA Dok

1990; »Noch gibt es etliche Ungereimtheiten«, *ND*, 26. Apr.; Deutsche Bank, »Deutsche Währungsunion«, 27. Apr.; Schäuble, *Vertrag*, 97ff.

37 Standpunkt der DDR-Regierung zur Schaffung einer Währungsunion, 26. Apr. 1990; Informationsmaterial für Herrn Dr. sc. G. Krause, 29. Apr.; Zur Information für Dr. sc. techn. G. Krause, 2. Mai in BA Po, DC-29, Bd. 6007; Zuarbeit aus dem Kreis der SPD-Minister für die Erarbeitung einer gemeinsamen Verhandlungsposition, 2. Mai, *ebd.*, Bd. 6008; Tietmeyer, »Erinnerungen«, 76ff.

38 »Experts Fear a German Inflation Rise«, *NYT*, 25. Apr. 1990; Abraham Rosenthal, »The German Question Remains Open«, *ebd.*, 26. Apr.; Bericht der EG-Kommission für den Sondergipfel in Dublin am 28. April, *BfdiP* (1990) 8: 759ff.; Albrecht, *Abwicklung*, 36f.; Kiessler und Elbe, *Runder Tisch*, 119ff.

39 Modrow an Gorbatschow, o. D. sowie »Erklärung der Regierung der DDR zu den Eigentumsverhältnissen«, BA Po, DC-20, I/3, Bd. 2921; Gesprächskonzeption zum Thema »Offene Vermögensfragen«, o. D., BA Po, DC-20, Bd. 6003; Teltschik, *329 Tage*, 207ff., 211ff.; Schäuble, *Vertrag*, 103ff.

40 Waigel-Interviews, *WamS*, 29. Apr. 1990; Seiters-Ankündigung und Krause-Interview vom 2. Mai, BPA Dok 1990; »Angebot der Bundesregierung bedarf noch der Modifizierung«, *FAZ*, 26. Apr.; Tietmeyer, »Erinnerungen«, 84ff.

41 Berechnungen über die Währungsumstellung, BA Po, DC-20, Bd. 6007; Votum für eine differenzierte Umstellung der Sparkonten, o. D., *ebd.*, Bd. 6002; Hildebrandt-, Meckel-, Rudi Walter- und Romberg-Interviews, 3. Mai 1990, BPA Dok 1990; »Mehr war nicht drin, lautete der Kommentar«, *RP*, 5. Mai; »Das deutsche Experiment«, *SDZ*, 5. Mai; Teltschik, *329 Tage*, 213.

42 Krause-Interview, *Welt*, 30. April 1990; Gysi-Interview, *ND*, 4. Mai; »Wir werden wieder demonstrieren«, *taz*, 5. Mai; Lehmann-Grube-Interview, *LVZ*, 24. Apr.; Jung, »Parteiensystem«, 14f.

43 »Die SPD hat Leipzig erobert«, *Wir in Leipzig*, 7. Mai 1990; »So stimmten die Wähler am Sonntag«, *ND*, 8. Mai; Teltschik, *329 Tage*, 224; Jan Wielgohs, »Die Vereinigungen der Ökologie- und Bürgerbewegungen der DDR im Lichte der Kommunalwahlen« (MS Berlin 1990).

44 *Volkskammerprotokolle*, Bd. 27: 177ff., 211ff.; Zuarbeit aus dem Kreis der SPD-Minister, 2. Mai 1990, BA Po, DC-20, Bd. 6008; Arbeitspapiere und Vertragstexte vom 4., 9. und 12. Mai, *ebd.*, Bd. 6005/1; Biedenkopf-Interview, 17. Mai, BPA Dok 1990; Waigel-Interview, *AAZ*, 7. Mai; »Landesweite Warnstreiks in der DDR«, *Welt*, 11. Mai; »Blüm: Niemand in der DDR braucht Angst zu haben«, *BILD*, 12. Mai.

45 Kohl- und de Maizière-Erklärungen und -Interviews sowie Kommentare anderer Politiker vom 18. Mai 1990, BPA Dok 1990; Andre Brie, »Selbstbewußtsein kontra Auslöschung«, *ND*, 19. Mai; Guhl-Protokoll der Sitzung des Ausschusses Deutsche Einheit vom 23. Mai, BA Po, DA-1, Bd. 4580. Vgl. Herles, *Nationalrausch*, 236f.; und Teltschik, *329 Tage*, 239ff.

46 »Vertrag über die Schaffung einer Währungs-, Wirtschafts- und Sozialunion zwischen der BRD und der DDR«, 18. Mai 1990, *BPA-Bulletin* (1990) 63: 517-521. Vgl. auch Denkschrift zum Vertrag über die Schaffung einer Währungs-, Wirtschafts- und Sozialunion zwischen der BRD und der DDR, BA Po, DC-20, Bd. 6003, und Tietmeyer, »Erinnerungen«, 88ff.

47 Ingo von Münch (Hg.), *Die Verträge zur Einheit Deutschlands* (München 1991), xvff., 1ff.; und Dietrich Rauschning, »Der deutsch-deutsche Staatsvertrag als Schritt zur Einheit Deutschlands«, *APZG* (1990), B 33: 3ff. Vgl. auch Hauptpunkte des DDR-Staatshaushalts, 25. Apr. 1990, BA Po, DC-20, Bd. 6002.

48 SPD-Presseerklärungen vom 16. wie 21. Mai und 11. wie 14. Juni 1990; Vogel-Interviews, 22., 25. und 30. Mai; Kohl- und Vogel-Interviews, 23. Mai und 12. Juni; Dregger, »Chronologie einer Niederlage«, 12. Juni; Bundesrat-Mitteilung, 22. Juni, BPA Dok 1990; und Herles, *Nationalrausch*, 235f.

49 *Volkskammerprotokolle*, Bd. 28: 566ff.; »Stellungnahme des federführenden Ausschusses Deutsche Einheit« zum ersten Staatsvertrag vom 18. Juni 1990 und Guhl-Protokoll der Sitzung vom 13. Juni, BA Po, DA-1, Bd. 4580; Material zu den Abstimmungen in *ebd.*, DC-20, Bd. 6002.

50 Bundestag, *Stenographische Berichte*, 21. Juni 1990, 17141; »Auch der Bundesrat billigt den Staatsvertrag«, *FAZ*, 23. Juni; Eveline Kolloch, »Größtes Experiment der Finanzgeschichte?«, *Horizont* (1990), 15: 6ff.; Bündnis 90 und Grüne, *Gemeinsame Erklärung zum Staatsvertrag* (Bonn 1990).

51 »DDR-Bürger stürmen jetzt die Kaufhallen«, *BR*, 29. Mai 1990; »Für viele bleibt die neue DM ›erst mal auf der Bank‹«, *TS*, 1. Juni. Vgl. Jutta Chalupsky und Renate Rothmann, *Freier Markt auf nackter Haut* (Berlin 1991).

52 De Maizière-Interview, *NRZ*, 25. Juni 1990; »Die DDR hat bessere Chancen als jedes andere osteuropäische Land«, *SDZ*, 23. Juni; »Wir sind hier hin- und hergerissen«, *TS*, 20. Mai; »Wirtschafts-, Währungs- und Sozialunion«, *CDU-Dokumentation*, 1990, Nr. 18.

53 Klaus Wolfram, »Die Enteignung der Revolution?«, *BZ*, 20. Juni 1990; Helmut Kohl, »Wohlstand und Sicherheit für alle«, *FAZ*, 28. Mai; wesentliche im Rahmen der Gespräche der Expertendelegationen der Regierung der DDR und der Regierung der BRD erreichte Verände-

rungen im Text des Entwurfs, 12. Mai, BA DC-20, Bd. 6002; Kohl- und Romberg-Interviews vom 21. Mai, BPA Dok 1990; Tietmeyer, »Erinnerungen«, 95 ff.

54 Karl-Otto Pöhl, »Kräftige Starthilfe«, *WW*, 22. Juni 1990; »Ein Vertrag für die Einheit«, *FAZ*, 19. Mai; »Übernahme der DDR in die BRD – Ende oder Anfang?«, *ND*, 22. Juni.

55 »Start in den Markt«, Sonderheft von *WW*, Sommer 1990; »Viel Neugier, aber noch kein Kaufrausch«, *LVZ*, 3. Juli 1990;

56 »Schwimmen im kalten Wasser«, *LVZ*, 3. Juli 1990; »Money, Money, Money? Kaufrausch blieb aus«, *JW*, 3. Juli.

57 Beschlußprotokoll des Ministerrats vom 18. Juli 1990, sowie »Konzept zur Sicherung der Liquidität der Landwirtschaftsbetriebe« und »Verordnung zur Entflechtung des Handels«, BA Po, DC-20, I/3, Bd. 3025; »Mit ALDI-Märkten gegen Willkür des DDR-Handels«, *LVZ*, 6. Juli 1990.

58 »Käufergroll und Reaktionen«, *LVZ*, 13. Juli 1990; »Kauft nicht bei Wucherern«, *Spiegel*, 16. Juli; »Mit Krediten und Export gegen drohenden Kollaps«, *LVZ*, 19. Juli.

59 Beispiele für die Lohn- und Gehaltsabrechnung bei der Umstellung vom 1. Juli 1990, BA Po, DC-20, Bd. 6008; »Das gleicht Kapitulation nach verlorenem Krieg«, *ND*, 18. Mai 1990; »Haben wir umsonst gespart?«, *Berliner Allgemeine*, 9. März; »Der Sparer bezahlt die Währungsunion mit 3 500 Mk«, *ebd.*, 10. Mai.

60 »Warenkorb für einen 4-Personen-Arbeiter- und Angestelltenhaushalt in der DDR mit mittlerem Einkommen«, *ND*, 21. Mai 1990. »Was wollen die Verbraucher?«, *JW*, 4. Juli; und *NCDDR* 7/8: 149.

61 Jonas Maron und Rainer Schedlinski, *Innenansichten DDR. Letzte Bilder* (Hamburg 1990); Chalupsky, *Freier Markt*, 68 ff.; und Janusz Tychner, »Warum jammern die Ossis so viel?«, *ZEIT*, 3. Dez. 1993.

62 »Ein Riecher für die eigenen Füße«, *JW*, 12. Juli 1990; »Total abgefahren«, *ZEIT*, 3. Aug.; und Humann, *Wir sind das Geld*, 61 ff.

63 »Wechselbad der Gefühle«, *ZEIT*, 13. Juli 1990; »Erheblicher Produktionsrückgang«, *LVZ*, 20. Juli; Waigel-Interview, *ebd.*, 26. Juli.

64 Lutz Marz, »Der prämoderne Übergangsmanager«, in *Demokratischer Umbruch*, 104 ff.; »Der fatale Konsens«, *Zeitschrift für sozialistische Politik und Wirtschaft* (1991), 58: 17 ff.; Dohnanyi, *Deutsches Wagnis*, 160 ff.

65 Wolfgang Ullmann und andere, »Vorschlag der umgehenden Bildung einer ›Treuhandgesellschaft‹«, BA Po, DA 3, Bd. 12; und Beschlußprotokoll des Ministerrats vom 22. Feb. 1990, BA Po, DC-20, I/3, Bd. 2912; Gero Neugebauer, »Privatisierung in der ehemaligen DDR. Materialien zur Arbeit der THA«, *Berliner Arbeitshefte*, Nr. 58: 7 f.; Herles-Rose, *Vom Runden Tisch*, 222 ff.; Modrow, *Aufbruch*, 88 ff.

66 *Volkskammerprotokolle*, Bd. 28: 355 ff. und 480 ff.; »Volkseigenes Ver-

mögen wechselt in Privathand«, *FR*, 19. Juni 1990; »Treuhandgesetz«, *ND*, 29. Juni; und Jörg Roesler, »Die Treuhandanstalt: Wirtschaftsimperium oder Politikinstrument?«, *1999*, 1992, 65-124.

67 »Von der Last erdrückt«, *Spiegel*, 27. Aug. 1990; »Die Herrschaft der alten Kader«, *FAZ*, 5. Okt.; Rohwedder-Interview, *ebd.*, 29. Okt.; Birgit Breuel (Hg.), *Treuhand Intern. Tagebuch* (Frankfurt 1993), 46ff.

68 Christ-Neubauer, *Kolonie*, 116ff.; Heinz Suhr, *Der Treuhand-Skandal* (Frankfurt 1991), 84f.; Priewe-Hickel, *Preis der Einheit*, 164f.; Breuel, *Treuhand Intern*, 17ff.

69 Rohwedder-Rede vom 13. Sept. 1990, in *Treuhand Intern*, 105ff.; Rohwedder-Interview, *WW*, 23. Nov. 1990; zur Feststellung der Rentabilitätslage der Betriebe, 8. Mai, BA Po, DC-20, Bd. 6008; *Volkskammerprotokolle*, Bd. 27: 181; Fritz Homann, »Treuhandanstalt: Zwischenbilanz, Perspektiven«, *DA* 24 (1991), 1277ff.

70 Roesler, »Treuhandanstalt«, 115ff.; Priewe-Hickel, *Preis der Einheit*, 169ff.; Robert Kurz, *Honeckers Rache* (Berlin 1991), 111ff.

71 Zahlen aus ministeriellen Bilanzberechnungen in BA Po, DC-20, Bd. 6008; »Treuhand schließt die Blende der ›Praktika‹«, *Welt*, 5. Okt. 1990; »Die Herkules-Aufgabe der deutschen Treuhandanstalt«, *NZZ*, 2. Nov.; Breuel, *Treuhand Intern*, 112ff., 180ff.

72 Christ-Neubauer, *Kolonie*, 155ff.; Suhr, *Treuhandskandal*, 149ff.; Priewe-Hickel, *Preis der Einheit*, 174ff.; Breuel, *Treuhand Intern*, 215ff.

73 »Brotkorb für Exporte in RWG-Länder hoch gehängt«, *HB*, 29. Nov. 1990; Christ-Neubauer, *Kolonie*, 192ff.; Sinn, *Kaltstart*, 38ff.

74 Bericht der EG-Kommission, »Die Gemeinschaft und die deutsche Einigung«, 21. Aug. 1990, Hoover-Institution; Suhr, *Treuhandskandal*, 182f.; Dohnanyi, *Deutsches Wagnis*, 179ff.

75 Katharina Belwe, »Zur Beschäftigungssituation in den neuen Bundesländern«, *APZG* (1991) 29: 28ff.; »Frauenpolitische Aspekte der Arbeitsmarktentwicklung in Ost- und Westdeutschland«, *DIW-Wochenbericht* (1991) 31: 421ff.

76 Hildebrandt-Interview, *NZ*, 23. Juli 1990; Haussmann-Interview, *ebd.*, 14. Aug.; Priewe-Hickel, *Preis der Einheit*, 23ff.

77 Josef Schumpeter, *Capitalism, Socialism and Democracy* (New York 1942), 81ff.; Rohwedder an Mitarbeiter, 27. März 1991, *Treuhand Intern*, 224ff.; Franz Steinkühler, »Treuhand wird den in sie gesetzten Erwartungen bisher nicht gerecht«, *HB*, 19. Okt. 1990.

78 Breuel-Referat, 23. Nov. 1991, *Treuhand Intern*, 272ff.; »Von der Stalinisten-Diktatur zum Manchester-Kapitalismus«, *BZ*, 25. Juli 1990; *DIW-Wochenbericht* (1991) 42/43: 589ff.; Priewe-Hickel, *Preis der Einheit*, 174ff.

79 Ludwig Erhard, »Zur Wiedervereinigung«, Wiederabdruck in *WW*,

9. Feb. 1990; »Kampagne«, 29. Juni, BPA Dok 1990; »Wirtschafts-, Währungs- und Sozialunion«, *CDU-Dokumentation* (1990) Nr. 18.

80 Flugblatt, »Was sagt die CDU zum Thema Staatsvertrag mit der DDR« (Bonn 1990); »Mit dem Staatsvertrag zur deutschen Einheit«, *Union in Deutschland* (1990), Nr. 21; »Der Vereinigungsboom findet nur im Westen statt«, *BZ*, 1. Nov. 1990; Dohnanyi, *Deutsches Wagnis*, 157f.

81 »Weder Kommandowirtschaft noch Marktromantizismus«, *ND*, 15./16. Sept. 1990; Herbert Ehrenberg, *Damit keiner unter die Räder kommt* (Köln 1990); Gerd Grözinger, *Teures Deutschland* (Berlin 1990); und Maaz, *Gefühlsstau*, 179ff.

82 *Spiegel*-Titel, »Schieber, Schwindler, Spekulanten«, 29. Okt. 1990; und »Der Schalck-Skandal«, 6. Mai 1991; Christ-Neubauer, *Kolonie*, 206f.; Suhr, *Treuhandskandal*, 174ff.

83 Vgl. Berthold Busch *et al.*, *DDR. Schritte aus der Krise* (Bonn 1990), mit Priewe-Hickel, *Preis der Einheit*, 23ff. Zahlen aus *DIW-Wochenbericht* (1991) 42/3: 595ff.

84 *Ebd.*; Theo Mönch-Tegeder, »Noch stottert der Wundermotor«, *RM*, 28. Sept. 1990; Chalupsky, *Freier Markt*, 42ff.

85 »Höchste Zeit«, *Horizont* (1990), 15: 5; Maier, »Gibt es einen Sieger der Geschichte?«, in *Zwischen Parteilichkeit und Professionalität*, 197ff.; Sinn, *Kaltstart*, 104ff.

86 »Schocktherapie statt Besinnung«, *taz*, 23. Mai 1990; Karl-Otto Pöhl, »Aspekte der deutschen und europäischen Währungsunion«, in Hilmar Hoffmann und Dieter Krause (Hg.), *Der Umbau Europas* (Frankfurt 1991), 30ff.; und Michael Geyer, »Industriepolitik in der DDR: Von der großindustriellen Nostalgie zur Pleite«, in: Jürgen Kocka und Martin Sabrow (Hg.), *Die DDR als Geschichte* (Berlin 1994).

Anmerkungen zu Kapitel VIII

1 Stolpe-Rede in *BfdiP* (1990), 7: 858ff.; de Maizière-Bemerkung in *Volkskammerprotokolle*, Bd. 28: 534ff.; und »Hals-über-Kopf-Anschluß der DDR an die BRD vom Premier gebremst«, *LVZ*, 18. Juni 1990.

2 Teltschik, *329 Tage*, 319ff. Vgl. Theo Waigel und Manfred Schell (Hg.), *Tage, die Deutschland und die Welt veränderten* (München 1994), 26ff.

3 Hans Klein, *Es begann im Kaukasus. Der entscheidende Schritt in die Einheit Deutschlands* (Frankfurt 1991), 64ff.

4 Teltschik, *329 Tage*, 333f.; und Klein, *Kaukasus*, 253f.

5 Kiessler und Elbe, *Runder Tisch*, 172ff.; und Jochen Franzke, »Kurswechsel Moskaus in der deutschen Frage«, *DA* 23 (1991), 1371ff.

6 Kiessler und Elbe, *Runder Tisch*, 169; Pressekonferenz im Kaukasus, 16. Juli und in Bonn, 17. Juli 1990, BPA Dok 1990; »Kohl und Gorbatschow einig«, *LVZ*, 17. Juli 1990; »Das Tor ist offen«, *TS*, 17. Juli; »Kohls großer Coup«, *Spiegel*, 23. Juli; und Klein, *Kaukasus*, 269 ff.

7 Teltschik, *329 Tage*, 339 ff.; Schewardnadse, *Zukunft*, 251 ff.; und Albrecht, *Abwicklung*, 84 ff.

8 Peter Merkl, *German Unification in a European Context* (University Park 1993); und Richard Hilmer und Rita Müller Hilmer, »Es wächst zusammen«, *ZEIT*, 8. Okt. 1993.

9 Jörg Bremer, »Spaziergänge im alten Sperrgebiet«, *FAZ*, Feb. 24, 1990.

10 Günter Fischbach, *DDR-Almanach '90* (Bonn 1990), 36 f. und Fischer Weltalmanach, *Sonderband DDR* (Frankfurt 1990), 171 f.

11 David Marsh, *The Germans: A People at the Cross-Roads* (New York 1989), 226 ff.; Krisch, *GDR*, 43 ff.

12 John Gimbel, *The American Occupation of Germany* (Stanford 1968), und Juri W. Bassistow, »Die DDR – ein Blick aus Wünsdorf«, APZG (1994), B40: 46 ff.

13 Wolfram F. Hanrieder, *Germany, America, Europe: Forty Years of German Foreign Policy* (New Haven 1989).

14 Christian Hacke, *Weltmacht wider Willen* (Stuttgart 1988).

15 Christoph Kleßmann, *Die doppelte Staatsgründung* (Göttingen 1982), 296 ff.

16 Wolfgang Ribbe, »Kritische Anmerkungen zur historischen Berlin-Forschung der DDR«, und Peter Jelavich, »Kulturgeschichtliche Bemerkungen zur Berlin-Historiographie« in *Parteilichkeit*, 91 f., 107 f.

17 Ursula Feist, »Zur politischen Akkulturation der vereinten Deutschen«, *APZG* (1991), B 11/12: 21 ff.

18 Sylvia Greiffenhagen, »Die Politische Kultur der Bundesrepublik Deutschland«, in Paul Mog (Hg.), *Die Deutschen in ihrer Welt* (Berlin 1992), 213 ff.; Ralf Rytlewski, »Ein neues Deutschland?«, in Hans-Georg Wehling (Hg.), *Politische Kultur in der DDR* (Stuttgart 1989), 11 ff.

19 Menge, *Ohne uns*, 12 ff.; Golombeck, *Dagewesen*, 13 ff.

20 Essays in Werner Weidenfeld und Hartmut Zimmermann (Hg.), *Deutschland-Handbuch. Eine doppelte Bilanz 1949-1989* (Bonn 1989).

21 Wolf Oschlies, *»Vierzig zu Null im Klassenkampf?« Sprachliche Bilanz von vier Jahrzehnten DDR* (Melle 1990); Rheinischer Merkur (Hg.), *Zurück nach Deutschland* (Bonn 1990), 28 ff.

22 Thomas Koch, »Deutsch-deutsche Einigung als Kulturproblem«, *DA* 24 (1991), 16 ff.; Dirk Verheyen, *The German Question* (Boulder 1991), 82 ff.

23 Hans-Joachim Althaus und Paul Mog, »Grundmuster Deutscher Men-

talität«, *Die Deutschen*, 43 ff.; Maaz, *Gefühlsstau*, 9 ff.; Lothar Baier, *Volk ohne Zeit* (Berlin 1990), 103 ff., und Dietrich Mühlberg, »DDR als Gegenstand kulturhistorischer Forschung«, *Mitteilungen aus der kulturhistorischen Forschung*, 16 (1993), 7 ff.

24 Marcuse, *A German Way of Revolution*, 25 ff.

25 Hartmut Jäckel, »Unser schiefes DDR-Bild«, *DA* 23 (1990), 1557; Gerd Meyer, »Die westdeutsche DDR- und Deutschlandforschung im Umbruch«, *ebd.* 25 (1992), 273 ff.

26 Manfred Stolpe, »Die Erinnerung hat zum Ziel geführt«, in *Den Menschen Hoffnung geben* (Berlin 1991), 258 f.; und als Ausnahme Günter Gaus, *Wo Deutschland liegt. Eine Ortsbeschreibung* (Hamburg 1983).

27 Rotfeld-Stützle, *Germany*, 76 ff.; Kaiser, *Vereinigung*, 94 f.

28 »Ist Deutschenhaß nur ein zynischer Trick?«, *Welt*, 5. Mai 1990; Schewardnadse, *Zukunft*, 238 f.; Hans-Dietrich Genscher, *Zukunftsverantwortung. Reden* (Berlin 1990), 153 ff.; Kiessler und Elbe, *Runder Tisch*, 106 ff.; und Merkl, *German Unification*, 307 ff.

29 Meckel-Interview, 4. Mai 1990; Genscher-Rede und -Interview, 5. Mai; Baker-Rede, 5. Mai, BPA Dok 1990; Albrecht, *Abwicklung*, 41 ff.

30 Teltschik-Interview, 4. Mai 1990; Kohl-Erklärung, 6. Mai, Schewardnadse-Interview, 7. Mai, in BPA Dok 1990; »Fortschritte an der Bonner Deutschlandkonferenz«, *NZZ*, 8. Mai; Teltschik, *329 Tage*, 217 ff.; Schewardnadse, *Zukunft*, 244 ff.; Klein, *Kaukasus*, 241 ff.; und Kiessler und Elbe, *Runder Tisch*, 123 ff.

31 Genscher-Interview, 6. Juni, 1990, BPA Dok 1990; Rupert Scholz, »Deutsche Frage und europäische Sicherheit«, *EA* (1990) 7: 239 ff.; Schewardnadse, *Zukunft*, 237 ff.; Albrecht, *Abwicklung*, 45 ff.

32 De Maizière-Rede, 18. Mai 1990; Nikolai Portugalow, *Welt*, 21. Mai; Valentin Falin-Interview, *ND*, 21. Mai, in BPA Dok 1990; Teltschik, *329 Tage*, 192 f., 205 ff., 226 ff., 230 ff., 243 ff., 259 ff.

33 Roland Dumas-Interview, 19. Mai 1990 und Genscher-Reden vom 26. und 29. Mai sowie Interview vom 9. Juni, BPA Dok 1990; Teltschik, *329 Tage*, 207 ff., 241 f., 244 f., 247 f.; Schewardnadse, *Zukunft*, 246 f.

34 »Der überzeugendste Verbündete«, *FAZ*, 16. Mai 1990; Teltschik, *329 Tage*, 237 ff.; Tscherniajew, »Gorbachev und Reunification«, 168; sowie Kiessler und Elbe, *Runder Tisch*, 147 f.

35 Lafontaine- und Kohl-Interviews, 6. März 1990; Geissler-Interview, 16. Juni, BPA Dok 1990; Kaiser, *Vereinigung*, 89 ff., 226 ff.; und Ash, *In Europe's Name*, 216 ff.

36 Genscher an Skubiszewski, 21. Juni 1990; Klein-Pressemitteilung, 22. Juni; Herbert Czaja-Interview, 22. Juni; Alfred Dregger-Interview, 24. Juni, BPA Dok 1990; Teltschik, *329 Tage*, 249 f., 253 ff., 261.

37 Genscher-Interviews und Meckel-Interview, 22. Juni 1990, BPA Dok 1990; Schewardnadse, *Zukunft*, 248f.; Albrecht, *Abwicklung*, 73ff.

38 »Kein Durchbruch, aber doch passable Ausblicke«, *ND*, 25. Juni 1990; »Westmächte wollen Singularisierung Deutschlands nicht akzeptieren«, *Welt*, 26. Juni; Baker-Interview, *Amerika-Dienst*, 27. Juni; Kvitsinskij, *Vor dem Sturm*, 40ff. und Teltschik, *329 Tage*, 284f.

39 Genscher-Interview, 5. Juli 1990, und Wörner-Interview, 4. Juli, BPA Dok 1990; Teltschik, *329 Tage*, 262, 281f., 288, 291f.; Albrecht, *Abwicklung*, 89ff.; Beschloss und Talbott, *At the Highest Levels*, 234ff.; und Blackwill, »German Unification«, 9f.

40 Kohl-Erklärung und -Interviews, 5. Juli 1990; Wörner-Interview, 5. Juli; Londoner NATO-Erklärung, 6. Juli, BPA Dok 1990; »NATO will weg von Konfrontation«, *LVZ*, 7./8. Juli; »Wirtschaftsgipfel in Houston begrüßt deutsche Einigung«, *TS*, 11. Juli; Teltschik, *329 Tage*, 298-310; Schewardnadse, *Zukunft*, 251; Kiessler und Elbe, *Runder Tisch*, 164ff.

41 »Eher geteiltes Deutschland eine Gefahr«, *BR*, 10. Mai 1990; Daschitschew-Interview, 5. Juni; ders.; »On the Road to German Reunification: The View From Moscow«, *Soviet Foreign Policy*, 170ff.; Kvitsinskij, *Vor dem Sturm*, 11ff.; und Albrecht, *Abwicklung*, 54ff.

42 Gorbatschow-Interview, 13. Juni 1990; »Lange wurde in Moskau die Existenz einer deutschen Frage geleugnet«, *FAZ*, 28. Mai; Valentin Falin, »Wink mit dem Zauberstab«, *Spiegel*, 1993 Nr. 39: 195ff.; Schewardnadse, *Zukunft*, 250f.; und Teltschik, *329 Tage*, 297f., 304f., 311.

43 Protokoll der gemeinsamen Pressekonferenz vom 16. Juli 1990; Kohl- und Gorbatschow-Interviews am gleichen Tage und anderes Material in BPA Dok 1990. Vgl. auch Kiessler und Elbe, *Runder Tisch*, 170ff.

44 Teltschik, *329 Tage*, 340; Schewardnadse, *Zukunft*, 252ff.; Klein, *Kaukasus*, 274ff.; Albrecht, *Abwicklung*, 86f.; Waigel, *Tage*, 31ff.

45 Gorbatschow- und Kohl-Interviews, 17. Juli 1990, BPA Dok 1990; »Der zweite Durchbruch«, *FAZ*, 17. Juli; »Der Geist von Schelesnowodsk«, *SDZ*, 18. Juli; Beschloss und Talbott, *At the Highest Levels*, 238f.; Daschitschew, »On the Road to German Reunification«, 170ff.; und Tscherniajew, »Gorbachev and Reunification«, 168f.

46 Falin, »Wink mit dem Zauberstab«, 199; »Zwei, die sich näher kommen«, *RM*, 20. Juli. Während der Verhandlungen versprach die sowjetische Regierung auch eine Heimat für die zwei Millionen Wolgadeutschen zu finden, die von Stalin deportiert worden waren.

47 Kohl-Pressekonferenz und -Interview, 17. Juli 1990; Lambsdorff-, Ehmke-, Vollmer-, de Maizière- und Meckel-Interviews, 17. Juli; Weizsäcker-Interview, 19. Juli, BPA Dok 1990; »Am Ende ein Gefühl, als könne man Berge versetzen«, *KSA*, 18. Juli; »In der Stunde des Sieges blieb der Kanzler gelassen«, *NRZ*, 18. Juli; Klein, *Kaukasus*, 324ff.

48 Überblick über Fernsehkommentare vom 16. Juli 1990, BPA Dok 1990; »Gorbi gibt ganz Deutschland frei«, *BILD*, 17. Juli; »Kohl im Glück«, *WAZ*, 17. Juli; »Bundeskanzler Kohl hat sein politisches Lebensziel erreicht«, *BR*, 18. Juli; »Die Welt staunt über Kohl«, *BILD*, 18. Juli; »Einheit auf Kredit«, *Sbl*, 20. Juli.

49 »Kohl beruhigt die Verbündeten«, *FAZ*, 18. Juli 1990; »Die Prawda zu Kohl in Moskau«, *ebd.*, 21. Juli; »Ein souveränes Deutschland in Europa«, *NZZ*, 22. Juli; Teltschik, *329 Tage*, 343 f.; Albrecht, *Abwicklung*, 108 ff.; und Kiessler und Elbe, *Runder Tisch*, 180 ff.

50 Kohl-Interview, 17. Juli 1990; Schewardnadse- und Baker-Erklärungen und Herbert Hupka-Interview, 18. Juli, BPA Dok 1990; »Zwei-Plus-Vier-Gespräche in Paris erfolgreich abgeschlossen«, *FAZ*, 18. Juli; Schewardnadse, *Zukunft*, 258 f.; Teltschik, *329 Tage*, 344 f.

51 ZDF-Politbarometer, 17. Juni 1990; Infas-Meinungsreport, 26. Juni, BPA Dok 1990; Spiegel-Umfragen vom 30. Juli und 27. Aug. und Merkl, *German Unification*, passim.

52 Zentralinstitut für Jugendforschung, »Ergebnisse der DDR-repräsentativen Meinungsumfrage M 8« (MS, Leipzig 1990); und »Trend zur Befürwortung der Einheit hat sich stabilisiert«, *TS*, 16. Aug. 1990; Albrecht, *Abwicklung*, 54 ff.

53 Wolfgang Schäuble, »Der Einigungsvertrag in seiner praktischen Bedeutung«, *DA* 25 (1992), 233 ff.

54 »Schäuble«, *Welt*, 27. Juni 1990; Herta Däubler-Gmelin-Interview und Presseerklärung der SPD vom 27. Juni, BPA Dok 1990; Schäuble, *Vertrag*, 14 ff.

55 »Dann bin ich fällig«, *Spiegel*, Okt. 15, 1990; Schäuble, *Vertrag*, 13 ff.

56 Elitz, »Günter Krause«, *Sie waren dabei*, 162 ff.

57 Schäuble-Interview, 2. Juli 1990 und Lafontaine-Interview, 5. Juli, BPA Dok 1990; »Bonn will die Einheit nun schnell«, *FR*, 3. Juli 3; Schäuble, *Vertrag*, 53 f., 107-122; Teltschik, *329 Tage*, 199.

58 Guhl-Protokoll des Ausschuß Deutsche Einheit, 13. Juli 1990, BA Po, DA 1, Bd. 4581; »De Maizière will den Beitritt ›so schnell wie möglich und so geordnet wie nötig‹«, *FAZ*, 21. Juli; Albrecht, *Abwicklung*, 117 ff.

59 SPD, »Wesentliche Positionen«, 6. Juli 1990, Hoover Institution; »Ziel ist eine abschließende völkerrechtliche Regelung«, *GA*, 7. Juli; »Erste Verhandlungsrunde in Ostberlin«, *NZZ*, Juli 8.

60 »Offene Linie«, *Spiegel*, 9. Juli 1990; Schäuble, *Vertrag*, 123-139.

61 Guhl-Ausschußprotokolle vom 13. und 18. Juli 1990, BA Po, DA 1, Bd. 4581; Protokoll der Ministerratssitzung vom 16. Juli, BA Po, DC 20, I/3, Bd. 3024; Fragestunde vom 13. Juli, *Volkskammerprotokoll*, Bd. 28: 1009 ff.; und »Für DDR-Bürger noch viele Fragen offen«, *ND*, 25. Juli 1990.

62 Ministerratsprotokoll vom 2. Aug. 1990 sowie »1. Entwurf: Vertrag zwischen der DDR und der BRD über die Herstellung der Einheit Deutschlands« vom 3. Aug., BA Po, DC 20, I/3, Bd. 3037 und 3038; und »DDR-Entwurf für den Vertrag über die Einheit«, *MP*, 2. Aug; »Ein guter Tag für Deutschland«, *FAZ*, 3. Aug.

63 Richard Schröder-Interview, 2. Aug. 1990, BPA Dok 1990; »Aus Rohskizze wurde Entwurf«, *FR*, 6. Aug.; Schäuble, *Vertrag*, 150-184.

64 »Zur Diskussion über den 1. Entwurf«, 7. Aug., 1990 und Guhl-Ausschußprotokoll vom 8. Aug., BA Po, DA 1, Bd. 4581; »Standhaft steht Lothar de Maizière im Strudel«, *StZ*, 26. Juli; »Eine Schar von Laienspielern?«, *FR*, 16. Aug.; Schäuble, *Vertrag*, 140f.

65 De Maizière-, Romberg-, Thierse-Interviews, 15., 16. und 19. Aug. 1990; Manfred Becker-, Rühe-Interviews, 17. Aug., BPA Dok 1990; »Ost-SPD überstimmte Fraktionschef und Minister«, *MP*, 21. Aug.; Richard Schröder-Interview, *taz*, 23. Aug.; Schäuble, *Vertrag*, 185f.

66 De Maizière-Interview, 19. Aug. 1990; Krause- und Lafontaine-Interviews, 20. Aug., BPA Dok 1990; Ministerratssitzung vom 22. Aug., BA Po, DC 20, I/3, Bd. 3048; »Der Einigungsvertrag droht zu scheitern«, *FR*, 18. Aug.; »De Maizière warnt die Sozialdemokraten«, *FAZ*, 20. Aug.; Schäuble, *Vertrag*, 188ff.

67 »Vertrag zwischen der BRD und der DDR über die Herstellung der Einheit Deutschlands«, *Bundesanzeiger* 1990, 889ff.; »SPD-Länder nennen Bedingungen für Zustimmung zum Einigungsvertrag«, *TS*, 21. Aug.; »Einigungsvertrag regelt Neugestaltung des DDR-Rundfunks«, *ebd.*, 27. Aug.; Schäuble, *Vertrag*, 192-208.

68 Krause-Interviews vom 24. und 25. Aug. 1990; Lafontaine- und Schäuble-Interviews, 27. Aug.; SPD-Erklärung, 27. Aug., BPA Dok 1990; »Kohl gibt dem Verlangen von SPD und FDP nach«, *SDZ*, 25. Aug.; »Kohl berät mit Parteivorsitzenden über den Einigungsvertrag«, *FAZ*, 27. Aug.

69 Pressemitteilung des Bundesrats vom 30. Aug. 1990, BPA Dok 1990; Schäuble, *Vertrag*, 209-228.

70 Adam-Schwätzer-Interview, 16. Aug. 1990; Bötsch-Interview, 23. Aug., BPA Dok 1990; »Abtreibung muß strafbar bleiben«, *Welt*, 23. Juli; »Kein Entscheid ohne uns«, *FR*, 14. Aug.; »Abtreibung im einigen Deutschland«, *FAZ*, 23. Aug.

71 Lambsdorff-Interview, 27. Aug. 1990; Schäuble- und Däubler-Gmelin-Interviews, 30. Aug., BPA Dok 1990; »FDP stellt sich beim Streit über Abtreibungsrecht auf die Seite der SPD«, *SDZ*, 28. Aug.; »Die SPD bezeichnet den Kompromiß zum Paragraphen 218 als Durchbruch«, *FAZ*, 2. Sept.; Schäuble, *Vertrag*, 229–250.

72 Entwurf eines »Gesetzes zur Regelung offener Vermögensfragen«, BA Po, DC 20, I/3, Bd. 3052; Lafontaine-Interview, *Abendzeitung*,

26. Aug. 1990; Schäuble-Interview, 27. Aug, BPA Dok 1990; Schäuble, *Vertrag*, 254ff.; Richard Schröder, *Deutschland, schwierig Vaterland*, 62ff.; und Kiessler und Elbe, *Runder Tisch*, 182ff.

73 Kinkel an Krause, 13. Juni 1990 und anderes Material in BA Po, DC-20, Bd. 6003; »Die wichtigsten Hindernisse sind beseitigt«, *SDZ*, Aug. 29; »Es wäre einfacher gegangen«, *Welt*, 31. Aug; Sinn, *Kaltstart*, 91ff.

74 Entwurf eines Gesetzes »über die Sicherung und Nutzung der personenbezogenen Daten« des MfS, BA Po, DC 20, I/3, Bd. 3030; Diskussion vom 20. Juli, *Volkskammerprotokolle* 1990, Bd. 29, 1144ff.; »Gespenstische Aussicht auf noch perfektere Bespitzelung«, *ND*, 2. Aug. 1990. Vgl. Hans-Dieter Schütt, *Peter Michael Diestel: »Rebellion tut gut«* (Berlin 1992), 55ff.

75 Parlamentsdebatte vom 30. Aug. 1990, *Volkskammerprotokolle* 1990, Bd. 29: 1453ff.: »Gesetz über Stasi-Akten bekräftigt«, *LVZ*, 31. Aug.; »Vernichtung erforderlich«, *Spiegel*, 3. Sept.; Joachim Gauck, *Die Stasi-Akten. Das unheimliche Erbe der DDR* (Reinbek 1991), 101ff.; und Schäuble, *Vertrag*, 265-277.

76 Bergmann-Pohl an Krause, 29. Aug. 1990; und Guhl-Ausschußprotokoll vom 29. Aug., BA Po, DA 1, Bd. 4581; Ministerratsprotokoll vom 29. Aug., BA Po, DC 20, I/3, Bd. 3052.

77 De Maizière- und Schäuble-Reden, Krause-Interview, Dieter Vogel-Mitteilung, 31. Aug. 1990, BPA Dok 1990; »Eines der bedeutendsten Vertragswerke«, *TS*, 1. Sept.; »Um 13.42 hatte die Spalterflagge endgültig ausgedient«, *FR*, 1. Sept.; Schäuble, *Vertrag*, 251-254.

78 Erklärungen von Rühe, Thierse, SPD-Pressedienst, und Vollmer, 31. Aug. 1990; Lafontaine- und Vogel-Interviews, 31. Aug., BPA Dok 1990; »Ein historischer Tag für Deutschland«, *Welt*, 31. Aug.; »Endlich einig«, *OZ*, 1. Sept.; und »Eine Beamtenleistung«, *FAZ*, 1. Sept.

79 Schäuble, »Heute ist ein Tag der Freude und Zuversicht für die Deutschen«, *HA*, 1. Sept. 1990; Münch, *Verträge zur Einheit*, 43-569.

80 Klaus Stern, »Der verfassungsändernde Charakter des Einigungsvertrages«, und Johannes Wasmuth, »Das Regelwerk des Einigungsvertrages«, *Deutsch-Deutsche Rechts-Zeitschrift* 1 (1990), 289ff.

81 De Maizière-Interviews und -Fernsehrede vom 31. Aug., 1. und 2. Sept. 1990, BPA Dok 1990; »Die Einheit der Deutschen leuchtet schwarz-rot-gold«, *NRZ*, 1. Sept.; »Historisch«, *ND*, 1. Sept.; Schäuble, *Vertrag*, 284ff.

82 Alexander Niemetz-Kommentar im ZDF, Fernsehübersicht, 31. Aug. 1990, BA Dok 1990; Albrecht, *Abwicklung*, 117f.; Schäuble, »Einigungsvertrag«, 241f.

83 Kohl-Interview, *Welt*, 30. März 1990; De Maizière-Interviews, *Quick*, 23. Aug. und *ND*, 7. Sept.; Falin-Interview, *ZEIT*, 29. März; Kohl-Rede vor Vertriebenen, 17. Aug., BPA Dok 1990.

84 Schäuble, *Der Vertrag*, 284ff.; Albrecht, *Abwicklung*, 123f.

85 Genscher-Interviews, 8. und 20. Aug. 1990, BPA Dok 1990; »Nur vier Prozent der Bürger sind gegen die deutsche Einheit«, *SDZ*, 18. Aug.; Schneider, *Abgetriebene Revolution*, 138f.

86 Teltschik, *329 Tage*, 223, 237, 321, 348; Hartung, *Neunzehnhundertneunundachtzig*, 112ff.; Baier, *Volk ohne Zeit*, 99ff.

87 Renate Fritsch-Bournazel, »German Unification«, *GSR* 14 (1991), 575ff.; Wilhelm Bruns, »Die Regelung der äußeren Aspekte der deutschen Einigung«, *DA* 23 (1990), 1726ff.; Ash, *In Europe's Name*, 343ff.; Blackwill, »German Unification«, 12ff.

88 Waigel-Interview, 18. Juli 1990; Weizsäcker-Interview, 22. Juli, BPA Dok 1990; Falin- und Bahr-Interviews, *ZEIT*, 20. März.

89 »Christa Wolf ruft nach mehr Selbstbewußtsein«, *StZ*, 9. Juli 1990; Günter Grass-Interview, *FR*, 27. Juli; Reich, *Rückkehr nach Europa*, 220ff., 242ff.

90 Schäuble, »Einigungsvertrag«, 234f.; Dohnanyi, *Deutsches Wagnis*, 306ff.

Anmerkungen zu Kapitel IX

1 *Volkskammerprotokolle*, Bd. 29: 1863ff.; »Am Ende Schwüre, Anarchie und etwas Wehmut«, *SDZ*, 2. Okt. 1990; »Wir können uns selbst einen Nachruf halten«, *BR*, 3. Okt.

2 »Springt der Götterfunke der neunten Sinfonie über in eine neue Zeit?« *Welt*, 3. Okt. 1990; »Die Deutschen wissen zu wenig voneinander«, *NZ*, 3. Okt.; »20 Fragen, die für alle Deutschen wichtig sind«, *Quick*, 4. Okt.; Eppelmann, *Fremd*, 415ff.

3 De Maizière-Rede, 2. Okt. 1990, *Dokumentation zum 3. Oktober* (Bonn 1990); »Die einzigartige Nacht der Einheit«, *TS*, 4. Okt.; »Heute Nacht freuen wir uns vor allem von innen«, *FR*, 4. Okt.

4 Walters, *Vereinigung*, 116ff.; Weizsäcker, »Dem Frieden der Welt dienen«, *BZ*, 3. Okt. 1990; »Plötzlich war die Einheit da«, *KSA*, 4. Okt.; »Gegen das deutsche Einerlei«, *taz*, 4. Okt.; »Straßenfeste und Feiern in vielen deutschen Städten«, *TS*, 4. Okt.

5 Weizsäcker-Rede, 3. Okt. 1990, *Dokumentation*, 39ff.; »Staatsakt zum 3. Oktober in der Berliner Philharmonie«, *TS*, 4. Okt.; »Feiern zur Einheit in würdigem Rahmen und mit richtigen Tönen«, *RP*, 4. Okt.

6 »Die Freudentränen waren längst geweint«, *BZ*, 4. Okt. 1990; »Halt's Maul Deutschland«, *taz*, 4. Okt.; »Rufe nach dem Arbeitslager«, *FR*, 5. Okt.; »Ein harmonisches Fest«, *FAZ*, 4. Okt.

7 CDU-Erklärung, »Wir feiern den Tag der deutschen Einheit«, BPA Dok 1990; »Ein Volksfest«, *KSA*, 4. Okt. 1990; George L. Mosse, *The Nationalization of the Masses* (New York, 1975).

8 »Eine Nacht der Würde«, *BR*, 4. Okt. 1990; »Freude, Nachdenklichkeit«, *Welt*, 4. Okt.; »Gedämpft beschwingt«, *FR*, 4. Okt.; »Freude«, *ND*, 4. Okt. Vgl. Peter Merkl, *German Unification in a European Context* (University Park 1993), 149 ff.

9 Werner Weidenfeld (Hg.), *Geschichtsbewußtsein der Deutschen* (Köln 1987); und Antonia Grunenberg (Hg.), *Welche Geschichte wählen wir?* (Hamburg 1992).

10 Charles S. Maier, *The Unmasterable Past* (Cambridge 1988); Konrad H. Jarausch, »Removing the Nazi Stain? The Quarrel of the German Historians«, *GSR* 11 (1988), 285 f.

11 Hans-Ulrich Wehler, *Das deutsche Kaiserreich 1871-1918* (Göttingen 1980), 4. Aufl., versus Thomas Nipperdey, *Deutsche Geschichte 1866-1918* (München 1990), Bd. I: *Arbeitswelt und Bürgergeist*.

12 Peter Glotz, *Der Irrweg des Nationalstaats* (Stuttgart 1990); Ralf Dahrendorf, »Angst vor der Nation«, *Liberal* 32 (1990), 85 ff.; und Otto Dann, *Nation und Nationalismus in Deutschland 1770-1990* (München 1994), 157 ff.

13 Lutz Niethammer, *Lebensgeschichte und Sozialkultur im Ruhrgebiet 1930 bis 1960* (Berlin, 1983); Michael Marrus, *The Holocaust in History* (Hanover NH 1987).

14 Grass, »Kleine Nestbeschmutzerrede«, *taz*, 28. Sept. 1990; Michael Lerner, »No to German Reunification«, *Tikkun*, März/April 1990; Kohl, »Verantwortung des vereinigten Deutschland gegenüber dem jüdischen Volk«, *Allgemeine jüdische Wochenzeitung*, 20. Sept.

15 Wilfried Schubarth *et al.*, »Verordneter Antifaschismus und die Folgen«, *APZG* (1991) B9: 3 ff.; und Konrad H. Jarausch, »The Failure of East German Anti-Fascism«, *GSR* 14 (1991), 85 ff.

16 Rolf Reissig-Interview, *KSA*, 18. Aug. 1990; Stephan Heym-Interview, *Weserkurier*, 9. Nov.; und Gale Stokes, *The Walls Came Tumbling Down: The Collapse of Communism in Eastern Europe* (New York 1993).

17 Niklas Luhmann, »Dabeisein und Dagegensein«, *FAZ*, 22. Aug. 1990; Ernst Nolte, »Untergang der Bundesrepublik«, *ebd.*, 5. Sept.; Christian Meier, *Deutsche Einheit als Herausforderung* (München 1990), 58 ff.

18 Carl-Christian Kaiser, »Der General ging an die Decke«, *ZEIT*, 4. Sept. 1992; Peter Bender, »Adenauer, Erhard, Kiesinger und die DDR«, *ebd.*, 18. Juni 1993; Ash, *In Europe's Name*, 203 ff.

19 »Das Chequers-Protokoll«, *BfdiP* (1990) 8: 1021 ff.; Timothy G. Ash, »Wie es eigentlich war«, *FAZ*, 18. Juli 1990; Fritz Stern, »Die zweite Chance«, *ebd.*, 26. Juli; Fritsch-Bournazel, *Europa*, 231 ff.

20 »Saying the Unsayable about the Germans«, *Spectator*, 14. Juli 1990; »Angst vor einem vereinten Deutschland?« *Rheinpfalz*, 31. Juli; »Vertrauensvorschuß für das neue Deutschland«, *TS*, 6. Okt.; Wickert, *Angst*, 141 f.

21 Wolfgang Kil über die »geistige Kolonisierung der DDR«, *taz*, 29. Juni 1990; Glotz, *Der Irrweg*, 17ff.; Thomas Nipperdey, »Die Deutschen wollen und dürfen eine Nation sein«, *FAZ*, 13. Juli 1990.

22 Hans-Peter Schwarz, »Das Ende der Identitätsneurose«, *RM*, 7. Sept. 1990; und Klaus von Dohnanyi, *Deutsches Wagnis*, 323f.

23 Helmut Berchin, »Quo vadis, Wiedervereinigung? Wege eines Wortes«, *DA* 23 (1990): 1266ff.; Meier, *Deutsche Einheit*, 46ff.

24 Peter Decker und Karl Held, *Der Anschluß. Eine Abrechnung mit der neuen Nation und ihrem Nationalismus* (München 1990); Conor Cruise O'Brien, »Beware the Reich is Reviving«, *London Times*, 31. Okt. 1989; Walters, *Vereinigung*, 181ff.

25 Stefan Heym, »Ungleicher Bund«, *FT* Okt. 2, 1990; Chapulsky, *Freier Markt*, 138ff.

26 Lutz Rathenow, »Mit Befürchungen, aber ohne Angst«, *GA*, 29. Sept. 1990; »Was wird bleiben von der DDR? – Wir!« *ND*, 1. Okt.; Eppelmann, *Wendewege*, 168ff.; Luhmann, »Dabeisein und Dagegensein«.

27 »Nicht im Handstreich«, *TS*, 19. Juni 1990; *NCDDR* 7/8: 86ff., 92.

28 Ullmann-Interview, *taz*, 19. Juni 1990; »Die ›klugen‹ 23er aus Ost-Berlin«, *FR*, 19. Juni; Schäuble, *Vertrag*, 79f., 107ff.

29 Seiters-Interview, *WamS*, 5. Aug. 1990; Schäuble-Interview, *GA*, 8. Aug.; Richard Schröder, »Erblast der Gespensterfurcht«, *FAZ*, 29. Sept.; *NCDDR* 7/8: 158, 161; Schäuble, *Vertrag*, 158f.

30 Sitzungen vom 20. Juli, 8. und 22. Aug., *Volkskammerprotokolle*, Bd. 29: 1158ff., 1297ff., 1372ff.; Thierse-Interview, 23. Aug.; Kohl-Erklärung, 24. Aug., BPA Dok 1990; »De Maizière: Beitrittserklärung mit einem gewissen Maß an Würde abgeben«, *TS*, Aug. 22; »Der Weg ist frei«, *GA*, 24. Aug.

31 Genscher-Interview, 11. Sept. 1990, BPA Dok 1990; »Genugtuung Bonns über den Moskauer Vertrag«, *NZZ*, 14. Sept.; Albrecht, *Abwicklung*, 142ff.; Waigel, *Tage*, 52ff.

32 »Ein Ereignis mit Stimmungselementen«, *SDZ*, 15. Sept. 1990; Teltschik, *329 Tage*, 359ff.; Rotfeld, *Germany and Europe*, 191ff.; Kwizinskij, *Sturm*, 53ff.

33 De Maizière-Bericht und -Redetext vom 12. Sept. 1990, BA Po, DC-20, I/3, Bd. 30677; Genscher-Interviews, 12. und 13. Sept. 1990; Schewardnadse-Interview, 13. Sept. BPA Dok 1990; »Nachts klingelte Genscher den Kollegen Baker aus dem Bett«, *GA*, 14. Sept.; Albrecht, *Abwicklung*, 135ff.; und Kiessler und Elbe, *Runder Tisch*, 205ff.

34 Genscher-Erklärung, 12. Sept. 1990, und -Interview vom 14. Sept.; Ehmke-Erklärung und de Maizière-Interview, 12. Sept.; Zusammenfassung der Medienkommentare vom 12. Sept., BPA Dok 1990; Schewardnadse, *Zukunft*, 259ff.

35 »Mit einem Briefwechsel soll das brisante Kapitel Stasi-Akten ad acta

gelegt werden«, *HB*, 12. Sept. 1990; »Stasi und noch kein Ende«, *LVZ*, 29./30. Sept.; Gauck, *Stasi-Akten*, 102ff.; Schäuble, *Vertrag*, 277ff.; *NCDDR* 7/8: 222, 226, 241; Eppelmann, *Fremd*, 413f.

36 »Forderungen und Vorschläge aus den Ausschüssen der Volkskammer« für Nachverhandlungen, 14. Sept. 1990; Guhl-Protokoll der Sitzung vom 19. Sept.; Entwurf einer »Vereinbarung zwischen der DDR und BRD« zur Durchführung des Einigungsvertrags, o. D., BA Po, DA-1, Bd. 4582. Vgl. *Einigungsvertrag*, 1239ff.

37 Schäuble-, Däubler-Gmelin-, Lafontaine-, Lambsdorff- und Bötsch-Reden vom 5. und 7. Sept. 1990, BPA Dok 1990; »Kohl ließ seinem Innenminister den Vortritt«, *GA*, 6. Sept.

38 De Maizière-, Thierse-, Gysi- und Krause-Reden vom 13. Sept. 1990, *Volkskammerprotokolle*, Bd. 29: 1565ff., 1641ff.; »DDR kann erhobenen Hauptes beitreten«, *FAZ*, 14. Sept.; »Mehrheit im DDR-Parlament für den Einigungsvertrag gesichert«, *TS*, 14. Sept.

39 Genscher-, Lafontaine-, Schäuble- und Czaja-Reden vom 20. Sept. 1990, Bundestag, *Stenographische Berichte*, 226. Sitzung, 17803ff.; »Schlußdebatten«, *GA*, 21. Sept.; »Ausdauer für die Einheit«, *FR*, 21. Sept.

40 *Für ein liberales Deutschland* (11./12. Aug. 1990); *Manifest zur Wiederherstellung der Einheit der SPD* (27. Sept.); »Zum Abschied kam Brandt als Tröster«, *HA*, 27. Sept.

41 CDU-Vereinigungsmanifest, *CDU-Dokumentation* (1990) Nr. 31; De Maizière-Interviews, *AAZ*, 26. Sept. 1990, *Stuttgarter Nachrichten*, 27. Sept.; »CDU nach 45jähriger Trennung wieder vereint«, *LVZ*, 2. Okt.

42 »Die 144 neuen Abgeordneten des deutschen Parlaments«, *FAZ*, 5. Okt. 1990; Merkl, *German Unification*, 160ff.

43 »Erwacht der Reichstag zu einem neuen, langen Leben?« *FAZ*, 5. Okt. 1990; Kohl-Rede vom 4. Okt., *CDU-Dokumentation* (1990) Nr. 32.

44 Kohl, »Der Tag der Wiedervereinigung ist ein Tag der Freude«, *BUNTE*, 27. Sept. 1990; Beitrag zu *FAZ*, 2. Okt.; und *Die deutsche Einheit* (Bergisch Gladbach 1992), 298ff.; de Maizière, »Wir werden nicht vergessen, woher wir kommen«, *NZ*, 2. Okt.

45 Genscher, Offener Brief an die Hallenser, 28. Sept. 1990; und Artikel in *Morgen*, 3. Okt.; SPD, »Aufruf zum 3. Oktober 1990«, BPA Dok 1990; »In Freiheit zur Einheit«, *NZ*, 3. Okt.

46 Als Beispiele nur: Rudolf Walter Leonhard-Interview, *taz*, 2. Okt. 1990; »Grass: Einheit löst unsere Probleme nicht«, *Expreß*, 4. Okt.

47 Modrow, »Eine lebenswerte Welt übergeben«, *Morgen*, 3. Okt. 1990; Lafontaine, »Die Mühen der Ebene«, *Passauer Neue Presse*, 3. Okt.; Joschka Fischer, »Hurra, Deutschland«, *Spiegel*, 1. Okt.

48 »Sympathie und Gelassenheit überwiegen schlechte Erinnerungen«, *FAZ*, 1. Okt.; Albrecht, *Abwicklung*, 139; Kommentare in Harold

James (Hg.), *When the Wall Came Down: Reactions to German Unification* (New York 1992).

49 »Stimmen aus dem Ausland«, *RM*, 28. Sept. 1990; »USA: Den kalten Krieg am Ende doch gewonnen«, *Weserkurier*, 3. Okt.; »Kein Grund sich mit den Deutschen zu freuen«, *Welt*, 3. Okt.

50 Rückseite des Umschlags von *Telegraph*, 6. Feb. 1990; Wolfgang Marienfeld, *Die Geschichte des Deutschlandproblems im Spiegel der politischen Karikatur* (Hameln 1990), 249 f.

51 Bensch im *HB*, 17. Mai 1990; Lurie-Karikatur, *Spiegel*, 8. Okt.; Egon Bahr, »Spätere Liebe nicht ausgeschlossen«, *ZEIT*, 14. Dez.

52 »Chancen eines neuen Deutschlands«, *taz*, 4. Okt. 1990; Hartung, *Neunzehnhundertneunundachtzig*, 178 ff.

53 »Frappierende Übereinstimmung«, *BR*, 2. Okt. 1990; Schäuble, *Vertrag*, 286 f.

54 »Beschluß zum Vorschlag für ein Gesetz zur Bildung von Ländern«, 2. Mai 1990, BA Po, DC-20, I/3, Bd. 2947; *Volkskammerprotokolle*, Bd. 28: 662 ff.; »Länder oder Bezirke?« *Sonntag* (1990) Nr. 5: 10; Karlheinz Blaschke, »Alte Länder – Neue Länder«, *APZG* (1990) B27: 39 ff.

55 »Fünf sind besser als eins – aber sind sie optimal?« *ND*, 21. Juni 1990; »Fünf Länder nun perfekt – Berlin mit Länderbefugnis«, *LVZ*, 23. Juli; Deutsche Bank, *The New German Federal States* (Frankfurt 1990).

56 »Profis gefragt«, *HA*, 29. Aug. 1990; »Wer nach den Kosten fragt ist eine Krämerseele«, *RP*, 27. Sept.; »Es ist Wahlkampf – und keiner geht hin«, *SDZ*, 2. Okt.

57 »Lafontaine schlägt in der DDR Unlust an der Politik entgegen«, *WR*, 20. Sept. 1990; »Die Bundesratsmehrheit der SPD in der Schwebe«, *NZZ*, 11. Okt.

58 »Wahlergebnisse nach Ländern«, *Welt*, 16. Okt., 1990; »Geringe Wahlbeteiligung und landesspezifische Abstimmungen«, *HA*, 16. Okt.; »Vier der fünf ostdeutschen Länder an die CDU«, *NZZ*, 17. Okt. Dalton, *New Germany*, 20 f.

59 Allensbach-Umfragen vom 9. und 16. Okt., BPA Dok 1990; Rühe- und Thierse-Interviews, 14. Okt. 1990; Berliner Runde und Bonner Debatte vom 14. Okt., in BPA Dok 1990; »Triumph des Kanzlers«, *HB*, 15. Okt.; und »Eine Banane reicht zur Erklärung nicht aus«, *StZ*, 5. Nov.

60 Interviews von Biedenkopf, Duchac, Gies, Gomolka, Stolpe und anderen vom 14. und 15. Okt. 1990, BPA Dok 1990; »Biedenkopf, Gies und Gomolka zu Ministerpräsidenten gewählt«, *FAZ*, 29. Okt.; »Stolpe zum Ministerpräsidenten von Brandenburg gewählt«, *ebd.*, 2. Nov.

61 »Die Zeit des Leidens wird noch kommen«, *FR*, 15. Okt. 1990; »Schwieriger Aufbau der Länderstrukturen im Gebiet der ehemaligen DDR«, *NZZ*, 28. Nov.; Chapulsky, *Freier Markt*, 41 ff.

62 Stolpe-Interviews vom 30. Aug. und 14., 24. und 26. Okt. 1990, BPA Dok 1990; Interviews in *MP*, 16. Okt. und *WR*, 31. Okt.; »Ampel auf Demokratie«, *taz*, 26. Okt.; »Manfred Stolpe«, *Sie waren dabei*, 127ff.

63 Biedenkopf-Interviews vom 28. Aug. und 14., 21. und 27. Okt., BPA Dok 1990; »Der Wille suchte sich die Pflicht«, *RM*, 31. Aug.; »Nach sieben Stunden kann Biedenkopf strahlen«, *HA*, 29. Okt.; »Den sozialen Rechtsstaat durch ökologische Dimensionen ergänzen«, *FR*, 22. Nov.

64 »Ostberliner Koalition wegen Streit um Wahlrecht weiter in der Zerreißprobe«, *TS*, 23. Juli 1990; *Volkskammerprotokolle*, Bd. 29: 1320; Schäuble, *Vertrag*, 82-97.

65 »Die erforderliche Mehrheit stimmte für den Wahlvertrag«, *LVZ*, 23. Aug. 1990; Text des Urteils des Bundesverfassungsgerichts vom 29. Sept., Hoover Institution; Wahlvertrag in Münch, *Verträge*, 25ff.

66 »Kanzler-Wahl«, *WamS*, 21. Okt. 1990; »Ein Jäger läuft ins Leere«, *Sbl*, 30. Nov.; Dirk Honholz, »Die Wahl zum 12. Deutschen Bundestag am 2. Dezember 1990« (MS, 1990), 17ff.; Dalton, *New Germany*, 22ff.

67 »Die Furcht vor zuviel Zuversicht«, *Sbl*, 2. Nov. 1990; »Völlig lustlos zum vierten Urnengang«, *BR*, 26. Nov.; »Die Verlierer stehen schon fest«, *BILD*, 2. Dez. Vgl. Helmut Norpoth und Dieter Roth, »Unification and Electoral Choice«, *New Germany*, 209ff.

68 »Jeder vierte SPD-Wähler will Kohl wählen«, *NP*, 24. Sept. 1990; INFAS Report, 25. Sept., BPA Dok 1990; Lafontaine, »Laßt uns kämpfen!« *Vorwärts*, 1. Sept.; »Deutschland: Ökologisch, sozial und wirtschaftlich stark«, *ebd.*, 1. Nov.; »SPD kann gewinnen«, KSA, 27. Sept.; und Holli A. Smetko und Klaus Schoenbach, »The Campaign in the Media«, *New Germany*, 187ff.

69 Plakate, »Der Neue Weg«, Hoover Institution; Flugblatt, »Ein Oskar für die Umwelt«; »Mit uns gelingt's«, *TS*, 3. und 10. Nov. 1990; »Frauen für Oskar Lafontaine«, *taz*, 14. Nov.; Lafontaine-Interviews, *NRZ*, 7. Nov., *NP*, 20. Nov., und Fernsehen, 12. und 25. Nov., BPA Dok 1990; »Lafontaine auf Tour«, *WR*, 21. Nov.

70 »Im Wahlkampf setzt CDU ganz auf Kohl«, *KSA*, 8. Sept. 1990; »Der Kanzler als Programm«, *GA*, 25. Okt.; »›King Kohl‹ als Staatsmann«, *NRZ*, 15. Nov.; CDU-Programm, *Ja zu Deutschland – Ja zur Zukunft* (Bonn 1990).

71 Kohl-Rundschreiben, Nov. 1990, Hoover Institution; Kohl-Interviews, *Deutschland-Magazin*, 1. Nov. 1990 und 23. Okt. sowie 14. und 25. Nov., BPA Dok 1990; »Drei gute Gründe CDU zu wählen«, *Expreß*, 19. Nov.; Peter Radunksi, »Vor der Deutschlandwahl«, *Politische Meinung*, Nov. 1990; Smetko und Schoenbach, »Campaign«, 198ff.

72 »Wahlprognose: Keine Verschiebungen«, *FAZ*, 1. Dez. 1990; »Das vorläufige amtliche Endergebnis«, und Artikel über die Länderresultate, *FAZ*, 4. Dez.; FDP-Wahlprogramm und Plakate, Hoover Institution; Norpoth und Roth, »Unification«, 227.

73 »Wahlnachlese«, *ND*, 24. Dez. 1990; Wahlprogramm der Grünen, Hoover Institution; Kohl-Interviews vom 2. Dez., BPA Dok 1990.

74 Umfragen von INFAS vom 16. Nov. 1990, Forschungsgruppe Wahlen vom 18. Nov. und ZDF vom 2. Dez., BPA Dok 1990; »Triumph und Erdrutsch«, *taz*, 4. Dez.; Wolfgang Gibowski und Max Kaase, »Auf dem Weg zum politischen Alltag«, *APZG* (1991), B11/12: 3 ff.

75 Allensbach-Umfrage vom 27. Nov. 1990, BPA Dok 1990; INFAS Analyse, *TS*, 4. Dez.; »Die deutsche Frage im Westen kein Thema«, *SDZ*, 8. Dez.; »Andere Generation, anderer Wahltrend«, *FR*, 15. Dez.; »Lohn der Einheit«, *BILD*, 3. Dez.; Franz U. Pappi in *APZG* (1992) B44: 18 ff.; Norpoth und Roth, »Unification«, 211 ff.

76 Bonner Elefantenrunde, 2. Dez. 1990; »Bestätigung für Kohls Deutschlandpolitik«, *NZZ*, 4. Dez.

77 Zusammenfassung der Fernsehkommentare vom 2. Dez. 1990, BPA Dok 1990; »Verdienter Sieg«, *Welt*, 3. Dez.; »Kanzler für Deutschland«, *FAZ*, 3. Dez.; »Kein Kanzler-Triumph«, *HB*, 3. Dez.; »Kohl, aber ...«, *StZ*, 3. Dez.

78 Claus Offe, »Die deutsche Vereinigung als ›natürliches Experiment‹«, und Karl-Ulrich Mayer, »Soziale Ungleichheit und Lebensverläufe«, in Bernd Giesen und Claus Leggewie (Hg.), *Experiment Vereinigung* (Berlin 1991), 77 ff., 87 ff.

79 Hans-Ulrich Wehler, *Deutsche Gesellschaftsgeschichte, 1700-1815* (München 1987), 57 f.

80 Christoph F. Büchtermann und Jürgen Schupp, »Repercussions of Reunification«, *DIW Discussion Paper* Nr. 4 (Berlin 1992); Rolf Habich et al., »›Ein unbekanntes Land‹: Objektive Lebensbedingungen und subjektives Wohlbefinden in Ostdeutschland«, *APZG* (1991) B32: 13 ff.

81 Marlies Menges Artikelserie über »Die unsichtbare Grenze«, *ZEIT*, Nov. 16 ff. 1990; Lutz Marz, »Dispositionskosten des Transformationsprozesses«, *APZG* (1992) B24: 3 ff.

82 Büchtermann-Schupp, »Repercussions of Reunification«, 20 ff.; Olaf Groehler, »Personentausch in der neuesten deutschen Geschichte« in Klaus Sühl (Hg.), *Vergangenheitsbewältigung 1945-1989* (Berlin 1994), 175 f.; Arthur Maier, »Abschied von der sozialistischen Ständegesellschaft«, *APZG* (1990) B16/17: 3 ff.

83 Peter A. Berger, »Was früher starr war, ist nun in Bewegung«, in Michael Thomas (Hg.), *Abbruch und Aufbruch* (Berlin 1992).

84 Rainer Eckert, »Vergangenheits-›Bewältigung‹ 1945-47 und 1989-91«, in *Vergangenheitsbewältigung*, 155 ff.; und Thomas Koch, »Hier ändert sich nie was!« *Aufbruch und Abbruch*, 319 ff.

85 Frank Adler, »Soziale Umbrüche«, in Glaessner und Reissig, *Das Ende eines Experiments*, 201 ff.

Anmerkungen zu Schluß

1 Konrad Weiss, »Verlorne Hoffnung der Einheit«, *Spiegel*, 1993, Nr. 46: 31-44; Interview mit Günter de Bruyn, *ebd.*, Nr. 30, 1994; und Norman Birnbaum, »Ein Winter der deutschen Verwirrung«, *Zeit*, 19. Feb. 1993.

2 Konrad H. Jarausch und Volker Gransow (Hg.), *Uniting Germany: Documents and Debates* (Providence 1994); Rainer Busch (Hg.), *Gemischte Gefühle*. Einheitsalltag in Mecklenburg-Vorpommern (Bonn 1993).

3 »Several Germanys Since 1871, but Today's Is ›Very Different‹«, *NYT*, 3. Okt. 1990; Bundespresseamt (Hg.), *Cities, Towns and Countryside in Germany '92* (Bonn 1991).

4 Bundeszentrale für politische Bildung, *Bundesrepublik Deutschland – politisch* (Braunschweig 1990); und Scherzbücher über Wessis sowie Ossis, hg. vom Neuen Forum Verlag Leipzig, 1991.

5 Anzeige der Treuhandanstalt, »Deutschland (Ost): Die Weichen sind gestellt«, *Spiegel*, 1994, Nr. 4: 98-99 versus Jürgen Habermas, »Die zweite Lebenslüge der Bundesrepublik: Wir sind wieder ›normal‹ geworden«, *ZEIT*, 18. Dez. 1992.

6 Peter Hoff, »Armenbegräbnis für eine teuere Verblichene«, und Michael E. Geisler, »Mehrfach gebrochene Mauerschau«, in Bohn, *Mauer-Show*, 175 ff., 257 ff.

7 Karin und Karlheinz Lau, *Deutschland auf dem Weg zur Einheit* (Braunschweig 1990) versus Michael Schneider, *Die abgetriebene Revolution* (Berlin 1990). Vgl. Andreas Graf, »Vereinigung und Medienwende, 1989-1991« (MS, Berlin 1994).

8 Ash, *Magic Lantern*, 61 ff.; Darnton, *Berlin-Journal*, 72 ff.; und Hagen Schulze, »German Unification in the Context of European History«, *GSR*, Sonderheft von Winter 1992, 7 ff.

9 Gunter Hofmann und Werner A. Perger, *Richard von Weizsäcker im Gespräch* (Frankfurt 1992), 39 f.; Eppelmann, *Wendewege*, 178 ff. Vgl. Otto Pflanze, *Bismarck and the Development of Germany* (Princeton 1990), Bd. 1.

10 Vgl. die Berichterstattung in den Dissidentenorganen *Umweltblätter* und *telegraph* (Leitartikel vom 31. Mai 1990) mit der marxistischen Zeitschrift *Weltbühne* (z. B. der Artikel von Joachim Garstecki vom 19. Juli 1990).

11 Erich Kuby, *Der Preis der Einheit* (Hamburg 1990); Reich, *Abschied von Lebenslügen*, 7 ff.; und Gysi, *Einspruch*, 191 ff.

12 Gale Stokes, *The Walls Came Tumbling Down: The Collapse of Com-*

munism in Eastern Europe (New York 1993); Detlef Pollack, *Kirche in der Organisationsgesellschaft* (Stuttgart 1994), 446ff.

13 Bernard Gwertzman und Michael T. Kaufman (Hg.), *The Collapse of Communism* (New York 1990); und Robert Weiss, *Chronik eines Zusammenbruchs* (Berlin 1990), 121ff.

14 Fred Klinger, »Das Scheitern des real-existierenden Sozialismus in der DDR«, *DSt* 28 (1990), 3ff.; Zwahr, *Ende einer Selbstzerstörung*, 165f.; Begriff von Gransow-Jarausch, *Deutsche Vereinigung*, 16f.

15 Gero Neugebauer, »Von der Wende zur Wahl. Der Zusammenbruch des politischen Systems der DDR« (MS, Berlin 1990); und Glaessner, *Der schwierige Weg*, 203ff.

16 John Breuilly, »Nationalism and German Reunification«, in dem von ihm herausgegebenen Sammelband, *The State of Germany* (London 1992), 225ff.; und Karl-Rudolf Korte, *Die Chance genutzt? Die Politik zur Einheit Deutschlands* (Frankfurt 1994), 219ff.

17 Thomas Gensicke, »Sind die Ostdeutschen konservativer als die Westdeutschen?« *Das Ende eines Experiments*, 287ff.; und Peter Merkl, *German Unification in a European Context*, 119ff.

18 Beschloss und Talbott, *At the Highest Levels*, 4ff.; Albrecht, *Abwicklung*, 153ff.; Kaiser, *Vereinigung*, 33ff.

19 Beate Kohler-Koch, »Deutsche Einigung im Spannungsfeld internationaler Umbrüche«, *Politische Vierteljahresschrift* 32 (1991), 605ff.; Ash, *In Europe's Name*, 357ff.

20 Baier, *Volk ohne Zeit*, 99f.; Schneider, *Revolution*, 138f.

21 Hartung, *Neunzehnhundertneunundachtzig*, 185ff.; Pond, *Beyond the Wall*, 153ff., 171ff.

22 Hofmann, *Weizsäcker*, 31f.

23 Wolfgang Bergsdorf, »West Germany's Political System under Stress: Decision-Making Process in Bonn 1990« (MS, Bonn 1991); Blackwill, »German Unification«, 12ff.; Pond, *Beyond the Wall*, 161ff.

24 Kocka, »Revolution und Nation«, *passim*; und Ludger Kühnhardt, *Revolutionszeiten. Das Umbruchjahr 1989 im geschichtlichen Zusammenhang* (München 1994).

25 Charles S. Maier, »Die Umwälzung in der DDR und die Frage einer deutschen Revolution«, in Konrad H. Jarausch und Matthias Middell (Hg.), *Nach dem Erdbeben. (Re-)Konstruktionen ostdeutscher Geschichte und Geschichtswissenschaft* (Leipzig 1994), 307ff.

26 Heinrich Best, »Nationale Verbundenheit und Entfremdung im zweistaatlichen Deutschland«, *KZSS* 42 (1990), 1ff.

27 Winkler, »Nationalismus, Nationalstaat und nationale Frage«, 22ff.; Breuilly, »Nationalism and German Unification«, 231ff.

28 Wolfgang Herles, *Geteilte Freude. Das erste Jahr der dritten Republik* (München 1992); und Thomas Koch, »Deutsch-Deutsche Einigung als Kulturproblem«, *DA* (1991), 17ff.

29 Kurt Biedenkopf, »Die geeinte Nation im Stimmungstief«, *ZEIT*, 9. Okt. 1992; »United Germany at Two«, *The Week in Germany*, 9. Okt.

30 Irwin L. Collier, »On the First Year of German Monetary, Economic and Social Union«, *Journal of Economic Perspectives* 5 (1991), 1 ff.; Harald Becker, »Wirtschaft in den neuen Bundesländern«, *DA* 25 (1992), 461 ff.; Sinn, *Kaltstart*, 208 ff.

31 Bericht über »Aufschwung Ost« in *SZ*, 13. Feb. 1991; Richard Hilmer und Rita Müller-Hilmer, »Es wächst zusammen«, *ZEIT*, 8. Okt. 1993; Hofmann, *Weizsäcker*, 32 ff., Richard Smyser, *The Economy of United Germany* (New York, 1992).

32 Johannes M. Becker, *Ein Land geht in den Westen* (Bonn 1991); Konrad H. Jarausch (Hg.), *Zwischen Parteilichkeit und Professionalität. Bilanz der Geschichtswissenschaft der DDR* (Berlin 1991).

33 Überblick von Dieter Zimmer, *ZEIT*, 31. Juli 1992; Jürgen Kocka, »Die deutsche Einheit und die Sozialwissenschaften«, *TS*, 16. Sept., 1992; Rainer Eckert *et al* (Hg.), *Krise, Umbruch, Neubeginn* (Stuttgart 1992).

34 Rosemarie Stein, »›Erlernte Hilflosigkeit‹ wieder verlernen«, *TS*, 18. Juli 1993; Hans-Joachim Maaz, *Das gestürzte Volk* (Berlin 1991), 10 ff.; und Albrecht Schönherr (Hg.), *Ein Volk am Pranger?* (Berlin 1992).

35 Antonia Grunenberg, »Das Ende der Macht ist der Anfang der Literatur«, *APZG* (1990) B44: 17 ff.; Karl Deiritz und Hannes Krauss, Hg., *Der deutsch-deutsche Literaturstreit* (Hamburg 1991); und der im Erscheinen begriffene Sammelband über die Verantwortung der Intellektuellen, hg. von Michael Geyer und Robert von Hallberg.

36 Alexander Osang, *Das Jahr Eins. Berichte aus der neuen Welt der Deutschen* (Berlin 1992); Aufsätze über die Abtreibungsdiskussion in »Germany and Gender«, Sonderheft von *GPS* (1991/92) 24/25: 111 ff.

37 Arnulf Baring, *Deutschland, was nun?* (Berlin 1991); Hofmann, *Weizsäcker*, 87 ff., 111 ff.; Andrei S. Markovits und Simon Reich, »Should Europe Fear the Germans?« *GPS* (1991) 23: 1 ff.

38 Ronald D. Asmus, »Deutschland im Übergang. Nationales Selbstvertrauen und internationale Zurückhaltung«, *EA* (1992) 8: 199 ff.; und Christoph Bertram, »Go Easy on Worried Germany«, *NYT*, 12. Mai 1992.

39 Genscher-Interview sowie Hans-Magnus Enzensberger, »Hitlers Wiedergänger«, *Spiegel*, 4. Feb. 1991. Vgl. auch Hans-Peter Schwarz, *Die Zentralmacht Europas. Deutschlands Rückkehr auf die Weltbühne* (Berlin 1994).

40 Peter Glotz, »Der ungerechte Krieg«, *Spiegel*, 25. Feb. 1991; und Herles, *Geteilte Freude*, 179 ff.

41 Istvan Deak, »German Unification: Perceptions and Politics in East Central Europe«, *GPS* (1990) 20: 22 ff.; Wickert, *Angst vor Deutschland*, 231 ff.; Ash, *In Europe's Name*, 393 ff.

42 Baring, *Deutschland*, 83 ff.; und Herles, *Geteilte Freude*, 193 ff.
43 »Deutschland wird deutscher«, *ZEIT*, 3. März 1992; Hoffmann-Kramer, *Der Umbau Europas*, 13 ff., und der im Erscheinen begriffene Band, der von Philippe Schmitter herausgegeben wird.
44 Otto Schmuck, »Der Maastrichter Vertrag zur Europäischen Union«, *EA*, (1992) 4: 97 ff.; Herles, *Geteilte Freude*, 199 ff.; Baring, *Deutschland*, 153 ff.
45 Leslie H. Gelb, »To Be Father and Bride«, *NYT*, 11. Mai 1992; William E. Paterson über den sich verändernden Kontext deutscher Außenpolitik in G. Smith et al. (Hg.), *Developments in German Politics* (London 1992), 137 ff.
46 Asmus, »Deutschland im Übergang», 199 ff.; Gregor Schöllgen, »Deutschlands neue Lage«, *EA* (1992) 5: 125 ff.; Wolf Lepenies, »Die Grenzen der Gemeinschaft«, *FR*, 12. Okt. 1991; und Baring, *Deutschland*, 145 ff.
47 Biedenkopf-Interview, *Spiegel*, 5. Okt. 1992; Christian Meier, *Die Nation, die keine sein will* (München 1991), 10 ff.; Matthias Jung und Dieter Roth, »Politische Einstellungen in Ost- und Westdeutschland seit der Bundestagswahl 1990«, *APZG* (1992) B19: 3 ff.
48 Peter Longerich, *»Was ist des Deutschen Vaterland?«* (München 1990); »Selbstbewußtsein auf Null«, *Spiegel*, Nr. 28, 1994.
49 Botho Strauß, »Anschwellender Bocksgesang«, *Spiegel*, Nr. 6, 1993; Michael Stürmer, *Die Grenzen der Macht. Begegnung der Deutschen mit der Geschichte* (Berlin 1992), 245 f.; Baring, *Deutschland*, 163 f.
50 Herles, *geteilte Freude*, 239 ff.; Elke Mocker und Birgit Sauer, »Politische Kultur und Geschlechterverhältnis in den neuen Bundesländern«, *DA* 24 (1991), 1313 ff.; und Brigitte Seebacher-Brandt, *Die Linke und die Einheit* (Berlin 1991).
51 Bundestag, *Stenographische Berichte, 12. Wahlperiode, 34. Sitzung* (Bonn 1991), 2845 ff.; und die Plädoyers von Hans Daniels und Walter Momper in *Zeit*, 16. Nov. 1990
52 Text der Hauptstadtresolution in *BfdiP*, 1991, 1013 f.; »Berlin wird Parlaments- und Regierungssitz«, *GA*, 21. Juni 1991; und Irma Hanke, »Experiment Deutschland oder Ein neues deutsches Nationalgefühl?« *DA* 24 (1991), 154 ff.
53 »Ein einig Volk von Blutsbrüdern«, *Spiegel*, 1993, Nr. 11; Rogers Brubaker, *Staats-Bürger. Deutschland und Frankreich im historischen Vergleich* (Hamburg 1994); sowie Klaus J. Bade (Hg.), *Das Manifest der 60. Deutschland und die Einwanderung* (München 1994).
54 »Vereint im Fremdenhaß«, *ZEIT*-Dossier, 18. Okt. 1991; »Neo-Nazis: A Chaos in the Head«, *The New Yorker*, 14. Juni 1993; Hajo Funke, *›Jetzt sind wir dran.‹ Nationalismus im geeinten Deutschland* (Berlin 1991).
55 Artikelserie »Vier Jahre Deutschland«, *TS*, 4. Okt. 1994; »Jugendum-

frage 1994«, *Spiegel*, 19. Sept. 1994; und Eckhard Jesse und Armin Mitter (Hg.), *Die Gestaltung der deutschen Einheit* (Bonn 1992).

56 Heinrich August Winkler, »Rebuilding of a Nation: The Germans Before and After Unification«, und Jürgen Kocka, »Crisis of Unification: How Germany Changes«, *Daedalus*, 123 (1994), 107 ff., 173 ff. Vgl. Konrad H. Jarausch, »Normalisierung oder Re-Nationalisierung? Zur Umdeutung der deutschen Vergangenheit«, *Geschichte und Gesellschaft*, 1995.

57 Diethelm Prowe, »Prospects for the New Germany«, *Historian* (1991), 1 ff.; Wilhelm von Sternburg (Hg.), *Geteilte Ansichten über eine vereinte Nation* (Bergisch Gladbach 1992), 335 ff.; und Harold James, *A German Identity, 1770-1990* (New York 1989), 210 ff.

58 Helmut Schmidt, »Wir sind noch kein normales Volk«, *ZEIT*, 9. Apr. 1993; Richter, *Erlangte Einheit*, 203 ff.; Winfried Thaa, »Mehr Adaption und Regression«, *DA* 24 (1991), 831 ff.; Richard Schröder, *Deutschland, schwierig Vaterland* (Freiburg 1993), 19 ff., 145 ff.

Auswahlbibliographie

1) Archive und Sammlungen

Archiv der *Leipziger Volkszeitung* (Leipzig), Sammlung von Presseausschnitten
Bundesarchiv Potsdam, Material über den Ministerrat, den Runden Tisch, den Volkskammerausschuß deutsche Einheit und den Arbeitsstab deutsche Einheit
Bundesbeauftragter für die Unterlagen der Staatssicherheit, Akten der Zentralen Auswertungs- und Informationsgruppe
Bundespresseamt (Bonn), Reden und Interviews westdeutscher Politiker
CDU-Archiv (Ostberlin), Material über die Partei und den Wahlkampf
DDR-Archiv des Zentralinstituts für sozialwissenschaftliche Forschung der FU Berlin, Material über die Bürgerbewegung
Demokratie Jetzt (Berlin), Material über die Bürgerbewegung
Gesamtdeutsches Institut (Bonn), Analysen des Umbruchs in der DDR
Hoover Institution (Stanford), Sammlung über die Deutsche Vereinigung
Neues Forum (Berlin), Material über die Bürgerbewegung
Rush-Sammlung (Leipzig), Material über Leipziger Demonstrationen
Stadtbibliothek (Ostberlin), Sammlung von Presseausschnitten
Stiftung Archiv der Parteien und Massenorganisationen der DDR, Material zum Politbüro, dem ZK, Kurt Hager, Erich Honecker, Egon Krenz und Günter Mittag
Umweltbibliothek (Ostberlin), Material über die Bürgerbewegung
Zentralinstitut für Jugendforschung (Leipzig), Statistische Erhebungen
Zimmerling-Sammlung (Ostberlin), Material über die Vereinigung

2) Dokumente und Memoiren

Aischmann, Bernd, *et al.* (Hg.), *»Menschen wichtiger als Macht ...« Briefe an Hans Modrow* (Berlin, 1990)
Aktiv Staatssicherheit ... des Bezirkstages Suhl, *Genossen! Glaubt's mich doch!* (Suhl, 1990)
Albrecht, Ulrich, *Die Abwicklung der DDR* (Opladen, 1992)
Andert, Reinhold und Wolfgang Herzberg, *Der Sturz. Erich Honecker im Kreuzverhör* (Berlin, 1990)
Auswärtiges Amt (Hg.), *Deutsche Außenpolitik 1990/1. Eine Dokumentation* (München, 1991)
Bahr, Eckhard, *Sieben Tage im Oktober. Aufbruch in Dresden* (Leipzig, 1990)
Becker, Johannes M., *Ein Land geht in den Westen* (Bonn, 1991)

Beier, Brigitte, *et al.*, *9. November 1989. Der Tag der Deutschen* (Hamburg, 1989)
Belwe, Katarina und Ute Reuter (Hg.), *Dokumentation zur Entwicklung der Blockparteien der DDR von Ende September bis Anfang Dezember 1989* (Bonn, 1989)
Besier, Gerhard und Stephan Wolf (Hg.), *»Pfarrer, Christen und Katholiken«. Das MfS der ehemaligen DDR und die Kirchen* (Neukirchen, 1992), 2. Aufl.
Bickhardt, Stefan (Hg.), *Recht ströme wie Wasser. Christen in der DDR für Absage an Praxis und Prinzip der Abgrenzung* (Berlin, 1988)
Bohley, Bärbel, *et al.* (Hg.), *40 Jahre DDR ... und die Bürger melden sich zu Wort* (Berlin, 1989)
Brandt, Willy, *»...was zusammengehört«. Reden zu Deutschland* (Bonn, 1990)
Bresch, Ulrike, *et al.* (Hg.), *Oktober 1989. Wider den Schlaf der Vernunft* (Berlin, 1990)
Breuel, Birgit (Hg.), *Treuhand intern. Tagebuch* (Frankfurt, 1993)
Bundespresse- und Informationsamt (Hg.), *Deutschland 1989* (Bonn, 1991), 25 Bde.
Dass., *Deutschland 1990* (im Druck)
Bürger, Wolfram und Michael Weichenhahn (Hg.), *Wolfgang Ullmann* (München, 1990)
Bürgerkomitee Leipzig, *Stasi intern. Macht und Banalität* (Leipzig, 1991)
Dahn, Daniela und Fritz-Jochen Kopka, *Und diese verdammte Ohnmacht. Report der unabhängigen Untersuchungskommission* (Berlin, 1991)
Darnton, Robert, *Berlin Journal, 1989-1990* (New York, 1991)
Deiritz, Karl und Hannes Krauss (Hg.), *Der deutsch-deutsche Literaturstreit* (Hamburg, 1991)
DGB-Bundesvorstand (Hg.), *Das Neue Forum. Selbstporträt einer Bürgerbewegung* (Bonn, 1990)
Dieckmann, Friedrich, *Glockenläuten und offene Fragen* (Frankfurt, 1991)
Ebert, Andreas, *et al.* (Hg.), *Räumt die Steine hinweg* (München, 1989)
Eppelmann, Rainer, *Fremd im eigenen Haus. Mein Leben im anderen Deutschland* (Köln, 1993)
Ders., *Wendewege. Briefe an die Familie* (Bonn, 1992)
Evangelischer Pressedienst (Hg.), *Problem Ausreisewelle* (Frankfurt, 1989)
Gauck, Joachim, *Die Stasi-Akten. Das unheimliche Erbe der DDR* (Reinbek, 1991)
Genscher, Hans-Dietrich, *Zukunftsverantwortung. Reden* (Berlin, 1990)
Greenwald, G. Jonathan, *Berlin Witness. An American Diplomat's Chronicle of East Germany's Revolution* (University Park, 1993)

Gwertzman, Bernard und Michael T. Kaufmann (Hg.), *The Collapse of Communism* (New York, 1990)
Gysi, Gregor, *Einspruch. Gespräche, Briefe, Reden* (Berlin, 1992)
Ders. (Hg.), *Wir brauchen einen dritten Weg* (Hamburg, 1990)
Ders. und Thomas Falkner, *Sturm aufs große Haus* (Berlin, 1990)
Hahn, Annegret, *et al.* (Hg.), *4. November '89* (Frankfurt, 1990)
Haug, Wolfgang Fritz, *Versuch beim täglichen Verlieren des Bodens unter den Füßen neuen Grund zu gewinnen. Das Perestroika-Journal* (Hamburg, 1990)
Henrich, Rolf, *Der vormundschaftliche Staat. Vom Versagen des real existierenden Sozialismus* (Reinbek, April 1989)
Herles, Helmut und Ewald Rose (Hg.), *Vom Runden Tisch zum Parlament* (Bonn, 1990)
Ders., *Parlaments-Szenen einer deutschen Revolution* (Bonn, 1990)
Heym, Stefan und Werner Heiduczek (Hg.), *Die sanfte Revolution* (Leipzig, 1990)
Hofmann, Gunter und Werner A. Perger, *Richard von Weizsäcker im Gespräch* (Frankfurt, 1992)
Honecker, Erich, *Moabiter Notizen* (Berlin, 1994)
Ders., *Zu den dramatischen Ereignissen* (Hamburg, 1992)
Horn, Gyula, *Freiheit, die ich meine* (Hamburg, 1991)
Initiativgruppe 4. 11. 89 (Hg.), *TschüSSED. 4. 11. 89* (Bonn, 1989)
Janson, Carl-Heinz, *Totengräber der DDR. Wie Günter Mittag den SED-Staat ruinierte* (Düsseldorf, 1991)
Kahlau, Cordula (Hg.), *Aufbruch – Frauenbewegung in der DDR* (Berlin, 1990)
Kallabis, Heinz, *Ade, DDR! Tagebuchblätter, 7. Okt. 1989 bis 8. Mai 1990* (Berlin, 1990)
Keller, Dietmar, *Minister auf Abruf* (Berlin, 1990)
Klein, Hans, *Es begann im Kaukasus. Der entscheidende Schritt in die Einheit Deutschlands* (Frankfurt, 1991)
Knabe, Hubertus (Hg.), *Aufbruch in eine andere DDR* (Hamburg, 1989)
Königsdorf, Helga, *Adieu DDR. Protokolle eines Abschieds* (Reinbek, 1990)
Dies., *1989 oder ein Moment der Schönheit* (Berlin, 1990)
Kohl, Helmut, *Deutschlands Zukunft in Europa* (Herford, 1990)
Ders., *Die deutsche Einheit. Reden und Gespräche* (Bergisch Gladbach, 1992)
Krenz, Egon, *Wenn Mauern fallen. Die friedliche Revolution* (Wien, 1990)
Kromer, Hans (Hg.), *Dresden. Die friedliche Revolution* (Böblingen, 1990)
Kuczynski, Jürgen, *Schwierige Jahre – mit einem besseren Ende? Tagebuchblätter 1987-1989* (Berlin, 1990)

Kunze, Reiner, *Deckname »Lyrik«* (Frankfurt, 1990)
Kvitsinskij, Julij A., *Vor dem Sturm. Erinnerungen eines Diplomaten* (Berlin, 1993)
Lafontaine, Oskar, *Deutsche Wahrheiten. Die nationale und die soziale Frage* (Hamburg, 1990)
Land, Rainer (Hg.), *Das Umbaupapier. Argumente gegen die Wiedervereinigung* (Berlin, 1990)
Lang, Ewald (Hg.), *Wendehals und Stasi-Laus. Demo-Sprüche aus der DDR* (München, 1990)
Lau, Karin und Karlheinz (Hg.), *Deutschland auf dem Weg zur Einheit. Dokumente einer Revolution* (Braunschweig, 1990)
Liebsch, Heike, *Dresdener Stundenbuch. Protokoll einer Beteiligten im Herbst 1989* (Wuppertal, 1989)
Liedtke, Klaus (Hg.), *Vier Tage im November* (Hamburg, 1989)
Loest, Erich, *Die Stasi war mein Eckermann* (Göttingen, 1991)
Longerich, Peter (Hg.), *»Was ist des Deutschen Vaterland?« Dokumente zur Frage der deutschen Einheit 1800 bis 1990* (München, 1990)
Luft, Christa, *Zwischen Wende und Ende* (Berlin, 1991)
Dies., *Treuhandreport. Werden, Wachsen und Vergehen einer deutschen Behörde* (Berlin, 1992)
Marcuse, Peter, *A German Way of Revolution* (Berlin, 1990)
Matussek, Matthias, *Palasthotel Zimmer 6101. Reporter im rasenden Deutschland* (Hamburg, 1991)
Mayer, Hans. *Der Turm von Babel* (Frankfurt, 1991)
Meckel, Markus und Martin Gutzeit (Hg.), *Opposition in der DDR. Zehn Jahre kirchliche Friedensarbeit* (Köln 1994)
Meinel, Reinhard und Thomas Wernicke (Hg.), *Mit Tschekistischem Gruß. Berichte der Bezirksverwaltung Staatssicherheit Potsdam* (Potsdam, 1991)
Mittag, Günter, *Um jeden Preis. Im Spannungsfeld zweier Systeme* (Berlin, 1991)
Mitteldeutscher Verlag, *mdv transparent. Wir sind das Volk* (Halle, 1990), 3 Bde.
Mitter, Armin und Stefan Wolle (Hg.), *»Ich liebe Euch doch alle!« Befehle und Lageberichte des MfS* (Berlin, 1990)
Modrow, Hans, *Aufbruch und Ende* (Hamburg, 1991)
Momper, Walter, *Grenzfall. Berlin im Brennpunkt deutscher Geschichte* (München, 1991)
Münch, Ingo von (Hg.), *Die Verträge zur Einheit Deutschlands* (München, 1991)
Naumann, Michael (Hg.), *Die Geschichte ist offen … Schriftsteller aus der DDR über die Zukunftschancen ihres Landes* (Hamburg, 1990)
Nawrocki, Joachim, *Die Beziehungen zwischen den beiden Staaten in Deutschland* (Berlin, 1986)

Neubert, Ehrhart, *Gesellschaftliche Kommunikation im sozialen Wandel* (Berlin, 1989)
Neues Forum Leipzig (Hg.), *Jetzt oder nie – Demokratie* (Leipzig, 1989)
Neumann, Peter (Hg.), *Träumen verboten. Aktuelle Stellungnahmen aus der DDR* (Göttingen, 1990)
Noteboom, Cees, *Berliner Notizen* (Frankfurt, 1991)
Ott, Matthias, *Deutschland – Ein Ausreisemärchen* (Koblenz, 1989)
Pechmann, Roland und Jürgen Vogel (Hg.), *Abgesang der Stasi. Das Jahr 1989 in Presseartikeln und Stasi-Dokumenten* (Braunschweig, 1991)
Petschow, Ulrich, et. al., *Umweltreport DDR. Bilanz der Zerstörung, Strategien für den ökologischen Umbau* (Frankfurt, 1990)
Philipsen, Dirk (Hg.), *»We were the People«: Voices from East Germany's Revolutionary Autumn of 1989* (Durham, 1992)
Przybylski, Peter (Hg.), *Tatort Politbüro. Die Akte Honecker* (Berlin, 1991)
Rein, Gerhard (Hg.), *Die Opposition in der DDR* (Berlin, 1989)
Ders. (Hg.), *Die protestantische Revolution, 1987-1990. Ein deutsches Lesebuch* (Berlin, 1990)
Reuter, Ute (Hg.), *Dokumentation zum letzten Parteitag der SED* (Bonn, 1990)
Dies. (Hg.), *Dokumentation zur politischen Entwicklung in der DDR und zu den innerdeutschen Beziehungen April 1990* (Bonn, 1990)
Dies. und Thomas Schulte (Hg.), *Dokumentation zur Entwicklung der neuen Parteien und Bürgerrechtsgruppen in der DDR* (Bonn, 1990)
Richter, Edelbert, *Erlangte Einheit, verfehlte Identität* (Berlin, 1991)
Riecker, Ariane, *et al., Stasi intim. Gespräche mit ehemaligen MfS-Mitarbeitern* (Leipzig, 1990)
Rosenlöcher, Thomas, *Die verkauften Pflastersteine. Dresdener Tagebuch* (Frankfurt, 1990)
Rotfeld, Adam D. und Walter Stützle (Hg.), *Germany and Europe in Transition* (Oxford, 1991)
Runge, Irene und Uwe Stelbrink, *Gregor Gysi: »Ich bin Opposition«* (Berlin, 1990)
Schabowski, Günter, *Das Politbüro. Ende eines Mythos* (Hamburg, 1990)
Ders., *Der Absturz* (Berlin, 1991)
Schäuble, Wolfgang, *Der Vertrag. Wie ich über die deutsche Einheit verhandelte* (Stuttgart, 1991)
Scherzer, Landolf, *Der Erste. Protokoll einer Begegnung* (Rudolstadt, 1988), 3. Aufl.
Schnauze! Gedächtnisprotokolle 7. und 8. Oktober 1989 (Berlin, 1990)
Schneider, Rolf, *Frühling im Herbst. Notizen vom Untergang der DDR* (Göttingen, 1991)

Schneider, Wolfgang (Hg.), *Leipziger Demontagebuch* (Leipzig, 1990)
Schönherr, Albrecht (Hg.), *Ein Volk am Pranger?* (Berlin, 1992)
Schorlemmer, Friedrich, *Bis alle Mauern fallen* (Berlin, 1991)
Ders., *Träume und Alpträume. Einmischungen 1982-90* (Berlin, 1990)
Ders., *Worte öffnen Fäuste. Rückkehr in ein schwieriges Vaterland* (München, 1992)
Schröder, Richard, *Deutschland schwierig Vaterland* (München, 1992)
Schreiter, Helfried (Hg.), *Die letzten Tage der DDR* (Berlin, 1990)
Schüddekopf, Charles (Hg.), *»Wir sind das Volk!« Flugschriften, Aufrufe und Texte aus einer deutschen Revolution* (Reinbek, 1990)
Schütt, Hans-Dieter, *Peter-Michael Diestel: »Rebellion tut gut«* (Berlin, 1992)
Ders., *Regine Hildebrandt: »Bloß nicht aufgeben!«* (Berlin, 1992)
Schützsack, Axel, *Exodus in die Einheit. Die Massenflucht aus der DDR 1989* (Melle, 1990)
Schewardnadse, Eduard, *Die Zukunft gehört der Freiheit* (Hamburg, 1991)
Simon, Günter, *Tisch-Zeiten* (Berlin, 1990)
Stephan, Gerd-Rüdiger (Hg.), *»Vorwärts immer, rückwärts nimmer!« Interne Dokumente zum Zerfall von SED und DDR* (Berlin, 1994)
Stolpe, Manfred, *Den Menschen Hoffnung geben* (Berlin, 1991)
Ders., *Schwieriger Aufbruch* (Berlin, 1992)
Süssmuth, Hans (Hg.), *Wie geht es weiter mit Deutschland?* (Baden-Baden, 1990)
Swoboda, Jörg (Hg.), *Die Revolution der Kerzen* (Wuppertal, 1990)
taz (Hg.), *DDR-Journal* (Berlin, 1989), 2 Bde.
Teltschik, Horst, *329 Tage* (Berlin, 1991)
Tetzner, Reiner, *Leipziger Ring. Aufzeichnungen eines Montagsdemonstranten* (Frankfurt, 1990)
Thierse, Wolfgang, *Mit eigener Stimme sprechen* (München, 1992)
Ullmann, Wolfgang, *Verfassung und Parlament* (Berlin, 1992)
Ullrich, Renate, *Mein Kapital bin ich selber. Gespräche mit Theaterfrauen in Berlin-Ost 1990/91* (Berlin, 1991)
Waigel, Theo und Manfred Schell (Hg.), *Tage, die Deutschland und die Welt veränderten* (München, 1994)
Walters, Vernon A., *Die Vereinigung war voraussehbar. Hinter den Kulissen eines entscheidenden Jahres* (Berlin, 1994)
Weber, Christian, *Alltag einer friedlichen Revolution. Notizen aus der DDR* (Stuttgart, 1990)
Weber, Hermann (Hg.), *DDR. Dokumente zur Geschichte der DDR 1945-1985* (München, 1986)
Weizsäcker, Richard von, *Speeches For Our Time* (Washington, 1992)
Die Weltbühne im Wirbel der Wende. Eine Zeitschrift im Umbruch (Berlin, 1992)

Wende, Franziska, *Die Zeit ist reif. Revolutionserlebnisse einer Leipziger Postbotin* (Amberg, 1990)
Wicke, Lutz, *et al.*, *Öko-Soziale Marktwirtschaft für Ost und West* (München, 1990)
Wickert, Ulrich (Hg.), *Angst vor Deutschland* (Hamburg, 1990)
Wolf, Christa, *Was bleibt* (Frankfurt, 1990)
Wolf, Markus, *In eigenem Auftrag* (München, 1991)
Wroblewsky, Clement von (Hg.), *»Da wachste eines Morgens uff und hast 'nen Bundeskanzler«* (Hamburg, 1990)
Zimmerling, Zeno und Sabine (Hg.), *Neue Chronik DDR* (Berlin, 1990), 8 Bde.

3) Analysen und Betrachtungen

Appel, Reinhard (Hg.), *Helmut Kohl im Spiegel seiner Macht* (Bonn, 1990)
Arnold, Heinz, *Die ersten hundert Tage des Hans Modrow* (Berlin, 1990)
Ash, Timothy Garton, *The Magic Lantern* (New York, 1990)
Ders., *In Europe's Name. Germany and the Divided Continent* (New York, 1993)
Augstein, Rudolf und Günter Grass, *Deutschland, einig Vaterland?* (Göttingen, 1990)
Bahrmann, Hannes und Peter-Michael Fritsch, *Sumpf. Privilegien, Amtsmißbrauch, Schiebergeschäfte* (Berlin, 1990)
Bahrmann, Hannes und Christoph Links, *Wir sind das Volk. Die DDR zwischen 7. Oktober und 17. Dezember 1989* (Wuppertal, 1990)
Baier, Lothar, *Volk ohne Zeit* (Berlin, 1990)
Baring, Arnulf, *Deutschland, was nun?* (Berlin, 1991)
Bark, Dennis L. und David R. Gress, *A History of West Germany* (Oxford, 1989), 2 Bde.
Barthèlemy, Françoise und Lutz Winkler (Hg.), *Mein Deutschland findet sich in keinem Atlas* (Frankfurt, 1990)
Belwe, Katharina, *Psycho-Soziale Befindlichkeit der Menschen in den neuen Bundesländern nach der Wende im Herbst 1989* (Bonn, 1991)
Beschloss, Michael R. und Strobe Talbott, *At the Highest Levels. The Inside Story of the End of the Cold War* (Boston, 1993)
Bittermann, Klaus (Hg.), *Gemeinsam sind wir unausstehlich. Die Wiedervereinigung und ihre Folgen* (Berlin, 1990)
Blanke, Thomas und Rainer Erd (Hg.), *DDR – Ein Staat vergeht* (Frankfurt, 1990)
Blohm, Frank und Wolfgang Herzberg (Hg.), *»Nichts wird mehr so sein, wie es war.« Zur Zukunft der beiden deutschen Republiken* (Frankfurt, 1990)

Bohn, Rainer, *et al.*, *Mauer-Show. Das Ende der DDR, die deutsche Einheit und die Medien* (Berlin, 1992)

Bortfeldt, Heinrich, *Von der SED zur PDS. Wandlung zur Demokratie?* (Bonn, 1992)

Ders., *Washington – Bonn – Berlin. Die USA und die deutsche Einheit* (Bonn, 1993)

Borneman, John, *After the Wall. East Meets West in the New Berlin* (New York, 1991)

Breuilly, John (Hg.), *The State of Germany* (London, 1992)

Brüsewitz-Zentrum (Hg.), *Fachtagung zur psychischen Situation von DDR-Übersiedlern* (1985)

Buchholz, Martin, *Wir sind was volkt. Vom Ur-Sprung in der deutschen Schüssel* (Berlin, 1993)

Buck, Hannsjörg F. und Hans Georg Bauer (Hg.), *Transformation der Wirtschaftsordnung der ehemaligen DDR* (Bonn, 1991)

Busch, Rainer (Hg.), *Gemischte Gefühle. Einheitsalltag in Mecklenburg-Vorpommern* (Bonn, 1993)

Chalupsky, Jutta und Renate Rothmann, *Freier Markt auf Nackter Haut. Wessi-Report aus Leipzig* (Berlin, 1991)

Christ, Peter und Ralf Neubauer, *Kolonie im eigenen Land* (Berlin, 1991)

Conradt, David, *United Germany at the Polls* (Washington, 1990)

Daedalus (Hg.), *Germany in Transition* (Cambridge, 1994)

Dähn, Horst (Hg.), *Die Rolle der Kirchen in der DDR. Eine erste Bilanz* (München, 1993)

Dahrendorf, Ralf, *Reflections on the Revolution in Europe* (New York, 1990)

Dalton, Russell J. (Hg.), *The New Germany Votes. Unification and the Creation of the New German Party System* (Providence, 1993)

Decker, Peter und Karl Held, *Der Anschluß* (München, 1990)

Deppe, Rainer, *et al.* (Hg.), *Demokratischer Umbruch in Osteuropa* (Frankfurt, 1991)

Dohnanyi, Klaus von, *Das deutsche Wagnis* (München, 1990)

Dowe, Dieter (Hg.), *Sozialdemokratie und Nation in Geschichte und Gegenwart* (Bonn, 1990)

Ders., *Von der Bürgerbewegung zur Partei. Die Gründung der Sozialdemokratie in der DDR* (Bonn, 1993)

Eckert, Rainer, *et al.* (Hg.), *Krise, Umbruch, Neubeginn* (Stuttgart, 1992)

Ders., *et al.* (Hg.), *Wendezeiten – Zeitenwende* (Köln, 1991)

Ehrenberg, Herbert, *Damit keiner unter die Räder kommt* (Köln, 1990)

Elitz, Ernst, *Sie waren dabei. Ostdeutsche Profile* (Stuttgart, 1991)

Fischbach, Günter (Hg.), *DDR-Almanach '90* (Bonn, 1990)

Fischer, Erika und Petra Lux, *Ohne uns ist kein Staat zu machen* (Köln, 1990)

Fischer Weltalmanach, *Sonderband DDR* (Frankfurt, 1990)
Florath, Bernd, *et al.* (Hg.), *Die Ohnmacht der Allmächtigen. Geheimdienste und politische Polizei in der modernen Gesellschaft* (Berlin, 1992)
Förster, Peter und Günter Roski, *DDR zwischen Wende und Wahl. Meinungsforscher analysieren den Umbruch* (Berlin, 1990)
Forum Verlag Leipzig, *Von Leipzig nach Deutschland* (Leipzig, 1991)
Fricke, Karl Wilhelm, *MfS intern. Macht, Strukturen, Auflösung der DDR-Staatssicherheit* (Köln, 1991)
Friedrich, Walter und Hartmut Griese (Hg.), *Jugend und Jugendforschung in der DDR* (Opladen, 1991)
Fritsch-Bournazel, Renata, *Europa und die deutsche Einheit* (München, 1990)
Funke, Hajo, *»Jetzt sind wir dran.« Nationalismus im geeinten Deutschland* (Berlin, 1991)
Gaus, Günter, *Deutsche Zwischentöne* (Hamburg, 1990)
Ders., *Wo Deutschland liegt. Eine Ortsbestimmung* (München, 1986)
Geipel, Gary (Hg.), *The Future of Germany* (Indianapolis, 1990)
Gesamtdeutsches Institut (Hg.), *Analysen, Dokumentationen und Chronik zur Entwicklung in der DDR* (Bonn, 1990)
Gewerkschaftliche Monatshefte (Hg.), *Auf dem Weg zur Einheit* (Köln, 1990)
Geyer, Michael und Robert von Hallberg (Hg.), *The Responsibility of the Intellectuals. State Security Services and Intellectual Life in the Former GDR* (Chicago, 1995)
Giesen, Bernd und Claus Leggewie (Hg.), *Experiment Vereinigung. Ein sozialer Großversuch* (Berlin, 1991)
Gill, David und Ulrich Schröter, *Das Ministerium für Staatssicherheit. Anatomie des Mielke-Imperiums* (Berlin, 1991)
Glaeßner, Gert-Joachim (Hg.), *Die DDR in der Ära Honecker. Politik, Kultur, Gesellschaft* (Opladen, 1989)
Ders., *Der schwierige Weg zur Demokratie. Vom Ende der DDR zur deutschen Einheit* (Opladen, 1992)
Ders. und Rolf Reißig (Hg.), *Das Ende eines Experiments* (Berlin, 1991)
Ders., und Ian Wallace (Hg.), *The German Revolution of 1989. Causes and Consequences* (Oxford, 1992)
Glotz, Peter, *Der Irrweg des Nationalstaats* (Stuttgart, 1990)
Golombek, Dieter und Dietrich Ratzke (Hg.), *Dagewesen und aufgeschrieben. Reportagen über eine deutsche Revolution* (Frankfurt, 1990)
Gorodetsky, Gabriel, *Soviet Foreign Policy, 1917-1991: A Retrospective* (London, 1994)
Gransow, Volker und Konrad H. Jarausch (Hg.), *Die deutsche Vereinigung. Dokumente zu Bürgerbewegung, Annäherung und Beitritt* (Köln, 1991)

Grass, Günter, *Deutscher Lastenausgleich. Wider das dumpfe Einheitsgebot* (Frankfurt, 1990)
Grözinger, Gerd, *Teures Deutschland* (Berlin, 1990)
Grosser, Dieter, *et al., Die sieben Mythen der Wiedervereinigung* (München, 1991)
Ders. (Hg.), *German Unification. The Unexpected Challenge* (Oxford, 1992)
Grunenberg, Antonia, *Aufbruch der inneren Mauer* (Bremen, 1990)
Dies. (Hg.), *Welche Geschichte wählen wir?* (Hamburg, 1992)
Habermas, Jürgen, *Die nachholende Revolution* (Frankfurt, 1990)
Hahn, Reinhardt O., *Ausgedient. Ein Stasi-Major erzählt* (Halle, 1990)
Hamilton, Daniel, *After the Revolution* (Washington, 1990)
Hancock, M. Donald and Helga A. Welsh (Hg.), *German Unification. Process and Outcomes* (Boulder, 1994)
Hanrieder, Wolfram F., *Germany, America, Europe. Forty Years of German Foreign Policy* (New Haven, 1989)
Hartung, Klaus, *Neunzehnhundertneunundachtzig. Ortsbesichtigungen nach einer Epochenwende* (Hamburg, 1992)
Heine, Michael, *et al.* (Hg.), *Die Zukunft der DDR-Wirtschaft* (Reinbek, 1990)
Heinrich, Arthur und Klaus Naumann, *Alles Banane. Ausblicke auf das endgültige Deutschland* (Köln, 1990)
Helweg, Gisela, *Die letzten Jahre der DDR* (Köln, 1990)
Herles, Wolfgang, *Geteilte Freude. Das erste Jahr der dritten Republik* (München, 1992)
Ders., *Nationalrausch. Szenen aus dem gesamtdeutschen Machtkampf* (München, 1990)
Hettling, Manfred (Hg.), *Revolution in Deutschland? 1789-1989* (Göttingen, 1991)
Hoffmann, Hilmar und Dieter Kramer (Hg.), *Der Umbau Europas. Deutsche Einheit und europäische Integration* (Frankfurt, 1991)
Humann, Klaus (Hg.), *Wir sind das Geld. Wie die Westdeutschen die DDR aufkaufen* (Reinbek, 1990)
James, Harold and Marla Stone (Hg.), *When the Wall Came Down. Reactions to German Unification* (New York, 1992)
Jarausch, Konrad H. (Hg.), *Zwischen Parteilichkeit und Professionalität. Bilanz der Geschichtswissenschaft der DDR* (Berlin, 1991)
Ders. und Matthias Middell (Hg.), *Nach dem Erdbeben. (Re-)Konstruktionen ostdeutscher Geschichte und Geschichtswissenschaft* (Leipzig, 1993)
Jesse, Eckhard und Armin Mitter (Hg.), *Die Gestaltung der deutschen Einheit* (Bonn, 1992)
Kaiser, Karl, *Deutschlands Vereinigung. Die internationalen Aspekte* (Bergisch Gladbach, 1991)

Kielinger, Thomas, *Wohin mit Deutschland? Vereint an der Schwelle eines schwierigen Jahrzehnts* (Bonn, 1991)
Kiessler, Richard und Frank Elbe, *Ein runder Tisch mit scharfen Ecken. Der diplomatische Weg zur deutschen Einheit* (Baden Baden, 1993)
Kirschey, Peter, *Wandlitz/Waldsiedlung – die geschlossene Gesellschaft* (Berlin, 1990)
Klein, Thomas, *et al., Keine Opposition. Nirgends? Linke in Deutschland nach dem Sturz des Realsozialismus* (Berlin, 1991)
Klemm, Volker, *Korruption und Amtsmißbrauch in der DDR* (Stuttgart, 1991)
Knopp, Guido und Ekkehard Kuhn, *Die deutsche Einheit. Traum und Wirklichkeit* (Erlangen, 1990)
Kocka, Jürgen und Martin Sabrow (Hg.), *Die DDR als Geschichte* (Berlin, 1994)
Korte, Karl-Rudolf, *Die Chance genutzt? Die Politik zur Einheit Deutschlands* (Frankfurt, 1994)
Krisch, Henry, *The German Democratic Republic* (Boulder, 1985)
Kuby, Erich, *Preis der Einheit* (Hamburg, 1990)
Kurz, Robert, *Honeckers Rache. Zur politischen Ökonomie des wiedervereinigten Deutschland* (Berlin, 1991)
Lapp, Peter Joachim, *Die Blockparteien im politischen System der DDR* (Melle, 1988)
Lemke, Christiane, *Die Ursachen des Umbruchs 1989. Politische Sozialisation in der ehemaligen DDR* (Opladen, 1991)
Dies. und Gary Marks (Hg.), *The Crisis of Socialism* (Durham, 1992)
Lindner, Bernd (Hg.), *Zum Herbst '89. Demokratische Bewegungen in der DDR* (Leipzig, 1994)
Lindner, Gabriele, *Die Eigenart der Implosion. Lange Genese bis zu Modrows Regierung und Rundem Tisch in der DDR* (Berlin, 1994)
Linke, Dietmar (Hg.), *»Streicheln, bis der Maulkorb fertig ist.« Die DDR-Kirche zwischen Kanzel und Konspiration* (Berlin, 1993)
Loth, Wilfried, *Ost-West-Konflikt und deutsche Frage* (München, 1989)
Maaz, Hans-Joachim, *Der Gefühlsstau. Ein Psychogramm der DDR* (Berlin, 1990)
Ders., *Das gestürzte Volk oder die unglückliche Einheit* (Berlin, 1991)
Maier, Charles, *Across the Wall. Revolution and Reunification of Germany* (Princeton, 1995)
Maier, Harry und Siegrid, *Vom innerdeutschen Handel zur deutsch-deutschen Wirtschafts- und Währungsgemeinschaft* (Köln, 1990)
Marienfeld, Wolfgang, *Die Geschichte des Deutschlandproblems im Spiegel der politischen Karikatur* (Hameln, 1990)
Maron, Jonas und Rainer Schedlinski, *Innenansichten DDR. Letzte Bilder* (Hamburg, 1990)
McAdams, A. James, *Germany Divided. From the Wall to Reunification* (Princeton, 1993)

Meier, Christian, *Die Nation, die keine sein will* (München, 1991)
Ders., *Deutsche Einheit als Herausforderung* (München, 1990)
Menge, Marlies, *»Ohne uns läuft nichts mehr«. Die Revolution in der DDR* (Stuttgart, 1990)
Merkel, Peter, *German Unification in a European Context* (University Park, 1993)
Meuschel, Sigrid, *Legitimation und Parteiherrschaft. Zum Paradox von Stabilität und Revolution in der DDR 1945-1989* (Frankfurt, 1992)
Mitter, Armin und Stefan Wolle, *Untergang auf Raten. Unbekannte Kapitel der DDR-Geschichte* (München, 1993)
Mog, Paul (Hg.), *Die Deutschen in ihrer Welt* (Berlin, 1992)
Müller-Enbergs, Helmut, *Volkskammerwahlen in der DDR 1990. Synopse von (Wahl-)Programmen 15 kandidierender Parteien* (Berlin, 1990)
Ders., *et al.* (Hg.), *Von der Illegalität ins Parlament. Werdegang und Konzepte der neuen Bürgerbewegungen* (Berlin, 1991)
Niethammer, Lutz, *Die volkseigene Erfahrung. Eine Archäologie des Lebens in der Industrieprovinz der DDR* (Berlin, 1991)
Opp, Karl-Dieter und Peter Voß, *Die volkseigene Revolution* (Stuttgart, 1993)
Osang, Alexander, *Das Jahr Eins. Berichte aus der neuen Welt der Deutschen* (Berlin, 1992)
Oschlies, Wolf, *»Vierzig zu Null im Klassenkampf?«: Sprachliche Bilanz von vier Jahrzehnten DDR* (Melle, 1990)
Pirker, Theo, *et al., FDGB – Wende zum Ende. Auf dem Weg zu unabhängigen Gewerkschaften?* (Köln, 1990)
Pollack, Detlef, *Kirche in der Organisationsgesellschaft* (Stuttgart, 1994)
Pond, Elizabeth, *Beyond the Wall. Germany's Road to Unification* (New York, 1993)
Priewe, Jan und Rudolf Hickel, *Der Preis der Einheit* (Frankfurt, 1991)
Prokop, Siegfried (Hg.), *Die kurze Zeit der Utopie* (Berlin, 1994)
Reich, Jens, *Rückkehr nach Europa. Bericht zur neuen Lage der deutschen Nation* (München, 1991)
Ders., *Abschied von den Lebenslügen. Die Intelligenz und die Macht* (Berlin, 1992)
Rheinischer Merkur (Hg.), *Zurück zu Deutschland. Umsturz und demokratischer Aufbruch in der DDR* (Bonn, 1990)
Rüddenklau, Wolfgang, *Störenfried. DDR-Opposition 1986-1989* (Berlin, 1992)
Runge, Irene, *Ausland DDR. Fremdenhaß* (Berlin, 1990)
Schädlich, Hans Joachim (Hg.), *Aktenkundig* (Berlin, 1992)
Schell, Manfred und Werner Kalinka, *Stasi und kein Ende. Die Personen und Fakten* (Frankfurt, 1991)
Schmid, Thomas, *Staatsbegräbnis. Von ziviler Gesellschaft* (Berlin, 1990)
Schneider, Michael, *Die abgetriebene Revolution* (Berlin, 1990)

Schneider, Peter, *Extreme Mittellage. Eine Reise durch das deutsche Nationalgefühl* (Hamburg, 1990)
Schneider, Rolf, *Volk ohne Trauer. Notizen nach dem Untergang der DDR* (Göttingen, 1992)
Schumann, Frank (Hg.), *100 Tage, die die DDR erschütterten* (Berlin, 1990)
Schwarz, Hans-Peter, *Die Zentralmacht Europas. Deutschlands Rückkehr auf die Weltbühne* (Berlin, 1994)
Seebacher-Brandt, Brigitte, *Die Linke und die Einheit* (Berlin, 1991)
Seiffert, Wolfgang, *Die Deutschen und Gorbatschow* (Erlangen, 1989)
Sinn, Gerlinde und Hans-Werner, *Kaltstart. Volkswirtschaftliche Aspekte der deutschen Vereinigung* (Tübingen, 1991)
Spittmann, Ilse, *Die DDR unter Honecker* (Köln, 1990)
Dies. und Gisela Helwig (Hg.), *Chronik der Ereignisse in der DDR* (Köln, 1990), 4. Aufl.
Sternburg, Wilhelm von (Hg.), *Geteilte Ansichten über eine vereinigte Nation* (Bergisch Gladbach, 1992)
Stokes, Gale, *The Walls Came Tumbling Down. The Collapse of Communism in Eastern Europe* (New York, 1993)
Stolpe, Manfred (Hg.), *Die Zukunft der Deutschen in Europa* (Berlin, 1990)
Stürmer, Michael, *Die Grenzen der Macht. Begegnung der Deutschen mit der Geschichte* (Berlin, 1992)
Sühl, Klaus (Hg.), *Vergangenheitsbewältigung 1945-1989. Ein unmöglicher Vergleich?* (Berlin, 1994)
Süß, Walter, *Entmachtung und Verfall der Staatssicherheit*, Berlin 1994
Suhr, Heinz, *Der Treuhand-Skandal* (Frankfurt, 1991)
Szabo, Stephen F., *The Diplomacy of German Unification* (New York, 1992)
Thaysen, Uwe, *Der Runde Tisch. Oder: Wo blieb das Volk?* (Opladen, 1990)
Thomas, Michael (Hg.), *Abbruch und Aufbruch. Sozialwissenschaften im Transformationsprozeß* (Berlin, 1992)
Venohr, Wolfgang (Hg.), *Ein Deutschland wird es sein* (Erlangen, 1990)
Walser, Martin, *Über Deutschland reden* (Frankfurt, 1989)
Warbeck, Joachim, *Die deutsche Revolution 1989/90* (Berlin, 1991)
Weber, Hermann, *DDR. Grundriß der Geschichte 1945-1990* (Hannover, 1991)
Wedel, Mathias, *Einheitsfrust* (Berlin, 1994)
Wehling, Hans-Georg (Hg.), *(Wieder-)Vereinigungsprozeß in Deutschland* (Stuttgart, 1990)
Ders. (Hg.), *Politische Kultur in der DDR* (Stuttgart, 1989)
Weidenfeld, Werner (Hg.), *Das Geschichtsbewußtsein der Deutschen* (Köln, 1989)
Ders. und Hartmut Zimmermann (Hg.), *Deutschland-Handbuch. Eine doppelte Bilanz 1949-1989* (Bonn, 1989)

Ders. und Karl-Rudolf Korte (Hg.), *Handbuch zur deutschen Einheit* (Frankfurt, 1993)
Weiß, Robert, *Chronik eines Zusammenbruchs* (Berlin, 1990)
Wewer, Göttrik (Hg.), *DDR. Von der friedlichen Revolution zur deutschen Vereinigung* (Opladen, 1990)
Wilkening, Christina, *Staat im Staate. Auskünfte ehemaliger Stasi-Mitarbeiter* (Berlin, 1990)
Winkler, Gunnar (Hg.), *Sozialreport DDR 1990* (Bonn, 1990)
Wolf, Christa, *Im Dialog. Aktuelle Texte* (Berlin, 1990)
Zwahr, Helmut, *Ende einer Selbstzerstörung. Leipzig und die Revolution in der DDR* (Göttingen, 1993)